dtv

Als der Krieg ausbricht, verbringen die Mitglieder der Familie Cazalet gerade ihre Ferien in Sussex. Bald schon werden die Männer eingezogen, und die Frauen beschließen aus Angst vor den Bombenangriffen, nicht nach London zurückzukehren. Mit dem idyllischen Leben ist es vorbei, doch die Cazalets lassen sich nicht unterkriegen: Gefasst begegnen sie den kriegsbedingten Einschnitten, trotzen den schlechten Nachrichten von der Front und kümmern sich mit vereinten Kräften um das große Anwesen.
Mit großem Einfühlungsvermögen erzählt Elizabeth Jane Howard im zweiten Band der ›Chronik der Familie Cazalet‹, wie Louise, Polly und Clary darum kämpfen, in diesen schwierigen Zeiten ihre Träume zu bewahren.

Elizabeth Jane Howard wurde am 26. März 1923 in London geboren. Sie arbeitete als Schauspielerin und Modell, bevor sie 1950 ihren ersten Roman schrieb. Der Ruhm kam erst vierzig Jahre später – mit der fünfbändigen ›Chronik der Familie Cazalet‹. Im Jahr 2000 verlieh Queen Elizabeth II. ihr den Verdienstorden Commander of the British Empire. Am 2. Januar 2014 verstarb Howard im Alter von neunzig Jahren in ihrem Haus in Suffolk.

Elizabeth Jane Howard

Die Zeit des Wartens

Die Chronik der Familie Cazalet

~ Band 2 ~

Roman

Aus dem Englischen übersetzt
und mit Anmerkungen versehen
von Ursula Wulfekamp

dtv

Die Übersetzerin dankt dem Deutschen Übersetzerfonds
für die Förderung ihrer Arbeit.

Von Elizabeth Jane Howard ist bei dtv außerdem lieferbar:
Die Jahre der Leichtigkeit (14682)
Die stürmischen Jahre (14708)

**Ausführliche Informationen über
unsere Autoren und Bücher
www.dtv.de**

MIX
Papier aus verantwortungsvollen Quellen
FSC® C019821
FSC
www.fsc.org

2020 dtv Verlagsgesellschaft mbH & Co. KG, München

Die Originalausgabe erschien erstmals 1991 unter dem Titel
›Marking Time‹ bei Macmillan, London.

Auf Deutsch erschien der Roman erstmals 1995 unter dem Titel
›Septemberhimmel‹ bei Wilhelm Goldmann, München,
in der Verlagsgruppe Random House.
Umschlaggestaltung: dtv unter Verwendung einer Illustration
von Garry Walton, vertreten durch Meiklejohn.co.uk
Satz: Greiner & Reichel, Köln
Druck und Bindung: Druckerei C.H.Beck, Nördlingen
Gedruckt auf säurefreiem, chlorfrei gebleichtem Papier
Printed in Germany · ISBN 978-3-423-14752-1

Für Dosia Verney

INHALTSÜBERSICHT

WAS BISHER GESCHAH

Die folgende Vorgeschichte dieses Romans ist für Leserinnen und Leser gedacht, die mit dem vorhergehenden Band *Die Jahre der Leichtigkeit* nicht vertraut sind.

William und Kitty Cazalet, von der Familie »der Brig« und »die Duchy« genannt, haben ihr Haus in der Chester Terrace in London geschlossen und leben nur noch in ihrem Landsitz Home Place in Sussex. Die Augen des Brig lassen immer mehr nach, und so arbeitet er zunehmend seltener in der Holzfirma, die er zusammen mit seinen beiden älteren Söhnen Hugh und Edward leitet. Darüber hinaus gibt es noch den jüngsten Sohn Rupert sowie die ledige Tochter Rachel.

Hugh ist mit Sybil verheiratet, sie haben drei Kinder. Polly, die Älteste, ist zu Beginn dieses Romans vierzehn und wird gemeinsam mit ihrer Cousine Clary zu Hause unterrichtet. Der dreizehnjährige Simon besucht zusammen mit seinem Cousin Teddy ein Internat, William (Wills) ist gerade zwei geworden. Der zweite Sohn, Edward, ist mit Villy verheiratet (Viola Rydal, deren verwitwete Mutter Lady Rydal generell als Zuchtmeisterin gilt). Sie haben vier Kinder. Die sechzehnjährige Louise sitzt seit Kurzem nicht mehr mit ihren Cousinen im häuslichen Unterricht, sondern hat bereits ein Trimester an einer Hauswirtschaftsschule absolviert. Ihr Bruder Teddy, der ausgesprochen sportlich ist, geht seit zwei Jahren auf ein Internat, während die achtjährige Lydia eine kleine Tagesschule besucht. Roland (Roly) ist vier Monate alt und damit das Nesthäkchen.

Der dritte Sohn, Rupert, war mit Isobel verheiratet, mit der er zwei Kinder hatte: Clary, die im selben Alter wie Polly ist und mit ihr zusammen Unterricht erhält, und den mittlerweile achtjährigen Neville, der in London eine Tagesschule besucht. Isobel starb bei

Nevilles Geburt, Ruperts zweite Frau Zoë ist mit ihren vierundzwanzig zwölf Jahre jünger als er. Die beiden haben keine Kinder.

Die unverheiratete Tochter Rachel kümmert sich um ihren nahezu blinden Vater und engagiert sich in der Kinderherberge, einer Wohltätigkeitseinrichtung, die zu Beginn des Romans gerade zum zweiten Mal aus London in ein Haus des Brig ganz in der Nähe von Home Place evakuiert wird. Rachels gute Freundin heißt Margot Sidney, wird aber allgemein Sid genannt; sie unterrichtet Geige und lebt in London, ist aber häufig in Home Place zu Gast.

Edwards Frau Villy hat eine Schwester, Jessica, die mit Raymond Castle verheiratet ist. Die beiden haben vier Kinder – weitere Cousins und Cousinen für die Cazalet-Kinder. Angela, deren erste unglückliche Liebe Rupert Cazalet galt, ist mittlerweile zwanzig und arbeitet in London. Der sechzehnjährige Christopher interessiert sich für alles, was mit Natur zu tun hat, und ist ein überzeugter Pazifist. Nora, ein Jahr älter als er, besuchte mit Louise die Hauswirtschaftsschule. Judy ist mit neun Jahren die Jüngste und geht auf ein Internat.

Am Ende von *Die Jahre der Leichtigkeit* erbten die Castles von einer Großtante Raymonds ein Haus und etwas Geld, sodass sie ihr schäbiges Zuhause in East Finchley aufgeben und in das Haus der Großtante in Frensham, Surrey, ziehen konnten.

Miss Milliment ist die sehr alte Hauslehrerin der Familie; sie war bereits Villys und Jessicas Gouvernante und unterrichtet jetzt Clary und Polly.

Diana Mackintosh ist Edwards Geliebte; von seinen vielen Affären ist diese die ernsthafteste. Diana ist verheiratet und hat drei Kinder.

Abgesehen von Home Place, dem Familiensitz, besitzt der Brig zwei in der Nähe gelegene Häuser, die er im Lauf der vergangenen Jahre erwarb und renovieren ließ: die Mill Farm, die gegenwärtig von der Kinderherberge genutzt wird, und das Pear Tree Cottage, das als Ausweichquartier für die Cazalets und die Castles dient.

Die drei Cazalet-Söhne unterhalten jeweils ein Haus in London.

Hughs und Sybils ist in Ladbroke Grove, dort wohnt Hugh unter der Woche, wenn er in London arbeitet. Das Haus von Edward und Villy steht in der benachbarten Lansdowne Road, wo sie während der Schulzeit der Kinder leben. Rupert und Zoë besitzen ein kleines Haus in Brook Green.

Die Cazalets beschäftigen eine ganze Reihe von Dienstboten, die wesentlichsten in diesem Roman sind: die Köchin Mrs. Cripps, der Chauffeur Tonbridge, der Gärtner McAlpine und sein Gärtnerjunge Billy, der Pferdeknecht Wren, das Hausmädchen Eileen – die alle in Home Place sind – sowie Ellen, Ruperts Kindermädchen für Clary und Neville, die seit der Geburt von Wills und Roland mehr denn je zu tun hat.

Die Jahre der Leichtigkeit endete 1938 mit Chamberlains Ansprache nach dem Münchner Abkommen – »ein ehrenhafter Friede«. *Die Zeit des Wartens* setzt ein Jahr später ein, nach dem Überfall der Deutschen auf Polen. Alle Zeichen stehen auf Krieg. Aus den Großstädten werden Kinder evakuiert, die Menschen warten darauf, dass Chamberlain das Ergebnis des britischen Ultimatums an Hitler verkündet.

HOME PLACE
SEPTEMBER 1939

Jemand hatte das Radiogerät ausgeschaltet, und trotz der vielen Menschen im Raum herrschte absolute Stille – in der Polly spürte und beinahe auch zu hören glaubte, wie ihr Herz klopfte. Solange niemand sprach und sich niemand bewegte, herrschte noch Frieden, die allerletzten Minuten …

Aber der Brig, ihr Großvater, bewegte sich doch. Schweigend stand er auf, blieb einen Moment stehen, legte eine Hand zitternd auf die Lehne seines Stuhls und fuhr sich mit der anderen langsam über die trüben Augen. Dann ging er durch den Raum und gab seinen beiden ältesten Söhnen, Pollys Vater Hugh und ihrem Onkel Edward, nacheinander einen Kuss. Sie wartete, dass er auch Onkel Rupe küsste, doch das tat er nicht. Sie hatte ihn noch nie einen Mann küssen sehen, aber das hier erschien ihr eher wie eine Entschuldigung und eine Ehrenbezeugung. Es ist dessentwegen, was sie durchgemacht haben, als es das letzte Mal Krieg gab, und weil es umsonst war, dachte sie.

Polly sah alles. Sie sah, dass Onkel Edward den Blick ihres Vaters auffing und ihm zuzwinkerte, und dass sich das Gesicht ihres Vaters verzog, als erinnerte er sich an etwas, an das zu denken er kaum ertragen konnte. Sie sah ihre Großmutter, die Duchy, stocksteif dasitzen und Onkel Rupert mit einem Ausdruck blanker Wut anstarren. Sie ist nicht auf ihn wütend, sie hat Angst, dass er eingezogen wird. Altmodisch, wie sie ist, glaubt sie, es wären nur die Männer, die kämpfen und sterben müssen. Sie versteht nichts. Polly verstand alles.

Allmählich rutschten alle auf ihren Stühlen hin und her, tuschelten miteinander, zündeten sich Zigaretten an, die Kindern wurden zum Spielen nach draußen geschickt. Das Allerschlimmste war eingetreten, und sie machten mehr oder minder weiter wie sonst. Genau das tat ihre Familie in kritischen Situationen. Als es vor einem Jahr einen ehrenhaften Frieden gegeben hatte, da waren alle plötzlich ganz anders gewesen, aber Polly hatte das gar nicht richtig mitbekommen, denn kaum war sie von ihrer Überraschung und Freude überwältigt worden, hatte es sich angefühlt, als hätte ihr jemand einen Schlag versetzt. Sie war in Ohnmacht gefallen. »Du bist weiß geworden und hast die Augen verdreht, und dann bist du umgekippt. Es war maßlos spannend«, hatte ihre Cousine Clary gesagt und das in ihr *Erfahrungsbuch* notiert, das sie führte für die Zeit, wenn sie Schriftstellerin sein würde. Jetzt spürte Polly, dass Clary sie ansah, und gerade, als sich ihre Blicke begegneten und Polly zustimmend nickte, ja, komm, lass uns verschwinden, setzte in der Ferne das an- und abschwellende Heulen einer Sirene ein, und ihr Cousin Teddy rief: »Ein Luftangriff! Wahnsinn! So schnell!«, und alle standen auf, und der Brig sagte, sie sollten ihre Gasmasken holen und in der Halle warten, um gemeinsam zum Unterstand zu gehen. Die Duchy verschwand, um die Dienstboten zu informieren, ihre Mutter Sybil und Tante Villy meinten, sie müssten Wills und Roly aus dem Pear Tree Cottage holen, und Tante Rach sagte, sie müsse zur Mill Farm, um der Vorsteherin mit den evakuierten Kindern zu helfen – kurz, kaum jemand tat, was der Brig wollte.

»Wenn du deine Schreibsachen mitnehmen möchtest, trage ich deine Maske«, erbot sich Polly, während sie in ihrem Zimmer nach den Kartons mit ihren Gasmasken suchten. »Mist! Wo haben wir sie hin?« Sie hatten sie immer noch nicht gefunden, als die Sirene wieder losging, jetzt aber nicht auf- und abschwellend, sondern mit einem gleichmäßigen Heulton. »Entwarnung!«, rief jemand aus der Halle.

»Muss ein falscher Alarm gewesen sein«, sagte Teddy. Er klang enttäuscht.

»Obwohl wir da unten in dem schrecklichen Unterstand sowieso nichts mitbekommen hätten«, meinte Neville. »Und wahrscheinlich habt ihr schon gehört, sie führen den Krieg als Ausrede an, um nicht an den Strand zu fahren. So etwas Ungerechtes habe ich in meinem ganzen Leben noch nicht gehört.«

»Sei nicht so dumm, Neville!«, zischte Lydia. »In Kriegszeiten fährt man nicht an den Strand.«

Allgemein herrschte eine streitsüchtige Stimmung, fand Polly, obwohl es ein warmer Septembermorgen war, ein Sonntag. Draußen roch es nach Mr. McAlpines Laubfeuer, und alles sah aus wie immer. Die Kinder waren aus dem Salon geschickt worden – die Erwachsenen wollten sich unterhalten, und das ärgerte natürlich alle, die nicht dazugehören durften. »Ist ja nicht so, als würden sie die ganze Zeit Witze erzählen und brüllen vor Lachen, wenn wir da sind«, sagte Neville, als sie in die Halle abzogen. Bevor jemand ihm beipflichten oder widersprechen konnte, steckte Onkel Rupert den Kopf zur Tür des Salons hinaus und rief: »Jeder, der seine Maske nicht finden konnte, geht sie jetzt suchen, und in Zukunft werden sie im Waffenraum aufgehoben. Und zwar zack, zack.«

»Es ärgert mich wirklich, zu den Kindern gezählt zu werden«, sagte Louise zu Nora auf dem Weg hinunter zur Mill Farm. »Sie werden stundenlang zusammensitzen und unser weiteres Leben verplanen, als wären wir Schachfiguren. Wir sollten zumindest die Möglichkeit haben, Einspruch zu erheben, bevor sie uns vor vollendete Tatsachen stellen.«

»Da bleibt einem nichts anderes übrig, als ihnen zuzustimmen und dann zu tun, was man für richtig hält«, antwortete Nora. Womit sie vermutlich meinte, zu tun, was sie wollte, dachte Louise.

»Was hast du nach der Kochschule vor?«

»Dahin gehe ich jetzt nicht zurück. Ich fange eine Ausbildung als Krankenschwester an.«

»O nein, bitte nicht! Bleib doch noch bis Ostern. Dann können wir gemeinsam abgehen. Ohne dich würde es ganz schrecklich werden. Außerdem wette ich, dass sie niemanden unter siebzehn Krankenschwester werden lassen.«

»Mich nehmen sie«, sagte Nora. »Und du kommst bestimmt zurecht. Das mit deinem Heimweh ist doch schon viel besser geworden, das Schlimmste hast du überstanden. Es ist einfach Pech, dass du ein Jahr jünger bist und noch warten musst, um etwas wirklich Nützliches zu machen. Aber dann kannst du viel besser kochen wie ich …«

»Als ich«, korrigierte Louise sie automatisch.

»Also gut, als ich, und das wird sehr nützlich sein. Du kannst dich beim Militär als Köchin bewerben.«

Eine durch und durch abstoßende Vorstellung, dachte Louise. Im Grunde wollte sie überhaupt nichts Nützliches machen. Sie wollte eine große Schauspielerin werden, was Nora, wie sie mittlerweile wusste, für ungemein trivial hielt. Darüber hatten sie in den Ferien heftig … nun ja, nicht richtig gestritten, aber hitzig diskutiert, und seitdem hielt sich Louise mit ihren Zukunftsplänen etwas bedeckt. »Schauspielerinnen sind nicht notwendig«, hatte Nora gesagt, aber auch eingeräumt, dass es, wenn es keinen Krieg gäbe, relativ gleichgültig sei, was Louise mache. Im Gegenzug hatte Louise den Nutzen von Nonnen hinterfragt (Noras Berufswunsch, den sie jetzt allerdings hintanstellen musste – zum Teil, weil sie im vergangenen Jahr gelobt hatte, nicht Nonne zu werden, wenn es keinen Krieg gäbe, und jetzt, weil Krankenschwestern in den kommenden Monaten und Jahren dringend gebraucht würden). Aber Nora hatte erwidert, Louise habe keine Vorstellung von der Bedeutung des Gebets und wie notwendig Menschen seien, die ihr Leben dem Beten weihten. Das Problem war, dass es Louise nicht interessierte, ob die Welt Schauspielerinnen brauchte oder nicht, sie wollte einfach eine sein. Ihre Einstellung war Noras also moralisch unterlegen, was den Vergleich ihrer beider Charaktere in Bezug auf ihren Wert eher unerfreulich gestaltete. Aber Nora kam jeder eventuellen indirekten Kritik zuvor, indem sie unweigerlich einen viel schwerer wiegenden und abstoßenderen Fehler ansprach. »Überheblichkeit ist wirklich eins meiner großen Probleme«, sagte sie etwa, oder: »Sollte ich je auch nur probehalber als Novizin angenommen werden, scheitere ich bestimmt an meiner schrecklichen Selbstgerechtigkeit.« Was konnte man darauf erwidern? Eigentlich wollte Louise sich gar nicht so eingehend kennen, wie Nora es tat. »Wenn du wirklich glaubst, dass du so bist, wie kannst du es dann ertragen?«, hatte sie am Ende des Streits/der hitzigen Diskussion gefragt.

»Mir bleibt ja nichts anderes übrig. Aber zumindest bedeutet es, dass ich weiß, woran ich arbeiten muss. Und jetzt ertappe ich mich schon wieder dabei! Ich bin überzeugt, dass du deine Fehler auch kennst, Louise. Im tiefsten Inneren tun das die meisten Menschen. Es ist der erste Schritt.«

Im Versuch, Nora doch noch vom Wert der Schauspielkunst zu überzeugen, hatte Louise Genies wie Shakespeare, Tschechow und Bach angeführt. (Bach hatte sie listigerweise eingefügt, weil er, wie man wusste, tiefreligiös gewesen war.) »Du glaubst doch nicht im Ernst, dass du jemand wirst wie sie!« Daraufhin war Louise verstummt. Denn in einem ganz kleinen, geheimen Winkel ihrer selbst war sie überzeugt, dass sie tatsächlich so jemand werden würde – zumindest eine Bernhardt oder ein Garrick (denn die Männerrollen hatten es ihr schon immer besonders angetan). Ebenso wie alle früheren Auseinandersetzungen, die sie mit anderen geführt hatte, blieb auch diese ungelöst, nur war sie danach noch überzeugter als zuvor, dass sie genau das tun wollte, und Nora war noch verbissener der Ansicht, dass sie es nicht wollen sollte.

»Andauernd kritisierst du mich!«, hatte sie geschrien.

»Du mich auch«, hatte Nora zurückgeschossen. »So gehen Menschen eben miteinander um. Außerdem bin ich mir nicht sicher, ob es wirklich Kritik ist – vielleicht hat es mehr damit zu tun, einen Menschen an bestimmten Maßstäben zu messen. Das mache ich bei mir selbst auch, und zwar ständig«, hatte sie hinzugefügt.

»Und natürlich genügst du immer deinen Erwartungen.«

»Aber natürlich nicht!« Ihr unschuldig funkelnder Blick der Entrüstung hatte Louise erneut verstummen lassen. Als sie allerdings die buschigen Augenbrauen ihrer Freundin betrachtete und den leichten, aber unverkennbaren Ansatz eines Damenbarts auf ihrer Oberlippe, war sie doch froh, nicht wie Nora auszusehen, was in gewisser Weise auch eine Kritik darstellte. »Ich halte dich für einen viel besseren Menschen als mich«, hatte sie gesagt, ohne hinzuzufügen, dass sie trotzdem lieber sie selbst war.

»Ja, ich könnte wohl irgendwo als Köchin arbeiten«, sagte sie jetzt, als sie in die Auffahrt zur Mill Farm abbogen, wo sie bis vor zwei Tagen gewohnt hatten. Am Freitagvormittag war beschlossen worden, dass alle von dort in die neuen Cottages des Brig ziehen sollten, die zu einem ziemlich großen Haus umgebaut und Pear Tree Cottage getauft worden waren wegen des uralten Birnbaums im Garten. Dort gab es acht Schlafzimmer, aber die waren belegt mit Villy und Sybil sowie Edward und Hugh am Wochenende, und Jessica Castle, die mit Raymond ihren jährlichen Besuch abstattete (er war an dem Tag nach London gefahren, um Miss Milliment und Lady Rydal abzuholen), und so blieb nur noch Platz für Lydia und Neville sowie die ganz Kleinen, Wills und Roland.

Der Umzug ins Pear Tree Cottage hatte den ganzen Tag in Anspruch genommen. Die älteren Kinder waren nach Home Place umquartiert worden, wo bereits Rupert und Zoë wohnten sowie die Großtanten und Rachel. Am Samstag war die Kinderherberge eingetroffen: fünfundzwanzig Säuglinge und Kleinkinder, sechzehn Schwesternschülerinnen sowie die Vorsteherin und Schwester Crouchback. Sie waren in zwei Bussen gekommen, gefahren von Tonbridge und Rachels Freundin Sid. Die Schwesternschülerinnen sollten in der Squashhalle schlafen, die mittlerweile mit drei mobilen Toiletten und einer höchst widerspenstigen Dusche ausgestattet war. Die Vorsteherin und die Schwester waren mit den Kindern in der Mill Farm untergebracht und wurden nachts von wechselnden Schwesternschülerinnen unterstützt. Am Samstagnachmittag hatte Nora vorgeschlagen, dass sie und Louise das Dinner für die Schwesternschülerinnen zubereiteten, was Tante Rachel mit großer Dankbarkeit annahm. Sie war seit dem Morgengrauen auf den Beinen und völlig erschöpft vom Versuch, die Squashhalle so herzurichten, dass Menschen dort nicht nur schlafen, sondern auch ihre persönlichen Habseligkeiten aufbewahren konnten. Das Kochen hatte sich als ausgesprochen schwierig erwiesen, weil alle Küchenutensilien von der Mill Farm ins Pear Tree Cottage gewandert waren und die Ausstattung der Kinderherberge in die Irre gegangen war; der Lastwagen der Firma Cazalet, der sie transportierte, sollte erst um neun Uhr abends auftauchen. So mussten die beiden das Essen im Pear Tree Cottage zubereiten, und Villy sollte es mit ihnen zur Mill Farm fahren. Das bedeutete, unter dem fast beleidigend herablassenden Blick Emilys zu arbeiten, nach deren Verständnis Damen und ihre Töchter nicht einmal ein Ei zu kochen imstande waren. Außerdem zeigte sie ihnen nur höchst widerwillig, wo Dinge aufbewahrt wurden, zum einen, weil sie bei der ganzen Aufregung nicht wusste, wo ihr der Kopf stand, und zum anderen, weil sie sowieso nicht wollte, dass sie ihre Sachen verwendeten. Louise musste zugeben, dass sich Nora wunderbar taktvoll verhielt und offenbar jegliche Beleidigung an ihr abperlte. Sie bereiteten zwei riesige herzhafte Aufläufe zu, und Louise backte eine Ladung süßer Hefebrötchen, weil sie das gerade gelernt hatte und sich sehr gut darauf verstand. Das Essen wurde dankbar angenommen, und die Vorsteherin bezeichnete sie als Retterinnen in der Not.

Als sie das Haus erreichten, empfing sie Babygeschrei. Nora meinte, dass der Fliegeralarm die Kleinen wohl aus ihrem Vormittagsschlaf gerissen hatte und sie dann auch noch in den Unterstand gebracht worden waren, den der Brig hatte bauen lassen. »Obwohl mir völlig schleierhaft ist, wie die Schwestern bei einem Luftangriff nachts von der Squashhalle rechtzeitig dorthin kommen wollen«, fügte sie hinzu. Louise versuchte sich vorzustellen, wie in der Dunkelheit Bomben aus dem Nichts herabfielen, und schauderte. Waren die Deutschen zu so etwas wirklich in der Lage? Wahrscheinlich nicht, dachte sie, aber sie sagte nichts, weil sie es im Grunde gar nicht wissen wollte.

Die Vorsteherin und Tante Rach waren in der Küche. Tante Rach packte Teekisten aus, die Vorsteherin saß am Tisch und schrieb Listen.

Eine Schwesternschülerin füllte aus einer gigantischen Vorratsdose Trockenmilchportionen ab, eine andere stand am Herd und sterilisierte Fläschchen in zwei Töpfen. Es herrschte die muntere Atmosphäre einer Krisensituation.

»Not kennt kein Gebot«, sagte die Vorsteherin gerade. Louise fand, dass ihr Gesicht Ähnlichkeit mit dem einer naturverbundenen Queen Victoria hatte: die gleichen ziemlich vortretenden blassblauen Augen und die gleiche kleine Hakennase, die gleichen vollen, birnenförmigen Wangen, jedoch in der Farbe von Blumentöpfen, durchzogen von geplatzten Äderchen. Ihre Figur hingegen war reinste Queen Mary – die gepolsterte Statur der Jahrhundertwende. Sie trug ein langärmliges marineblaues Sergekleid, dazu eine frisch gebügelte weiße Schürze und eine Haube mit gestärktem Schleier.

»Wir sind hier, um mit dem Lunch zu helfen«, erklärte Nora.

»Euch schickt der Himmel«, sagte Tante Rachel. »In der Speisekammer liegen ein paar Lebensmittel, aber ich habe mich noch nicht richtig darum gekümmert. Irgendwo ist auch ein Schinken, glaube ich, und Billy hat ein paar Salatköpfe gebracht.«

»Und dann sind da noch die Backpflaumen, die Schwester Crouchback gestern Abend eingeweicht hat«, warf die Vorsteherin ein. »Ich lege großen Wert darauf, dass meine Mädchen ihre Backpflaumen bekommen – das spart ein Vermögen an Feigensirup.«

»Sie müssen aber noch gedünstet werden«, gab Nora zu bedenken. »Ich glaube nicht, dass sie bis zum Lunch abgekühlt sind.«

»In der Not frisst der Teufel Fliegen«, sagte die Vorsteherin, klemmte ihren Füller oben an ihre Schürze und erhob sich, wobei ihre Gelenke knacksten.

Louise bot an, die Backpflaumen zu dünsten.

»Nehmen Sie die Fläschchen noch nicht vom Herd. Wenn die schon zwanzig Minuten dort stehen, fresse ich einen Besen. Ach, Miss Cazalet, wo wären wir ohne unsere fleißigen Helferinnen? Aber nicht doch, Miss Cazalet, Sie heben sich noch einen Bruch!« Rachel gab ihren Versuch auf, eine Teekiste aus dem Weg zu räumen, und ließ sich von Nora helfen. Mittlerweile weinten noch mehr Kinder.

»Mr. Hitler hat unsere Routine völlig durcheinandergebracht. Wenn es so weitergeht, muss ich ihm einmal persönlich schreiben. Der Vormittag ist eine geradezu irrwitzige Zeit für einen Bombenangriff. Aber da sieht man es wieder einmal – Männer!«, sagte sie. »Ich frage nur kurz Schwester Crouchback, ob sie noch etwas auf die Liste setzen möchte – allerdings ist heute Sonntag, nicht? Da haben die Läden geschlossen. Nun ja, besser spät als nie.« Damit stürmte sie zur Tür hinaus und stieß fast mit einer Schülerin zusammen, die zwei Eimer dampfender Windeln trug. »Machen Sie doch die Augen auf, Susan. Und stellen Sie die zum Einweichen nach draußen, sonst vergeht allen der Appetit.«

»Ja, Frau Vorsteherin.« Alle Schwesternschülerinnen trugen kurzärmelige malvenfarben-weiß gestreifte Baumwollkleider und schwarze Strümpfe.

»Schau doch mal, ob du Sid findest, Herzchen, ja?«, bat Tante Rachel. »Wir müssen vor dem Lunch der Schwesternschülerinnen möglichst viele Teekisten aus der Küche schaffen. Sie ist oben beim Verdunkeln.«

Das Verdunkeln sämtlicher Fenster in allen drei Häusern und bewohnten Außengebäuden – wozu auch die Squashhalle mit ihrem Glasdach gehörte – beschäftigte den Brig mittlerweile seit mehreren Tagen, mit dem Ergebnis, dass Sid und Villy die Aufgabe übertragen worden war, Holzleisten herzustellen, auf die der Verdunklungsstoff genagelt werden konnte. Sybil, Jessica und die Duchy, die jeweils eine Nähmaschine besaßen, waren beauftragt, Vorhänge für all diejenigen Fenster zu säumen, bei denen keine Holzleisten angebracht werden konnten, und Sampson, der Baumeister, hatte eine hohe Leiter zur Verfügung gestellt, von der aus der Gärtnerjunge das Dach der Squashhalle streichen sollte. Allerdings war er von dort ziemlich bald in einen riesigen Wasserbottich gefallen, was McAlpine als unverdientes Glück bezeichnet hatte; Billys Armbruch und den Verlust zweier Vorderzähne tat er als reine Frechheit ab. So war Sampson der Auftrag erteilt worden, sich um das Dach der Squashhalle zu kümmern, allerdings war das nur eine seiner zahlreichen Aufgaben, sodass er Samstagvormittag, als die Kinderherberge eintraf, noch nicht allzu weit gediehen war. Teddy, Christopher und Simon wurden eingespannt, um einem von Sampsons Männern beim Aufbau des Gerüsts zur Hand zu gehen und ihm dann zu helfen, das schräg abfallende Glasdach mit dunkelgrüner Farbe zu streichen, während innen, im stickigen und immer düsterer werdenden Raum, Rachel und Sid Feldbetten aufstellten, missmutig verfolgt von Lydia und Neville oben auf der Galerie (sie sollten Botendienste übernehmen, aber Tante Rachel enttäuschte sie und ließ sich nicht genügend Botengänge einfallen). An dem Samstag leisteten alle Schwerarbeit, bis auf Polly und Clary, die sich am Morgen zum Bus nach Hastings davonstahlen.

»Wen hast du gefragt?«

»Niemanden. Ich habe es Ellen gesagt.«

»Hast du gesagt, dass ich mitfahre?«

»Ja. Ich sagte: ›Polly möchte nach Hastings, also fahre ich mit ihr mit.‹«

»Aber du wolltest doch auch fahren.«

»Natürlich, sonst säße ich nicht hier, oder?«

»Warum hast du dann nicht gesagt, dass wir beide fahren wollen?«

»Das ist mir nicht eingefallen.«

Das war die aalglatte Seite von Clary, die Polly nicht mochte, aber aus Erfahrung wusste sie, dass es Streit geben würde, wenn sie nachhakte. Und wenn dieser Tag der letzte in Friedenszeiten sein würde, dann sollte er von keinem Streit oder sonst etwas getrübt werden.

Aber irgendwie wurde es trotzdem kein schöner Tag. Polly wünschte sich, so sehr in ihren Unternehmungen aufzugehen, dass sie keine Gelegenheit haben würde, an das womöglich Bevorstehende zu denken. Sie gingen zu Jepson's, was sie beide eigentlich ausgesprochen gern taten, aber als Clary sich stundenlang Zeit nahm, um einen Füller auszusuchen (der Ausflug diente unter anderem dem Zweck, Clarys Geburtstagsgeld auszugeben), wurde sie ungeduldig und ärgerte sich, dass Clary etwas so Banales derart ernst nehmen konnte. »Mit einem neuen ist das Schreiben doch immer schwierig«, sagte sie. »Man muss die Feder benutzen, damit sie gut wird.«

»Das weiß ich doch. Aber wenn ich jetzt eine breite Feder kaufe, wird sie wahrscheinlich zu breit, andererseits habe ich bei der mittleren nicht das Gefühl, dass sie jemals richtig werden wird.«

Polly blickte zum Verkäufer – einem jungen Mann in einem glänzenden, abgetragenen Anzug –, der zusah, wie Clary jede Feder leckte, bevor sie sie in das Tintenfass tauchte und ihren Namen auf die kleinen Zettel schrieb, die auf der Ladentheke bereitlagen. Er wirkte nicht ungeduldig, nur gelangweilt. Außerdem machte er den Eindruck, als wäre das seine übliche Miene.

Sie waren in der eher schlecht sortierten Papierwarenabteilung der Buchhandlung. Es gab nur Schreibpapier, und man konnte Briefpapier mit eigenem Briefkopf, Besuchskarten und Hochzeitseinladungen bestellen. Außerdem verkauften sie dort Füllfederhalter und Bleistifte. »Es ist sehr wichtig, eine neue Feder anzulecken, bevor man sie benutzt«, erklärte Clary gerade, »aber vermutlich sagen Sie das den Kunden. Könnte ich den Waterman ausprobieren – den lilafarbenen –, nur zum Vergleich?« Er kostete zwölf Shilling und sechs Pence, und Polly wusste, dass sie ihn nicht kaufen würde. Sie beobachtete den Mann, während Clary einen Füller nach dem anderen testete, und schließlich starrte er einfach in die Ferne. Vermutlich machte er sich Sorgen, ob es Krieg geben würde.

Mit einem fragenden Blick zu ihm sagte sie: »Was bringt die Zukunft?«

»Dazu fällt mir gar nichts ein, wenn ich Füller ausprobiere«, sagte Clary ärgerlich.

»Dich meinte ich nicht.«

Beide schauten zum Verkäufer, der sich räusperte, sich über das stark pomadisierte Haar strich und sagte, er verstehe nicht, was sie meine.

»Das wundert mich nicht«, sagte Clary. »Ich nehme den Medium Relief …«

»Das macht sieben Shilling sechs Pence«, sagte er, und Polly merkte, dass er sie schleunigst loswerden wollte.

Draußen stritten sie sich ein bisschen über Pollys idiotische Bemerkung, wie Clary sie nannte. »Bestenfalls fand er dich herablassend«, sagte sie.

»Das war ich nicht.«

»Er dachte aber, dass du es warst.«

»Halt den Mund!«

Clary sah zu ihrer Freundin – na ja, eher ihrer Cousine; wie eine Freundin kam sie ihr nicht gerade vor …

»Entschuldige. Ich weiß, wie sehr dir das zu schaffen macht. Aber es kann noch alles gut werden, Poll. Denk an letztes Jahr.«

Polly schüttelte den Kopf. Sie runzelte die Stirn, und plötzlich sah sie aus wie Tante Rach, wenn sie versuchte, bei Brahms nicht zu weinen.

»Ich weiß schon«, sagte Clary sanft, »du willst nicht nur, dass ich dich verstehe, du möchtest, dass es mir genauso geht wie dir. Stimmt's?«

»Wenigstens ein Mensch soll das!«

»Ich glaube, unsere beiden Väter tun es.«

»Ja, aber das Problem bei ihnen ist, dass sie unsere Gefühle nur bis zu einem gewissen Grad berücksichtigen.«

»Ich weiß, was du meinst. Als wären unsere Gefühle nur so groß wie unsere Körper, sprich, kleiner. In der Hinsicht sind sie wirklich dumm. Wahrscheinlich können sie sich nicht daran erinnern, wie es war, ein Kind zu sein.«

»In ihrem Alter ganz bestimmt nicht! Ich wette, ihre Erinnerung reicht keine fünf Jahre zurück.«

»Also, ich werde es mir zur Aufgabe machen, mich zu erinnern.

Natürlich rechtfertigen sie sich mit dem Argument, dass sie für uns verantwortlich sind.«

»Verantwortlich! Wenn sie nicht einmal einen grauenhaften Krieg verhindern können, in dem wir vielleicht alle umkommen! Noch unverantwortlicher kann man doch gar nicht sein!«

»Jetzt steigerst du dich wieder in etwas hinein«, sagte Clary. »Was sollen wir denn als Nächstes machen?«

»Das ist mir egal. Was hast du noch vor?«

»Ein paar Hefte kaufen und ein Geburtstagsgeschenk für Zoë. Und du wolltest Wolle besorgen. Wir könnten zum Lunch Krapfen essen. Oder Baked Beans?« Beide liebten Baked Beans, weil Simon und Teddy sie im Internat oft bekamen, sie zu Hause aber nicht, weil gebackene Bohnen als gewöhnlich galten.

Mittlerweile schlenderten sie Richtung Seepromenade. Viele Urlauber sahen sie nicht, nur an einem Strandabschnitt waren einige. Sie rutschten auf den unbequemen Steinen hin und her und lehnten sich an die silbrigen hölzernen Wellenbrecher, aßen Sandwiches und Eiscreme und starrten auf das graugrüne Meer hinaus, das planlos und fast verstohlen auf und ab wogte.

»Möchtest du ins Wasser gehen?«

Aber Polly zuckte nur mit den Achseln. »Wir haben unsere Badesachen nicht dabei«, sagte sie, obwohl Clary wusste, dass sie das nicht vom Schwimmen abhalten würde, wenn sie Lust dazu hätte. Ein Stück weiter den Strand entlang hievten Soldaten riesige Stacheldrahtrollen aus einem Lastwagen und stellten sie in regelmäßigen Abständen am Strand auf, überall dort, wo sie Betonpfosten erkennen konnten, die auf halber Höhe in einer Reihe in den Sand eingelassen waren.

»Komm, lass uns was essen gehen«, sagte Clary schnell.

Sie aßen Baked Beans und Toast und jede einen Krapfen mit Marmeladenfüllung und ein Sahneröllchen, und dazu tranken sie einen herrlich starken indischen Tee (den sie zu Hause auch nicht bekamen).

Das heiterte Polly etwas auf, und sie unterhielten sich über normale Dinge wie die Frage, welche Art Mann sie heiraten wollten. Polly meinte, ein Forscher würde ihr gefallen, wenn er heiße Länder erforschte, weil sie Schnee und Eis nicht ausstehen konnte und ihn selbstredend begleiten würde, und Clary sagte, ein Maler, weil das mit dem Bücherschreiben gut zusammenpasste und sie sich wegen ihres Vaters mit Malern auskannte. »Außerdem ist es Malern nicht so wichtig, wie man aussieht. Ich meine, ihnen gefallen Gesichter aus ganz anderen Gründen, deswegen würde er sich an meinem weniger stören.«

»Du siehst doch gut aus«, widersprach Polly. »Deine Augen sind wunderschön, und die sind das Wichtigste.«

»Deine sind genauso schön.«

»Ach, meine sind viel zu klein. Eigentlich scheußlich. Kleine dunkelblaue Stiefelknöpfe.«

»Aber du hast einen wunderbaren Teint – unglaublich weiß und dann blassrosa, wie Romanheldinnen. Ist dir eigentlich aufgefallen«, fuhr sie verträumt fort und schleckte die letzten Sahnereste von den Fingern, »dass Schriftsteller sich immer endlos über das Aussehen ihrer Heldinnen auslassen? Das muss für Miss Milliment doch schrecklich zu lesen sein, weil sie weiß, dass sie nie eine davon war.«

»Aber sie sind ja nicht alle bildschön«, wandte Polly ein. »Denk an Jane Eyre.«

»Und du hast mit deinen Haaren richtig Glück. Obwohl Kupferblond im Lauf der Zeit oft verblasst«, fügte sie hinzu und dachte an Pollys Mutter. »Dann wird es eher wie wässrige Orangenmarmelade. Ach, und Jane Eyre! Mr. Rochester schwärmt doch ständig davon, wie zierlich und klein sie ist. Das ist eine raffinierte Art zu sagen, dass sie hinreißend aussieht.«

»Das sind eben Sachen, die die Leute wissen möchten. Ich hoffe wirklich sehr, dass du nicht zu modern schreiben wirst, Clary. Nicht so, dass niemand versteht, worum es geht.« Polly hatte sich *Ulysses* aus dem Bücherstapel ihrer Mutter geholt und fand es sehr schwere Kost.

»Ich werde schreiben wie ich«, sagte Clary. »Es ist sinnlos, mir zu sagen, wie ich schreiben soll.«

»Jetzt komm, lass uns die anderen Sachen besorgen.«

Der Lunch kostete vier Shilling und sechs Pence, mehr als erwartet, aber Clary beglich großzügig die ganze Rechnung. »Du kannst es mir zurückzahlen, wenn du Geburtstag hast«, sagte sie.

»Wahrscheinlich ist Miss Milliment mittlerweile daran gewöhnt. Ich glaube, der Wunsch zu heiraten vergeht ziemlich bald.«

»Ach, wirklich? Dann glaube ich nicht, dass ich je heiraten werde. Es ist mir schon jetzt nicht besonders wichtig, und Frauen über zwanzig altern sehr schnell. Denk an Zoë.«

»Kummer lässt Menschen altern.«

»Alles lässt Menschen altern. Weißt du, was diese näselnde Frau, Lady Knebworth, die Freundin von Tante Villy, zu Louise sagte?« Als Polly schwieg, fuhr sie fort: »Sie hat gesagt, sie solle nicht die Stirn runzeln, weil man davon Falten bekommt. Das ist für dich wichtig zu wissen, Polly, du runzelst beim Nachdenken immer die Stirn.«

Mittlerweile standen sie vor dem Café. »Was soll ich ihr zum Geburtstag schenken?«, fragte Clary.

»Tante Zoë? Ich weiß es nicht. Seife vielleicht, oder Badesalz. Oder einen Hut?«, schlug sie vor.

»Polly, man kann doch niemand anderem einen Hut schenken. Leuten gefallen doch nur die schrecklichen, die sie selbst aussuchen. Ist es nicht komisch?«, fuhr sie fort, als sie von der Promenade zu den Geschäften zurückgingen. »Wenn man Leute im Laden beobachtet, wie sie ihre Kleider und Schuhe und die ganzen Sachen aussuchen und Ewigkeiten darauf verwenden – als wäre jedes einzelne Teil, das sie wählen, unglaublich schön und perfekt. Und wenn man die Leute dann betrachtet, dann sehen die meisten nur schrecklich aus, oder einfach normal. Sie hätten ihre Kleidung genauso gut aus einem Glückstopf fischen können.«

»Demnächst wird jeder irgendeine Uniform tragen«, sagte Polly traurig. Langsam machten sich wieder ihre bösen Vorahnungen in ihr breit.

»Ich finde, das ist eine interessante Beobachtung«, verteidigte sich Clary leicht gekränkt. »Wahrscheinlich kann man das auch auf andere Bereiche der Menschen anwenden – es könnte sich als ernsthafte Überlegung zur menschlichen Natur erweisen.«

»Mit der menschlichen Natur ist es nicht weit her, wenn du mich fragst. Sonst wäre die Kriegsgefahr jetzt nicht so groß. Komm, lass uns die Wolle und die anderen Sachen kaufen, und dann fahren wir nach Hause.«

Also erledigten sie ihre Besorgungen: ein Karton Pelargonienseife von Morny für Zoë, die Schreibhefte für den Unterricht und für Polly hyazinthblaue Wolle für einen Pullover für sich. Dann warteten sie auf den Bus.

Am Samstag nach dem Lunch fuhren Hugh und Rupert nach Battle, bewaffnet mit einer beachtlichen Einkaufsliste. Rupert hatte sich freiwillig für die Aufgabe gemeldet, und dann erbot sich Hugh, der mit Sybil fast so etwas wie einen Streit gehabt hatte, seinen Bruder zu begleiten. Aus allen drei Häusern wurden Listen mit den vielen verschiedenen Wünschen abgeholt, und schließlich brachen sie auf. Rupert fuhr den Vauxhall, den er gekauft hatte, nachdem er im Januar in die Firma eingetreten war.

»Wir werden ganz schön blöd dastehen, wenn es doch keinen Krieg gibt«, sagte er.

Nach kurzem Schweigen sah Hugh zu seinem Bruder und begegnete seinem Blick. »Das werden wir nicht«, sagte er.

»Hast du deine Kopfschmerzen?«

»Nein. Ich frage mich nur …«

»Was?«

»Welche Pläne du hast.«

»Ach. Ach – na ja, ich habe mir überlegt, dass ich mich zur Marine melden könnte.«

»Das dachte ich mir.«

»Das heißt aber, dass du dann allein die Stellung halten musst, oder nicht?«

»Ich habe den alten Herrn.«

Eine Weile herrschte Stille. Von seinen bisherigen Monaten in der Firma wusste Rupert, dass ihr Vater sowohl stur als auch autokratisch war. Edward verstand es, mit ihm umzugehen, aber Hugh hielt mit seiner Meinung nicht hinterm Berg, wenn er eine Anordnung seines Vaters missbilligte. Ihm mangelte es an Manipulationsvermögen oder Taktgefühl, wie man diese Fähigkeit auch gern bezeichnete. Ihre Auseinandersetzungen endeten meist mit einem faulen Kompromiss, der keinem recht nutzte – am allerwenigsten der Firma. Rupert, der sich noch einarbeitete, war kaum mehr als ein unglücklicher Zeuge all dessen gewesen, und als Edward im Sommer eine Schulung für Kriegsfreiwillige besucht hatte, war alles wesentlich schwieriger gewesen. Kurzzeitig war Edward zwar wieder da, aber er wartete nur auf seine Einberufung. Rupert hatte seine Entscheidung, in die Firma einzutreten, etwa zur selben Zeit getroffen, als Zoë schwanger wurde, zweifelte aber immer noch, ob es wirklich die richtige Wahl war. Seine Arbeit als Kunsterzieher war ihm immer als Behelfslösung erschienen – eine Art Lehrzeit, ehe er Berufsmaler wurde. Wie sich herausstellte, kam er in seinem Leben als Geschäftsmann überhaupt nicht mehr zum Malen. Die Aussicht auf Krieg, die ihm einen Ausweg daraus bot, begeisterte ihn – obwohl er das kaum zugeben konnte, nicht einmal sich selbst gegenüber.

»Aber du wirst mir natürlich fehlen, alter Junge«, sagte Hugh mit bemühter Beiläufigkeit, die ihn unvermittelt rührte. Wie ihre Schwester Rachel wurde Hugh immer beiläufig, wenn ihn etwas sehr bewegte.

»Womöglich nehmen sie mich ja nicht«, wandte Rupert ein. Das glaubte er zwar nicht, aber ein anderer Trost fiel ihm nicht ein.

»Natürlich nehmen sie dich. Ich wünschte, ich könnte nützlicher sein. Die armen Polen. Wenn die Russen den Vertrag nicht unterzeichnet hätten, würde er kaum wagen, dort zu stehen, wo er jetzt ist.«

»Hitler?«

»Natürlich Hitler. Na ja, wir haben ein Jahr Aufschub bekommen. Hoffentlich haben wir es genutzt.«

Sie hatten Battle erreicht. »Ich parke vor Till's, ja?«, sagte Rupert. »Ich glaube, da müssen wir endlos viel besorgen.«

Die nächsten Stunden verbrachten sie damit, vier Dutzend Weckgläser, Desinfektionsmittel, Paraffin, vierundzwanzig kleine Taschenlampen mit Ersatzbatterien, drei Zinkeimer, Unmengen grüner Seife und Lux, vier Primus-Kocher, anderthalb Liter Brennspiritus, sechs Wärmflaschen, zwei Dutzend Glühbirnen, ein Pfund 15 mm langer Nägel sowie zwei Pfund Polsternägel zu kaufen. Sie verlangten einen weiteren Ballen Verdunklungsstoff, aber es gab nur noch drei Meter. »Die nehmen wir besser mit«, sagte Hugh zu Rupert. Zudem erwarben sie sechs Röllchen schwarzes Nähgarn und eine Packung Nähmaschinennadeln. In der Drogerie besorgten sie ein Kolikmittel, Magnesiumhydroxid, Babyöl, Vinoliaseife, Amami-Shampoo, Pfeilwurz und Andrews Lebersalz, und Rupert nahm für Clary eine Schildpatt-Haarspange mit, weil sie ihren Pony auswachsen ließ und mit den langen Fransen seinen Worten nach wie ein treuer Hund aussehe. Sie holten zwei Kartons mit Lebensmitteln ab, die die Duchy und Villy am Vormittag bestellt hatten. Außerdem besorgten sie Goldflake und Passing Cloud – Villys und Rachels Zigaretten. Rupert kaufte für Zoë den *Tatler* und Hugh für Sybil *Wie grün war mein Tal* – sie las gerne Neuerscheinungen, und das Buch hatte gute Kritiken bekommen. Dann gingen sie die Listen noch einmal durch und stellten fest, dass das Geschäft die Bestellung der Duchy für Malvern Water nicht mitgeliefert hatte.

»Noch etwas?«

»Etwas, das wie Lamabirne aussieht?«

»Lammhirn«, klärte Hugh ihn auf. »Für Wills. Sybil glaubt, dass er stirbt, wenn er das nicht einmal die Woche bekommt.« Also gingen sie zum Fleischer, der sagte, Mrs. Cazalet senior habe eben angerufen und eine Ochsenzunge bestellt. Zufällig habe er noch eine, die er auch gerade erst in Salzlake gelegt habe, also bräuchte sie nur kurz gewässert zu werden, sollten sie der Köchin ausrichten.

»Falls es Ihnen nichts ausmacht, Sir«, fügte er hinzu. Er war daran gewöhnt, dass Mr. Tonbridge die Bestellung abholte, sofern die Damen nicht selbst kamen, was aber nur selten der Fall war. Wenn ihm etwas den Eindruck vermittelte, dass nichts mehr mit rechten Dingen zuging, dann der Umstand, dass zwei Herren die Einkäufe erledigten, dachte er, als er das Hirn in Pergament und dann in Packpapier einwickelte. Der Lehrjunge kehrte den Boden – sie würden bald schließen –, und er musste ihn scharf zurechtweisen, damit er den Herren keine Sägespäne auf die Hosen fegte.

Auf der Straße vor dem Geschäft herrschte regeres Treiben als sonst. Mehrere schwangere Mütter mit blassgesichtigen Kindern im Schlepptau gingen auf und ab, starrten deprimiert in die Auslagen und bewegten sich ein paar Meter weiter.

»Evakuierte«, sagte Hugh. »Wahrscheinlich können wir von Glück reden, dass bei uns keine einquartiert wurden. Die Kinderherberge ist da viel dankbarer. Wenigstens haben Kleinkinder keine Nissen und Läuse, und sie beschweren sich nicht über die Stille und dass ihnen das Essen nicht schmeckt.«

»Tun sie das denn?«

»Laut Sybil, die es von Mrs. Cripps weiß, die es von Mr. York erfahren hat, der es von Miss Boot weiß.«

»Guter Gott!«

»Was hältst du davon, dass die Kinder hierbleiben?«, fragte Hugh, als sie in den voll beladenen Wagen stiegen.

Etwas überrascht fragte Rupert: »Die unseren meinst du?«

»Ja.«

»Na ja, wohin sollten sie denn sonst? Nach London ganz bestimmt nicht.«

»Wir könnten sie weiter ins Landesinnere schicken. Fort von der Küste. Angenommen, es kommt zum Einmarsch?«

»Also, ehrlich gesagt glaube ich nicht, dass wir derart weit in die Zukunft denken sollten. Zündest du mir bitte eine Zigarette an? Und was sagt Sybil dazu?«, erkundigte er sich, nachdem Hugh sie ihm gereicht hatte.

»Sie macht die ganze Sache ein bisschen schwierig. Sie möchte unbedingt nach London mitkommen, um mich zu versorgen. Das kann ich natürlich nicht zulassen. Wir haben uns beinahe gestritten«, fügte er hinzu, erneut verblüfft über diesen schrecklichen, ungewöhnlichen Umstand. »Schließlich habe ich ihr gesagt, ich würde bei dir wohnen, damit habe ich sie endlich zum Schweigen gebracht. Aber natürlich habe ich das nicht ernst gemeint«, warf er ein, »ich weiß ja, dass du gar nicht in London sein wirst. Aber sie weiß es nicht. Sie ist einfach etwas angespannt. Es ist viel besser, wenn die Familie zusammenbleibt. Und ich kann schließlich jedes Wochenende herkommen.«

»Wirst du in eurem Haus wohnen?«

»Das muss ich sehen. Es hängt davon ab, ob ich eine Frau finde, die sich um den Haushalt kümmert. Wenn nicht, kann ich jederzeit bei mir im Club wohnen.« Vor ihm stieg das Bild endloser langweiliger Abende auf, an denen er mit Männern, mit denen er den Abend gar nicht verbringen wollte, zusammen an einem Tisch saß.

Aber Rupert wusste, wie sehr sein Bruder ein häusliches Leben schätzte, und stellte ihn sich allein in seinem Club vor. »Du könntest ja auch mit dem alten Herrn jeden Tag mit dem Zug in die Stadt fahren«, schlug er vor.

Hugh schüttelte den Kopf. »Jemand muss nachts in London sein. Zu der Zeit finden die meisten Luftangriffe statt. Ich kann den Arbeitern die Lagerhallen doch nicht allein überlassen.«

»Edward wird dir fehlen, stimmt's?«

»Ihr werdet mir beide fehlen. Trotzdem, so alte Wracks wie ich dürfen nicht wählerisch sein.«

»Jemand muss sich um die heimische Feuerstelle kümmern.«

»Vermutlich werden sie von mir eher erwarten, dass ich sie lösche.«

Einen Moment später sagte er: »Du bist der einzige Mensch, den ich kenne, der beim Lachen tatsächlich wiehert.«

»Schrecklich, oder? Im Internat haben sie mich immer das Pferd genannt.«

»Das wusste ich gar nicht.«

»Du warst ja die meiste Zeit fort.«

»Na, demnächst wird es umgekehrt sein.«

Hughs bitterer und zugleich ergebener Ton rührte Rupert. Unwillkürlich wanderte sein Blick zu dem schwarzen Stumpf, der auf Hughs Knie ruhte. Guter Gott! Ohne linke Hand durchs Leben zu gehen, weil jemand sie einem zerfetzt hatte. Und trotzdem ist es immer noch seine linke Hand. Aber ich bin Linkshänder – für mich wäre es schlimmer. Aus Scham über seine Selbstsucht und um Hugh aufzumuntern, sagte er: »Deine Polly ist ein richtiger Schatz. Und sie wird mit jedem Tag hübscher.«

Schlagartig hellte sich Hughs Gesicht auf. »Das stimmt. Aber um Himmels willen, sag es ihr nicht.«

»Das hatte ich auch nicht im Sinn, aber warum denn nicht? Ich sage Clary solche Dinge immer.«

Hugh öffnete den Mund, um zu erklären, das sei etwas anderes, und schloss ihn wieder. Nach seinem Dafürhalten war es in Ordnung, eher unscheinbar aussehenden Menschen Komplimente über ihr Aussehen zu machen; aber wenn sie wirklich hübsch waren, sollte man besser den Mund halten. »Ich möchte nicht, dass sie auf komische Ideen kommt«, antwortete er vage, was in der Cazalet-Sprache so viel hieß wie, sich für etwas Besonderes zu halten, wie Rupert nur zu gut wusste. Dem um keinen Preis Vorschub zu leisten war das einzige Familienprinzip, mit dem auch er als Nesthäkchen aufgewachsen war, und er fand es besser, oder doch einfacher, zuzustimmen.

»Natürlich nicht«, sagte er.

Raymond Castle saß mit seiner ältesten Tochter im Lyons' Corner House an der Tottenham Court Road.

»Daddy, zum hundertsten Mal, ich komme sehr gut klar. Wirklich.«

»Das mag ja sein, aber deiner Mutter und mir wäre es lieber, wenn du bei uns und dem Rest der Familie auf dem Land wärst.«

»Ich wünschte sehr, du würdest aufhören, mich wie ein Kind zu behandeln. Ich bin zwanzig.«

Das weiß ich, dachte er. Würde er sie wie ein Kind behandeln, würde er ihr sagen, sie solle verdammt noch mal ihre Taschen packen und sich zu ihm und dem alten Drachen und der Gouvernante ins Auto setzen. Stattdessen musste er auf ein »Es wäre uns lieber« zurückgreifen.

»Außerdem könnte ich heute unmöglich mitkommen, ich bin abends zu einer Party eingeladen.«

Darauf setzte Schweigen ein, in dem er den altbekannten und häufig erfolglosen Versuch unternahm, seine Wut zu beherrschen, bis ihm ernüchtert klar wurde, dass er im Grunde keine Wut empfand. Vor Angela kapitulierte er – wegen ihres Aussehens. Denn sie war eine verwirrende Kopie Jessicas in dem Alter, als er sie geheiratet hatte, allerdings ohne die romantische Unschuld und die schiere naive Frische, die ihn so fasziniert hatten. Das goldene Haar, das sie vor einem Jahr so vorteilhaft zum langen Pagenkopf geschnitten hatte, trug sie jetzt mit Mittelscheitel und streng aus der Stirn gekämmt; gehalten wurde die Frisur von einem schmalen Zopf ihres eigenen Haars (das vermutete er zumindest). Nichts lenkte von ihrem Gesicht mit den perfekt gezupften Augenbrauen, dem pudrigen, blassen Make-up und dem grellroten Mund ab. Sie trug einen hellgrauen, eng anliegenden Leinenmantel und einen hauchdünnen bernsteinfarbenen Chiffonschal um den weißen Hals. Sie sah mondän aus (er nannte es schick), aber extrem abweisend. Das war das andere, vor dem er die Waffen streckte: ihre absolute und gleichmütige Verweigerung jeder Kommunikation mit ihm, einmal abgesehen von hohlen Phrasen als Antwort auf jede Frage. »Mir geht es gut«, »Niemand, den du kennen würdest«, »Ich bin kein Kind mehr«, »Nichts Besonderes«, »Tut das etwas zur Sache?«

»Gute Party?«

»Das weiß ich nicht. Ich war noch nicht da.« Beim Sprechen sah sie ihn nicht an. Dann leerte sie ihre Kaffeetasse und blickte demonstrativ auf seine. Sie wollte gehen – um seiner in ihren Augen überflüssigen Neugier ein Ende zu setzen, dachte er. Er rief die Bedienung und bezahlte.

Auf den Gedanken, bei ihr in der Wohnung vorbeizusehen, die sie mit einer ihm unbekannten Freundin teilte, und sie zum Lunch einzuladen, war er bei der Fahrt über die Waterloo Bridge gekommen. Er war auf dem Weg zu seiner Mission, Lady Rydal und die Gouvernante abzuholen. »Deine gute Tat für mindestens eine Woche, alter Junge«, hatte Edward morgens gesagt, aber im Grunde war er froh, diese Aufgabe zu übernehmen. Er mochte es nicht, wenn er nicht das Heft in der Hand hielt, und in Sussex gab eindeutig der alte Herr den Ton an. Wenn er einfach bei ihr auftauchte, könnte er vielleicht herausfinden, was bei ihr vor sich ging, denn ihm war schleierhaft, weshalb sie sich derart geheimnistuerisch verhalten sollte. Er hatte sich überlegt, vorher anzurufen, die Idee dann aber verworfen; das würde dem Zweck seines Besuchs zuwiderlaufen. Der worin genau bestand? Immerhin war er ihr Vater, und unter den gegenwärtigen Umständen sollte sie wirklich nicht allein in London bleiben. Er musste sie überreden, mit ihm nach Sussex zurückzufahren. Das war der Grund, weshalb er sie sehen wollte. Er würde sich wirklich Vorwürfe machen, wenn er schon einmal hier war und sie einfach in der Stadt ließ, wo jederzeit mit Luftangriffen zu rechnen war. Ein Gefühl der Rechtschaffenheit verdrängte sein leichtes Unbehagen – er war ein Mann, dem Selbstgerechtigkeit häufig zum Segen gereichte. In der Percy Street betätigte er die oberste Glocke und wartete eine Ewigkeit, aber niemand kam. Also drückte er noch einmal die Klingel und ließ sie nicht mehr los. Was ging da vor sich?, fragte er sich, während mehrere teuflische Szenarien vor seinem geistigen Auge vorbeizogen. Als schließlich ein Mädchen – nicht Angela – den Kopf zum Fenster hinaussteckte und rief: »Wer ist da?«, war er ziemlich in Rage.

»Ich möchte Angela besuchen«, rief er zurück und hinkte die Stufen hinunter, um das Mädchen zu sehen.

»Ja, aber wer ist da?«, fragte sie.

»Sagen Sie ihr, dass ihr Vater da ist.«

»Ihr Vater?« Ungläubiges Lachen. »Also gut, wenn Sie meinen.« Er wollte gerade die Stufen hochsteigen – er versuchte es zumindest, sein Bein behinderte ihn –, als er wieder die Stimme des Mädchens hörte. »Sie schläft.«

»Dann lassen Sie mich rein und wecken Sie sie. In der Reihenfolge«, fügte er hinzu.

»Also gut.« Jetzt klang die Stimme resigniert. Beim Warten warf er einen Blick auf die Uhr, als wüsste er nicht, wie spät es war. Nun ja, genau nicht, aber nach zwölf. Mittags im Bett? Guter Gott!

Das Mädchen, das ihm die Tür öffnete, war jung, hatte glattes braunes Haar und kleine braune Augen. »Es ist ziemlich weit nach oben«, sagte sie, sobald sie sein Hinken bemerkte.

Er folgte ihr zwei Treppen hinauf, bedeckt mit abgetragenem Linoleum, wo es vage nach Katzen roch, und schließlich in ein Zimmer. Darin befanden sich, neben vielem anderen, ein ungemachtes Bett, ein Tablett mit den Überresten einer Mahlzeit auf dem Boden vor dem Gaskamin, ein kleines Waschbecken mit tropfendem Wasserhahn, ein fleckiger meergrüner Teppich und ein kleiner durchgesessener Sessel, auf dem eine große rote Katze saß. »Runter, Orlando. Setzen Sie sich doch«, sagte sie. Der Gaskamin mit den vielen gebrochenen und schwarz verbrannten Elementen loderte. »Ich habe mir gerade Toast gemacht«, sagte sie. Sie sah ihn zweifelnd an, unsicher, ob er auch einen haben wollte. »Alles kein Problem, ich habe sie geweckt. Wir waren gestern Abend auf einer Party, und es ist ziemlich spät geworden. Aber ich bin früh aufgestanden, weil wir keine Milch mehr hatten, außerdem hatte ich Kohldampf.«

Eine ganze Weile herrschte Stille.

»Essen Sie doch weiter«, sagte er.

Sofort begann sie, an dem unförmigen Kastenbrot herumzuschneiden. Ohne aufzublicken sagte sie dann: »Sie sind wirklich ihr Vater, stimmt's? Jetzt erkenne ich Sie. Es tut mir leid«, fügte sie hinzu. Was genau?, fragte er sich. Ihr ungläubiges Lachen? Oder Angela, weil sie einen alten Krüppel zum Vater hatte, der ohne Vorwarnung einfach hereinschneite?

»Tauchen hier denn scharenweise Männer auf, die sich als Väter ausgeben?«

»Nicht gerade scharenweise …«, begann sie, wurde aber von Angela unterbrochen, die wundersamerweise – so kam es ihm zumindest vor – geschminkt und kunstvoll frisiert erschien. Sie trug einen Morgenmantel und war barfuß.

»Ich bin gekommen, um dich zum Lunch einzuladen«, sagte er und bemühte sich dabei um einen jovialen Ton.

Sie gestattete ihm einen Kuss, dann sah sie sich mit einer gewissen Abscheu im Zimmer um und sagte, sie werde sich kurz anziehen, dann könnten sie aufbrechen.

Unten auf der Straße fragte er: »Wohin sollen wir gehen?«

Sie zuckte mit den Schultern. »Ich habe keinen Appetit. Wohin du möchtest.«

Schließlich gingen sie die Percy Street und dann die Tottenham Court Road entlang zum Lyons' Corner House, wo er sich durch einen Teller Lammbraten, Kartoffeln und Karotten kämpfte, während sie Kaffee trank.

»Bist du dir sicher, dass ich dich nicht für einen Knickerbocker Glory interessieren kann?«, fragte er. Vor weiß Gott wie vielen Jahren hatte sie diesen schrecklichen Eisbecher mit grellfarbenen Früchten und mengenweise Sahne über alles geliebt. Aber sie sah ihn nur an, als hätte er den Verstand verloren, und sagte Nein, danke. Danach redete er fieberhaft, erzählte, dass er ihre Großmutter und Miss Milliment abhole, und erst, als sich ihre Miene bei der Erwähnung dieses Namens aufhellte, wurde ihm klar, wie wütend sie die ganze Zeit gewesen war. »Miss Milliment mochte ich gern«, sagte sie, ein unbestimmbarer Ausdruck zog über ihr Gesicht und verschwand wieder, kaum hatte er ihn wahrgenommen. Da entschuldigte er sich, ohne Vorwarnung aufgekreuzt zu sein.

»Warum bist du überhaupt gekommen?«, fragte sie. Damit akzeptierte sie seine Entschuldigung zumindest ansatzweise, und er erklärte weitschweifig, er habe das aus einem Impuls heraus getan, und sprach dann von seinem Wunsch, sie aus London herauszuholen. Gleich würden sie sich verabschieden, und das ganze Treffen war ein Reinfall gewesen. Als sie bei seinem Wagen angekommen waren, der bei ihr vor der Haustür stand, sagte er: »Vielleicht kannst du Mummy anrufen, ja? Sie ist im neuen Haus. Whatlington drei vier.«

»Wir haben kein Telefon, aber ich werde es versuchen. Danke für den Kaffee.« Sie hielt ihm ihre Wange hin, wandte sich ab, lief die Stufen hinauf und drehte sich an der Haustür nur um, so glaubte er, um sicherzugehen, dass er wirklich in seinen Wagen stieg und wegfuhr. Das tat er auch.

Den Rest dieses anstrengenden Tages, an dem er sich mit verschiedenen dummen Entscheidungen selbst in den Arm fiel, grübelte er über das erbärmliche Treffen mit seiner ältesten Tochter. Die erste dieser Fehlentscheidungen war, seine Schwiegermutter vor Miss Milliment und ihrem Gepäck abzuholen (Lady Rydal empfand es offenbar selbst in einem Automobil als Zumutung, nach Stoke Newington zu fahren), das sich zusätzlich zu Lady Rydals nur mit größter Mühe verstauen ließ (letztlich musste er den Dachgepäckträger montieren, was Ewigkeiten dauerte). Dann ging ihm, noch ehe er den Blackwall Tunnel erreichte, das Benzin aus, und zu guter Letzt hatte er kurz vor Sevenoaks eine Reifenpanne (was nicht seine Schuld war, doch als Autorität für Tropfen, die das Fass zum Überlaufen bringen, betrachtete Lady Rydal sie als solchen). Während dieses ganzen schrecklichen, mühseligen Tages also überlegte er sich, dass er in Angelas Verhalten ein Spiegelbild seiner selbst sah, ein Spiegelbild, das er weder ertragen noch leugnen konnte: ein jähzorniger, enttäuschter Mann mittleren Alters, der nichts von dem tun konnte, was ihn interessierte, und der seine Mitmenschen schikanierte, damit sie sich genauso schlecht behandelt vorkamen wie er – insbesondere seine eigenen Kinder. Das wusste er. Nur Jessica schikanierte er nicht. Er bekam Wutanfälle, aber er schikanierte sie nicht. Er liebte sie – vergötterte sie. Nach solchen Vorfällen war er immer zerknirscht, überschüttete sie in den darauffolgenden Stunden oder gar Tagen mit kleinen, liebevollen Aufmerksamkeiten, geißelte sich ihr gegenüber wegen seiner fürchterlichen Wut und seines Pechs, und sie, die Engelsgute, verzieh ihm jedes Mal. Jedes Mal ... Wie sehr diese Szenen sich glichen, wurde ihm jetzt klar; mittlerweile folgten sie einem Ritual. Wenn einer von ihnen den nächsten Satz vergessen hätte, könnte der andere ihn soufflieren. Und war ihm im vergangenen Jahr nicht aufgefallen, dass ihre Antworten etwas Mechanisches bekommen hatten? Liebte sie ihn wirklich? War er ihr vielleicht lästig geworden? Sein Leben lang hatte ihn die Angst umgetrieben, nicht gemocht zu werden: Seinem Vater war er nicht klug genug gewesen, und seine Mutter hatte nur Robert geliebt, seinen älteren Bruder, der im Krieg gefallen war. Doch als er Jessica kennengelernt und sich sofort Hals über Kopf in sie verliebt hatte, und als sie seine Liebe erwidert hatte, war es ihm gleichgültig gewesen, ob andere Menschen ihn mochten oder nicht. Er war erfüllt und überwältigt gewesen von der Liebe dieses wunderschönen, begehrenswerten Geschöpfs. Dutzende Männer hätten Jessica heiraten wollen, doch sie war die Seine geworden.

Und wie viele Träume hatte er gehabt, mit welchem Feuereifer hatte er sich um ihretwillen bemüht, erfolgreich zu sein! Welche Vorhaben hatte er nicht alle verfolgt, um Geld zu verdienen – auf Händen wollte er sie tragen und ihr ein Leben in Luxus bieten! Es gab nichts, das er nicht für sie getan hätte, aber irgendwie hatte sich ein Plan nach dem anderen zerschlagen. Die Gästepension, die Hühnerfarm, die Champignonzucht, eine Paukschule für minderbemittelte kleine Jungen, die Hundepension: Jeder Plan, der dem vorangegangenen gescheiterten folgte, war kleiner und verrückter geworden. Er war kein Geschäftsmann – war einfach nicht dazu erzogen worden –, und, wie er zugeben musste, verstand er sich auch nicht auf den Umgang mit anderen, mit niemandem, außer mit Jessica. Als die Kinder kamen, war er eifersüchtig auf sie gewesen, weil sie ihm Zeit mit ihr raubten. Nach Angelas Geburt, da war er gerade ein Jahr zuvor als Invalide aus der Armee entlassen worden, hatte

Jessica an nichts anderes als das Baby denken können. Angela war ein schwieriges Kind gewesen, das nie mehr als eine oder zwei Stunden am Stück schlief, was bedeutete, dass keiner von ihnen eine Nacht durchschlief, und als dann Nora kam, lehnte Angela sie derart ab, dass Jessica die beiden keinen Moment unbeaufsichtigt lassen konnte. Und natürlich hatten sie sich nie ein Kindermädchen leisten können, höchstens stundenweise eine Haushaltshilfe. Bei Christophers Geburt hatte er geglaubt, dass er jetzt zumindest einen Sohn hätte, aber der erwies sich als der Schlimmste von allen: Immer fehlte ihm etwas, er hatte schlechte Augen, einen schwachen Magen, und mit fünf wäre er beinahe an einer Mastoiditis gestorben. Jessica hatte ihn verzärtelt, wodurch er noch mehr verweichlichte und vor allem und jedem Angst hatte – und nichts, das er, sein Vater, tat, machte auch nur den geringsten Unterschied.

Er erinnerte sich, wie er für die Kinder ein Feuerwerk veranstaltet hatte, aber Christopher hatte wegen der Knallerei geschrien und gebrüllt, und wie er mit ihnen zum Elefantenreiten in den Zoo gegangen war, aber Christopher hatte sich geweigert, sich auf das Tier zu setzen, und eine entsetzliche Szene gemacht – in aller Öffentlichkeit. Jessica sagte nur immer wieder, er sei sensibel, aber er war einfach ein Waschlappen, was die schlimmste Seite in Raymond hervorkehrte. Im tiefsten Inneren wusste er, dass er Christopher drangsaliert und schikaniert hatte, und dafür hasste er ihn und sich. Aber der Junge forderte es regelrecht heraus mit seinen zitternden Händen, seiner Ungeschicklichkeit und seinem sturen Schweigen, wenn er verspottet wurde – all das entfachte in Raymond einen heiligen Zorn, den er höchstens zu Gereiztheit abschwächen konnte. Als sein eigener Vater ihn kritisiert hatte, weil er nicht schlau genug war, hatte er einfach etwas anderes gemacht – und verdammt gut gemacht. Er hatte seine Abzeichen für Rugby und Rudern bekommen, er war ein erstklassiger Schütze gewesen, der beste Turmspringer seiner Schule, es hätte also reichlich Gründe gegeben, weswegen sein Vater stolz auf ihn hätte sein können, wenn er denn gewollt hätte. Aber das hatte er natürlich nicht. Er hatte ihm nur weiterhin das Gefühl vermittelt, ein Trottel zu sein, weil er Dinge nicht wusste, die ihn nicht interessierten. Die Armee hatte ihm einen guten Ausweg geboten. Er war schnell aufgestiegen, bei Kriegsausbruch schon Captain, dann Major, wurde ausgezeichnet, heiratete Jessica und verbrachte zwei himmlische Wochen mit ihr in Cornwall – und dann Ypern, die dritte Flandernschlacht. Dort hatte er sein Bein verloren. Es war ihm wie das Ende der Welt erschienen, auf jeden Fall hatte es das Ende seiner Militärlaufbahn bedeutet. Er hatte endlose Kämpfe gegen sein Selbstmitleid gefochten und sie, glaubte er, mehr oder minder gewonnen, aber dadurch war er anderen Menschen gegenüber vermutlich härter geworden – all die vom Glück Gesegneten, die zwei Beine hatten und tun konnten, wozu sie Lust hatten. Er hatte nie den Eindruck, als hätte auch nur einer von ihnen die mindeste Ahnung, wie es ihm erging. Judy war gar nicht geplant gewesen. Dann musste er die Stelle als Schulquästor annehmen, um die Schulgebühren zu reduzieren (Angestellte der Schule bekamen große Nachlässe), und das hatte zumindest bei Christopher geholfen. Bisweilen hatte Tante Lena das eine oder andere für die Mädchen übernommen, das Problem war nur, dass sie ihm nie im Voraus mitteilte, wofür sie aufkommen würde, weswegen er und Jessica nie wussten, woran sie waren. Jetzt, nach Tante Lenas Tod, hatten sie wenigstens etwas Geld und ein viel schöneres Haus, aber es war etwas zu spät und bedeutete nicht mehr dieselbe Erleichterung, die es vor Jahren einmal gewesen wäre. Seine Kinder, die früher Angst vor ihm gehabt hatten – das erkannte er jetzt –, verhielten sich zunehmend gleichgültig.

Allerdings machten sie das alle auf unterschiedliche Art. Angela brüskierte ihn und gab ihm zu verstehen, dass er sie langweilte. Christopher ging ihm nach Kräften aus dem Weg und verhielt sich, wenn das nicht möglich war, bemüht höflich. Nora und Judy sprachen beide in einem ganz bestimmten Ton zu ihm, fröhlich und beschwichtigend – er vermutete, dass Judy Nora nachahmte und dass sie beide Jessica nachahmten, die eine Art entschlossener Gelassenheit an den Tag legte, wenn seine Stimmung auch nur ansatzweise gereizt war. Dadurch kam es ihm vor, als wäre er getrennt von dem Familienleben, das sie alle verband, und er fühlte sich davon ausgeschlossen.

Mittlerweile hatte er den Reifen gewechselt, den beschädigten in den überfüllten Kofferraum bugsiert und sich zu den schweigenden Passagieren in den Wagen gesetzt. Miss Milliment murmelte lächelnd etwas in der Art, es täte ihr leid, sich nicht nützlich gemacht zu haben, und Lady Rydal, der die Vorstellung, sich nützlich zu machen, zeitlebens fremd gewesen war, sagte vernichtend: »Wirklich, Miss Milliment! Ich glaube nicht, dass die Reparatur eines Reifens zum Aufgabenbereich einer Gouvernante gehören sollte.« Nach einer Pause fügte sie hinzu: »Eine Reifenpanne ist nichts im Vergleich zu dem, womit wir uns vermutlich werden abfinden müssen.« Die restliche Fahrt wünschte er sich mit verzweifelter Hoffnungslosigkeit, er säße allein im Wagen und führe zu Tante Lenas Haus in Frensham, wo Jessica (und sonst niemand) ihn mit einer Tasse Tee auf dem Rasen empfing, anstatt den alten Drachen und eine Gouvernante ins Ferienlager der Cazalets zu chauffieren.

Um vier Uhr an diesem Samstagnachmittag mussten Sybil und Villy ihre Arbeit an der Verdunklung abbrechen, weil ihnen der Stoff ausging. Sybil sagte, sie sei am Verdursten, und eine Tasse Tee wäre genau das Richtige, woraufhin Villy meinte, sie werde sich in die Küche vorwagen und eine machen.

»Vorwagen war das korrekte Wort«, sagte sie, als sie kurze Zeit später ein Tablett auf den Rasen trug, wo Sybil zwei Deckstühle aufgestellt hatte. »Louise und Nora kochen ein gewaltiges Abendessen für die Schwesternschülerinnen, und Emily sitzt einfach in ihrem Korbsessel und tut, als wären sie nicht da. Die beiden sind wirklich tapfer. Ich glaube nicht, dass ich das aushalten könnte. Ich habe ihr schon gesagt, dass es ein Notfall ist, aber sie sieht mich an, als würde ich fantasieren.«

»Glaubst du, sie wird kündigen?«

Villy zuckte mit den Schultern. »Gut möglich. Sie hat es schon einmal gemacht. Aber sie liebt Edward, deswegen hat sie es sich noch jedes Mal anders überlegt. Aber Edward wird nicht hier sein, und ich bezweifle, dass die Mischung aus Landleben und Kochen für eine Schar Frauen und Kinder sie auf Dauer zufriedenstellt.«

»Wird Edward sich wirklich freiwillig melden?«

»Wenn es irgend geht, ja. Das heißt natürlich, wenn sie ihn nehmen. Aber Hugh werden sie nicht nehmen«, sagte sie nach einem Blick auf die Miene ihrer Schwägerin. »Sie werden bestimmt davon ausgehen, dass er in der Firma gebraucht wird.«

»Aber er will unbedingt in London wohnen«, erwiderte Sybil. »Ich habe ihm gesagt, dass ich ihn nicht allein in dem Haus lasse. Ich würde verrückt werden vor Sorgen.«

»Aber du kannst doch nicht Wills nach London mitnehmen!«

»Ich weiß. Aber Ellen könnte sich doch um Wills und Roland kümmern, oder? Und du wirst doch auch hier sein, nicht wahr? Rolands wegen?« Die Vorstellung, dass man ein sechs Monate altes Kind allein lassen konnte, war für sie undenkbar.

Villy zündete sich eine Zigarette an. »Ehrlich gesagt habe ich mir noch keine Gedanken darüber gemacht«, antwortete sie. Was nicht stimmte. In den vergangenen Wochen hatte sie sich ständig überlegt, dass sie jetzt alles mögliche Nützliche – und Interessante – tun könnte, wenn sie sich nicht ein Kind aufgebürdet hätte. Sie liebte Roland, natürlich liebte sie ihn, aber er war glücklich in Ellens Obhut, die sich mit Begeisterung um Kleinkinder kümmerte anstatt um Neville und Lydia; die beiden überforderten sie in mancher Hinsicht, während sie ihr in anderer zu wenig boten. Den Krieg als Strohwitwe zu verbringen, die den Haushalt organisierte, war in ihren Augen sowohl langweilig als auch absurd. Mit ihrer vielen Rotkreuz-Erfahrung könnte sie jederzeit als Krankenschwester arbeiten oder Hilfsschwestern ausbilden, ein Genesungsheim leiten oder sich in einer Kantine betätigen … Es wäre viel besser, wenn Sybil hier die häusliche Stellung hielt: Ihr Ehrgeiz beschränkte sich darauf, sich um ihren Mann und ihre Kinder zu kümmern. Villy sah über den Teetisch hinweg zu ihr. Die blaue Socke, an der sie gerade strickte, lag in ihrem Schoß, unablässig wrang sie ein kleines weißes Taschentuch.

»Ich kann Hugh in London nicht allein lassen«, sagte sie. »Er mag Clubs und Partys nicht so wie Edward, und er kommt im Haus alleine nicht zurecht. Aber wenn ich mit ihm darüber reden will, fährt er mich an und beschwert sich, dass ich ihn offenbar für unfähig halte.« Ihre stark verblassten blauen Augen begegneten Villys und füllten sich mit Tränen. Sie sah beiseite. »Oje, jetzt mache ich mich gleich lächerlich.« Sie tupfte sich mit dem Taschentuch um die Augen, putzte sich die Nase und trank von ihrem Tee. »Es ist alles so schrecklich! Wir streiten uns so gut wie nie, und jetzt hat er mir mehr oder weniger vorgeworfen, ich würde nicht genug an Wills denken!« Sie schüttelte heftig den Kopf, als wäre allein der Gedanke unsinnig, und ihre nachlässig zusammengebundene Frisur löste sich vollends auf.

»Meine Liebe, es wird sich bestimmt eine Lösung finden. Warten wir doch erst einmal ab, was passiert.«

»Sehr viel anderes bleibt uns ja auch nicht übrig.« Sie entfernte einige Haarnadeln aus ihrem Haar und drehte ihren Pferdeschwanz zu einem Knoten.

»Mir ist natürlich klar«, sagte sie mit dem Mund voll Haarnadeln, »dass es ein sehr triviales Problem ist im Vergleich zu dem, was die meisten Leute werden durchmachen müssen. Wodurch alles noch schlimmer wird.«

»Wenn man an Menschen denkt, denen es schlechter ergeht als einem selbst, bekommt man immer ein schlechtes Gewissen«, sagte Villy. Ihr war diese Situation nur allzu vertraut. »Ich meine, es geht dir schlecht, weil du ein schlechtes Gewissen hast, was niemandem hilft.«

Louise kam aus dem Haus, in den Händen einen Teller, auf dem zwei dampfende Hefebrötchen lagen.

»Ich dachte, vielleicht möchtet ihr meine Brötchen probieren«, sagte sie. »Das erste Blech ist gerade aus dem Ofen gekommen.«

»Nicht für mich, mein Schatz, danke«, sagte Villy sofort. Seit Rolands Geburt hatte sie zugenommen.

»Aber gerne«, sagte Sybil. Sie hatte Louises Gesicht bemerkt, als ihre Mutter das Angebot ablehnte. Sie hätte eins nehmen sollen, dachte sie.

Sie sollte keine Brötchen essen, dachte Villy. Sybil hatte seit Wills' Geburt ebenfalls zugenommen, aber offenbar störte es sie nicht – sie lachte nur, wenn sie nicht mehr in ihre Kleider passte, und kaufte größere.

»Mein Gott, das ist ja köstlich! Wie aus der Bäckerei, nur besser.«

»Du kannst gerne beide nehmen. Ich backe Unmengen für die Schwestern. Emily wollte auch keins«, fügte sie hinzu und stellte ihre Mutter damit auf eine Stufe mit Emily, in der Hoffnung, es würde sie ärgern. »Sie findet es unerträglich, dass ich in der Lage bin, so etwas zu backen. Und sie ist scheußlich zu Nora wegen der Fleischaufläufe, aber Nora hat ein dickes Fell. Ich wünschte, das hätte ich auch. Sie merkt gar nicht, wenn jemand unfreundlich zu ihr ist.«

»Und ihr werdet hinterher auch richtig wieder sauber machen, ja?«

»Das haben wir schon versprochen«, erwiderte Louise mit übertriebener Geduld, die eindeutig vernichtend klingen sollte, und ging ins Haus zurück. Ihr langes, glänzendes Haar fiel federnd um ihre schmalen Schultern.

»Sie ist im vergangenen Jahr wirklich in die Höhe geschossen.«

»Ja, sie ist praktisch aus ihrer ganzen Kleidung herausgewachsen. Ich fürchte, sie wird zu groß werden. Sie ist furchtbar ungeschickt. Offenbar hat sie an der Hauswirtschaftsschule sogar den Rekord im Zerbrechen von Geschirr gebrochen.«

»Ich glaube, das passiert leicht, wenn Kinder so schnell wachsen. Sie haben sich einfach noch nicht an ihre plötzliche Größe gewöhnt. Für dich ist es anders, Villy, du warst immer so zierlich – und geschickt. Simon ist genauso – ziemlich unfallträchtig.«

»Ach, Jungen! Bei ihnen geht man davon aus, dass sie grob mit Dingen umgehen. Sogar Teddy macht das eine oder andere kaputt.

Aber Louise ist einfach unachtsam. Ihr Verhältnis zu mir war immer schon schwierig, aber mittlerweile ist sie sogar Edward gegenüber abweisend. Es war eine ziemliche Erleichterung, sie auf die Schule zu schicken, obwohl ich wirklich nicht weiß, ob sie dort etwas lernt, das tatsächlich von Nutzen für sie sein wird.«

»Nun ja, die Hefebrötchen sind ein voller Erfolg.«

»Sicher, meine Liebe, aber wann wurde je von dir erwartet, Hefebrötchen zu backen? Wenigstens bringen sie ihnen bei, Vorstellungsgespräche mit Personal zu führen, aber Sachen wie ein Chorhemd zu plissieren – ich bitte dich! Seit wann gilt denn das als nützliche Fähigkeit?«

»Sehr wertvoll, wenn sie einen Geistlichen heiratet.«

»Ich glaube, das wäre eher etwas für Nora.«

»In der Rolle wäre sie wirklich großartig, nicht? Freundlich und gut und so vernünftig.« Zumindest bei den Tugenden, die unscheinbar aussehenden Mädchen zustanden, waren sie einhelliger Meinung.

»Aber Louise wäre viel zu selbstsüchtig«, beendete Villy das Gespräch. »Wo bleiben bloß die Kinder? Ich habe ihnen gesagt, dass sie zum Tee hier sein sollen.«

»Welche Kinder?«

»Lydia und Neville. Ich habe den Eindruck, dass sie die ganze Zeit in Home Place verbringen, hier kriegt man sie so gut wie nie zu sehen.«

»Na ja, sie haben sich geärgert, dass sie mit den ganz Kleinen hier einquartiert …«, setzte Sybil an, aber Villy unterbrach sie. »Ja, ich weiß. Aber ich wollte nicht, dass hier im Cottage Platz bleibt für Zoë und Rupert. Es wäre Zoë mit unseren Kleinen doch wahrscheinlich sehr hart angekommen.«

»Das stimmt. Die arme Zoë. Ich muss sagen, es kann für sie nicht so einfach sein, dass die Kinderherberge zu uns evakuiert wurde, oder?«

»Nein, aber vielleicht will sie …«

»Meinst du wirklich?«

»Ich weiß es nicht. Aber Edward sagte Rupert, dass es seiner Ansicht nach das Beste wäre, wenn sie gleich wieder eins bekäme, und Rupert stimmte ihm offenbar zu, also ist es durchaus möglich.«

»Ach, schön.« Sybil erzählte nicht, dass Rupert auch Hugh nach seiner Meinung gefragt und Hugh zu einer sechsmonatigen Pause geraten hatte, damit Zoë Zeit blieb, über den Verlust hinwegzukommen, und dass Rupert das angeblich als famosen Gedanken bezeichnet hatte.

Aber Villy bemerkte ihren Blick und sagte: »Wahrscheinlich hat er Hugh auch gefragt, der ihm genau das Gegenteil erzählt hat, oder?«

»Woher weißt du das?«

»Der gute alte Rupe«, sagte Villy und sammelte die Teesachen ein.

»Wie auch immer, ich fände es am besten, wenn er Zoë einfach fragen würde«, meinte Sybil.

Zoë war die Aufgabe übertragen worden, die Eierzwetschen zu pflücken, von denen es eine Schwemme gab. »Sie dürfen nicht verkommen«, hatte die Duchy am Morgen gesagt. »Zoë, wenn du die Bäume im Küchengarten aberntest, können wir Pflaumenkuchen backen und den Rest einkochen. Gib acht wegen der Wespen.« Sie hatte den größten Gartenkorb genommen, den sie im Gewächshaus fand, hatte die kleine Leiter zur Mauer des Küchengartens getragen und methodisch jeden Spalierbaum abgeerntet. Es war besser, als mit den Tanten zu nähen, und besser, als zu versuchen, den allwöchentlichen, nichtssagenden Brief an ihre Mutter zu schreiben, die ihrer Freundin auf der Isle of Wight einen Besuch von unbegrenzter Dauer abstattete. Seit dem vergangenen Sommer hatte Zoë sich bemüht, netter zu ihrer Mutter zu sein und ihr mehr Aufmerksamkeit zu schenken, aber es gelang ihr gerade einmal, nicht unfreundlich zu sein. Seit ihr Kind im Juni gestorben war, versank sie in einer bleiernen Apathie und fand deswegen das Alleinsein einfacher. Dann brauchte sie sich nicht anzustrengen, »fröhlich« zu sein, wie sie es nannte; sie brauchte nicht auf Mitleid oder Freundlichkeit zu reagieren, was sie entweder ärgerte oder zu Tränen rührte. Es kam ihr vor, als wäre sie gezwungen, für den Rest ihres Lebens unverdiente Aufmerksamkeiten anzunehmen, sich um unaufrichtige Antworten zu bemühen, ständig im falschen Licht gesehen zu werden und das, was jeder außer ihr als Tragödie betrachtete, zu überwinden; zumindest ging sie davon aus, dass das von ihr erwartet würde. Die Schwangerschaft war genauso beschwerlich gewesen, wie sie es sich vorgestellt hatte, und nichts war so verlaufen, wie alle behauptet hatten. Die morgendliche Übelkeit, die angeblich nur drei Monate währte, hatte sich nicht gegeben und sich auch nicht auf den Vormittag beschränkt. Die letzten vier Monate tat ihr der Rücken so weh, dass sie keine bequeme Position mehr finden konnte, und ihre Nächte wurden alle zwei oder drei Stunden von einem Gang zur Toilette unterbrochen. Ihre Knöchel schwollen an, sie bekam zahlreiche Löcher in den Zähnen, und zum ersten Mal in ihrem Leben empfand sie Langeweile und Angst in gleichem Maße. Wann immer ihr richtig langweilig wurde, wann immer es ihr nicht gut genug ging, um etwas zu tun, was sie interessierte, setzte die Angst ein. Wenn es Philips Kind war, würde es dann aussehen wie er? Würde jeder sofort erkennen, dass es nicht Ruperts sein konnte? Was würde sie einem Kind gegenüber empfinden, das sie als Ruperts ausgeben musste, obwohl sie wusste, dass es nicht stimmte? In solchen Stunden wurde der Wunsch fast übermächtig, sich jemandem anzuvertrauen, zu gestehen und verachtet zu werden; nicht einmal um Vergebung ging es ihr, sie wollte nur jemandem davon erzählen, aber es gelang ihr, Schweigen zu bewahren. In ihrer Niedergedrücktheit kam ihr nur sehr selten der Gedanke, dass es durchaus auch Ruperts Kind sein könnte. Und Rupert war so nett zu ihr! So lange die Übelkeit auch anhielt, so oft sie auch weinte, sich in mürrischem Selbstmitleid erging, stets war er zärtlich, geduldig und liebevoll, obwohl sie gereizt war (wie konnte er so viel Verständnis aufbringen, wenn er nichts wusste?) und sich immer wieder entschuldigte für ihre Unfähigkeit, mit dem Ganzen zurechtzukommen (das sagte sie, wenn ihr Schuldgefühl sie zu überwältigen drohte) – in diesen langen Monaten schien er bereit, alles von ihr zu ertragen, bis sie das Kind endlich bekommen hatte, zu Hause, mithilfe der Hebamme, die die Familie bei Geburten immer holte. Endlose qualvolle Stunden, und dann hatte Rupert, der bei ihr geblieben war, ihr das gebadete und gewickelte Bündel in die Arme gelegt. »Hier, meine Liebste. Ist er nicht wunderschön?« Sie hatte auf den kleinen Kopf mit dem Schopf schwarzer Haare geblickt, auf das winzige, uralte Gesicht – er kam mit schwerer Gelbsucht zur Welt –, umrahmt von dem duftigen weißen Tuch, das die Duchy gemacht hatte. Sie hatte die hohe Stirn gesehen, die lange Oberlippe und hatte es gewusst. Sie hatte zu Rupert geblickt, der grau war vor Müdigkeit, und unfähig, seine unschuldige Fürsorge, seine Besorgnis und Liebe zu ertragen, hatte sie die Augen geschlossen, und heiße Tränen waren ihr ungebeten über die Wangen geronnen. Das war der allerschlimmste Moment: Sie hatte nicht damit gerechnet, seinen Stolz und seine Freude ertragen zu müssen. »Ich bin schrecklich müde«, hatte sie gesagt, es hatte wie ein Greinen geklungen. Die Hebamme hatte das Kind weggenommen und gesagt, sie solle sich jetzt schön ausruhen, Rupert hatte ihr einen Kuss gegeben, und dann war sie allein gewesen. Stocksteif hatte sie dagelegen, und der Gedanke, dass sie jetzt auf ewig mit dieser alles verzehrenden Lüge leben musste, hatte sie nicht schlafen lassen: Das kleine fremde Wesen würde immer größer und Philip, für den sie zu dem Zeitpunkt nur noch Hass empfand, immer ähnlicher werden, und ihr war der entsetzliche Gedanke gekommen, dass nur der Tod des Kindes sie erlösen könnte. Oder meiner, hatte sie gedacht: Es war ihr etwas besser erschienen, sich selbst anstatt jemand anderem den Tod zu wünschen. Und dann, keine Woche später, war das Kind tatsächlich gestorben. Es war von Anfang an kränklich gewesen, war nie gediehen, hatte nicht von ihrer reichlichen Milch getrunken oder wenn doch, sie erbrochen, hatte kaum geschlafen, weil es unablässig leise weinte – wegen Koliken, meinten die anderen –, aber später hatte die Hebamme etwas von einer Darmverschlingung gesagt und dass es nie eine Chance gehabt habe. Es war Rupert, der ihr den Tod des Kindes mitgeteilt hatte (sie hatte ihm nie einen Namen gegeben): Seine Sorge um sie war der letzte quälende Schmerz gewesen, bevor sich eine große, dumpfe Stille über sie legte. Es war vorbei. Tagelang schrecklicher Durst und Schmerzen, bis die Milch versiegte, was überall Streifen auf ihren schönen Brüsten hinterließ. Sie waren ihr ganzer Stolz gewesen, und jetzt störte sie sich nicht einmal daran. Ihre Erleichterung war zu gefährlich, um sie tatsächlich zu empfinden – hatte sie sich nicht gewünscht, es würde sterben? –, und so entkam sie nicht dem Gefühl von Isolation, das sie empfand, weil sie das Einzige, was sie dem einen Menschen, der sie liebte, sagen wollte, verschweigen musste. Sie brauchte sehr lange, um wieder zu Kräften zu kommen, war ständig müde, schlief bis spätmorgens und fiel nachmittags in einen bleiernen Schlaf, aus dem sie erschöpft und benommen aufwachte. Die Familie umgab sie mit Freundlichkeit, aber erstaunlicherweise hatte nur Clary sie innerlich erreicht. Eines Nachmittags war sie auf dem Wohnzimmersofa aufgewacht, als Clary vorsichtig ein Teetablett auf den Tisch neben ihr stellte. Sie habe Scones gebacken, sagte sie, ihre ersten, um ehrlich zu sein, und sie wisse nicht, ob sie gut geworden seien. Das waren sie nicht: steinhart und erstaunlich schwer. »Ein netter Gedanke«, hatte sie automatisch gesagt.

Eigentlich hatte eine Stimmung bemühten Wohlwollens geherrscht, aber dann hatte Clary geantwortet: »Ja, aber ob er nett ist, weiß eigentlich nur derjenige, der ihn denkt. Ich meine, es ist gut, dass die anderen Leute nicht immer wissen, was man denkt. Zum Beispiel habe ich mir früher gewünscht, du wärst tot. Es ist in Ordnung, das tue ich jetzt nicht mehr. Es war ziemlich schlimm für mich, das zu denken – und natürlich habe ich es nicht immer gedacht –, aber wenn du es gewusst hättest, wäre es für dich noch schlimmer gewesen. Ich habe dich gehasst, weil du nicht meine Mutter warst. Aber jetzt bin ich richtig froh, dass du nie versucht hast, sie zu sein. Jetzt kann ich dich als Freundin sehen.«

Ihr waren die Tränen gekommen – dabei hatte sie seit Wochen nicht mehr geweint –, und Clary hatte einfach still auf dem Hocker an dem niedrigen Tisch gesessen und sie ruhig und freundlich angesehen, und der Blick hatte sie mit einer wunderbaren Erleichterung erfüllt. Sie konnte ihren Tränen einfach freien Lauf lassen, brauchte sie nicht zu erklären, sich dafür zu entschuldigen oder deswegen zu lügen. Als sie sich ausgeweint hatte, konnte sie kein Taschentuch finden, und Clary hatte das Tuch, das das Tablett bedeckte, unter dem Teegeschirr hervorgezogen und dabei etwas Milch verschüttet und es ihr gereicht. Dann hatte sie gesagt: »Die Sache mit Müttern und Kindern ist, dass sie immer wieder welche bekommen können, aber bei Kindern und Müttern gibt es nur eine.« Sie tupfte einen Milchtropfen vom Tablett und leckte ihn vom Finger. »Ich hoffe, du denkst jetzt nicht, dass ich damit deinen Verlust kleinreden möchte. Ich meine nur, dass man über fast alles hinwegkommt. Das ist eines der Dinge, die einfach erstaunlich sind. Das ist auch der Grund, weswegen Leute wie Hamlet so wahnsinnige Angst vor der Hölle hatten. Dass es nicht aufhört, und deswegen glaube ich persönlich auch nicht daran. Ich glaube, solange man lebt, verändert sich alles, und wenn man tot ist, hört es einfach auf. Natürlich kann ich meine Meinung in den kommenden Jahren noch ändern, aber dafür habe ich noch viel Zeit. Sogar du hast noch viel Zeit, denn wenn du wirklich erst vierundzwanzig bist, dann bist du gerade einmal zehn Jahre älter als ich.«

Bald darauf wurde sie von Ellen gerufen, die ihr auftrug, die Unordnung wegzuräumen, die sie in der Küche angerichtet hatte.

»Es tut mir leid wegen der Scones«, sagte sie, als sie das Tablett zusammenstellte. »Vor dem Backen haben sie sehr gut geschmeckt. Die Metamorphose war nicht zufriedenstellend. Ich weiß nicht, warum.«

Nachdem Clary gegangen war, dachte sie nach über das, was gesagt – und nicht gesagt – worden war, aber als ihr Clarys Satz »Jetzt kann ich dich als Freundin sehen« wieder in den Sinn kam, musste sie schon wieder weinen. Mit Freundinnen hatte sie keine Erfahrung.

Danach hatte sie mehrere Entschlüsse gefasst: nach einem neuen Haus zu suchen (sie waren dann doch nicht umgezogen, zum Teil wegen ihrer nächsten Schwangerschaft und zum Teil, weil Rupert in der Familienfirma zwar mehr verdiente als zuvor, sich aber noch keinen Umzug leisten konnte) und für Rupert Einladungen abzuhalten. Dem allerdings stand im Weg, dass Ellen, die das Kochen übernommen hatte, seitdem beide Kinder ganztags die Schule besuchten, im Grunde nur einfache Gerichte zustande brachte. Das aber genügte nicht für die anspruchsvollen Dinnerpartys, die ihr vorschwebten. Auf die eine oder andere Weise zerschlugen sich alle Ideen und Pläne, aber auch das störte sie letztlich nicht. Manchmal dachte sie, dass es ernsthaftere oder schwierigere Entschlüsse zu fassen gäbe, aber sie kamen ihr derart weitreichend und gleichzeitig so vage vor – für sie gedanklich unfassbar –, dass sie Angst bekam. Denn selbst wenn sie sie klar benennen könnte, würde die Umsetzung einen völlig anderen Menschen bedingen, als sie es war. In manchen Bereichen lief es besser. Sie lehnte Clary und Neville, die ohnehin weniger von Ruperts Zeit und Aufmerksamkeit beanspruchten, nicht mehr ab. Neville, der mittlerweile eine Tagesschule besuchte, hielt sie freundlich und unverbindlich auf Distanz – er sprach mit Ellen oder seinem Vater. Mit Clary war es anders. Sie spürte, dass Clary sich bemühte und es gut meinte, sie bemerkte und bewunderte unweigerlich jedes neue ihrer Kleidungsstücke. Und so versuchte sie im Gegenzug, Clary mit ihrem Aussehen zu helfen, aber außer dem festlichen Kleid, das sie ihr genäht hatte, interessierte Clary sich nicht dafür. Beim gemeinsamen Einkaufen wollte Clary nie die Sachen, die sie ihr vorschlug: »Darin komme ich mir einfach komisch vor«, sagte sie, als Zoë ihr ein süßes Matrosenkostüm aus Serge mit Messingknöpfen zeigte. Außerdem bekam alles, was sie trug, ständig Risse und Tintenflecken, und ewig wuchs sie aus allem heraus. Sie strapaziere ihre Kleidung, sagte Ellen, die sie unentwegt wusch und bügelte und flickte.

Bei ihrem Verhältnis zu Rupert hing alles in der Schwebe. Die Gefühle, die er ihr entgegenbrachte, hatte sie früher fraglos hingenommen: Er fand sie schön und begehrenswert, also natürlich liebte er sie. Doch das ganze vergangene Jahr war sie weder schön noch begehrenswert gewesen, und in ihrer Scham über ihren unförmigen Körper und die entsetzlichen Symptome, die den Zustand begleiteten, hatte sie auch seine Güte als beschämend empfunden. Sie wünschte sich, dass er sie anbetete, aber das war unmöglich; niemand wusste das besser als sie: Keine schwangere Frau hatte etwas Anbetungswürdiges an sich. Sie hatte nicht einmal mit ihm schlafen wollen, und sobald er das gemerkt hatte, hatte er sich darauf eingestellt: »Das macht doch überhaupt nichts«, hatte er gesagt. Überhaupt nichts?

Sie hatte eingewilligt, in den Schulferien nach Sussex zu fahren, und es nicht einmal als besonders schlimm empfunden, dass Rupert wegen seiner neuen Arbeit nicht mehr so lange Urlaub nehmen konnte, sondern wie seine Brüder nur zwei Wochen freihatte und dann jedes Wochenende kam. Das Alleinsein fiel ihr leichter. Sie las viel, vor allem Romane – G.B. Stern, Ethel Mannin, Howard Spring, Angela Thirkell, Mary Webb, Mazo de la Roche – und einige Biografien, vorzugsweise von königlichen Geliebten, wenn sie welche finden konnte. Sie las Agatha Christie, aber mit Dorothy Sayers konnte sie sich nicht anfreunden. Sie las *Jane Eyre*, was ihr gut gefiel, und begann *Sturmhöhe*, aber das verstand sie überhaupt nicht. Die Person, mit der sie den Umgang jetzt in Home Place am einfachsten fand, war überraschenderweise die Duchy, die sie eines Tages gefragt hatte, ob sie nicht die Blumen übernehmen wolle. Bis zu dem Sommer war die Beziehung zu ihrer Schwiegermutter von gelassener Freundlichkeit und, auf ihrer Seite, von ausgesuchter Höflichkeit geprägt, aber in den vergangenen Wochen hatte sie bisweilen gemerkt, dass die Duchy sie mit einer zurückhaltenden Güte ansah, die sie nicht im Geringsten als aufdringlich empfand, weil sie keine Reaktion einforderte. Den Vorschlag, sich um den Blumenschmuck zu kümmern, verstand sie als Geste, und so gab sie sich große Mühe damit. Dabei stellte sie fest, dass es ihr Freude bereitete und sie auch Geschick darin besaß. Danach pflückte sie die Blumen gemeinsam mit der Duchy, lernte allmählich die Namen der einzelnen Rosen und anderen Pflanzen, und später, auf ihre Bitte hin, brachte die Duchy ihr auch das Smoken bei – eine weitere Fertigkeit, die sie erwarb. Nie erwähnte die Duchy das Kind. Zoë hatte befürchtet, dass ihre größere Vertrautheit dazu führen könnte und sie unter ihrem direkten, aufrichtigen Blick Dinge sagen müsste, die sie nicht empfand oder meinte, doch das war nie der Fall. Ebenso wenig ließ sie auch nur andeutungsweise eine Bemerkung fallen, Zoë solle wieder schwanger werden. Denn der Gedanke daran – was ihr bisweilen als ihre einzige Zukunft erschien – lastete unausgesprochen, aber allzeit gegenwärtig schwer auf ihr. In der Familie Cazalet bekam man als Ehefrau Kinder, und zwar mehrere, das galt als normal und selbstverständlich. Offenbar verspürten weder Sybil noch Villy ein ähnliches Grauen davor wie sie. Es kam ihr vor, als wären die beiden mit dem ganzen Satz mütterlicher Gefühle gesegnet, zudem schienen sie zu den Glückseligen zu gehören, die ihrem eigenen Körper, dem Unbehagen und den Schmerzen keine Beachtung schenkten. Und dann zeigten sie sich auch noch überglücklich mit dem Ergebnis, während sie selbst Säuglinge eher abstoßend fand und die meisten Kinder als eher lästig, zumindest bis sie Clarys Alter erreichten. Dieses Gefühl beherrschte sie: Sie war nicht wie Sybil und Villy. Und während sie sich ihnen vor einem Jahr überlegen gefühlt hatte – schöner und daher interessanter –, empfand sie sich jetzt als minderwertig: feig und absonderlich, ein Mensch, dem die beiden mit Entsetzen begegnen würden, wüssten sie nur darum. Und so klammerte sie sich an ihre Erschöpfung, ihre mangelnde Tatkraft und die verhaltene Beziehung zu Rupert, bei dem sie wahlweise fürchtete, er könne sie zu viel oder gar nicht lieben. Zumindest hatte er sie bislang nicht gefragt, ob sie noch ein Kind wolle.

Gegen Mittag (am Samstag) waren Neville und Lydia es leid, in der Squashhalle beim Streichen des Dachs zuzusehen, und wollten keine Boten mehr sein. »Sie geben uns nichts zu boten«, beschwerte Neville sich. Sie beschlossen, nach dem Lunch im Pear Tree Cottage einfach nicht zurückzukehren. »Dann können sie uns wenigstens nicht mehr herumkommandieren«, sagte Lydia, als sie zum Essen stapften. »Das tun sie im Moment ständig.«

»Das tun sie doch immer.«

»Natürlich wird Ellen uns dann auf den Spaziergang mit den Langweilern Wills und Roland mitnehmen wollen.«

»Wir sagen ihr, dass wir in Home Place gebraucht werden. Sie weiß es ja nicht.«

»Und was machen wir dann?«

»Das erzähle ich dir nach dem Essen. Sobald wir aufstehen dürfen, sag, dass du mit mir um die Wette nach Home Place läufst.«

Das taten sie dann auch, vollgegessen mit Fischauflauf und Orangenmarmeladekuchen, aber sobald sie außer Sichtweite waren, wollte Lydia Nevilles Plan erfahren. Allerdings hatte er keinen, was ihn ärgerte. »Ich habe mir überlegt, dir die Haare zu schneiden«, sagte er.

Lydia griff nach ihren Zöpfen. »Nein! Die lasse ich bis auf den Boden wachsen.«

»Das schaffst du nie.«

»Und warum in aller Welt nicht, wenn ich fragen darf?«, fragte Lydia in einer perfekten Imitation ihrer Mutter.

»Sobald dein Haar länger wird, wirst du größer. Es raubt dir die Kraft«, erklärte er. Das hatte er Ellen sagen hören. »Manche Frauen sind gestorben, weil ihr Haar so lang war. Sie werden immer schwächer, und am fünften Tag sterben sie.«

»Das hast du dir nicht selbst ausgedacht, ich weiß, woher du das hast. Aus dem schrecklichen Buch, wo der Suppenkaspar nichts essen mag. Aber mir ist etwas eingefallen. Bei Mr. York sind Evakuierte, wir können uns die angucken gehen.«

»Also gut. Zurück am Cottage vorbei dürfen wir aber nicht, da könnten sie uns sehen. Wir können auf dem Bauch durch das Getreidefeld vor dem Haus robben, oder wir gehen hinten durch den Wald.«

»Hintenrum ist es schneller.« Lydia wusste, dass die Leute sich aufregten, wenn man ein Getreidefeld durchquerte, auf welche Art auch immer.

»Was sind Evakuierte eigentlich?«, fragte sie, als sie durch das Wäldchen auf die Wiese hinter dem Pear Tree Cottage trabten.

»Kinder aus London.«

»Aber wir sind doch auch Kinder aus London.«

»Ich glaube, Kinder aus London, deren Eltern sie im Krieg los sein wollen.

»Die Armen! Meinst du, ihre Mütter ... geben sie einfach so weg?«

»Weiß ich doch nicht. Ich glaube, die Polizisten nehmen sie mit«, fügte er hinzu. Er wusste, dass Lydia kein Halten kannte, wenn es um Mütter ging. »Ich komme einwandfrei ohne aus«, sagte er. »Mein ganzes Leben lang schon.«

Es entstand eine Pause, bis Lydia sagte: »Mir würde es nicht gefallen, wenn sich Mr. York um mich kümmert. Oder die schreckliche Haushälterin Miss Boot. Allerdings haben sie hinter dem Haus ein süßes Klo.«

Sie kletterten über das fünfsprossige Gatter, das in den Hof der Farm führte. Dort war es sehr still, zwei oder drei braune Hennen spazierten umher und fraßen Bröckchen, nach denen sie unvermittelt pickten. Auf dem Pfosten der kleineren Pforte, hinter dem der Garten lag, hockte eine große Schildpattkatze. Die Pforte war geschlossen, und sie warfen einen Blick hinüber in den Garten, wo lauter Kohl und Sonnenblumen wuchsen, weiße Schmetterlinge umherflatterten und ein dermaßen mit Früchten beladener Apfelbaum stand, dass die Zweige sich bogen wie jemand, der schwere Einkäufe trägt. Von den Evakuierten war nichts zu sehen.

»Sie müssen im Haus sein.«

»Dann klopf an die Tür.«

»Das machst du.« Lydia hatte Angst vor Miss Boot, die sie immer ansah, als wäre sie in Wirklichkeit jemand anderes.

»Also gut.« Neville öffnete den Riegel der Pforte und ging leise den schmalen Klinkerpfad zur weiß überdachten Tür entlang. Er klopfte. Keine Reaktion.

»Klopf lauter«, sagte Lydia von der anderen Seite der Pforte.

Kaum hatte er das gemacht, wurde die Tür aufgerissen, und da stand Miss Boot – wie ein Schachtelteufel.

»Wir haben gehört, dass Sie ein paar Evakuierte haben«, sagte Neville höflich. »Wir sind gekommen, um sie uns anzusehen.«

»Die sind draußen. Ich habe ihnen gesagt, dass sie draußen bleiben sollen, bis ich sie zum Tee rufe.«

»Wissen Sie, wohin sie gegangen sind?«

»Weit bestimmt nicht. Die treiben sich immer in der Nähe herum. Aber warum willst du zu ihnen? Ich an deiner Stelle würde zu meiner Mutter nach Hause gehen.«

»Ich habe keine«, sagte Neville ernst. Aus Erfahrung wusste er, dass das bei Frauen immer Wirkung zeigte. Auch jetzt: Plötzlich sah sie viel freundlicher drein und verschwand im Haus, um ihm ein Stück Kuchen zu holen.

»Aber ich kann's nicht essen«, sagte er zu Lydia, als sie in den Hof zurückgingen. »Da sind Samenkörner drin. Und auf ihrem Gesicht wächst auch ein Samenkorn. Es muss beim Backen auf sie gefallen sein.«

»Das kann kein Samenkorn sein.«

»Doch! So ein brauner Fleck, aus dem etwas gewachsen ist. Jede Wette, dass das ein Samenkorn war. Magst du davon?«

»Ich habe keinen Hunger. Wir können ihn ja den Hühnern geben, aber erst hinten beim Kuhstall, damit sie uns nicht sieht.«

Im Stall fanden sie die Evakuierten, zwei Jungen und ein Mädchen. Schweigend saßen sie zusammengekauert in einer Ecke und taten offenbar gar nichts. Eine Weile starrten sich alle an. »Hallo«, sagte Lydia dann. »Wir kommen euch besuchen. Wie heißt ihr denn?«

Wieder herrschte Stille. »Norma«, sagte das Mädchen schließlich. Sie war eindeutig die Älteste. »Tommy und Robert.«

»Ich bin Lydia, und das ist Neville. Wie alt seid ihr?«

»Neun«, antwortete das Mädchen. »Und Robert ist sieben und Tommy sechs.«

»Wir sind beide acht.«

»Hier gefällt's uns nicht«, sagte Norma. Tommy begann zu schniefen. Sie verpasste ihm einen Klaps aufs Ohr, und er verstummte sofort. Beschützend legte sie einen Arm um ihn.

»Nee«, sagte Robert. »Wir wollen heim.«

»Na ja, das geht wohl nicht«, erklärte Neville. »Nicht, wenn es Krieg gibt. Dann fallen Bomben auf euch. Aber in ein paar Jahren könnt ihr bestimmt zurück.«

Tommy verzog das Gesicht, holte schaudernd Luft und lief dunkelrot an.

»Verdammt noch mal!«, sagte das Mädchen. »Schau, was du angerichtet hast.« Sie schlug Tommy auf den Rücken, und er heulte auf. »Ich will aber jetzt nach Hause«, greinte er. »Ich will meine Mum.« Er hackte mit den Fersen auf den Boden ein. »Ich will sie jetzt!«

»Der Arme!«, rief Lydia und lief zu ihm.

»Pass auf«, sagte Norma warnend. »Der beißt. Wenn er sich aufregt.«

Lydia trat zwei Schritte zurück. »Es wird ganz bestimmt nicht Jahre dauern«, sagte sie. »Neville, wo hast du deinen Kuchen?«

Gerade wollte Neville ihn ihr geben, da hatte Robert sich den Kuchen schon geschnappt und verschlang praktisch das ganze Stück mit einem Bissen. Norma beäugte ihn angeekelt. »Du hast Würmer«, sagte sie. »Hab ich's dir nicht gesagt?«

»Hab ich nicht.«

»Hast du schon. Ich sag's der Miss im Haus.«

»Würmer?«, fragte Neville. »Wo denn? Ich kann keinen einzigen sehen.«

»Die sind in seinem Bauch«, erklärte Norma. »Er muss dauernd futtern. Er braucht eine ordentliche Dosis.«

Tommy, der das Erscheinen und Verschwinden des Kuchens aufmerksam verfolgt hatte, legte jetzt den Kopf in den Schoß seiner Schwester, was sein Schluchzen dämpfte.

»Wie schade, dass sie in dir drin sind«, sagte Neville zu Robert. »Dann kannst du sie ja gar nicht kennenlernen.«

»Er ist von einem Huhn gestochen worden«, erzählte Norma, »als er ein Ei aus dem Nest klauen wollte.«

»Hühner stechen nicht«, widersprach Lydia. »Das muss eine Biene gewesen sein. Was macht dein Vater?«, fragte sie dann. Sie hatte das Gefühl, das Thema wechseln zu müssen.

»Er fährt einen Bus.«

»Guter Gott! Wirklich?«

»Das hab ich doch gesagt.« Sie zog ihr Kleid hoch, das aus einem glänzenden blauen Stoff war, wie Satin, und putzte Tommy die Nase an ihrem Schlüpfer. »Was macht ihr hier denn so?«

»Wir fahren an den Strand, machen Picknicks, schwimmen …«, setzte Lydia an.

Aber Robert unterbrach sie. »Ich bin am Meer gewesen«, prahlte er. »Da bin ich gewesen, und ich hab es mit beiden Händen angefasst.«

»Ja, und auf dem Heimweg im Bus hast du gekotzt«, sagte Norma vernichtend. Die ganze Zeit pickte sie geistesabwesend irgendetwas aus Tommys sehr kurzem Haar. Es war wirklich sehr kurz, fast wie ein gemähter Rasen, dachte Lydia. Roberts sah genauso aus. Norma bemerkte Lydias Blick. »Nissen«, erklärte sie. »Die Miss im Haus hat gesagt, dass sie Nissen haben, also hat sie ihnen die Haare abgeschnitten und mit was Scheußlichem gewaschen. Gestunken hat das, sag ich euch!«

»Du hast sie selber gehabt«, sagte Robert.

»Hab ich gar nicht«, widersprach sie und wurde rot.

»Was sind Nissen?«, fragte Neville und hockte sich neben Norma. »Hast du noch welche? Kann ich eine sehen?«

»Nein, kannst du nicht. Die sind alle weg. Du bist frech«, fügte sie hinzu.

»Du bist frech«, stimmte Robert ihr bei, und beide funkelten Neville an.

Lydia sagte: »Das hat er aber nicht so gemeint, oder, Neville?«

»Das weiß ich nicht so genau«, antwortete Neville. »Vielleicht, aber vielleicht auch nicht.«

»Sollen wir etwas spielen?«, schlug Lydia vor. Der Besuch lief nicht ganz so ab, wie sie es sich vorgestellt hatte.

»Hier gibt's nirgends was zu spielen«, sagte Robert.

»Was meinst du damit?«

»Es gibt keine Bürgersteige, keine Kanäle – kein gar nichts. Bloß Gras«, schloss er verächtlich.

»Was macht ihr an einem Kanal?«

»Wir stellen uns auf die Brücke, und wenn unten die Kähne durchfahren, spucken wir drauf. Wir rufen, dann schauen die Männer hoch, und wir spucken ihnen genau in die Augen.«

»Das ist frech«, sagte Neville triumphierend. »Das ist unglaublich frech.«

»Ist es nicht«, widersprach Norma. »Mum sagt, dass es nur Lumpazi sind. Geschieht ihnen recht. Außerdem ist es ein Jungenspiel, da mache ich nicht mit.«

»Was sind Lumpazi?«

»Zigeuner. Das weiß doch jeder. Ihr nicht?«

»Wir wissen andere Sachen«, antwortete Neville. »Wir wissen unglaublich viele andere Sachen.«

»Gehen wir doch zum Teich«, sagte Lydia verzweifelt. Warum konnten sie sich nicht alle einfach verstehen?

Eher widerstrebend willigten sie ein, zum Teich zu gehen, der am Fuß eines steilen Abhangs im Feld neben Mr. Yorks Haus lag. Ringsum standen Binsen, am seichteren Ende wirkte die Erde wie gestempelt von den Hufen der Kühe, die dort zum Trinken kamen.

»Schaut mal, da sind Libellen«, sagte Lydia mit wenig Hoffnung – sie ahnte, dass sie ihnen nicht gefallen würden.

»Wenn sie mir auch nur in die Nähe kommen, murks ich sie ab«, drohte Robert. Er kratzte etwas Schorf von seinem Knie und steckte ihn sich in den Mund. Davon abgesehen waren seine Beine weiß wie ein Fisch und so dünn, dass seine schwarzen Stiefel zu groß aussahen.

»Wird dein Vater auch Soldat?«, fragte Neville.

Robert zuckte mit den Schultern, aber Norma sagte: »Vielleicht, aber vielleicht auch nicht. Wenn er geht, sagt Mum, ist es nicht schade drum. Man kann Männern nicht trauen. Die wollen immer nur das Eine.«

»Das Eine?«, sagte Neville auf dem Rückweg zu Lydia. Zur Erleichterung aller hatte Miss Boot die Evakuierten zum Tee ins Haus gerufen. »Welches Eine? Das muss ich wissen, denn wenn ich groß bin, werde ich es auch wollen. Und wenn es mir nicht gefällt, überlege ich mir etwas anderes, das ich will.«

»Ich kann genauso was wollen wie du.«

»Sie hat nicht gesagt, dass Frauen das Eine wollen.«

»Das ist mir egal. Ich schon.«

Den ganzen Heimweg über kabbelten sie sich.

»Mein Schatz, was möchtest du zu deinem Moorhuhn?«

Diana blickte auf die große, von Hand geschriebene Speisekarte. »Was nimmst du?«

»Blumenkohl, grüne Bohnen, Broccoli, Erbsen ...«, schlug der neben ihnen aufragende Kellner vor.

»Grüne Bohnen, denke ich.« Es war schrecklich: Jetzt lud Edward sie zu einem feudalen Lunch im Berkeley ein, wahrscheinlich dem letzten für ewig lange Zeit, und sie hatte nicht den geringsten Appetit. Aber das zu sagen wäre unklug: Wie Ludwig XIV., über den sie in letzter Zeit einiges gelesen hatte, wollte auch Edward, dass seine Frauen herzhaft aßen und tranken. Seine Frauen! Im vergangenen Jahr hatte sie der lähmende Verdacht beschlichen, dass eine Frau namens Joanna Bancroft, die sie bei einer Dinnerparty getroffen hatte, eine von Edwards Flirts, wenn nicht gar eine handfeste Affäre gewesen war. Während des Dinners war Edwards Name gefallen, und da hatte die junge Frau – jünger als Diana, kaum mehr als ein Mädchen – gesagt: »Ach, Edward! Das sieht ihm ähnlich!«, als wäre er ein guter alter Freund. Aber später, als sie sich im Schlafzimmer der Gastgeberin die Nasen puderten und sie, Diana, gefragt hatte, ob sie Edward gut kenne, hatte das Mädchen eher distanziert gemeint, sie sei ihm während eines Wochenendes bei Hermione Knebworth begegnet. Diese betont lässige Antwort hatte ihren Verdacht geweckt. Dann hatte sie Edward nach Mrs. Bancroft gefragt und sofort gemerkt, dass er log. Er war geschmeidig und forsch gewesen, war ihrem Blick aber ausgewichen. Klugerweise hatte sie daraufhin geschwiegen, aber das hatte ihre Unsicherheit noch gesteigert. Die war wenige Wochen vor der Bancroft-Episode ohnehin schon durch seine Offenbarung geschürt worden, dass Villy wieder ein Kind erwarte. Bis zu dem Zeitpunkt hatte er ihr zu verstehen gegeben, oder vielmehr sie nicht daran gehindert zu glauben, dass jede intime Beziehung zwischen ihm und Villy vor Jahren ein Ende gefunden habe. In ihrer rasenden Eifersucht hatte sie nicht lockerlassen können und ihn, wie ihr später bewusst wurde, mehr oder minder dazu gedrängt zu sagen, dass das Kind Villys Wunsch gewesen sei, dass sie noch ein weiteres haben wollte, und er habe sich außerstande gesehen, ihr das zu verwehren. Da schließlich war ihr klar geworden, dass er Auseinandersetzungen dieser Art nicht ertragen konnte – jeder moralischen Art, vermutete sie. Und als er in ihrer Achtung sank (seine Einstellung zu dem neuen Kind und seiner Frau wurden ihr weiterhin im falschen Licht präsentiert, das wusste sie genau), schwand auch ihr schlechtes Gewissen und machte ihren Hoffnungen und ihrer Entschlossenheit Platz. Wenn er ein armer Kerl war, dann hatte sie umso mehr das Recht, ihn für sich zu beanspruchen.

Sie hob ihr Glas Champagnercocktail, um mit Edward anzustoßen.

»Glücklich?«, fragte er.

»Was denkst du denn?«

Ihr Kaviar kam – ein adrettes Töpfchen mit dickem Rand in einem Beet aus gehobelten Eisspänen, begleitet von dünnen Toastdreiecken, die gewärmt und in eine Serviette gehüllt serviert wurden. Ein junger Kellner reichte ihnen dazu gehacktes Ei, Zwiebelwürfel und Petersilie, während der Sommelier aus einer gefrosteten Flasche Wodka in kleine Gläschen schenkte.

»Mein Schatz, ich werde einen Schwips bekommen!«

»Das macht nichts, ich fahre.« Damit bezog er sich, wie sie wusste, nicht auf ihre spätere Fahrt nach Sussex, sondern auf das zuvor stattfindende Zwischenspiel in der Lansdowne Road. Als ahnte er ihre unterschwellige Befürchtung deswegen, sagte er: »Ich schwöre dir, wir sind dort absolut sicher. Die gesamte Familie ist in Sussex und bereitet sich auf die Ankunft der Kinderherberge vor. Villy ist für die Verdunklung zuständig. Außerdem ist sie auch ... anderweitig beschäftigt.« Das war, wie sie ebenfalls wusste, ein verhaltener Verweis auf Roland, das Kind, das im April zur Welt gekommen war, zwei Monate, nachdem sie erstmals von seiner Existenz gehört hatte.

»Natürlich vertraue ich dir«, sagte sie, und er griff lächelnd nach ihrer Hand.

»Das weiß ich«, erwiderte er und drückte sie. »Du bist famos, und ich bin ein absoluter Glückspilz.«

Solange sie ihren Kaviar aßen, beobachteten sie, wie einem Paar am Nachbartisch *Canard à la presse* serviert wurde – ein älteres Ehepaar, das kaum miteinander sprach. Der Mann klemmte sich sein Monokel ins Auge, um das Aufschneiden der Entenbrust zu verfolgen, während die Frau angewidert ihren Mund in einem winzigen Spiegel betrachtete. Die Bruststücke wurden auf eine Silberplatte über einem Spiritusbrenner arrangiert. »Kennst du die Geschichte der Frau, die ein Kleid mit einem sehr tiefen Dekolleté trug?«, fragte Edward. Diana schüttelte den Kopf. »Also, eine von ihren, na, ihren Brüsten fiel heraus, und ein junger Kellner steckte sie zurück.«

»Das zeugt von Savoir-faire.«

»O nein, gar nicht. Der Oberkellner kam zu ihm und zischte: ›In diesem Restaurant verwenden wir dafür einen angewärmten Suppenlöffel.‹«

»Liebling, das hast du erfunden!«

»Habe ich nicht. Ein Bekannter von mir war dabei.«

Mittlerweile war die Karkasse ausgepresst, und der gewonnene Fleischsaft wurde in einer silbernen Sauciere über einem zweiten Spiritusbrenner erhitzt.

»Stell dir vor, alle würden das bestellen«, sagte Diana. »Was würden sie dann machen?«

»Dann hätten sie ein Problem. Ich persönlich mache mir nicht viel daraus – es ist mir zu üppig. Ich bevorzuge Hausmannskost.«

»Hausmannskost! Willst du Kaviar und Moorhuhn im Ernst als Hausmannskost bezeichnen? Das ist Essen für eine Dinnerparty!«

»Na ja, das ist ja auch eine sehr kleine, intime Dinnerparty. Ich habe heute Geburtstag.«

Nach einer Schrecksekunde, in der sie überlegte, ob sie den Tag tatsächlich vergessen haben könnte, sagte sie: »Du hast im Mai Geburtstag!«

»Ich habe ihn einmal im Monat.«

»Dann musst du ja uralt sein.«

»Bin ich auch. Aber für mein Alter exzellent erhalten.« Der Sommelier brachte den Rotwein und schenkte Edward etwas in sein Glas. Er steckte die Nase hinein und nickte. »Der ist gut. Schenken Sie doch bitte gleich ein.«

»Was trinken wir?« Sie wusste, dass es ihm gefiel, wenn sie Interesse am Wein zeigte.

»Ein Pontet-Canet, Jahrgang '26. Ich dachte, er würde gut zu unserem Moorhuhn passen.«

»Köstlich.« Einer der Unterschiede zwischen ihrem Mann und Edward war, dass Angus tat, als wäre er reich, ohne reich zu sein, während Edward sich nur ein klein wenig reicher verhielt, als er in Wirklichkeit war. Sie fand es wunderbar, mit einem Mann zusammen zu sein, bei dem ein Essen wie dieses nicht wochenlanges Knapsen in jeder anderen Hinsicht bedeutete. Außerdem war es wunderbar, mit einem Mann zusammen zu sein, der nicht vorgab, dass die schönen Dinge des Lebens ihn anödeten. Angus gefiel sich darin, zu tun, als bereiteten jede Freude und jede Extravaganz ihm Überdruss, als habe er schon viel zu viel von allem erlebt, wohingegen Edward, der ihrer Ansicht nach die ganze Zeit ein ziemlich schönes Leben führte, sich immer darüber freute und das auch zugab.

»Das ist jetzt doch schön, oder nicht?«, sagte er gerade und machte sich über sein Moorhuhn her. »Eine ziemlich kluge Idee von mir, den Vormittag in den Lagerhallen zu verbringen. Ein wirklich hieb- und stichfestes Alibi. Und dann muss ich natürlich für Villy alle möglichen Sachen aus der Lansdowne Road holen, und dann wird der Verkehr aus London hinaus höllisch sein.«

»Das wird er sicher.«

»Warten wir's ab. Das Wichtigste ist, die Gegenwart zu genießen und die Zukunft sich selbst zu überlassen.«

Aber das geht nicht, dachte sie mehrere Stunden später, als sie in Edwards großem Ankleidezimmer im Bett lag. Oder vielleicht doch, aber dann bleibe auch ich mir selbst überlassen. Ihre Zukunft erstreckte sich öde und trostlos vor ihr, sie hatte das Gefühl, einfach mitgeschleppt zu werden. Wenn es Krieg gäbe, und selbst Edward glaubte offenbar, dass es dazu kommen würde, säße sie den ganzen Winter mit Isla und Jamie in Wadhurst in dem feuchten kleinen Cottage mit dem vielen dunklen Holz fest. Natürlich liebte sie Jamie, aber ihre Schwägerin strapazierte ihre Geduld über die Maßen. Alternativ könnte sie den Winter – oder gar den ganzen Krieg – in Schottland bei Angus' Eltern verbringen, die sie nicht mochten und wo nicht die geringste Chance bestand, sich jemals mit Edward zu treffen. Angus, der wie immer dort blieb, bis er die beiden älteren Jungen ins Internat nach Südengland zurückbrachte, hatte verkündet, er werde sich zur Armee melden, sodass er den Großteil der Zeit aus dem Weg wäre, aber dann würde Edward vermutlich ebenfalls fort sein. Er hatte sich bereits zur Marine gemeldet, war aber abgelehnt worden, doch früher oder später würde er irgendwo unterkommen. Vergangenes Jahr hatte sie dasselbe Gefühl gehabt, daran konnte sie sich noch genau erinnern, aber damals hatte es wunderbarerweise einen Aufschub gegeben. Einen solchen Glücksfall konnte man kein zweites Mal erwarten. Edward schlief. Sie drehte sich zu ihm. Er lag auf der Seite, ihr zugewandt, den linken Arm über sie geschlungen, die Hand umfasste leicht ihre rechte Brust – sein Liebling, sagte er immer. Sie hatte unmodisch große Brüste, aber ihm gefielen sie, sein Liebesspiel fing immer bei ihnen an. Im Schlaf besaß sein Gesicht eine vornehme Schlichtheit: die breite Stirn mit dem spitzen Haaransatz, der nicht ganz mittig war, die relativ große hakenförmige Nase, deren Löcher jeweils ein seidiges, üppig gekringeltes Haar zierte – normalerweise nur sichtbar, wenn er den Kopf in den Nacken warf –, der leichte Schatten unter seinen Wangenknochen (wenn er abends ausging, rasierte er sich zweimal am Tag), sein Kinn mit dem kleinen Grübchen und darüber der adrette, borstige Schnurrbart – stets sorgsam wie eine Hecke beschnitten –, der die lange, schmale Oberlippe, die im starken Kontrast zu seiner vollen Unterlippe stand, kaum verbarg. Schlafende nahm man anders wahr, überlegte sie. Die offenen Augen des anderen lenkten einen davon ab, wahrzunehmen, was für einen Menschen man tatsächlich vor sich hatte. Jetzt, weil sie sich bald trennen mussten, weil der Sex gut gewesen war – der beste überhaupt, hatte er gesagt – und er attraktiv und verwundbar neben ihr lag, stieg eine Woge der Liebe in ihr auf, romantisch und mütterlich zugleich. »Weck mich, wenn ich einschlafen sollte«, hatte er gesagt. »Wenn wir zu spät wegkommen, sitze ich in der Tinte.« Die Bemerkung eines Schuljungen.

Sie berührte sein Gesicht. »Wach auf, alter Junge«, sagte sie. »Es ist Zeit.«

Aber dann, auf der Rückfahrt, gerieten sie in einen Streit. Bis er das Auto beladen hatte, war es halb sechs und damit Stunden später als geplant. Er hatte ihr die Beifahrertür geöffnet und gesagt: »Guter Gott! Jetzt habe ich Villys Schmuck vergessen«, war ins Haus zurückgegangen und mit einer großen viktorianischen Schmuckschatulle unter dem Arm wiedergekommen. Er setzte sich auf den Fahrersitz, konnte den Autoschlüssel nicht finden, und um in seinen Taschen danach zu suchen, schob er die Schatulle nachlässig zu ihr hinüber. Sie war nicht abgeschlossen, und der ganze Inhalt ergoss sich über ihren Schoß und den Boden. »Oje, wie ungeschickt von mir!«, sagte er und steckte den Schlüssel ins Zündschloss. Stundenlang, so kam es ihr vor, klaubte sie Schmuckstücke auf. Viele von ihnen lagen in abgeschabten Lederbehältern, die sich ebenfalls öffneten, weil die Verschlüsse kaputt waren. Schweigend legte sie Granatohrringe, Strassketten, Broschen und einen ganzen Satz Topase und Perlen in ihre Kästchen zurück – Villys gesamter Schmuck, den er ihr geschenkt hatte. Nichts, das sie wissen, geschweige denn sehen wollte. Die Schatulle hatte ein kleines Brahmahschloss, dessen Schlüssel an einer roten Schleife am Griff hing. Sie band ihn los, verschloss die Schatulle, drehte sich im Sitz um und stellte sie auf die Rückbank. Sie spürte blanken Neid und nackte Angst und konnte sich nicht beherrschen zu fragen: »Was hast du ihr zum letzten Kind geschenkt?«

»Die Topase«, antwortete er knapp. Und dann: »Guter Gott, Diana, warum in aller Welt willst du das wissen?«

»Ich bin neugierig.«

»Dann hör auf damit. Das hat nichts mit dir zu tun. Mit uns«, fügte er versöhnlicher hinzu.

»Hat es aber doch, nicht wahr? Ich meine, du hast mir gesagt, du hättest dem Kind nur zugestimmt, weil Villy es sich so sehr gewünscht hat. Also kommt es mir ziemlich merkwürdig vor, wenn du ihr obendrein zur Geburt noch Schmuck schenkst.«

»Ich habe ihr nach jedem Kind ein Schmuckstück geschenkt. Da konnte ich es dieses Mal kaum anders halten.« Nach kurzem Schweigen fragte er: »Oder?«

»Natürlich nicht.«

Entweder überhörte er ihren Sarkasmus, oder er ignorierte ihn, denn er sagte: »Ich wette, dass Angus dir nach der Geburt der Jungen auch etwas geschenkt hat.« Und dann fügte er mit einer in ihren Augen unvorstellbaren Dummheit hinzu: »Lass uns das Thema beenden, ja?«

Bilder von Angus, betrunken und rührselig nach ihrem Erstgeborenen, und von dem idiotischen Pelzmantel, den er ihr kaufte, tauchten vor ihrem geistigen Auge auf. Bitter sagte sie: »Ach ja. Nach Ians Geburt schenkte er mir einen Pelzmantel – einen wadenlangen Skunk, den ich zum Geschäft zurücktragen musste, sobald ich das Haus verlassen konnte.«

»Warum denn das?«

»Weil er nicht das Geld hatte, ihn zu bezahlen. Bis ich den Mantel zurückbringen konnte, war der Scheck schon geplatzt.«

»Wie entsetzlich für dich. Du Arme!« Doch dann fuhr er fort: »Aber er meinte es sicher gut.«

»Er meinte gar nichts. Er wollte einfach als die Sorte Mann dastehen, der seiner Ehefrau einen Pelzmantel schenkt. Er hat all unseren Freunden davon erzählt, und als sie ihn sehen wollten, sagte er, er habe ihn zurückschicken müssen, weil ich aus einem lächerlichen Prinzip heraus keinen Pelz trüge.«

Darauf gab Edward keine Antwort. Sie fuhren Whitehall hinunter, Polizisten dirigierten mit Sandsäcken beladene Lastwagen in die Downing Street und vor die Türen von Regierungsgebäuden. Es herrschte wenig Verkehr.

»Und so«, fuhr Diana fort – sie war gereizter und gleichzeitig leichtfertiger Stimmung –, »hat er mir nach Fergus natürlich nichts mehr geschenkt. Und auch nicht nach Jamie.« Das ist verrückt, dachte sie. Warum sage ich so hässliche, unbedeutende, dumme Sachen? Plötzlich bekam sie Angst. »Edward …«

»Wenn du das Thema schon ansprichst«, sagte er. »Es kommt mir ziemlich merkwürdig vor, dass du dich aufregst über das Kind, das Villy bekommen hat, während du und ich miteinander schlafen, obwohl du genau dasselbe machst.«

»Ich habe dir nie gesagt, dass ich nicht mehr mit Angus schlafe! Ich habe gesagt, dass ich nie Lust dazu habe! Außerdem war es bei Jamie ganz anders.«

Die Frage, inwieweit es ganz anders war, wollte er nicht vertiefen. »Wenn es darum geht – ich kann mich nicht erinnern, dir gesagt zu haben, dass ich nie mit Villy schlafe. Ich habe nicht darüber gesprochen, weil …«

»Weil was?«

»Einfach, weil es nichts ist, worüber man spricht.«

»Du meinst, es könnte peinlich sein?«

»Ja«, stimmte er ingrimmig zu, »das könnte es zweifelsohne.«

Vor Waterloo Station stand eine ganze Schlange von Bussen voller Kinder, die in den Bahnhof gelangen wollten. Als sie langsam an einem der Busse vorbeifuhren, drangen daraus schrille Stimmen hervor, die im Singsang wiederholten: »Jeepers Creepers, where'd ya get those peepers? Jeepers Creepers, where'd ya get those eyes?«

»Die armen Wichte«, sagte Edward. »Für einige von ihnen ist es bestimmt das erste Mal überhaupt, dass sie aufs Land fahren.«

Das rührte sie. Sie legte ihm eine Hand aufs Knie. »Liebling, ich weiß nicht, was in mich gefahren ist! Ich bin so niedergedrückt, und jetzt ist unsere schöne Zeit vorbei. Wahrscheinlich habe ich wahnsinnige Angst, dass du irgendwohin geschickt wirst und ich dich nie mehr sehen kann. Es ist dumm, sich zu streiten, wenn sowieso alles so schrecklich ist.«

»Mein Schatz! Hier, nimm mein Taschentuch. Du weißt, ich ertrage es nicht, wenn du weinst. Natürlich streiten wir uns nicht. Und eins verspreche ich dir.«

Sie nahm die Nase aus dem überdimensionalen Taschentuch mit dem wunderbaren Zederndufft. »Was?«

»Was immer ich mache, ich werde einen Weg finden, dich zu sehen. Keine zehn Pferde könnten mich davon abhalten.«

Sie putzte und puderte sich die Nase.

»Behalt das Taschentuch«, sagte er.

»Ach, du willst ja nur, dass ich weine«, sagte sie. Sie war ganz benommen, wie Menschen, die im letzten Moment einem Unfall entronnen sind. »Immer soll ich deine schönen Taschentücher behalten. Mittlerweile habe ich schon eine ordentliche Sammlung.«

»Wirklich, Süße? Das freut mich.«

Danach war alles wieder in Ordnung, sie unterhielten sich über Möglichkeiten, sich zu treffen. Diana hatte im Dorf ein junges Mädchen gefunden, das hin und wieder einen Tag auf Jamie aufpassen konnte. Und falls Isla abhob, wenn er anrief, würde er sich als alter Freund ihres Vaters ausgeben, der mittlerweile als Witwer auf der Isle of Man lebte und eine riesige Anlage einer Aufzieh-Eisenbahn besaß, mit der er von früh bis spät spielte. »Na ja, kein zu alter Freund«, sagte Diana. »Daddy ist zweiundsiebzig, und du klingst nicht wie jemand seines Alters. Vielleicht solltest du der Sohn seines ältesten Freundes sein.« Edward sagte, wenn er sich bemühe, könne er sehr wohl alt klingen, doch als sie ihn aufforderte, es zu versuchen, klang er nach ihrer Aussage genau wie der Zweiundvierzigjährige, der er war. Aber weshalb sollte der Sohn ständig bei ihr anrufen? Dazu dachten sie sich eine brillante, wenn auch aberwitzige Geschichte aus, und die Stimmung hellte sich auf. »Und natürlich können wir uns schreiben«, sagte Diana schließlich, aber Edward verzog das Gesicht und meinte, Schreiben sei nicht ganz seine Sache.

»Auf dem Internat musste ich zur Strafe so oft Sätze x-mal schreiben, dass ich ein System entwickelt habe«, erzählte er. »Ich habe mehrere Stifte zusammengebunden, nicht zu einem Bündel, sondern übereinander, damit ich zehn Zeilen auf einmal schreiben konnte. Aber sie haben mich erwischt, und dann musste ich noch mehr schreiben.«

»Ich kann mir dich im Internat überhaupt nicht vorstellen.«

»Ich mich auch nicht. Jede Minute war eine Qual. Ich habe ständig in der Tinte gesessen.«

Vor der Pforte zum Plum Cottage trennten sie sich. Eine kurze Umarmung im Wagen.

»Pass auf dich auf«, sagte er.

»Und du auf dich. Alles Gute«, fügte sie hinzu. Sie spürte wieder einen Kloß im Hals, wollte aber um keinen Preis weinen.

Nachdem sie ausgestiegen und um den Wagen herum zur Pforte gegangen war, drehte sie sich um, und er warf ihr eine Kusshand zu. Daraufhin wäre sie am liebsten sofort zum Auto zurückgelaufen, aber sie lächelte tapfer, winkte und schritt den Klinkerpfad hoch. Als sie hörte, wie er den Motor anließ und wegfuhr, blieb sie stehen und lauschte, bis das Geräusch verstummt war. »Ich liebe ihn wirklich«, sagte sie. »Ich liebe ihn. Ihn.« Das konnte jedem passieren, aber wenn es einmal passiert war, hatte man keine Wahl.

Auf Anweisung des Brig saßen an dem Samstagabend auch alle Erwachsenen aus dem Pear Tree Cottage – also Villy und Edward (der sich allerdings verspätete), Sybil und Hugh, Jessica und Raymond sowie Lady Rydal – in Home Place am Esstisch. Nur Miss Milliment war im Cottage geblieben, um mit den älteren Kindern zu Abend zu essen, ergänzt um die von Home Place. Als Edward eintraf, begannen die Erwachsenen an der großen Tafel gerade mit dem Kalbsbraten, zu dem es Mrs. Cripps' köstliche Farceklößchen und hauchdünne Zitronenscheiben gab, Kartoffelpüree und grüne Bohnen. Sie saßen zu fünfzehnt um den langen Tisch, der eigens zu dem Anlass um die vierte Platte verlängert worden war, und Eileen hatte Bertha gebeten, beim Servieren des Gemüses zu helfen. Sid, die feststellte, dass sie die einzige Außenstehende war – eine Situation, in der sie sich auf verschiedenen Ebenen häufiger wiederfand –, betrachtete alle mit einer Zuneigung, die neben ihrer üblichen Ironie auch etwas von Ehrfurcht barg. Alle waren den ganzen Tag schwer mit den Vorbereitungen auf den Krieg beschäftigt gewesen, aber jetzt sahen sie aus, als wäre es ein Abend wie jeder andere auch, und ebenso unterhielten und benahmen sie sich. Und da alle gerade mit Reden oder Essen oder beidem beschäftigt waren, konnte sie ungehindert den Blick um den dunklen polierten Tisch schweifen lassen. Der Brig erzählte der alten Lady Rydal eine Geschichte aus Indien, wurde aber häufig von ihr unterbrochen: Beide erachteten sich als Experten auf dem Gebiet. Er wegen eines dreimonatigen Besuchs dort mit seiner Frau in den Zwanzigerjahren, sie aus dem Grund, weil sie dort geboren war, »ein Kleinkind mitten im Aufstand«. »Meine Ayah hat mich zwei Tage in einem Gartenschuppen versteckt und mir damit das Leben gerettet. Sie verstehen also, Mr. Cazalet, dass ich nicht alle Inder als unzuverlässig bezeichnen kann, obwohl ich weiß, dass weniger Informierte gerne diese Ansicht vertreten. Und«, ergänzte sie, um ihrer Großherzigkeit das i-Tüpfelchen aufzusetzen, »ich kann mir nicht vorstellen, dass sich das indische Wesen derart geändert haben sollte. Es gab große Ergebenheit, ausgesprochen anrührend – mein Vater, dessen Erfahrung ohnegleichen war, sagte immer, er vertraue seinen Sepoys wie seinem eigenen Bruder.«

Bei dieser Bemerkung tauschten Jessica und Villy einen Blick unterdrückter Belustigung – nur sie wussten, dass Lady Rydals Vater nach einem heftigen Streit mit seinem Bruder mindestens vierzig Jahre kein Wort mit ihm gewechselt hatte –, aber sie lieferte dem Brig auch die erhoffte Chance: Beim geringsten Stichwort konnte er eine Bresche in den Redefluss seines Gegenübers schlagen, und jetzt unterbrach er Lady Rydal mit der Bemerkung, wie interessant, dass sie Sepoys erwähne, denn ein bemerkenswerter Mann, den er an Bord eines Schiffes kennengelernt habe – höchst außerordentlich, sowohl auf dem Hin- als auch auf dem Rückweg seien sie sich begegnet –, und der habe gesagt ... An dieser Stelle wanderte Sids Blick weiter zu den Großtanten, die in ihren langärmligen flaschengrünen und lilabraunen Crêpe-de-Chine-Kleidern nebeneinandersaßen und in aller Gemütsruhe das Essen auf ihren Tellern aussortierten: Dolly bezeichnete Farce als unverdaulich, während Flo kein Fett mochte, und beide missbilligten sie jeweils die Mäkeligkeit der anderen. »Im letzten Krieg waren wir dankbar für alles«, sagte Flo, und Dolly gab zurück: »Ich kann mich nicht erinnern, dich jemals wegen irgendetwas dankbar erlebt zu haben. Selbst als Vater dir den schönen Aufenthalt in Broadstairs ermöglichte, nachdem du das Krankenhaus verlassen musstest, warst du nicht dankbar. Flo war als Krankenschwester hoffnungslos, weil sie den Anblick von Blut einfach nicht ertragen konnte«, sagte sie im lauteren Tonfall für jeden, der ihr womöglich zuhörte. »Zu guter Letzt mussten die anderen Hilfsschwestern ihr beistehen, was natürlich überhaupt nicht im Sinne des Herrn Doktor war ...«

Sybil in ihrem eher unförmigen Crêpekleid – sie hatte seit Wills' Geburt an Gewicht zugelegt – erzählte der Duchy gerade von ihren Sorgen seinetwegen.

»Das ist nur eine Phase«, sagte die Duchy beruhigend. »Als Edward klein war, hat er bei Wutanfällen immer gespuckt. Er ist derart außer sich geraten, dass er nicht mehr zu bändigen war, und natürlich habe ich mir Sorgen gemacht. Wenn sie klein sind, bekommen sie alle Anfälle.« Sie saß sehr aufrecht am Ende des Tisches, wie immer in ihre blaue Seidenbluse gekleidet, das Perlmuttkreuz mit den Saphiren auf ihrer Brust – Brüste, dachte Sid liebevoll, würde sie weder als Teil des Körpers noch als Teil der Sprache anerkennen –, und richtete ihren offenen, unbefangenen Blick auf ihre Schwiegertochter. Dann, als sie fortfuhr, begann sie zu lachen. »Edward war der Ungezogenste von allen. Einmal, da muss er ungefähr zehn gewesen sein, pflückte er jede Osterglocke im Garten, band sie mit den Haarschleifen seiner Schwester zu Sträußen und verkaufte sie am Ende der Auffahrt. Dazu hatte er ein Schild gemalt, auf dem stand: ›Helfen Sie den Armen‹ – und wissen Sie, wer die Armen waren? Er selbst! Wir hatten ihm wegen eines anderen Vergehens das Taschengeld gestrichen, und er wollte so gerne einen ganz besonderen Kreisel haben!« Sie trocknete sich die Tränen an dem kleinen Spitzentaschentuch, das unter ihrer Armbanduhr steckte.

»Und, hat er ihn bekommen?«

»Aber nicht doch, meine Liebe. Am Sonntag in der Kirche musste er alles in den Klingelbeutel stecken. Und natürlich hat er ein paar hinter die Ohren bekommen.«

»Du musst von mir sprechen«, rief Edward über den Tisch. Er hatte Jessica zugehört.

»Ja, mein Lieber, das stimmt.«

»In der Schule war ich genauso hoffnungslos«, sagte Edward. »Ich weiß nicht, wie ihr es mit mir ausgehalten habt.«

Welches Selbstbewusstsein er haben muss, um das zu behaupten, dachte Sid, doch jedes weitere Nachdenken darüber wurde unterbunden, weil Jessica bat: »Vielleicht kannst du das Christopher einmal sagen. Er fühlt sich in der Schule wie der absolute Versager.«

»Das kommt daher, weil er einer ist«, sagte Raymond. »Ich kenne keinen Jungen, der derart viele Chancen verpfuscht.«

»In Latein ist er gut«, widersprach Jessica sofort.

»Weil Latein ihm Spaß macht. Die Frage ist doch, ob ein Junge sich bemüht bei Sachen, die ihm keinen Spaß machen.«

»Und Biologie. Bei Vögeln und derlei kennt er sich sehr gut aus.«

»Wahrscheinlich strengt sich niemand an bei Dingen, die ihm keinen Spaß machen«, warf Villy ein. »Ich denke nur an Louise. Ich glaube, in all den Jahren bei Miss Milliment hat sie nichts als Theaterstücke und Romane gelesen. Ihre Kenntnisse in Mathematik und Latein sind höchstens rudimentär. Ebenso in Griechisch.«

»Unterrichtet Miss Milliment sie in Griechisch?«, fragte Rupert. »Sie ist wirklich höchst erstaunlich, findet ihr nicht? Ich würde ja gerne wissen, wer ihr Lehrer war. Von Malerei versteht sie ausgesprochen viel.«

»Ich glaube, sie hat sich das meiste selbst angeeignet. Aber das weißt vielleicht du, Mummy?« Villy drehte sich zu Lady Rydal, die sie mit Erstaunen betrachtete, ehe sie antwortete.

»Ich habe nicht die geringste Ahnung. Sie stammte aus einer achtbaren Familie, und Lady Conway sagte, sie sei eine gute Lehrerin für ihre Mädchen gewesen. Es versteht sich von selbst, dass ich mich nicht nach ihrem Privatleben erkundigt habe.«

»Ich denke, für Mädchen ist es besser, zu Hause unterrichtet zu werden, von wem auch immer«, sagte Hugh. »Du fandest es im Internat schrecklich, Rach, stimmt's?«

Und Sid, die ihre Aufmerksamkeit sofort auf Rachel lenkte, sah, dass diese bei der Erinnerung leicht schauderte. »Ja, doch«, erwiderte sie, »aber wahrscheinlich hat es mir nicht geschadet.« Sid sah, dass sie fast zu müde zum Essen war, und am liebsten hätte sie gesagt: »Mein Liebling, lass es für heute gut sein – leg dich ins Bett, und ich bringe dir alles, wonach dir ist, auf einem Tablett.« Aber es ist nicht mein Zuhause, dachte sie, und sie darf ja auch gar nicht mein Liebling sein, kein Gedanke daran, mir sind die Hände gebunden. Danach hatte sie nichts anderes im Auge und im Sinn als Rachel. Sie hörte, dass die Duchy Zoë ins Gespräch einband und auf das Rosenarrangement in der Mitte der Tafel aufmerksam machte, das offenbar Zoë gesteckt hatte, aber die ganze Zeit sah sie nur, dass Rachel sich bemühte, ihren Teller leer zu essen – in der Familie stocherte man nicht im Essen herum, und die Duchy missbilligte Vergeudung.

Rachel schnitt einen kleinen Bissen von ihrem Kalbfleisch ab, steckte es sich in den Mund und schluckte es schließlich hinunter, spielte mit der Gabel im Kartoffelpüree, zerkrümelte die Brotscheibe auf dem kleinen Teller und aß die Brösel, dazwischen nahm sie immer wieder einen Schluck Wasser. Rachel hatte beim Umzug ihrer Kinderherberge nicht nur mit endlosen, mühseligen administrativen Problemen zu kämpfen gehabt, sondern war auch die Hauptleidtragende der Auseinandersetzungen ihrer Eltern darüber gewesen. Die hatten im vergangenen Jahr allerdings wesentlich schlimmere Ausmaße angenommen, denn abgesehen von der Squashhalle hatte es so gut wie kein Quartier für die Schwesternschülerinnen gegeben. Damals hatten praktische Überlegungen den patriarchalischen Großmut des Brig ebenso wenig beeinträchtigt wie diesen Sommer, hatten aber die Gefühle der Duchy verletzt, die bestimmte Vorstellungen davon hatte, was vernünftig war und was sich gehörte, und zum Teil verletzten sie sie auch jetzt noch. Rachel, die Konflikte verabscheute, war die wenig beneidenswerte Aufgabe zugefallen, die Ansichten einer Partei zu all diesen Fragen der jeweils anderen zu übermitteln und dabei die eigenmächtigen und hochfliegenden Pläne ihres Vaters und die heiklen, vielfach unbeantwortbaren Fragen ihrer Mutter zu entschärfen. Das kam beiden gelegen: Der Brig war nicht bereit, irgendeine Mitsprache bei seinen Vorkehrungen zu dulden, während die Duchy sich ihnen nie offen widersetzt hätte. Die Übermittlungsdienste ihrer Tochter ermöglichten ihnen also in der Öffentlichkeit einen verbindlichen Umgang miteinander. Wie so vieles andere ging das jedoch auf Rachels Kosten, und in diesem speziellen Fall betrafen die Vorkehrungen ihre Wohltätigkeitsorganisation, sodass sie verständlicherweise noch größere Verantwortung, noch mehr Pflichtgefühl empfand. Was soll nur aus uns werden?, fragte Sid sich und fand keine Antwort. Zumindest war Evie, ihre Schwester, sicher aus dem Weg, sie arbeitete in Bath als Sekretärin für einen weiteren Musiker, den sie sich erkoren hatte – zumindest hatte es bei ihrem letzten Telefonat so geklungen. Aber was sollte sie, Sid, tun, wenn der Krieg schließlich begann? Sicher konnte sie nicht einfach weiterhin an Schulen Musikunterricht geben, oder doch? Sie sollte sich zu dem einen oder anderen Kriegsdienst für Frauen melden, aber zu dem Gedanken, den sie sich in den vergangenen Wochen zunehmend machte, gehörte auch, dass sie dann Rachel für unbestimmte Dauer verlassen müsste, und diese ebenso erschreckende wie furchtbare Vorstellung lähmte sie. Bislang hatte sie sich – als letzte, unsichere Bastion – diesem Dilemma entziehen können, weil es noch in vager Zukunft lag, eine bloße Möglichkeit war, doch seit gestern, als die Deutschen in Polen eingefallen waren, die polnische Luftwaffe ausgeschaltet und die Eisenbahnen lahmgelegt hatten, wusste sie, dass sie ihr Dilemma in absehbarer Zeit nicht mehr würde verdrängen können. Sie wünschte sich sehnlich, mit Rachel allein, unter vier Augen, zu reden. Falls sie mich braucht, dachte sie, doch in Bezug auf sich selbst kannte Rachel keine Bedürfnisse. Sie würde nur ihre – Sids – Pflicht ebenso ernsthaft und aufrichtig erwägen wie ihre eigene.

Heute Abend kam sowieso nicht infrage. Da würden sie auf Anregung der Duchy auf ihrem großartigen neuen Grammofon die *Pastoralsinfonie* hören, in der Aufführung ihres geliebten Toscanini. »Ich glaube, das ist die Musik, die wir heute Abend brauchen«, hatte sie vor dem Dinner gesagt, die einzige Anspielung von irgendeiner Seite auf das, was ihnen bevorstand. Und nach dem Beethoven würde Rachel völlig erschöpft sein. Sid sah über den Tisch zu ihr, doch Rachel unterhielt sich mit Villy, und als sie fortschaute, fing sie Zoës Blick auf, und Zoë lächelte leicht, zögernd – fast wie von einer Außenseiterin zur anderen, dachte Sid und erwiderte das Lächeln. Früher war sie Zoë aus dem Weg gegangen, sie hatte dem außergewöhnlich hübschen, aber ihrer Ansicht nach nichtssagenden Gesicht misstraut, doch Zoës Ausdruck hatte sich verändert: Es war, als hätte sie früher alles gewusst, was sie glaubte, wissen zu müssen, und wisse jetzt gar nichts mehr. Erstaunlicherweise wirkte sie dadurch jünger, was Sid verwunderte, denn Kummer – schließlich hatte sie gerade erst ein Kind verloren – ließ Menschen gewöhnlich altern. Ihr war aufgefallen, dass sich die Familie ihr gegenüber auch anders verhielt als im vergangenen Jahr. Als hätten sie sie akzeptiert, wie sie in gewisser Weise ja auch mich akzeptiert haben. Aber das ist nur, weil sie mein Geheimnis nicht kennen, und sie sah wieder zu Zoë, denn ihr kam der (zweifellos abwegige) Gedanke, sie könnte womöglich ebenfalls ein Geheimnis haben. Unsinn, sagte sie sich dann, sie sieht einfach etwas verloren aus, weil sie etwas verloren hat, aber ihren Verlust kann sie benennen und offen aussprechen – es ist ein ehrbarer Verlust, so schwer er auch zu tragen ist.

Mittlerweile waren sie beim Pflaumenkuchen angelangt, und Rupert gab auf Aufforderung der Duchy seine Geschichte von Tonks an der Slade zum Besten. »Er ging immer sehr langsam durch den Saal und sah sich schweigend die Arbeiten aller Studenten an, bis er auf ein besonders unbeholfenes Bild stieß – von einem der Mädchen. Das starrte er an, bis die Stille so durchdringend wurde, dass man eine Stecknadel hätte fallen hören können, und fragte: ›Stricken Sie?‹« Er saß neben Villy und richtete die Frage an sie, woraufhin Villy, die die Geschichte natürlich kannte, zur ehrfürchtigen Studentin erstarrte und mit dem entsprechenden nervösen Kichern bejahte. »›Warum gehen Sie dann nicht nach Hause und tun das?‹«

»Wie schrecklich!«, rief Jessica. »Das arme Ding!«

»Aber er war ein herausragender Lehrer«, sagte Rupert. »Er ärgerte sich einfach über Studenten, die absolut kein Talent hatten.«

»Aber deine Arbeiten haben ihm gefallen, Rupe, oder nicht?«, fragte Zoë.

»Auf jeden Fall hat er mich nicht gefragt, ob ich stricken kann.«

»Nur gut, alter Junge«, warf Edward ein. »Als Strickmamsell kann ich mir dich beim besten Willen nicht vorstellen.«

Flo stieß ein schrilles, kleines Lachen aus und verschluckte sich, woraufhin Dolly ihr heftig auf den Rücken schlug, mit dem Ergebnis, dass ein Stückchen Pflaumenkuchen aus ihrer Nase über den Tisch flog.

»Edward, gib ihr dein Taschentuch«, sagte Villy, als Flo aufhörte zu husten und nieste.

Edward tastete seine Taschen ab. »Ich kann's nicht finden.«

Raymond bot seines an, Villy reichte Flo, deren Gesicht sich von Mauve zu Hochrot verfärbt hatte, ein Glas Wasser.

»Du kannst dich glücklich schätzen, wenn du dein Taschentuch je wiedersiehst«, sagte Dolly. »Ich habe nie erlebt, dass Flo ein Taschentuch zurückgegeben hätte. In ihrem ganzen Leben nicht.«

»Zumindest verfüge ich über Sinn für Humor«, erwiderte Flo zwischen ihren Niesattacken. »Was man nicht von allen behaupten kann.«

In dem Moment begegnete Rachel Sids Blick und zwinkerte, was für Sid einer Liebkosung gleichkam. Sie zwinkerte zurück.

Beim Dinner im Pear Tree Cottage hingegen, das eigentlich ein Abendessen war, wurde der Krieg – neben vielem anderen – mit unterschiedlichen Graden von Angst und munterer Ausgelassenheit erörtert. Zum letztgenannten Lager gehörten Teddy, Simon, Nora, Lydia und Neville (Lydia und Neville hatten sich ihren Platz im Esszimmer mit der zweifachen Begründung erbettelt, es mache den Dienstboten weniger Arbeit, außerdem hätten sie schon seit Wochen nichts Schönes mehr unternehmen dürfen). Polly und Clary missbilligten ihre Anwesenheit zutiefst, weil sie selbst erst vor Kurzem zum Dinner im Esszimmer befördert worden waren, und auch das nicht immer. »Sie haben keinen Funken Gerechtigkeitssinn«, hatte Clary über ihren Vater und Tante Villy gesagt. Christopher und Polly waren sich einig in ihrer Ablehnung des Kriegs und ihrem Grauen davor. Louise stand unentschlossen zwischen allen: Den Krieg abzulehnen war eine Sache, aber die eigene Karriere verpfuscht zu sehen etwas völlig anderes. Allerdings hatte sie auf der anderen Seite auch das Gefühl, dass alles schrecklich aufregend war oder sein würde. Am früheren Abend hatte Miss Milliment gemerkt, dass Villy erleichtert wäre, wenn sie nicht zu erwarten schiene, mit der restlichen Familie zum Dinner nach Home Place eingeladen zu werden. Daraufhin hatte sie gemeint, es würde ihr Freude bereiten, mit den Kindern zu Abend zu essen. Jetzt verfolgte sie das Tischgespräch mit interessierter Ausgewogenheit. Sie saß da in ihrem dunkelbraunen Strickkostüm – das sie erst an selbigem Morgen ganz hinten im Kleiderschrank entdeckt hatte und seit mindestens zwei Jahren nicht mehr getragen haben konnte, denn die Motten waren ein wenig darüber hergefallen, zum Glück nur an Stellen, an denen es nicht allzu sehr auffiel –, und ihre kleinen grauen Augen blitzten amüsiert hinter ihrer Nickelbrille.

»Hätte Hitler nicht noch drei Jahre warten können?«, beschwerte Teddy sich. »Dann hätte ich direkt zur RAF gehen und ihm jede Menge Bomben auf den Kopf werfen können.« Im Sommertrimester war er in den Stimmbruch gekommen und sprach jetzt oft zu laut, wie Louise fand.

»Ich dachte, du wolltest Jagdflieger werden«, sagte sie.

»Das möchte ich ja auch, aber vielleicht muss ich Bomberpilot werden.«

»Und was sind Christophers Pläne?«, fragte Miss Milliment. Sie hatte den Eindruck, dass Teddy ihn ziemlich an die Wand drängte.

»Ach – ich weiß nicht«, brummte er.

»Christopher ist ein Kriegsverweigerer«, sagte Simon.

»Du meinst Kriegsdienstverweigerer«, verbesserte Nora ihn.

»Was ist das? Was macht man, wenn man das ist?«, fragte Neville.

»Verweigern natürlich, was sonst, du Trottel«, erwiderte Simon.

»Sag nicht ›du Trottel‹ zu Neville. Außerdem bin ich sowieso Christophers Meinung, Miss Milliment.«

»Wirklich, Polly? Das wusste ich nicht.«

»Du meinst, du verweigerst den Krieg? Sehr komisch, den Krieg zu verweigern«, sagte Neville.

»Ist es nicht. Du hast von nichts eine Ahnung, Neville, also halt den Mund.«

»Ich glaube, Neville versucht gerade, mehr herauszufinden«, warf Miss Milliment milde ein.

»Na ja, du könntest einen Sanitätswagen fahren oder etwas Langweiliges in der Art machen«, schlug Teddy vor.

»Du könntest auch einfach ein Evakuierter sein«, sagte Neville. »Wir haben heute Nachmittag welche gesehen.«

»Wer ist wir?«

»Ich und Lydia.«

»Lydia und ich«, korrigierte Clary ihn.

»Sie waren ziemlich eklig«, sagte Lydia. »Einer von ihnen hat Schorf von seinem Knie gegessen.«

Neville fuhr auf. »Das hast du auch schon gemacht, ich hab's gesehen.«

»Nie im Leben!«

»Hab ich wohl! So was hab ich noch nicht oft gesehen«, erklärte er Miss Milliment, »also würde ich es eher nicht vergessen, oder? In der Badewanne!«

Lydia lief rosarot an. »Ich wollte nicht, dass es ins Wasser fällt und wieder ins Blut zurückgeht«, erklärte sie.

»Und wer ist jetzt eklig?«, fragte Nora.

»Es ist schwierig, nicht eklig zu sein bei Dingen, die einfach eklig sind«, verteidigte Lydia sich.

»Wenn ihr einfach nicht hier wärt«, sagte Clary, »dann würden wir nicht über eklige Dinge sprechen. Wir würden viel interessantere Gespräche führen.«

Stille setzte ein, alle aßen ihren Fischauflauf und die Stangenbohnen.

»Wann kommt denn Judy zurück?«, fragte Clary schließlich. Eigentlich interessierte es sie nicht, aber sie wollte beweisen, dass auch andere Gesprächsthemen möglich waren.

»Dad holt sie morgen ab. Sie ist bei einer Schulfreundin in Rottingdean. Sie haben ihr am Anfang der Ferien die Mandeln rausgenommen, und Mummy meinte, dass ihr etwas Seeluft guttun würde.«

»Und Angela?«, erkundigte sich Miss Milliment.

»Ach, die hat sich eine Arbeit gesucht und wohnt irgendwo mit einer Freundin zusammen. Wir sehen sie so gut wie nie. Sie findet es schrecklich in Frensham. Mummy wollte sie debütieren lassen, jetzt, wo wir etwas Geld haben, aber dazu hatte sie keine Lust.«

»Miss Milliment, nennen Sie das ein interessantes Gespräch?«, fragte Neville.

»Einer der Evakuierten hatte Würmer«, erzählte Lydia, bevor Miss Milliment antworten konnte. »Und sie mussten sich die Haare schneiden lassen, weil lauter kleine Tiere darin gelebt haben. Medizinisch haben sie nicht viel hergemacht.«

»Das haben sie schon«, widersprach Neville. »Ich glaube, Ärzte würden viel lieber wenige Leute behandeln, denen ganz viel fehlt, als viele Leute, denen nur eine Sache fehlt. Ich meine, wenn man Windpocken und Masern und Mumps auf einmal bekäme«, fuhr er fort und erwärmte sich zunehmend für seine Idee, »dann hätte man so viele Flecken, dass man ein einziger Fleck wäre – man würde sie gar nicht sehen, weil keine Haut dazwischen ist. Und«, ergänzte er, »das Gute wäre außerdem, dass man dann den Rest seines Lebens gesund wäre. Wenn ich Arzt wäre, würde ich alle Leute anstecken mit dem, was sie noch nicht hatten …«

»Sei still! Ich wusste doch, dass es ein Fehler war, euch zum Abendessen nach unten …«

»Das ist das Prinzip des Impfens«, warf Miss Milliment ein. »Das ist der Grund, weshalb Menschen zumindest bei uns nicht mehr an Pocken erkranken. Ihr habt als Kleinkinder alle eine Dosis Pocken bekommen.«

»Das ist doch was!«, sagte Neville. »Dann brauchen wir doch nur den ganzen Deutschen Pocken zu geben, und dann wären sie zu krank, um zu kämpfen. Kann man daran sterben?«

»Früher sind Menschen daran gestorben, ja.«

»Seht ihr?«

»Leg deine Pflaumenkerne nicht auf den Tisch, Neville«, fuhr Clary ihn an. Sie sah, dass sich Polly bei jeder Erwähnung vom Krieg anspannte. Vielleicht bemerkte Miss Milliment das auch, denn sie berichtete ausführlich von Dr. Jenner und seinen Versuchen mit Kuhpocken.

Das beeindruckte Christopher zutiefst. »Das muss Tausenden von Menschen das Leben gerettet haben«, sagte er, und seine Brillengläser beschlugen, weil sein Gesicht vor Begeisterung ganz heiß wurde. »Ich wünschte, ich könnte so etwas erfinden!«

»Entdeckungen der Art gehen meist auf genaue Beobachtung zurück«, erklärte Miss Milliment. »Es gibt keinen Grund, weshalb du nicht auch etwas entdecken solltest, Christopher, wenn das es ist, was du tun möchtest.«

»Edelmann, Lumpenmann, Bettelmann, Schurkenmann«, murmelte Lydia. Sie nahm sich eine weitere Pflaume aus dem Kuchen, pulte mit dem Löffel den Kern heraus und zählte den Vers noch einmal durch. »Edelmann! Ich heirate einen Edelmann!«, rief sie dann mit gespielter Überraschung.

»Ich zähle meine Kerne ganz anders«, sagte Neville.

»Wie denn?«

»Lokführer, Pirat, Zoodirektor, Räuber«, antwortete er nach einer Weile. »Und ich schummle bei meinen Kernen nicht so wie du, weil ich alles gleich gern wäre.«

»Du verstehst nicht, worum es geht«, sagte Clary. »Die Sache ist doch die, dass es einige Dinge gibt, die man nicht möchte.«

»So wie mit einem Dieb verheiratet zu sein«, erklärte Lydia.

»Ich weiß nicht, das könnte eigentlich ganz spannend sein«, meinte Polly. »Diebe bringen abends alle möglichen Sachen nach Hause, die einem selbst nie eingefallen wären. Wenn er denselben Geschmack hätte wie man selbst, könnte man so das ganze Haus einrichten.«

Teddy, der seine Portion Nachtisch aufgegessen hatte, von dem nun nichts mehr da war, fragte, ob er und Simon jetzt bitte wieder nach Home Place gehen dürften, weil sie gerade mitten in etwas seien, das sie gerne fertig machen würden.

»Diese ganzen Frauen und Kinder«, erklärte er Simon, als sie zurückliefen, »die fallen mir auf die Nerven«, und Simon pflichtete ihm bei. Bei den älteren Mädchen empfand er das zwar eigentlich nicht so, aber das war, wie er wusste, etwas schwachbrüstig von ihm. Außerdem war es nur eine Frage der Zeit, bis er das genauso sehen würde wie Teddy.

»Bei was sind wir gerade mittendrin?«, fragte er. Er hatte leise Bedenken, weil sie Christopher aus dem, was immer sie machten, ausschlossen.

»Das wirst du gleich sehen.«

Sie hatten das Ende des Feldwegs erreicht und traten auf die Straße. Es war fast dunkel, aber noch nicht ganz. Als sie zur Auffahrt nach Home Place gelangten, bog Teddy nicht darauf ab, sondern blieb auf der Straße und lief weiter die Anhöhe hinauf. Dann wurde er langsamer und suchte die Hecke ab, die an den kleinen Wald bei Home Place grenzte. »Hier gibt es irgendwo einen Durchschlupf«, sagte er. »Den hat Christopher mir letztes Jahr gezeigt.«

»Im Wald wird es ziemlich finster sein.« Simon bekam es ein bisschen mit der Angst zu tun.

»Nein, wird's nicht, du wirst schon sehen. Ah, hier ist es!« Er zwängte sich durch eine Lücke in der Hecke, zwischen Brombeerranken, Geißblatt und den leise rasselnden Samen von reifem Wiesenkerbel hindurch, Simon dicht hinter ihm. Gerade, als der sich dachte, dass er jetzt lieber mit Christopher dessen Sammlung von Peter-Scott-Zigarettenbildern ansehen oder dessen Eule füttern würde, blieb Teddy stehen.

»Da sind wir«, sagte er und setzte sich. Simon ließ sich neben ihm nieder. Es kam ihm nicht so vor, als wären sie bei irgendwas Bestimmtem. Teddy holte ein Nachtlicht und Zündhölzer hervor. »Räum das trockene Zeug ein bisschen weg«, sagte er, und gehorsam schob Simon totes Laub und Zweige beiseite, um eine freie Fläche zu schaffen. Hoffentlich hat es nichts mit Zauberei zu tun, dachte er, schwieg aber.

»Also.« Als Nächstes nahm Teddy sein schweres, beeindruckend großes Taschenmesser.

»Was willst du denn damit?« Vielleicht wollte Teddy ihnen ja den Arm aufritzen und ihr Blut vermischen, wie es die Indianer machten, wenn sie einen Pakt schlossen, dachte er bang.

»Die teilen.« Er zeigte ihm eine ramponierte Zigarre.

»Woher hast du die?«

»Kinderleicht. Der Brig hat sie im Aschenbecher liegen lassen. Ich glaube, er hat sie vergessen. Ich habe sie nicht geklaut, ich habe sie nur mitgenommen.« Er legte die Zigarre auf sein Knie und sägte sie in der Mitte auseinander. »Ich dachte, es wäre lustiger, wenn wir beide gleichzeitig rauchen«, sagte er. Simon fühlte sich hin und her gerissen zwischen Stolz, mitmachen zu dürfen, und Angst vor dem, wobei er mitmachen sollte.

»Mach sie an einem Ende richtig nass«, sagte Teddy und reichte Simon eine Hälfte. Dann zündete er das Nachtlicht an, das zwischen ihnen stand, und Simon konnte sein vom Laufen erhitztes Gesicht sehen. »Zünd du deine zuerst an«, forderte Teddy ihn auf und gab ihm die Zündhölzer. Nachdem Simon drei Zündhölzer verbraucht hatte, brannte die Zigarre immer noch nicht. Außerdem krümelte das Ende, das ihm im Mund steckte, es schmeckte wie altes Laub und sehr bitter.

»Komm, ich mach's für dich. Gib sie mir.«

Als er sie Simon brennend zurückreichte, sagte er: »Du musst ständig daran ziehen, sonst geht sie aus. Und jetzt kommt das Allerbeste.« Er zog unter seinem Flanellhemd eine kleine Flasche hervor, auf deren Etikett Simon die Beschriftung »Feigensirup« erkennen konnte. Er stellte sie vorsichtig auf den Boden, gefolgt von einer weiteren Flasche, die Simon als Tonic Water identifizierte. Zu guter Letzt präsentierte er einen der bei Familienpicknicks verwendeten Bakelit-Becher.

»Wir rauchen, und dazu trinken wir«, verkündete er. »Und bringen Trinksprüche aus. Solche Sachen.«

Simon war unendlich erleichtert: keine Zauberei, kein Blutvergießen.

»Obwohl, um ehrlich zu sein«, fuhr Teddy fort, während er aus beiden Flaschen gleiche Mengen in den Becher schenkte, »es ist kein richtiges Tonic Water. Ich konnte keins finden, sie haben alles weggetrunken. Also habe ich ein bisschen Andrews Lebersalz mit Wasser gemischt. Es sollte mehr oder minder auf dasselbe hinauslaufen.« Er zündete seine Zigarre an, machte einen Zug und verstummte kurzzeitig. Simon merkte, dass seine ausgegangen war. Während er sie wieder anzündete, trank Teddy einen großen Schluck aus dem Becher und reichte ihn hinüber. »Es ist ein bisschen warm«, sagte er. »Ich hatte ja alles unter meinem Hemd versteckt, und Eis konnte ich natürlich keins mitbringen.«

Simon nippte vorsichtig daran. Es schmeckte nicht halb so gut wie Orangeade oder die ganzen anderen Getränke, die ihm einfielen.

»Leider ist der Sprudel ziemlich rausgegangen«, sagte Teddy. Simon brachte keine Antwort hervor. Er hatte an seiner Zigarre gesogen und fühlte sich, als würde er gerade von irgendwo in die Tiefe stürzen.

»So, und jetzt die Trinksprüche. Auf Hitlers Tod!« Er trank und gab Simon den Becher. »Du musst es auch sagen, bevor du trinkst.«

»Auf Hitlers Tod«, wiederholte Simon. Es kam als Krächzen hervor, und er hatte den Eindruck, als würde der erste Schluck wieder in seiner Kehle aufsteigen, um dem zweiten zu begegnen. Er schluckte mehrmals, und alles beruhigte sich wieder.

»Sollten wir nicht auch auf jemandes Wohl trinken?«, fragte er.

»Gute Idee. Auf Strangways Major.«

Strangways Major war einer der Vertrauensschüler und Rugby-Kapitän und stand im Rang so weit über ihnen, dass Simon noch nie ein Wort mit ihm gesprochen hatte.

»Du trinkst so wenig – nimm, es ist reichlich da.«

Er machte noch einen Schluck in der Hoffnung, er hätte in der Zwischenzeit Geschmack daran gefunden, doch dem war nicht so.

»Ich glaube, ich halte mich lieber ans Rauchen«, sagte er, aber Teddy meinte, er solle sich nicht so anstellen, und schenkte nach.

Dann ging es weiter mit den Toasts. Sie tranken auf Laurel und Hardy, Bobby Riggs, Mr. Chamberlain, Cicely Courtneidge und schließlich auf den König, doch als sie zu dem kamen, sagte Teddy, sie müssten sich erheben, was sich als erstaunlich schwierig erwies. Teddy schwankte und lachte. »Ich glaube, ich bin ein bisschen betrunken«, sagte er. Er half Simon auf die Beine, doch sobald er ihn losließ, fiel Simon abrupt wieder zu Boden, und dann musste er sich aufs Grauenvollste übergeben, sodass ihm die Augen tränten, aber er weine nicht, beteuerte er. Teddy verhielt sich klasse, sagte, er habe vermutlich etwas Falsches gegessen: »Wahrscheinlich der Fisch – er wird von Hastings ungekühlt im Wagen angeliefert«, und es tue überhaupt nichts zur Sache. »Ehrlich gesagt tut eigentlich überhaupt nichts irgendetwas zur Sache.« Als es Simon wieder etwas besser ging, löschten sie das Nachtlicht und machten sich auf den Heimweg.

»Mit der Welt ist das schon so eine Sache.« Er klang, als versuche er, diese Sache so freundlich wie möglich zu betrachten, glaubte aber unverkennbar, dass die Welt es mit etwas gutem Willen durchaus besser machten könnte. Mrs. Cripps, die nie wusste, wann er von Persönlichem sprach, was sie begierig und mit Vergnügen hörte, und wann von der Welt da draußen, die sie nicht die Bohne interessierte, griff auf einen Gemeinplatz zurück.

»Tja, da sehen wir es wieder einmal«, antwortete sie. Sie goss etwas Tee in ihre Tasse, um zu prüfen, ob er schon lange genug gezogen hatte. Das hatte er.

»Es ist ja nicht so, als hätten sie irgendetwas mit dem Empire zu tun.« Sie schenkte ihm eine Tasse ein: Die dunkle Flüssigkeit vermischte sich mit der sahnigen Milch und nahm die Farbe von trockenem Buchenlaub an. Seine Chauffeursmütze, eine schicke graue mit einer schwarzen Kokarde, lag neben einem Teller mit Marmeladentörtchen.

»Es ist ja nicht so, als hätte ich etwas gegen das Land. An sich.«

Sie stand vor einem Rätsel. Was in aller Welt meinte er damit? Solange er die drei Würfel Zucker in seinen Tee rührte, herrschte Stille. Dafür nahm er sich immer Zeit und ging gründlich vor – nie blieben Zuckerreste vergeudet unten in seiner Tasse. Nicht bei ihm.

Sie saßen in dem sehr kleinen Wohnzimmer neben der Küche,

wo sie am Nachmittag manchmal die Beine hochlegte. Nach allgemeiner, wenn auch unausgesprochener Übereinkunft nutzten die anderen Bediensteten es nicht, ausgenommen Eileen, die bisweilen dort Tee mit ihr trank. Das Dinner im Esszimmer war vorbei, in der Ferne hörte sie die Klänge von Madams Grammofon und, näher, die Geräusche der Mädchen beim Abwasch in der Spülküche.

»Ein Törtchen, Mr. Tonbridge?«, fragte sie.

»Weil's Ihre sind, Mrs. Cripps. Nach Ihnen.« Er reichte ihr den Teller, und sie nahm eines, nur, um ihm beim Essen Gesellschaft zu leisten.

»Schlimm ging's in London zu, oder?«, fragte sie. London interessierte sie am meisten, und wie es ihm dort ergangen war.

»In mehr als einer Hinsicht«, antwortete er, ohne es eigentlich zu wollen. Er trank einen Schluck Tee – vom Teemachen verstand sie wirklich etwas – und tat sein Bestes, dem plötzlichen Drang zu widerstehen, ihr von den ganzen schrecklichen Dingen zu erzählen, die dort passiert waren. Nein, er war noch zu schockiert und gekränkt – wenn sie das wüsste, dann hätte es sich wahrscheinlich mit ihrer Hochachtung ihm gegenüber.

»Kein Zweifel, Mrs. Cripps, wir stehen auf Messers Schneide, ob wir wollen oder nicht. Da haben uns unsere Politiker reingeritten – Weichselkorridor hin oder her.«

Wovon sprach er jetzt schon wieder? Was hatten Weichseln bitte schön mit einem Durchgang zu tun, und wieso in aller Welt sollte wegen irgendeinem Obst ein Krieg ausbrechen? Sie setzte eine leicht besorgte Miene auf. Er war an diesem Tag nach London geschickt worden, um einiges aus dem dortigen Haus zu holen, und das Gerücht war umgegangen (das Eileen beim Servieren am Frühstückstisch aufgeschnappt hatte), dass ihm vorgeschlagen worden war, die Frau und das Kind wieder herzubringen, aber dazu war es nicht gekommen, sonst säße er jetzt nicht hier.

Sie griff auf eine seiner liebsten Bemerkungen zurück. »Ich sage ja immer wieder, Mr. Tonbridge, Politikern ist nicht zu trauen.«

»Da kann ich Ihnen nicht widersprechen.« Er schob seine Tasse ein Stückchen zu ihr, und sofort kippte sie die Teeblätter in den Schmutzwasserbehälter und schenkte ihm eine weitere Tasse ein.

»Und die meiste Zeit wissen sie sowieso nicht, was sie tun.«

»Das stimmt in der Tat, Mrs. Cripps, das ist allzu wahr. Und das meiste davon erzählen sie uns auch nicht, wenn Sie mich fragen.« Sie schob den Teller mit den Törtchen zu ihm, und er griff nach einem, aber da er nicht darauf achtete, brauchte er ihr nicht dafür zu danken. »Aber wenn's zum Knall kommt, wie man so sagt, wer zahlt dann die Rechnung, Mrs. Cripps?«

Sie warf ihm ein Lächeln zu, sodass er ihre Goldplombe sehen konnte, und die fand er ausgesprochen ansprechend, genauso wie anderes von ihr, das selten oder nie zu sehen war.

»Das wissen wir nur zu gut«, sagte sie und beugte sich leicht zu ihm vor, sodass sich ihre Büste unter dem Kittel bewegte.

Eine gestandene Frauensperson, dachte er – nicht zum ersten Mal. »Sie haben einen scharfen Verstand. Für eine Frau. Und das meine ich auch so«, sagte er. »Das brauche ich nicht eigens zu betonen. Sie wissen das alles. Es ist eine richtige Freude, sich mit Ihnen zu unterhalten. Im Gegensatz zu manchen anderen.«

Außer diesem flüchtigen, aber erfreulich unerfreulichen Verweis auf Mrs. Tonbridge bekam sie nichts zu hören, das ihre Neugier befriedigt hätte, doch daraus schloss sie, dass er diese Frau tatsächlich besucht hatte und es nicht gut gelaufen war. Und wenn es wirklich Krieg gab, den sie an sich natürlich nicht begrüßte, würde das bedeuten, dass die Familie hier blieb, was wiederum mehr Arbeit bedeutete, aber auch, dass Frank (wie sie ihn insgeheim nannte) ebenfalls hierbliebe. Also würde es sich lohnen, sich eine Dauerwelle machen zu lassen, dachte sie später, als sie ihre schmerzenden Beine unter der Bettdecke ausstreckte – am Ende des Tages machten ihr ihre Venen vom vielen Stehen bei der Arbeit wirklich zu schaffen.

Tonbridge hingegen in seinem kleinen dunklen Schlafzimmer, das neben der Waffenkammer lag, hängte seine Uniform sorgfältig über die Stuhllehne, schnallte die Ledergamaschen ab, schnürte die Stiefel auf und stand dann, nur in Unterwäsche, vor dem kleinen

Flügelfenster, das er für die Nacht schloss. Von den schrecklichen Erinnerungen an diesen Tag fühlte er sich immer noch wie erstarrt. Natürlich hatte er zunächst seine Arbeit erledigt und war erst weit nach zwei Uhr in die Gosport Street gefahren. Das Haus war ihm sehr still erschienen, die Vorhänge im ersten Stock waren zugezogen. Da war die Hoffnung in ihm aufgestiegen, sie könnte zu Besuch bei ihrer Mutter sein. Er hatte die Haustür aufgeschlossen, und als er sie hinter sich zufallen ließ, hörte er von oben Geräusche. Gerade wollte er die Treppe hinaufgehen, als die Schlafzimmertür geöffnet wurde, und da stand sie – unbekleidet –, schlüpfte gerade in ihren Morgenrock, und ihre Schlappen klackerten auf dem Linoleum. »Du bist es!«, sagte sie. »Was willst du denn hier?« Er hatte ihr sofort von Madams freundlichem Angebot für sie und den Jungen erzählt, und sie hatte sich in einer ihrer sarkastischen Tiraden der Art »Ach, verdammt herzlichen Dank auch, dass du dir die Mühe machst, an mich zu denken« ergangen und ihm den Weg nach oben versperrt. »Was geht hier vor sich?«, hatte er gefragt – nicht, dass er es wirklich erfahren wollte, aber irgendetwas musste er schließlich sagen.

Sie hatte die Arme vor der knochigen Brust verschränkt und war in Lachen ausgebrochen. »George!«, hatte sie gerufen. »Rat mal, wer hier ist!« Die Schlafzimmertür ging wieder auf, und heraus trat einer der kräftigsten Männer, den er je gesehen hatte. Weit über eins achtzig war er – er musste den Kopf einziehen, um aus dem Schlafzimmer zu treten –, hatte rotblonde Locken und einen Schnurrbart. Er trug ein ärmelloses Unterhemd und knöpfte sich gerade den Hosenschlitz über dem Bierbauch zu, aber seine Arme waren wie zwei mit Tätowierungen übersäte Lammkeulen. »Jetzt kümmert sich George um mich«, sagte sie. »Du kannst also verschwinden.«

»Spioniert er uns nach, oder was?«, fragte George. »Ein Spanner, oder was?« Er trat einen Schritt vor, die Dielen knarzten.

»Ich bin gekommen, um sie aus den Bomben rauszuholen. Sie und den Jungen«, sagte er, wenn auch ziemlich leise.

»Der Bengel ist weg. Ich habe ihn mit seiner Schule weggeschickt.«

»Wohin?«

»Brauchst du nicht zu wissen – was hat das mit dir zu tun?«

Er murmelte etwas in der Art, dass es sein Kind sei, aber sie lachte nur wieder. »Dein Kind? Das soll ja wohl ein Witz sein. Was glaubst du denn, warum ich dich geheiratet habe – eine halbe Portion wie dich?«

Jetzt war es heraus. Etwas, das er sich immer gefragt hatte und wovor er zurückgeschreckt war wie vor einem abscheulichen Gedanken, den er sich strikt verbat.

»Dann hole ich nur meine Sachen«, sagte er und ging blindlings die Treppe hinauf, aber seine Beine zitterten, und er musste sich am Geländer festhalten.

»Rühr mich ja nicht an!«, schrie sie, und George ging die paar Stufen zu ihr hinunter und legte eine Hand wie einen Pack Würstchen auf ihre Schulter.

»Hol seine Sachen, Ethyl«, sagte er. »Ich kann ja wohl nichts damit anfangen, oder? Und er da wartet draußen vorm Haus, und zwar so still wie …«, er hielt inne, und Verachtung lag in seinen hellblauen Augen, »ein Mäuschen«, schloss er.

Und damit hatte es sich. Er war die Treppe hinunter auf die Straße gegangen, und sie hatte die Sachen einfach durchs offene Fenster zu ihm hinuntergeworfen – Socken, Hemden, zwei Paar Schuhe und seine Winteruniform –, alles auf den Bürgersteig und die Straße und in die Gosse, und er hatte alles zusammengeklaubt und in den Kofferraum des Wagens gestopft, während George massig in der Haustür stand und ihn nicht aus den Augen ließ. Nie zuvor war er sich derart gedemütigt vorgekommen, und da ihm womöglich die ganze Straße zuschaute, konnte er nur alles so schnell wie möglich in den Kofferraum werfen, ins Auto steigen und davonfahren. Doch kaum war er am Ende der Straße um die Ecke gebogen, musste er anhalten, weil er vor lauter Tränen nichts mehr sah, dabei war er doch immer so sorgsam mit Mr. Cazalets Fahrzeugen umgegangen. »Einen nagelneuen Rolls-Royce würde ich Ihnen anvertrauen, wenn ich einen hätte«, hatte er erst kürzlich gesagt. Und das war nicht das erste Mal gewesen. Mittlerweile war er seit einundzwanzig Jahren bei Mr. Cazalet, so etwas konnte nicht jeder von sich behaupten. Es ging ja nicht nur ums Fahren, sondern auch um die Wartung, und den Menschen wollte er sehen, der auch nur ein Staubkörnchen auf der Karosserie finden würde, den geringsten Makel am Motor oder eine mangelhaft polierte Stelle. Er putzte sich die Nase, tastete mit zitternden Fingern nach seiner Packung Weights und zündete sich eine an. Und seitdem Mr. Cazalets Augen immer stärker nachließen, war er mehr denn je auf ihn angewiesen. »Ich bin auf Sie angewiesen, Frank«, hatte er vor nicht allzu langer Zeit gesagt – letzten Sommer war das gewesen, als es das erste Mal nach Krieg ausgesehen hatte –, »und ich weiß, dass ich mich immer auf Sie verlassen kann.« Ein Gentleman wie Mr. Cazalet würde das nicht ohne Grund sagen. Und als er dann seine Schwierigkeiten mit Mr. Cazalet gehabt hatte, weil er immer auf der rechten Straßenseite fuhr, genau so, wie er immer mit seinen Pferden ausritt, »da habe ich ein Machtwort gesprochen«, sagte er laut. »Entweder Sie fahren auf der linken Seite, Sir, oder ich setze mich ans Steuer.« Jetzt chauffierte er ihn immer, ebenso wie Madam, und Miss Rachel, die wirklich eine sehr freundliche Dame war, ganz zu schweigen von Mrs. Hugh und Mrs. Edward. »Sie gehören doch zur Familie«, hatte Miss Rachel gesagt, als sie ihn nach seinem Ärger mit dem Geschwür im Krankenhaus besucht hatte. »Ich finde, Sie sind sehr tapfer«, hatte sie gesagt. Sehr tapfer! Miss Rachel würde nie lügen. Er hatte über die Schulter einen Blick zum Kofferraum geworfen – er würde für seine Sachen einen Karton oder Koffer oder etwas in der Art besorgen müssen; so konnte er auf jeden Fall nicht in Home Place auftauchen, schließlich hatte er auch seinen Stolz.

Jetzt, am Fenster stehend, zog er laut die Nase hoch, spannte den Bizeps an und betrachtete seinen Oberarm, aber einen großen Unterschied stellte er nicht fest. Einen Schwächling hatte sie ihn einmal genannt und ein anderes Mal gesagt, er habe O-Beine. In den Schultern war er so schmal, dass Mr. Cazalet seine Uniform eigens schneidern lassen musste. Wir können nicht alle gleich sein, dachte er trübsinnig. Er sah zu dem Koffer mit seinen Sachen, der noch unausgepackt auf dem Boden lag. Das würde er morgen angehen, und jetzt würde er nicht mehr an das Ganze denken. Nur war er froh, dass er Mabel – wie er sie insgeheim nannte – nichts davon gesagt hatte. Sie respektierte ihn und sah zu ihm auf, wie es sich für eine Frau gehörte. In ihrer Gegenwart kam ihm alles ganz selbstverständlich vor. Als er ins Bett stieg, überlegte er sich, dass er jetzt kein Zuhause mehr hatte – nicht mit dem Mann unter dem Dach –, und dann dachte er, dass sein Zuhause hier war, bei der Familie, wie eigentlich immer schon. Er hatte geglaubt, dass er ewig wach liegen und das Bauchgrimmen ihn plagen würde, aber die Marmeladentörtchen hatten seinen Magen beruhigt, und ehe er sich's versah, war er eingeschlafen. Und das war der letzte Tag vor dem Krieg.

Als Mr. Chamberlain geendet hatte und die Kinder aus dem Zimmer geschickt worden waren, schlug der Brig vor, er und seine Söhne – und natürlich Raymond – sollten sich in sein Arbeitszimmer zurückziehen, um Pläne zu erörtern, aber die Duchy widersprach: Wenn Pläne erörtert würden, dann müssten alle dabei sein. Das sagte sie mit derart unerwarteter Schärfe, dass er sofort nachgab. Alle setzten sich wieder. Miss Milliment fragte leise murmelnd, ob sie nicht besser gehen solle, doch offenbar hörte sie niemand, also blieb sie mit achtsam verschränkten Knöcheln sitzen und sah besorgt auf ihre Schuhe, deren Senkel sich bereits lösten. Der Brig, der sehr bedächtig seine Pfeife angezündet hatte, sagte jetzt, dass natürlich alle hierbleiben sollten: Die Häuser in London könnten geschlossen werden, vielleicht bis auf eines … »Was ist mit den Internaten?«, fragten Villy und Sybil sofort. Die würden doch sicherlich weitergeführt werden, schließlich seien sie auf dem Land, und es wäre ein Jammer, die Erziehung der Jungen zu unterbrechen. So einigte man sich, dass Villy in Teddys und Simons Internat anrufen und Jessica sich wegen Christophers Schule erkundigen werde und ob die Hauswirtschaftsschule, die Nora und Louise besuchten, den

Unterricht fortführen werde. Daraufhin entstand eine Pause, die Villy mit einer Frage bezüglich der Kinderherberge beendete. Sie glaube nicht, dass die Schwesternschülerinnen den Winter über in der Squashhalle bleiben könnten: Durch das Glasdach würde es mörderisch kalt werden, ganz abgesehen davon, dass die armen Mädchen keine rechte Möglichkeit hatten, ihre Kleidung zu waschen und aufzubewahren, »oder auch nur einen Ort, an dem sie sich in ihrer Freizeit aufhalten können«, ergänzte sie. Der Brig sagte, er habe zur Lösung dieser Probleme Umbauten an der Squashhalle entworfen, aber die Duchy sagte scharf, es komme nicht infrage, Umbauten vorzunehmen an einem Gebäude, in dem Menschen schlafen müssten. Wieder setzte Schweigen ein. Jeder bemerkte ihren Groll, aber nur Rachel kannte den Grund dafür. Dann sagte Raymond, so freundlich alle auch seien, er und Jessica und die Kinder hätten in Frensham selbst ein wunderbares Haus, in das sie, wie von vornherein geplant, in einer Woche zurückkehren würden. Rupert sagte, er werde versuchen, sich zur Marine zu melden, und er wisse, dass Edward seine Vorkehrungen bereits getroffen habe; Hugh wäre in London, die älteren Jungen und Mädchen auf der Schule – dann könnten doch alle hier in Home Place leben und die Schwesternschülerinnen ins Pear Tree Cottage ziehen. Gegen diesen Vorschlag ließen sich zwar keine vernünftigen Einwände erheben, dennoch stieß er insgeheim auf Missbilligung. Weder Sybil noch Villy gefiel die Vorstellung, keinen eigenen Haushalt zu haben, die Duchy hegte große Bedenken, ob Mrs. Cripps für derart viele Esser kochen könne, Rachel war unbehaglich beim Gedanken, ihre Schwägerinnen wegen ihrer – Rachels – Wohltätigkeitsorganisation aus ihrem Haus zu vertreiben, und der Brig wollte seine genialen Pläne mit der Squashhalle nicht durchkreuzt sehen. Niemand äußerte seine Einsprüche, und als die Duchy meinte, das alles werde man sehen, sahen sich einige dazu imstande, den Vorschlag gutzuheißen.

Dann sagte Rachel, sie und Sid müssten dringend zur Mill Farm zurück, wo sie gerade beim Auspacken gewesen seien und die Vorsteherin und die Kinder einzögen. Edward meinte, jetzt sei der rechte Moment für einen Drink, und er und Rupert gingen, um die nötigen Flaschen und Gläser zu organisieren.

»Du hast ja gar nichts gesagt, mein Schatz«, sagte Rupert zu Zoë, die ihnen folgte.

»Mir ist nichts eingefallen, das ich hätte vorschlagen können«, antwortete sie. »Aber Rupe, willst du wirklich zur Marine?«

»Wenn sie mich nehmen. Irgendetwas muss ich ja machen.« Mit einem Blick auf ihre Miene fügte er hinzu: »Es kann gut sein, dass sie mich ablehnen.«

»Aber was wird dann aus mir?«

»Mein Schatz, darüber reden wir später. Es wird einiges zu planen geben.«

In diesem Moment reichte Edward ihm ein Tablett mit Gläsern, und er wiederholte: »Keine Sorge, wir werden uns darüber unterhalten – aber später.«

Ohne eine Antwort machte Zoë auf dem Absatz kehrt und lief durch die Halle die Treppe hinauf nach oben. Edward hob die Augenbrauen. »Wahrscheinlich hat das ganze Gerede über die Kinderherberge sie mitgenommen, die Arme«, sagte er. »Alle sind ein bisschen nervös.«

Außer dir, dachte Rupert mit widerstrebender Bewunderung. Edward gelang es, wirklich alles – auch den Krieg – als ein spannendes Abenteuer zu sehen.

Nach dem Lunch wurden die Kinder zum Brombeersammeln geschickt, denn die Duchy meinte, solange es noch Zucker gebe, müsse so viel Gelee wie möglich gemacht werden. »Es ist besser, ihnen etwas Vernünftiges zu tun zu geben«, sagte sie, und die Tanten und Mütter pflichteten ihr bei. Louise und Nora wurde die Verantwortung übertragen, und sie wiesen Neville und Lydia an, Gummistiefel anzuziehen, was ihren Unmut erregte.

»Du trägst deine auch nicht«, sagte Lydia zu ihrer Schwester, »warum müssen dann wir?«

»Weil ihr viel kleiner seid, ihr zerkratzt euch die Beine.«

»Die zerkratzen wir uns über den Stiefeln genauso.«

»Ja«, fiel Neville ein, »und dann läuft das Blut in die Stiefel zu unseren aufgeriebenen Fersen.«

»Ich finde, alle sollten welche tragen oder keiner«, befand Clary. Und zu Polly sagte sie, sie finde es grässlich, wie die beiden sich als Erwachsene aufführten, obwohl sie keine seien.

»Und warum müssen Teddy und Christopher nicht mitsammeln?«, wollte Clary wissen, als sie in der Spülküche warteten, während Eileen Gefäße für alle zusammensuchte.

»Weil der Brig sie für Arbeiten in der Squashhalle braucht«, erklärte Louise.

»Außerdem geht dich das nichts an«, sagte Nora. Neville streckte ihr die Zunge heraus, aber Nora sah es. »Das ist unverschämt, Neville, du musst dich sofort entschuldigen.«

»Sie ist ganz von allein rausgerutscht«, verteidigte er sich und wich vor ihr zurück. »Ich finde nicht, dass ich mich für etwas entschuldigen muss, das einfach so passiert ist.«

»Doch, das musst du. Entschuldige dich.«

Einen Moment dachte er nach. Er hatte das große Küchensieb, das Eileen ihm gegeben hatte, über den Kopf gestülpt, sodass sein Gesicht nicht zu sehen war.

»Ich bedauere es aufrichtig, dass ich nicht kommen kann«, sagte er schließlich. »Das sagen Leute doch immer, wenn sie zu etwas keine Lust haben«, fügte er erklärend hinzu.

Durch die Löcher des Siebs sah Clary seine Augen blitzen. »Sinnlos«, sagte sie zu Louise. »Wahrscheinlich sollten wir einfach so tun, als wäre gar nichts passiert.«

Louise war völlig ihrer Meinung. Nora kommandierte andere oft viel zu sehr herum, aber sie war auch starrsinnig und würde vor den ganzen Kindern nie nachgeben. »Weißt du was, Neville, sag einfach, dass es dir leidtut. Ganz leise.«

Er schaute zu ihr, sie war viel netter als Nora. Sie sah, wie sich seine Lippen bewegten.

»Ich hab's gesagt«, sagte er. »So leise, dass ich wahrscheinlich der Einzige bin, der es gehört hat.«

»So, dann hätten wir das«, sagte Nora und schlang sich den Korb über die Schulter. »Viel Ärger wegen nichts.«

»Hackfleisch aus einer Mücke«, sagte Neville zustimmend. Er hatte das Sieb abgenommen, seine Miene war vollkommen ungerührt.

»Jetzt kommt schon!«, rief Clary. Es war schrecklich, wie lang alle immer brauchten, um aufzubrechen.

Die schönsten Brombeeren gab es am anderen Ende der großen Wiese jenseits des Wäldchens, das hinter dem Haus lag. Das Gras war nicht zum Heuen gemäht worden und deswegen hoch und ausgeblichen. Die wenigen großen Bäume färbten sich, die Esskastanien waren beladen mit gelb werdenden stachligen Früchten. In diesem Jahr könnten sie wirklich Maronen rösten, dachte Polly. Das hatten sie im vergangenen September auch gedacht, aber dann waren sie doch wie immer nach London zurückgekehrt. »Was wird aus uns?«, fragte sie Clary. »Was meinst du?«

»Ich vermute, wir bleiben hier und werden von Miss M. unterrichtet. Sonst hätten sie sie ja wohl kaum herkommen lassen. Aber die Jungen werden in ihr Internat fahren, denke ich – schließlich ist das auf dem Land, und Louise und Nora werden wahrscheinlich wieder auf ihre Hauswirtschaftsschule gehen. Neville sollte auch auf eine Jungenschule geschickt werden«, schloss sie. »Er ist schrecklich verzogen.«

»Aber – wenn wir hier sind, und unsere Väter sind in London oder sonst wo, was passiert dann, wenn sie einmarschieren?«

»Ach, Poll! Unsere Väter werden in London sein, und am Wochenende kommen sie zu uns. Außerdem werden sie nicht einmarschieren. Wir haben eine Marine, die wird das verhindern.«

Polly schwieg – nicht aus Überzeugung, sondern aus einem Gefühl der Hilflosigkeit heraus, weil man Menschen, je mehr sie einen zu beruhigen versuchten, desto weniger glauben konnte. Sie hatten die sanfte Böschung erreicht, die sich zum nächsten Wald hinzog – dem, bei dem sie sich im vergangenen Jahr vorgestellt hatte, ein Panzer würde auf sie und Dad zupflügen. Die Brombeerranken überwucherten die Weißdornsträucher, die hier und dort verstreut wuchsen, der Boden war von Kaninchenlöchern und Maulwurfshügeln zerpflügt, und an einem Ende gab es eine Regensenke, die mittlerweile zu einem feuchten, von einigen dürren Binsen umstandenen Morast eingetrocknet war. In den Osterferien war das eine gute Stelle für Primeln, die um die Grüppchen von Weißdornsträuchern herum blühten, und im Frühsommer hatten sie hier Knabenkraut gefunden. Jetzt wurden die großen Bäume im Wald vom warmen Licht angestrahlt, sodass sie in der windstillen Luft wie Gold glänzten, und das Gebüsch schimmerte von den vielen Brombeeren, Zaunrüben- und Weißdornbeeren, und da und dort hingen in Büscheln die silbernen Fruchtstände der Waldrebe.

»Jetzt schwärmen alle aus und fangen zu sammeln an!«, rief Nora. Sie klang, als wären sie auf einem Schulausflug, dachte Louise und bemerkte, dass die anderen sich so weit wie möglich von Nora entfernten, sodass sie, Louise, das Gefühl hatte, aus Höflichkeit bei ihrer Cousine bleiben zu müssen. Sie schreckten einen Fasanenhahn auf, aber bevor er wegflog, rannte er in seinem betrunkenen, stolzierenden Gang einige Meter vor ihnen davon, und erst, als Louise ihm nachlief, erhob er sich schwirrend in die Luft.

Neville wurde das Beerensammeln bald leid und stieß aus Versehen sein Sieb um, was ihm noch mehr die Lust nahm. Stattdessen erforschte er die Kaninchenlöcher. Insgeheim wünschte er sich, einen Bau von innen zu sehen, und dachte, wenn es ihm gelänge, den Eingang zu erweitern, könnte er hineinschlüpfen. Nicht einmal Lydia wollte er von seinem Plan erzählen, es wäre viel lustiger, es beiläufig zu erwähnen, wenn sie zusammen in der Badewanne saßen. »Heute war ich in einem Kaninchenbau«, würde er sagen. »Es sah genauso aus wie bei Beatrix Potter – an den Wurzeln, die aus der Wand ragten, hingen kleine Bratpfannen, und der Boden war ganz glatt und sandig. Und die Kaninchen haben sich so gefreut, mich zu sehen.« Er stellte sich vor, wie sie ihm auf die Knie hüpften, ganz weich und pelzig, die langen seidigen Ohren flach auf den Rücken gelegt, und dann schauten sie ihn vertrauensvoll aus ihren runden Augen an. Aber er kam mit dem Graben einfach nicht voran. Er versuchte es mit dem Sieb, aber das taugte einfach nicht dazu, und dann wollte er mit seinem Gummistiefel Erde wegschaufeln, aber dafür war der Schaft zu weich. Als er den Stiefel dann wieder anzog, waren irgendwie spitze Steinchen hineingeraten, also zog er ihn wieder aus. Er würde sich aus McAlpines Schuppen einen kleinen Spaten stibitzen müssen, dachte er, als er zu den anderen zurückhumpelte und sich eine Ausrede überlegte, weshalb er keine Brombeeren hatte. Und dann stieg er natürlich auf eine Ranke und trat sich Dornen ein, und als er weitergehen wollte, tat es wirklich weh.

Deswegen merkten die anderen gar nicht, dass er keine Beeren hatte, und Nora war richtig nett zu ihm. Er musste sich hinsetzen, und dann nahm sie seinen Fuß und fand heraus, wo die Dornen waren, und drückte und drückte, bis sie zwei entfernt hatte, aber der dritte steckte zu tief in der Sohle. »Man könnte ihn heraussaugen«, erklärte sie, und alle Herumstehenden sahen skeptisch auf seinen dreckigen Fuß. »Er ist dein Bruder«, sagte sie schließlich auffordernd zu Clary, die nicht sonderlich begeistert wirkte.

»Wenn er von einer Kreuzotter gebissen worden wäre und sterben würde, wenn ich es nicht täte, würde ich es natürlich machen«, sagte sie, »aber bloß wegen eines Dorns …«

»Es ist nur ein Stachel«, sagte Louise.

»Nein, es ist ein richtiger Rosendorn, und zwar ein ziemlich großer. Er ist abgebrochen. Wenn er mit dem Fuß auftritt, dringt der Dorn nur immer noch tiefer ein.«

»Vielleicht kommt er dann auf der anderen Seite wieder heraus«, sagte Lydia. »Dann wächst er oben aus seinem Fuß heraus.« Von den anderen kamen ebenfalls wenig hilfreiche Vorschläge.

»Also gut«, sagte Nora, »dann gib mir noch mal deinen Fuß.« Sie setzte sich Neville gegenüber auf den Boden und nahm seinen Fuß zwischen die Hände. Dann spuckte sie auf seine Sohle und rieb sie mit ihrem Kleid so gut wie möglich sauber, was man gar nicht sehen würde, dachte Louise, weil es ein ziemlich hässliches Muster hatte, orangefarbene und schwarze Flecken und Streifen – eine Mischung aus Zebra und Giraffe. Dann saugte Nora ein bisschen und quetschte wieder, und schließlich kam der Dorn heraus, schwarz und ziemlich groß.

»Du hättest Socken in deinen Gummistiefeln tragen sollen«, sagte sie nachsichtig. »Jetzt ist er draußen. Kann jemand ihm vielleicht eine Socke leihen?«

Lydia gab ihm eine. »Aber wenn es einen Luftangriff gegeben hätte, hättest du garantiert laufen können«, sagte sie. »Jede Wette.«

»Gehen wir doch nach Hause«, sagte Polly sofort, und Clary erkannte, dass Polly dieser Gedanke bislang nicht gekommen war, aber jetzt hatte sie eindeutig Angst.

»Bedank dich bei Nora«, sagte Clary.

»Das wollte ich gerade«, antwortete Neville mürrisch. »Und jetzt hast du mein Danke verdorben. Ich danke dir auf dem Heimweg«, sagte er zu Nora, »wenn ich wieder Lust dazu habe.«

Ein ganz normaler Nachmittag, dachte Polly, als sie nach Hause gingen. Wie viele würde es davon noch geben? Sie sah zu Clary, die neben ihr herging. »Woran denkst du?«

»Ich versuche gerade, den Fasan zu beschreiben. Du weißt schon – wie er aussah, ganz genau – du weißt schon – wie ein Vogel, der zum Maskenball geht – ein bisschen militärisch, und wie er gerannt ist – so ein stolzierendes Torkeln ...«

»Warum? Ich dachte nicht, dass du dich für Vögel interessierst.«

»Das tue ich auch nicht, zumindest nicht besonders. Aber vielleicht möchte ich mal in einem Buch darüber schreiben, und dafür muss ich mir solche Dinge merken.«

»Ach.«

Tante Rach wog die Brombeeren, die insgesamt auf 5100 Gramm kamen, und nach dem Tee gab die Duchy jedem von ihnen ein Fruchtgummi, und Dottie heulte, weil Mrs. Cripps sagte, sie hätte den Einmachtopf nicht richtig sauber geschrubbt, und jetzt könnte das Gelee ansetzen. Am frühen Abend drang der nussige Duft der köchelnden Brombeeren in die Halle und stieg sogar zu Großtante Dolly auf den obersten Treppenabsatz hinauf, als sie ins Badezimmer ging, um ihr Zahnputzglas mit Wasser zu füllen und ihre Sennesfrüchte darin einzuweichen.

Um sechs Uhr wurden alle zusammengerufen, um im Rundfunk die Ansprache des Königs zu hören, und blieben reglos und schweigend stehen, während er in seiner angestrengten, stockenden Rede mit seinem Stottern kämpfte. »Der arme König!«, sagte Lydia hinterher. »Sprechen zu müssen, wenn man es kaum kann!« Und Louise meinte, er könne von Glück reden, dass er nicht Schauspieler habe werden wollen, denn das wäre eine Tragödie gewesen, er hätte höchstens mit einem Speer in der Hand über die Bühne gehen können. Dann las ein Mann, der J.B. Priestley hieß, etwas vor, das er selbst geschrieben hatte, und gerade, als danach der wunderbare Sandy MacPherson auf seiner Kinoorgel zu spielen begann, wurden die Dienstmädchen beordert, den Tisch für das Dinner zu decken, was sie als großes Pech betrachteten, und die Kinder wurden ins Bad geschickt, während die Erwachsenen, die gar nichts tun mussten, das Radio ohne zuzuhören einfach ausschalteten.

»Sie lassen uns nichts hören, was sie nicht selbst hören wollen«, beschwerte Clary sich. Sie hatte Sandy MacPherson einmal in London gesehen, als er in einem großen Kino nach dem Orgelspielen aus dem Graben gestiegen war, und hatte sich schon gefreut, damit anzugeben zu können. »Dabei müssen wir ihnen stundenlang zuhören, wenn sie spielen. Manchmal«, schob sie nach, als ihr bewusst wurde, dass das nicht ganz stimmte.

»Wie auch immer, Frankreich ist jetzt mit uns in den Krieg eingetreten«, sagte Teddy munter. »Ach, Christopher, entschuldige – aber du weißt, was ich meine. Dadurch wird alles irgendwie freundlicher.« Alle beobachteten Christopher, der auf dem Boden kniete und kleine Leberstreifen um Stückchen von Kaninchenfell wickelte. Die Eule Tawny, ein Waldkauz, verfolgte alles von ihrem Sitz oben auf dem Schrank. Christopher hatte sie als ganz jungen Vogel im Hampstead Heath gefunden, sie hatte sich ein Bein gebrochen und insgesamt einen bemitleidenswerten Eindruck gemacht. Christopher hatte das Bein geschient und den Kauz wieder hochgepäppelt, und jetzt war Tawny völlig zahm. Simon wünschte sich sehnlich eine Eule, aber er wusste, dass er sie im Internat nicht würde behalten dürfen. Unvermittelt flog das Käuzchen herunter und landete mit einem leisen Aufprall auf Christophers Schulter. Christopher bot ihm auf der Handfläche ein Stück zu fressen an, der Kauz nahm es und flog damit auf den Kleiderschrank zurück, ohne dass sich seine Miene unergründlicher Empörung änderte.

»Lässt du ihn je nach draußen?«, fragte Teddy.

»Ich hab's einmal versucht, aber er ist bloß in einen Baum geflogen und den ganzen Tag dort geblieben. Und als ich ihm abends sein Fressen brachte, flog er herunter und kam wieder mit mir ins Haus.« Er fügte nicht hinzu, dass er das nur einmal gemacht hatte, als Geste des guten Willens; insgeheim aber wünschte er sich, er würde für immer bei ihm bleiben. Doch seit sie in Frensham wohnten, war er interner Schüler geworden, und womöglich sollte sein Internat in eine andere Schule evakuiert werden. In dem Fall könnte es schwierig werden, eine Eule zu halten, aber irgendwie würde es ihm gelingen müssen. Das Käuzchen kam für den nächsten Bissen angeflogen, und dieses Mal geriet es etwas aus dem Gleichgewicht und krallte sich Halt suchend an Christophers Schulter. Simon hatte gesehen, dass Christopher davon schon richtige Narben bekommen hatte, aber das störte ihn offenbar gar nicht.

Der erste Abend des Kriegs wurde verbracht wie unzählige andere Abende zuvor: eine Abfolge von Bettzeiten, gegen die jedes Kind aus Gründen des Stolzes gewohnheitsmäßig protestierte. »Demnächst müssen wir noch vor Wills und Roland schlafen gehen«, beschwerte sich Lydia, »und Wills ist erst zwei und Roland null.«

»Ja«, sagte Judy, »und in Berkeley Court haben Monica und ich nach dem Abendessen gebadet, also erst gegen neun.«

Am Nachmittag hatte ihr Vater sie von dem Aufenthalt bei einer Schulfreundin abgeholt, und die beiden anderen fanden ihre

Schwärmerei, wie toll und wunderbar es gewesen sei, schlicht unerträglich. Mittlerweile hatten sie erfahren, dass Monica zwei Ponys hatte, dass zum Tee Éclairs serviert wurden und dass es einen Kühlschrank gab, der Eis machte, einen Pool zum Schwimmen, einen See mit einem Ruderboot und dass Monica eine Dauerwelle bekommen hatte und eine echte Perlenkette besaß.

»Protz, Protz, Protz«, brummelte Neville. Auf dem Fußboden des gemeinsamen Zimmers sitzend, wollte er herausfinden, ob er den Dorn auch selbst aus seiner Sohle hätte saugen können. Doch, es wäre gegangen.

»Was machst du denn da?«, rief Judy.

»Ich beiße mir die Zehennägel ab. Zur Abwechslung.«

»Wie eklig! Lydia, findest du nicht, dass das einfach nur eklig ist?«

»Es sind seine Füße, er kann damit machen, was er will«, antwortete Lydia lässig. Insgeheim fand sie es sowohl klasse als auch eklig, aber im Moment waren sie Verbündete in ihrer Abneigung gegen Judys schicke Ferien und wollten nichts mehr davon hören.

»Monica hat ein eigenes Bad, nur für sich«, fuhr Judy fort, als Ellen kam und sagte, ihr Bad sei eingelassen und ob sie sich bitte beeilen könnten.

»Ja, und wahrscheinlich hat sie einen Kopf nur für sich und eine Nase nur für sich und Zähne nur für sich …«

»Und einen Hintern nur für sich«, schloss Lydia, und Neville brach in brüllendes Gelächter aus.

In Home Place aßen die größeren Kinder in der Halle zu Abend, denn sie waren zu alt, um oben Milch und Kekse zu bekommen, aber im Esszimmer wollten die Erwachsenen unter sich bleiben. Deswegen lag ein gewisser Groll in der Luft, weil keiner von ihnen in den Genuss des üblichen Privilegs kam, am Dinnertisch zu sitzen. Sie aßen Hackfleisch und Kartoffelpüree und Stangenbohnen, und der Himmel in den Glaskuppeln über ihnen verfärbte sich von Violett zu Indigo und wurde von den Streben zwischen den einzelnen Scheiben wie eine Melone unterteilt, überlegte sich Clary. Außerdem fiel ihr auf, dass die Streben dunkel wirkten, solange der Himmel hell war, und blass wurden, wenn die Dämmerung einsetzte. Oben hörten sie Badewannen einlaufen, Türen wurden geöffnet und geschlossen, die üblichen Geräusche, wenn sich die Erwachsenen für das Dinner vorbereiteten. Bessie, die große schwarze Labradorhündin des Brig, saß Christopher zu Füßen, ihre dunkel bernsteinfarbenen Augen fixierten sein Gesicht mit einer Gier, die sie hinter ihrem Hundeblick zu verbergen glaubte. Er streichelte sie, gab ihr aber nichts zu fressen. Vor einem Jahr, dachte er, hatte er sein Lager im Wald gehabt und von Abenteuer und Flucht geträumt. Jetzt erschien ihm die Idee undurchführbar und deshalb kindisch, andererseits hatte er nichts, das sie ersetzen könnte. Was es wirklich bedeutete, Pazifist zu sein, war ihm im vergangenen Jahr allzu deutlich vor Augen geführt worden: Fast alle waren ihm mit Spott, fast gehässiger Verachtung begegnet.

Nur Mr. Milner schien ihn zu verstehen. Mr. Milner war der Altphilologe, und Christopher, der Griechisch zuerst nicht besonders mochte, stellte fest, dass er zunehmend Gefallen daran fand, weil er Mr. Milner mochte und die Art, wie er über die Dinge sprach, mit denen er sich gedanklich so viel beschäftigte. Christopher zeichnete immerzu, vor allem Vögel und manchmal Tiere, und zwar meist in die Hefte, die für die Hausaufgaben bestimmt waren. Als Mr. Milner einmal ein Porträt von Tawny entdeckte und dazu einige Skizzen von seinen Klauen und einer ausgebreiteten Schwinge, reagierte er nicht sarkastisch und abschätzig, sondern sagte nur: »Da sieh einer an – das ist sehr gut, wirklich sehr gut! Zeichnest du häufig solche Sachen?« Und als Christopher murmelnd zugab, ja, schon ziemlich häufig, sagte er: »Das ist gut. Wer ein Künstler werden will, welcher Art auch immer, muss ständig üben – nichts anderes heißt es, ein praktizierender Künstler zu sein. Für das schmale Bändchen mit Versen, das einzige Cellokonzert hatte ich noch nie viel übrig. So gut sie sein mögen, man weiß doch genau, dass der Künstler zu sehr viel Besserem in der Lage wäre, wenn er mehr in der Art machte.« Und dann, kurz vor den Sommerferien, aber schon nach den Prüfungen, hatte er ihm aus heiterem Himmel einen Block mit wunderschönem Papier geschenkt, das ganz dick und weiß war und sich fantastisch anfühlte. »Das habe ich bei mir gefunden«, sagte er, »und du kannst sehr viel mehr damit anfangen als ich.« Mr. Milner wusste, dass er Pazifist war, und war praktisch der Einzige, für den es das Selbstverständlichste der Welt zu sein schien. Er hatte ihn gefragt, weshalb er einer sei, und sich die Antwort angehört. Dann hatte er gesagt: »Tja, Christopher« (Christopher war aufgefallen, dass er nur Schüler, die er mochte, beim Vornamen nannte, sonst wäre es Castle gewesen), »Prinzipien kommen einen teuer zu stehen – oder können es zumindest …« Er war dick und ziemlich kahlköpfig, wodurch seine Augenbrauen noch buschiger wirkten, und hatte die Art keuchender Stimme, die sich überschlug, wenn er sich für etwas begeisterte, was relativ häufig passierte. Er trug immer dasselbe Tweedjackett mit Lederflecken auf den Ellbogen und Stiefel der Art, wie man sie zum Bergsteigen trug, seine Krawatten waren nie besonders sauber, und wenn er lachte, machte er »Ho ho ho!«, gefolgt von einem Keuchen. Als interner Schüler entkam Christopher zwar Dad mit seinen Vorhaltungen, dafür war das Internat in anderer Hinsicht weniger gut, mit Ausnahme von Mr. Milner.

Dass ich dagegen bin, ändert überhaupt nichts an dem, was passiert, dachte er, weil ich letztlich nicht zähle, aber dann hörte er im Kopf Mr. Milner sagen: »Jeder zählt, mein lieber Junge, wenn auch nur für sich selbst. Jetzt halte dich nicht für die traurige Ausnahme.«

»Wieso lächelst du?«, fragte Neville.

»Wegen nichts Besonderem«, antwortete er, und dann dachte er, das ist gelogen, und ich habe es kaum gemerkt. Daraufhin beschloss er, am nächsten Tag all seine Lügen zusammenzuzählen, nur um zu wissen, wie oft er eigentlich die Unwahrheit sagte. Wenn ich allerdings weiß, dass ich mitzähle, dachte er, werde ich nicht so oft lügen. Das erinnerte ihn ein bisschen an den Satz, den Mr. Milner zitiert hatte, über die geistige Verfassung, in der Menschen Tagebuch schrieben.

Polly war in Gedanken versunken: Sie ließ einen Großteil von ihrem Hackfleisch auf dem Teller liegen, und als das Apfel-Baiser aufgetragen wurde, sagte sie, sie wolle keins. Auch sie dachte an das vergangene Jahr, als Oscar noch am Leben gewesen und weggelaufen und gerade rechtzeitig vor dem Frieden wiedergefunden worden war. Aber später hatten sie ihn am Ende des rückwärtigen Gartens entdeckt, stocksteif und alle viere von sich gestreckt. Er sei überfahren worden, hatte der Tierarzt gesagt, sein Hals sei gebrochen. Ein weiteres feierliches Begräbnis, und danach hatte sie beschlossen, sich keine Katze mehr zu wünschen, bis sie ihr eigenes Haus mit allem Drum und Dran besaß. Mittlerweile war sie froh über diese Entscheidung. Zumindest brauchte sie sich jetzt keine Sorgen zu machen, dass die Katze, welche auch immer sie gehabt hätte, durch das Giftgas sterben könnte. Dad hatte ihr zum Geburtstag eine neue schenken wollen, aber sie hatte gesagt, sie sei zu alt für Katzen. »Zumindest habe ich ein Zwischenalter erreicht, in dem es nicht ratsam wäre, eine zu haben«, hatte sie erklärt, und er hatte gesagt: »Na gut, Poll, das weißt du selbst am besten.« Danach hatte sie sich gefragt, weshalb Leute das immer sagten, wenn sie anderer Meinung waren. Eigentlich machte es sie traurig, sich keine Katze mehr zu wünschen, aber, dachte sie, vielleicht hatte sie immer schon gewusst, dass der Krieg nicht einfach verschwinden würde, dass er die ganze Zeit bloß auf der Lauer gelegen hatte. Jetzt war er da, und dem Anschein nach war alles mehr oder minder wie sonst. Wenn nur Dad nicht immer nach London fahren müsste, dachte sie. Wenn sie nur alle zusammenbleiben könnten, dann wäre alles, was käme, nicht so schlimm. Zumindest brauchte sie nicht mehr zu versuchen, an Gott zu glauben.

Bessie saß zwischen ihr und Christopher. Die Hündin hatte schnell gemerkt, dass auf Pollys Teller Essen lag, und hatte ihr ganzes Gewicht auf Pollys Knie und Stuhl verlagert. Christopher drehte sich zu ihr und sagte mit einem Lächeln: »Lass dich nicht von ihr herumkriegen, sie ist für ihr Alter viel zu dick. Du tätest ihr damit keinen Gefallen.«

»Ich weiß«, sagte sie. Bessie würde keine Gasmaske bekommen. Menschen waren nur bis zu einem gewissen Grad nett zu Tieren, aber eben nur bis zu einem gewissen Grad. Teddy und Simon unterhielten sich über Cricket. Immer häufiger redeten sie über Dinge, für die sie, Polly, sich nicht interessierte. Wenn sie Kinder hätte, würde sie alle auf dieselbe Schule schicken, dann würden sie sich weiter gut verstehen und dieselben Dinge machen. Dieser Gedanke heiterte sie auf, und sie fragte Christopher, ob er derselben Meinung sei. Er bejahte. Und dann meinte Nora, die mitgehört hatte, dass es in Devon eine ganz moderne Schule gebe, bei der es genau so sei, Dartington Hall, wo die Kinder schrecklich verzogen würden.

»Was meinst du mit verzogen?«, fragte Clary.

»Na, du weißt schon, sie dürfen die ganze Zeit machen, wozu sie Lust haben. Und sie lernen handwerkliche Sachen wie Holzarbeiten, was für mich kein Unterrichtsfach ist.«

»Ich weiß nicht, weshalb man verzogen wird, nur weil man tun darf, wozu man Lust hat«, sagte Clary. »Wenn ich das darf, bin ich viel freundlicher.«

»Jeder braucht Disziplin«, antwortete Nora. »Ich zumindest weiß, dass ich sie brauche.«

»Wir können nicht alle gleich sein«, meinte Clary. Christopher verschluckte sich vor Lachen, aber Nora lief nur dunkelrot an.

Ein Abend wie jeder andere auch, dachte Polly, als Tante Rach in ihrem blauen Moirékleid mit dem kleinen Umhang um die Schultern herunterkam. »Guten Abend, meine Schätzchen! Habt ihr ein schönes Abendessen gehabt?«

Simon fragte: »Was würdest du sagen, wenn wir sagten, es war scheußlich?«

»Ich würde sagen: ›Geschieht dir recht, dumme alte Tante, was stellst du auch so unsinnige Fragen.‹«

Damit wollte sie zum Salon weitergehen, doch der Brig hatte ihre Stimme gehört. »Rachel!«, rief er. »Auf dich habe ich gewartet«, und sie machte kehrt und ging in sein Arbeitszimmer.

»Der arme Brig«, meinte Clary. »Stellt euch vor, nicht lesen zu können.«

»Oder reiten. Oder Auto fahren«, sagte Teddy, was ihm offenbar weit schlimmer erschien.

»Er fährt schon seit Ewigkeiten nicht mehr. Tonbridge erlaubt es ihm nicht. Aber er fährt ganz allein im Zug.«

»Bracken holt ihn in Charing Cross ab.«

»Bracken wird so dick, dass Dad meinte, sie müssten ihm ein größeres Auto kaufen, weil er im alten keinen Platz mehr hat. Irgendwann wird er nur noch in einen Lastwagen passen. Wahrscheinlich wird er einberufen, und dann müssen sie ihm einen Panzer zum Fahren geben. Komm, Simon, spielen wir unsere Partie zu Ende.« Und sie gingen zum Billardzimmer.

»Lasst uns doch Karten spielen«, schlug Clary vor. Nicht, weil sie wirklich Lust dazu hatte, sondern weil sie Polly vom Krieg ablenken wollte. Die sah zu ihr. »Paare aufdecken?«, lockte sie – bei dem Spiel brillierte Polly. Die runzelte ihre weiße Stirn. »Katz und Maus?«

Louise, die Pollys Kummer ebenfalls bemerkte, sagte, das sei eine gute Idee. Also zogen sie sich nach oben in das alte Kinderzimmer zurück, wo Polly und Clary jetzt schliefen, und holten die Karten und baten Christopher mitzuspielen, aber er gewann nie, und so ging er nach einer Weile und sagte, er werde lesen.

Beim Dinner im Esszimmer sprach niemand über die Zukunft. Alle allgemeinen Betrachtungen darüber waren bereits erschöpfend erörtert worden, und jeder hatte sich in seine eigenen persönlichen Ungewissheiten zurückgezogen, von denen die meisten aus unterschiedlichen Gründen glaubten, sie zu äußern zeuge sowohl von Egoismus als auch von Kleinmut. Sie aßen Spargelsuppe, die aus der letzten Ernte ihrer Beete in diesem Jahr zubereitet sei, erklärte die Duchy, anschließend Ochsenschwanz mit roter Bete in Béchamelsauce sowie Erbsen-Karotten-Gemüse und Kartoffelpüree, gefolgt von Charlotte russe, einem Nachtisch, den Mrs. Cripps besonders gern zubereitete: Es machte ihre große Freude, die kleinen Löffelbiskuits in der Form zu arrangieren. Aber Edward nannte ihn nassen Kuchen und meinte, er warte lieber auf den Käse. Selbst ihm wollte kein Gesprächsthema einfallen. Die kostbaren Hartholzstämme waren wieder in den Fluss verfrachtet worden, aber über Geschäftliches sprachen die Männer nur, wenn sie unter sich waren. Er fragte sich, wie es wohl Diana ging und ob Angus bei ihr war und wenn, ob sie mit ihm schlafen würde. Was das betraf, hatte er keine guten Argumente, wenn er an sich und Villy dachte ... Trotzdem behagte ihm die Vorstellung nicht. Er sah zu Villy, die ein pflaumenfarbenes Kleid mit einer Art drapiertem Ausschnitt trug, es stand ihr überhaupt nicht. Als sie sich im Pear Tree Cottage für das Dinner hergerichtet hatten, waren sie sich in die Haare geraten, weil sie gesagt hatte, sie sei nicht bereit, den ganzen Krieg über auf dem Land zu bleiben und sich um ein einziges Kleinkind zu kümmern; das würde sie um den Verstand bringen. Wenn ein Haus in London offen bleiben sollte, dann ihres in der Lansdowne Road, meinte sie. »Hugh könnte unter der Woche bei uns wohnen, und die restliche Familie könnte, wann immer nötig, dort unterkommen.«

Das hatte ihn zum Verstummen gebracht: Er wusste, dass seine Möglichkeiten, Diana zu treffen, sehr beschränkt wären, wenn Villy in London war, aber das konnte er kaum als Einwand anführen. »Wir müssen sehen, wie sich die Dinge entwickeln«, hatte er gemeint.

Er bemerkte, dass sein Vater einen Port wollte, der zu seiner Rechten stand, aber sein Glas nicht ertasten konnte. Er stand auf, schenkte ihm eines ein und schob die Karaffe zu nächsten Person am Tisch.

»Zoë, der Port steht bei dir«, sagte er, und sie fuhr leicht zusammen und schob die Karaffe weiter zu Hugh. Wie attraktiv sie doch war. Sie trug eine Art Hausmantel, bodenlang, aus blass grünblauem Brokat, in den apricotfarbene Blüten gewebt waren, und hatte ihr Haar am Hinterkopf unter einem Netz zusammengefasst, wie ein sehr großer Knoten sah es aus und kam ihm fast viktorianisch vor. Und ihr Teint – im Vergleich zu ihr wirkten alle anderen Frauen entweder wettergegerbt oder verblasst, obwohl Zoë in letzter Zeit sehr bleich war. Er fragte sich, ob Rupe wohl seinem Rat gefolgt war und dafür sorgte, dass sie so bald wie möglich wieder schwanger wurde.

Die Duchy wusste genau, dass die Männer unter sich reden wollten, und gleich nach dem Dessert (sie missbilligte Käse am Abend) schlug sie vor, dass die Frauen sich zurückzogen. Als sie es sich bequem gemacht hatten und Eileen den Kaffee serviert hatte, sagte Rachel: »Liebe Duchy, bevor du dich ans Klavier setzt, sollte ich wohl besser diese Zettel verteilen. Der Brig möchte, dass sie an jeder Schlafzimmertür hängen.«

»›Anweisungen für den Fall eines Luftangriffs‹«, las Sybil laut vor. »Du meine Güte, wer hat sich denn diese Mühe gemacht?«

»Ich. Die Vorsteherin sagte, sie brauche sie für die Schwesternschülerinnen, woraufhin der Brig meinte, jeder müsste einen solchen Zettel bekommen. Es tut mir leid, dass ich so schlecht tippe – wie ein Zweizehenfaultier.«

Sie muss stundenlang daran gesessen haben, dachte sich Sid, und Villy ging offenbar dasselbe durch den Kopf, denn sie fragte: »Hattest du denn kein Kohlepapier?«

»Doch, aber es war schrecklich alt, und wenn man so viele Fehler macht wie ich, geht es letztlich nicht viel schneller.« Die Anweisungen waren ausgesprochen vernünftig und klärten einen darüber auf, wie man sich, im Fall der Fälle, tagsüber und nachts verhalten solle. »Aber im Dunkeln werden sie ja wohl kaum Luftangriffe fliegen. Dann sehen sie doch nicht, wo sie sind«, sagte Villy.

»Solange wir alles richtig verdunkeln.«

Eine Weile unterhielten sie sich darüber, wer für welche Kinder verantwortlich sein würde, und dann herrschte Stille.

Auch wenn der Abend in gewisser Weise der üblichen Routine folgte – Sid und die Duchy spielten Mozart-Sonaten, die Männer gesellten sich aus dem Esszimmer zu ihnen –, prägend waren die kleinen, toten Momente, wenn das leise Klappern von Sybils Stricknadeln oder ein Scheit, das im Kamin zerfiel, oder Zucker, der in einer Kaffeetasse umgerührt wurde, die Zeiten akzentuierte, in denen sich jeder seinen eigenen Befürchtungen hingab.

Als die Duchy das Klavier schloss, sagte sie: »Erinnert ihr euch, dass es im letzten Krieg nach einer Weile als unpatriotisch galt, deutsche Musik zu spielen? Wie lächerlich.«

»Aber das dachte doch nicht jeder, oder?« Sid räumte gerade ihre Geige fort, aber Rachel hörte, wie sehr sie das schockierte.

»Nur die Art Menschen, die Männern mit Plattfüßen oder schlechten Augen weiße Federn anhefteten, liebe Duchy«, sagte sie.

»Ich bin mir sicher, dass die Deutschen in solchen Fragen viel rigoroser sein werden«, meinte Hugh.

»Aber sie haben auch sehr viel weniger zu verlieren. Komponisten sind nicht gerade unsere Stärke«, wandte Rachel ein und schlug sich mit einem Blick zu Villy sofort die Hand auf den Mund; immerhin war deren Vater Komponist gewesen. Welches Glück, dass sich Lady Rydal an dem Abend entschieden hatte, ihr Dinner im Bett einzunehmen, dachte sie.

Doch Villy, die ihren Vater sehr geliebt hatte, vielleicht mehr als jeden anderen Menschen in ihrem Leben, erinnerte sich unvermittelt an einen Tagebucheintrag, in dem er schrieb, dass er als junger Student nach Deutschland gereist sei und, überwältigt von der Fülle an Musik, die es dort gab, sich vorgekommen sei wie ein Hund, der auf ein vor Kaninchen wimmelndes Feld losgelassen wurde.

»Angeblich hat Hitler eine Vorliebe für Wagner«, sagte Sybil. Sie hatte die zweite Socke fertig gestrickt und holte die erste aus der Tasche, um das Paar ihrem Mann zu geben. Zum Glück war es jetzt fertig. Socken zu stricken langweilte sie, aber Hugh trug sie offenbar so gerne, dass sie das Gefühl hatte, ihn ständig mit Nachschub versorgen zu müssen.

»Das glaube ich sofort.« Die Duchy hegte eine ausgeprägte Abneigung gegen Wagner. Ihrer Ansicht nach ging er viel zu weit in Richtungen, die zu ergründen sie nicht das geringste Interesse hatte.

»Zeit fürs Bett!«, rief Edward. »Wir müssen morgen früh aufbrechen.« Er sah zu seinen Brüdern. »Vielleicht sollte Rupe bei dir mitfahren. Ich muss unterwegs bei jemandem vorbeischauen.«

Rupert hatte ein wenig vor dem Moment gegraut, wenn er mit Zoë wieder allein in ihrem Zimmer wäre. Als er vor dem Dinner zum Baden nach oben gekommen war, hatte sie teilnahmslos am Frisiertisch gesessen. Er hatte ihr Gesicht zu sich gehoben und gesehen, dass sie geweint hatte, denn ihre sonst so weißen Lider hatten bläulich geschimmert und waren geschwollen gewesen. Zu seiner Überraschung hatte sie ihn angelächelt, seine Hand genommen, die auf der Schulter ihres Kimonos lag, und unter die Seide gelegt. Als er in ihre erstaunlichen verhangenen Augen gesehen hatte, die von einem unvergleichlichen Grün waren, wie er schon vor langer Zeit festgestellt hatte, hatte sie seine Hand zu ihrer Brust geführt. Verblüfft, betört, wollte er ihr einen Kuss geben, doch sie hatte ihm die Hand auf den Mund gelegt und mit einer kleinen Kopfbewegung auffordernd auf das Bett hinter sich gedeutet. Unbekümmerte Erregung und Lust hatten ihn überkommen – jetzt hatte er seine alte, junge Zoë wieder.

Als sie jetzt leise die Treppe hinauf und die obere Galerie entlang zu ihrem Zimmer gingen, kam ihm diese kurze, idyllische halbe Stunde wie ein Traum vor; sie waren – vielleicht zum Glück – von Peggy gestört worden, die an die Tür geklopft hatte und sofort ins Zimmer gekommen war, um das Bett aufzuschlagen. Fast glaubte er, entweder habe dieses Intermezzo nur er erlebt, oder es habe überhaupt nicht stattgefunden. Peggy hatte kurz aufgeschrien und war vor Verlegenheit rot angelaufen, aber ohne sie hätten sie es nie rechtzeitig zum Dinner geschafft. In Blitzgeschwindigkeit hatten sie sich angezogen und gelacht – Zoë hatte ihr vom Waschen noch leicht feuchtes Haar zu einem Chignon zusammengefasst und war in den Hausmantel geschlüpft, den er ihr vergangenes Jahr zu

Weihnachten geschenkt hatte. »Ich habe nicht einmal Zeit, mich zu schminken«, sagte sie. »Bin ich präsentabel?«

»Du bist so …«, setzte er an und unterbrach sich. »Ich liebe dich«, sagte er, »so einfach ist das. Für mich bist du mehr als präsentabel.«

Aber jetzt, nach einem ziemlich schwierigen Abend mit der Familie, war er beklommen, weil er zuvor gesagt hatte, sie würden später über ihre Zukunft reden – dass er zur Marine gehen wollte (wenn er konnte) und wie es ihr damit erging, und er hatte Angst, dass es zu einem Streit kommen könnte. Sie verstand es nicht zu streiten, und ihre Unfähigkeit, Dinge zu begreifen, die sie nicht wollte oder mochte, ärgerte ihn oft so sehr, dass er ihr insgeheim mutwillige Verständnislosigkeit vorwarf und sich nach außen hin in aggressiver Geduld übte, was sie kränkte. Er wollte den Tag nicht so enden lassen, aber da sie bereits miteinander geschlafen hatten – womit sich derartige Szenen bis vor wenigen Monaten unweigerlich aufgelöst hatten –, fürchtete er, es könnte eine angespannte, schlaflose Nacht werden.

Er täuschte sich. Vielmehr wiederholte sich mehr oder minder dasselbe wie vor dem Dinner, und dieses Mal verblüffte ihre unbeschwerte Hingabe ihn nicht so sehr, wodurch ihm bewusst wurde, wie viel schöner alles war, wenn er nicht entweder Mitleid mit ihr empfand wegen allem, was sie durchgemacht hatte, oder sich sorgte, er könnte ihr womöglich keine Lust mehr bereiten. Als sie in einvernehmlichem Schweigen, das ihm glückselig erschien, nebeneinander lagen, sagte sie: »Rupert, ich habe mir etwas überlegt.«

Ihm wurde bang, aber dann fasste er wieder Mut. Er empfand nichts als zärtliche Bewunderung für sie: Er würde geduldig und freundlich sein und ihr auf die eine oder andere Art zu verstehen geben, dass es Dinge gab, auf die sie beide keinen Einfluss hatten. Er zog sie näher an sich. »Ich bin ganz Ohr«, sagte er.

»Ich möchte, dass wir für Clary zu Weihnachten einen Schreibtisch suchen. Du weißt schon, einen wunderschönen alten mit einer Geheimschublade, an dem sie richtig schreiben kann. Ich dachte, wir könnten bei dem Mann in Hastings schauen, zu dem Edward öfter geht …«

»Cracknell.«

»Ja, genau. Findest du nicht, dass das eine gute Idee ist?«

»Doch, eine großartige Idee«, sagte er. Tränen traten ihm in die Augen. »Das machen wir nächstes Wochenende.«

»Aber es muss ein Geheimnis bleiben.«

»Natürlich. Du glaubst doch nicht, dass ich es ihr erzählen würde, oder?« Er war entzückt, sich über etwas Derartiges empören zu können.

»Bis Weihnachten ist es noch lange hin.« Sie befreite sich aus seiner Umarmung und sprang aus dem Bett.

»Wohin willst du denn jetzt?«

»Ich ziehe mir etwas an, für Peggy morgen früh«, sagte sie und streifte sich ihr Nachthemd über den Kopf.

Es war seltsam, dachte er, als er seinen Pyjama anzog, das Fenster öffnete, um die kühle, neblige Luft hereinzulassen, und sich wieder ins Bett legte, dass die einzige Zukunft, über die sie sich unterhalten hatten, einfach nächstes Wochenende stattfinden sollte. Und dann, nachdem er ihr einen Kuss gegeben und das Licht gelöscht hatte, wünschte er sich absurderweise, sie hätten sich tatsächlich darüber unterhalten, was kommen würde – ernsthaft, aber ohne zu streiten –, und dann verwünschte er sich, weil er immer mehr von ihr wollte, oder etwas anderes als das, was er bekam.

~

»Doch, das bist du. Für mich auf jeden Fall.«

Edward und Villy hatten Jessica und Raymond im Auto zum Cottage mitgenommen, weil Raymond so schlecht zu Fuß war, und Sybil und Hugh hatten abgelehnt und gesagt, die frische Luft werde ihnen guttun. Sybil richtete die Taschenlampe so sehr auf den Boden vor Hugh, dass sie selbst ins Stolpern geriet. Er versuchte, sie aufzufangen. »Komm auf meine andere Seite«, sagte er, »dann kann ich dich an der Hand halten.«

»Schönheit liegt im Auge des Betrachters«, sagte sie und musste ein wenig über sich selbst lachen.

»Ich glaube nicht, dass das stimmt. Wie auch immer, unabhängig davon, wie du meiner oder deiner Ansicht nach aussiehst – ich liebe dich. Ich habe dich immer geliebt und werde dich immer lieben. Was auch passieren mag.« Dieser letzte Satz war ihm so herausgerutscht. Warum, in aller Welt, hatte er das gesagt?

Darauf folgte Stille, und er hoffte schon, sie hätte den Satz vielleicht nicht richtig mitbekommen. Aber dann sagte sie: »Ich könnte alles ertragen, wenn wir nur alle zusammen wären. Aber Simon wird weit weg im Internat sein und du ganz allein in London. Hugh, es wäre wirklich vernünftig, wenn wir beide dort wohnen. Wills und Polly könnten hierbleiben, und wir würden am Wochenende herfahren. Verstehst du denn nicht?«

»Ich hätte den ganzen Tag keine Ruhe vor Sorge um dich allein in dem Haus, und wenn es einen Luftangriff gäbe, wäre ich viel zu weit weg, um dir beistehen zu können. Das kommt nicht infrage.« Er drückte ihre Hand. »Ich werde jedes Wochenende hier sein, darauf kannst du dich verlassen.«

Beinahe hätte sie geantwortet, dass in dem Fall sie diejenige sei, die die ganze Woche keine ruhige Minute haben würde vor Sorge um ihn. Aber wenn sich einer von ihnen Sorgen machen müsste, dann sie. Den Gedanken, dass er derjenige war, der sich Sorgen machte, konnte sie nicht ertragen. Sie schwieg.

Als sie später im Bett lagen, sagte er: »Aber weißt du, es ist gut möglich, dass alles viel schneller vorbei ist, als wir denken. Hitler wird sich an der Maginot-Linie die Zähne ausbeißen – wie beim letzten Mal wird es sicher nicht. Und dieses Mal treten die Amerikaner vielleicht früher in den Krieg ein. Das würde allem sofort ein Ende setzen.«

Und um den Anschein zu erwecken, er habe sie beruhigt, sagte sie: »Damit hast du sicher recht.«

LOUISE

JANUAR 1940

Ah! Louise! Wie schön, Sie wiederzusehen. Sie sind in diesem Trimester unsere Älteste.« Miss Rennishaw stand in einem ihrer üblichen stark genoppten Tweedkostüme im Foyer, offenbar unempfindlich gegen die eisige Zugluft, die jede Ankommende begleitete. Draußen auf der Auffahrt drängten sich Wagen und Chauffeure, die sich mit schwerem Ledergepäck abschleppten. Wenig später erschien Bracken mit ihrem Koffer – einem sehr alten, der ihrem Vater gehört hatte und mit Riemen gesichert war, weil die Schnallen nicht zuverlässig schlossen. Miss Rennishaws Schwester – erstaunlicherweise ihre Zwillingsschwester, obwohl sie bestimmt zwei Köpfe kleiner als ihre imposante Schwester war – eilte geschäftig aus ihrem privaten Wohnraum und flüsterte ihr etwas ins Ohr.

»Die sind in der obersten Schreibtischschublade, Lily. Übernimm dich nicht.«

»Danke, Bracken.«

»Sehr wohl, Miss.« Er tippte sich an die Mütze und verschwand in der Dunkelheit. Aber es macht mir nichts mehr aus, dachte Louise, als sie Blake, dem Schulgärtner, der ihren Koffer trug, die Treppe hinauf folgte. Sie war im selben Raum wie in den beiden vorhergehenden Trimestern untergebracht, ganz oben unter dem Dach mit zwei kleinen Gauben. In dem ersten schrecklichen Trimester hatte sie das Zimmer mit Nora geteilt und dann, als Nora wegen des Kriegs aufhörte, mit der langweiligen Elizabeth Crofton-Hay, die über nichts anderes sprechen konnte, als dass sie in die Gesellschaft eingeführt und Debütantin werden würde und Ähnliches. Ihr zweites Gesprächsthema war Ivor Novello, in den sie unsterblich verliebt war. Sie hatte *The Dancing Years* geschlagene vierzehn Mal gesehen, aber sonst keinerlei künstlerisches Interesse am Theater.

Sie hatte die Schule verlassen, und deswegen würde sie, Louise, in diesem Trimester eine neue Mitbewohnerin bekommen, aber die war noch nicht eingetroffen, also belegte sie schnell das schönere Bett direkt am Fenster. Der Raum sah genauso aus wie zuvor: Zwei Metallbetten mit blauen Decken, zwei Kommoden mit einem kleinen quadratischen Spiegel an der Wand, zwei schmale Kleiderschränke und zwei Stühle mit einer Sitzfläche aus Rohr. Der dunkelblaue Linoleumboden war von den Bewohnerinnen dermaßen auf Hochglanz poliert, dass die kleinen Wollläufer vor jedem Bett bei der leisesten Berührung quer durchs Zimmer rutschten. Noch im Mantel setzte sie sich auf ihr Bett. Wegen der großen Kälte roch es nicht einmal nach Politur. Dass es ihr nichts mehr ausmachte – dass sie kein Heimweh mehr bekam –, war ihr erst im Lauf des vergangenen Trimesters bewusst geworden. Zuvor hatte sie zwar manchmal gemerkt, dass es vorbei war, doch aus Angst, es könnte, wenn sie darüber nachdachte, wieder so schlimm werden, hatte sie sich jeden Gedanken daran verboten. (Im ersten Trimester war es ihr oft so ergangen. Da hatte sie etwa eine Teigplatte auf einen Auflauf gehoben oder im Speisesaal gesessen und sich mit den anderen unterhalten, und gerade, als sie dachte, es wäre gar nicht so schrecklich, von zu Hause fort zu sein, überwältigte sie wieder das Elend, sie musste alles stehen und liegen lassen, nach oben laufen, sich auf dieses Bett werfen und weinen.) Aber dann merkte sie langsam, dass sie sich an das Ganze gewöhnte. Ihr ging kein Geschirr mehr zu Bruch, ihr wurde nicht mehr übel, stunden- und bisweilen sogar tagelang dachte sie überhaupt nicht an zu Hause. Sie hatte sich gefragt, weshalb sie das nicht in Hochstimmung versetze, aber als sie zu Weihnachten mit Polly darüber sprach (schließlich war Polly in einer vergleichbaren Lage: Nachdem sie sich jahrelang Sorgen gemacht hatte, es könnte Krieg geben, erwies er sich bislang, was entsetzliche Ereignisse betraf, als dem normalen Leben sehr ähnlich), hatte die gesagt, ihr ginge es jetzt auch nicht schlagartig wunderbar, bloß weil sie keine Angst mehr davor zu haben brauche. Aber dann hatte sie gemeint, das komme vermutlich daher, weil sie eigentlich nicht glaube, dass der Krieg ewig so weitergehen werde wie jetzt, schleppend und ein bisschen trist. An der Stelle hatte Clary eingeworfen, als Finne hätte man zweifellos Angst – ausgesprochen taktlos, fand Louise. Aber bei ihr selbst hatte es mehr damit zu tun, dass es jetzt andere Dinge gab, vor denen sie Angst hatte, zum Beispiel ihr Vorsprechen. Nach langem Hin und Her war es ihr schließlich gelungen, ihre Eltern zu überreden, dass sie bei einer Schauspielschule vorsprechen durfte, allerdings nur bei einer einzigen. Wenn die sie ablehnte, wäre das das Ende ihrer Träume; dann müsste sie tippen lernen und irgendeine langweilige Büroarbeit annehmen. Eingewilligt hatten ihre Eltern wohl vor allem deshalb, weil ihre Mutter sie um jeden Preis nach Frankreich hatte schicken wollen, um bei einer Familie Französisch zu lernen (was seit Kriegsausbruch natürlich nicht mehr infrage kam), und sich keine Alternative überlegt hatte. Und in ihrem Alter – im März würde sie siebzehn werden – war sie noch zu jung, um sich für einen Dienst zu melden oder etwas ähnlich Schreckliches. Gott sei Dank! Eine entsetzliche Vorstellung, endlose Jahre im Unterricht gesessen zu haben und wie ein Kind behandelt worden zu sein, nur um dann den einen brennenden Wunsch, den man hatte, aufgeben zu müssen, weil er angeblich egoistisch und frivol war. Die Wrens oder den ATS stellte sie sich als eine einzige riesige Internatsschule vor. Sollte sie also an der Schauspielschule angenommen werden, durfte sie ein Jahr dort bleiben, und in einem Jahr konnte alles Mögliche passieren.

Natürlich war sie egoistisch. Das hatte sie in dem »heiligen« Trimester mit Nora gemerkt. Die beiden Misses Rennishaws waren überzeugte Anhängerinnen der High Church: Der Kirchenbesuch war praktisch zwingend vorgeschrieben, obwohl man nicht in ihren Gottesdienst zu gehen brauchte, es stand auch ein anderer zur Wahl, ohne Weihrauch, Beichte und derlei mehr. Aber Nora hatte sich das alles mit der ihr üblichen Begeisterung zu eigen gemacht und Louise mehr oder minder mitgerissen. In dem Trimester also hatte sie einmal die Woche in dem schrankartigen Kasten gekniet, und obwohl ihr anfangs kaum Dinge zu beichten eingefallen waren – einmal hatte sie sich sogar ein paar Sachen ausgedacht –, fiel es ihr zunehmend leichter. Ihr Charakter wurde sogar mit jeder Woche schlechter. Zuerst hatte sie gesagt: »Ich bin sehr stolz, rachsüchtig, ehrgeizig«, aber Pater Fry hatte sie sofort ertappt und gesagt, Hamlet habe sich lediglich gewünscht, so zu sein, und überhaupt seien die Begriffe zu allgemein, um als Beichte zu gelten. Dann musste sie also den Dingen auf den Grund gehen und etwa zugeben, dass sie der Meinung war, eigentlich sollte sie keine Toiletten putzen und Böden wischen müssen – alles Dinge, die in ihrer Woche als Hausmädchen an der Schule von ihr verlangt wurden –, und schon waren sie beim Stolz gelandet. Als sie sich Nora gegenüber beklagte, sie werde dadurch nicht zu einem besseren Menschen, sondern eher im Gegenteil, erklärte diese, man könne erst an sich arbeiten, wenn man erkannt habe, wie schlecht und schwach der eigene Charakter sei. Sie wollte sogar mit Louise jeden Abend das Beichten üben. Gerechterweise musste sie zugeben, dass Nora endlos viele Fehler bei sich selbst entdeckte, und sobald sie eine Sünde – ihr Wort dafür – nannte, erkannte Louise, dass sie dasselbe machte. Ein- oder zweimal steigerte sich das sogar zu einem regelrechten Wettstreit, wer die Schlechtere von ihnen beiden sei. Der Alltag wurde zum Minenfeld. Ein Moment der Unaufmerksamkeit gegenüber dem eigenen Verhalten, und schon hatte man gesündigt. »Deswegen ist es ja so wichtig und so spannend!«, hatte Nora gerufen, aber insgeheim hatte Louise das Gefühl, dass seitdem nichts mehr Spaß machte. Sie kam zu dem Schluss, dass sie jetzt zwar an Gott glaubte, ihn aber bestimmt nicht liebte; sie mochte ihn nicht einmal besonders. Aber eine Sünde von derart gewaltigem Ausmaß konnte sie Nora nicht zumuten. Pater Fry allerdings reagierte erstaunlich gelassen und sagte nachsichtig, in ihrem Alter sei es ihm ähnlich ergangen, eine Bemerkung, die sie beruhigte und gleichzeitig brüskierte.

Aber dann verließ Nora die Schule, um in Tante Rachs Kinderherberge zu arbeiten, die wieder nach London gezogen war. Elizabeth Crofton-Hay war überhaupt nicht fromm, obwohl sie jeden Sonntag in die Kirche ging. Zuerst hatte es Louise gefallen, mehr über Schminken zu lernen und zu erfahren, dass Elizabeth ihre Strümpfe jeden Abend mit Lux-Seife wusch und eine Perlenkette trug, die aus einzelnen Perlen bestand, welche ihre Paten ihr jedes Jahr zum Geburtstag schenkten. Aber trotz der interessanteren Erlebnisse in Elizabeths Leben – drei Monate in Florenz und ein langes Wochenende in Sandringham – gab sie keine spannende Gesprächspartnerin ab, und Louise war der endlosen Schwärmerei über Ivor Novello bald überdrüssig. Sie sah an der Tür nach, wer ihre neue Mitbewohnerin sein würde. Auf dem Zettel stand »Louise Cazalet und Stella Rose«. Aus irgendeinem Grund stellte sie sich darunter ein blasses, blondes Mädchen mit glattem Haar vor, das ihr lang über den Rücken hing, eine Illustration aus einem Märchenbuch – so hießen Mädchen, die in Geschichten die Hauptfigur spielten. Sie beschloss, ihren Koffer auszupacken und einen dickeren Pullover herauszusuchen.

Allerdings war das Abendessen fast schon vorbei, bis Stella schließlich ankam. Sie hatte den Zug und damit auch die Schultaxis verpasst und musste warten, bis ein anderes Taxi am Bahnhof vorfuhr. Das Abendessen wurde ihr gebracht, und Miss Rennishaw schlug vor, dass Louise ihr beim Essen Gesellschaft leisten sollte. So saßen sie zu guter Letzt allein an einem der acht runden Tische im großen Speisesaal. Stella hatte überhaupt nichts von einer Prinzessin an sich. Ihr schwarzes, feines Haar war stark gelockt, ihr Teint olivfarben, sie hatte lange, schmale, grüngraue Augen über hohen Wangenknochen, eine auffällige, knochige Nase und einen hellen, überraschend eleganten kleinen Mund, unter dem auf einer Seite ein winziger dunkler Leberfleck prangte. Als Louise das alles in sich aufgenommen hatte, merkte sie, dass Stella sie ähnlich neugierig musterte. Sie lächelten sich leicht verlegen an.

»Du hast doch kein Heimweh, oder?«

»Heimweh?«

»Ich meine, dass du dir seltsam vorkommst – an deinem ersten Abend.«

»Aber nein! Ich dachte gerade, wie froh ich bin, jetzt nicht zu Hause zu sein. Wenn mein Vater erfährt, dass ich den Zug verpasst habe, geht er in die Luft. Wenn ich zu Hause wäre, müsste ich mir endlose Tiraden anhören.«

»Würde sich deine Mutter auch aufregen?«

»Nur, weil er sich aufregt, was auf dasselbe hinausläuft. Wie ist es hier so?«

Louise sagte wahrheitsgemäß, es sei sehr schön. Aber das genügte Stella nicht, und bis sie ihre Apfel-Charlotte aufgegessen hatte, hatte sie Luise ins Kreuzverhör genommen und wusste, dass es vier verschiedene Arbeitsbereiche gab – Kochen, Hausmädchendienst, Dienstmädchendienst und Wäsche –, die man im wöchentlichen Wechsel übernahm, dass zwei Lehrerinnen Kochen unterrichteten, dass eine Ehemalige namens Patsy die Hausmädchenarbeit leitete, dass die kleinere Miss Rennishaw ihnen das Putzen beibrachte und eine uralte bissige Irin, Miss O'Connell, für die Wäsche zuständig war. Sie arbeiteten jeden Vormittag, hatten den Nachmittag frei und begannen wieder um fünf, nach dem Tee, bis das Abendessen serviert und abgewaschen war. »Miss O'Connell ist die Schlimmste: Im letzten Trimester ließ sie mich einen Chorrock dreimal mit dem Tolleisen bügeln. Sobald ich fertig war, knüllte sie ihn zusammen, tauchte ihn in Stärke und ließ mich noch mal von vorne anfangen.«

Stella starrte sie an und brach in Lachen aus. »Ich habe nicht die mindeste Ahnung, wovon du sprichst.«

»Also, weißt du, was ein Chorrock ist? Das weiße gesmokte Ding, das Pfarrer in der Kirche tragen.«

»Ah, ich verstehe«, sagte sie schnell.

»Und ein Tolleisen ist eine Art …«

Aber an der Stelle steckte die kleinere Miss Rennishaw den Kopf zur Tür herein und sagte Stella, ihr Vater möchte sie sprechen. Stella machte eine übertrieben ängstliche Miene, aber Louise sah, dass ihr tatsächlich etwas mulmig zumute war. Sie sprang auf und folgte Miss Rennishaw nach draußen. Die kehrte fast sofort zurück und trug Louise auf, das Geschirr von Stellas Abendessen in die Spülküche zu bringen. Anschließend trieb sie sich im Foyer herum und hörte immer wieder Stellas Stimme, unterbrochen von langen Pausen. »Ja, Vater, ich weiß. Ja, so war es. Ich habe gesagt, dass es mir leidtut. Ich weiß es nicht. Es ist etwas spät geworden. Ich weiß. Ja, so war es. Ach, Vater, davon geht doch die Welt nicht unter! Entschuldige. Ich habe gesagt, dass es mir leidtut. Ich weiß es nicht. Ich weiß nicht, was ich noch sagen soll.« Es schien endlos weiterzugehen, und schließlich klang Stella den Tränen nahe, sodass Louise richtig Mitleid mit ihr bekam. Eine Minute später erschien Stella, und kaum hatte sie die Tür zum Wohnzimmer der Rennishaws hinter sich geschlossen, verzog sie wieder witzig das Gesicht, verdrehte die Augen und zuckte in einer Parodie der Verzweiflung mit ihren schmalen Schultern.

»Heiliger Strohsack!«, sagte sie. »Ich habe meiner Mutter üble Kopfschmerzen eingebrockt, wegen der vielen Telefonate verzögerte sich das Dinner, man kann mich nicht aus dem Haus lassen, weil ich so selbstsüchtig und unverantwortlich bin, und er hätte gute Lust, mir für das ganze Trimester das Taschengeld zu streichen.«

»Ich dachte, du hättest ...«

»Geweint? Ach, ich musste so klingen. Die einzige Möglichkeit, damit er aufhört. Väter! Hast du Schwierigkeiten mit deinem?«

»Eigentlich – na ja, manchmal.«

»Ich kann es gar nicht erwarten, volljährig zu sein«, sagte Stella, als sie die Treppe zu ihrer Dachkammer hinaufgingen.

»Da bin ich absolut deiner Meinung!«

Ihre erste Gemeinsamkeit. Und es kam noch besser, denn Louise fand heraus, dass Stella im Gegensatz zu allen anderen keine Lust hatte zu debütieren – »Ich weiß ja nicht einmal richtig, was eine Debütantin ist!«, sagte sie mit hinreißender Verächtlichkeit –, sondern vielmehr etwas werden wollte, obwohl sie noch nicht genau wusste, was. Das lieferte Louise das Stichwort, um von ihren Bühnenambitionen und dem bevorstehenden Vorsprechen zu erzählen. Stella zeigte sich erfreulich beeindruckt. »Du kannst an mir üben«, sagte sie. »Ich lasse mir schrecklich gerne etwas vorspielen, ob Musik oder Theater – alles in der Art.«

»Eigentlich könnte ich ja mit dir auf die Schauspielschule gehen«, sagte sie viel später. »Ich glaube, das würde mir gut gefallen.« Das schockierte Louise, die das für eine unbotmäßige Herangehensweise an ihre heilige Kunst hielt.

»Man kann sich doch nicht einfach entscheiden, Schauspieler zu werden«, sagte sie.

»Warum nicht?«

»Warum nicht? Weil es nicht nur irgendein Beruf ist, sondern eher eine Berufung. Ich meine, als Erstes muss man schon einmal Talent dafür haben.«

»Du meinst, so wie du?«

»Das habe ich nicht behauptet.«

»Aber du glaubst, dass du es hast. Vielleicht möchtest du nur berühmt werden. Das lockt mich nicht. Ich würde es einfach machen, um herauszufinden, wie es ist. Wenn man sich für etwas interessiert, kommt es nicht darauf an, ob man es tatsächlich gut kann oder nicht. Das Schöne ist das Machen an sich.«

»Ach.«

»Findest du nicht?«

»So habe ich das noch nie betrachtet.«

Gespräche in der Art führten sie häufig im Lauf des Trimesters, das laut den beiden Misses Rennishaws das kälteste seit Menschengedenken war. Alle bekamen Wärmflaschen und trugen Bettsocken und schlossen das Fenster, sobald die größere Miss Rennishaw ihre Abendrunde gedreht und allen Gute Nacht gewünscht hatte. Sie hielt frische Luft jedweder Temperatur für ersprießlich. In ihrem Wohnzimmer brannte ein Kohlenfeuer, was bedeutete, dass sich jeweils ein halbes Dutzend Schülerinnen gleichzeitig aufwärmen konnte. Trotz der Rationierung, die vor Anfang des Trimesters eingeführt worden war, gab es reichlich zu essen. Die Rezepte wurden abgewandelt. Zunächst machte es wenig Unterschied: Ihre hundert Gramm Butter wurden ihnen einzeln auf Untertassen zugeteilt, von Speck und Zucker gab es aber gemeinsame Vorräte, und gekocht wurde mit Margarine und Schmalz. Fleisch wurde erst am Ende des Trimesters rationiert, war aber teurer geworden, und so lernten sie, mehr Eintöpfe und Aufläufe zuzubereiten und mit Innereien zu kochen, wobei Letzteres allgemein auf wenig Gegenliebe stieß. Louise ging nicht mehr zur Beichte, hatte aber zu große Angst vor Miss Rennishaws Missbilligung, um den Kirchenbesuch ebenfalls einzustellen. Am ersten Sonntag begleitete Stella sie und erhob und setzte sich und kniete nieder, aber sie schwieg. »Ich kenne die Texte nicht«, antwortete sie später, als Louise fragte, weshalb sie nicht mitgesprochen habe. »Außerdem komme ich nicht mehr mit«, fügte sie hinzu. »Ich wollte nur sehen, was im Gottesdienst passiert.«

»Geht deine Familie nie?«

»Nein.« Das sagte sie mit derartigem Nachdruck, dass Louise das Thema fallen ließ.

Stellas Neugier war allumfassend und schier unersättlich und veranlasste sie häufig dazu, Verbotsschilder zu ignorieren: »Lass uns herausfinden, wohin der Weg führt«, den Kommodeninhalt anderer zu durchsuchen, wenn sie gemeinsam Hausmädchendienst hatten (»Barbara Carstairs hat ein Kästchen mit falschen Wimpern – schwarzen –, ganz anders als ihre sandfarbenen, und bei Sonia Shillingsworth liegt in der Schublade mit ihrer Unterwäsche das Foto von jemandem, der eindeutig nicht ihr Bruder ist«, woraufhin Louise zwar schockiert war, sich aber doch nicht zurückhalten konnte zu fragen: »Woher weißt du das?« »Sie hat keinen – ich habe sie gefragt«). Sie tauchte den Finger in Gläser und Dosen, um den Inhalt zu kosten, in Tiegel und Fläschchen mit Cold Cream und adstringierenden Lotionen, um sie auszuprobieren – selbst vor Lippenstiften machte sie nicht halt und wischte die Farbe hastig wieder ab. Gleichzeitig konnte sie, wie Louise feststellte, aus heiterem Himmel unglaublich reserviert werden und sich jede Art von Fragen verbitten. Und sie war ausgesprochen witzig: Innerhalb weniger Wochen gelang es ihr, alle an der Schule nachzuahmen, nicht nur ihre Stimmen, sondern auch ihr ganzes Verhalten. Außerdem war sie eine beglückende Zuschauerin: Sie weinte über Louises Julia und lachte Tränen über ihren Sketch eines Tanzlehrers. »Himmlische Louise! Ach, ich liebe Menschen, die mich zum Lachen bringen. Und zum Weinen. Du bist die Einzige hier, die das kann.« Sie bedauerte Louise aufrichtig, dass ihre Eltern sich so wenig für ihren Beruf interessierten. »Andererseits«, sagte sie, »kann es schlimmer sein, wenn sie feste Vorstellungen von deiner Zukunft haben.«

»Haben deine Eltern die denn?«

»Und wie! Manchmal möchte meine Mutter, dass ich studiere und anschließend als Lehrerin oder Bibliothekarin arbeite oder etwas in der Art. Aber mein Vater möchte nur, dass ich eine gute Partie mache. Beim nächsten Mal ist es genau andersherum. Dann streiten sie sich, bis sie sich wieder versöhnen, und die Schuld liegt bei mir.«

»Was ist mit deinem Bruder?«

»Bei ihm hat sich die Frage nie gestellt. Peter sollte immer schon Musiker werden. Er ist gleich nach der Schule an die Akademie gegangen. Allerdings wird er noch vor dem Ende der Ausbildung einberufen werden. Er hat Aufschub bekommen, um das erste Jahr abzuschließen, weil er mit einem doppelten Stipendium studiert. Also hat er nur noch ein Trimester.«

»Vielleicht ist der Krieg bis dahin schon vorbei. Viel passiert ja nicht.«

»Das kommt noch.«

»Woher weißt du das, Stella?«

»Ich weiß es einfach. Mein Vater sagt, dass Hitler unglaublich viel Macht bekommen hat – und dass er verrückt ist.«

Louise hatte bemerkt, dass viele Gespräche mit einem Zitat von Stellas Vater endeten, als sei damit das letzte Wort gesprochen. Manchmal, wie jetzt, ärgerte sie das. »Ich habe nicht den Eindruck, als würde viel passieren. Ich meine, all unsere Evakuierten sind nach London zurückgekehrt, und es hat keine Luftangriffe gegeben, von denen alle sagten, sie würden so schrecklich werden. Und mein Vater sagt, dass wir mit jedem Monat mehr Flugzeuge und

Schiffe und derlei bekommen, weswegen es immer unwahrscheinlicher wird, dass die Deutschen es wagen, uns anzugreifen. Also ist es wirklich möglich, Stella, dass dein Vater sich täuscht.«

Aber Stellas Gesicht – ihr ganzer Körper – brachte zum Ausdruck, dass das völlig ausgeschlossen war. Louise ließ das Thema auf sich beruhen. Mittlerweile mochten sie sich so sehr, dass sie unterschiedlicher Meinung sein, sich gegenseitig kritisieren oder in die Parade fahren konnten, ohne dass es je zu einem richtigen Streit kam.

»Ich habe solches Glück, dass du hier bist!«, sagte Stella immer wieder. Manchmal folgte auf diesen Ausruf eine Aufzählung von Louises Qualitäten: Sie gebrauche ihren Verstand, sei so belesen, strebe einen Beruf an und sei ein »ernsthafter Mensch«, bis Louise vor Freude über diese Wertschätzung errötete und heftig widersprach. Dabei war ihr stets bewusst, dass sie weder genügend las noch so viel nachdachte, um derartiges Lob zu verdienen, und sie konterte mit Stellas Fähigkeiten, die ihr umso großartiger erschienen, weil sie so mühelos wirkten (Stella konnte nicht nur jede Melodie nach Gehör spielen, sie hatte auch das absolute Gehör, sie sprach sowohl Französisch als auch Deutsch fließend und besaß überdies ein fotografisches Gedächtnis – hatte sie ein Rezept einmal gelesen, erinnerte sie sich an jedes Detail). Manchmal sagte sie, welches Glück sie hätten, dass sie sich kennengelernt hatten, und dann schilderte Stella die Langweiligkeit der anderen Mädchen: Man sehe sie doch alle genau vor sich, sagte sie und ahmte daraufhin die sieben Zeitalter der Debütantinnen nach. »Am Anfang ganz pferdenärrisch, mit rosigen Gesichtern und Jacken aus Harris Tweed, und sie sprechen nur über Fesselgelenke und Sprunggelenke, dann schmachten sie dahin in Tüll und weißer Netzspitze mit dünnen Perlenketten und starken Dauerwellen, sind dann ganz sentimental und strahlend in rauschendem weißem Satin bei der Hochzeit, und dann in Kaschmir mit größeren Perlen und einem schrecklichen Baby im Arm – ach, das Präsentiertwerden habe ich vergessen mit den dämlichen weißen Federn im Haar und langen weißen Handschuhen –, und dann, bei der Abschlussfeier ihres Kindes, sind sie viel dicker, tragen ein Kostüm und einen komplizierten Hut, und dann sind sie völlig passé in beigefarbener Spitze beim Debütantinnenball ihrer Tochter …« Sie begleitete ihre Parodien all dieser Zeitalter mit wunderbar witziger Miene und umriss mit den Händen die jeweiligen Kleider, bis Louise sich vor Lachen den Bauch hielt.

»Henrietta ist nicht so schlimm«, brachte sie schließlich hervor.

»Doch ist sie das! Sie schläft auf dem Rücken, damit ihr Gesicht glatt bleibt, wenn sie alt ist.«

»Woher weißt du das?«

»Mary Taylor hat es mir gesagt, weil sie ständig Albträume hat und Mary sie dann wecken muss.«

»Na ja, und was ist mit den Zwillingsengeln?« Angelica und Caroline Redfern sahen identisch aus: aschblond mit samtig braunen Augen und unglaublich langen, eleganten Beinen. Gemeinhin galten sie als der Inbegriff von Glamour.

»Ach, die! Sie beeindrucken die Leute doch nur, weil sie zu zweit auftreten. Du weißt schon, so, wie zwei von etwas für Sammler wertvoller ist als nur eines. Zwei Köpfe ohne Verstand trifft es eher.«

Louise lachte, fragte Stella dann aber, ob sie nicht Gefahr laufe, eingebildet zu sein? »Ich meine, so sehr viel großartiger als sie sind wir auch nicht.«

»Das habe ich auch nie behauptet. Aber wir machen das Beste – na ja, mehr – aus uns. Wir stellen Ansprüche an uns selbst.«

Irgendwie hatte Stella immer das letzte Wort. Wie Nora auch, überlegte sich Louise. Vielleicht habe ich einen schwachen Charakter, dachte sie ungläubig. Das kann doch nicht sein! Trotzdem wusste sie, dass Stella ihre beste Freundin war, und da sie, im Gegensatz zu Stella, keine Schule besucht hatte – ob Internat oder nicht –, empfand sie das als eine aufregende neue Erfahrung. Das einzig Traurige war, und davor graute ihr, dass sie nach diesem Trimester getrennt würden. Stella würde noch bleiben, um die Schule zu beenden. »Aber vielleicht auch nicht«, sagte sie. »Das weiß man nie. Ich kann Kochen nicht leiden, und Hausarbeit werde ich ganz bestimmt nie machen, und wozu soll ich lernen, Vorstellungsgespräche mit Dienstboten zu führen, wenn es demnächst sowieso keine mehr gibt?«

»Stella, sei nicht albern! Dienstboten wird es immer geben.«

»Wird es nicht. Sie werden für Kriegsarbeiten abgestellt, und danach werden sie nicht mehr zurückkommen wollen. Das würdest du an ihrer Stelle doch auch machen, oder?«

»Das ist etwas anderes.«

»Jetzt verlässt du dich auf das alte Klassensystem.«

»Ja und? Das haben wir eben.« Aber hier hatte sie einen neuen und bislang völlig verborgenen Nerv ihrer Freundin getroffen, denn Stella verbreitete sich über ihre politischen Ansichten. Was glaube Louise denn, worauf sich das Klassensystem begründe? Menschen eine so schlechte Ausbildung zu geben, dass sie nur dröge, untergeordnete Tätigkeiten verrichten konnten, oder sich darauf zu verlassen, dass sie sich zu etwas berufen fühlten, wie etwa Krankenschwestern, und sich aus Hingabe an diese Sache mit der armseligsten Bezahlung abfanden. Um sicherzustellen, dass Menschen in solchen Stellungen blieben, die niemand anders haben wollte, könne man nichts Besseres tun, als ihnen eine rudimentäre Ausbildung zu geben und sie schlecht zu bezahlen, schloss sie. Sie lagen, in ihre Deckbetten gehüllt, Kopf an Fuß auf Louises Bett und aßen Schaumküsse, und kurz schwiegen beide, obwohl der Sturm, der draußen wütete, der heulende Wind und der Regen, der gegen die Fenster prasselte, Louise wie der Widerhall ihrer Gedanken vorkamen, chaotisch und laut – und erschüttert.

»Über diese Dinge hast du nie nachgedacht, oder?«, fragte Stella schließlich.

»Nein, nicht so, wie du es darstellst.«

»Wird bei dir zu Hause nicht über solche Themen gesprochen?«

»Na ja, nicht viel.« Sie dachte an ihren Vater, der über Menschen schimpfte, die zu faul seien, um für ihr Geld zu arbeiten. »Mein Vater hat einmal erzählt, dass er während des Generalstreiks einen Bus fuhr.«

Aber Stella lachte nur und sagte: »Da siehst du's doch, konservativ bis auf die Knochen.«

»Und meine Mutter hat viel für das Rote Kreuz gearbeitet, und auch bei anderen Wohltätigkeitsorganisationen und so.«

»Wohltätigkeit ist nur eine andere Art, dafür zu sorgen, dass Menschen nicht nach mehr streben.«

Das ließ Louise verstummen. Alles, was Stella sagte, versetzte sie in Erstaunen. Sie verfügte weder über die Erfahrung noch das Wissen oder die Denkungsart, um diesen Argumenten etwas entgegenzusetzen, sie zu hinterfragen oder gar etwas dazu beizutragen. Viel später, nachdem sie sich die Zähne geputzt hatten und Miss Rennishaw gekommen war, um ihnen eine Gute Nacht zu wünschen und zu berichten, dass ein Baum über die Auffahrt gefallen war, fragte sie: »Aber wer wird es denn dann machen, wenn du es nicht machen magst und du glaubst, dass niemand anderer es tut?«

Und Stella, die sofort wusste, dass sie über die Hausarbeit sprach, sagte: »Das weiß ich nicht. Ich vermute, der Großteil wird einfach nicht gemacht werden. Das meiste ist sowieso überflüssig – überleg dir doch nur mal, wie viele Sachen wir ständig polieren müssen. Wozu?«

Diese Antwort befriedigte sie nicht ganz, aber sie war sich bei dem Thema zu unsicher, um zu widersprechen. Und weil sie es verstörend (und aufregend) fand und im Vergleich zu Stella nichts wusste, beschloss sie, mehr in Erfahrung zu bringen. Allerdings hatte sie das Gefühl, dass es ziemlich schwierig werden könnte, jemanden zu finden, der ihr dabei half.

Beide sollten am selben Wochenende nach Hause fahren, aber dann rief am Freitag zuvor Louises Mutter an. »Leider müssen wir das Wochenende verschieben, Louise. Grania geht es plötzlich gar nicht gut, und ich muss sie in ein Pflegeheim bringen.«

»Was ist passiert?«

»Wie schon gesagt, es geht ihr gar nicht gut. In letzter Zeit ist sie sehr vergesslich geworden, und jetzt versteht sie offenbar überhaupt nicht mehr, was rund um sie her passiert, und die Dienstboten sind überfordert. Deswegen bringe ich sie in ein schönes Heim bei Tunbridge Wells, wo die Pflege angeblich sehr gut sein soll und sie richtig versorgt wird. Und Daddy ist natürlich fort – offenbar bekommt er nie frei –, könnten wir deinen Besuch also auf das folgende Wochenende verschieben?«

»Aber ich kann doch auch sehr gut allein zu Hause sein. Und länger als einen Tag wirst du doch nicht weg sein, oder?«

»Ich fürchte schon. Ich muss nach Frensham fahren, um sie bei Tante Jessica abzuholen, und sie dann ins Heim bringen, und anschließend muss ich mich um ihr Haus in London kümmern – und um die arme Bryant, die einem Nervenzusammenbruch nahe ist. Grania hat große Essen für Dinnerpartys bestellt und dann natürlich niemanden eingeladen, weil sie kaum noch jemanden kennt. Und dann gerät sie in Wut und sagt, es wäre alles Bryants Schuld.«

»Du meine Güte! Es klingt, als wäre sie völlig durchgedreht.«

Aber ihre Mutter erwiderte nur abwehrend: »Sie ist einfach etwas verwirrt.«

Als sie Stella davon erzählte, sagte die: »Ich muss natürlich fragen, aber vielleicht könntest du zu uns mitkommen.«

Was auch geschah, allerdings erst nach viel Wirbel, wie sie beide fanden. Stellas Mutter willigte ein, aber dann sagte Miss Rennishaw, Louises Mutter müsse sich einverstanden erklären, und die wollte dann Mrs. Roses Telefonnummer ... »Wozu?«, empörte sich Louise. »Es ist wirklich schrecklich, wie sie uns behandeln! Als wären wir Kinder.«

»Da bin ich ganz deiner Meinung. Vor allem wenn man bedenkt, dass wir, wenn wir Jungen wären, in einem Jahr als alt genug gelten würden, um nach Frankreich geschickt zu werden und für unser Land zu sterben. Ich zumindest.« Stella war achtzehn, also ein Jahr älter als Louise.

»Wird in deiner Familie viel über Politik gesprochen?«, fragte Louise, als sie im Zug saßen.

»Sie reden ständig über alles. Sie reden so viel, dass sie kaum mitbekommen, was der andere sagt, und dann werfen sie sich gegenseitig vor, dem anderen nie zuzuhören. Jetzt schau nicht so besorgt. Wir unternehmen etwas auf eigene Faust.«

Die Roses wohnten in einer großen, dunklen Wohnung in St. John's Wood. Sie lag im dritten Stock und war durch einen Aufzug zu erreichen, der an einen Käfig erinnerte und im Betrieb merkwürdige Geräusche von sich gab. An der Wohnungstür war vor einem Bleiglasfenster ein Eisengitter angebracht. Die Tür wurde von einer kleinen, untersetzten Frau geöffnet, die aussah, als wäre sie es leid, ständig so müde zu sein, fand Louise. Unter ihren schwarzen Augen lagen dunkle Ringe, ihr Mund wirkte vor tiefer Resignation ganz schmal. Aber als sie Stella sah, lächelte sie und tätschelte sie überschwänglich, bevor sie ihr einen Kuss gab. »Das ist meine Tante Anna«, sagte Stella. »Und das ist meine Freundin Louise Cazalet.«

»Anders herum, Stella. Wie oft habe ich dir nicht schon gesagt, dass du zuerst der älteren Person sagen musst, wem sie vorgestellt wird?« Stellas Mutter erschien aus den Tiefen des düsteren Korridors, der sich schier endlos vor ihnen erstreckte.

»Sie ist eben noch ein Kind«, murmelte Tante Anna, und mit einem für Louise bestimmten Nicken schob sie sich an Stellas Mutter vorbei und verschwand.

»Wie geht es Ihnen, Louise? Ich freue mich sehr, dass Sie meiner Tochter dieses Wochenende Gesellschaft leisten können. Stella, zeig Louise ihr Zimmer. Lunch gibt es in einer Viertelstunde, und Papa kommt dafür nach Hause.«

»Das heißt ›Seid ja pünktlich‹«, brummte Stella. »Ist dir aufgefallen, dass sie praktisch nie sagen, was sie eigentlich meinen?«

Trotzdem war sie im Handumdrehen fertig und stand dann bei Louise in der Tür.

»Ist deine Mutter Französin?«

»Guter Gott, nein. Wienerin.«

»Sie ist unglaublich schön.«

»Ich weiß. Komm. Papa ist da, ich habe die Wohnungstür gehört.« Sie ging ihr voraus in einen großen Salon voll ausladender Polstersessel und Sofas, mit Bücherschränken und einem Flügel. Eine ganze Wand wurde von riesigen vergoldeten Spiegeln eingenommen, vor denen zwei Marmortische standen und darauf Gipsbüsten von Beethoven und jemandem, den sie nicht kannte. Die hohen Fenster an der gegenüberliegenden Wand verschwanden zum Teil hinter dunklen Samtvorhängen, die mit einer dicken, in Seidenquasten endenden Kordel zurückgehalten wurden, um den Blick auf Gardinen aus kunstvoller weißer Spitze freizugeben. Im Kamin brannte ein Kohlenfeuer, das im gedrängten Dämmerlicht glühte. Es war sehr warm im Raum. Stella führte Louise am Ellbogen durch die Möbel hindurch zum anderen Ende, wo Mrs. Rose neben ihrem wesentlich kleineren Mann stand.

»Papa, das ist Louise.«

Als er ihr die Hand gab, sagte er: »Wenn du Menschen vorstellst, Stella, dann immer mit vollem Namen. Deine Freundin ist kein Dienstmädchen.«

»Manchmal schon. Das gehört zu den Arbeiten, die wir in der Schule machen müssen.«

»Ah ha!« Es klang wie ein Schnauben. »Peter verspätet sich. Weshalb?«

»Er hat eine Probe, Otto. Er sagte, wir sollen nicht auf ihn warten.«

»Ihm müssen wir natürlich gehorchen. Kommen Sie, Miss Louise, Sie möchten doch sicher Ihren Lunch.«

Er ging ihr durch den Raum voraus zu einer Tür neben derjenigen, durch die sie eingetreten waren, und die, wie sich herausstellte, in ein kleineres Zimmer führte, wo ein festlich weiß gedeckter Tisch stand: Silber, schweres, altmodisch wirkendes Geschirr und große Stühle mit geradem Rücken und Samtsitz. Vor den Fenstern hingen die gleichen Vorhänge, allerdings wurde der Raum von einem großen Kronleuchter erhellt, dessen Flammenkerzen einzeln von halben Pergamentschirmen umgeben waren. Stellas Eltern setzten sich an die gegenüberliegenden Enden der Tafel, Louise und Stella nahmen zu beiden Seiten ihres Vaters Platz. Einen Moment später erschien Tante Anna, gefolgt von einem kleinen Dienstmädchen, das von dem Tablett mit der gewaltigen Suppenterrine fast niedergedrückt wurde. Die stellte es vor Mrs. Rose ab, welche anfing, die vor ihr aufgestapelten Suppenteller mit dem Schöpflöffel zu füllen. Suppe kannte Louise von zu Hause kaum. Diese roch stark, aber anregend, und in der Brühe schwammen kleine Klöße, von denen sie nicht wusste, wie sie zu essen waren.

Das erkannte Mr. Rose sofort. »Ihnen sind Leberklößchen nicht bekannt, Miss Louise, nicht wahr? Sie schmecken sehr gut.« Er schob sich einen Löffel Suppe mit einem Klößchen in den Mund. Louise tat es ihm nach. Das Klößchen war brühend heiß, und unwillkürlich spuckte sie es wieder auf den Löffel. Das bemerkten alle, und sie wurde rot.

»Das ist Ottos Schuld. Er kann viel heißeres Essen vertragen als jeder andere Mensch«, sagte Mrs. Rose freundlich. Louise trank einen Schluck Wasser.

»Sie sind eine sehr vernünftige junge Frau, dass Sie sich nicht den Mund verbrennen. Mit einem verbrannten Mund schmeckt man nichts.« Gerade dachte sie, dass er wirklich liebenswürdig war, da legte er den Löffel lautstark auf den Tisch und brüllte förmlich: »Dieser Suppe fehlt ihr Sellerie. Anna! Anna! Wie kommt es, dass du eine derart wichtige Zutat vergessen hast?«

»Ich habe ihn nicht vergessen, Otto, ich konnte keinen bekommen. Der einzige Sellerie waren die weißen Stangen ohne jedes Grün. Was sollte ich tun?«

»Eine andere Suppe kochen, natürlich. Ich weiß, es gibt in deinem Repertoire vierzehn Suppen, von denen viele, wenn nicht gar alle keine Sellerieblätter erfordern. Schau mich nicht so an, Frau, es ist keine Tragödie. Ich sage dir nur, dass sie nicht so schmeckt, wie sie schmecken sollte.« Er griff wieder nach seinem Löffel und warf Louise ein Lächeln zu. »Sehen Sie? Die leiseste Kritik, und ich werde wie ein Tyrann behandelt. Ich!« Er lachte zufrieden ob dieser absurden Vorstellung.

Trotzdem aß er – wie alle anderen – eine zweite Portion, und während Stella über die Schule verhört wurde, konnte Louise die Eltern ihrer Freundin in Ruhe studieren. So alt Mrs. Rose sein mochte – mindestens vierzig –, konnte man sie nicht als ehemalige Schönheit bezeichnen, denn sie war immer noch eine. Sie war ausgesprochen groß und hatte welliges eisengraues Haar, das auf einer Seite von einer Spange gehalten wurde. All ihre Gesichtszüge waren groß, aber so gewinnend angeordnet, dass man glaubte, im Kino eine Nahaufnahme zu sehen. Über ihre ausnehmend großen dunkelbraunen und weit auseinanderstehenden Augen spannte sich eine breite Stirn mit einem spitzen Haaransatz. Sie hatte Stellas Wangenknochen, und ihre Nase war zwar ebenfalls groß, aber im Gegensatz zu der ihrer Tochter nicht knochig, sondern besaß genau die richtige Fleischigkeit, und die Nasenflügel waren klar umrissen und weit. Und wenn sie mit ihrem breiten Mund lächelte, zog über die majestätischen Proportionen eine wunderschöne Fröhlichkeit, die Louise hinreißend fand.

Peter Rose kam, gerade als die Suppenteller abgeräumt wurden, und Stellas Vater sagte, es sei lächerlich, dass sie kein Italienisch lesen könne, obwohl er so oft angeboten habe, es sie zu lehren.

»Wenn du mir etwas beibringen willst, dann bekommst du nur einen Wutanfall, und ich heule«, gab sie zurück.

Louise sah, dass gleich der nächste Ausbruch folgen würde, was allerdings durch Peters Ankunft unterbunden wurde. Er schlüpfte so leise in den Raum und an seinen Platz, als wäre er am liebsten unsichtbar. Alle Augen richteten sich auf ihn, er wurde mit Aufmerksamkeit, Missbilligung und Fragen überschüttet. Er komme zu spät – weshalb habe er sich verspätet? Wie sei seine Probe verlaufen? Wolle er Suppe – Anna habe eine Portion für ihn warm gehalten –, oder wolle er lieber gleich mit dem Hauptgericht beginnen? (Das Dienstmädchen hatte eine gewaltige Schüssel einer würzigen Fleischsauce aufgetragen.) Er sei nicht beim Friseur gewesen, obwohl eigens ein Termin für ihn vereinbart worden sei, er müsse also am Nachmittag gehen ... Aber das führte nur zu einer Vielzahl weiterer Vorschläge, wie er den Nachmittag verbringen sollte. Er solle sich ausruhen, er solle einen flotten Spaziergang unternehmen, er solle ins Kino gehen, um sich vom Konzert abzulenken. Unterdessen saß er einfach da, seine kurzsichtigen Augen leuchteten hinter den dicken Brillengläsern, immer wieder fiel ihm eine Strähne in die Stirn, die er mit seiner geschickten, sehr weißen Hand zurückstrich, ein nervöses Lächeln huschte über seine Lippen und wurde wieder unterdrückt. Er entschied sich für Suppe, und Tante Anna eilte hinaus, um sie zu holen. Gleichzeitig bemerkte sein Vater, er sei wohl derart von sich und seinem Konzert eingenommen, dass er nicht einmal die Höflichkeit besitze, den Gast wahrzunehmen. Es erstaune ihn, überlegte er in einer Lautstärke, die sich jedem anempfahl, der in der Albert Hall einen Monolog hielt, dass es – in Anbetracht der gewaltigen Mühen, die die Eltern auf sich genommen hätten – ihren zwei Kindern offenbar an jeglichem guten Benehmen fehle. Eine Tochter, die Widerworte gebe, ihrem Vater obendrein, und ein Sohn, der die Anwesenheit einer jungen Dame, die als Gast ins Haus gekommen sei, schlicht ignoriere. Könne Sophie das verstehen? Doch seine Frau lächelte nur und gab weiter Fleischsauce auf. Könne Anna das verstehen? – »Otto, sie sind doch noch Kinder.« Er wandte sich an Louise, die jedoch peinlich berührt errötete. Das entging ihm nicht, und so insistierte er nicht.

Peter sagte: »Guten Tag! Ich weiß, dass Sie Louise sind, Stella hat mir von Ihnen erzählt.«

Während das Schmorgericht, begleitet von Rotkohl (auch den kannte Louise nicht) und vorzüglichem Kartoffelpüree, gegessen wurde, verhörte Stellas Vater sie, was sie im Verlauf des Wochenendes mit ihrer Freundin zu unternehmen gedenke.

»Wir gehen natürlich zu Peters Konzert.«

»Mögen Sie Musik?«

»O ja! Sehr gerne.«

»Louises Großvater war Komponist«, warf Stella ein.

»Ah – und wie hieß er?«

»Hubert Rydal. Ich glaube, er war eher unbedeutend.«

»Ach, wirklich? Ich glaube nicht«, sagte er und kaute beim Sprechen heftig weiter, »dass es mir gefallen würde, wenn deine Kinder, Stella, mich später einmal als einen unbedeutenden Arzt bezeichnen würden. Was könnten sie von Medizin verstehen, um ein derartiges Urteil zu fällen?«

»Ich meinte nur, dass er allgemein so bezeichnet wird.« Louise spürte, dass sie schon wieder errötete und, schlimmer noch, dass ihr Tränen in die Augen traten, wenn sie daran dachte, wie sehr sie ihn geliebt hatte – wie sich sein gemeinhin vornehmes Gesicht mit der Hakennase, dem schneeweißen Bart und den großen blauen, traurigen, unschuldigen Augen in Falten legte und er in unhaltbares Kichern ausbrach, wenn ihn etwas belustigte; wie er sie an der Hand nahm, »Komm mit, meine Kleine«, und sie zu einer Überraschung führte, die stillschweigend vor ihrer Großmutter verheimlicht wurde, die selten etwas belustigte, und wie sein Bart, wenn er ihr einen Kuss gab, nach Geißblatt duftete … »Er war der erste Mensch, den ich kannte, der starb«, sagte sie zaghaft, und als sie aufschaute, betrachtete Mr. Rose sie mit aufmerksamer Güte.

Als sich ihre Blicke begegneten, lächelte er – ein merkwürdiges Lächeln, das sie als zynisch bezeichnet hätte, wäre es nicht auf verblüffende Weise gleichzeitig so verständnisvoll und freundlich gewesen – und sagte: »Eine würdige Enkeltochter. Und morgen, Stella? Welche Pläne hast du für morgen für deinen Gast?«

Stella brummelte, sie würden einkaufen gehen.

»Und am Abend?«

»Ich weiß es nicht, Papi. Das haben wir uns noch nicht überlegt.«

»Sehr schön. Ich gehe mit euch ins Theater. Und anschließend gehe ich mit euch essen. Ihr werdet einen schönen Abend haben«, befahl er und lächelte strahlend in die Runde.

Die Teller wurden abgeräumt und eine Käseplatte aufgetragen. Louise, für die zu Hause Käse unweigerlich aus Cheddar für die Kinder und das Personal und Stilton für die Erwachsenen und Menschen ihres Alters zu Weihnachten bestand, war überrascht, eine derartige Auswahl zu sehen. Mrs. Rose, die das bemerkte, sagte: »Stellas Vater liebt Käse, und das wissen viele seiner Patienten.«

»Käse ist rationiert, Papi«, sagte Stella selbstgerecht. »An der Schule bekommen wir nur fünfzig Gramm die Woche. Stell dir vor, Papi, du müsstest damit auskommen!«

»Bei den Konzerten in der National Gallery bekommt man Käse und Sultaninen-Sandwiches«, sagte Peter.

»Ist das der Grund, weshalb du dahin gehst, du Vielfraß?«

»Natürlich! Musik interessiert mich doch überhaupt nicht, aber ich bin verrückt nach Sultaninen.« Dabei ahmte er seine Schwester nach.

Allem zum Trotz aß niemand in der Familie viel von dem Käse, wie Louise auffiel, außer Mr. Rose, der sich von drei Sorten jeweils ein Stück abschnitt, es in kleinere Würfel teilte, großzügig mit frischem Pfeffer bestreute und sich in den Mund steckte.

Die Käseplatte wurde ersetzt durch eine köstlich aussehende Kreation aus hauchdünnem Teig, in der sich Äpfel und Gewürze verbargen und der Louise, obwohl sie das Gefühl hatte, schon viel zu viel gegessen zu haben, nicht widerstehen wollte – und auch nicht konnte, wie sich herausstellte, denn mit der Bemerkung, niemand könne Annas Strudel ablehnen, trug Mr. Rose seiner Frau auf, ein gewaltiges Stück für sie abzuschneiden. Während dieses Gangs entfachte sich ein heftiger Streit zwischen Peter und seinem Vater über die Vorzüge mehrerer russischer Komponisten, die Mr. Rose provokant als Schöpfer von Schmalz und Märchenmusik abtat, was Peter derart in Rage versetzte, dass er stotterte und schrie und ein Glas Wasser umstieß.

Erst nachdem in zerbrechlichen rot-goldenen Tässchen ein sehr schwarzer Kaffee serviert worden war, durften Louise und Stella allein losziehen, und das auch erst, nachdem ihre nachmittäglichen Unternehmungen eingehend hinterfragt und bemäkelt worden waren.

»Gehen wir wirklich spazieren?«, fragte Louise. Nach dem gewaltigen Essen war sie müde, und ihr graute vor der eisig kalten, feuchten Luft.

»Guter Gott, nein! Das habe ich nur gesagt, weil das das Einzige ist, wogegen sie nie Einwände erheben. Jetzt sorgen wir erst einmal dafür, dass wir aus dem Haus kommen, und dann überlegen wir uns etwas richtig Schönes, das wir in geschlossenen Räumen tun können.«

Schließlich fuhren sie mit dem 53er-Bus zur Oxford Street und verbrachten Stunden bei Bumpus, wo sie nach langem vergnügtem Schmökern beschlossen, sich gegenseitig ein Buch zu schenken. »Etwas, von dem wir finden, die andere müsste es gelesen haben«, sagte Stella.

»Ich weiß nicht, was du schon alles gelesen hast.«

»Also, in dem Fall musst du ein anderes aussuchen.« Aber das war nicht nötig. Stella wählte für Louise *Madame Bovary*. »Ich hätte es auf Französisch gekauft, aber dein Französisch ist nicht besonders gut«, sagte sie. Louise, deren Französisch so gut wie nicht existierte, was sie vor Stella aber zu verheimlichen versucht hatte, widersprach nicht. Nach langem Überlegen hatte sie sich für *Ariel* von André Maurois entschieden – ein blauer Penguin-Band. Das kam ihr zwar etwas schäbig vor, weil *Madame Bovary* zwei Shilling kostete und *Ariel* nur sechs Pence, aber sie wusste, dass Stella über solche Überlegungen nur verächtlich spotten würde. »Es geht um Shelley«, sagte sie, und Stella antwortete: »Ach, schön! Über ihn weiß ich nicht viel.« Auf der Heimfahrt im Bus beschlossen sie, zu Hause Widmungen in die Bücher zu schreiben, und überlegten sich die schrecklichen Dinge, die sich die anderen untereinander befreundeten Mädchen an der Schule schenken würden. »Lippenstifte und Talkumpuder und Amulette, um sie an ihr Armband zu hängen, und kleine Notizbücher, um die Geburtstage von anderen reinzuschreiben!«, waren einige Vorschläge. Dann dachte Louise an Nora und sagte, sie sollten nicht so überheblich sein.

»Warum denn nicht? Wir sind ihnen überlegen. Was nicht viel heißt – schau sie dir doch an!«

»Weißt du, Stella, dafür, dass du so demokratisch bist, bist du erstaunlich arrogant.«

»Das stimmt nicht. Ich sage einfach nur, wie es ist. Du bist so undemokratisch, dass du daran gewöhnt bist, wenn andere Menschen dir unterlegen sind, und es freundlicher findest, deswegen zu lügen. Ich nicht.«

»Aber es ist etwas anderes, ob jemand Chancen gehabt und nichts daraus gemacht hat oder ob er nie welche hatte.«

»Das stimmt. Deswegen verachte ich unsere Mitschülerinnen ja auch so. Fast alle sind viel wohlhabender als wir, die Kosten können also bei ihrer Ausbildung keine Rolle spielen, während die meisten Menschen – und vor allem Frauen – überhaupt keine Möglichkeit haben, eine anständige Ausbildung zu bekommen. Denk nur an deine Familie! Die Jungen gehen alle aufs Internat, wo sie zumindest Griechisch und Latein lernen, während du nur eine Hauslehrerin hattest!« Stella hatte St. Paul's besucht, eine der wenigen Schulen, an denen die Ausbildung von Mädchen ernst genommen wurde, und Louise wusste, falls ihre Freundin studieren wollte, war sie intelligent genug dafür und zweifellos auch dafür vorbereitet.

»Miss Milliment hat ihr Bestes versucht. Sie war einfach zu nett zu uns und ließ es uns durchgehen, wenn wir faul waren. Und ich war faul.« In letzter Zeit wurde ihr zunehmend klar, von wie vielen Dingen sie nichts verstand, den Klassikern etwa, Sprachen, Volkswirtschaft, aktuellen Ereignissen – das Ausmaß erschreckte sie.

Mit einem kurzen Blick zu ihr sagte Stella: »Du machst schon deinen Weg. Du willst Dinge erfahren, außerdem weißt du, was du werden willst. Du Glückliche!«

»Mein Vater sagt«, meinte sie später, als sie gemeinsam im Bad standen, um sich für Peters Konzert umzuziehen, »dass Mädchen genau dieselbe Erziehung bekommen sollten wie Jungen, weil sie dann ihre Männer und Kinder weniger langweilen. Oder, wenn sie keine haben, sich selbst, würde ich denken.«

»Es ist komisch, ich hatte gedacht, deine Familie würde sich beim Essen ständig über Politik unterhalten. Ich hatte panische Angst.«

»Das tun sie auch oft. Es war einfach nicht der Tag dafür. Ich glaube, Papi wollte Peter vor seinem Konzert nicht aufregen.«

Deswegen haben sie sich stattdessen eine Szene über russische Musik geliefert, dachte Louise, behielt den Kommentar aber für sich. Es war ungewohnt für sie, Dinge zu bemerken und sich Gedanken darüber zu machen. Zu Hause, so kam es ihr vor, hatte sie alles immer als gegeben hingenommen. Das war ein untrügliches Zeichen fürs Erwachsenwerden – sie wurde älter und damit doch bestimmt auch interessanter, oder nicht?

Hitzige Auseinandersetzungen stellten offenbar das Lebenselixier der Familie dar. So gab es eine zwischen Stella und ihrer Mutter wegen des Kleids, das Stella für das Konzert tragen wollte. Nur war es kein Kleid, sondern ein scharlachroter Pullover und ein schwarz-weiß karierter Faltenrock. Ihre Mutter sagte, das sei für den Anlass nicht förmlich genug. Ob der stark erhobenen Stimmen trat Mr. Rose aus einer der zahllosen Türen in dem langen Korridor und sagte, bei einem solchen Lärm könne er seine eigenen Gedanken nicht hören. Dann warf er sich mit Bravour ins Gemenge, fand den flaschengrünen Samt im Gegensatz zu seiner Frau keineswegs passender und bestand auf einem Kleid aus cremefarbener Wildseide, von dem Stella sagte, es sei hundert Jahre alt und zu kurz für sie. Peters Geschmack wurde von beiden Elternteilen angeführt, obwohl sie sich nicht darauf einigen konnten, wie der sei. Mrs. Rose sagte, er würde sich schämen, wenn seine Schwester zu seinem Konzert in einer Aufmachung erschiene, als ginge sie zu einem Kartenabend. Mr. Rose sagte, Peter fände es erschreckend, wenn sie ein Kleid trüge, das die Aufmerksamkeit so auf sich lenke wie der flaschengrüne Samt. Stella sagte, wenn sie das Wildseidene anziehe, würden Peters Freunde sich ausschütten vor Lachen. An der Stelle kam Tante Anna hinzu und steuerte eine rosa Seidenbluse zu Stellas kariertem Rock bei. Das vereinte die anderen kurzzeitig – gegen sie –, und sie musste sich mit glucksenden Lauten der Bestürzung an der Wand abstützen. Mr. Rose schrie zwar nicht regelrecht, sprach aber mit einer Prononciertheit, die man nach Louises Ansicht verwendete, wenn man einem Begriffsstutzigen – oder einem Ausländer – etwas zu erklären versuchte. »Es ist ganz einfach. Du trägst die Seide und tust, was dir gesagt wird.« Das quittierten sowohl Stella als auch ihre Mutter mit entsetzten Ausrufen, Stella brach in Tränen aus, ihrer Mutter entfuhr eine Reihe vernehmlicher Seufzer, dann verschwand sie in ihrem Zimmer und kehrte einen Moment später mit einem blassgrünen Wollkleid zurück, das sie ihrer Tochter anhielt, während ihr leise Tränen ungehindert über das schöne Gesicht rannen. »Otto! Otto? Wäre nicht das die Lösung?«

Er musterte sie beide, bemerkte das angemessen flehentliche Gesicht seiner Frau ebenso wie Stellas trotziges Schweigen. Das müsse dem Anlass genügen, sagte er zu guter Letzt, er sei die ganze Sache leid. Schließlich interessiere es ihn nicht die Spur, was seine Tochter anziehe, sie sei alt genug, um sich zum Gespött der Leute zu machen, wenn sie darauf bestehe. Er habe keine Meinung in der Frage, und er könne auch nicht im Mindesten nachvollziehen, weshalb es überhaupt zu einem derartigen Theater gekommen sei. Dann schloss er mit einem mühsam geduldigen, leidenden Lächeln die Tür hinter sich. Zurück blieben Louise und Stella mit dem grünen Wollkleid in der Hand. Mrs. Rose seufzte abermals und verschwand, scheinbar erquickt, federnden Schrittes den Korridor entlang.

»Hör mal, was soll denn nun ich anziehen?«, fragte Louise nervös.

»Ach, wozu du Lust hast. Was du trägst, interessiert sie nicht.«

Louise hegte da so ihre Zweifel, aber sie hatte wenig dabei, und da sie ihr schönstes Kleid für das Theater aufsparen wollte, blieb nur das Trägerkleid aus Tweed mit der cremefarbenen Seidenbluse, die Tante Rach ihr zu Weihnachten geschenkt hatte.

Wenn sie an Weihnachten dachte, wurde sie etwas beklommen und fast traurig. Die Familie hatte die Feiertage, wie jedes Jahr, in Home Place verbracht, und obwohl sich alle bemüht hatten, damit es wie immer würde, war es anders gewesen, auch wenn sie im Grunde nicht sagen konnte, dass sich irgendetwas (Wesentliches) tatsächlich verändert hätte. Alle hatten einen Strumpf bekommen, obwohl unten keine Mandarine drinsteckte, und Lydia weinte, weil sie glaubte, ihre sei vergessen worden. Keine Mandarinen und keine Orangen – keine Zitronen, und damit am zweiten Feiertag auch keine Törtchen mit Zitronencreme, eine Tradition der Duchy – lauter unbedeutende Details, die sich aber summierten. Außerdem kam es ihr kälter im Haus vor, und es gab kaum heißes Wasser, weil der Kochherd so viel Koks verbrauchte, und die Duchy hatte alle Glühbirnen durch schwächere ersetzt, was die Verdunklung unterstütze, wie sie sagte, und weniger Strom verbrauche. Peggy und Bertha, die Hausmädchen, hatten sich zur WAAF gemeldet, und Billy arbeitete jetzt in einer Fabrik. Der Garten sah anders aus: Die Blumenrabatten waren verschwunden und durch McAlpines Gemüsebeete ersetzt. Er schleppte sich durch den Garten, war ständig schlechter Laune, weil sein Rheuma ihm zunehmend zu schaffen machte, und die Duchy hatte ein Mädchen zu finden versucht, das ihm im Garten zur Hand ging, aber die Erste kündigte nach einer Woche – sie konnte McAlpine nicht ertragen, weil er sich weigerte, mit ihr zu sprechen, und sich hinter ihrem Rücken unablässig über sie beschwerte. Es gab keine Pferde mehr, bis auf die beiden alten, weswegen Wren, der Pferdeknecht, Handlangerdienste übernahm: Er hackte Holz, beschickte den Heißwasserboiler und strich Teile des Gewächshausdaches. Zwar trug er nach wie vor seine glänzenden Ledergamaschen und die muskatbraune Tweedmütze, die, wie Polly meinte, so gar nicht zu seinem puterroten Kopf passte, aber er sah aus, als wäre er geschrumpft, und man konnte ihn oft hören, wie er vor sich hin lamentierte. Dottie war zum Hausmädchen befördert worden, und Mrs. Cripps musste sich mit einem wesentlich jüngeren Mädchen zufriedengeben, das zu rein gar nichts tauge, wie sie zu sagen pflegte. Die Augen des Brig waren seit dem Sommer offenbar noch schlechter geworden, sodass Tante Rach dreimal die Woche mit ihm nach London fahren musste, wo er im Büro saß und sie als seine private Privatsekretärin fungierte, wie sie scherzend sagte. Tante Zoë war schwanger, und entweder übergab sie sich, oder sie lag mit grünlichem Gesicht auf dem Sofa. Tante Sybil – die immerhin etwas abgenommen hatte – war ziemlich gereizt, vor allem gegenüber Polly, die sich beschwerte, sie würde Wills zu sehr verwöhnen und Onkel Hugh Sorgen bereiten, weil sie sich ständig um ihn sorgte. Und ihre eigene Mutter erst! Manchmal kam es ihr vor, als würde Villy sie regelrecht hassen. Nie wollte sie etwas von der Schule oder ihrer Freundin wissen, sie kritisierte Louises Äußeres und die Kleidung, die sie von ihrem neuen Kleidergeld kaufte (vierzig Pfund im Jahr – für *alles*, wiederholte ihre Mutter immer in dem Ton, der Louise deutlich machte, dass sie damit Binden meinte). Sie missbilligte, dass Louise sich die Haare wachsen ließ, obwohl es doch für eine angehende Schauspielerin unabdingbar war für den Fall, dass sie in die Rolle einer sehr alten Dame mit einem Knoten schlüpfen musste. Sie beschwerte sich, wann immer sie Louise dabei ertappte, nichts Nützliches zu tun, wie etwa den Tisch zu decken, sie wollte sie zu einer lächerlichen Zeit ins Bett schicken und sprach – in ihrer Gegenwart – mit anderen Leuten über sie, als wäre sie eine Kleinkriminelle oder eine Idiotin. So sagte sie etwa, man könne sich bei Louise nicht darauf verlassen, dass sie Versprechen einhalte, sie verliere sich völlig in sich selbst und sei dermaßen ungeschickt, dass sie, ihre Mutter, sich wirklich frage, was passieren werde, sollte Louise eines Tages tatsächlich auf der Bühne stehen. Diese Bemerkung hatte sie am meisten verletzt. Zum Eklat war es dann gekommen, als Louise am zweiten Weihnachtstag die Lieblingskanne der Duchy zu Bruch ging: Brühheißer Tee war aus der Tülle auf ihre Hand gespritzt, und vor Schreck hatte sie die Kanne fallen lassen mit dem Ergebnis, dass sich Teeblätter, Tee und Porzellanscherben über den Boden verteilten. Entsetzt hatte sie dagestanden, sich die verbrühte Hand gehalten und auf den Boden gestarrt, und bevor jemand reagieren konnte, sagte ihre Mutter in ihrem sarkastischen Ton, mit dem sie wie die schlechte Imitation ihrer Freundin Hermione Knebworth klang: »Wirklich, Louise, du bist der sprichwörtliche Elefant im Porzellanladen! Schlimmer noch, eine ganze Horde Elefanten!« Zum Tee hatte sie Besuch bekommen, Fremde. Louise brannte das Gesicht, sie wusste, dass sie gleich in Tränen ausbrechen würde, lief blindlings aus dem Zimmer und riss bei ihrer Flucht ein Buch von einem kleinen Seitentisch.

Auf halber Höhe der Treppe ließ die eisige Stimme ihrer Mutter sie innehalten. »Was bildest du dir ein, einfach so zu verschwinden?

Hol aus der Küche Putzlappen und Schaufel und Besen und wisch die Sudelei, die du angerichtet hast, gefälligst auf.«

Sie machte kehrt, holte die Utensilien und ging in den Salon zurück, hob die Scherben auf, fegte die Teeblätter zusammen und wischte den Tee auf, bis Eileen kam, nach der geklingelt worden war, um neuen Tee zu machen, und ihr half. Unterdessen ließ ihre Mutter sich über das Ausmaß ihrer Unbeholfenheit aus: »Sie ist die Einzige, die drei Trimester an ihrer Hauswirtschaftsschule verbringt, weil sie in den ersten beiden so viele Auflaufformen zerschlagen hat.« Es herrschte eine befangene Stimmung im Raum, niemand wusste etwas zu sagen, und bis Louise fertig war, brannte ihre Hand wie Feuer. Nachdem sie Schaufel und Besen zurückgebracht hatte, machte sie sich auf die Suche nach der Duchy, um sich zu entschuldigen, aber sie war nirgends zu finden. Allerdings stieß sie auf Tante Rach, die gerade für Neville Namensschilder in seine Kleidung für die neue Schule nähte. »Ich habe keine Ahnung, wo sie ist, Herzchen. Aber was ist denn los? Du siehst ein bisschen mitgenommen aus.«

Louise brach in Tränen aus. Tante Rach stand auf, schloss die Tür und führte sie zum Sofa. »Deiner alten Tante kannst du's doch erzählen«, sagte sie, und das tat Louise auch.

»Sie hasst mich! Wirklich, sie muss mich hassen – vor den ganzen Leuten! Sie hat mich behandelt, als wäre ich eine dumme Zehnjährige, und dadurch werde ich nur noch ungeschickter, als ich es wäre, wenn sie einfach den Mund halten würde.« Nach einer kurzen Pause fügte sie hinzu: »Nie sagt sie mir etwas Nettes.« Daraufhin drückte Tante Rach ihr liebevoll die Hand, aber es war die verbrannte. Tante Rach untersuchte die Stelle und holte dann ihre Hausapotheke, zündete den Spiritusbrenner an, den die Duchy fürs Teemachen verwendete, erhitzte das Paraffinwachs und strich es auf die verbrannte Stelle. Zuerst tat es sehr weh, aber schon als ihre Hand verbunden wurde, ließen die Schmerzen nach.

Als Tante Rach sie schließlich versorgt hatte, sagte sie: »Mein Schatz, natürlich hasst sie dich nicht. Aber du darfst nicht vergessen, sie hat es im Moment nicht leicht, weil dein Dad nicht da ist. Ehepaare sind es gewohnt, zusammen zu sein, und wenn das nicht möglich ist, ist es für die Frau oft schwerer, weil sie zu Hause bleibt und nicht weiß, was ihrem Mann womöglich gerade zustößt. Du musst versuchen, das zu verstehen. In deinem Alter wird einem allmählich klar, dass die Eltern nicht nur Eltern sind, sondern Menschen mit eigenen Problemen. Aber ich vermute, das ist dir schon aufgegangen.«

Und Louise, die das überhaupt noch nie so betrachtet hatte, sagte, ja, das sei ihr klar. Und in den vergangenen Wochen hatte sie sich wirklich bemüht, ihre Eltern mit anderen Augen zu sehen. Während sie jetzt die cremefarbene Seidenbluse zuknöpfte, die Tante Rach eigens für sie genäht hatte, überlegte sie sich, wie furchtbar es für ihre Mutter eigentlich sein musste, dass ihre eigene Mutter nicht mehr richtig im Kopf war und sie sie in ein Pflegeheim bringen musste. Und dann lebte sie nahezu ganz allein in der Lansdowne Road und wusste nie, wann Dad freibekommen würde, was offenbar nicht allzu häufig passierte – er organisierte die Verteidigung des Flugplatzes in Hendon. Zu Weihnachten hatte er gerade einmal zwei Tage in Home Place verbracht, was allerdings besser war als bei Onkel Rupert, der von der Marine überhaupt keinen Heimaturlaub bekommen hatte.

Ihr gefiel das Konzert besser als jedes andere, das sie je besucht hatte. Das hing zum Teil damit zusammen, vermutete sie, dass sie den Pianisten kannte (zumindest hatte sie mit ihm zusammen Lunch gegessen), und zum Teil damit, dass im gut gefüllten Saal lauter Verwandte und Freunde der Mitwirkenden saßen und dadurch eine ganz besondere Stimmung aufgeregter Spannung in der Luft lag.

Zuerst gab es eine Ouvertüre, in der anschließenden Pause wurde der Flügel an die richtige Stelle gerückt, dann kehrte der Dirigent mit Peter zurück, der in seinem Frack fast versank. Auf dem Programm stand das dritte Konzert von Rachmaninow mit dem erstaunlich langen und geheimnisvollen einleitenden Thema. Sobald Peter zu spielen begann, wirkte er wie verwandelt. Beim Lunch hatte sie sich nicht vorstellen können, dass er solche Fähigkeiten besaß – in technischer Hinsicht und was die Hingabe an die Musik insgesamt betraf. Danach empfand sie eine gewisse Ehrfurcht vor ihm.

Am nächsten Tag unternahmen sie einen Einkaufsbummel.

»Siehst du deine Eltern als eigenständige Menschen?«, fragte sie Stella.

»Manchmal schon, wenn sie mit anderen zusammen sind, aber wenn ich mit ihnen alleine bin, dann eher selten. Wahrscheinlich deswegen, weil sie so unglaublich gern Eltern sind. Oft kommt es mir vor, als würden sie gar nicht merken, wie alt ich inzwischen bin.«

»Aber achtest du darauf, wie sie miteinander umgehen?«

»Doch, aber ihre Beziehung besteht darin, Mutter und Vater zu spielen. Das machen sie ständig miteinander.«

»Dann sieht es ja schlecht aus für ihre Zukunft, wenn du und Peter einmal ganz aus dem Haus seid.«

»Das wird überhaupt nichts verändern. Sogar Tante Anna konzentriert sich mittlerweile darauf, Tante zu sein.«

»Lebt sie immer schon bei euch?«

»Guter Gott, nein. Sie ist im Sommer einmal zu Besuch gekommen, ihr Mann konnte sie aus irgendeinem Grund nicht begleiten – Onkel Louis arbeitet als Anwalt in München –, und dann schickte er ihr ein Telegramm, in dem nur stand: ›Komm nicht zurück.‹ Sie wollte zwar trotzdem fahren, aber er rief meinen Vater an, und danach sagte mein Vater, sie müsse tun, was ihr Mann sage.«

»Das heißt, sie wohnt seit vergangenem Sommer bei euch?«

»Seit dem Sommer davor. Es ist schrecklich für sie. In demselben Jahr hat ihre Tochter geheiratet, und mittlerweile hat sie ein Kind, aber das hat Tante Anna noch nie gesehen.«

»Aber warum denn nicht?«

»Mein Vater weiß, warum, aber er redet nicht darüber. Er versucht, Onkel Louis herzuholen, aber bislang vergeblich. Sie kocht für uns, weil sie kein Geld hat, und mein Vater sagt, dass es ihr guttut, ständig beschäftigt zu sein.«

»Es klingt nicht, als würde er sich sehr bemühen herzukommen. Dein Onkel, meine ich.«

Zuerst verneinte Stella das, aber dann biss sie sich auf die Unterlippe und verstummte.

»Du möchtest nicht darüber reden?«

»Brillant erkannt! Nein, das möchte ich nicht.«

»Das ist in Ordnung.« Doch Stellas Sarkasmus traf sie sehr.

Sie saßen ganz vorne auf dem Oberdeck des Busses, auf dem Weg zum Sloane Square und Peter Jones. Louise hatte das Gefühl, dass der ganze Ausflug verdorben sein würde, wenn sie sich nicht vor dem Einkaufen versöhnten. Noch während sie das dachte, legte Stella ihr eine Hand aufs Knie. »Entschuldige!«, sagte sie. »Ich wollte nicht gemein sein. Er kommt vor allem deshalb nicht, weil er Eltern hat, die uralt sind, und eine Schwester, die sich um sie kümmert. Verstehst du? So, und jetzt – was wollen wir kaufen?«

Und damit kehrten sie zu einem Gesprächsthema zurück, das sie bereits seit einigen Wochen beschäftigte. Jede konnte sich nur ein schönes Kleidungsstück leisten, und in der Schule maßen sie sich schon das ganze Trimester über am Türrahmen, um festzustellen, ob sie aufgehört hatten zu wachsen. Bei Stella traf es zu, bei Louise aber nicht.

»Du könnest dir einen Rock kaufen, wenn er einen anständigen Saum hat.«

»Den haben sie heute nicht mehr.« Louise dachte an die Kleidungsstücke, die sie als Kind getragen hatte – Kleider mit einem breiten Saum, selbst die Oberteile konnte man auslassen, wenn man wuchs. »Ich hätte nichts gegen eine hübsche Jacke, die zu allem passt.«

»Bevor wir etwas kaufen, sehen wir uns im ganzen Geschäft um.«

Sie blieben so lange dort, dass Stella zu Hause anrufen und erklären musste, dass sie nicht zum Lunch kommen würden. Es war unverkennbar, dass ihr davor graute, aber zum Glück war Tante Anna am Apparat. Sie führten das Gespräch auf Deutsch, deshalb erfuhr Louise erst hinterher, dass Stella gesagt hatte, sie hätten eine Schulfreundin mit deren Mutter getroffen, und die habe darauf bestanden, sie zum Lunch zu sich nach Hause einzuladen. »Das heißt, jetzt bekommen wir keinen Lunch, es sei denn, wir kaufen uns etwas«, sagte Stella. Ihnen beiden knurrte der Magen, aber keine von ihnen wollte ihr kostbares Taschengeld für etwas zu essen ausgeben. »Und Papi wird uns groß zum Dinner ausführen«, sagte Stella. Das Einkaufen dauerte deswegen so lange, weil sie sich nicht entscheiden konnten, und gerechterweise durfte jede so viele Stücke anprobieren, wie sie wollte. Zu guter Letzt entschied Louise sich für ein leichtes Wollkleid in der Farbe von blassgrünen Blättern, und Stella kaufte einen Blazer mit Messingknöpfen. Dann beschloss Louise, sich doch noch die dunkel terrakottafarbene Leinenhose zu gönnen, die nur zwei Pfund kostete, da sie beim Winterschlussverkauf übrig geblieben war. »Es ist eine Daks, von Simpson's«, sagte sie stolz. Sie sah wirklich sehr schick darin aus, dachte Stella neidisch. Ihr Vater würde einen Anfall bekommen, wenn er sie darin sähe: Eine Frau in Hosen war für ihn ein völliges Unding. Woraufhin Louise meinte, ihre Mutter werde die Hose auch lächerlich finden, aber sie sei genau das Richtige für eine Frau, die Schauspielerin werden wollte. Daraufhin beschloss Stella, die Schuhe zu kaufen, die ihr so gut gefallen hatten – leuchtend rote Sandalen mit hohen Keilabsätzen aus Kork. »Die werden zu Hause auch nicht gut ankommen«, prophezeite sie. Mittlerweile waren sie beide am Verhungern, also leisteten sie sich ein halbes Pfund Autoschokolade von Rowntree, die sie auf dem Heimweg im Bus aßen.

»Ein wunderschöner Ausflug war das. Louise, du bist für einen Einkaufsbummel die Allerbeste.«

Louise errötete vor Freude über dieses Kompliment. »Du auch«, antwortete sie.

Bei der Rückkehr in die Wohnung kam es Louise vor, als beträte sie eine fremde Höhle, so dunkel und geheimnisvoll wirkte sie mit den vergoldeten Spiegeln und dem blitzenden Buntglas der kleinen venezianischen Leuchter mit Kerzenlampen, die hier und da den langen Flur erhellten. Der Duft von Zimt, Zucker und Essig sowie Mrs. Roses Parfüm lagen schwer in der Luft. Aus dem Salon drangen die luftigen, wiegenden Melodien von Schumanns *Papillons*.

»Papi ist nicht da!«, frohlockte Stella. Woher sie das wusste, war Louise ein Rätsel, aber ihre Erleichterung war nicht zu übersehen. »Wir müssen meiner Mutter zeigen, was wir gekauft haben.«

»Alles?«

»Da Papi nicht da ist, würde ich sagen, alles. Für sie ist neue Kleidung das Allerschönste.«

Mrs. Rose lag auf dem Sofa, drapiert in einen mit farbenfrohen Fantasieblumen bestickten schwarzen Seidenschal. Er hatte extrem lange Fransen, die sich ständig in allem verfingen – in ihren langen Ohrringen, die die meisten Frauen nur abends tragen würden, dachte Louise, ihren Ringen, in der Schmuckborte des Sofas und sogar im Rücken des Buchs, das sie las. Sie legte den Finger an die Lippen und sagte ganz leise: »Dein Vater ist nicht da.« In ihrer Stimme lag dasselbe verschwörerische Frohlocken wie zuvor in Stellas. »Und was hat eure Freundin euch zum Lunch vorgesetzt?«

»Ach, eine Art Fischauflauf – nichts Großartiges. Und hinterher Arme Ritter.« Sie kniete sich neben ihre Mutter, schlang die Arme um sie, gab ihr mehrere Küsse und nahm ihr das Buch aus der Hand. »Schon wieder Rilke! Den musst du doch mittlerweile in- und auswendig kennen!«

Peter hörte zu spielen auf. »Und bei uns gab es Hase und Tante Annas Rotkohl. Und danach Pfannkuchen mit Quitte«, sagte er. »Kommt – lasst uns sehen, was ihr gekauft habt.«

»Wir bekommen eine Modenschau«, sagte Mrs. Rose.

»So viel haben wir gar nicht gekauft.«

»Wenn deine Mutter nicht will, dass du eine Hose trägst, werde ich ihr in meiner auch nicht gefallen«, meinte Louise, als sie sich das grüne Wollkleid über den Kopf zog.

»Das ist etwas anderes. Außerdem ist es eher mein Vater, der solche Sachen nicht mag. Mutti ist viel toleranter.«

»Du zuerst.«

»Nein, du – du bist der Gast.«

Hinterher dachte Louise sich, wie auffällig sich die Roses von ihrer Familie unterschieden. Die Vorstellung, nach einem Einkaufsbummel ihrer Familie ihre neue Garderobe zu präsentieren – insbesondere ihrer Mutter –, reizte sie zum Lachen, aber das blieb ihr im Hals stecken. Die Einzige in der Familie, bei der sie sich so etwas denken könnte, war Tante Zoë, die, wie sie wusste, insgeheim kritisiert wurde, weil sie so großen Wert auf Garderobe und ihr Aussehen legte. Mrs. Rose ließ sich jedes Stück vorführen und begutachtete es dann: Zum grünen Kleid sagte sie »Sehr hübsch«, sie bewunderte Stellas Jacke, bei der Hose war ihre Reaktion hintergründig. Sie sagte, dass Stellas rote Schuhe ihr nicht gefielen, sie sie in Stellas Alter aber ebenfalls gekauft hätte. Peters Beitrag bestand darin, ein paar Takte aus Musiknummern zu spielen, die er als witzige Untermalung empfand: »Greensleeves« und die »Marche Militaire« für Louise, Chopin und Offenbach für seine Schwester.

Dann zogen sich alle zu einer ausgedehnten Nachmittagsruhe zurück, bevor sie sich für das Theater umkleideten, wo sie, wie Louise beglückt erfuhr, *Rebecca* sehen würden, mit Celia Johnson und Owen Nares. »Und anschließend ein spätes Dinner im Savoy«, sagte Peter. »Ich hoffe, ihr Mädels habt nicht zu viel zum Lunch gegessen.«

»Nein, zu viel war's nicht«, antwortete Stella. Als es in der Wohnung still geworden war, schlich sie in die Küche und holte ein paar Ingwerkekse und etwas Milch. Dann lagen sie auf dem Bett, lasen die Bücher, die sie sich gegenseitig geschenkt hatten, und bemühten sich, die Kekse nicht hinunterzuschlingen.

Auf ihrem Bett neben Stella liegend, dachte Louise, welches Glück sie hatte, und dass der Krieg ihr Leben gar nicht weiter beeinträchtigte. »Das Schönste an einer Freundschaft ist«, sagte sie, »zu tun, wozu man Lust hat, ohne mit dem anderen reden zu müssen.«

Sie bekam keine Antwort, und da sah sie, dass Stella eingeschlafen war. Sie berührte ihr wunderbar weiches Haar. »Du bist großartig«, sagte sie leise. Es war herrlich, frei zu sein, ihr Zuhause verlassen zu können, allmählich Dinge herauszufinden über Menschen, die nicht zur Familie gehörten. Alles kann passieren, dachte sie, wirklich alles! Und ich will auch, dass es passiert – was immer es ist. Ich werde nicht heiraten – ich werde mich darauf konzentrieren, die beste Schauspielerin der Welt zu werden. Ich werde sie zu Hause alle überraschen. Ich werde die einzige berühmte Cazalet sein. Ihre Familie war wirklich außergewöhnlich gewöhnlich und nicht annähernd so interessant wie die Roses. Sie gingen durchs Leben, ohne dass groß etwas passierte: Sie reisten nie ins Ausland – sonst wäre sie, Louise, mittlerweile schon überall gewesen und hätte dabei wertvolle Erfahrungen gesammelt. Aber nein. Sie heirateten bloß, gingen ins Büro und bekamen Kinder. Sie hatten nicht das geringste Interesse an Kunst, außer Musik, musste sie zugeben, aber wann etwa hatte ihre Mutter zum letzten Mal ein Stück von Shakespeare gelesen? Oder auch irgendein anderes Stück? Und ihr Vater las überhaupt nicht. Erstaunlich, dass er ohne jegliche geistige oder künstlerische Nahrung durchs Leben gehen konnte. Vielleicht sollte sie versuchen, Polly und Clary vor dieser bürgerlichen Einöde zu bewahren. Das würde sie auch, sobald die beiden alt genug waren. Die anderen waren entweder noch Kinder oder genau wie ihre Eltern unrettbar verloren. Eine anständige Unterhaltung über irgendetwas wirklich Wichtiges zu führen – den Stand des Theaters oder der Dichtung etwa, oder auch nur über Politik – war undenkbar. Allein schon, welches Wissen Stella im Vergleich zu ihnen besaß! Bestimmt dachten sie nie über das Klassensystem oder die Demokratie nach oder darüber, wie in der Gesellschaft mehr Gerechtigkeit herrschen könnte. Doch wenn die Dinge sich so entwickelten, wie Stella offenbar glaubte, stand ihnen ein entsetzlicher Schock bevor. Keine Dienstboten! Wie in aller Welt würden sie ohne die zurechtkommen? Zumindest war sie, Louise, jetzt in der Lage zu kochen, was keiner der anderen von sich behaupten konnte. Im Fall einer sozialen Revolution würden sie wahrscheinlich verhungern. Fast empfand sie Mitleid mit ihnen, in das sich aber auch Ärger mischte: Sie hatten es sich selbst zuzuschreiben, doch das machte es für sie auch nicht besser, wie sie, Louise, nur zu gut wusste. Aber durch die außerordentliche Eintönigkeit ihres Lebens waren ihre Gefühle vermutlich derart abgestumpft, dass sie sich dessen gar nicht richtig bewusst werden würden. Anstatt etwa wahnsinnig leidenschaftlich verliebt zu sein wie Julia oder Cleopatra – die wirklich alt war, als sie sich schließlich in Antonius verliebte –, mochten sie sich nur, halbherzig und lauwarm, ohne tiefes Gefühl, und deswegen wäre eine gewaltige gesellschaftliche Umwälzung für sie letztlich nicht mehr als eine lästige Störung. Sie hatten nicht die geringste Erfahrung mit Extremen, dachte sie, und genau die werde ich haben. Darum geht es.

»Darum geht es nur zum Teil«, sagte Stella, als sie nach dem Baden ein Deodorant unter den Achseln auftrugen. »Ich meine, man kann nicht ständig himmelhochjauchzend oder zu Tode betrübt sein. Und die Frauen, die du hier anführst, sind dafür gestorben«, fügte sie hinzu. »Es kann doch nicht Sinn und Zweck der Sache sein, jemanden so sehr zu lieben, dass man sterben muss.«

»Das war einfach Pech.«

»Tragik ist nie nur Pech. Tragik heißt, nicht alle Faktoren zu berücksichtigen, meistens das eigene Wesen. Ich halte es nicht mit der Tragik – wirklich nicht.«

Wie üblich brachte Stella sie damit zum Verstummen. Sie war einfach die intelligenteste Person, die sie je kennengelernt hatte.

Man versammelte sich im Salon zu einem Glas Champagner und kleinen Stückchen gepökelten Fischs auf Cracker. Alle sahen ausgesprochen festlich aus: Peter und Mr. Rose im Smoking, Mrs. Rose majestätisch und romantisch in endlosen Metern plissierten schwarzen Chiffons, Stella in ihrem weinroten Taftkleid mit eckigem Ausschnitt und eng anliegenden halblangen Ärmeln und Louise (die Stella unendlich dankbar war, sie überredet zu haben, ein Abendkleid mitzubringen) in ihrem alten korallenrosa Satinkleid, das sich um ihre Hüften schmiegte und hinten zu einer Art Turnüre zusammengefasst war.

»Wunderschöne Damen führe ich heute Abend aus!«, rief Mr. Rose mit solcher Begeisterung, dass sie sich alle noch schöner vorkamen. Peter wurde beauftragt, ein Taxi zu rufen, Umhänge und Schals wurden angelegt, und die Frauen traten mit Mr. Rose in den Aufzug. Peter musste zu Fuß nach unten gehen. »Sie lächeln«, sagte Stellas Vater zu Louise. »Warum?«

»Ich bin so glücklich«, antwortete sie, ohne nachzudenken.

»Der allerbeste Grund«, befand er. In mancher Hinsicht musste er ein sehr guter Vater sein, dachte sie.

Im Taxi zog Peter die Frauen damit auf, dass sie sich bestimmt in Owen Nares verlieben würden, der de Winter spielte.

»Und weshalb sollten wir?«, fragte Stella pikiert.

»Weil er der Schwarm aller Frauen ist. Alle Mädchen verlieben sich in ihn, und alte Damen natürlich auch. Diejenigen, die mit einem Tablett im Schoß auf dem Sofa sitzen.«

»Dann muss ich ja sehr achtgeben«, sagte seine Mutter, worauf ihr Mann ihre Hand ergriff und sagte: »›Mir kannst du, Herz, nicht altern …‹«

»›Denn so schön, wie da zuerst mein Aug' in deines blickte, bist du noch heute …‹«, fuhr Louise fort.

»Machen Sie weiter.«

Louise sah ihn an und errötete ein wenig. »›Dreier Winter Wehn, stahl Waldes Schmuck, womit ihn Sommer dreimal schmückte …‹« Flüssig zitierte sie das Sonett bis zum Ende.

Kurz herrschte andächtige Stille, dann führte Mrs. Rose ihre Finger an die Lippen und legte sie auf Louises Hand. »Das nenne ich Bildung«, sagte Mr. Rose. »Genau das meine ich. Hast du das gehört, Stella? Du hättest es nicht beenden können.«

»Natürlich nicht«, stimmte Stella zu. »Louise ist großartig. Sie kennt ihn praktisch auswendig.«

Etwas berauscht von ihrem Erfolg sagte Louise: »Dafür weiß ich sonst nicht viel. Bei Weitem nicht so viel wie Stella.«

Aber das führte nur dazu, dass die Roses sie offenbar noch liebenswerter fanden.

Und um ihr Glück komplett zu machen, saßen sie tatsächlich in einer Loge – ihr erstes Mal überhaupt. Ihre Familie wählte unweigerlich den ersten Rang, obwohl sie sich insgeheim immer einen Platz in der ersten Reihe der Sperrsitze wünschte. Aber eine Loge! Luxus gepaart mit Romantik. Allein schon, weil sie dort saß, kam sie sich bedeutend vor. Sie wurde mit Mrs. Rose und Stella in die vordere Reihe platziert, auf die Samtbalustrade vor ihr wurde ein Programm gelegt. Mrs. Rose knöpfte ein kleines Lederetui auf, aus dem ein bildhübsches rosa emailliertes Opernglas zum Vorschein kam. Das reichte sie Louise, als diese es bewunderte. »Sie können die Besucher beobachten. Das ist bisweilen sehr unterhaltsam«, sagte sie. Das Glas war herausragend: Sie konnte die Mienen der Menschen erkennen, die hereinkamen, nach ihren Plätzen suchten, Freunde entdeckten, lachten und sich unterhielten ... Da war ja ihr Vater! Ihr Vater? Doch, das war er! Er hatte gerade ein Programm gekauft und etwas zu der jungen Frau gesagt, die sie verkaufte, was ihr ein Lächeln entlockte, und dann hatte er einige Schritte vor gemacht und den Arm um eine Dame gelegt, die auf ihn wartete. Sie trug ein schwarzes Kleid, sehr freizügig – Louise konnte die Spalte zwischen ihren Brüsten erkennen und dann die Hand ihres Vaters, die sich einen Moment um eine schloss. Die Dame sagte etwas und lächelte, und er küsste sie kurz auf die Wange. Dann gingen sie den Gang des ersten Rangs hinunter zu ihren Plätzen in der dritten Reihe. Alles verschwamm Louise vor den Augen, und sie blickte rasch beiseite. Ein Kälteschauer lief ihr über den Nacken, einen Moment glaubte sie, in Ohnmacht zu fallen, aber das durfte sie nicht. Der Wunsch, noch einmal hinzusehen – es konnte doch nicht ihr Vater sein! –, prallte auf ihre Panik, er könnte sie sehen. Es war eindeutig er. Sie erinnerte sich an die Worte ihrer Mutter am Telefon: »Daddy ist nicht da, er bekommt so gut wie nie frei ...« Wie konnte sie verhindern, dass er sie sah? Theaterbesucher schauten sich doch immer die Leute in den Logen an. Zumindest hatte er kein Opernglas, und diejenigen, die man leihen konnte, benutzte er nie, weil er sie als nutzlos bezeichnete. Langsam drehte sie den Kopf und schaute wieder zu ihnen. Stella hatte das Glas genommen, aber sie konnte trotzdem die Köpfe sehen, die sich gemeinsam über das Programm beugten. Sie verbarg ihr Gesicht halb mit der Hand und drehte sich zur Bühne. In der Pause würde sie vorschlagen, Peter solle in der vorderen Reihe sitzen, und dann wäre sie außer Gefahr – oder zumindest wäre die Gefahr geringer. Aber bis dahin musste sie einfach ganz still sitzen, die linke Seite des Gesichts mit der Hand verdecken und tun, als wäre nichts vorgefallen. Denn darin bestand die andere Gefahr, dachte sie jetzt – die Roses könnten merken, dass etwas nicht in Ordnung war …

»Du zitterst ja. Ist dir kalt?«, fragte Stella.

»Ein bisschen. Könnte ich mir einen Schal borgen?«

Peter reichte ihr den Schal seiner Mutter, den sie um sich zog, obwohl ihr im Grunde heiß war. »Eigentlich wünsche ich mir nur, dass das Stück anfängt«, sagte sie.

»Ihr Wunsch geht in Erfüllung«, flüsterte Mrs. Rose, als die Lichter gelöscht wurden.

Der Rest des Abends war wie ein entsetzlicher Traum, nur kam er ihr viel länger vor als jeder Traum. Im ersten Akt versuchte sie, sich auf die Handlung zu konzentrieren, aber das Wissen, dass er im selben Theater saß und dasselbe Stück ansah wie sie, und zwar neben der Unbekannten, in die er ja verliebt sein musste (weshalb würde er sonst ihre Mutter belügen und sagen, er bekäme nicht frei?), war ein zu großer Schock, als dass daneben Platz für irgendetwas anderes geblieben wäre. In der ersten Pause wurde vorgeschlagen, sich ein bisschen die Beine zu vertreten, aber da das womöglich bedeutete, zur Bar des ersten Rangs zu gehen, wo sie wusste, dass ihr Vater und die Dame waren, lehnte sie ab und sagte, sie wolle lieber im Programm lesen. Sie blieb allein zurück, saß elend hinten in der Loge und verwarf wüste Fluchtpläne. Sie hatte kein Geld dabei, deswegen konnte sie nicht einfach eine Nachricht hinterlassen und mit dem Taxi zur Wohnung der Roses zurückfahren. Tante Anna hatte womöglich kein Geld, um das Taxi zu bezahlen, vielleicht war sie nicht einmal zu Hause. Sie konnte ihnen nicht sagen, dass ihr unwohl sei, denn das bedeutete, dass mindestens einer von ihnen sie nach Hause begleitete, und sie wollte ihnen den Abend um keinen Preis mit einer Lüge verderben. Sie konnte ihnen überhaupt nichts sagen. Sie hatte Kopfschmerzen und wollte auf die Toilette gehen, aber da sie nicht wusste, wo diese sich befand, und Angst hatte, ihn auf seinem Rückweg von der Bar zu treffen, blieb sie in der Loge sitzen.

Das war ein Fehler. Im Lauf des zweiten Akts wurde der Drang so stark, dass sie an nichts anderes denken konnte. Aber die Roses hatten darauf bestanden, dass sie vorne in der Loge sitzen blieb, und sie wollte keinen Aufruhr verursachen, indem sie mittendrin zur Toilette ging, denn dann müssten Mr. Rose und Peter ihre Stühle zur Seite rücken, um die Logentür zu öffnen. In der zweiten Pause blieb ihr nichts anderes mehr übrig, als das Risiko auf sich zu nehmen, und Stella wollte sie begleiten. Vor der Damentoilette stand eine Schlange.

»Ein fantastischer Moment, wenn sie in Rebeccas Kleid die Treppe herunterkommt«, schwärmte Stella. »Die bösartige Mrs. Danvers ist auch sehr gut, findest du nicht? Louise? Was ist los?«

»Nichts. Ich muss nur dringend …« Sie deutete zur Tür der Toilette.

»Ach. O Verzeihung, hätten Sie etwas dagegen – meiner Freundin ist übel. Ich glaube, sie muss sich gleich übergeben.« Die leichte Missbilligung in den Gesichtern ging in Angst über, und Louise durfte die nächste freie Toilette betreten. Dort blieb sie eine ganze Weile, denn mit der Erleichterung, die schließlich einsetzte, begann sie lautlos zu weinen. Sie trocknete die Tränen mit ihrem winzigen, völlig unzureichenden Taschentuch und versuchte, sich die Nase mit etwas Toilettenpapier zu putzen, dessen Qualität zu dem Zweck aber gänzlich ungeeignet war.

Beim Verlassen der Kabine stand sie unvermittelt der Unbekannten gegenüber. Den Bruchteil einer Sekunde starrten sie sich an: Ihre Augen hatten die Farbe blauer Hyazinthen, ihr dunkles Haar trug sie in modisch enge Locken gelegt, aus denen überraschenderweise eine kleine weiße Strähne hervorragte. Dann lächelte die Frau – zyklamroter Lippenstift auf einem großen, dünnen Mund – und drängte sich sacht an ihr vorbei in die Toilette. Die Frau konnte sie unmöglich erkannt haben, aber Louise hatte eindeutig ein Aufflackern von etwas – Überraschung? Interesse? – in den unglaublichen Augen gesehen. Stella trat aus einer anderen Kabine, und Louise versuchte, ihr Gesicht wieder etwas herzurichten.

»Besser?«

»Wesentlich.« Sie wollte mit Stella erst reden, wenn sie wieder draußen wären. Allerdings fürchtete sie, irgendwo vor der Tür auf ihren Vater zu stoßen. »Geh schon raus. Ich komme gleich.« Und da Wartende in die Damentoilette drängten, ging Stella auch.

Als Louise den Raum verließ, sah sie sich nach allen Seiten um, doch offenbar war er nicht da. Stella wartete auf sie. »Das war großartig, wie du mir Vortritt verschafft hast.«

»Ja, nicht? Eigentlich hatte ich erwartet, dass du würgende Geräusche von dir geben würdest, sozusagen als Rückendeckung.«

Dieses Mal bestand sie darauf, dass Peter ihren Sitzplatz in der vorderen Reihe einnahm, und Mrs. Rose quittierte ihre Selbstlosigkeit mit einem wohlwollenden Lächeln, was völlig unverdient war, dachte sie unglücklich.

Und dann, am Ende des Stücks, bekam sie panische Angst, die beiden draußen vor dem Theater zu treffen, wenn alle sich um ein Taxi bemühten. Zum Glück kam ihr da die Verdunklung zu Hilfe: Es war praktisch unmöglich, irgendjemanden deutlich zu erkennen. Als Nächstes machte sie sich Sorgen wegen des Savoy. Dorthin ging ihr Vater nach dem Theater oft, weil ihre Mutter so gerne tanzte. Aber der Gedanke an ihre Mutter war ihr unerträglich; ihre Mutter, die belogen wurde, ihm glaubte – oder vielleicht doch nicht? Vielleicht wusste sie Bescheid und war unglücklich, und deswegen war der Umgang mit ihr so schwierig? Aber es überforderte sie, vor all diesen Menschen darüber nachzudenken.

Als sie dann im Savoy alle am Tisch saßen und sie sich im vollen Raum umgesehen und festgestellt hatte, dass er und die Dame nicht da waren, dachte sie, dass es ihr besser gehen würde. Sie musste sich zusammenreißen und tun, als genieße sie den Abend. Das sollte jedem gelingen, der sich mit der Schauspielkunst auskannte. Also redete sie munter drauflos und trank das Glas Wein, das ihr gereicht wurde, ohne nachzudenken viel zu schnell, und dann stellte sie fest, dass sie im Grunde keinen Appetit hatte. Sie entschied sich für kaltes Brathuhn, weil das am einfachsten zu essen war, und wurde von allen wegen ihrer langweiligen englischen Wahl aufgezogen. Ein- oder zweimal im Lauf des Abends spürte sie Mr. Roses Blick auf sich, ein kluger, abwägender Blick, der ihre gespielte Freude einen Moment hinterfragte, aber sie ließ sich nicht beirren: Wenn sie genügend lächelte, konnte sie nicht zur Rede gestellt werden. Nachdem sie ihr Hühnchen kaum angerührt hatte, wurde ihr ein Eis angeboten, was sie irgendwie hinunterbrachte. Endlich wurde die Rechnung bezahlt, ein Taxi geordert, und sie fuhren durch die dunklen Straßen zurück.

»Haben Sie wirklich vielen Dank«, sagte sie. »Es war ein wunderschöner Abend.«

»Aber nicht doch«, antwortete Mr. Rose. Allerdings konnte sie nicht sagen, ob er meinte, sie brauche sich nicht zu bedanken, oder ob er wusste, dass der Abend nicht wunderschön gewesen war.

Auf der Rückfahrt im Zug sprach Stella sie darauf an.

»Was ist los?«

»Nichts, Stella, wirklich nicht.«

»Also gut, wenn du mir nur Lügen auftischen willst, halte ich den Mund. Und wenn du es mir wirklich nicht sagen willst, dann ist das auch in Ordnung. Es trifft mich natürlich, weil ich dachte, wir würden uns alles erzählen, aber ich würde aufhören, Fragen zu stellen. Also?«

»Ja, etwas ist los. Ich kann es dir nicht erzählen. Zum Teil würde ich es gerne«, fügte sie hinzu, »aber es käme mir vor wie ein Verrat.«

Stella schwieg einen Moment. Dann sagte sie: »Also gut. Wenn du sicher bist, dass ich dir nicht helfen kann.«

»Da kann mir niemand helfen.«

»Meine Eltern haben sich große Sorgen um dich gemacht. Sie haben dich ins Herz geschlossen. Du bist die Erste, die ich nach Hause eingeladen habe, die sie mögen. Was mich freut, denn sonst würden sie ein Riesentheater veranstalten, wenn ich in den Ferien zu dir fahre. Ich freue mich so darauf, dein Haus auf dem Land zu sehen und die Großfamilie kennenzulernen.«

»Woher weißt du, dass deine Eltern sich Sorgen um mich gemacht haben?«

»Weil sie es gesagt haben natürlich. Außerdem war es offensichtlich. Sogar Peter hat gemerkt, dass irgendetwas nicht in Ordnung war, und er ist eigentlich nicht für seinen Scharfblick bekannt.«

»Ach.« Es enttäuschte sie, dass ihre Schauspielkunst derart versagt hatte.

»Meine Mutter dachte, du wärst plötzlich krank geworden oder hättest deine Tage bekommen, aber mein Vater sagte, dass sei Unsinn, etwas hätte dir einen Schock versetzt.« Die graugrünen Augen beobachteten sie eingehend.

Louise flüchtete sich in Wut. »Ich habe doch gesagt, dass ich nicht darüber reden will! Zum Teufel noch mal! Himmel, Gesäß und Nähgarn!«

An dem Abend bat sie um Erlaubnis, ihre Mutter in London anzurufen.

»Mein Schatz! Ist alles in Ordnung? Fehlt dir etwas?«

»Nichts. Ich wollte nur hören, wie dein Wochenende mit Grania war.«

»Ehrlich gesagt ziemlich schrecklich. Sie wollte nicht von Tante Jessica fort, die völlig erschöpft war. Sie hatte sich angewöhnt, mitten in der Nacht aufzustehen und Jessica zu wecken, damit sie Frühstück macht. Als wir sie mit ihren Sachen dann endlich ins

Auto verfrachtet hatten, dachte sie, ich würde sie nach Hause fahren. Und in Tunbridge Wells wollte sie Ewigkeiten nicht aus dem Wagen steigen. Ich musste sie regelrecht überlisten – ihr sagen, wir würden nur mit ein paar Leuten Tee trinken. Sie dort zu lassen, war wirklich grauenvoll.« Ihre Stimme erstarb, und Louise wurde klar, dass sie sich bemühte, nicht zu weinen.

»Ach, Mummy, liebe Mummy, wie schrecklich! Es tut mir so leid.«

»Es ist wirklich lieb von dir anzurufen. Sie sagten, sie würde sich einleben – so wäre es immer.«

»Und wie geht es dir?«

»Ach, mir fehlt nichts. Zu Hause habe ich mir dann ein wunderbar üppiges Bad gegönnt – nicht die Zehn-Zentimeter-Lache, die die Duchy empfiehlt –, und jetzt habe ich mir einen großen Gin eingeschenkt und werde mir ein Ei kochen. Hast du bei deiner Freundin ein schönes Wochenende verbracht?«

»Es war wunderschön. Wir waren in einem Konzert – und im Theater.« Nach einer kurzen Pause fragte sie so beiläufig wie möglich: »Hast du von Dad gehört?«

»Kein Wort. Offenbar nehmen sie ihn wirklich sehr hart ran. Er sagte, dass er als Leiter der Verteidigung den Flugplatz kaum verlassen kann. Trotzdem, er will es so – immer noch besser als die Marine, wie Onkel Rupe.«

»Ich verstehe.«

»Jetzt sollten wir das Gespräch aber beenden, mein Schatz, sonst gehen wir alle bankrott. Aber danke, dass du mich angerufen hast. Das war sehr aufmerksam von dir.«

Nein, sie hatte keine Ahnung. Aber ob das alles besser oder schlechter machte, konnte Louise nicht sagen. All die Ressentiments, die sie sonst gegenüber ihrer Mutter hegte, gingen in ihrem unendlichen Mitgefühl unter. Wenn ihr Vater wirklich von einer verzehrenden Leidenschaft erfasst war – was er in seinem Alter schlicht nicht zu sein hatte! –, wäre er womöglich zu allem fähig. Er könnte sich sogar von ihrer Mutter scheiden lassen und mit der Frau zusammenleben. Sie überlegte, ob sie jemanden kannte, der geschieden war, und schließlich fiel ihr Mummys Freundin Hermione Knebworth ein. Deren Scheidung war so ungewöhnlich gewesen und offenbar derart entsetzlich, dass nie darüber gesprochen wurde. Louise hatte nur mitbekommen, dass es nach Mummys Ansicht überhaupt nicht Hermiones Schuld gewesen war. Aber Mummy war anders als Hermione. Sie besaß kein Modegeschäft und keinen Geschäftssinn, und das Glamouröse fehlte ihr auch. Wenn Dad die Scheidung einreichte – wenn er sie verließ –, würde sie absolut nichts mehr haben, worum sie sich kümmern und was sie tun konnte. Und natürlich war sie viel zu alt, um noch einen Beruf zu erlernen. Unvermittelt stieg vor ihr das Bild auf, dass ihre Mutter werden würde wie Grania nach dem Tod ihres Mannes – in einem unförmigen Sessel sitzend, würde sie sich jeglicher Freude verweigern und sagen, dass sie am liebsten tot wäre. Das alles wäre seine Schuld. Es war bereits jetzt seine Schuld. Sie dachte an Tante Rach, die gesagt hatte, dass man in Louises Alter anfange zu merken, dass die Eltern nicht nur Eltern, sondern auch eigenständige Menschen waren, und Menschen waren eindeutig viel belastender als Eltern. Eltern waren schlicht Menschen, auf die man reagierte – man brauchte ihretwegen nichts zu unternehmen, sie waren einfach da. Das hieß nicht, dass sie einem nicht bisweilen unendlichen Kummer bereiteten, aber was immer sie taten, man war nicht für sie verantwortlich. Ich will nicht für meinen Vater verantwortlich sein, ich hasse ihn, dachte sie. Wenn sie an den ersten Anblick der beiden im Theater zurückdachte, sah sie vor sich, wie ihr Vater einen Moment die Brust der Frau umfasste, und wurde überflutet von dem grausamen Gefühl des Wiedererlebens anderer Begebenheiten, anderer Male, an die sie nie, nie wieder denken wollte. So sehr sie auch versuchte, alles aus ihrem Kopf zu verbannen, so wusste sie doch, dass sie ihn in Wirklichkeit seit langer Zeit hasste; seit dem Abend, an dem der armen Mummy alle Zähne gezogen worden waren und sie mit ihm allein gewesen war und er ihre Brüste berührt hatte. Meistens war sie ihm seitdem aus dem Weg gegangen. Wenn er da war, war sie seinem Blick ausgewichen, hatte jedes Kompliment verächtlich abgetan, hatte ihn brüskiert und ignoriert – oder vielmehr den Anschein zu erwecken versucht, sie ignoriere ihn. In Wirklichkeit war sie sich seiner Gegenwart immer erschreckend bewusst. Viele Auseinandersetzungen mit ihrer Mutter drehten sich darum, dass sie so abweisend zu ihm war – wie an dem entsetzlichen Abend, als ihre Eltern sie zu *Ridgeway's Late Joys* mitgenommen hatten, dem famosen viktorianischen Varieté mit Leonard Sachs als dem geistreichen, weltläufigen Präsidenten und einem komischen jungen Mann namens Peter Ustinov, der als Opernsänger über ein bislang unbekanntes Fragment eines Lieds von Schubert sprach und unvermittelt die drei Takte des Fragments anstimmte. Alles war wunderschön gewesen, und sie hatten viel gelacht. Aber dann waren sie in den Gargoyle Club gegangen, und ihr Vater hatte sie zum Tanzen aufgefordert, und sie hatte sich geweigert und gesagt, sie tanze nicht gerne und werde auch nicht tanzen. Ihr Vater war gekränkt, und ihre Mutter war wütend auf sie. Zu guter Letzt hatten die beiden miteinander getanzt, und sie hatte dagesessen und ihnen bedrückt zugesehen – sie hätte mit jedem anderen auf der Welt getanzt, aber nicht mit ihm. Danach war der Abend verdorben.

Während sie im restlichen Trimester lernte, Brandteig herzustellen, ein Hühnchen zu entbeinen, eine Consommé zu klären und ein Vorstellungsgespräch mit einem Dienstmädchen zu führen, während sie und Stella Bücher lasen und sie ihren Text für ihr Vorsprechen einstudierte, sie sich gegenseitig die Haare wuschen und ihnen zahllose dumme Witze einfielen, bei denen sie sich vor Lachen die Bäuche hielten, während Stella ihr vieles über die Inflation in Deutschland erzählte und wie ungerecht der Friedensvertrag von Versailles gewesen sei und warum es nichts nütze, ein Pazifist zu sein, nachdem der Krieg einmal ausgebrochen war (»Das ist rein präventiv«, sagte sie, »wie alternative Medizin. Wenn jemandem eine Kugel im Bein steckt, muss man sie herausholen«), bis Louise der Kopf schwirrte im Versuch, der Geschmeidigkeit ihrer Analogien zu folgen – während oder zwischen diesen Tätigkeiten und dieser Freundschaft kehrte sie immer wieder zu ihrem grauenhaften Geheimnis zurück, wie sie es sich selbst gegenüber bezeichnete, und hatte Fantasien und Tagträume, dass sie alles wieder ins Lot brachte. Sie würde zu der Frau gehen und ihr sagen, dass er verheiratet war und sie deswegen nie heiraten könnte, dass er ein Lügner war und Lügner alle Mitmenschen anlogen, also wäre sie das nächste Opfer. Sie würde zu ihrem Vater gehen und ihm sagen, dass sie ihrer Mutter davon erzählen würde, wenn er nicht verspreche, die Frau aufzugeben (das waren, mit Variationen, die Hauptthemen). Und dann der schönste Tagtraum von allen, ihre Eltern kamen Arm in Arm zu ihr, lächelten glücklich und sagten, sie verdankten ihr Glück nur ihr – wie könnten sie das je wettmachen –, und sie sei die wunderbarste und verständigste Tochter, die man sich wünschen könne; und ihre Mutter sagte, sie sei außerdem schön, und ihr Vater bewunderte ihren Mut und ihre Klugheit ... Diese Tagträume waren wie alt gewordene, heimlich gegessene Schokolade: Hinterher schämte sie sich immer ein bisschen, und ihr war schlecht.

Trotzdem, als das letzte Trimester vorüber war, hatte sie sich in gewisser Weise an die Situation gewöhnt, und die Aussicht, dass Stella nach Home Place mitkam, und ihr Vorsprechen an der Schauspielschule – das in gerade einmal drei Wochen stattfinden würde – trugen zu ihrem Gefühl bei, dass das Leben insgesamt gar nicht so schlecht war.

CLARY
MAI UND JUNI 1940

Sie ist sehr distanziert, mürrisch sogar, aber ich vermute, das ist vor allem auf sexuelle Frustration zurückzuführen«, schrieb sie und betrachtete zufrieden die neue Seite, auf der dieser flüssige, weltläufige Satz stand. Sie hatte den Ausdruck in einem Buch entdeckt und sich schon lange gewünscht, ihn zu verwenden. Den Winter über, ständig auf der Suche nach neuen Themen, hatte sie sich vorgenommen, über all die Dinge zu schreiben, von denen Menschen nie sprachen. Sie hatte eine Liste gemacht. Sex. Zur Toilette gehen. Menstruation. Blut ganz allgemein. Tod. Kinderkriegen. Sich übergeben. Persönliche Schwächen, die keinen romantischen Beiklang hatten, etwa Gekränktheit im Gegensatz zu Heißblütigkeit. Angst vor diesem oder jenem zugeben. Ehebruch, Scheidung – obwohl es etwas schwierig sein würde, sich ohne unmittelbare Kenntnis darüber zu verbreiten; allerdings erfuhr man aus guten Romanen einiges über Ehebruch. Das Jenseits und ob es das überhaupt gab. Juden und warum die Leute etwas gegen sie hatten. Das Schreckliche daran, ein Kind zu sein (für drollige oder komische Geschichten waren sie nur gut, solange sie ganz klein waren). Die Möglichkeit, den Krieg zu verlieren und von den Deutschen versklavt zu werden. Und so weiter. Diese Liste führte sie laufend weiter fort, doch zu ihrem Leidwesen ergab sich daraus keine Romanhandlung. Und da Miss Milliment den Umfang ihrer und Pollys Hausaufgaben ungerechterweise vergrößert hatte – und ihnen zudem recht anspruchsvolle Aufgaben für die Ferien gestellt hatte –, beschloss sie, kurze Porträts von allen Menschen zu schreiben, die ihr einfielen, einfach nur, um das Schreiben nicht zu verlernen. Bei diesem Porträt ging es um Zoë, die in letzter Zeit ziemlich langweilig war und daher aus literarischer Hinsicht eine gewisse Herausforderung darstellte. Im Herbst hatte sie gerade ihren Trübsinn wegen des gestorbenen Babys überwunden, war wieder schwanger geworden und hatte wirklich sehr hübsch ausgesehen, und dann, als Dad sagte, dass die Marine ihn angenommen habe und er zur Ausbildung nach King Alfred's gehe, war unvermittelt die Hölle ausgebrochen. Sie weinte tagelang. Offenbar hatte sie – laut Dad, den das entsetzlich traf – geglaubt, dass Männer nicht einberufen würden, wenn ihre Frau schwanger war. Oder zumindest brauchten sie nicht unbedingt zu gehen; aber woher sie das hatte, wusste keiner. Eine Schnapsidee war das. Sogar sie, Clary, verstand ja, dass das eine überhaupt nichts mit dem anderen zu tun hatte. Aber Zoë hatte oft kindliche Vorstellungen – sie war insgesamt eher eine Art altes, erschöpftes Kind, überlegte Clary und schrieb das sofort auf.

»Pass für mich auf Zoë auf«, hatte er am Vorabend seiner Abreise gesagt, was eigentlich komisch und verkehrt herum war – wer war denn hier die Stiefmutter? Aber sie konnte sich auch nicht vorstellen, dass er »Pass für mich auf Clary auf« sagte. Sie bezweifelte, dass Zoë je gebeten worden war, auf irgendjemanden aufzupassen. Vielleicht wäre es eine gute Idee, ihr zum nächsten Geburtstag ein nur mittelmäßig anspruchsvolles Haustier wie ein Kaninchen zu schenken, damit sie üben konnte, sich um etwas zu kümmern – sonst würde es ihrem Kind schlecht ergehen. (Aber im Grunde würde es natürlich Ellen sein, die sich um sie alle kümmerte.) Beim Sporttag seiner Schule hatte Neville sogar so getan, als kennte er sie kaum. »Du hast ihre Gefühle verletzt, du Dummkopf«, hatte Clary ihn angezischt, als sie für die Erwachsenen im Teezelt eine Portion Erdbeeren holen sollten. »Ja und? Sie hat meine verletzt, sie hat den dämlichen Fuchs um den Hals getragen. Wenn du mich fragst, sind Gefühle genau dazu da«, hatte er hinzugefügt und geschickt einige sehr schöne Erdbeeren von anderen Tellern auf denjenigen gelegt, den er für sich ausgesucht hatte. Er war in die Höhe geschossen, aber seine Vorderzähne wirkten viel zu groß für ihn, und die Hälfte der Weihnachtsferien hatte er auf Bäumen verbracht, in die zu klettern Lydia sich nicht getraut hatte. An der Schule hatte er kaum Freunde, und er konnte Sport nicht leiden. Sein Asthma war wesentlich besser geworden, aber am Abend vor Dads Abfahrt geriet er sich mit allen in die Haare, trank nach Emilys Auskunft den Großteil ihrer Flasche Kochsherry, leerte den Koffer seines Vaters, warf alles in die Badewanne und drehte beide Wasserhähne auf. Dad fand ihn, und es kam fast zum Streit, aber schließlich weinte er so sehr, dass Dad ihn einfach in sein Zimmer trug und die beiden eine lange Weile allein dort blieben. Die ganze Nacht hatte er Asthma, und Ellen setzte sich zu ihm ans Bett, weil Dad bei Zoë bleiben musste, die so unglücklich war. »Kümmre dich um Nev, ja?«, bat er Clary am nächsten Morgen. »Gestern Abend hat er immer wieder gesagt, dass er jetzt niemanden mehr hat, und ich habe ihm gesagt, dass er dich hat.« Er sah furchtbar grau und müde aus, und so konnte sie ihm unmöglich sagen, wie viel es ihr ausmachte, dass er fortging. Sie konnte auch nicht fragen: »Und wen habe ich?«, oder etwas ähnlich Selbstsüchtiges, weil sie einfach sah, dass bestimmte Arten von Liebe ihn zu sehr anstrengten. Also brachte sie ihr Gesicht dazu, zu lächeln, und versprach: »Das mache ich.« Da sagte er mit einem Lächeln: »Das ist meine Clary«, und bat sie, ihn zum Bahnhof zu begleiten. »Zoë ist nicht dazu imstande«, meinte er. Neville war wie immer zur Schule gegangen, und so fuhr Tonbridge sie nach Battle. Sie wartete mit Dad am Bahnsteig, es gab nichts mehr zu sagen, und es war eine Erleichterung, als der Zug einfuhr. »Trag nicht die nassen Unterhemden«, sagte sie zum Abschied als das Erwachsenste, das ihr einfiel. »Nein, nein. Ich werde Seine Majestät höchstpersönlich bitten, sie für mich zu trocknen«, antwortete er, gab ihr einen Kuss und stieg in den Zug. Er winkte, bis er außer Sicht war, und dann kehrte sie langsam zum Wagen zurück, wo Tonbridge wartete, stieg in den Fond und setzte sich sehr aufrecht hin. Einmal bemerkte sie, dass Tonbridge sie im Rückspiegel betrachtete, und in Battle hielt er an, ging in ein Geschäft und kam mit einer Tafel Milchschokolade wieder heraus, die er ihr schenkte. Und obwohl sie Milchschokolade nicht leiden konnte, war das eine unglaublich freundliche Geste. Sie dankte ihm und musste dann so tun, als habe sie schrecklich Husten. Ohne ein Wort zu sagen, fuhr er sie nach Home Place zurück, aber als sie dort ausstieg, sagte er: »Sie sind sehr tapfer, wirklich«, und lächelte, sodass sie seinen schwarzen Zahn neben dem goldenen sehen konnte.

Also – zurück zu Zoë. Sie war nach oben gegangen, und Zoë hatte auf dem Bett gelegen, auf dem noch Dads Pyjama lag, und Ellen hatte mit einem Tablett danebengestanden und gesagt, es werde ihr besser gehen, wenn sie etwas esse, sie müsse an das Kind denken. Aber das hatte Zoë nur noch mehr zum Weinen gebracht.

Beschreibung von Zoë im Bett. Dunkles, seidiges Haar, ziemlich zerzaust, aber irgendwie sieht das besser aus, als wenn sie es richtig frisiert hat. Sehr weiße Haut, die einen üppigen, perlmutternen (sahnigen? satinseidigen?) Glanz hat, die Wangen etwas dunkler sahnig, rußschwarze Wimpern, die wie getuscht aussehen, auch wenn sie gar nicht getuscht sind, weit auseinanderstehende Augen, nicht smaragdfarben – mehr wie Gras ... oder vielmehr, genau wie die von Pollys vorletzter Katze. Eine eher kurze Oberlippe und einen breiteren Mund, dessen Winkel beim Lächeln nach oben gehen, und dann bekommt sie ein Grübchen in der linken Wange. Grübchen ist ein schreckliches Wort. Shirley Temple hat ein Grübchen. Würde ich in einem Roman eine Heldin beschreiben, würde ich ihr nie ein Grübchen geben, aber so ist es nun einmal, Zoë hat eins, und dieser Text soll ein Porträt sein. Über ihren restlichen Körper konnte sie kaum etwas sagen, weil der unter der Zudecke gelegen hatte, bis auf einen Arm, der einfach nur ein langweiliger weißer Arm mit unglaublich sorgsam manikürten Nägeln war, glänzend blassrosa lackiert. Das geriet zum Fehlschlag. Wahrscheinlich musste man in Zoë verliebt sein, um sich für ihr Aussehen zu interessieren, aber wie wichtig war denn das Aussehen, wenn man in jemanden verliebt war? Vermutlich hatte man den Wunsch, jemanden besser kennenzulernen, wenn einem das Aussehen der Person gefiel. Der einzige Mensch, dem ihr Aussehen jemals gefallen hatte, war Dad, an dem Tag, als sie die Flaschen mit Quellwasser gefüllt hatten und er sagte, sie sei schön – oder vielmehr, er hatte gesagt, er sei von schönen Frauen umgeben, und sie sei eine davon. Das Problem mit dem Schreiben war, dass es einen ständig auf ganz andere Gedanken brachte. Sie kam sich vor wie ein Abgrund von Erinnerungen, dabei war sie erst fünfzehn. Wie musste es erst sein, wenn man so alt war wie die Duchy? Dann würde man doch vor lauter Erinnerungen kaum noch denken können – wie ein mit Möbeln überladener Raum, der keinen Platz ließ, um sich darin zu bewegen.

Wie auch immer, an dem Tag hatte sie sich zu Zoë ans Bett gesetzt und versucht, sie aufzuheitern mit all den Dingen, die Dad gesagt hatte – dass er nur ein paar Wochen in King Arthur's sein würde und danach vermutlich Heimaturlaub bekäme und völlig außer Gefahr sei, wobei in diesem Krieg überhaupt niemand in Gefahr war, soweit sie das sagen konnte, abgesehen von den Menschen in Finnland und jetzt in Norwegen. Allerdings wusste sie, dass Polly in dieser Hinsicht völlig anderer Meinung war. Dann hatte sie zum Unterricht mit Poll und Miss Milliment und auch mit Lydia gehen müssen, was sie entsetzlich öde fand: Jetzt, wo Neville eine Schule in der Nähe von Sedlescombe besuchte, hieß es, könne Lydia nicht allein Unterricht bekommen. Obwohl sie zum Teil natürlich doch allein unterrichtet wurde, weil sie mit ihren neun Jahren den Großteil dessen, was sie und Polly lernten, nicht verstand, aber Miss Milliment war sehr geduldig und verstand es geschickt, die Zeit zwischen ihnen aufzuteilen. Die Kinderherberge war nach London zurückgekehrt. Da hatten sie noch im Pear Tree Cottage gewohnt, weil die Jungen vom Internat zu Hause waren, doch sobald die Schule wieder begann, waren alle nach Home Place zurückgezogen. Miss Milliment schlief im Cottage über der Garage, und der Unterricht fand in dem kleinen Wohnzimmer im Erdgeschoss statt. Die Mill Farm wurde als Genesungsheim vermietet – ursprünglich war es für verwundete Soldaten gedacht, aber da es keine gab, wurden dort Patienten eingeliefert, die sich von Operationen und derlei erholen sollten. Die Woche über waren Tante Sybil und Tante Villy in London, während Wills und Roland in Ellens Obhut zurückblieben. Am Wochenende kam Onkel Hugh mit Tante Sybil, aber Tante Villy kam allein – allerdings nicht immer, was Lydia kränkte. Manchmal mussten sie nach London fahren, um zum Zahnarzt zu gehen oder neue Kleidung zu bekommen. Dads Haus in London war geschlossen, also fuhr sie nur noch mit den anderen in die Stadt. Sie hatte dort kein Zuhause mehr, aber all ihre kostbaren Besitztümer hatte sie mitgenommen, ihre Bücher und das Fotoalbum mit den Kinderfotos ihrer Mutter, und eine Postkarte aus Cassis in Frankreich, die ihre Mutter ihr geschrieben hatte, noch bevor sie lesen konnte – »Clary, mein Liebling, hier ist ein Bild von dem Ort, wo Daddy und ich gerade sind. Wir wohnen in dem kleinen rosa Haus ganz rechts. Liebe Grüße von Mummy«. Das Haus war in verblasster Tinte angekreuzt, und von den lieben Grüßen hatte sie viele Jahre lang gezehrt. Mittlerweile hatte sie sich daran gewöhnt – keine Mutter zu haben –, und Neville war von Anfang an daran gewöhnt. Aber dadurch war Daddy ihr ziemlich wichtig geworden. Nach dem Unterricht hatte sie sich mit Polly im Gartenschuppen ausgeweint. Polly war die Beste zum Weinen, weil sie mitweinte, aber nicht zu viel.

Zu Weihnachten hatte Dad gar keinen Urlaub bekommen, aber Onkel Edward war zwei Tage da gewesen. Louise verbrachte eine Woche bei Nora und ihrer Mutter in Frensham, aber als sie heimkam, sagte sie, sie sei froh, wieder hier zu sein. Das Haus sei voller Musiker, erzählte sie, weswegen Onkel Raymond sehr sarkastisch geworden sei, und Nora wolle in Tante Rachs Kinderherberge arbeiten, bis sie achtzehn sei und mit ihrer Krankenschwesterausbildung anfangen könne. Nora hatte Louise für ein paar Tage nach Home Place begleitet, und Clary hatte zufällig ein höchst spannendes Gespräch mitgehört, das die beiden über Tante Jessica und jemanden geführt hatten, der entweder Laurence oder Lorenzo hieß und einer der Musiker war. Louise glaubte offenbar, dass Tante Jessica in ihn verliebt war, was Nora als völlig lächerlich abtat.

»Villy hingegen ist eindeutig verknallt.«

Das klang derart spannend, dass Clary sich eine bequemere Stellung suchte und die Ohren spitzte.

»Verknallt? In Laurence? Das kann nicht sein. Nie im Leben!«

»Warum denn nicht?«

Kurz herrschte Stille, dann sagte Louise abweisend: »Er hat fettige Haare und riesige Mitesser auf der Nase.«

»Das tut doch nichts zur Sache. Er sprüht vor Charme.« So, wie Nora das sagte, klang es, als wäre Charme das Schlimmste, das man versprühen konnte. »Mir gefällt er natürlich überhaupt nicht.«

»Aber er ist verheiratet, genau wie sie.«

»Ich glaube, das macht bei der Sorte Mann nicht den geringsten Unterschied. Villy hat ihn ständig gebeten, ihr Klavierunterricht zu geben.«

»Und Jessica hat ihn immer gebeten, die Begleitung zu Opas Liedern zu spielen – zu denen, die sie singen kann, meine ich.« Wieder herrschte Stille, und Clary dachte, wie erwachsen es doch klang, die Eltern beim Vornamen zu nennen.

»Vielleicht ist es nur, weil sie beide Musik so sehr lieben.« Aber das sagte Louise sehr halbherzig, und Clary hörte, dass sie es im Grunde selbst nicht glaubte.

»Also, ich finde, du solltest deine Mutter deswegen zur Rede stellen.«

»Wirklich, Nora, das ist eine abwegige Idee. Es gibt keinen Anhaltspunkt dafür, das Ganze hat nichts mit mir zu tun – und überhaupt, wenn du der Ansicht bist, warum stellst dann du nicht deine Mutter zur Rede?«

»A, weil deine Mutter verknallt ist, nicht meine, b, weil dein Vater im Krieg kämpft, deswegen ist es nicht gerecht ihm gegenüber, dem Armen, und c, da ist eindeutig etwas im Busch – deine Mutter hat sich in Frensham jeden Tag die Lippen geschminkt und, wenn du mich fragst, ausgesprochen unpassende Kleider getragen dafür, dass wir im Krieg sind, und sie war es, die auf die Idee verfallen ist, ihn Lorenzo zu nennen, was eindeutig affektiert ist, und …«, sie machte eine kurze Pause, ehe sie ihren vermeintlichen Trumpf ausspielte, »es war eindeutig, dass seine Frau sie noch mehr hasste als Mummy. Ehefrauen wissen immer Bescheid, weißt du …«

»Ach, jetzt hör auf, ständig zu sagen, dass alles eindeutig ist! Laurence, oder wie immer er heißt, ist verheiratet, Mercedes ist Katholikin (übrigens, sie ist es, die ihn Lorenzo nennt, also war es nicht Mummys Idee), und deine Mutter hat die Haare nicht mehr zu dem komischen Knoten gebunden und Unmengen an Nachtisch mit gezuckerter Kondensmilch gemacht, weil sie weiß, dass er Süßes liebt. Es ist dasselbe in Grün, also gibt es keinen Grund, deine Mutter nicht zur Rede zu stellen …«

»Also gut – angenommen, sie sind beide in ihn verknallt. Er sieht fremdländisch aus und rücksichtslos genug, um sie dazu auch noch zu ermutigen. Mummy sagte, er sei unglücklich mit seiner Frau, weil sie ständig auf alle eifersüchtig sei. Mir ist aufgefallen, dass sie ziemlich bissig miteinander geredet haben.«

»Wer?«

»Jessica und Villy. Ich wette, sie sind eifersüchtig aufeinander. Ich meine, wirklich, Louise, dir muss doch klar sein, dass das nur böse enden kann.«

»Was immer mir klar sein soll, geht mich offenbar überhaupt nichts an. Und es kommt mir ziemlich ungerecht vor, dass ich mir genau jetzt, wo ich mein eigenes Leben anfangen will, Gedanken um sie machen muss. Und zwar auf viel schlimmere Art und Weise«, ergänzte sie.

»Wie meinst du das?«

»Na ja, sie mussten sich jahrelang nur Gedanken machen, ob wir uns auch die Zähne putzen oder die Hausaufgaben erledigen oder im Bett rechtzeitig zu lesen aufhören. Aber deiner Ansicht nach müssen wir uns jetzt Gedanken machen, ob unsere Mütter mit einem verheirateten Mann flirten. Oder Schlimmeres. In manchen Fällen viel Schlimmeres.«

»In welchen Fällen?«

»Nichts.«

»Du meinst, dass sie zum Beispiel eine Affäre haben? Dass der blöde Lorenzo sie küsst und solche Sachen? Du meinst doch nicht, dass …«

Aber an der Stelle wurde Noras Stimme so leise, dass Clary nichts mehr verstehen konnte, und damit meldete sich ihr schlechtes Gewissen, gelauscht zu haben. Andererseits, wenn man Schriftstellerin werden wollte, durfte man sich keine Gelegenheit entgehen lassen, um zu erfahren, was in anderen vorging. Zwei Schwestern, die sich in denselben Mann verliebten, war unverkennbar eine ziemlich starke Idee, vor allem, wenn alle Beteiligten bereits verheiratet waren. Aber am verblüffendsten fand sie, dass das Leben von Menschen offenbar nie an einen Ruhepunkt gelangte. Denn wenn diese Tanten sich in dieser fortgeschrittenen Phase ihres Lebens in einen unpassenden Mann verlieben konnten (aber wenn man es recht bedachte – konnte es überhaupt einen passenden geben? Das Peinliche war doch der Umstand an sich und weniger der Mann, in den sie sich verliebten) – wann konnte man dann jemals sagen, dass eine bestimmte Person sich in ihrem Leben eingerichtet hatte und jetzt nur noch so weiterzuleben brauchte wie bisher? Das sprach der ganzen Vorstellung von jungen, hübschen und derlei mehr Heldinnen Hohn. Und was, wenn ihr Dad sich, solange er fort war, in eine andere Frau verliebte? Nach allem, was sie gerade gehört hatte, war das jederzeit möglich. Als Nächstes sollte sie sich wirklich selbst in jemanden verlieben, damit sie eine bessere Vorstellung davon hatte, wie sich das anfühlte. Das Problem war, dass sie niemanden kennenlernte, und die Vorstellung, Teddy oder Christopher anzuschmachten, die einzigen Jungen, die annähernd das richtige Alter hatten, war undenkbar: Teddy konnte sie nicht einmal besonders leiden, denn mittlerweile sprach er über nichts als Flugzeuge und unterschiedliche Geschütze und davon, seine Gegner beim Spielen zu schlagen. Besser wäre wahrscheinlich ein wesentlich älterer Mann. Sie ging im Kopf die älteren Männer durch, die sie kannte, aber entweder waren sie mit ihr verwandt, ein Nachteil bei der Vermehrung, wie sie aus der Hundezucht wusste, oder sie gehörten – Tonbridge, Wren, McAlpine und Mr. York erschienen vor ihrem geistigen Auge wie auf Fahndungsplakaten in einem Polizeirevier – ganz bestimmt nicht zu denjenigen, nach denen sie fahndete. Mehr Auswahl hatte sie nicht. Vielleicht sollte sie einfach an einem Verwandten üben. Aber wenn sie an ihre Onkel dachte –

ganz abgesehen davon, dass sie zu normal und ihr für eine Schwärmerei zu vertraut waren, sah sie die beiden einfach nicht mehr häufig genug. Dad erschien ihr als der einzig lohnenswerte Kandidat, aber den brauchte sie als Vater. Beim Gedanken an ihren Vater sehnte sie sich gleich derart nach ihm, dass sie beschloss, ihm einen Brief zu schreiben, anstatt sich weiter mit Zoës Porträt abzumühen.

Home Place
6. Mai 1940

Liebster Dad [schrieb sie],
ich hoffe wirklich, dass es dir gut geht und dir das Leben auf einem Zerstörer Spaß macht. Bevor ich dir irgendetwas erzähle, muss ich dich darauf aufmerksam machen, dass das Porto mittlerweile eineinhalbmal so teuer ist wie bei meinem letzten Brief, zweieinhalb Pence, um genau zu sein, was mich zu der Notwendigkeit bringt, etwas mehr Taschengeld zu bekommen, sonst erhältst du eineinhalbmal weniger Post von mir. Könntest du es um sechs Pence die Woche erhöhen, auf eineinhalb Shilling jeden Samstag? Mir ist durchaus klar, dass du das für eine Lappalie halten magst, doch aus denen scheint mein Leben zu bestehen [ein ziemlich guter Satz, fand sie]. Es war wirklich sehr traurig, dass du zu Ostern überhaupt nicht nach Hause kommen konntest. Louise brachte eine Schulfreundin mit, eine unglaublich intelligente Person namens Stella Rose, deren Bruder ein berühmter Pianist werden wird. Ihr Vater ist Chirurg. Stella spielte Klavier mit der Duchy, die sagte, sie sei wirklich sehr gut. Nach Ansicht von Tante Villy sind sie vermutlich Juden, aber als ich Louise danach fragte, sagte sie, sie wisse es nicht, und sonst sprach niemand darüber. Ich hoffe, du hast deine Seekrankheit mittlerweile überwunden. Da kann ich wirklich mit dir mitfühlen – vor allem, wenn man noch dazu arbeiten muss. Wenn mir übel

ist, kann ich überhaupt nichts machen, aber wahrscheinlich brauchst du nur Kommandos zu geben, du musst nicht selbst Decks schrubben oder Masten hinaufklettern und solche Sachen. Das ist einer der Vorteile, wenn man Offizier ist, selbst wenn du der älteste Sub-Lieutenant in der gesamten RNVR bist. [Sie hatte seine letzte Postkarte hervorgeholt und das abgeschrieben, da sie nicht genau wusste, was es bedeutete.] Als Hausaufgabe für die Ferien sollten wir eine kurze Biografie über eine Person unserer Wahl schreiben, und ich entschied mich für General Gordon. Er war sehr fromm, und nach ziemlich erfolgreichen Jahren in China saß er am Nil fest, er wurde von Feinden belagert, und wir schickten nicht rechtzeitig Verstärkung, deswegen wurde er ermordet. Die Szene sieht man in Madame Tussauds, aber trotz seines dramatischen Endes erwies er sich als weniger interessant, als ich gedacht hatte, und Polly erging es mit Florence Nightingale sehr viel besser. Polly ist erstaunlich hübsch, ihr Gesicht ist schmaler geworden, und sie lässt sich die Haare wachsen, die die Farbe von einem richtigen Fuchs haben, findest du nicht auch? Schade, dass Füchse keine blauen Augen haben. Sie zeichnet Tiere und hat einen sehr guten Fuchs gezeichnet, deswegen ist mir das eingefallen. Ich habe nur eine Geschichte und ein halbes Theaterstück geschrieben, aber dann wusste ich nicht weiter. Das Problem ist, dass hier nicht allzu viel passiert, außer Mahlzeiten und Unterricht, alle machen viel Aufhebens um die Verdunklung und hören Nachrichten, was ziemlich langweilig ist. Ich habe keine Lust mehr, Geschichten zu erfinden, also warte ich einfach darauf, dass etwas Aufregendes passiert. Louise, heißt es, ist weniger schön als auffallend, was ich persönlich sehr ungern wäre. Sie ist ziemlich erwachsen und besucht dieses Trimester ihre Schauspielschule, dadurch ist sie etwas angeberisch und distanziert geworden – ihr Charakter hat sich eindeutig zum Schlechteren verändert. [Dann fiel ihr ein, dass er bestimmt etwas von Zoë und Neville erfahren wollte.] Neville geht es sehr gut, und es gefällt ihm, unter der Woche im Internat zu sein, also ist das ganz in Ordnung. Er hat einen schrecklichen Freund, der eine Brille trägt und stottert und alles tut, was Neville sagt – er heißt Mervyn, wie sonst. Mervyn macht seine ganzen Matheaufgaben für ihn, und Neville hat der Schule gesagt, er dürfe keinen Kohl essen, und das nehmen sie ihm tatsächlich ab! Unglaublich naiv, wenn du mich fragst. Das Schlimmste, was er im vergangenen Trimester angestellt hat, war, einen Frosch im Klo runterzuspülen, aber es freut mich zu sagen, dass ihn sein schlechtes Gewissen so drückte, dass er es Ellen erzählte, die es der Duchy sagte, und er wurde bestraft. Was hältst du von Modigliani? Miss Milliment hat mir von ihm erzählt, als ich sie nach den Juden fragte, weil ich nicht verstehen konnte, wie sie gleichzeitig auch Engländer sein können, und sie sagte, das käme daher, weil sie keinen richtigen eigenen Ort haben, um dort zu leben, deswegen müssten sie in allen möglichen Ländern leben, wo sie die Kultur bereichern – wie Modigliani. Seine Menschen erinnern mich ein bisschen an Menschen in Träumen. Du weißt schon – man erkennt sie, dabei sind sie einem nie begegnet. Findest du, dass es gut ist, unverkennbar zu sein? In der Malerei und beim Schreiben, meine ich – und wahrscheinlich auch in der Musik, aber ich bin eindeutig unmusikalisch, also ist mir das nicht so wichtig. Aber wenn man einmal einen Modigliani gesehen hat, würde man einen anderen doch sofort erkennen, oder nicht? Also, ist das gut oder nicht? Einerseits könnte es heißen, dass der betreffende Mensch ständig nur dasselbe macht, andererseits hat er vielleicht bloß seine eigene, persönliche Sprache gefunden, und die Dinge sind überhaupt nicht gleich. Du bist Maler, Dad, du solltest mir das beantworten können. Du fehlst mir [an dieser Stelle hielt sie inne und spürte das vertraute verstopfte Gefühl in der Brust] manchmal [fügte sie noch hinzu]. Bitte schau dir diese Briefmarke genau an und denk an den Anfang des Briefs.

Liebe Grüße von Clary.

Und was tue ich jetzt?, dachte sie. Sie beschloss, herumzuschlendern und nach jemandem zu suchen, der gerade mit etwas beschäftigt war, bei dem sie gerne mitmachen würde. Das war ziemlich aussichtslos. Tante Rach – die Naheliegendste – war mit dem Brig in London und würde erst um sechs heimkommen. Eine Möglichkeit wäre, sich an ihre Hausaufgaben zu setzen – ein Aufsatz über Königin Elizabeths Einstellung zu religiöser Toleranz und etwas Algebra, was sie hasste –, oder sie könnte ihr wöchentliches Jätpensum absolvieren – zwei Stunden, in denen man tat, was die Duchy oder McAlpine einem auftrugen – oder mit Polly nach Whatlington gehen und mehr khakifarbene Wolle besorgen für die Schals, die sie strickten (alle strickten, Zoë für ihr Kind, das mittlerweile viel zu viel anzuziehen hatte, fand Clary, und selbst Miss Milliment mühte sich mit einem Schal ab, aber sie war einfach hoffnungslos – sie ließ so viele Maschen fallen, dass er lauter Löcher hatte, und die Ränder waren nicht gerade, und dann bemerkte sie das offenbar nicht einmal).

Das Herumschlendern zeitigte keinen Erfolg. Zoë lag auf dem Sofa, Ellen bügelte, die Duchy topfte im Gewächshaus Tomatenpflänzchen um, Wren stand draußen auf einer Leiter, weißelte die Dachscheiben und machte zwischen den Zähnen das pfeifende Geräusch, als würde er ein Pferd striegeln. Mit ihm konnte man überhaupt nichts anfangen: Er redete die ganze Zeit, bis jemand kam, und dann sagte er kein Wort mehr. Die Scheiben waren ganz streifig, weil Malen nicht zu seinen eigentlichen Arbeiten gehörte. Clary wanderte weiter in die Küche, denn seit dem Lunch – Makkaroni mit Käsesauce, gefolgt von gedünsteten Backpflaumen – war eine Ewigkeit vergangen, und sie hatte Hunger. Tonbridge stand in der Spülküche und reinigte eine Karaffe mit Schrot, und Mrs. Cripps half ihm offenbar dabei. Auf dem Abtropfbrett stand ein Teller Haferkekse, die absolut köstlich aussahen. Sie fragte, ob sie sich vielleicht einen nehmen dürfe, und Mrs. Cripps schob den Teller zu ihr und sagte, sie solle schön wieder nach draußen gehen. Sie setzte sich auf die Stufen in der Halle und aß den Keks ganz langsam, als wäre er die letzte Mahlzeit, die sie je bekommen würde. Krieg ist langweilig, dachte sie, sogar Polly muss ihn mittlerweile langweilig finden, und da fiel ihr auf, dass sie sie seit dem Lunch nicht mehr gesehen hatte.

Schließlich fand sie sie im Kinderspielzimmer, wo sie für Wills geduldig Kartenhäuser baute, die er mit einer sorglosen Bewegung wieder zum Einstürzen brachte. Auf ihrem alten Grammofon, das dort stand, spielte »The Teddy Bears' Picnic«. Lydia hielt Roland unter den Achseln und versuchte, ihm das Stehen beizubringen. »Schau mal, wie Roly laufen kann!«, sagte sie, und seine Füße in den Strickstiefelchen streiften hilflos über den Boden, während er jeden Karteneinsturz mit einem wohlwollenden Lächeln quittierte. Eine Hälfte seines Gesichts hatte die Farbe von Tomaten, die andere war blassrosa, und wann immer er den Kopf drehte, schwang ein dicker Strang Speichel hin und her. Entgeistert sah Clary ihm zu. Bald würde Zoë eins dieser Art haben und müsste es lieben.

»Es ist unglaublich, wie schrecklich und abstoßend sie sind«, sagte sie zu Polly, nachdem es ihnen gelungen war zu entkommen mit der erfundenen Ausrede, sie müssten etwas für die Duchy erledigen. Lydia, die wie immer mitkommen wollte, war von Ellen beschwichtigt worden mit dem Versprechen, sie dürfe den Kinderwagen schieben.

»Ich meine, Welpen und kleine Kätzchen und Fohlen und selbst Vogelküken sehen nicht so hässlich aus. Ich weiß nicht, warum Menschen am Anfang so dick und schwabbelig sein müssen. Wenn ich eins bekäme, würde ich es in eine Pension oder ein Krankenhaus oder sonst wohin schicken wollen, bis es mehr wie ein Mensch aussieht. Und offenbar gefällt ihnen nur, Sachen kaputt zu machen, was heißt, dass sie nicht einmal ein besonders freundliches Wesen haben.«

»Du brauchst ja keins zu bekommen. Du brauchst nur nicht zu heiraten.«

»Ich könnte heiraten, wenn ich wollte, und einfach keins bekommen.«

»Ich glaube nicht, dass das geht«, antwortete Polly nachdenklich. »Ich habe den Verdacht, dass es da irgendeinen Haken gibt. Es heißt alles oder nichts.«

»Ich wette, dass das nicht stimmt. Denk an Mrs. Cripps.«

»Es ist gut möglich, dass sie in Wirklichkeit keine Mrs. ist. Köchinnen werden oft Mrs. genannt, um ihnen eine Freude zu machen. Außerdem wissen wir nicht mit absoluter Sicherheit, ob sie nicht doch Kinder hat.«

Das ließ Clary verstummen. Sie gingen über die Felder zum Laden in Whatlington, wo Clary eine Marke für ihren Brief kaufen wollte.

»Ich glaube«, sagte Polly, »dass Menschen oft langweiliger werden, wenn sie älter werden. Und ich bin deiner Meinung, dass das menschliche Wesen in jedem Alter schlechter ist. Ich meine, selbst menschenfressende Tiger fressen Menschen nur, weil ihre Zähne morsch geworden sind oder weil sie Rheuma haben und Menschen leichter zu erbeuten sind. Aber Wills ist sehr lieb. Wenn er Kartenhäuser bauen könnte, würde er das auch tun, aber er kann's noch nicht, also bringt er sie zum Einstürzen. Ich finde es etwas bedenklich, dass du von den Menschen allgemein so wenig hältst.«

»Das stimmt nicht – überhaupt nicht! Das darfst du nicht sagen! Es sind nur Babys, die ich nicht leiden kann.«

»Du wolltest auch nicht, dass Lydia auf unseren Spaziergang mitkommt, und wenn ich dich nach dem Grund gefragt hätte, hättest du gesagt, dass sie langweilig ist.«

»Das hätte ich auch«, antwortete Clary, »weil sie langweilig gewesen wäre!« Sie brach in Tränen aus. Entweder müsse sie sich um Menschen kümmern, schluchzte sie, oder die hackten auf ihr herum. Nie habe ihr jemand gesagt, dass sie als Baby lieb gewesen sei, alle hätten ständig nur verlangt, dass sie Rücksicht nehme auf Neville wegen seines Asthmas. Ellen habe ihr freimütig gesagt, dass sie Jungen bevorzuge. Und dann sei Zoë gekommen und habe so viel von Dads Zeit beansprucht, dass sie sich wie ein bloßes Anhängsel gefühlt habe. Und jetzt, wo er Gott weiß wie lang fort sein werde, solle sie sich um Zoë und Neville kümmern, von denen keiner ihr auch nur ansatzweise dankbar war. Neville hatte gesagt, dass ein Junge an der Schule ihm erzählt habe, es gebe einen Verein zur Abschaffung von Mädchen oder Frauen, nur ein paar dürfte es als Dienstmädchen noch geben, wie Arbeitsbienen. Und auch wenn ihr klar sei, dass es viele Jahre dauern würde, weil es so viele Frauen gebe, sehe man daran doch, wie sehr sie gegen Frauen waren. Sie habe in ihrem ganzen Leben nie jemanden gehabt, der zu ihr halte …

»Ich halte zu dir«, sagte Polly. Sie waren stehen geblieben, Clary saß auf dem Boden und hatte die Arme um die Knie geschlungen. Polly hockte sich neben sie. »Du bist meine beste Freundin«, sagte sie. »Wir sind beide gleich – wir verlassen uns aufeinander. Es tut mir leid, dass ich auf dir herumgehackt habe.«

»Hast du es wirklich so gemeint?«

Polly zögerte. »Doch«, sagte sie. »Aber ich weiß, dass deine Maßstäbe unglaublich hoch sind. Ich glaube, die meisten Menschen könnten ihnen nicht genügen. Nicht ständig. Und genauso kann ich kritisch sein und dich trotzdem sehr gern haben. Ich kann nicht anders, als es zu bemerken, aber das ändert nichts an meinen wirklichen Gefühlen.« Sie sah zu Clarys ängstlichem Gesicht, und eine Woge der Zuneigung überflutete sie. »Ich bewundere dich für deine Aufrichtigkeit«, sagte sie.

Sie standen auf und überquerten das letzte Feld, das zu Home Place gehörte, kletterten über das Gatter zur Straße oben an der Anhöhe und gingen die letzten vierhundert Meter zum Laden. Im Garten davor blühten Blaukissen und gelbe Tulpen und Vergissmeinnicht und zwei lila Fliederbüsche, die nach hellem Honig dufteten, aber innen roch es wie immer nach geteertem Garn und Speck und geöltem Holz und antiseptischer Seife. Mr. Cramp hörte auf, Lebensmittelmarken auszuschneiden, und stellte sich ans Postamtende der Theke, um Clary ihre Briefmarke zu verkaufen, und Mrs. Cramp beendete noch das Abmessen von drei Metern Gummiband, ehe sie Pollys Wolle holte.

»Und wie geht es Mrs. Hugh?«, fragte sie und löste zwei Wollstränge aus einem gewaltigen Gebinde.

»Sie ist sehr müde. Ihr fehlt etwas am Rücken.«

»Wie Miss Rachel. Solche Sachen liegen in der Familie«, meinte Mrs. Cramp verständnisvoll, als wären zwei problematische Rücken tröstlicher als einer.

»Haben Sie von Peter gehört?«, fragte Polly höflich. Peter war Mrs. Cramps Sohn, der früher in der hiesigen Autowerkstatt gearbeitet hatte, aber jetzt in der RAF war.

»Das kann man so sagen oder auch nicht. Fürs Schreiben war er nie zu haben – na, wozu auch? –, aber am Sonntag vor zwei Wochen hat er uns am Telefon angerufen – oder war es vor drei? Alfie! Hat Peter am vorletzten Sonntag angerufen, oder war es am Sonntag davor?« Aber Mr. Cramp konnte sich nicht genau erinnern.

»Und Sie haben von Ihrem Vater gehört, ja?«, fragte er Clary, und als sie bejahte, senkte Mrs. Cramp dem Thema entsprechend die Stimme und erkundigte sich nach Mrs. Rupert. Clary sagte, es gehe ihr gut, das Kind solle im nächsten Monat kommen. »Natürlich fehlt ihr mein Vater«, fügte sie loyal hinzu.

Mrs. Cramp blickte befriedigt drein. »Das glaube ich gern, das steht zu erwarten. Das wären dann drei Shilling und drei Pence für die Wolle, Miss.« Sie hatte die Stränge in eine dünne, etwas zu kleine Papiertüte gesteckt, wo sie ein Eigenleben annahmen. Polly reichte ihr das Geld, und Mrs. Cramp fragte, ob sie Appetit auf eine Rosinenschnecke hätten. »Heute wird sie niemand mehr kaufen, und morgen schmecken sie nicht mehr«, sagte sie und gab zwei in eine weitere dünne Papiertüte.

Auf dem Rückweg setzten sie sich auf eine Böschung am Waldrand und aßen ihre Schnecken.

»Seltsam, oder, dass es nichts Besonderes mehr ist, auf dem Land zu sein?«

»Ach, na ja. Nichts ist mehr besonders, wenn es zu lange dauert.«

Das forderte Clarys Widerspruchsgeist heraus, sofort fielen ihr Dinge ein, derer sie nie überdrüssig werden würde. »Zum Beispiel, erwachsen zu sein.«

Polly war anderer Ansicht. »Aber man wird ja nicht einfach nur erwachsen. Sobald man es ist, fängt man praktisch sofort an, alt zu werden.«

»Ich glaube nicht, dass man das bemerkt, weil es die ganze Zeit vor sich geht, und zwar sehr langsam. Was wirklich passiert, merken Menschen doch erst, wenn es zu spät ist.«

»Du meinst, wenn sie gestorben sind? Ich würde denken, dass sie das sehr wohl merken. Nenn mir zwei Vorteile, die das Erwachsensein hat.«

»Ins Bett zu gehen, wann man Lust hat, und nicht, wenn andere es einem auftragen. Ach, eigentlich alles zu tun, weil man sich selbst dafür entscheidet und nicht, weil andere es wollen. Davon werde ich nie genug haben.«

»Also, ich habe vom Land nicht genug«, sagte Polly. »Wenn ich groß bin, habe ich ein kleines Haus mit all meinen Sachen, und das wird auf dem Land sein. Ich werde eine Bibliothek haben und ein Schwimmbecken und jede Menge Tiere und ein Radio am Bett und ein eigenes Zimmer für Gesellschaftsspiele. Und du kannst zu Besuch kommen, wann immer du magst.«

»Danke.« Aber weil Polly ihr nicht anbot, ganz dort zu wohnen, empfand sie gar keine Dankbarkeit. »Wenn wir den Krieg nicht gewinnen, geht das gar nicht.«

»Dummkopf! Natürlich weiß ich das. Und Daddy sagt, wenn sie Mr. Chamberlain nicht ersetzen, glaubt er …«

»Dann gewinnen wir nicht?«

»Das hat er nicht gesagt, aber ich weiß, dass er sich Sorgen macht. Es ist ihm gar nicht recht, dass Mummy unter der Woche in London ist, und ihr gefällt es nicht, von Wills getrennt zu sein, aber sie will ihn nicht allein lassen – manchmal streiten sie sich deswegen fast!«

Sie machten sich auf den Heimweg, und während Clary staunte, wie schön das frische Eichenlaub aussah, wenn die Sonne darauffiel, sagte Polly mit einem Zittern in der Stimme: »Natürlich besteht immer die Möglichkeit, dass sie unter der Woche hier einmarschieren, wenn sie nicht da sind. Ich könnte mich nicht mit Wills verstecken, weil er bestimmt schreien würde, und ich glaube nicht, dass ich nach London fliehen könnte …«

»Polly! Jetzt sei still! Ich lasse nicht zu, dass du dich so hineinsteigerst! Du weißt genau, wenn sie das wirklich glauben würden, wären sie hier – oder sie würden dich an einen anderen Ort bringen. Auf die Hebriden«, ergänzte sie impulsiv. »Wirklich, wenn Hitler herkommen wollte, hätte er das längst getan. Wahrscheinlich wird alles wieder in Frankreich stattfinden – wie beim letzten Mal. Wenn überhaupt irgendetwas passiert.«

»Ja, dann wären sie sicher hier, das stimmt.« Die Papiertüte riss, und Polly flocht die Stränge auseinander und hängte sie sich um den Hals. »Du bist ein großer Trost, Clary. Ich weiß wirklich nicht, was ich ohne dich täte.«

Clary überspielte die Freude, die diese Bemerkung ihr bereitete, und sagte leichthin: »Stell ihn dir einfach als einen Krieg-als-ob vor, Poll – sehr langweilig, aber nichts, worüber wir uns Sorgen zu machen brauchen.«

Der Nachmittag – der Rest dieses ereignislosen Tages – war der Letzte seiner Art, dachte sie, obwohl sie das eigentlich erst am Wochenende dachte, als es in den Nachrichten hieß, jetzt sei Mr. Churchill Premierminister. Alle wirkten sehr zufrieden, und auf dem Foto am nächsten Morgen in der *Times* sah sie, dass sein Gesicht optimistischer wirkte als das des armen, verzagten alten Chamberlain. Darüber sprachen sie am folgenden Montag im Unterricht, und Miss Milliment erläuterte das Konzept von Koalitionsregierungen und erklärte, das bedeute, dass die besten Leute das Land gemeinsam regierten. Dann schlug sie ihr und Polly vor (aber im

Grunde trug sie es ihnen auf), ein Tagebuch über die Ereignisse zu führen. Das werde ihnen helfen, sie besser zu verstehen, und werde auch eine interessante Lektüre sein, wenn sie älter wären. »Oder für eure Kinder«, fügte sie hinzu. Lydia sagte sofort, sie wolle auch ein solches Tagebuch schreiben, und bevor sie oder Polly sie zurechtweisen konnten, pflichtete Miss Milliment ihr bei, ja, natürlich, jede von ihnen solle Tagebuch führen. Miss Milliment hatte eine schreckliche Erkältung und putzte sich die Nase immer mit demselben gräulichen, nassen Taschentuch, von dem ihr Gesicht jedes Mal nur noch feuchter wurde. Polly meinte, Miss Milliment könne sich vermutlich nicht genügend Taschentücher leisten. »Seitdem sie hier ist, hat sie noch nie etwas Neues getragen«, sagte sie, »bis auf die Strickjacke, die Mummy ihr zu Weihnachten geschenkt hat.«

Darüber dachten sie eine Weile nach. »Könntest du ihr nicht ein paar von deinem Dad geben?«, schlug Polly dann vor.

»Eigentlich nicht so gern.«

»Also, wir können es uns nicht leisten, ihr welche zu kaufen – sie kosten ungefähr drei Pence das Stück. Wenn man Taschentücher verschenkt, dann mindestens sechs.«

Zu guter Letzt beschlossen sie, mit Tante Rach darüber zu sprechen, der immer das Richtige einfiel. »Schreiben wir das in unser Tagebuch?«, fragte Polly.

»Guter Gott, nein. Das ist viel zu … trivial. Man kann Miss Milliments Erkältung nicht als weltbewegend bezeichnen.«

Sie verbrachte den Nachmittag damit, sich mit der *Times* abzukämpfen und über Personen wie Lord Halifax und Mr. Attlee und einen Mann mit dem wunderschönen Namen Lord Beaverbrook zu schreiben. Im Lauf der Woche sollten sie im Unterricht ihre ersten Einträge vorlesen.

Lydia hatte überhaupt nicht verstanden, worum es ging.

Heute Morgen bin ich aufgestanden und habe mein blaues Kleid angezogen, aber ich konnte keine blaue Haarschleife finden, die dazu passt. Das Frühstück war scheußlich mit weichen Tomaten und einer Scheibe Speck, die einen ganz dicken Fettrand hatte. Ellen war wieder schlechter Laune, weil sie die ganze Nacht auf war wegen Roly, der gerade zahnt. Mir ist zwar nicht klar, wozu ein einzelner Zahn gut sein soll, aber wahrscheinlich muss man irgendwann einmal damit anfangen. Auf dem Rasen saß ein süßes kleines Kaninchen, aber die Duchy ärgerte sich darüber. Tante Sybil bleibt diese Woche hier, weil es ihr nicht gut geht. Ich wünschte, Mummy würde es auch ein bisschen schlecht gehen, und sie würde hierbleiben. Neville war am Wochenende wie immer grässlich, meiner Ansicht nach ist er auf den Hund gekommen, und ich glaube, dass er da auch bleiben wird. Er hat von einem Baum aus Fichtenzapfen auf mich geworfen. Fast habe ich geweint, und er sagte, ich hätte wirklich geweint, aber das stimmt nicht. Ich hasse ihn, aber ich wünsche mir nicht, dass er richtig tot ist, weil das falsch wäre.

Und so weiter und so fort.

Sie und Polly verdrehten verächtlich die Augen und hielten sich den Mund zu, um nicht laut loszuprusten, aber Miss Milliment sagte – man glaubte es kaum –, Lydia habe das sehr gut gemacht. Nachdem alle ihre Einträge vorgelesen hatten, sprach sie eine ganze Weile über Tagebücher und erklärte, darin solle es nicht nur um Ereignisse gehen, sondern auch darüber, was der Schreibende dabei gedacht und empfunden habe. Da wurde ihr klar, dass ihr Eintrag – und Pollys – ziemlich langweilig war. Allerdings ärgerte es sie, dass Lydia es richtiger gemacht hatte als sie beide, obwohl sie so viel kleiner war. »Reiner Zufall«, sagte sie zu Polly, aber Polly meinte, es sei doch schön für Lydia, ausnahmsweise einmal die Beste zu sein, und sie fühlte sich durch Pollys Nettigkeit beschämt.

In der Woche verfasste Clary jeden Tag einen Eintrag.

Dienstag, 14. Mai

Heute Abend hieß es in den Nachrichten, dass Königin Wilhelmina aus Holland, wohin die Deutschen mittlerweile vorgedrungen sind, ins Exil nach England gekommen ist. Wahrscheinlich kann sie von Glück sprechen, das Land verlassen zu dürfen, aber trotzdem muss es schrecklich für sie sein. Miss Milliment sagte, womöglich würden die Holländer die Deiche öffnen und alles überfluten, damit die Deutschen das Land nicht erobern können, aber in den Nachrichten wurde nichts davon erwähnt. Vielleicht haben sie zu lange gewartet, aber Polly meinte, das sei eher wie mit Autounfällen – jeder denke immer, ihm persönlich werde keiner zustoßen –, also glaubten die Holländer vielleicht, dass die Deutschen gar nicht bei ihnen einfallen würden. Die Alliierten wollen sich mit Belgien zusammenschließen, um die Deutschen aufzuhalten, was mehr ist, als sie bei der armen Königin Wilhelmina gemacht haben, also steht den Deutschen womöglich eine böse Überraschung bevor. Die Sache ist, dass das Ganze noch ziemlich unwirklich erscheint, das Leben geht weiter, als würde das alles gar nicht passieren. Heute gab es zum Lunch einen scheußlichen überbackenen Blumenkohl, und auch wenn die Duchy sagte, er sei köstlich und sehr gesund, ist mir aufgefallen, dass Tante Sybil nichts davon gegessen hat. Abgesehen von ihrem Rücken bekommt sie offenbar ständig Verdauungsstörungen, aber Tante Rach sagt, das sei nur, weil sie sich so viele Sorgen um Onkel Hugh mache, obwohl der jeden Abend anruft, was Dad, der Arme, nicht kann, weil er auf einem Schiff ist. Eigentlich dürfen wir nicht wissen, wo er ist, aber als Zoë Onkel Hugh einen Brief von ihm zeigte, in dem er schrieb, er komme wieder in die wunderbare Londoner Luft, was Zoë nicht verstand, deutete Onkel Hugh das so, dass er im Nordatlantik ist und auf dem Weg nach Londonderry, wo sie Treibstoff und

> Lebensmittel bekommen und all die anderen Sachen, die sie brauchen. Zoë isst die ganze Zeit – die Duchy drängt sie, Milch zu trinken, und sie bekommt zusätzliche Eier, und der Brig gibt ihr seine ganzen Süßigkeitenmarken, was ich persönlich hochgradig ungerecht finde. Sie ist viel dicker als sonst – und ich meine nicht nur ihren Bauch, sondern überhaupt –, aber immer noch unglaublich glamourös. Ich habe ihr Porträt aufgegeben. Ich glaube, es ist unmöglich, etwas einigermaßen Gutes über jemanden zu schreiben, der einen nicht fasziniert. Zoë ist die Art Person, die ich lieber als Porträt um mich hätte – ein Gemälde, meine ich – denn als tatsächlichen Menschen.

An dieser Stelle wurde ihr klar, dass sie ihr Tagebuch eigentlich niemandem zeigen wollte. Das war auch so eine Sache mit Tagebüchern: Wenn sie Persönliches enthielten, gab es mehr Möglichkeiten, sie interessant zu machen. Aber im Grunde wollte sie nicht, dass Miss Milliment erfuhr, was sie für Zoë empfand – oder nicht empfand. Schließlich führte sie zwei: das öffentliche, das sie im Unterricht vorlas, und das ernsthafte persönliche, aus dem sie sich selbst vorlas – und oft auch Polly, die nicht dasselbe Problem hatte. »Mir fällt zu Menschen nicht genug ein«, sagte sie, »und jeder hat seine guten Seiten.« Polly machte Zeichnungen in ihr Tagebuch – nicht unbedingt passend zum Thema, wie sie sagte, sondern einfach Dinge, die ihr in den Sinn kamen –, und im Moment war es voller Maulwürfe. Sie hatte nämlich auf dem Rasen des Tennisplatzes einen toten gefunden und ihn zu zeichnen geübt, bis er zu stinken anfing und sie ihn begrub. Pollys Maulwürfe waren ziemlich gut – so, wie sie aussahen, hatte man das Gefühl, dass sie es ganz in Ordnung fanden, blind zu sein. Miss Milliment bewunderte die Zeichnungen sehr und gab Polly ein Buch mit Illustrationen von Archibald Thorburn, das sie im Arbeitszimmer des Brig gefunden hatte. Allerdings malte er vorwiegend Vögel, und für die interessierte Polly sich weniger.

Also, um auf Zoë zurückzukommen – nein, das möchte ich nicht, ich sage nur noch, dass Dad, wenn er sie nicht geheiratet hätte, jetzt mir schreiben würde … sofern er nicht eine andere Frau geheiratet hätte.

Aber da alle alten Männer, die sie kannte, verheiratet waren, kam ihr das recht wahrscheinlich vor. Also würde sie nach wie vor nur Nachsätze bekommen und die zwei Briefe, die er an sie allein geschrieben hatte.

»Lord Beaverbrook«, schrieb sie, »ist Minister für Flugzeugproduktion geworden.« Ein wunderschöner Name war das. Ob es wohl eine Lady Beaverbrook gab? »Clarissa Beaverbrook« schrieb sie auf einen Zettel. Das sah sehr eindrucksvoll aus. Obwohl sie bei Menschen, die sie gut kannte, mit »Clary Beaverbrook« unterschreiben müsste.

Die Nachrichten dieser Woche klangen gar nicht gut. Die Maginot-Linie, die sie im Unterricht in ihre Landkarte einzeichnen mussten und die sie sich vorgestellt hatte als ein gewaltiges, lang gezogenes Gebirge mit lauter Geschützen und Panzern und unterirdischen Tunneln, in denen die Soldaten lebten, war offenbar völlig wirkungslos. Die Deutschen gingen einfach im Norden darum herum, und da die Linie nicht bis ans Meer reichte – bei Weitem nicht –, wunderte sie das überhaupt nicht, im Gegensatz zu den Erwachsenen.

Mittwoch, 15. Mai

Gestern gab es einen entsetzlichen Luftangriff auf eine Stadt namens Rotterdam. Dreißigtausend zivile Opfer. Kein Wunder, dass Holland sich ergeben musste. Jetzt sieht es offenbar in Belgien ziemlich schlecht aus. Polly sagt, dass sich die Dinge allmählich so entwickeln wie im letzten Krieg und die Deutschen uns und die Franzosen in Frankreich bekämpfen werden. Sie meint, dass sie jeden Moment anfangen werden, Schützengräben auszuheben und mengenweise Stacheldraht auszurollen, und dass es jahrelang so weitergehen wird, wie beim letzten Mal. Ich muss sagen, die Aussicht ist wirklich schaurig. Was soll aus Polly und mir werden? Wir können doch nicht einfach immer weiter Unterricht von Miss Milliment bekommen, ständig älter werden und völlig von der Welt abgeschnitten sein. Polly sagt, das sollte die geringste unserer Sorgen sein, aber man selbst kann doch unmöglich die geringste seiner eigenen Sorgen sein, oder? So selbstsüchtig das auch sein mag, man muss Tag für Tag mit sich selbst verbringen – eine Situation, die man meiner Ansicht nach nicht ignorieren kann. Ich habe das Gefühl, dass ich jederzeit von Langeweile überwältigt werden könnte. Louise hat wirklich Glück, dass sie ihre Schauspielschule besucht, für die darf sie in London bleiben. Und natürlich wohnt sie mit einer Freundin zusammen. Ich könnte nicht allein in Brook Green leben – oder zumindest würden sie sagen, dass ich das nicht kann …

Sie stellte sich vor, allein im Haus in Brook Green zu leben. Nach dem Frühstück, bestehend aus Grape Nuts (kein Kochen), würde sie in den Mantel schlüpfen und sich in Busse setzen, in die Nähe der Tür, und die Fahrgäste beobachten. Den Nachmittag würde sie im Kino verbringen, und am Abend würde sie nach Hause gehen und sich ein Kotelett braten – das hatte sie zwar noch nie, aber sie könnte anfangs ja ein paar zusätzliche Koteletts kaufen, bis sie es richtig konnte. Geld: Wahrscheinlich würde sie einige Sachen verkaufen müssen. Die Schränke im Haus und der Dachboden quollen über vor Zeug, das niemandem fehlen würde. Wenn ihr jemand besonders gut gefiel – ein Busschaffner oder ein Mann, der im Kino neben ihr saß –, würde sie ihn zu Koteletts und Gin and It nach Hause einladen, das konnte sie aus Dads Barschrank mixen. Und wenn derjenige geeignet wäre, würde sie sich in ihn verlieben. Das alles wäre genau das, was Tante Villy als Lebenserfahrung bezeichnete.

Denn das nächste Hindernis, das sich mir stellt, ist, dass Schreiben offenbar nicht unterrichtet wird. Es gibt keine Schreibschulen im Gegensatz zu Kunstschulen oder Louises Schule, und dabei ist das Wort Schule unverkennbar der Schlüssel dazu, dass Erwachsene einem etwas erlauben. Das heißt, sie werden mich nur irgendwohin schicken, wenn ich meinen Berufswunsch dahingehend ändere, dass er in ihren Augen etwas zählt. Und Polly, die ihre Eltern vermutlich davon überzeugen könnte, sie auf eine Kunstschule zu schicken, will nicht von zu Hause fort, solange Krieg herrscht. Außerdem geht mir allmählich der Lesestoff aus. Home Place wird zu einer einsamen Insel, nur ist es hier nicht halb so spannend, wie es dort wäre.

An der Stelle brach sie ab und ging im Kopf verzagt die Erwachsenen in ihrer Umgebung durch. Es gab keinen einzigen, an dessen Stelle sie sein wollte. Nicht Tante Rach – jeden Tag musste sie mit dem Brig nach London fahren und Briefe für ihn tippen, obwohl sie das nie gelernt hatte und deswegen ständig Fehler machte und sehr langsam war. Dann kam sie zurück, erfuhr von der Duchy und Tante Syb die Sechs-Uhr-Nachrichten und ruhte sich vor dem Dinner noch etwas aus, weil ihr der Rücken so wehtat, und dann verbrachte sie den Abend damit, aus übel riechender Wolle Socken für Seeleute zu stricken, die Neun-Uhr-Nachrichten zu hören und ins Bett zu gehen. Manchmal bekam sie abends einen Anruf, nach dem sie immer etwas munterer wirkte, aber es mussten Ferngespräche sein, weil sie sich nie länger unterhielt. »Pass auf dich auf«, hörte Clary sie manchmal sagen, wenn sie zufällig in der Halle am Arbeitszimmer des Brig vorbeiging, wo das Telefon stand. Undenkbar, die Duchy sein zu wollen, weil sie so unglaublich alt war, praktisch am Ende ihres Lebens, obwohl das eine schrecklich traurige Vorstellung war, und ihr Leben war derart ruhig verlaufen, dass es gut und gerne länger als üblich dauern konnte. Tante Syb – nein, ganz bestimmt nicht. Am Wochenende war sie mehr oder minder wie sonst – außer am vergangenen, als Onkel Hugh nach den Sechs-Uhr-Nachrichten gesagt hatte, dass er jetzt wirklich das Haus in London schließen wolle, weil er nachts sowieso oft zur Brandwache in den Lagerhäusern sein müsse. Daraufhin war Tante Syb völlig zusammengebrochen, hatte haltlos geschluchzt und war zum Salon hinausgestürzt, und Onkel Hugh war ihr gefolgt und ewig nicht zurückgekommen, und als er schließlich wieder auftauchte, hatte er Tante Rach geholt, und als die dann wieder nach unten kam, sagte sie, Tante Syb habe sich schrecklich übergeben, weil sie etwas gegessen habe, das sie nicht vertragen habe, und sie werde die kommende Woche in Home Place bleiben, und über das Haus würden sie sprechen, wenn sie sich erholt habe. Den Montag verbrachte sie großteils im Bett, und als sie dann aufstand, sah sie furchtbar krank aus. Sie bat Polly, ihr im Laden ein Gläschen Aspirin zu besorgen, aber sie möge bitte der Duchy, die Aspirin bekanntermaßen nicht billigte, nichts davon erzählen. Tante Rach meinte, Dr. Carr solle sie untersuchen, aber davon wollte Tante Syb nichts hören und geriet darüber völlig außer sich. Die Duchy verordnete ihr Pfeilwurz und Pankreaticum und gab ihr auch Phosphatsirup, aber den kippte Tante Syb ins Waschbecken. Polly sagte, das könne ihr keiner verdenken, es schmecke nach altem Eisengeländer. Neville hatte einmal eine ganze Flasche davon getrunken (zu medizinischen Zwecken sollte man einen Teelöffel in Wasser auflösen), war tagelang mit hochrotem Kopf und überdreht herumgelaufen – allerdings hat er sich nicht übergeben, obwohl ihm das alle prophezeit hatten. Die arme Tante Syb! Ihre Haare sahen völlig stumpf aus – wie unpolierte, abgetragene braune Schuhe –, und dadurch, dass sie dünner geworden war, wirkte sie formlos, fast sackartig, und hatte ziemlich tiefe Falten auf der Stirn. Es gab etwas, das der Wechsel hieß und das weder sie noch Polly richtig verstanden, aber die ganze Woche war im Haus davon die Rede gewesen – nicht in ihrer Gegenwart natürlich, aber sie hatte gehört, wie Ellen und Eileen sich beim Bettenbeziehen darüber unterhielten. Wechsel. Genau das, was sie sich wünschte, dachte sie – allerdings nicht, wenn es bedeutete, dass es einem dann richtig schlecht ging. Es klang wie das Schönste, was einem passieren konnte. Nein, Tante Syb wollte sie ganz bestimmt nicht sein. Und Zoë natürlich auch nicht; die legte jetzt den ganzen Tag Uhr-Patiencen, sofern sie nicht aß oder nähte.

Am folgenden Wochenende kam natürlich Onkel Hugh und brachte Tante Villy und Louise mit. Louise sah ausgesprochen mondän aus: Sie trug eine ziegelrote Leinenhose, eine smaragdgrüne Aertexbluse und eine cremefarbene Strickjacke über die Schulter geschlungen, und an den Füßen Sandalen. Sie hatte grünen Lidschatten und einen knallroten Lippenstift und ganz lange Haare und machte jeden Morgen Gymnastik, bei der sie, wie sie erklärte, aus ihrem Körper das Alphabet formte – nicht, dass man das gesehen hätte, dachte Clary. Louise schien durchaus bereit, Zeit mit ihr und Polly zu verbringen, allerdings nur, wie Clary sehr bald feststellte, weil sie über nichts als ihre Schauspielerei und die Schule sprechen wollte, und die Erwachsenen unterhielten sich über kaum etwas anderes als den Fortgang des Kriegs, der offenbar immer schlimmer wurde.

»Ich habe wirklich die Nase voll von dem ganzen Kriegsgerede«, sagte Louise. Sie holte eine sehr kleine Zigarettenschachtel aus ihrer Hosentasche, und fasziniert sahen sie ihr zu, wie sie sich eine anzündete.

»Wann hast du damit angefangen?«, fragte Polly.

»Vor Wochen. An der Schule raucht jeder.« Nach jedem Atemzug blies sie den Rauch sehr schnell aus. »Das sind nur De Reszke Minors. Normalgroße Zigaretten kann ich mir nicht leisten – das kann keiner von uns. Viele rauchen, weil sie sich kein Essen leisten können«, fügte sie hinzu. Das rief heftige Einsprüche hervor.

»Wie viel kosten die De Minors oder wie immer sie heißen?«

»Nur sechs Pence für zehn.«

»Ein Kotelett kostet vier Pence, dann hat man noch zwei Pence für Gemüse und Brot und derlei mehr.«

Louise sah verärgert drein. »Für so alberne Sachen wie Kochen haben wir keine Zeit«, sagte sie. »Wenn man ernsthaft ein Künstler werden will, gibt man sich mit solchen Sachen einfach nicht ab. Einer, den ich kenne, Roy Prowse, isst zum Lunch bloß Senfsandwiches. Er ist ein genialer Schauspieler – letzte Woche hat er einen großartigen Lear gegeben.«

»Wie alt ist er?«

»Viel älter als ich, fast neunzehn, aber er wirkt eher wie zwanzig – er ist unglaublich weltgewandt, er arbeitet als Kellner und war schon allein im Ausland.«

»Ich hätte gedacht, dass er für den Lear ein bisschen jung ist.«

Sie fuhr Clary an. »Wirklich, wie dumm kann man sein? Glaubst du im Ernst, dass siebzigjährige Männer an einer Schauspielschule sind? Außerdem müssen wir Charakterrollen spielen – in der Maske lernen wir, wie man sich Altersfalten über seine Bühnenmaske schminkt.«

Clary erkundigte sich absichtlich nicht, was eine Bühnenmaske ist, aus Rache für das »dumm«.

»Louise ist unerträglich!«, sagte sie empört zu Polly, als sie zusammen im Bad standen.

»Sie hat sich auf jeden Fall sehr verändert. Wahrscheinlich ist siebzehn ein schwieriges Alter – du weißt schon, weder das eine noch das andere.«

»Ich dachte, das wären wir.«

»Das sind wir auch, aber ich glaube, es wird laufend schlimmer, bis wir … na ja, fertig sind.«

»Hmm. Ich persönlich glaube, es hat eher etwas damit zu tun, dass sie so aufs Schauspielen versessen ist. Es ist doch ein ziemlich affektierter Beruf, findest du nicht? Ich meine, ihre Freundin Stella, die war überhaupt nicht so. Sie wollte alles von uns wissen, während Louise keine einzige Frage gestellt hat. Wie kann sie nur sagen, dass sie die Nase voll hat von dem ganzen Kriegsgerede? Wir sind im Krieg, so ist das nun mal, das gilt für sie genauso wie für uns.«

»Also, wenn sie mit einer Hose zum Dinner erscheint, wird die Duchy wütend.«

Aber das tat sie nicht. Offenbar hatte sie es versucht, war aber von Tante Villy zurückgeschickt worden und schmollend und etwas niedergeschlagen in ihrem grünen Wollkleid zurückgekommen – zu spät für das Glas Sherry, das Onkel Hugh ihr eingeschenkt hatte.

Clary wusste, dass die Nachrichten ziemlich schlecht sein mussten, weil beim Dinner überhaupt nicht darüber gesprochen wurde. Alle hielten sich an Kleinigkeiten wie etwa, dass der Benzinpreis stark gestiegen war – angesichts von ein Pfund elf Pence pro Gallone, meinte die Duchy, sollten sie den großen Wagen stilllegen und nur noch den kleinen benutzen. Onkel Hugh sagte, dass sich in den Lagerhallen alle großartig bewährten, und Tante Villy erzählte sogar recht witzig von ihrer Ausbildung zur Luftschutzwartin, nachdem sie sich um verschiedene Kriegsarbeiten bemüht und niemand sie gewollt hatte. »Die Sprache ist vergleichbar, als würde man ständig Formulare ausfüllen«, erklärte sie. »Derart pedantisch, dass man sie fast nicht versteht. Man fängt eine Arbeit nicht an, man nimmt sie auf. Man geht nicht wohin, man begibt sich, und so weiter.« Und sie unterhielten sich über Musik, weil das der Duchy immer Freude bereitete, und Tante Villy sagte, sie habe in der vergangenen Woche ein herrliches Konzert besucht, mit Barockmusik, die man nur selten höre. Jemand erkundigte sich nach dem Dirigenten, und sie antwortete: »Ach – ein Freund von Jessica, Laurence Clutterworth. Er ist wirklich brillant.« Clary beobachtete, dass Louise ihre Mutter in dem Moment mit einem Ausdruck ansah, der entweder argwöhnisch war oder feindselig oder furchtsam oder vielleicht auch alles drei – das konnte sie nicht eindeutig bestimmen.

»Es hätte dir sehr gut gefallen, Duchy«, sagte Villy, »und dir auch, Syb. Beim nächsten Konzert, das er in London gibt, müssen wir alle hingehen. Und ich dachte, wenn er etwas Zeit hätte, könnte er uns vielleicht besuchen, und wir könnten hier ein kleines Konzert veranstalten?« Den letzten Satz hatte sie wieder an die Duchy gerichtet, die meinte, das wäre sehr schön, und vielleicht könne sich Sid, wenn sie denn einmal freibekäme, auch dazugesellen.

»Sie bekommt schon frei, aber immer ohne Vorankündigung!«, warf Tante Rach ein. »Und beim letzten Mal konnte sie uns nicht besuchen, weil Evie nach London gekommen war, um ihre Sommerkleidung zu holen und zum Arzt zu gehen, und darauf bestand, dass Sid sie begleitete.«

Nach dem Dinner hörten sie doch die Nachrichten, und auf Pollys Bitte hin blieb sie ebenfalls. Die Deutschen hatten einen Angriff gestartet, und die belgische Armee war von den Alliierten abgeschnitten worden. »Und damit ist das wackere kleine Belgien auch gefallen«, sagte Onkel Hugh. Seine Miene war finster. Die Nachrichten endeten mit der Meldung, dass ein Mann namens Trotzki in seinem Haus in Mexiko verletzt worden sei, aber das interessierte die anderen kaum, und als sie fragte, wer er sei, sagte Onkel Hugh nur: »Ein verdammter Roter.« Dann klingelte das Telefon, und es war Onkel Edward. Zuerst sprach Villy lange mit ihm, dann holte sie Onkel Hugh, der ebenfalls ewig mit ihm redete. Als er zurückkam, sagte er: »Es ist höchste Zeit, dass die Jugend ins Bett geht.« Alle Erwachsenen stimmten dieser Aufforderung so nachdrücklich zu, dass sie einfach gehen mussten, und Louise, die sich aus Protest gegen diese Behandlung mit ihnen verbündete, zeigte sich plötzlich ganz menschlich, und alle spielten Katz und Maus und deckten ihre Karten gleichzeitig auf, damit die Patience schneller wurde.

Am nächsten Morgen wurde allerdings klar, dass es größere Auseinandersetzungen gegeben hatte. Onkel Edward und Onkel Hugh hatten beschlossen, dass Tante Villy, Tante Sybil und Louise auf dem Land bleiben sollten. Louise kämpfte für die Erlaubnis, jeden Tag zur Schule nach London zu fahren, und bekam sie auch, sofern sie wie der Brig und Tante Rach mit dem Zug um vier Uhr zwanzig von Charing Cross zurückkehrte. Wenn Onkel Hugh ihr jedoch sagte, das müsse ein Ende haben, musste sie auf ihn hören. Alle Einsprüche dagegen verstummten im Lauf des Sonntags, als die Alliierten sich immer weiter zur Küste zurückzogen, und am Abend erfuhren sie, dass die britischen Truppen nach England abziehen würden. »Wenn es geht«, sagte Onkel Hugh, und sie bemerkte das nervöse

Zucken an seiner Schläfe. »Hol mir ein Aspirin, Poll«, sagte er. Aber Polly kam zurück und sagte, sie habe keine gefunden. Und dann sagte Tante Syb, sie seien alle.

»Aber ich habe doch erst am Montag ein Riesenglas für dich besorgt!«, rief Polly, was offenbar das Schlimmste war, was sie überhaupt sagen konnte. Onkel Hugh begann, Fragen zu stellen, und Tante Syb wurde weinerlich und gereizt, und Tante Villy gab Onkel Hugh eine von ihren Tabletten. Sie fand, dass im ganzen Haus eine angespannte Stimmung herrschte. Vielleicht weil es mit dem Krieg so schlecht stand, aber womöglich auch aus einem anderen Grund. Das Schreckliche war das Gefühl, dass alles – wirklich jede einzelne Sache – falsch lief oder falsch laufen könnte, und nicht nur, dass sie, Clary, nichts dagegen unternehmen konnte, auf gewisser Ebene sagten die Erwachsenen nicht einmal, was eigentlich falsch lief. Ich bin völlig machtlos, dachte sie wütend, dabei bin ich genauso am Leben wie alle anderen. Ich kann überhaupt nichts dagegen unternehmen, aber die Folgen bekomme ich garantiert zu spüren.

Polly kam ins Zimmer, als sie schon im Bett lag und gerade mit einem Brief an Dad beginnen wollte. Polly sah sehr bekümmert aus, sie zog sich schnell aus und ließ ihre Kleider am Boden verstreut liegen, anstatt sie wie sonst ordentlich über die Rückenlehne ihres Stuhls zu hängen.

»Was ist los?«, fragte Clary.

»Als ich ihnen Gute Nacht sagen wollte, hat Mummy mich beinahe angeschrien und gesagt, ich müsse gefälligst anklopfen. Dann fuhr Dad sie an, und sie haben mir bloß ganz beiläufig einen Kuss gegeben, und danach sagte niemand mehr etwas, und ich bin gegangen.«

»Was haben sie denn gemacht, als du ins Zimmer gekommen bist?« Ihre ohnehin brennende Neugier war jetzt vollends entfacht. Vielleicht waren sie gerade dabei gewesen, miteinander zu schlafen. Es kam ihr vor, als gebe es davon zwei Arten. Aber Polly sagte, nichts: Dad habe am Fenster gestanden, mit dem Rücken zu Mum, die auf dem Bett saß und sich die Strümpfe abstreifte.

»Ich fürchte, sie haben sich gestritten«, sagte sie. »Das tun sie normalerweise nie.«

»Normalerweise gibt es nicht mehr.«

»Nein«, sagte Polly traurig. »Überhaupt nicht mehr.«

26. Mai

Liebster Dad,

tatsächlich ist es schon der 27., Montagmorgen, ein wunderbar herrlicher Tag – einer der Tage, wie du sie so gern magst, Dad, kleine Tautropfen funkeln im Gras und kommen den Spinnweben in die Quere, kein Lüftchen weht, der Himmel ist blau wie Rittersporn ohne die rosa Flecken. Ich sitze in dem bequemen Apfelbaum, wo Polly und ich oft sind, wenn wir ganz für uns sein wollen. Im Obstgarten blühen Hahnenfuß und Wiesenschaumkraut. Ich finde, es sieht aus wie eine Szene der Präraffaeliten, und eigentlich haben sie wirklich wunderschöne Dinge gemalt, oder nicht? Das Schreckliche sind ja, wenn du mich fragst, die leidenden Mienen der ganzen Frauen in dünnen, viel zu weiten Nachthemden. Aber die Stellen, wo sie nur Natur gemalt haben, sind wirklich sehr gut, findest du nicht auch? Ich würde deine Meinung dazu wirklich gerne erfahren. Miss Milliment mag sie nicht besonders – ihr gefallen Naturimpressionen, aber das hängt vermutlich mit ihren Augen zusammen, sie sieht wirklich sehr schlecht. Die Arme.

Die Nachrichten klingen nicht gut, aber das weißt du wahrscheinlich. Mir ist nicht ganz klar, was schiefgelaufen ist: Zuerst war bei den Alliierten alles in bester Ordnung, und ein paar Tage später sind sie von den Deutschen umzingelt. Das finde ich fast unglaublich, weil es hier so friedlich ist. Von wegen friedlich! Kaum hatte ich das geschrieben, sind ungefähr fünfzig Flugzeuge über uns hinweggedonnert – ein gewaltiges Dröhnen. Ich glaube, es waren Bomber, so groß sahen sie aus, und sie flogen

Richtung Meer. Ich frage mich oft, wo du bist, Dad. Zumindest kannst du nicht in Frankreich eingeschlossen sein, und Schiffe können sich ja bewegen und entkommen, denke ich. Onkel Hugh sagt, dass Belgien jede Minute kapitulieren wird, wenn es das nicht schon getan hat. [An dieser Stelle hielt sie kurz inne und überlegte, ob sie ihm erzählen sollte, wie seltsam sich alle am vergangenen Abend verhalten hatten. Allerdings konnte er daran auch nichts ändern, sagte sie sich dann, also würde er sich nur Sorgen machen. Stattdessen schrieb sie:] Mrs. Cripps hat neuerdings eine Dauerwelle. Du weißt doch, wie glatt und fettig ihre Haare immer waren – und sie hatte diese riesigen Haarklemmen, von denen du immer meintest, du würdest einmal eine im Plumpudding finden. Also jetzt stehen sie ihr ganz flaumig in alle Richtungen vom Kopf ab, außer wenn sie einmal in der Woche nach Battle fährt und dann mit Wellen zurückkommt, wie der Sand sie bei Ebbe bildet, und die Spitzen ringeln sich zu flachen Schneckenlöckchen. Es ist keine Verbesserung, aber das gilt vermutlich für viele Veränderungen, was die Leute allerdings nicht daran hindert, sie trotzdem zu wollen. Eine Veränderung hier ist das Essen. Mrs. Cripps macht oft Hackbraten – sehr irreführend, die Bezeichnung, weil er eher wie ein Brotlaib schmeckt. Und einmal bekamen wir gefülltes Lammherz, was absolut ekelhaft war. Aber du lebst wahrscheinlich von Zwieback und Pemmikan (was ist das eigentlich, Dad? Es klingt wie gedörrter Pelikan) und Kondensmilch, weil es auf einem Zerstörer eher keine Kühe gibt, was nur gut sein wird, denn mit vier Mägen seekrank zu werden wäre nicht so toll. Wir halten jetzt Hühner, was McAlpine sehr ärgert, aber die Duchy sagt, dass mehr Eier für Zoë und Wills und Roly lebenswichtig sind. Ich gehöre natürlich zu der Gruppe, die angeblich keine mehr braucht. Die Hühner heißen Flossie, Beryl, Queenie, Ruby und Brenda, die Namen, die der Duchy am wenigsten gefallen, und das bringt mich zu Zoë und den Namen für das Baby. Die neuesten sind Roberta oder Dermot. Wirklich, Dad, da wirst du ein Machtwort sprechen müssen. Jetzt sind gerade ein paar kleinere Flugzeuge über uns weggeflogen. Ich wünschte, ich säße in einem davon und flöge zu dir. Du fehlst mir sehr, Dad. [Den Satz strich sie gründlich durch.] Ich bedauere deine Abwesenheit. Heute Nachmittag fahre ich mit Tante Villy zum Zahnarzt nach Tunbridge Wells, sie besucht dort ihre Mutter, die einen Stich hat. Ich hoffe sehr, dass ich sie auch besuchen darf, weil ich keinen Verrückten kenne. Du hast nicht wegen des Taschengelds geantwortet, und so gehe ich davon aus, dass es in Ordnung geht, sonst muss ich Tante Rach bitten, mir Briefmarken zu leihen. Jetzt gibt es Frühstück, ich habe den Gong gehört, also sollte ich besser ins Haus gehen, obwohl ich Weizenflocken nicht leiden kann, was wir dieser Tage meistens bekommen; Grape Nuts sind im Geschäft offenbar immer gerade aus. Neulich hat Tante Rach mich an der Esszimmertür gemessen; seit dem letzten Mal, das war zu Weihnachten, bin ich einen guten Zentimeter gewachsen. Pass auf dich auf, Dad. Und bekomm keinen Skorbut, der, wie ich gelesen habe, für Matrosen eine große Gefahr darstellt. Wenn du jemanden siehst, der das hat, erzähl mir doch bitte, wie es aussieht; in Geschichte wird es zwar sehr oft erwähnt, aber niemand sagt, was es genau ist. Angeblich sind Zitronen gut dagegen, also solltest du immer eine Flasche Rose's Lime Juice dabeihaben. Aber wahrscheinlich ist es eine überholte Krankheit, wie die Pest.

Liebe Grüße von Clary.

Dienstag, 28. Mai

Gestern konnte ich wegen Tunbridge Wells nicht mehr schreiben. Wir sind nur zum Bahnhof gefahren und von dort mit dem Zug, weil das Benzin spart. Sie haben an allen

Stationen die Ortsschilder abmontiert, was entsetzlich sein muss, wenn man nicht sowieso wüsste, wo man ist. Aber natürlich leuchtet es mir ein, dass sich die Deutschen dann heillos verirren würden. Nur kann ich mir nicht vorstellen, dass sie wirklich in unseren Zügen durch die Gegend fahren sollten. Ich habe zwei Füllungen bekommen, und Mr. Alabone sagte, dass ich in einem halben Jahr wiederkommen muss. Tante Villy war sehr nett. Wir haben in einem Teesalon Scones und ein eher kleines Stück Schokoladenkuchen gegessen. Dann sind wir zu Forest Court gegangen, wo ihre Mutter, Lady Rydal, jetzt lebt. Wir kauften ihr einen Blumenstrauß, sehr hübsche, rosa-weiß gestreifte Tulpen, und Tante Villy besorgte noch Minzpastillen. Ich fragte, ob ich mitkommen dürfe, und anfangs lehnte Tante Villy das ab, aber als ich sagte, dass ich wirklich gerne mitkäme (ohne den Grund zu nennen), willigte sie ein, meinte aber, es könnte mich verstören. »Sie kann sich nicht immer an einen erinnern«, erklärte sie. Zuerst saßen wir in einer Art Wohn-Wartezimmer im Erdgeschoss, und dann führte die Oberin uns zu ihr, einen langen Korridor entlang, in dem es nach Bodenpolitur und Desinfektionsmittel roch. Tante Villy fragte, wie es ihr ginge, und die Oberin sagte, wie immer, alte Menschen bräuchten länger, um sich einzuleben.

Sie saß im Bett, von vielen Kissen gestützt, und trug ein Bettjäckchen, und ihre Haare, die sie früher ja immer zu einem lockeren Knoten gebunden hatte, hingen ihr in Strähnen über den Rücken, und im Zimmer roch es stickig und etwas nach Toilette. Als wir hereinkamen, redete sie, obwohl niemand anders da war. Sobald sie Tante Villy sah, sagte sie: »Was ist aus Bryant geworden? Du hast Bryant fortgeschickt, nicht wahr? Das ist sehr unfreundlich von dir.« Tante Villy erklärte, sie sei auf Urlaub, aber Lady Rydal erwiderte, Bryant sei seit fünfzehn Jahren bei ihr und habe nie Urlaub gehabt. Wir zeigten ihr die Tulpen, aber offenbar gefielen sie ihr überhaupt nicht, also wickelte Tante Villy sie aus dem Papier und suchte nach einer Vase, holte Wasser vom Waschbecken und arrangierte sie. Und Lady Rydal, die ständig an der Zudecke zupfte, starrte mich an und fragte, wo meine Mutter sei. Ich wusste nicht, was ich darauf antworten sollte, außer dass sie tot ist, aber Tante Villy flüsterte: »Ich glaube, sie hält dich für Nora«, und da fuhr Lady Rydal auf: »Du hast nicht das Recht, ungefragt zu sprechen! Wäre nur Jessica hier! Sie würde nicht zulassen, dass ich in diesem entwürdigenden Haus bleibe. Niemand hat das Recht, mich ›meine Liebe‹ zu nennen! Der Tee ist indisch, und sie haben das Silber gestohlen. Sie lassen Hubert nicht zu mir. Sie geben Widerworte! Sie lassen keinen meiner Freunde zu mir. Ich sagte ihnen, dass Lady Elgar hinter dem Ganzen steckt – darauf ist ihnen keine Antwort eingefallen! Die Frau hat mich immer gehasst – es hat ihr nicht genügt, Huberts Karriere zu zerstören, sie hat mich auch an diesen abscheulichen Ort bringen lassen und sorgt dafür, dass ich hier verfaule! Ich schreibe ihnen – Lady Tadema, Lady Stanford, Lady Burne-Jones –, aber ich bekomme keine Antwort. Keine einzige von ihnen hat geantwortet, und Jessica kann ich nicht schreiben, weil sie einen anderen Namen angenommen hat …« Sie redete immer weiter und warf sich im Bett hin und her, sodass die Kissen hinunterfielen, und Tante Villy versuchte, sie zu umarmen, aber Lady Rydal war erstaunlich stark und stieß sie fort, und dann rief sie: »Und ich möchte nicht den Nachtstuhl verwenden! Oh! Dass jemand es wagt, mir gegenüber von derartigen Dingen zu sprechen!«, und dann weinte sie – es war entsetzlich –, ein kleines, hohes, winselndes Weinen, und dieses Mal gelang es Tante Villy, sie zu beruhigen, und sie sagte: »Wenn Sie so freundlich wären, mich mitzunehmen, es ist nicht weit, ich wohne in St. John's Wood, in der Hamilton Terrace – die

Hausnummer ist mir entfallen, aber die Tür ist blau, und Bryant setzt Ihnen in der Küche eine Tasse Tee vor, und dann können wir bei der Polizei anrufen ...« Und dann schaute sie Tante Villy zum ersten Mal richtig an und sagte: »Kenne ich Sie?«, und Tante Villy erklärte, wer sie sei. »Ich habe dir deine Lieblingsminzpastillen mitgebracht«, sagte sie. Lady Rydal nahm die Schachtel, öffnete sie und besah die Pastillen, und dann sagte sie: »Ich habe das bestürzende Gefühl, dass Hubert gestorben ist und man mir das verschweigt. Das ist die einzig mögliche Erklärung, weshalb er mich nicht aus dieser Situation errettet.« Darauf sagte Tante Villy: »Ja, Mummy, er ist tot. Deswegen ist er nicht gekommen.« Einen Moment blieb es still, dann sagte Lady Rydal: »Sie verstehen es nicht! Ich brauche Bryant! Bryant sucht für mich die Nummern für das Telefon heraus. Ohne sie ist das Telefon sinnlos! Ich habe Karten drucken lassen, aber ich habe keine Möglichkeit, sie zu verteilen! Dabei erwarten die Leute das von mir. Ich kann mit niemandem in Kontakt bleiben! Ein böser Mensch hat mich überlistet und mich an diesen Ort gebracht und mir nichts gelassen! Ein entsetzlicher Albtraum, der kein Ende nimmt ...« Sie brach ab, schaute zu Tante Villy und fragte in einem völlig anderen Ton, leise und ängstlich: »Bin ich in der Hölle? Ist es das?« Und Tante Villy umarmte sie wieder und beruhigte sie, nein, nein, das sei es überhaupt nicht, und dann klopfte es an der Tür, und eine Schwester kam herein, und Tante Villy bat mich, wieder in den Raum zu gehen, wo wir anfangs gewartet hatten, also weiß ich nicht, was dann passierte.

Im Taxi zum Bahnhof rauchte Tante Villy und war sehr schweigsam, aber als wir im Zug saßen, meinte sie, sie hätte mich nicht mitnehmen dürfen, der Besuch müsse mich doch sehr verstört haben, und ich sagte ja, es sei verstörend gewesen, aber das sei kein Grund, mich nicht mitzunehmen. Und weil sie mir so sehr bedrückt vorkam, fragte ich sie, weshalb Lady Rydal nicht einfach mit uns nach Hause kommen und dort im Bett liegen könne, aber Tante Villy sagte, das ginge nicht, sie würde nicht im Bett bleiben, außerdem brauche sie wegen der Inkontinenz sehr viel Pflege. Ich glaube, das bedeutet, dass man nicht warten kann, bis man auf die Toilette kommt – eine grauenhafte Vorstellung –, aber Tante Villy sagte, sie hätten ihr etwas gegeben, damit sie ruhiger würde, und sie hätten ihr versichert, dass Lady Rydal sich mit der Zeit einleben würde. Ich überlege mir, ob Menschen wohl aus Langeweile am Leben verrückt werden, weil es mir nicht vorkommt, als hätte Lady Rydal jemals Freude an etwas gehabt, aber das wollte ich Tante Villy nicht fragen, weil sie so bekümmert dreinsah. »Wahrscheinlich hat sie sich sehr über die Pastillen gefreut, nachdem wir gegangen waren«, sagte ich, weil ich es entsetzlich fand, die Süßigkeitenmarken für jemanden zu verwenden, der das Geschenk gar nicht zu schätzen weiß, und Tante Villy lächelte und meinte, wahrscheinlich habe ich recht. Sie fragte mich, was du mir gibst, wenn ich eine Füllung bekomme, und ich sagte, für jede einen Shilling, und dann gab sie mir zwei.

Als wir zu Hause waren, erzählten sie, dass König Leopold die Belgier zur Kapitulation aufgefordert hat – was sie natürlich gemacht haben. Aber offenbar kommt er nicht wie Königin Wilhelmina nach England. Außerdem war die Duchy ziemlich aufgeregt wegen Tante Syb, die so große Schmerzen gehabt hatte, dass sie Dr. Carr kommen ließ, der meinte, sie habe ein Geschwür und müsse ins Krankenhaus, um einen Kontrastbrei zu schlucken. Was in aller Welt kann das sein? Wenn man dafür ins Krankenhaus muss, kann er nicht besonders angenehm sein. Während Polly und ich nach dem Abendessen Hausaufgaben machten, kam Tante Villy und fragte, wie viel Aspirin wir für Tante Syb besorgt hätten. Ich antwortete, in dieser Woche ein Fläschchen, aber Polly sagte, sie habe noch ein zweites gekauft. Da meinte Tante Villy, das sei die Erklärung: Offenbar habe Tante Syb zwölf Aspirin am Tag genommen, und davon habe sie das Geschwür bekommen. Polly war unglaublich erleichtert, und natürlich versprachen wir, ihr keine mehr zu besorgen, jetzt, nachdem Dr. Carr sie untersucht hat. Hinterher fragte ich mich allerdings, weshalb Tante Syb überhaupt so viele gewollt hatte. Aber das sagte ich Polly nicht, weil sie mit der Kapitulation Frankreichs und ihrem Vater in London schon genug Sorgen hat.

Mittwoch, 29. Mai

Es ist derart warm und sonnig, dass Polly und ich die ersten Sommerkleider ausgepackt haben. Viel Staat machen wir damit nicht. Wir sind beide gewachsen, deswegen sehen wir lächerlich aus in unseren Baumwollkleidern, und zum Auslassen ist nichts mehr drin, weil Ellen schon im vergangenen Jahr alles ausgelassen hat. Und dann passen sie uns auch an anderen Stellen nicht, von denen ich hier aber nicht sprechen möchte – der Gedanke, hier oder dort Höcker zu bekommen, hat mir nie gefallen, aber Poll war deswegen ganz gelassen. »Es ist ein Schritt auf dem Weg«, sagte sie. »Die bekommt jede.« Ich habe nie verstanden, weshalb es mir, wenn das Ende der Welt bevorsteht, besser gehen sollte, nur weil es allen anderen auch bevorsteht. Ich wünsche mir wirklich sehr, dass Dad schreiben würde. Sogar Zoë hat seit über zwei Wochen keinen Brief von ihm bekommen. Das macht ihr offenbar nicht so viel aus, ihr sind Telefongespräche lieber – mir auch, aber wenn er anruft, bekommt Zoë natürlich den Löwenanteil.

Mittlerweile fliegen so viele Flugzeuge über uns hinweg, dass wir sie kaum noch bemerken. Tante Syb und Zoë sagten, sie würden jeder von uns zwei neue Kleider nähen, wenn Tante Villy den Stoff dafür kaufte, und so fuhr sie mit uns im Auto nach Hastings – was für ein Luxus! –, und als wir an der Strandpromenade ausstiegen, um das Meer zu sehen, hörten wir in der Ferne ein donnerndes Grollen, und Tante Villy meinte, das seien Geschütze. Es waren ziemlich viele Leute da, sie stützten sich nur auf das Geländer und starrten aufs Wasser. Natürlich kann man Frankreich von dort nicht sehen, weswegen die Geschütze noch schlimmer waren. Das Meer war spiegelglatt, aber wir sahen keine Schiffe. Dann sagte Tante Villy: »Nun ja, in hundert Jahren kräht kein Hahn mehr danach«, aber das war die einzige ärgerliche Bemerkung, die sie an dem Tag machte, und dann gingen wir zum Stoffgeschäft. Tante Villy sagte, innerhalb eines gewissen Rahmens dürften wir kaufen, was wir wollten, womit sie vermutlich meinte, dass wir keinen Stoff bekommen würden, der ihr nicht gefiel. Polly wünschte sich etwas Rosafarbenes, weil Tante Syb sie wegen ihrer Haare immer nur in Blau- und Grüntöne kleidet. »Aber ich finde, dass Rosa und Rot wunderschön zusammenpassen«, sagte sie. Sie wählte einen Pikee in der Farbe von Erdbeereis und einen lilafarbenen Tootal-Baumwollstoff mit winzigen Streublumen, aber ich wusste nicht, was ich nehmen sollte, weil mir Kleider eigentlich ziemlich egal sind, nur mag ich es nicht, wenn sie viele Rüschen haben und zu mädchenhaft sind. Ich bat Polly, etwas für mich auszusuchen, weil ihr solche Sachen richtig Spaß machen. Sie entschied sich für einen Stoff, der Gingham heißt – grünlich-graue oder grau-grüne Karos in kleinen weißen Quadraten, und einen anderen mit gelben und weißen Streifen. Tante Villy befand alle für gut und kaufte dreieinhalb Meter von jedem. »Vielleicht müssen sie sehr lange vorhalten«, sagte sie. Dann gingen wir in eine Drogerie, wo Tante Villy Holzkohlekekse für Tante Syb kaufte und eine gute Taschenlampe für Miss Milliment, damit sie auf dem Rückweg zum Cottage etwas sieht, weil sie vergangene Woche hinfiel und das Blut an ihren Strümpfen klebte, was ihr aber gar nicht aufgefallen war. Das heißt nach Polls und meiner Ansicht, dass sie ihre Strümpfe nachts nicht auszieht, was wirklich ungewöhnlich ist. Danach gingen wir noch in einen Buchladen, und jede von uns durfte sich ein Buch aussuchen, bis zu zwei Shilling, sagte Tante Villy ganz lieb, und ich nahm Gespenstergeschichten von M.R. James und Polly …

Dad hat angerufen! Und er hat geschlagene sechs Minuten mit mir gesprochen! Er sagte, stör dich nicht an den Piepgeräuschen, ich möchte wirklich mit dir reden. Er sagte, dass er fast nicht mehr seekrank wird, aber wahrscheinlich nur, weil er schon so lange auf See ist, dass er genug Zeit hatte, sich daran zu gewöhnen. Er sagte, als er dieses Mal an Land kam, hätte ein ganzer Stapel Briefe auf ihn gewartet – sogar einer von Neville. Ich sagte, es sei schwierig, von einem Ort, an dem nichts passiere, interessante Briefe zu schreiben, aber er meinte, ich schriebe sehr gute Briefe, die er wirklich gern lese, und ich solle nur immer so weitermachen. Er sagte, recht hätte ich mit dem Taschengeld – ich solle Tante Rach Bescheid geben. Ich fragte ihn, wann er Heimaturlaub bekäme, und er sagte, das wisse er nicht. Er werde sehr bald wieder ablegen, aber wenn er zurückkäme, werde er wieder anrufen. Ich fragte ihn, ob er wisse, ob Menschen durch Langeweile leichter verrückt würden, aber das wusste er nicht und fragte, weshalb ich frage, und so erzählte ich ihm von Tante Villys Mutter, und er sagte, ach, vielleicht hätte ich recht. Dann machte er ein Geräusch wie ein Zerstörer, der sich über etwas freut – eine Art hupendes Keuchen, was sehr komisch klang. Ich wusste nicht, womit sie es machten. Mit mir natürlich, sagte er, und wir lachten über die Piepgeräusche hinweg. Dann bat er mich, wie immer, auf Zoë aufzupassen, und ich sagte, ich täte mein Bestes, aber das schien er gar nicht zu hören, weil er immer weiterredete davon, dass sie das Kind bekomme, während er nicht da sei, und wie schwer das für sie sei. Ich sagte, sie wirke ganz gelassen und als habe sie sich mit ihrem Schicksal abgefunden, was er beruhigend fand. Ich fragte ihn, wie seiner Ansicht nach der Krieg laufe, und er meinte, im Moment wohl nicht so gut, aber er sei sich sicher, dass sich das Blatt noch wenden werde. Dass unser Schicksal davon abhängt, dass sich ein Blatt wendet – das werde ich Polly nicht erzählen. Dann sagte er, er sollte wohl auch mit der Duchy sprechen, und ich bat Polly, sie zu holen, und während sie das tat, sagte er: »Vergiss nicht, dass ich dich schrecklich lieb habe«, und ich sagte, ich hätte ihn auch lieb. Und dann kam die Duchy, und er sagte »Schlaf gut«, was dumm von ihm war, weil es erst halb sieben war. Komisch, ich habe mir so lange gewünscht, dass er anruft oder schreibt, und jetzt bin ich einfach nur furchtbar traurig – und ein bisschen Angst habe ich auch. Mir sind ganz viele Sachen eingefallen, die ich ihm nicht erzählt habe, und jede ist für sich genommen eher belanglos, aber ich wünschte mir trotzdem, ich hätte sie ihm alle erzählt, weil es im Lauf der ganzen Wochen so viele Dinge werden, und in einem Jahr erkennt er mich vielleicht überhaupt kaum mehr. Bei ihm ist es anders, denn im Großen und Ganzen habe ich das Gefühl, dass Erwachsene sich nicht verändern. Wenn das stimmt, würde ich gerne wissen, wann Menschen mehr oder minder fertig sind und so bleiben, wie sie geworden sind. Und ob sie den Zeitpunkt selbst bestimmen können.

Nach dem Anruf habe ich Dads wegen geweint. Eigentlich wollte ich das nicht aufschreiben, aber jetzt habe ich es hingeschrieben, also bleibt es stehen. Er fehlt mir einfach so schrecklich, und seine Stimme zu hören und sie dann nicht mehr zu hören, ist schier unerträglich. Ich glaube, dass Liebe durch Sex weniger anstrengend wird. Wenn es also um Liebe geht, aber Sex nicht infrage kommt – ich möchte wirklich überhaupt nicht mit Dad schlafen, aber ich kann mir vorstellen, dass es etwas sehr Beruhigendes hätte.

Hier überlegte sie sich wieder einmal, dass »mit jemandem schlafen« mehr bedeuten musste, als einfach mit der Person im selben Zimmer oder Bett zu schlafen. Aber so sehr sie sich auch den Kopf zerbrach, konnte sie sich nichts darunter vorstellen. Und wen konnte sie fragen? Die wenigen Male, als sie vorsichtig versucht hatte, Miss Milliment zu dem Thema auszuhorchen, hatte sie den Eindruck bekommen, dass diese sich nicht besonders für Sex interessierte. Sie hatte ziemlich vage Auskünfte gegeben, etwa, er sei lediglich ein Aspekt und zudem einer, den man, außer in biologischer Hinsicht – und Biologie unterrichte sie nicht – lieber der Erforschung zum rechten Zeitpunkt und weniger der Diskussion überlassen solle, die in ihren Augen weder Nutzen noch Sinn habe. So gelangte Clary wieder einmal zu der Einsicht, dass sie jemanden finden müsse, in den sie sich verlieben konnte, um eine Antwort zu bekommen. Daraufhin verging ihr eine Weile die Lust, Tagebuch zu führen.

Freitag, 31. Mai
Die Tanten sind nach Tunbridge Wells gefahren. Tante Syb soll ihren Bariumbreischluck bekommen, wie er genau heißt und was offenbar eine dickflüssige, kreideartige Masse ist, die man auf einen Schluck trinken muss, und dann können sie den Magen röntgen und erkennen, ob man ein Geschwür hat. Außerdem besucht die arme Tante Villy wieder ihre Mutter. Sie haben Miss Milliment mitgenommen, weil sie für ihre Augen eine bessere Brille braucht. Zoë hat das gelb gestreifte Kleid für mich genäht. Es gefällt mir ganz gut, obwohl ich darin ein bisschen lächerlich aussehe. Zoë sagte, dass ich weiße Sandalen dazu tragen sollte, aber ich mag meine Strandschuhe lieber. Es ist recht heiß, und fast ständig fliegen Flugzeuge über uns hinweg. Ich weiß, dass diese Woche eine ganz außergewöhnliche ist, aber mir fällt nichts ein, was ich darüber sagen könnte. Es gibt weiterhin Frühstück, Mittag- und Abendessen, wir bekommen Unterricht und haben den Nachmittag frei (ha, ha). Jedes

Mal fällt ihnen irgendeine langweilige Aufgabe für uns ein. Heute mussten wir Holz, das Tonbridge und McAlpine gesägt hatten, zum Aufstapeln in die Garage schleppen. Im Holz wimmelte es vor armen Käfern und Asseln, und Polly verschwendete unglaublich viel Zeit damit, sie abzusammeln und in Sicherheit zu bringen, obwohl sie wahrscheinlich eines natürlichen Todes sterben würden, bevor das Holz verbrannt wird. Zurzeit werden Männer aus Frankreich zurückgeholt, aber es sind Tausende, und ziemlich viele sind verwundet, was die Sache schrecklich schwierig machen muss. Sie quartieren die Genesenden aus der Mill Farm aus für den Fall, dass die Betten für Soldaten gebraucht werden. M.R. James ist ziemlich gut: Er schreibt, als trüge er immer einen dunklen Anzug. In Hemdsärmeln kann man ihn sich nicht vorstellen. Die Geschichten jagen mir genau im richtigen Maß Angst ein. Meine Güte, ich kann Stricken nicht leiden! Poll macht es Spaß, weswegen sie es natürlich viel besser kann als ich.

Das Problem mit dem Tagebuch ist, dass ich das Gefühl habe, es ständig weiterführen zu müssen. Polly hat mit ihrem ganz aufgehört; andererseits ist sie diejenige, die jeden Tag ein bisschen in der *Times* liest – in gewisser Hinsicht würde sie, wenn sie Tagebuch schriebe, einen wesentlich besseren Einblick geben in das, was momentan passiert – nur rund hundert Kilometer von uns entfernt. Sie sagt, dass sie manchmal die Geschütze hört, aber sie lauscht danach, und womöglich bildet sie es sich auch nur ein.

An dieser Stelle hielt sie bedrückt inne. Es war ja recht und schön, dass sie historische Zeiten durchlebten, wie Tonbridge zu Mrs. Cripps sagte – das hatte sie zufällig gehört, als sie Miss Milliment ihr vormittägliches Glas heißes Wasser holte. Aber was passierte denn eigentlich? Und zu welchem Zweck? Wenn man das nicht wusste, war es schlicht unmöglich, Gefühle dafür aufzubringen, die interessant genug waren für ein Tagebuch. Sie hatte nur ein einziges Gefühl, nämlich dass Dad ihr fehlte und sie Angst hatte, er könnte torpediert oder erschossen oder sonst etwas werden. Vielleicht ging es ja allen so? Vielleicht machten sich alle Sorgen um das Einzige, das sie kannten, und der Rest blieb ein hässliches Rätsel. Sie beschloss, in der Sache nachzuforschen. Den Anfang machte sie bei den Dienstboten, weil die wenigstens innehielten bei dem, womit sie gerade beschäftigt waren, und eine Antwort gaben. Dottie war dabei, die Betten aufzudecken und sagte nur, Mrs. Cripps sage, dass Hitler nicht wisse, wann das Maß voll sei. Als Clary sich erkundigte, was sie denn dabei empfinde, sah sie verwirrt drein, schließlich war sie noch nie zuvor gefragt worden, was sie wegen irgendetwas empfinde. »Ich habe keine Ahnung, bei meiner Seele nicht«, sagte sie, zog die Tagesdecke mit einer raschen Bewegung vom Bett und legte die Ecken korrekt aufeinander, so, wie Eileen es ihr beigebracht hatte. Ellen, die gerade Wills badete, sagte, sie sei sicher, dass alle Soldaten zurückkommen würden, und am besten sehe man immer das Positive. Eileen sagte, wir dürften nicht vergessen, dass wir eine Marine hätten und Menschen wie Hitler es immer zu weit trieben. Vorsicht sei besser als Nachsicht. Mrs. Cripps sagte, Hitler wisse nicht, wann das Maß voll sei, wir müssten an unsere Luftwaffe denken – und fügte etwas geheimnisvoll hinzu, die Letzten würden die Ersten sein. Der Brig meinte, sie solle sich nicht ihr hübsches kleines Köpfchen über all das zerbrechen. Er bekam gerade von Tante Villy einen Haarschnitt verpasst, was ziemlich schwierig war, da er nur wenige Haare hatte. Tante Villy sagte, wir müssten unsere Hoffnung auf Mr. Churchill setzen. Tante Rach sagte, es sei alles ziemlich schrecklich, aber mach dir nicht zu viele Sorgen um deinen Dad, Küken – und so ging es immer weiter. Ihr kam es vor, als wüsste keiner von ihnen besonders viel oder als seien sie, sofern sie etwas wussten, nicht bereit oder willens, es ihr zu sagen. Sie gab auf, nachdem sie beschlossen hatte, Polly nicht mit der Sache zu behelligen, aus Sorge, das könnte sie zu sehr belasten. Aber als sie sich an dem Abend ganz allmählich bettfertig machten, fragte Polly unvermittelt: »Was glaubst du, wie es wirklich wäre, wenn die Deutschen tatsächlich hier einmarschierten?«

Das hatte sie sich sogar schon mehrmals vorzustellen versucht, aber ihr waren zu viele Bilder gekommen, die nicht zusammenpassten. Menschen, die auf dem Scheiterhaufen verbrannt wurden, kleine Jungen, die wie in viktorianischer Zeit die Schornsteine hochgeschickt wurden, der Trafalgar Square gedrängt voll Deutscher mit ihren Suppentopf-Helmen, versklavt zu werden, ins Gefängnis geworfen zu werden, Hitler, der in Home Place lebte, und sie alle mussten seine Hemden waschen, für ihn kochen und seine Hausarbeit erledigen, angespuckt zu werden, Deutsch lernen zu müssen, von Schwarzbrot und Wasser zu leben – diese und viele andere willkürliche Szenen wirbelten ihr durch den Kopf, und sie alle waren natürlich entsetzlich, aber ebenso auch müßig und sinnlos.

»Was meinst du?«, fragte sie.

»Ich finde es so schwierig, überhaupt darüber nachzudenken. Wahrscheinlich könnten sie uns alle umbringen und dann viele Deutsche herschicken, um hier zu leben, und wenn sie uns nicht umbringen, dann wären sie wahrscheinlich richtig ekelhaft zu uns, aber das kommt mir alles überhaupt nicht real vor. Ich meine, ich verstehe nicht, was sie davon haben sollten.«

»Na ja, England und alles, was es hier gibt – und das zum Teil richtig wertvoll ist, wie die Gemälde in der National Gallery und die Kronjuwelen und Tausende von Häusern, in denen sie leben können. Und natürlich mengenweise Strände – Seebäder haben sie nicht gerade viele.«

»Aber jetzt haben sie doch Holland und Frankreich und Norwegen und Belgien.«

»Na ja, dann würden sie die Welt beherrschen. Sie würden ja auch das ganze Empire bekommen, nicht nur England. Ich meine, das ist es doch, wonach Diktatoren streben, oder nicht? Napoleon und so.«

Polly seufzte. »Ich muss sagen, allmählich sehe ich den Sinn darin, Kriegsgegner zu sein, so wie Christopher letztes Jahr.«

»Ich nicht. Das ist sinnlos, sofern nicht alle Menschen Kriegsgegner sind, und es liegt auf der Hand, dass es dazu nie kommen wird.«

»Das ist ein dummes Argument, wie du sehr wohl weißt. Alle Reformen gehen von einigen wenigen Menschen aus, die vorher nur ausgelacht wurden, oder von Märtyrern.«

»Wie auch immer, wir haben das Recht auf unserer Seite«, antwortete Clary. Es kränkte sie, als dumm bezeichnet zu werden. »Mr. Churchill sagt, dass Hitler und alles, wofür er steht, schlecht ist.«

»Ja, aber das ist eine Sache, die gute Führer auszeichnet: Es gelingt ihnen immer, ihrer Seite das Gefühl zu geben, im Recht zu sein. Ich wette, das macht Hitler auch. Und wenn man bedenkt, dass niemand zu wissen scheint, was wirklich vor sich geht, ganz zu schweigen, warum, ist das der springende Punkt.«

Dem konnte Clary nichts entgegensetzen – genau das hatte sie am Nachmittag selbst herausgefunden. Außer ... »Du glaubst doch nicht, dass die Onkel und alle es doch wissen, aber finden, dass sie es uns nicht sagen sollten?«

»Die Frage habe ich vergangenes Wochenende Dad gestellt. Und er sagte: ›Polly, wenn ich irgendetwas mit Sicherheit wüsste, würde ich es dir sagen. Du hast genauso ein Recht darauf, das zu erfahren, wie jeder andere auch.‹«

»Aber was denkt er?«

Polly zuckte mit den Achseln, machte aber ein beklommenes Gesicht. »Das wollte er mir nicht sagen.«

Sie sahen sich an. Clary hatte ihr Nachthemd angezogen – Polly war nackt und suchte unter dem Kissen nach ihrem. Als sie es gefunden und sich über den Kopf gestreift hatte, sagte sie: »Na ja, was immer passiert, lass uns beide zusammenbleiben. Du bist meine beste Freundin, Clary, mit dir ist alles besser. Und ohne dich wäre alles schlimmer.«

Tränen schossen Clary in die Augen, ihr schwindelte, sie war sprachlos, und eine Woge der Freude erfasste sie, ein Gefühl von Trost und Zuneigung breitete sich in ihr aus, und sie brachte mühsam heraus: »Das geht mir genauso.«

Sonntag, 2. Juni

Liebster Dad,
ich schreibe dir schon so bald wieder, weil es ausnahmsweise viel zu erzählen gibt. Als Erstes: Onkel Edward ist tatsächlich in Dünkirchen gewesen! Er hat zwei Tage freibekommen und segelte in einer Jacht, die einem seiner Freunde aus dem Club gehört, nach Frankreich hinüber, und dann mussten sie ankern, weil die Jacht einen so großen Tiefgang hat, und Onkel Edward ist mit dem Beiboot an den Strand gerudert, bis das Wasser seicht genug war, damit die Soldaten ins Boot steigen konnten. Dreimal ist er hinübergerudert, weil einschließlich Onkel Edward nur vier Leute ins Beiboot passten. Neun Mann hat er an Bord gebracht, und dann ist er ein viertes Mal losgerudert und hat einen Verwundeten geholt, aber dann wurde das Boot getroffen und ist gekentert, und er musste zur Jacht zurückschwimmen mit dem Verwundeten, den er über Wasser gehalten hat, und das dauerte sehr lang, und dann war die Jacht so voll, dass sie lieber nach England zurückfuhren, weil viele Bomben herunterfielen und deutsche Flugzeuge sie mit Maschinengewehren beschießen wollten, aber Onkel Edward sagte, unsere Luftwaffe habe ihr Bestes getan, um das zu verhindern. Das hat Onkel Edward mir aber nicht persönlich erzählt, sondern Onkel Hugh am Telefon, und der hat uns allen davon berichtet. Er sagte, Onkel Edward habe Munitionssplitter in der linken Schulter abbekommen, aber es ginge ihm trotzdem gut. Das Schlimmste sei gewesen, dass sie nicht genug zu trinken dabeigehabt hätten – nur einen kleinen Tank Wasser und eine Flasche Brandy und Büchsen mit Kondensmilch, aber keinen Dosenöffner; sie mussten sie mit einem Schraubenzieher aufbrechen. Sie machten Tee in einem Topf gleich mit der Milch darin, und Onkel Edward sagte, es habe grauenhaft geschmeckt, also habe er großmütig verzichtet. Das Benzin ist ihnen aus-

gegangen. Da konnten sie England schon sehen, aber es war ziemlich windstill, und deswegen brauchten sie ewig, um die letzte Strecke zurückzusegeln. Unterwegs sangen sie Lieder – »Roll Out the Barrel« und »We're Going to Hang Out the Washing On the Siegfried Line«, »Run Rabbit Run«, und dann, Onkel Edward zuliebe, »It's A Long Way to Tipperary«. Da waren einige schon eingeschlafen, sagte Onkel Edward, und einer übergab sich sage und schreibe sieben Mal, obwohl das Meer so ruhig war. Nur gut, dass er nicht zur Marine gegangen ist, Dad, oder? Ach, ich vergaß, Onkel Hugh sagte, dass Onkel Edward richtig an Land gehen musste, um den Mann zu holen, der nicht laufen konnte, und ihn zum Beiboot trug, also war es besonders schlimm, dass es ausgerechnet da getroffen wurde. Onkel Hugh sagte, Onkel Edward habe sich grandios geschlagen und verdiene eine Medaille, und die ganze Familie war aus dem Häuschen, und beim Dinner haben wir auf ihn angestoßen, und er rief an und unterhielt sich mit Tante Villy. Offenbar darf er es nicht noch mal machen, weil sein Vorgesetzter sagte, er solle zum Aerodrom zurückkommen, und zwar stracks. Das ist ein gutes Wort, Dad, findest du nicht auch? Es klingt wie der Name für einen unternehmungslustigen Hund. Polly meinte, dass ihr Vater ein bisschen neidisch auf Onkel Edward ist, aber wahrscheinlich wäre es ziemlich schwierig, Menschen zu retten, wenn man nur eine Hand hat. Er hat nach dir gefragt, Dad, aber wir konnten ihm nichts sagen.

Die nächste Nachricht ist nicht besonders gut, weil sie Neville betrifft. Er durfte dieses Wochenende nicht nach Hause kommen, dreimal darfst du raten, warum. Also, er hat mit einem anderen Jungen einen Garten – alle haben Gärten –, und die sollten an einem bestimmten Tag bewertet werden, und Neville schüttete Unkrautvernichter auf die anderen Gärten, damit er gewann, allerdings war es die Art Mittel, bei der erst einmal alles ganz toll wächst, und genau das passierte bis zum Tag der Bewertung, und dann haben er und Farquhar – der andere Junge – ihre ganzen Pflanzen so oft umgesetzt, dass sie welk waren, und sie landeten auf dem letzten Platz, aber jemand hat gepetzt, und die Sache flog auf, und das Ganze war ein richtiger Reinfall für ihn. Die Geschichte wirft ein ziemlich schlechtes Licht auf seinen Charakter, der immer schon seine Schwachstelle war. Als Nächstes verabreicht er jemandem, der Klassenbester werden könnte, Unkrautvernichter, und in dem Fall wandert er vermutlich, sobald er alt genug ist, ins Gefängnis. Dad, glaubst du, dass Menschen sich ändern können? Ich glaube schon, aber nur, wenn sie es selbst wollen, und das Problem mit Neville ist, dass ihm seine schlechten Seiten offenbar überhaupt nicht bewusst sind, was recht erstaunlich ist angesichts der Tatsache, dass er so viele hat. Aber ich weiß, wir müssen immer vom Besten ausgehen.

Sie las den Absatz über Neville noch einmal durch, denn sie hatte das ungute Gefühl, dass Dad sagen würde, sie sei zu streng mit ihm. Aber dann sagte sie sich, dass sie nur die Wahrheit geschrieben hatte, und was konnte er sonst erwarten?

Bei der dritten Nachricht – dass Zoë an dem Morgen angefangen hatte, ihr Kind zu bekommen – zögerte sie mit dem Schreiben. Jetzt zog es sich schon stundenlang hin, und Tante Villy und Tante Rach halfen Dr. Carr und der Schwester. Die Schwester war nach dem Mittagessen gekommen, und Dr. Carr hatte dreimal vorbeigeschaut und jedes Mal gesagt, es sei noch zu früh für ihn zu bleiben. Sie hätte furchtbar gern zugesehen, weil sie noch nie die Geburt eines Kindes erlebt hatte, aber alle hatten gesagt, dass sie natürlich nicht dabei sein dürfe, und sie solle sich bitte aus dem Teil des Hauses entfernen, aber sie und Polly hatten vor Zoës Fenster herumgestanden und einmal ein unterdrücktes Schreien gehört, das sie irritierte und entsetzte.

»Glaubst du, dass es sehr wehtut?«, hatte sie Polly gefragt.

»Ich denke schon – sonst würden sie nicht alle so munter und wegwerfend darüber reden.«

»Wenn, dann ist die Planung ziemlich schiefgelaufen angesichts dessen, wie viele Frauen das durchmachen müssen, damit die Menschheit nicht ausstirbt.«

»Als Miss Boots Katze ihre Jungen bekommen hat, sind sie einfach herausgeflutscht, ganz problemlos, wie Zahnpasta aus der Tube. Es sah überhaupt nicht schmerzhaft aus.« Polly hatte an Ostern das Glück gehabt, das zu sehen, im Gegensatz zu Clary.

»Man kann nicht davon ausgehen, dass Menschen wie Katzen sind. Neugeborene Kätzchen sind ganz klein und süß und weich – Kinder sind viel schwieriger, sie haben Ohren am Kopf und Zehen und Finger und alles Mögliche, das absteht.«

Da keine von ihnen genau wusste, was wirklich vor sich ging, unterhielten sie sich eher flapsig darüber, was jede bei der anderen als Zeichen von Schrecken und Unkenntnis erkannte, doch darüber sprachen sie nicht.

»Außerdem«, fügte Polly hinzu, »wenn es wirklich kinderleicht wäre, würden Menschen viele auf einmal bekommen, um sich den ganzen Ärger zu ersparen.«

Im Stillen fragte Clary sich automatisch, ob Zoë wohl sterben würde – schließlich war ihre eigene Mutter dabei gestorben –, und sie überlegte sich, dass sich Dad deswegen bestimmt mehr Sorgen machen würde als die meisten anderen Väter. Was bedeutete, dass sie besser nichts davon schrieb, bis man mehr wusste.

Also, liebster Dad, ich glaube, heute Abend gibt es nichts mehr zu erzählen. Zum Lunch haben wir Kaninchen bekommen, weil Mr. McAlpines Frettchen gestern vier gefangen haben. Was die Rationierung angeht, zählen Kaninchen nicht als Fleisch. Ach ja – Tante Sybil ist nach Tunbridge Wells gefahren, um herauszufinden, ob sie ein Geschwür hat, und sie bekam einen Bariumbreischluck, und sie hat eins. Zoë hat mir ein sehr hübsches Kleid genäht und ein zweites zugeschnitten. Tante Syb näht Polly auch zwei. Tante Villy hat Miss Milliment eine Strickjacke gekauft, aber sie war nicht groß genug, was ziemlich peinlich war. Es hätte mich gefreut, weil ihre andere Strickjacke ziemlich stark nach warmem Käse riecht, was komisch ist, weil wir wegen der Rationierung sehr selten Käse bekommen, es sei denn, er ist mit Blumenkohl vermischt – mein Unlieblingsessen –, was es einmal die Woche gibt. Tante Villy sagte, sie würde eine andere kaufen, wenn sie nächste Woche nach London fährt, weil es dort Übergrößen gibt, und genau das ist Miss Milliment – übergroß. Ich lese gerade eine richtig schaurige Schauergeschichte, *Das Durchdrehen der Schraube* von Henry James. Miss Milliment habe ich nichts davon erzählt, weil darin eine Gouvernante vorkommt, die ich ziemlich bösartig finde, und sie könnte sich gekränkt fühlen. Sie löst das *Times*-Kreuzworträtsel innerhalb von zwanzig Minuten. Sie hat eingewilligt, uns in Französisch zu unterrichten, weil es sonst niemanden gibt, der das könnte. Sie spricht es herausragend, obwohl ihr Akzent nicht annähernd so gut ist wie deiner, Dad. Du hast wirklich Glück gehabt, in Frankreich zu studieren. Ich glaube nicht, dass Polly oder ich jemals dahinkommen werden, ehe wir zu alt sind, um Sprachen zu lernen, wenn überhaupt. Wie auch immer – *je t'aime*. Einem Vater kann man das sagen, wenn ich es allerdings, nehmen wir mal an, zu Mr. Tonbridge sagen würde, hieße es *je vous aime*, aber das würde mir natürlich nie einfallen. Er sieht immer aus, als sollte er eigentlich eine völlig andere Gestalt haben, aber jemand oder etwas hätte ihn zum Schrumpfen gebracht. Er ist nett, aber ich *aime* ihn nicht. Dich allerdings schon. In Gedanken umarme ich dich. Clary.

Bald war Zeit für das Abendessen, wie die Duchy das Dinner am Sonntag immer nannte. Nachdem sie ihren Brief adressiert hatte, fiel ihr ein, dass sie wieder keine Briefmarke hatte, und sie beschloss, eine aus dem Arbeitszimmer des Brig zu stibitzen und sie am Montag zu ersetzen. Dr. Carrs Wagen stand in der Auffahrt, auf der Treppe begegnete ihr Dottie mit einem Eimer heißes Wasser. Vielleicht war das Kind fast geboren, aber jetzt ging es ihr nur um ihre Briefmarke. In der Halle blieb sie stehen. Im Salon liefen die Nachrichten, was bedeutete, dass die meisten, wenn nicht alle Erwachsenen dort sein und zuhören würden. Der Himmel jenseits der Glaskuppeln hatte die Farbe von wilden Veilchen, die Haustür stand offen und bildete einen dunklen Rahmen für die Ecke des Gartens, auf die er den Blick freigab: Ein Beet weißer Tulpen, die zu Elfenbein changierten, der sie umgebende kupfrige Goldlack schimmerte in der Abendsonne wie der Rücken von Bienen. Wogen seines köstlichen Dufts trieben herüber, zogen fort und kehrten zurück. Sie empfand einen Moment reinsten, schiersten Glücks, das sie völlig umfing – reglos musste sie stehen bleiben. Dann, unmerklich, war der Moment vorüber, ging in die Vergangenheit über, und sie kehrte zur vertrauten Belanglosigkeit ihres Vorhabens zurück: Sie war nur auf dem Weg ins Arbeitszimmer, um eine Briefmarke zu holen.

Dort war es immer dunkler als in jedem anderen Raum, vorwiegend wegen der voluminösen Geranientöpfe, auf die der Brig beharrte; sie standen auf den Fenstersimsen und sperrten einen Großteil des Lichts aus. Es roch nach Zigarrenrauch, nach Holzproben und dem Zedernfurnier, mit dem die zahlreichen, vielfach geöffneten Schubladen ausgelegt waren, und nach Bessies Korb – sie war ein alternder Hund mit dem modrigen Geruch eines Tiers, das sich häufig in dunkle, stille Tümpel stürzt. Clary setzte sich auf den gigantischen Schreibtischstuhl aus Mahagoni mit dem kratzigen Rosshaarsitz und überlegte, wo sie suchen sollte. Jetzt, da sie wirklich hier war, kam ihr das Stibitzen einer Briefmarke weit mehr als gedacht wie Diebstahl vor. Das Borgen einer Marke, korrigierte sie sich, aber wenn sie darum bäte, müsste sie eine der endlosen Geschichten des Brig über sich ergehen lassen und noch dazu warten, bis die Nachrichten vorbei waren, während sie, wenn sie die Marke gleich nahm, den Brief noch vor dem Abendessen in den Postkasten an der Straße werfen konnte, und er würde Dad früher erreichen. Sie würde morgen eine andere Marke kaufen und sie einfach zurücklegen und nichts sagen, also war es im Grunde überhaupt kein Diebstahl. Sie durchsuchte die Schubladen und hatte gerade einen riesigen Bogen mit Briefmarken zu einem halben Penny gefunden, als das Telefon läutete. Es war das einzige Telefon im Haus, und sie wusste, wenn sie nicht abhob, würde jemand kommen und sie hier ertappen. Sie zog den Apparat zu sich, nahm den Hörer ab und drückte ihn ans Ohr. Eine Telefonistin fragte: »Ist dort Whatlington zwei eins?«, und sie sagte »Ja«. »Ich habe Commander Pearson für Sie in der Leitung«, sagte die Stimme. Es knisterte eine ganze Weile, und dann sagte ein Mann mit einer Stimme, die sehr müde klang: »Mrs. Cazalet? Spreche ich mit Mrs. Rupert Cazalet?«, und irgendetwas trieb sie dazu zu sagen: »Ja, Mrs. Cazalet am Apparat.«

»Hören Sie«, sagte er, »ich bin Ruperts Vorgesetzter. Ich weiß nicht, ob Sie das Telegramm schon erhalten haben, aber ich wollte Ihnen einfach sagen, wie entsetzlich leid es mir tut. Wir hatten Rupert alle sehr gerne – hören Sie, sind Sie noch da?«

Sie musste bejaht haben, denn er fuhr fort: »Aber was ich vor allem sagen wollte, ist, Sie dürfen die Hoffnung nicht aufgeben. Wissen Sie, er hat am Strand mitgeholfen, die Einschiffung von einem Gutteil der tausend Soldaten zu organisieren, aber als es hell wurde, mussten wir ablegen. Er hat ganze Arbeit geleistet, und es ist gut möglich, dass er in Gefangenschaft geraten ist. Schrecklich für Sie, ich weiß, aber nicht das Schlimmste. Ich wollte nicht, dass Sie einfach nur ein Telegramm bekommen, denn dort heißt es bloß, er sei vermisst. Es tut mir wirklich entsetzlich leid, Mrs. Cazalet. Ich weiß, es ist ein grausamer Schock, aber irgendwie hatte ich das Gefühl, es Ihnen selbst sagen zu müssen, ich wollte es nicht dem Telegramm überlassen. Natürlich schicken wir seine Sachen an Sie zurück. Hören Sie – die Verbindung ist teuflisch –, sind Sie noch dran?«

Es gelang ihr zu sagen, ja, sie sei noch am Apparat, und danke, dass er es ihr mitgeteilt habe.

»Es tut mir wirklich leid, Ihnen die Nachricht überbringen zu müssen. Aber verlieren Sie nicht den Mut. Wenn er in Gefangenschaft geraten ist, könnte es eine ganze Weile dauern, bis Sie von ihm hören, aber ich an Ihrer Stelle würde darauf vertrauen. Wir drücken alle die Daumen.«

Sie dankte ihm dafür. Sie merkte, dass er nach weiteren Worten suchte, und dann sagte er: »Es tut mir unendlich leid. Also – leben Sie wohl«, und das Gespräch war beendet.

Sie hatte den Hörer so fest ans Ohr gepresst, dass es schmerzte, als sie ihn zurücklegte. Vor Schock war sie ganz ruhig – ihr kam sogar der banale Gedanke, dass es das Gespräch vielleicht nie gegeben hätte, wenn sie sich nicht als Zoë ausgegeben hätte – dass es sich einfach um eine Art simpler kindlicher Gerechtigkeit handelte: Sie hatte gelogen, also geschah es ihr nur recht. Das war Unsinn, aber das andere war kein Unsinn. Dad war ... Tränen liefen ihr über die Wangen. Dad war ... könnte ... nein – er könnte nicht! – aber sie, die den unvorstellbaren, unerträglichen Verlust bereits einmal erlebt hatte, konnte nicht daran zweifeln, dass er ein zweites Mal passieren könnte. So schrecklich es auch war, das änderte gar nichts.

Sie saß noch immer auf dem Stuhl, Tränen strömten ihr über die Wangen, als viel später Tante Rach kam, um etwas aus dem Arbeitszimmer zu holen. Sie konnte das ganze Gespräch genau wiedergeben – und erzählte lediglich, Commander Pearson habe sie für Zoë gehalten, und bis sie ihn aufklären konnte, war es zu spät. Andere drängten herein, der Raum füllte sich mit Menschen, die sie trösten wollten, und sie starrte alle reihum an, als könnte sie sie weder hören noch verstehen. Schließlich stand sie mit steifen Beinen auf und ging Polly suchen.

Zoës Kind – eine Tochter – kam am späteren Abend zur Welt, und am nächsten Morgen traf das Telegramm ein, aber sie erzählten Zoë nichts davon, bis sie sich ein wenig von der langwierigen Entbindung erholt hatte. In der Zwischenzeit hatten sie nichts weiter von Rupert gehört.

POLLY

JULI 1940

Der Himmel war von einem perfekten Blau ohne eine einzige Wolke, aber er war nicht leer.

»Ich zähle sieben«, sagte Christopher, und im gleichen Moment sah auch sie es: sieben kleine perlenartige Bläschen, die durch das Gewicht der winzigen starren Gestalten unter ihnen nach unten trieben. Höher am Himmel erschienen wie aus dem Nichts fünf Bomber, die sich schwarz vor der Sonne abhoben, und über ihnen kreiselten die Jäger und tauchten herab, hektisch wie Schwalben auf Insektenfang, schwenkten scharf und stiegen wieder auf, um an Höhe zu gewinnen, zogen mit ihren Kondensstreifen weiße Spuren über den Himmel, ihre Flügelspitzen glitzerten im gleißenden Licht. Es war unmöglich, nicht hinzusehen. Ein Jäger stieß nach unten, um einen Bomber zu attackieren, und wurde von einem anderen Jäger über und hinter sich getroffen. Er änderte die Richtung, wollte aufsteigen, der Angreifer dicht hinter ihm, ein zweiter Treffer, dann ging er unvermittelt in einen tödlichen Sturzflug über, schwarze Rauchwolken ausspeiend, und war außer Sicht verschwunden. Noch bevor sie die Explosion spüren konnten oder auch nur zu hören glaubten, hatte ein anderer Jäger den vordersten Bomber erreicht, eine Sekunde sah es aus, als würden sie frontal zusammenprallen. Im letzten Augenblick drehte der Jäger bei, doch der Bomber hatte einen Treffer abbekommen und verlor rasch an Höhe. Jetzt hörten sie auch schon das Stottern seiner Motoren und sahen, dass auch aus ihm schwarzer Rauch austrat.

»Gleich wird er aufschlagen«, sagte Christopher, als der Bomber verdeckt wurde durch den Wald jenseits des Feldes, in dem sie sich befanden. Wartend starrten sie hinüber. Der Motorenlärm schwoll an, dann schwebte der Bomber plötzlich wieder über ihnen – ein gewaltiges mattschwarzes, unbeholfenes Ungeheuer mit schriller

Kennzeichnung –, fast berührte er die Wipfel der hohen Bäume. Er schlingerte nach rechts und trudelte, umzüngelt von grellroten Flammen, die Anhöhe in Richtung Haus hinab und stieß unentwegt schwarzen Rauch aus.

»Er schlägt ins Haus ein!«

»Nein«, sagte Christopher, »das tut er nicht. Wahrscheinlich landet er am Fuß der Anhöhe. Komm!« Und er rannte das Feld hinunter. Das würde Dad auch tun, dachte Polly, als sie mitlief, aber sie hatte Angst: Christopher war nicht Dad.

Christopher hechtete durch den Durchschlupf in der Hecke und sprang über die Böschung auf die Straße, Polly krabbelte und rutschte hinter ihm her. »Versuch nicht mitzuhalten«, rief er und setzte zu einem richtigen Sprint an. Sie hörte, wie der Bomber aufschlug. »Er ist in Yorks nächstem Feld«, rief Christopher und bog links auf den Weg zu Yorks Farm ab. Polly war entschlossen, mit ihm mitzuhalten, und schaffte es wirklich rechtzeitig, um drei Männer aus dem rauchenden Wrack steigen zu sehen. Christopher lief auf sie zu, doch sie hoben die Hände und bedeuteten ihm, Abstand zu halten, dann liefen sie selbst los und ließen sich im selben Moment zu Boden fallen, als in dem Krater, wo das Flugzeug lag, eine gewaltige Explosion alles erschütterte. Christopher hatte sich zu Polly umgedreht, um ihr zuzurufen, sie solle sich bäuchlings auf die Erde werfen, und im selben Moment traf sie etwas Scharfes und brennend Heißes am Bein. Als sie wieder aufschaute, sah sie, dass erstaunlicherweise noch andere Männer auf dem Feld waren: Mr. York, ein Mann, der für ihn arbeitete, und Wren. Mr. York hatte ein Gewehr bei sich, Wren war mit einer gewaltigen Mistforke bewaffnet. Als die drei sich den Fliegern näherten, standen diese ganz langsam auf. Niemand sagte ein Wort, doch die Stille hatte etwas sehr Beängstigendes. Christopher gab den Fliegern zu verstehen, sie sollten die Hände über den Kopf heben. Dann ging er zu ihnen und nahm zwei von ihnen eine Pistole ab; der Dritte hatte nichts bei sich. Sie sahen benommen aus, ihre Gesichter waren schweißüberströmt. Wie aus heiterem Himmel tauchten zwei weitere Landarbeiter auf, Polly bemerkte ein weiteres Gewehr, der andere hielt eine Hippe in der Hand.

Sehr langsam und deutlich sagte Christopher: »Sie sind Kriegsgefangene. Behalten Sie die Hände über dem Kopf. Polly, ruf bei Colonel Forbes an. Mr.York, tragen Sie einem Ihrer Männer auf, die Führung zu übernehmen. Wir bringen sie zum Gemeindesaal und bewachen sie, bis sie abgeholt werden.« Aus dem Flugzeug war eine weitere, sehr kleine Explosion zu hören, dann krachte es auseinander, die zerbrochene Heckflosse ragte steil in die Luft. Zum ersten Mal wirkte Christopher unsicher. »Waren noch mehr von Ihnen … da drin?«, fragte er, doch noch während einer der Gefangenen gestikulierte, dass es zu spät sei, meldete sich Mr.York zu Wort.

»Mehr als nur ein paar, würde ich vermuten, aber sie sind verschmort, Mr. Christopher – regelrecht verkohlt, vermute ich mal.« Sein Ton brachte reinste Genugtuung zum Ausdruck.

Christopher fuhr Polly an: »Ich habe gesagt, dass du dich beeilen sollst!« Sein Gesicht war weiß. »Mr.York, wenn Sie so freundlich wären, gehen Sie voran.«

Polly lief zum Gatter, und beim Darüberklettern warf sie einen Blick zurück und sah, dass die Männer ihr folgten. Sie gingen im Gänsemarsch, Christopher mit den beiden Pistolen. Als sie über das Sträßchen und die Auffahrt hinaufrannte, dachte sie an den Ausdruck in Mr.Yorks gelbbraunen Augen: Christopher hatte sich wirklich so gut verhalten wie Dad. Ein Glück, dass er ihn am vergangenen Wochenende begleitet hatte, als die Fallschirmspringer im Hopfenfeld hinter der Mill Farm gelandet waren. Chris hatte ihr erzählt, dass er Dad gefragt habe, woher er wisse, dass es englische Fallschirmjäger waren, und Dad hatte gesagt, das wisse er nicht, aber wenn es keine englischen wären, wäre es wichtig, dass sie sie vor allen anderen erreichten. Die Gemüter seien sehr erhitzt, hatte er gesagt – insbesondere, seit in der vorhergehenden Woche Mrs. Cramps Neffe abgeschossen worden war. Trotzdem, Christopher war wirklich mutig und ruhig gewesen: Er hatte alles genau auf die richtige Art gesagt – er war mit solcher Autorität aufgetreten, dass sich die ganzen Männer und selbst Wren ihm fügen mussten. Doch sie hatte genau gesehen, dass sie es nur widerwillig getan hatten. Gewünscht hatten sie sich etwas ganz anderes. Sie wusste, dass Wren nicht ganz richtig im Kopf war, »nicht recht bei sich«, hatte man Mrs. Cripps sagen hören, als festgestellt wurde, dass er Küchenmesser entwendet und in seinem Heuschober gewetzt hatte, bis sie mörderisch scharf waren. Aber die anderen waren genauso.

Im Arbeitszimmer des Brig war niemand. Dad hatte die Nummer auf den Sockel des Telefons geklebt. Eigentlich erreichte man darunter das Hauptquartier der Local Defence Volunteers, doch da sich das in Colonel Forbes' Haus befand (seine Waffenkammer war zu einem Büro umfunktioniert worden, weil dort das einzige Telefon auf seinem Anwesen stand), sagte man gemeinhin, man rufe bei Colonel Forbes an. Jemand namens Brigadier Anderson hob ab, und Polly übermittelte die Nachricht. »Gut gemacht«, sagte er, »wir setzen uns gleich in Bewegung. Der Gemeindesaal von Whatlington, sagten Sie? Gut gemacht«, und er legte auf. Er klang, als hielte er die ganze Sache für einen vergnüglichen Zeitvertreib. Seit Christopher nach Home Place gekommen war – vorgeblich zu einem kurzen Urlaub und um mit dem stark erweiterten Gemüsegarten zu helfen (in Wirklichkeit aber, wie er ihr erzählt hatte, weil er sich ständig derart mit seinem Vater gestritten habe, dass er einfach habe verschwinden müssen) –, hatten sie mehrere ernsthafte Gespräche über den Krieg geführt. Je mehr sie ihm zuhörte, desto mehr fühlte sie sich hin und her gerissen zwischen den beiden Extremen, nämlich dass alles ohnehin sinnlos war und man, wollte man das Richtige tun, nur Pazifist werden konnte, und andererseits, dass Hitler ein böser Teufel war, der um jeden Preis vernichtet werden musste. Dazu kam noch der Umstand, dass man der Eroberung – die jetzt weitaus wahrscheinlicher war – jeden nur denkbaren Widerstand entgegensetzen musste. Das sagte auf jeden Fall Mr. Churchill. Und dann hieß es noch, dass der König, der schließlich fraglos zu den Guten gehörte, im Garten von Buckingham Palace mit dem Gewehr übe, damit er kämpfend sterben könne. Er hatte sich nicht nach

Kanada abgesetzt wie die niederländische Königsfamilie. Es kam ihr schrecklich vor, nicht genau zu wissen, was sie dachte, aber sie war sich einfach nicht sicher. Sie hatte mit Miss Milliment darüber gesprochen, die ihr aufmerksam zugehört und dann gesagt hatte, diese Art Unentschlossenheit könne auch eine Form der Aufrichtigkeit sein. Später hatte sie noch gemeint, dass Prinzipien einem oft sehr viel abverlangten, und habe man sie einmal anerkannt, müsse man den Preis dafür bezahlen, wie hoch der auch sei. Jemand anderen konnte sie nicht fragen: Dad arbeitete so viel, dass er ständig erschöpft aussah, Mummy verbrachte die ganze Zeit, in der ihr Geschwür sie nicht zu sehr quälte, mit Wills, oder sie schrieb Briefe an Simon im Internat. Sie hatte zwei wirklich hübsche Kleider für sie genäht, aber bei der Anprobe hatte sie sie ziemlich angefahren. Mit Mummy hatte sie schon seit Ewigkeiten kein richtiges Gespräch mehr geführt.

Christopher hatte sich als eine überraschend willkommene Bereicherung ihres Lebens herausgestellt. Jeden Vormittag arbeitete er mit McAlpine, und die Duchy schätzte ihn und sagte, er sei der geborene Gärtner, doch nachmittags gingen sie oft zusammen spazieren. Zuerst hatten sie kaum miteinander gesprochen, manchmal auch gar nicht, obwohl er sie auf Dinge aufmerksam gemacht hatte – das, was er eine Hauptverbindungsroute der Kaninchen durch die Hecke nannte, oder ein Nest, in dem im Frühjahr ein Kuckuck sein Ei gelegt hatte, oder Raupen des Mittleren Weinschwärmers an den Pappeln, die der Brig im Krönungsjahr gepflanzt hatte. Doch im Lauf der Zeit, und weil sie ihm Fragen stellte, erzählte er ihr auch andere Dinge und zeigte ihr seine Skizzenbücher mit Bleistiftzeichnungen, die sie aufrichtig bewunderte. Bei ihm sahen die einzelne Klaue eines Vogels und die Wedel unterschiedlicher Farne richtig interessant aus. Sobald er etwas entdeckte, das ihm gefiel, setzte er sich hin und zeichnete es. Lange Zeit erzählte sie ihm nicht, dass sie solche Dinge ebenfalls zeichnete, weil ihre Abbildungen bei Weitem nicht so gut wie seine waren, aber schließlich zeigte sie ihm doch eine ihrer besten, und er sprach ihr Mut zu. »Du musst einfach dranbleiben«, sagte er. »Es sollte kein Zeitvertreib sein und keine Pflicht und auch nichts Ungewöhnliches. Es sollte das Normalste auf der Welt für dich sein.«

Das einzige Problem mit dieser neuen Freundschaft war Clary. Clary wollte nicht spazieren gehen, saß stundenlang im Apfelbaum und las Bücher, für die sie viel zu alt war, wie *Black Beauty* oder *Die weite, weite Welt*, und weinte dabei die ganze Zeit. Seit dem ersten schrecklichen Abend, als sie am Telefon die Nachricht über Onkel Rupe erfahren hatten und Clary die ganze Nacht geweint und geredet und wieder geweint hatte, sprach sie überhaupt nicht mehr von ihm. Allerdings fiel Polly auf, dass sie nach dem Postboten Ausschau hielt und die Briefe auf dem Flurtischchen immer durchging, bevor die Adressaten sie holten, und dass sie jedes Mal erstarrte, wenn das Telefon läutete, als hielte sie die Luft an. Aber bis jetzt hatten sie noch keine Nachricht bekommen, dass er in Kriegsgefangenschaft sei, und seitdem waren fast sechs Wochen vergangen. Polly wusste nicht recht, was sie mit ihr machen, und nicht einmal, worüber sie mit ihr reden sollte, aber gleichzeitig war Clary maßlos eifersüchtig auf Christopher, stichelte gegen ihn und war mürrisch, wenn Polly von ihren Zeichennachmittagen zurückkam. Wenn Polly sie mitnehmen wollte, bekam sie eine Abfuhr, und wenn sie einen Vorschlag machte, was sie und Clary gemeinsam unternehmen könnten, antwortete Clary etwa, nichts finde sie langweiliger, oder Christopher könne das bestimmt sehr viel besser. Im Unterricht war sie hoffnungslos: Die arme Miss Milliment fand sich damit ab, dass sie ihre Hausaufgaben schlampig oder überhaupt nicht machte. Sie hatte aufgehört, ihr Tagebuch zu führen, weil sie das als dumm und sinnlos bezeichnete, und Miss Milliment, die eigentlich nie in Rage geriet, stand bisweilen kurz davor, die Beherrschung zu verlieren. Das schlussfolgerte Polly, weil sie dann zunehmend langsamer und leiser auf Clary einredete, was Clary allerdings nur noch mehr aufbrachte, bis Miss Milliment diese Woche tatsächlich aufgefahren war und Clary angeherrscht hatte, sie solle sich unterstehen, in dem Ton mit jemandem zu reden. Daraufhin war es entsetzlich still geworden, sie hatten sich angestarrt, und Polly hatte gemerkt, dass Miss Milliment wirklich verärgert war, ihre kleinen grauen Augen hatten hinter ihren dicken Brillengläsern gefunkelt. Dann hatte Clary gesagt: »Es ist egal. Schließlich gibt es niemanden, bei dem Sie sich über mich beschweren könnten, oder? Niemanden, der mit mir schimpfen würde.« Dann war sie aufgestanden und hatte den Raum verlassen, und Polly hatte gesehen, dass Miss Milliment Tränen in die Augen traten. Die Einzige, zu der sie sich nicht gehässig und abweisend verhielt, war Zoë. Jeden Tag war sie mit ihr zusammen, half ihr mit dem Kind, bewunderte jedes seiner kleinen, zaghaften Lächeln, ging ihr mit dem Baden zur Hand, lernte, Windeln zu falten und festzustecken, und holte für Zoë mit unendlicher Geduld dieses und jenes. Das Kind – es hieß Juliet – war offenbar das, was die beiden aufrecht hielt, und sie sprachen über nichts anderes. Und als Neville in den Ferien nach Hause kam und nachts häufiger Asthmaanfälle hatte, saß sie bei ihm, las ihm Sherlock-Holmes-Geschichten vor und brachte ihn dazu, sich noch einmal die Zähne zu putzen, wenn er im Bett Kekse gegessen hatte. Das alles wusste Polly, weil sie Clary oft suchen ging, um nach ihr zu sehen, und das waren die einzigen Male, wenn sie glücklich war – oder zumindest glücklich schien.

Jetzt machte sie sich auf die Suche nach Clary, um ihr von den Gefangenen zu erzählen. Sie saß wie immer in ihrem Baum und las ein dickes rotes Buch, das sie als eines von Louisa Alcott erkannte. »Betty ist gerade gestorben, es ist schrecklich traurig«, sagte sie. »Könntest du ein Ampferblatt mit raufbringen? Mein Taschentuch ist ganz nass.«

Polly pflückte das Schönste, das sie finden konnte, und kletterte mithilfe des ausgefransten Seils zu ihrem Platz hinauf, ein bisschen oberhalb und gegenüber von Clary. »Es ist so entsetzlich, dass sie damals nichts von TB wussten«, sagte Clary und fuhr sich mit dem Handrücken über die Wange. »Tausende müssen daran gestorben sein.«

»Hast du den Bomber gesehen?«

»Welchen Bomber?«

»Der, der beinahe aufs Haus gestürzt wäre.«

»Ach, der! Doch, ich habe ein ziemlich lautes Geräusch gehört. Es kam mir nicht so vor, als würde er auf uns stürzen.«

»Das wäre er aber beinahe. Christopher meinte, dass der Flieger versuchen würde, uns auszuweichen. Er ist auf dem ersten Feld von Mr. York bruchgelandet.« Nach einer kurzen Pause fragte sie: »Willst du nicht wissen, was passiert ist?«

Clary markierte mit zwei Fingern die Stelle, bis zu der sie gelesen hatte, und schaute auf. »Was denn?«

»Das Flugzeug ist nach dem Absturz explodiert, kurz nachdem drei Männer ausgestiegen waren. Mr. York und ein paar andere sind aufgetaucht wie immer – aus dem Nichts –, aber Christopher hat die Flieger entwaffnet und sie gefangen genommen. Dann hat er mich losgeschickt, damit ich bei Colonel Forbes anrufe, und ist mit den Männern zum Gemeindesaal marschiert! Richtig gut hat er das alles gemacht.«

»Seltsam – ein Kriegsgegner, der Soldat spielt.«

»Er hat sie gerettet! Er hat ihnen das Leben gerettet.«

»Ich verstehe nicht, weshalb dich das so aufbringt. Das sind Deutsche. Mich persönlich interessiert es nicht die Bohne, ob sie am Leben sind oder tot.«

»Das muss es aber!«

Polly war derart entsetzt, dass sie die Angst packte. Aber Clary, deren Gesicht nicht nur verweint aussah, sondern auch graugrüne Streifen von den Flechten an ihren Händen hatte, sah sie herausfordernd an.

»Das sind Menschen!«, sagte Polly schließlich.

»So will ich sie mir gar nicht vorstellen. Ich denke an sie nur als ›sie‹. Eine gewaltige graue Masse von Leuten, die unser Leben kaputt machen. Wenn du mich fragst, geht alles den Bach hinunter, und da wir absolut nichts dagegen unternehmen können, finde ich es sinnlos, an irgendwelchen moralischen Werten festzuhalten. Höchstwahrscheinlich geht die ganze Welt langsam dem Ende entgegen, da kannst du nicht von mir erwarten, dass ich mich für Deutsche interessiere, die ich nicht einmal gesehen habe.«

»Aber es macht dich traurig, wenn Betty stirbt, oder? Die hast du auch nicht gesehen.«

»Betty? Die kenne ich seit Jahren! Und sie bleibt auch weiter bestehen. Sicher, sie stirbt, aber sie ist trotzdem noch da, wenn ich sie brauche. Ganz allgemein sind mir Bücher inzwischen lieber als Menschen und Menschen in Büchern lieber als Menschen, die woanders sind. Insgesamt gesehen«, ergänzte sie nach einer quälenden Pause, in der Polly beobachtete, wie sie innerlich mit der einen Ausnahme rang. Schmerzlich wurde ihr bewusst, wie oft sie das in den vergangenen Wochen schon mit angesehen hatte – dass Clary sich immer weiter beleidigt und unnahbar und abweisend verhielt, bis etwas sie aus ihrer Verstocktheit aufrüttelte und sie die eine Frage umtrieb – wo war er? –, ehe sie bei der unerbittlichen, schrecklichen Frage landete, ob er denn überhaupt irgendwo war –, und dann kehrte sie mürrisch in den quälenden, aber vertrauten Zustand der Ungewissheit zurück. Diese ganzen Überlegungen war sie mit Polly in der ersten furchtbaren Nacht, nachdem er als vermisst gemeldet worden war, immer und immer wieder durchgegangen. Schließlich hatten sie in der Nacht befunden, dass es besser sein könnte, den Gedanken zu akzeptieren, er könnte möglicherweise nicht zurückkommen. »Du meinst, dass er tot ist«, hatte Clary unerbittlich präzisiert. Dann hatte Polly erklärt, dass es so wunderbar wäre, wenn er zurückkäme, und im unwahrscheinlichen Fall, dass nicht – »Weil er gefallen ist«, warf Clary ein –, dann hätte sie, Clary, sich zumindest ein wenig an die Vorstellung gewöhnt. In den frühen Morgenstunden nach dieser schlaflosen Nacht war ihnen das als eine ausgesprochen vernünftige und sogar tröstliche Lösung erschienen, aber natürlich war sie das im Grunde überhaupt nicht. Zuerst war es gar nicht so schlimm gewesen, da hatte Clary bei jedem Anruf erwartet, es sei ihr Vater, sie hatte die Auffahrt wegen des Telegrammboten im Auge behalten, doch als die Tage zu Wochen wurden, fiel es ihr immer schwerer, die Vorstellung zu ertragen. Sie klammerte sich an ihre Hoffnung, doch die schwand zunehmend, je mehr Zeit verging und je länger das Schweigen andauerte.

»Ich verstehe«, sagte Polly unglücklich.

»Was verstehst du?«

»Was du mit Menschen in Büchern meinst.«

»Ach. Na ja, es ist schon in Ordnung – du brauchst mich deswegen nicht zu trösten.«

»Das wollte ich auch nicht. Ich habe nur gesagt, dass ich verstehe, was du meinst. Ich habe nicht gesagt, dass ich deiner Meinung bin.«

»Immerhin etwas.« Aber es klang gehässig, fand Polly.

Einen Versuch machte sie noch. »Du bist mir lieber als jeder Mensch in einem Buch«, sagte sie.

Clary funkelte sie an. »Das klingt für mich richtig einschleimend.«

Das war zu viel. Polly griff nach dem Seil und schwang sich zu Boden.

»Was ich meinte, ist, wenn du mehr lesen würdest, würdest du jederzeit jemanden finden, der dir lieber ist als ich«, rief ihr Clary hinterher.

Polly erkannte, dass diese Bemerkung, wiewohl etwas verletzend, als Friedensangebot gedacht war. »Und was ich meinte, du Dummkopf«, sagte sie, »ist, dass ich dich ganz gern habe. Du wusstest auch, dass ich das meinte. Warum kannst du solche Sachen nicht einfach akzeptieren?«

»Ich kann nichts einfach akzeptieren«, erwiderte Clary, aber sie klang traurig, als empfände sie das als Makel.

»Vergiss den Nachmittagstee nicht«, sagte Polly beim Gehen, und Clary antwortete: »Ich komme, aber was kann es schon geben?« An dem Vormittag war mit der Butter ein Malheur passiert. (Das Malheur hörte auf den Namen Flossy, die Küchenkatze, die sich daran gelabt und den Rest mit ihren Haaren und der Dreingabe einer sehr toten Spitzmaus verunziert hatte, die sie letztlich verschmähte, sodass das gesamte Pfundstück ungenießbar war, welches die halbe Wochenration für den ganzen Haushalt darstellte.)

»Ich weiß es nicht. Brot und Speckfett, wie in viktorianischen Zeiten zum Tee im Winter.«

Aber Mrs. Cripps hatte sich der Herausforderung gestellt und Pfannkuchen und eine Art Rosinenbrot gemacht, und dazu gab es reichlich Himbeermarmelade vom vergangenen Jahr. Alle tranken jetzt Tee gemeinsam in der Halle, denn die Duchy hatte befunden, es gebe nicht genügend Personal für getrennte Nachmittagstees. Nach Pollys Ansicht war das durchaus zweischneidig. Zwar wurden die Gespräche jetzt nicht mehr von Kleinkindermanieren bestimmt – eine Abfolge von Klischees, unterbrochen von der Art Stille, in der man die anderen ihre Milch trinken hörte, hatte Clary einmal bemerkt. Andererseits, wenn man richtig Hunger hatte, stand man in scharfem Wettbewerb mit den Großtanten, die die beeindruckende Fähigkeit besaßen, Unmengen zu vertilgen und dabei das Essen scheinbar kaum anzurühren. Dieses Geschick hatten sie sich im Lauf der Jahrzehnte angeeignet, in denen sie sich gegenseitig nach Kräften auszustechen versuchten: Das letzte Sandwich, das letzte Kuchenstück mit Zuckerguss und einer Kirsche, die Toastscheibe mit der meisten Butter – dies waren die Dinge, die Flo Dolly vorzuenthalten trachtete, aber eben auch die Dinge, die Flo nach Dollys Meinung nicht bekommen durfte. Wie den meisten viktorianischen Damen war ihnen beigebracht worden, kein Interesse am Essen zu bekunden; ihre Gier war eine verstohlene – das erklärte die Fingerfertigkeit, mit der Häppchen ihren Weg vom Tisch zum Mund fanden und die zur Folge hatte, dass andere um ihren Anteil an den Speisen gebracht wurden, bei denen man sich selbst bedienen musste.

Das Hauptgericht mittags und abends wurde von der Duchy ausgeteilt, umkämpft waren deshalb vor allem der Nachmittagstee und das Frühstück. An diesem Nachmittag richtete Polly einen Teller mit den besten Sachen für Christopher her, der sich zu den Mahlzeiten häufig verspätete, aber als er schließlich kam, hatte er keinen Hunger.

Am Abend spazierte sie mit ihm über die beiden Wiesen zum Wald, durch den ein Bach lief. Hahnenfuß, Margeriten und papierene Mohnblumen blühten dort um die Wette, Heuhüpfer sprangen vor ihnen davon. Vom Wald, den ein verkürzter lichter Schatten säumte, rief ein Kuckuck herüber. Christopher schwieg und schritt so schnell und gedankenverloren aus, dass Polly glaubte, wenn er allein wäre, würde er laufen. Sie hatte sich darauf gefreut, mit ihm über die Gefangenen zu sprechen – ihn zu fragen, was im Gemeindesaal passiert war – und ihm von Clary zu erzählen, aber er wirkte derart in sich gekehrt, dass sie das Gefühl hatte, alles, was sie sagen oder fragen könnte, würde banal klingen. Trotzdem, sie begleitete ihn, weil sie sich unterhalten wollte, nicht aus Bewegungsdrang, und als sie den Wald erreichten, fragte sie, wohin sie gingen. Er blieb stehen. »Ich weiß es nicht. Wohin du magst«, sagte er. Also bat sie ihn, ihr die Stelle zu zeigen, wo er und Simon im vergangenen Jahr ihr Lager gebaut hatten. In Wirklichkeit hatte sie es mit Clary beim Primelpflücken in den Osterferien entdeckt, beschloss aber, ihm das nicht zu sagen. Dann dachte sie, wie seltsam es war, dass man jemandem nicht mehr unbedingt alles erzählte, wenn man sich wünschte, das Zusammensein mit demjenigen solle richtig schön sein. Wie meine Eltern, dachte sie, obwohl die beiden damit offenbar gut zurechtkamen. Trotzdem, sie respektierte Christopher sehr und wollte sich ihm gegenüber nicht so verhalten. Also sagte sie beiläufig, sie glaube, sie habe das Lager Ostern gesehen, aber sie ging hinter ihm, und er schien sie nicht zu hören, und was die Ehrlichkeit betraf, hatte sie es wenigstens erwähnt.

Als sie die Stelle erreichten, war von einem Lager kaum mehr etwas zu sehen, bis auf die schwachen Spuren verkohlter Holzstückchen und nackter Erde mit Ascheresten, wo ein Feuer gebrannt hatte. Polly hatte den Eindruck, dass Christopher sich dort nicht sehr wohlfühlte, und er schlug vor, zur anderen Seite des Waldes zu gehen. »Da ist ein Teich«, sagte er.

Doch als sie schließlich den Teich erreichten, der in der Abendsonne wie Rübensirup glänzte und einen moorigen, leicht tückischen Geruch verströmte, stellte Polly fest, dass es hier beim Sitzen auf der Böschung ebenso schwierig war, mit Christopher ins Gespräch zu kommen, wie vorhin beim Gehen. Er hatte seine langen, knochigen Arme um die Knie gelegt und starrte ins Wasser. Sie beobachtete noch seinen Adamsapfel, der sich fast krampfhaft auf und ab bewegte, und überlegte sich, ob es ihn wohl stören würde, wenn sie ihn nach den Gefangenen fragte, als er unvermittelt sagte: »Am allerwenigsten kann ich leiden, dass ich ständig gegen etwas sein muss. Aber wenn man zu einer Minderheit gehört, muss man das. Ich darf nicht für Frieden sein, ich muss gegen Krieg sein, und dann muss ich mich damit abfinden, dass die Leute mich für verrückt oder feig oder sonst etwas halten. Und das ist die andere Sache!«, rief er, als habe sie ihn gerade daran erinnert. »Die Leute, die finden, dass der Krieg gut ist ...«

»Das finden sie nicht!«

»Na ja, notwendig. Unvermeidlich. Was auch immer, sie dürfen sich deswegen moralisch überlegen fühlen – nichts als Prinzipien und Integrität und das alles. Aber Leute wie ich sind angeblich gegen Krieg, weil wir Angst haben, eine Bombe könnte uns treffen, oder weil wir kein Blut sehen können ...«

»Ich glaube nicht, dass jeder so ist ...«

»Nenn mir jemanden, der anders ist.«

»Ich. Ich meine, ich bin nicht deiner Meinung, aber ich kann verstehen ...«

»Warum bist du nicht meiner Meinung?«

»Weil«, sagte sie schließlich, nachdem sie eine Weile angestrengt nachgedacht hatte, »weil ich nicht weiß, was wir sonst tun sollten. Ich weiß nicht, wann die ganze Sache wirklich angefangen hat, aber jetzt, wo es nun einmal so ist, müssen wir irgendwie damit umgehen. Ich meine mit Hitler und dem Ganzen. Nichts, das wir sagen, wird ihn jetzt noch daran hindern, mit dem Krieg weiterzumachen. Also glaube ich nicht, dass die Möglichkeiten so klar sind, wie du es darstellst. Wir müssten die beste von zwei nicht sehr guten Möglichkeiten wählen.«

»Die da sind?«

Sie bemühte sich, die Feindseligkeit in seiner Stimme zu überhören. »Na ja, Krieg zu führen, wie wir es jetzt machen. Oder zuzulassen, dass Hitler überall einmarschiert.«

»Du klingst genau wie alle anderen.«

Tränen brannten ihr in den Augen. »Du hast mich gefragt.« Sie beschloss zu gehen, aber würdevoll. »Ich sollte wohl besser zu Wills zurück«, sagte sie. »Ich habe Mummy versprochen, ihn heute Abend zu füttern und zu baden.«

Als sie außer Sichtweite war, hörte sie ihn etwas rufen und blieb stehen. Es klang wie »Polizei hier«.

»Was?«, rief sie.

»Ich sagte, Polly, verzeih mir.«

»Ach. In Ordnung.«

Aber auch wenn es in persönlicher Hinsicht vielleicht in Ordnung war, blieb doch die Tatsache bestehen, dass es ihr nicht gelungen war, mit zwei der Menschen, denen sie sich am nächsten fühlte, ruhig ein Gespräch zu führen, auch wenn sie unterschiedlicher Meinung waren. Und sie, die oft mit Verachtung gehört hatte, wie ihre Eltern und deren Altersgenossen einander Dinge sagten, die sie nicht meinten, fragte sich jetzt unbehaglich, ob Verheimlichung und Täuschung womöglich notwendige Bestandteile zwischenmenschlicher Beziehungen darstellten. Denn in dem Fall würde sie sich als relativ unbegabt dafür erweisen.

Doch als sie ins Pear Tree Cottage kam, stellten sich die zwischenmenschlichen Beziehungen dort als noch schlimmer heraus. Lydia stritt sich gerade mit ihrer Mutter, die ihr verärgerter vorkam, als sie es war, wenn sie behauptete, verärgert zu sein. Das war Polly bei Erwachsenen schon häufiger aufgefallen.

»Ich kann nichts dafür, du hast mich gefragt! Du hast gesagt, ob es nicht schön für mich wäre, mit Judy spielen zu können, aber das fände ich nicht, also habe ich das gesagt.«

»Du hast früher so gerne mit ihr gespielt.«

»Nein«, antwortete Lydia nachdenklich, »gerne habe ich nie mit ihr gespielt, ich habe mich nur damit abgefunden.«

»Ich kann überhaupt nicht verstehen, weshalb du so hässlich über sie sprechen musst.«

»Würde es dir wirklich gefallen, mit einer Streberin zu spielen, die einem ständig alles nachmacht, überhaupt nicht komisch ist und in einem fort mit ihren entsetzlichen Freundinnen angibt, die ein Schwimmbecken haben, und die anderen das Kölnisch Wasser für ihre Pickel klaut? Außerdem riecht sie aus dem Mund wie eine Kloake«, schloss sie, »und wenn ich mich mit jemandem mit Mundgeruch abgeben muss, dann wäre mir etwas Spannenderes lieber – ein Tiger zum Beispiel.«

»Lydia, das genügt! Ich will kein Wort mehr über Judy hören.«

»Ich auch nicht.« Und so ging es ständig weiter.

Polly nahm Wills auf den Arm und drückte ihn an sich. Seine Lider flatterten, ein verschwörerisches Lächeln huschte über sein Gesicht, seine Miene wurde majestätisch und mild.

»Lydia! Verschwinde! Das meine ich ernst! Auf der Stelle!«

Als sie gegangen war, sagte Tante Villy: »Jessica hätte auch an jedem anderen Wochenende kommen können! Mummy ist es völlig gleichgültig, wann eine von uns sie besucht. Sie erkennt uns sowieso kaum noch! Aber nein! Sie kann es nicht ertragen, dass ihre Freunde ohne sie herkommen!«

Sybil, an die diese Bemerkungen eindeutig gerichtet waren, hielt beim Bügeln von Wills' Strampelanzug inne. »Ich könnte mir vorstellen, dass es womöglich ein Wochenende ist, das Raymond passt? Wenn du Wills baden möchtest, Polly, dann mach voran.«

Als sie klein war, wäre sie widerwillig gegangen, weil die Aufforderung bedeutete, dass die Erwachsenen gleich ein richtig interessantes Gespräch führen würden. Jetzt jedoch ging sie mit rein vorgeblichem Widerwillen – man durfte sie ja nicht glauben lassen, sie könnten einen herumkommandieren; andererseits wusste sie, dass das folgende Gespräch der beiden nur auf eine andere Art langweilig sein würde. Es war ja nicht so, als ändere sich in einem Gespräch unter vier Augen das Thema; was sich änderte, war vielmehr das, was über die Empfindungen zu bestimmten Dingen geäußert wurde, und aus einem für sie, Polly, völlig unverständlichen Grund sollten diese Gefühle vor Kindern verborgen bleiben. Mit Wills allein zu sein war eine regelrechte Wohltat, auch wenn er ihr sofort deutlich zu verstehen gab, dass er nicht gebadet werden wollte. Er riss sich die Kleider vom Leib und warf sie ins Wasser, dann stieg er auf den Toilettensitz und zog den Stöpsel aus der Wanne. Also fischte sie seine winzigen grauen Socken, seinen Strampler – in dessen Taschen sich lauter Fichtenzapfen und Haarnadeln ihrer Mutter befanden –, sein Hemd und seine Schühchen heraus, doch als sie ihn ins Bad heben wollte, zog er die Beine an und umklammerte ihren Hals mit einem Würgegriff. »Kein Wasser!«, brüllte er. »Ich dreckig! Braver Wills dreckig!« Sein Atem roch nach Karamellbonbons. »Nicht baden«, sagte er leiser in erklärendem Ton. Zu guter Letzt musste sie sich ihm gegenüber in die Wanne setzen und ihn verstohlen hier und da waschen, während er offenbar gedankenverloren dasaß, gelegentlich mit der Handfläche aufs Wasser klatschte und ihr fast die Augen ausstach. Solange sie ihn abtrocknete, musste sie auf seinen Wunsch hin rund elfmal »The Lambeth Walk« singen. Bis ihre Mutter sein Abendessen brachte, war sie erschöpft.

»Mummy, wer kommt denn eigentlich am Wochenende?«

»Ein paar Musikerfreunde von Jessica und Villy. Clutterworth. Er heißt Lorenzo, soweit ich weiß; ihren Namen kenne ich nicht.«

»Er kann doch unmöglich Lorenzo Clutterworth heißen! Das klingt wie jemand aus einem Buch!«

»Das stimmt wirklich. Oder einem schlechten Theaterstück. Mein Schatz, wann hast du dir das letzte Mal die Haare gewaschen?«

»Warum in aller Welt willst du denn das wissen?«

»Bitte weich mir nicht aus. Ich möchte es wissen, weil sie mir nicht besonders sauber vorkommen.«

Bis sie schließlich diesen Streitpunkt ausgeräumt hatten, sehnte sie sich nach Clary, doch als sie nach Home Place zurückkam, hörte sie, dass auf dem Grammofon Musik gespielt wurde, die sie als Beethoven identifizierte, was bedeutete, dass die Duchy Clary gerade ihre Musikstunde gab. Dort würde sie unerwünscht sein.

Tante Rach war noch nicht aus London zurück. Im Frühstückszimmer lief vernehmbar das Radiogerät, was bedeutete, dass der Raum von den Großtanten besetzt war, die jede Nachrichtensendung hörten und dann darüber stritten, was gesagt worden war. Auf deren Gesellschaft legte sie gleich gar keinen Wert. Sie schlenderte nach oben und die Galerie entlang zu dem Zimmer, das sie sich mit Clary teilte. Clary war ausgesprochen unordentlich, wodurch der Raum viel mehr ihr zu gehören schien, obwohl Polly sie bisweilen zu gewaltigen gemeinsamen Aufräumaktionen nötigte. Wäre nur Oscar nicht gestorben!, dachte sie. Bei Katzen hatte sie eine ausgesprochen glücklose Hand – obwohl es ihr im Moment vorkam, als gelte das nicht nur für Katzen, sondern auch für Menschen und überhaupt für alles. Jetzt saß sie hier, wurde nur immer älter, und nichts passierte mit ihr. Sie hatte nicht einmal mehr wie in London ein eigenes Zimmer. Hätte irgendjemand ihr vor einem Jahr gesagt, dass ihr das Leben hier sterbenslangweilig vorkommen würde, hätte sie denjenigen ausgelacht. Jetzt nicht mehr. Die Zukunft tat sich vor ihr auf als ein einziges großes, gleichgültiges Fragezeichen. Was sollte aus ihr werden? Was in aller Welt sollte sie mit den vielen Jahren anfangen, die vermutlich noch vor ihr lagen? Die ganzen vergangenen Jahre war sie einfach auf der Stelle getreten – sie hatte keinen wie auch immer gearteten Berufswunsch entwickelt, im Gegensatz zu Clary und Louise, die schon sehr früh gewusst hatten, wofür sie lebten. Geträumt hatte sie stets nur von ihrem wunderschönen Haus, das mit seiner Überfülle der Gegenstände, die sie gesammelt und selbst angefertigt hatte, ganz anders sein würde als jedes andere Haus auf der Welt. Und dann hatte sie sich vorgestellt, dass sie einfach mit ihren Katzen dort leben würde. Ihr war zwar der Gedanke gekommen, dass es ihr gefallen könnte, wenn Christopher auch in dem Haus wäre: Beim Zeichnen mit ihm hatte sie einmal gedacht, dass er jemand wäre, mit dem es sich gut zusammenleben ließe, und sie hatte ihr Haus von Sussex in eine wildere Gegend verlegt, wo es mehr Tiere gab. Aber davon hatte sie ihm gegenüber nie etwas erwähnt für den Fall, dass er das absolut nicht wollen würde. Und nach diesem Abend, »Du klingst genau wie alle anderen«, wäre es sowieso sinnlos, noch davon zu sprechen. Sonst, wenn sie sich so niedergeschlagen und verzagt fühlte wie jetzt, hatte ihr Haus sie getröstet: In Gedanken konnte sie zu ihm flüchten und sich ganz darin verlieren, es weiter einzurichten. Jetzt aber, als sie durch die glänzend schwarze Haustür mit dem weißen Ziergiebel und den weißen Pilastern in den kleinen quadratischen Vorraum trat, dessen Boden im schwarz-weißen Schachbrettmuster mit einer Umrandung gefliest war (den Bodenbelag hatte sie vor Kurzem erneuert), und ihre Orangen- und Zitronenbäumchen bewunderte, die in zwei schwarz-weißen Töpfen beidseits des Russischen Ofens standen, und noch ehe sie den Tisch erreichte, den sie aus Marmormosaik mit einer Muschelbordüre gemacht hatte und auf dem der viktorianische Glaskrug stand, der Limonade auf geniale Art und Weise kühl hielt und den sie vergangenes Weihnachten auf einem Kirchenflohmarkt erstanden hatte, stockte sie an diesem Abend, gepackt von der Ödnis, den Rest ihres Lebens ganz allein (wenn auch mit Katzen) zu verbringen. Früher oder später würde das Haus fertig sein und könnte kein Bild, keinen Tisch, keinen Teppich und rein gar nichts mehr aufnehmen, und was sollte sie dann tun? Ich wollte mich nur von Sandwiches ernähren, dachte sie, weil deren Zubereitung nicht so viel Zeit kostet. Und die Katzen sollten vom Sandwichbelag leben. Endlose Stunden würden vergehen, in denen sie nichts zu tun haben würde, denn trotz allem, was Christopher über das Zeichnen gesagt hatte, wollte sie eigentlich nur so viele Bilder malen, wie im Haus Platz fanden – überschüssige Bilder kamen in ihrem Plan nicht vor. Der Sinn und Zweck des Zeichnens würde sich erübrigen, sobald sie genug hätte. Nach Oscars Tod hatte Tante Rach ihr aus London eine Schildkröte mitgebracht, aber die war bald im Garten verschwunden, und so war die hübsche, mit Muscheln besetzte Kiste, die sie zu deren Überwinterung gebastelt hatte, nutzlos geworden. Kinder bedeuteten, dass man jemanden heiraten musste, und wen in aller Welt könnte sie zum Heiraten finden? Und nach Wills' Bad war sie sich nicht sicher, ob es ihr wirklich gefallen würde, Kinder zu haben. Sie hatte bemerkt, dass Gespräche mit ihrer Mutter seit Wills' Geburt viel langweiliger geworden waren – obwohl sie vielleicht auch nur deshalb unterschwellig so viel nörgelte, weil es ihr schon so lange so schlecht ging. Das und die vielen Sorgen um Dad. Oder vielleicht lag es auch daran, was Louise einmal gesagt hatte, dass Mütter ihre Töchter eigentlich nicht gernhatten, doch da die Öffentlichkeit von ihnen erwartete, sie zu lieben, gerieten ihre Gefühle durcheinander. Etwas beklommen hatte sie gefragt, ob denn Väter ihre Töchter wirklich gernhätten, aber daraufhin war Louise ziemlich schmallippig geworden und hatte gesagt, sie habe nicht die geringste Ahnung.

Dann erinnerte Polly sich, dass die Mutter ihrer Mutter in Indien gestorben war, während sie in England die Schule besuchte. Vielleicht fiel es einem ja schwer, Mutter zu sein, wenn man die eigene Mutter nicht oder kaum gekannt hatte? Aber Mummy vergötterte zweifelsohne Simon, ebenso wie Wills. Vom Standpunkt der Tochter aus konnte sie von Glück sagen, dass sie Dad hatte. Dann dachte sie an die arme Clary, die höchstwahrscheinlich Waise war. Ihr fiel das entsetzliche Schild ein, das sie in London gesehen hatte, über das ganze Gebäude war es gelaufen, und darauf hatte in dreißig Zentimeter hohen Buchstaben gestanden: »Heim für Waisenmädchen, die beide Eltern verloren haben.« Man stelle sich nur vor, dort leben zu müssen! Glück, oder vielmehr Unglück, war eindeutig sehr relativ, aber das bedeutete nicht, dass man seinem Schicksal dankbar war, wenn es einem gerade keinen Spaß machte. Sie nahm sich vor, zwei ernsthafte Gespräche zu führen, eines mit Miss Milliment und eines mit Dad, und zwar über Berufe für Unbegabte. Der Gedanke heiterte sie auf, sie brachte das Zimmer in Ordnung, packte Clarys Habseligkeiten in recht freundliche Stapel zusammen, und danach wusch sie sich die Haare.

»Lorenzo!«, spottete Clary. »Er klingt, als trüge er eine weiße Strumpfhose und einen Spitzbart und Ohrringe! Es wird richtig spannend sein, wenn jemand derart Entsetzliches zu Besuch kommt. Was meinst du, wie seine Frau ist?«

»Wahrscheinlich macht sie ganz auf Künstlerin. Du weißt schon, mit selbst gewebten Röcken und klobigen Ketten aus allem möglichen Zeug um den Hals, die ihr bis zum Nabel hängen«, sagte Louise, die Trimesterferien hatte. »À la Mary Webb.«

Die beiden anderen taten, als hätten sie sie nicht gehört, weil sie fanden, dass Louise immer damit angeben wollte, wie viel sie gelesen hatte. »Und so viel mehr ist es vielleicht gar nicht«, war Clary einmal aufgefahren, »nur andere Bücher als wir.«

»Eigentlich heißt er Laurence«, fuhr Louise fort. Sie lackierte sich gerade die Nägel mit einem reinweißen, deckenden Lack, den Polly abscheulich fand.

»Ach ja, jetzt erinnere ich mich! So nennen die Tanten ihn auch.«

»Wer hat dir das gesagt?«

Clary wurde rot. »Ich dachte, das warst du.«

Polly wusste immer, wenn Clary in der Klemme steckte, also sagte sie: »Wenn er wirklich Dirigent ist, wird die Duchy ihn wahrscheinlich mit Beschlag belegen. Ihr wisst doch, wie sie alle Menschen liebt, die mit Musik zu tun haben.«

»Nur zu gut. Sie liebt Toscanini.«

Louise funkelte sie an. »Mach dich nicht lächerlich, Clary.«

»Das stimmt aber. ›Ich liebe Toscanini‹, hat sie gesagt, das war gestern, nach dem Ende der Pastorale – das ist die sechste Sinfonie.«

»Das ist nur eine Floskel«, sagte Louise abschätzig. Jetzt wurde sie wirklich zu alt für sie beide, dachte Polly, und das sagte sie später, als sie sich zum Dinner herrichteten, auch zu Clary.

»Ich weiß«, stimmte Clary zu. »Mit uns redet sie immer entweder herablassend oder verächtlich.«

»Wahrscheinlich ist ihr langweilig. Das ist mir manchmal auch.«

»Wie bitte? Ich habe dich immer für jemanden gehalten, der mit sich allein sehr glücklich ist.«

»Das habe ich auch immer gedacht. Aber allmählich funktioniert es nicht mehr. Die Sache ist, ich komme mir sinnlos vor.« Unversehens lief ihr eine Träne über die Wange. »Ich meine – ich weiß, dass es nicht wichtig ist, wie es mir geht, jetzt, wo Krieg ist und das alles, aber das Gefühl ist trotzdem da. Ich habe einfach keine Ahnung, wofür ich gut sein soll. Ich denke mir, dass ich mich vielleicht dem Sinn des Lebens stellen sollte, aber es kommt mir ziemlich gefährlich vor, überhaupt darüber nachzudenken ...«

»Was meinst du mit gefährlich?«

»Na ja, als gäbe es danach kein Zurück mehr – als würde ich dann etwas wissen, das ich nie mehr nicht wissen kann. Ich meine«, schloss sie und bemühte sich, beiläufig zu klingen, »einmal angenommen, alles hätte sowieso keinen Sinn.«

»Wie meinst du das genau?«

»Ich meine, einmal angenommen, dass alles egal ist. Dass der Krieg egal ist, weil wir sowieso nur kleine Objekte sind, die zufällig gehen und sprechen – wie relativ kluge kleine Spielzeugfiguren?«

»Von Gott geschaffen, meinst du?«

»Nein! Nicht einmal das! Von niemandem geschaffen. Siehst du? Jetzt denke ich darüber nach, dabei will ich es gar nicht.«

»Also«, sagte Clary und brach einen Zahn aus ihrem Kamm, weil sie ihn so ungeduldig durch ihre Haare zerrte, »wir können gar kein Spielzeug sein, weil wir Gefühle haben. Darf ich mir von deiner Pickelcreme nehmen? Danke. Wenn du nur eine kluge Spielzeugfigur wärst, hättest du nicht das Gefühl, dass es entsetzlich wäre, eine zu sein. Zugegeben, wir können ziemlich schlimme Gefühle haben, aber das ist nicht nichts. Ob es dir gefällt oder nicht, du kannst nachdenken und Gefühle haben und oft auch eine Wahl treffen.« Sie fuhr sich heftig über ihre sonnenverbrannte Nase. »Ich glaube, das kommt bei dir daher, weil du einfach noch nicht richtig beschlossen hast, was du später einmal tun willst. Was ist mit deinem Haus? Ist dir das nicht mehr wichtig?«

»Nicht mehr so. Oder doch, schon, aber eines Tages wird es fertig sein.«

»Ja und? Dann kannst du anfangen, darin zu leben.«

Darauf folgte Stille, bis Polly sagte: »Ich weiß nicht, ob ich das möchte. Ich meine, ich habe nicht das Gefühl, dass es genug wäre. Ganz allein.«

»Ach – das! Du meinst, du möchtest jemanden, für den du leben kannst.« Clary klang erleichtert. »Den wirst du bestimmt finden, Poll. Du bist so hübsch und überhaupt. Hast du meine Schuhe fürs Haus gesehen?«

»Einer ist da unter deinem Bett.«

»Ach. Dann wird der zweite weiter darunter sein.« Sie legte sich auf den Bauch und fischte ihn hervor. »Ich glaube, für Menschen in unserem Alter ist es sehr schwierig. Wir brauchen Leute, in die wir uns verlieben können, aber wir sind nur von Verwandten umgeben, und für Inzest gibt es im modernen Leben offenbar keinen Platz. Wir müssen einfach warten.«

»Glaubst du wirklich, das ist der Grund? Clary, du kannst die Strickjacke nicht zu dem Kleid anziehen, das sieht furchtbar aus.«

»Wirklich? Ich muss aber – die andere ist dreckig.«

»Du kannst dir meine rosafarbene borgen.«

»Danke. Seltsam, dass ich überhaupt keinen Kleidergeschmack habe.« Sie lachte. »Wenn ich wirklich nur eine relativ kluge kleine Spielzeugfigur wäre, könntest du mich in einen Filzanzug nähen, und ich bräuchte mich nie mehr umzuziehen.«

»Nein, das ginge nicht«, antwortete Polly, »ich wäre ja auch ein Spielzeug.« Nach diesem Gespräch fühlte sie sich sowohl getröstet als auch missverstanden.

Zu guter Letzt wurde das vielbesungene Wochenende mit den Castles und Clutterworths verschoben. Hierfür nannte jeder einen anderen Grund: Tante Villy, die sichtlich verärgert war, sagte, es habe ein Durcheinander mit den Terminen gegeben; die Duchy sagte, Mrs. Clutterworth sei unpässlich; Christopher sagte, seine Mutter habe ihm berichtet, dass sein Vater einen Streit vom Zaun gebrochen und sich geweigert habe mitzukommen, sich aber auch geweigert habe, allein zu Hause zu bleiben. Er fügte hinzu, dass er sehr froh darüber sei, denn wären sie gekommen, hätte sein Vater ihn nur wieder angeschnauzt, worin denn sein Beitrag zum Krieg bestehen solle. Er und Polly vertrugen sich wieder, worüber sie froh war, obwohl sie vorsichtig blieb und ihm nicht mehr so viel anvertraute wie früher. Außerdem sah sie ihn seltener, weil er den ganzen Vormittag im Garten arbeitete, und da die Luftkämpfe über ihnen andauerten, verbrachte er viele Nachmittage damit, nach Fallschirmen Ausschau zu halten und aufs Fahrrad zu springen, um die Piloten zu retten – keiner stürzte je wieder in solcher Nähe zum Haus ab wie beim ersten Mal. Die Home Guard, wie Colonel Forbes' und Brigadier Andersons Truppe jetzt hieß, befand, er sei ein famoser Kerl – ein Jammer, dass er zu jung sei, um bei ihnen mitzumachen. Christopher sagte, er fühle sich ihnen gegenüber schrecklich, weil sie ihn alle unverhohlen um seine Jugend beneideten und seine Möglichkeit, demnächst fürs Vaterland zu sterben, und meinte, er sei zu feige und sie interessierten ihn zu wenig, als dass er ihnen seine wahre Einstellung offenbaren wolle.

»Findest du, dass man, wenn man an etwas glaubt, es jedem sagen muss?«, fragte er sie an einem heißen Augustabend.

»Nicht, wenn nicht die mindeste Hoffnung besteht, sie zu überzeugen«, warf Clary ein, die das Gespräch zufällig mitgehört hatte, ehe Polly eine Antwort geben konnte. Daraufhin sagte Polly, sie wisse nicht, wie man jemals absolut sicher sein könne, dass das nicht ginge.

Christopher meinte, es bestünde nicht der Hauch einer Chance, Brigadier Andersons Einstellung zu irgendetwas zu verändern: »Er ist einer derjenigen Menschen, die immer dasselbe denken, immer dasselbe sagen und immer dasselbe tun.«

»Das würde mich verrückt machen, wenn ich seine Frau wäre«, sagte Clary. »Meint ihr, dass vielleicht Mr. Rochester so war? Ich hatte nie das Gefühl, dass der Wahnsinn der ersten Mrs. Rochester richtig erklärt wurde.«

»Jetzt machst du's selbst«, wandte Christopher sofort ein. »›Nie‹ und ›immer‹ laufen auf dasselbe hinaus.«

Clary warf ihm einen halb bewundernden, halb verärgerten Blick zu.

»Ich kenne niemanden, der verrückt ist«, sagte Polly begütigend.

»Doch. Die arme alte Lady Rydal.«

Das Thema wollte Polly nicht vertiefen. Clary hatte ihr in aller Anschaulichkeit von ihrem Besuch berichtet, und kürzlich hatte Tante Villy auf die Frage der Duchy nach dem Befinden ihrer Mutter gesagt, sie wirke wesentlich ruhiger und schlafe sehr viel. Deswegen graute ihr bei der Vorstellung, Lady Rydal könnte sich so weit erholen, dass sie im Pear Tree Cottage leben würde und man sie besuchen müsste, und sie könnte jeden Moment wieder völlig verrückt werden. Ich könnte nie Krankenschwester werden, dachte Polly oft. Vor lauter Mitleid mit den Patienten könnte ich ihnen gar nicht helfen. Aber das sagte sie niemandem, denn ihre beiden ernsthaften Gespräche – mit Dad und mit Miss Milliment – hatten damit geendet, dass sie ihr genau diesen Beruf vorschlugen. Allerdings war es nicht Miss Milliments erste Wahl gewesen. »Ich habe mich immer gefragt«, hatte sie in ihrem freundlichen, tastenden Ton gemeint, »ob für dich und Clary nicht vielleicht ein Studium ein guter Weg wäre. Es ist die Zeit, in der man am meisten aufnehmen kann, und mir würde die Vorstellung gefallen, dass ihr mit wirklich klugen Köpfen zusammenkommt, erstklassigen Unterricht erhaltet und die Möglichkeit habt, die unterschiedlichsten Menschen kennenzulernen.« Sie sah Polly fragend an. »Das würde natürlich bedeuten, dass ihr beide zur Vorbereitung hart arbeiten müsstet, weil ihr die Schulabschlussprüfung und auch die Aufnahmeprüfung bestehen müsstet, bevor ihr euch bewerben könntet. Ich wollte Clarys Vater und deinen Eltern diesen kleinen Vorschlag unterbreiten, doch durch die Umstände ist das entweder schwierig oder, in Clarys Fall, unmöglich geworden. Aber eine Hochschulausbildung könnte die Palette sinnvoller und interessanter Berufe erheblich erweitern.« Sie spähte Polly durch ihre winzige Nickelbrille mit den dicken Gläsern an. »Du wirkst wenig begeistert«, sagte sie, »aber ich würde es sehr begrüßen, wenn du darüber nachdenken würdest. Bei Clary habe ich das Gefühl, dass es ihr ein Ziel vorgeben würde, was ihr momentan eine große Hilfe wäre. Aber vielleicht hast du dein Herz an eine Kunstakademie gehängt.«

»O nein, Miss Milliment. Ich weiß, dass ich nie Malerin werden könnte. Eigentlich kann ich nur Räume einrichten, und mehr möchte ich auch nicht.« Sie bemerkte, dass Miss Milliment ihr langes und höchst seltsames Strickzeug von den Knien geglitten war und klammheimlich Maschen von der Nadel rutschten.

Miss Milliment hielt die Nadel fest, aber da ihr Fuß auf dem Ende – oder Anfang – ihrer Handarbeit stand, hatte das nur zur Folge, dass sich die verbleibenden Maschen zu immer festeren Schlingen zusammenzogen. »Ich glaube, Sie treten auf Ihr Strickzeug, Miss Milliment. Darf ich die heruntergefallenen Maschen wieder für Sie aufnehmen?«

»Das wäre sehr freundlich von dir, Polly. Obwohl mir der Gedanke kam, dass es einem unserer tapferen Soldaten eine andere Art Mut abverlangen wird, einen von mir gestrickten Schal zu tragen. Offenbar bin ich nicht in der Lage, von einer Reihe zur nächsten dieselbe Maschenzahl beizubehalten.«

»Was ich eigentlich wissen wollte, ist, was ich mit meinem Leben anfangen soll«, sagte Polly eine Weile später, nachdem sie den Schal taktvoll so weit aufgeräufelt hatte, dass die schlimmsten Löcher beseitigt waren.

»Das verstehe ich. Doch du hast noch Zeit, bevor du dich entscheiden musst. Und in der Zwischenzeit wäre es klug, dir zu überlegen, wie du dich am besten darauf vorbereiten kannst.«

»Wahrscheinlich werde ich etwas für den Krieg tun müssen.«

Miss Milliment seufzte. »Das ist sehr gut möglich. Ich dachte immer, dass du eine sehr gute Krankenschwester werden könntest, während ich Clary eher in einer der Hilfseinheiten für Frauen sehe. Das Abenteuerliche würde ihr entsprechen.«

»Als Krankenschwester wäre ich hoffnungslos! Mir würden meine Gefühle ständig in die Quere kommen! Ich würde die ganzen Verwundeten nur bedauern, anstatt ihnen zu helfen!«

»Meine liebe Polly, ich sagte nicht, dass du eine Krankenschwester bist, ich meinte, dass du eine werden könntest. Wie dem auch sei, eine Ausbildung wirst du erst in drei Jahren beginnen können. Aber auch mit einem Studium könntest du natürlich erst in drei Jahren anfangen. Allerdings könnte, würdest du studieren, der Hilfsdienst bis nach deinem Abschluss hinausgezögert werden. Vielleicht sollten wir uns mit deinem Vater darüber unterhalten?«

Doch als Polly mit ihm darüber sprach, sagte er, er sehe keinen Sinn, sie an die Universität zu schicken. »Einen Blaustrumpf zur Tochter!«, rief er. »Bald würde ich nicht mehr wissen, worüber ich mich mit dir unterhalten sollte. Mir ist es weit lieber, dich sicher zu Hause zu behalten.« Was sie erleichterte, ihr aber überhaupt nicht weiterhalf.

»Ich fände das ziemlich aufregend«, meinte Clary, als sie von dem Gedanken mit dem Studium hörte.

»Na ja, Miss Milliment fand, du solltest auch studieren.«

»Wirklich? Hat sie es vielleicht satt, uns zu unterrichten?«

»Das kann nicht der Grund sein, weil sie sagte, wir müssten jahrelang noch viel mehr lernen als jetzt.«

»Ach. Warum willst du nicht studieren, Polly?«

Sie überlegte. »Ich glaube nicht, dass ich es wert bin«, antwortete sie schließlich. »Ich meine, es ist doch vor allem etwas für Jungen und dann noch für ein paar unglaublich kluge Mädchen. Ich glaube, ich würde mir da einfach minderwertig vorkommen.«

»Ach, Poll! Das tust du doch ständig. Dieser Tage.«

»Was meinst du mit ›dieser Tage?‹«

»Jetzt komm! Du weißt genau, was ich meine. Dieser Tage. Dieser entsetzlichen, sonnigen, erschreckenden Weitermach-Tage.«

»Eintönig, meinst du …«

»Genau! Weißt du, jeden Tag passieren lauter furchtbare Sachen, aber wir müssen bloß immer weiter aufstehen, uns die Zähne putzen, und nichts passiert mit uns – die Zeit schleppt sich so dahin. Es dauert ewig, erwachsen zu werden und tun zu dürfen, wozu wir Lust haben. Und dann all die Dinge, die wir nicht wissen …«

»Zum Beispiel?«

»Ach! Die ganzen Dinge, die sie uns nicht sagen.« In gehässiger Parodie fuhr sie fort: »›Weil wir nicht alt genug sind.‹ Ich bin alt genug, um zu wissen, dass Dad vermisst ist. Deswegen fühle ich mich alt genug, um alles zu erfahren.« Mittlerweile weinte sie, aber sie achtete gar nicht darauf. »Weißt du, Zoë hält ihn für tot«, sagte sie. »Sie hat die Hoffnung völlig aufgegeben. Das weiß ich, weil sie sich überhaupt nicht mehr um ihr Aussehen kümmert. Und alle anderen reden nicht mehr über ihn. Wenn man sich um etwas wirklich Sorgen macht, würde man doch denken, dass die Leute mehr darüber reden, aber nicht in unserer Familie – die sind alle wie ein Haufen Strauße.«

»Mit mir kannst du über ihn reden.«

Aber in Wirklichkeit graute ihr davor. Clary hatte eine Landkarte der französischen Nordküste gezeichnet, angefangen bei St. Valéry, wo ihr Vater, wie man wusste, an Land gegangen war, und weiter nach Westen durch die Normandie und die Bretagne und um die Spitze bis zur Biskaya. Die hatte sie mit Reißzwecken an einer der alten Kork-Badematten befestigt und darauf die Route eingezeichnet, die ihr Vater in ihrer Vorstellung nahm und die sie in einer Fortsetzungsgeschichte umriss – bisweilen sehr detailliert –, welche sie Polly abends erzählte. Ihr Wissen von Frankreich beschränkte sich auf *Das scharlachrote Siegel*, *Eine Geschichte aus zwei Städten* und einen historischen Roman von Conan Doyle namens *The Huguenots*. Die Deutschen waren in ihrer Vorstellung die Republikaner, und die Franzosen, ob Mann oder Frau, gehörten allesamt dem loyalen Untergrund an, der einem Aristokraten half, zu seiner Familie in England zurückzukehren. Onkel Rupe wurde von diesen tapferen, aufrechten Menschen die Küste entlang weitergereicht. Mehrmals kam er nur knapp mit dem Leben davon, aber jedes Mal gelang es ihm wieder, und bisweilen blieb er eine oder zwei Wochen in einem Dorf. Das geschah mit zunehmender Häufigkeit, und Polly ahnte, dass Clary zögerte, ihren Vater ganz bis an die Westküste gelangen zu lassen, denn dann müsste er auch wirklich nach Hause kommen. Er sprach tatsächlich sehr gut Französisch, da er vor seiner ersten Ehe in Frankreich studiert und gemalt hatte, also könne er jederzeit als Franzose durchgehen, sagte Clary. Sein Plan war gewesen, in einem Fischerboot auf die Kanalinseln zu gelangen, aber die Deutschen waren natürlich vor ihm dort. Einmal war er in einer Scheune, wo er versteckt wurde, fast verbrannt, er hatte sich zwei Tage auf einem uralten Fahrrad abgemüht, an dem Zwiebelzöpfe hingen (das hatte sie in London gesehen), war einen ganzen Tag verborgen unter Säcken mit Fischdünger auf einem Anhänger befördert worden (»Das sind alles Bauern und Fischer, sie streuen garantiert alte Fischgräten und Köpfe und derlei auf ihre Felder«), sodass er seinen Gastgebern an dem Abend zu sehr stank und sie seine Kleidung wuschen, während er in eine Decke gehüllt zu Abend aß. Seine Uniform hatte er natürlich längst nicht mehr, sondern hatte seine goldene Uhr gegen die Kleidung eines richtigen Franzosen eingetauscht. Manchmal ernährte er sich von dem, was das Land abwarf: Er aß Äpfel aus den Obstgärten (Polly verkniff sich die Bemerkung, dass sie noch nicht reif seien) und stahl sogar Eier aus Hühnernestern. »Und er könnte dann und wann eine Kuh melken!«, hatte Polly einmal begeistert eingeworfen, aber Clary hatte sofort gekontert, dass er Milch noch nie gemocht habe. Freundliche Menschen gaben ihm oft einen belebenden Schluck Brandy, den sie offenbar stets bei sich trugen, und Gauloises, die zum Glück seine Lieblingszigaretten waren. Eines Nachts, nachdem er die Seine durchschwommen hatte, die an der Stelle ziemlich breit war, war er sehr krank geworden, doch eine hilfsbereite alte Frau – eine Schäferin – hatte ihn gesund gepflegt; sie hatte Onkel Rupe erzählt, sie sei zu den Deutschen derart grob, dass sie sich davor fürchteten, ihren Hof zu durchsuchen.

Zwei oder drei Abende die Woche lauschte Polly dieser triumphierenden Abenteuersaga – deren Ende laut der Erzählerin nicht infrage stand –, auch wenn sie sich von der Geschichte oft mitreißen ließ, konnte sie doch nicht so recht daran glauben. Insgeheim hielt sie Rupert für tot, wie die restliche Familie auch, denn wenn er in Kriegsgefangenschaft wäre – ein Gedanke, an den sich nur die Duchy klammerte –, hätten sie mittlerweile davon erfahren müssen.

Selbst die Nachricht, dass vierhundert Tote befürchtet wurden, nachdem ein französisches Schiff im Ärmelkanal versenkt worden war, hatte auf Clary nicht die Wirkung, die Polly einerseits befürchtete, andererseits aber auch für besser hielt. »Das beweist nur, dass französische Schiffe im Ärmelkanal unterwegs sind«, sagte sie, »und eines Tages wird Dad auf einem davon sein. Das ist doch klar«, schloss sie und ignorierte die Möglichkeit, dass er auf diesem bestimmten gewesen sein könnte.

Die Tage schlichen dahin. Die Luftkämpfe gingen weiter, und mittlerweile waren Teddy und Simon vom Internat nach Hause gekommen und sausten auf ihren Fahrrädern durch die Gegend in der Hoffnung, Deutsche gefangen zu nehmen. Als das herauskam, wurde es ihnen untersagt, ein Verbot, das Teddy umging, indem er sich beim Hauptquartier der Home Guard herumtrieb, und dort übertrug Colonel Forbes, der seine Einstellung voll und ganz billigte, ihm ungefährliche, anstrengende Arbeiten. Simon, der inzwischen so groß wie seine Mutter und pickelgesichtig war, durfte wegen seines Alters nicht mitmachen, was ihn kränkte – weit mehr, als er zugab, wie Polly wusste – und, schlimmer noch, ihn in eine Situation versetzte, in der er überhaupt nicht wusste, was er mit sich anfangen sollte. Zur Lösung des Problems gab Dad ihm klugerweise ein schrottreifes Radiogerät mit den Worten: »Sobald du es wieder zum Laufen gebracht hast, gehört es dir.« Und so war die Welt auch für ihn wieder in Ordnung, dachte Polly zornig – wo war, im übertragenen Sinne, ihr Radiogerät? Lydia und Neville, die sich wieder besser verstanden, dienten als Patienten bei Tante Villys Erste-Hilfe-Kursen, die sie zweimal die Woche abhielt. Sie lagen auf Tapeziertischen und ließen sich von ängstlichen Damen aus dem Dorf meterweise Bandagen um diverse Gliedmaßen wickeln. Wenn sie nicht damit beschäftigt waren, spielten sie stundenlang in dem sehr, sehr alten Auto, wie es genannt wurde – eines der ersten Automobile des Brig, das vor der Evakuierung der Kinderherberge aus der Garage geschafft worden war und seitdem in einer Wiese jenseits des Obstgartens stand, wo es in all seiner Pracht langsam im Boden versank. Lauter Dinge, die ihr früher Spaß gemacht hätten, dachte sie traurig; inzwischen war sie für nahezu alles entweder zu jung oder zu alt.

Im August fuhr ihre Mutter einen Tag mit ihr nach London, um neue Wintergarderobe für sie zu kaufen; sie war aus praktisch allem herausgewachsen. Tante Villy begleitete sie, sie wollte ein Konzert in der National Gallery besuchen, bei dem der Mann spielte, der an dem Wochenende nicht gekommen war. Im Zug ließen Tante Villy und Mummy sich in Fahrtrichtung auf den beiden Ecksitzen nieder, und sie nahm ihnen gegenüber Platz und tat, als würde sie sie nicht kennen – sei ihnen nie zuvor begegnet. Tante Villy sah richtig schick aus in ihrem grauen Flanellkostüm mit einer marineblauen Crêpe-de-Chine-Bluse, Seidenstrümpfen und marineblauen Pumps. Ihre Handschuhe und die Tasche passten ebenfalls zu dieser Aufmachung, und der Hut, der auf ihren lockigen grauen Haaren saß, war hinten mit einer weißen Ripsbandschleife verziert. Sie hatte sich sogar geschminkt: Rouge auf den Wangen und ein ziemlich dunkelzyklamroter Lippenstift, der ihrem Mund etwas leicht Grausames verlieh. Trotzdem, wenn man sie betrachtete, bekam man eine vage Vorstellung davon, wie sie ausgesehen haben musste, als sie jung war und es Dinge in ihrem Leben gab, für die sie sich begeisterte.

Mummy hingegen hatte sich nicht geschminkt und ihre rötlich-aschblonden Haare zu einem wirren Knoten zusammengefasst, aus dem sich Strähnen lösten und Haarnadeln wie das Ende von Büroklammern herausragten. Ihr Gesicht war blass bis auf die hingetupften Sommersprossen auf ihrer Nase und der Stirn und glänzte vor Schweiß allein vom Stehen auf dem sonnigen Bahnsteig. Sie trug ein Kleid mit grünen, schwarzen und weißen Blüten und einen cremefarbenen Leinenmantel, der zu groß für sie wirkte, er war bereits zerknittert. Der Ton ihrer Strümpfe ging zu stark ins Pfirsichfarbene, ihre Schuhe waren schwarz und dazu weiße Baumwollhandschuhe, die sie auszog, als sie es sich auf ihrem Platz bequem machte. Ihre Hände, weiß und glatt mit kleinen Fingern, die neben dem goldenen auch ihr Smaragd-Verlobungsring schmückte, waren das Schönste an ihr, dachte Polly traurig. Es fiel ihr schwer, sich vorzustellen, wie sie als junge Frau ausgesehen hatte; eigentlich wirkte sie, als wäre sie bereits in mittleren Jahren zur Welt gekommen und wäre auch das nun schon viel zu lange. Jetzt lächelte sie Tante Villy an, fächelte sich mit einem Handschuh Luft zu und sagte, ja, bitte, das Fenster solle geöffnet werden. Das Lächeln erlosch so plötzlich, wie die Sonne hinter einer rasch ziehenden Wolke verschwand, und zurück blieb eine fahle, besorgte Ausdruckslosigkeit.

»Die Galeries Lafayette haben ganz hübsche Sachen für junge Leute«, sagte Tante Villy. »Eigentlich könntet ihr alles in der Regent Street besorgen, und dann hättet ihr es nicht weit zum Café Royal für den Lunch mit Hugh.«

»Ach, können wir nicht zu Peter Jones gehen?« Polly hätte ihre Kleider gerne im selben Geschäft wie Louise bekommen, die sagte, das sei bei Weitem der beste Laden.

»Nein, mein Schatz, das ist viel zu abgelegen. Außerdem möchte ich, dass du zu Liberty's gehst und Stoff für Wills und für dich aussuchst.«

Ihre Vorfreude löste sich in Enttäuschung auf. Dies sollte ihr Ausflug sein, und jetzt durfte sie sich nicht einmal aussuchen, wohin sie gingen. Sie wünschte sich eine Leinenhose wie Louise, aber Mummy missbilligte Hosen für Mädchen, außer zum Skifahren und dergleichen.

In Robertsbridge stieg eine ganze Menge Menschen in den Zug, und ab Tunbridge Wells war er überfüllt. Dort ertönte eine Luftschutzwarnung, doch die Leute achteten nicht darauf, sondern lasen weiter Zeitung oder schauten zum Fenster hinaus. Dann hörten sie Flugzeuge direkt über sich, im nächsten Moment sah es aus, als wäre eins direkt über dem anderen, dann donnerte Geschützfeuer. Ein Mann, der neben Polly saß, legte ihr die Hand auf den Kopf und drückte ihn unterhalb des Fensters. »Maschinengewehre – was lassen sie sich als Nächstes einfallen?«, sagte er leicht verwundert.

Alle anderen Leute sahen zum Fenster hinaus, und jemand sagte: »Sie haben ihn erwischt!«, und viele im Zug jubelten. Polly richtete sich auf, sie ärgerte sich, den Abschuss des Flugzeugs verpasst zu haben, und dann war sie erstaunt über sich selbst, sich das gewünscht zu haben.

Mummy warf dem Mann ein Lächeln zu und trug ihr auf, ihm zu danken. »Danke«, sagte sie mit wütendem Blick. Er lächelte beschämend verständnisvoll und wandte sich wieder seinem Kreuzworträtsel zu.

In Charing Cross wimmelte es vor Männern in Uniform mit riesigen Seesäcken, die auf Züge warteten. Ihre Hälse sahen aus, als wären sie von ihren derben Bomberjacken aufgerieben, ihre schwarzen Stiefel wirkten riesig.

Ihre Mutter wollte zu Fuß die Regent Street hinaufgehen, aber Tante Villy meinte, weshalb sollten sie sich gleich zu Anfang überanstrengen? Sie würden alle ein Taxi nehmen, und sie, Villy, würde sie bei Liberty's absetzen und zu ihrem Zahnarzt weiterfahren.

Das Taxi war eines der sehr alten gelben mit knarzenden Sitzen und einem uralten Fahrer, der sie langsam um den Trafalgar Square und die riesigen Häuser chauffierte, vor deren Fenstern Sandsäcke aufgestapelt waren, um den Picadilly Circus und vorbei an Swan and Edgar, wo Menschen auf andere Menschen warteten, an den Galeries Lafayette und Robinson and Cleaver (dort, so sagte Mummy, solle sie neue Servietten für die Duchy besorgen) und Hamley's, ein Geschäft, das angeblich der Traum aller Kinder war, das Polly aber nie gemocht hatte (Spielzeug, dachte sie im Vorbeifahren, war ihr immer als fader Ersatz des Richtigen erschienen), und schließlich zu Liberty's, einem gigantischen Fachwerkhaus.

Als sie das Stockwerk erreichten, in dem sich die Stoffabteilung befand, sagte ihre Mutter überraschenderweise: »Und jetzt, Polly, möchte ich, dass du dir Stoff für zwei Wollkleider aussuchst, dazu eine Seide und einen Voile. Währenddessen besorge ich die Sachen für Wills, und dann kannst du mir deine Wahl zeigen, und wenn ich sie gut finde, bekommst du sie.«

Das war unerwartet und wunderbar, und sie wählte und quälte sich und änderte immer wieder ihre Meinung, bis sie zu guter Letzt tatsächlich ihre Mutter bat, die endgültige Entscheidung zu treffen.

Nach Liberty's gingen sie die Regent Street hinunter. In Robinson and Cleaver gab es eine kleine Auseinandersetzung, weil Polly keine Unterhemden bekommen wollte – sie hatte Louise sagen hören, Unterhemden seien bürgerlich, was in Louises Augen das Erbärmlichste überhaupt darstellte, aber ihre Mutter ließ nicht mit sich reden. In den Galeries Lafayette kaufte sie ihr zwei Röcke – einen marineblauen mit Falten und dazu einen passenden Blazer sowie einen aus olivgrünem Tweed –, außerdem drei Blusen und zwei Pullover, einen Unterrock mit Spitzensaum und einen wunderschönen muskatfarbenen Wintermantel mit einem Kragen aus Kunstpelz. Dann war es Zeit, zur Verabredung mit Dad ins Café Royal zu gehen.

»Ich verstehe, da hat jemand Geburtstag«, sagte die alte Dame, die ihnen ihre Pakete abnahm. »Darf ich raten? Sie sind zu jung, um zu heiraten, also muss es Ihr Geburtstag sein«, und sie wurde ganz verlegen, denn es waren in der Tat sehr viele Kleider, mehr, als sie je zuvor im Leben auf einmal bekommen hatte.

»Wir bitten Daddy, sie am Freitag im Wagen mitzubringen«, sagte Mummy, als sie die Stufen hinabgingen.

»Aber er kommt doch erst am Wochenende!«

»Nun, mein Schatz, damit wirst du dich wohl oder übel abfinden müssen. Wir können das nicht alles den ganzen Nachmittag mit uns herumschleppen. Da ist er ja!«

Der Lunch war wundervoll. Sie bekam ein Glas Sherry, dann Hors-d'œuvre und Lachs mit köstlicher Mayonnaise und weiße Eiscreme mit Schokoladensauce – »Ihr könnt bestellen, was immer ihr möchtet«, sagte Dad. »Es kommt nicht alle Tage vor, dass ich mit meinen beiden Lieblingsfrauen zum Lunch ausgehe.« Alle aßen Lachs, aber sie bemerkte, dass Mummy den Großteil von ihrem übrig ließ. »Und was hast du dir gekauft, mein Schatz?«, fragte er sie, als sie das Dessert wählten.

»Ich brauche nichts. Ich möchte nur Kaffee.« Sie reichte ihre Speisekarte dem Kellner zurück. »Wirklich, Liebling, seitdem ich zum Glück etwas abgenommen habe, kann ich wieder die ganzen Sachen tragen, die ich vor Wills' Geburt gekauft habe.«

»Das finde ich nicht richtig, Dad, was meinst du? Nur Kleider zum

Anziehen zu haben ist nicht dasselbe, wie etwas wunderschönes Neues zu bekommen.«

»Recht hast du. Sorg dafür, dass sie sich heute Nachmittag etwas richtig Hübsches und sündhaft Teures kauft.«

»Versprochen.«

Doch das erwies sich als unmöglich. Nach dem Lunch und nachdem Dad sie in ein Taxi gesetzt hatte, sagte Sybil: »Polly, ich muss jemanden besuchen, ganz in der Nähe von John Lewis, wo du dir deine BHs und den Rest deiner Unterwäsche kaufen kannst. Ist das in Ordnung?«

»Natürlich. Aber wohin gehst du denn? Soll ich dich dort abholen?«

»Nein – so viel Zeit wird nicht bleiben. Wenn du bei John Lewis fertig bist, nimm den Bus nach Charing Cross. Ich gebe dir deine Fahrkarte, nur für den Fall. Und – ach ja – Geld für deine Wäsche.« Sie wühlte in ihrer etwas schäbigen Handtasche und gab Polly ein paar Scheine. »Verlier sie nicht. Hier ist die Liste der Sachen, die du dir besorgen sollst. Und nimm den Zug um sechzehn Uhr zwanzig, auch wenn ich nicht da sein sollte, was ich aber sein werde. Wenn du meinst, du könntest ihn verpassen, nimm ein Taxi.« Es waren fünfundzwanzig Pfund – mehr Geld, als sie je zuvor gehabt hatte.

»Du meine Güte! So viel werde ich doch nicht brauchen.«

»Du kannst mir das Wechselgeld geben, aber ich möchte, dass du auf jeden Fall genug hast. Heb alle Rechnungen auf. Und versprich mir, den Zug zu nehmen.«

»Natürlich.« Als das Taxi sie abgesetzt hatte und wieder anfuhr, sah sie ihm nach. Sie wusste nicht recht, was sie davon halten sollte, und ihr war etwas beklommen zumute.

Ihre Mutter erreichte den Zug nicht. Bis zur letzten Sekunde wartete Polly an der Barriere, doch sie tauchte nicht auf. Erst in letzter Minute stieg sie in den Zug, sodass sie nur noch auf den nächstgelegenen Waggon aufspringen konnte, der sich als erste Klasse herausstellte. Während der Zug langsam über die Themse rumpelte, ging sie den Gang entlang und sah etwas Erstaunliches: Tante Villy in einem Erste-Klasse-Abteil. Ihr gegenüber saß ein kleiner Mann mit einem dunklen Lockenschopf, der sich vorbeugte und ihre Hand mit seinen beiden umfasste. Sie vermutete sofort, dass es sich bei ihm um Mr. Clutterworth handelte. Die beiden bemerkten sie nicht, und sie hastete weiter mit der unbehaglichen Gewissheit, dass es ihnen nicht gefallen hätte, von ihr gesehen zu werden. Tante Villy hatte nicht erwähnt, dass er mitkäme, aber ihre Mutter hatte auch nichts von ihrem Nachmittagstermin verlauten lassen. Was ging da vor sich? Sie wünschte, Clary wäre dabei, der Dutzende (interessanter und verblüffender) Gründe für diese beiden Rätsel einfallen würden. Tante Villy und (vermutlich) Mr. Clutterworth hatten sich in die Augen gesehen, doch geredet hatte ausschließlich er. Sie fand es höchst befremdlich, dass Tante Villy einen Mann kannte, der in sie verliebt sein sollte, aber genau den Eindruck hatte es gemacht. Und deswegen fragte sie sich, ob sich ihre Mutter aus demselben Grund zu einem Treffen mit jemandem fortgestohlen hatte. Diese Überlegung verwarf sie aber wieder, weil ihre Mutter sich nicht dieselbe Mühe mit ihrem Aussehen gegeben hatte wie Tante Villy. Abgesehen davon liebte ihre Mutter Dad über alles – sie würde nie etwas hinter seinem Rücken tun. Sie versuchte, sich ihre neuen Kleidungsstücke vorzustellen, um sich damit abzulenken, aber ihre Gedanken kehrten wie von selbst zu ihrer Mutter zurück und der Frage, was sie getan haben könnte, um den Zug zu verpassen.

Als der Zug in Battle einfuhr und sie auf dem Bahnsteig stand, sah sie Tante Villy auf sich zukommen – allein. Das erschien ihr ebenfalls merkwürdig: Wo war Mr. Clutterworth – wenn er es denn gewesen war?

»Wo ist Sybil?«, fragte Villy noch beim Näherkommen.

»Sie hat den Zug verpasst. Sie ist nach dem Lunch weggegangen, um sich mit jemandem zu treffen, und hat mir gesagt, dass ich auf jeden Fall mit diesem Zug heimfahren soll.«

»Gut so.« Tante Villy schien völlig unbeeindruckt. Da wurde Polly klar, dass Tante Villy von dem Termin gewusst hatte. »Ich bin sicher, dass sie mit dem nächsten Zug kommen wird. Wahrscheinlich hat Mr. Carmichael sie warten lassen. Das tun so angesehene Menschen oft.«

»Wer ist Mr. Carmichael?«

»Hat sie dir das nicht erzählt? Er ist ein Spezialist. Er kennt sich mit dem Inneren von Menschen aus. Wahrscheinlich hätte ich dir das nicht sagen dürfen. Ich weiß, dass sie deinen Vater nicht beunruhigen wollte.« Sie warf einen Blick zu Polly und ergänzte dann: »Du brauchst dir deswegen keine Sorgen zu machen. Tante Rach hat sie überredet, zu ihm zu gehen – du weißt doch, wie sie anderen wegen ihrer Gesundheit ständig in den Ohren liegt. Es war nur, um auf Nummer sicher zu gehen. Wahrscheinlich hielt sie es für einfacher für dich, vor deinem Vater nichts zu sagen, wenn du nichts davon wusstest. Die Beste wäre, es überhaupt nicht zu erwähnen. In Ordnung?«

Polly hatte plötzlich einen ganz trockenen Mund. »Ja, gut.«

»Da ist ja Tonbridge. Hast du ein paar schöne Sachen bekommen? Schwer beladen bist du ja nicht.«

»Das meiste haben wir Dad gegeben, der es am Freitag im Auto mitbringt.«

Tante Villy drückte ihren Arm. »Ich freue mich darauf, alles zu sehen.«

Polly lächelte. Angst hatte sich wie ein Eissplitter in sie gebohrt, und sie löste ihn in einem Aufflammen blanker, wortloser Wut auf: Unaufrichtigkeit und Bevormundung – sie hasste beides. Wie entsetzlich waren Menschen, die etwas sagten, das sie nicht meinten, die glaubten, man könne kleine Mädchen (und sie war sicher, dass sie als kleines Mädchen galt) mit hübschen Sachen ablenken, und deren »Schutz« nichts anderes bedeutete als ihre eigene Bequemlichkeit ... Tante Villy würde das dumme Lächeln schnell vergehen, wenn ich sie nach dem Mann im Zug fragte, dachte sie, als sie auf dem Beifahrersitz neben Tonbridge Platz nahm. Den ganzen Heimweg über klammerte sie sich an dieses Machtwissen, um alles andere auszublenden.

~

»Himmelkreuzzweimal! Unglaublich, wie widerspenstig die sind!«, sagte Clary. Sie versuchte, sich mit der von Zoë geborgten Pinzette die Augenbrauen zu zupfen, die zur Mitte hin stärker wuchsen, als sie es wollte. »Wenn ich nichts unternehme, wachsen sie noch zusammen. Zoë meinte, das würde mein Aussehen zum Vorteil verändern, aber ich glaube, das geht gar nicht. Was denkst du?«

»Lenk nicht ab«, antwortete Polly ärgerlich. Ihrer Ansicht nach verdiente ihre Neuigkeit über Tante Villy eine ehrfürchtigere Reaktion. »Außerdem dachte ich, dass dir dein Aussehen sowieso gleichgültig ist.«

»Mir ist es nicht absolut völlig gleichgültig.« Sie legte die Pinzette beiseite. »Also, ich vermute, dass sie in Lorenzo verliebt ist, aber es liegt auf der Hand, dass sie das nicht überall herumposaunt. Das tut man nicht, wenn man eine Affäre hat. Ich habe den starken Verdacht, dass die Heimlichkeit Teil der Spannung ist. Und wenn Onkel Edward davon erführe, könnte er Lorenzo womöglich umbringen, was ihr natürlich nicht gefallen würde. Also finde ich das alles ziemlich naheliegend.«

Manchmal konnte Clary wirklich extrem irritierend sein, dachte Polly. »Findest du nicht, dass sie ein bisschen zu alt dafür ist?«, fragte sie.

»In gewisser Hinsicht viel zu alt. Aber andererseits wird das Ganze dadurch nur noch erbärmlicher. Von hinten Lyzeum, von vorne Museum«, ergänzte Clary aufgebracht. »Wenn ich es mir recht überlege, ist das doch eine ihrer Lieblingsredewendungen, oder nicht? Aber natürlich, mit anderen zu schlafen, wenn man graue Haare hat, grenzt meiner Ansicht nach ans Lächerliche. Wann soll denn dieses berühmte Wochenende jetzt endlich stattfinden?«

»Ich weiß nicht, irgendwann im September, glaube ich. Lorenzo gibt Konzerte und so, er ist ständig unterwegs. Zumindest habe ich das Tante Villy sagen hören.«

»Also, wenn es dann so weit ist, müssen wir beide die Augen gut offen halten. ›Hinten Lyzeum, vorne Museum‹ würde sich als Titel für eine Kurzgeschichte doch ganz gut machen, findest du nicht?«

Als sie Clarys breites Lächeln sah, das irgendwie fröhlich und versunken zugleich wirkte (in letzter Zeit beschäftigte sie sich ernsthaft mit möglichen Titeln von Werken, die sie schreiben wollte), empfand Polly – wie schon öfter, trotzdem immer unerwartet – eine Zuneigung für sie, die zu gleichen Teilen respektvoll und entnervt war.

»Wenn du dich hinlegst«, sagte sie, »versuche ich mich einmal an deinen Augenbrauen.«

Viel später, im Bett, nachdem sie sich die Zähne geputzt, das Licht gelöscht und die Verdunklung geöffnet hatten, weil es so heiß war, dachte sie noch einmal über die Sache nach, von der sie Clary nichts erzählt hatte. Ihre Mutter war mit dem nächsten Zug gekommen, hatte sich am Bahnhof ein Taxi genommen und in Home Place vorbeigeschaut, um sie zu sehen und sich zu entschuldigen, nicht rechtzeitig in Charing Cross gewesen zu sein. »Ich hatte einen Termin, und sie ließen mich warten, und alles dauerte viel länger, als es sollte. Hast du die richtigen BHs bekommen?«

»Ja. Ist alles in Ordnung?«

»Was soll denn nicht in Ordnung sein?«

»Tante Villy sagte, du wärst bei einem Arzt gewesen.«

»Ach. Ja, das stimmt. Ja, natürlich ist alles in Ordnung. Ich habe dir nichts davon gesagt, weil ich … Daddy nicht aufregen und unseren Lunch verderben wollte.«

Und hast dafür gesorgt, dass ich mir noch mehr Sorgen mache als zuvor, dachte sie.

»Es war doch schön, oder nicht, mein Schatz? Ein richtig gelungener Ausflug. Obwohl ich vergessen habe, für dich einen guten Regenmantel zu besorgen, aber das kann ich nachholen, wenn ich das nächste Mal nach London fahre.«

»Wann ist das?« Sybil antwortete nicht sofort, also fragte Polly: »Kann ich nicht mitkommen?«

Und sofort erwiderte ihre Mutter leichthin: »Nein, mein Schatz, das nächste Mal nicht. Und jetzt muss ich wirklich los, ich muss Wills sein Abendessen geben.« Und damit war sie verschwunden.

Die wichtigste Erkenntnis aus diesem Gespräch war, dass ihre Mutter sie nicht gebeten hatte, Dad gegenüber etwas zu verschweigen, was ihrer Ansicht nach bedeuten musste, dass es nichts zu verbergen gab. Sie war froh, Clary nichts gesagt zu haben, die schon genug eigene Sorgen hatte. Das erinnerte sie an etwas anderes, das sie ihr nicht erzählt hatte.

»Bist du wach?«

»Natürlich. Ich schlafe nicht so ein wie Leute im Film – Kopf aufs Kissen, einmal blinzeln, und dann sind sie weg.«

»Wir sind heute Vormittag im Zug unter Beschuss von Maschinengewehren geraten. Das hatte ich ganz vergessen, dir zu sagen.«

Es herrschte Stille.

»Hast du mich gehört?«

»Natürlich.« Wieder herrschte Stille, dann antwortete Clary erbittert: »Ich muss schon sagen, du hast einfach immer Glück. Und was es zum Lunch gab, hast du mir auch nicht erzählt.«

»Horsd'œuvre, Lachs mit Mayonnaise und Eis. Und vorher Sherry.«

»Hm.«

»Clary, du hättest mitkommen können!«

»Du weißt doch, dass ich Einkaufen nicht leiden kann – vor allem nicht Kleider und solche Sachen. Was haben die Leute gemacht, als die Maschinengewehre losgingen?«

»Nichts Besonderes. Außerdem war es nach einer Sekunde schon wieder vorbei. Dann hat einer unserer Jäger das Flugzeug abgeschossen, und alle haben gejubelt.«

»Gut. Jetzt hast du's mir erzählt.« Polly hörte, wie sie sich beleidigt in ihre Bettdecke wickelte. »Aber danke, dass du mir die Augenbrauen gezupft hast«, sagte sie dann. »Obwohl, wenn es jedes Mal dermaßen wehtut, mache ich es nie wieder.«

»Du könntest die Mitte mit Peroxid behandeln, dann hättest du über der Nase ein strahlend weißes Fell.«

»Polly, ich glaube, du verstehst mich nicht richtig. Dass ich mich nicht besonders um mein Aussehen kümmere, ist eine Sache, aber eine Kreuzung aus König Lear und Groucho Marx aus mir zu machen, wäre eine ganz andere.«

Das fand Polly über die Maßen komisch, und ein paar Minuten überboten sie sich prustend vor Lachen mit Möglichkeiten, was Clary alles mit ihren Augenbrauen anstellen könnte. »Wenn ich nichts mache, sagen die Leute noch, dass sich bei mir etwas zusammenbraut.«

»Du könntest es mit Rinderurin versuchen, wie Botticellis Damen mit ihrer wunderschönen glatten, weißen Stirn – kein Härchen weit und breit.«

»Stell dir mal vor, eine Kuh dazu zu bringen, ihren Urin in ein Gefäß abzugeben! Und wenn ich mich dort rasieren würde, würde ich einen Fünf-Uhr-Schatten bekommen, wie Onkel Edward.«

»Wenn du ein Einbrecher wärst, würde das nichts ausmachen – hinter der Maske würde alles verschwinden.« Und so weiter.

Als schließlich wieder Stille herrschte, lag Polly in der Dunkelheit da, hörte auf das Dröhnen der Flugzeuge in der Ferne (der Fliegeralarm war schon vor Stunden erfolgt, wie meist in letzter Zeit) und das gelegentliche Donnern der Flaks an der Küste. Sie fühlte sich im wahrsten Sinn des Wortes erleichtert – dass es kein Onkel-Rupert-in-Frankreich-Abend gewesen war, dass ihrer Mutter wirklich nichts fehlte und sich Tante Rachel nur wieder mal zu große Sorgen gemacht hatte und dass sie am Wochenende ihre ganzen schönen neuen Kleider bekommen würde. Dann überlegte sie sich, wie seltsam es war, dass sie mitten im Krieg etwas derart Einfaches empfinden konnte. Vielleicht war sie ja ein oberflächlicher Mensch, aber selbst das tat wohl nicht allzu viel zur Sache, denn eine Sekunde, nachdem ihr dieser Gedanke gekommen war, schlief sie ein.

Gegen Ende der Woche wurde der Krieg noch viel schlimmer: Die Deutschen flogen rund um die Uhr Bombenangriffe auf das ganze Land, angeblich schickten sie jeden Tag tausend Flugzeuge herüber. »Wir haben hundertvierundvierzig von ihren Flugzeugen abgeschossen!«, verkündete Teddy mit leuchtenden Augen.

»Aber wir haben siebenundzwanzig verloren«, erwiderte Simon.

»Das ist nicht viel im Vergleich zu hundertvierundvierzig.«

»Das kommt darauf an, wie viele Flugzeuge wir haben.«

Am nächsten Tag jedoch waren die Verluste besorgniserregend ausgewogener. Am Abend rief Onkel Edward an und unterhielt sich lange mit Dad, der hinterher sagte, er sollte am Sonntagvormittag wohl besser nach London zu den Lagerhallen fahren.

Simon war es gelungen, das Radiogerät wieder zum Laufen zu bringen, und so hörten er und Teddy stundenlang Nachrichten und alles andere, was sie damit empfangen konnten. Es knisterte und knackste, und oft klangen die Sprecher, als befänden sie sich unter Wasser, doch das schien Teddy und Simon überhaupt nicht zu stören.

Sonntag war der Tag, an dem Dad nach London zurückfuhr. Sein Aufbruch war furchtbar: Alle gaben sich betont unbeschwert und dachten sich Dinge zu tun aus, die ihr ziemlich sinnlos vorkamen.

»Ihr Plan ist, unsere Luftstreitkräfte zu zerschlagen und dann einzumarschieren«, sagte Teddy beim Frühstück. Die Aussicht begeisterte ihn eindeutig.

»Woher weißt du denn das?«, fragte Clary in vernichtendem Tonfall.

»Das hat Colonel Forbes mir erzählt. Er kennt sich mit Strategie aus. Wie auch immer, wenn es so weit ist, werden wir es erfahren, weil dann alle Kirchenglocken läuten.«

»Ach, gut zu wissen! Ein großer Trost.«

»Ist es wirklich. Dadurch haben wir Zeit, unsere Waffen zu holen. Ich habe das Gewehr, mit dem Dad mich Kaninchen jagen lässt. Und Simon bekommt Dads Stockdegen. Vergesst nicht, was Mr. Churchill gesagt hat, dass wir sie auf den Stränden und überall bekämpfen. Aber wenn ihr das nicht gut findet, habt ihr zumindest Zeit, Selbstmord zu begehen.«

»Womit?«

»Sei nicht so zickig, Poll. Es gibt Hunderte Möglichkeiten, wenn du dich wirklich umbringen willst.«

»Meinst du, wir sollten wirklich Selbstmord begehen, wenn die Deutschen kommen?«, fragte sie Clary. Ihnen war aufgetragen worden, alle Reineclauden zu ernten, die an den Mauern des Küchengartens wuchsen.

»Nein. Teddy erzählt bloß Unsinn. Er kann mit Mädchen nichts anfangen. Wenn du mich fragst, finde ich ihn ziemlich rückständig.«

»Trotzdem«, meinte Polly, »das zeigt doch nur, dass der Krieg Männern gefällt oder sie zumindest begeistert.«

»Wenn dem nicht so wäre, gäbe es keine. Und dann verschwinden sie zu ihrer schönen Schlacht, und wir sind schutzlos den bösen Feinden ausgeliefert.«

»Clary, das finde ich wirklich nicht gerecht.«

»Ist es auch nicht. Das habe ich doch gerade gesagt. Ich meine – schau uns an. Lauter Frauen und Kinder ...«

»Es sind Männer hier.«

»Der Brig sieht so gut wie nichts mehr. McAlpine hat dermaßen schlimmes Rheuma, dass er kaum seinen Garten bestellen kann, von etwas anderem ganz zu schweigen. Tonbridge ist so schmächtig, dass er umfallen würde, wenn ein Deutscher ihn nur anniest. Und Wren ist praktisch immer voll und obendrein verrückt.« Sie hatte die Männer an ihren Fingern abgezählt und schloss jetzt: »Und dein heiß geliebter Christopher findet Krieg schlecht, also würde er sich wahrscheinlich entspannt zurücklehnen und zusehen, wie wir geschändet werden oder was immer es ist, was sie mit uns machen. Und wenn zwischen uns und all dem nur Teddy mit seiner Kaninchenflinte und Simon mit einem Schwertdegen stehen, dann haben wir nicht den Hauch einer Chance.«

Sie saß auf der obersten Stufe der kleinen Leiter, mit deren Hilfe sie die höheren Reineclauden erreichten. Clary hatte zwei besonders reife Früchte gepflückt, gab Polly eine und biss in ihre. »Was mich besonders ärgert«, sagte sie, »ist, dass uns niemand erklärt, was Schänden genau bedeutet. Wenn wirklich die Gefahr dafür besteht, finde ich, dass wir wissen sollten, was uns blüht. Aber sie sagen es uns nicht. In der Familie wurde einfach beschlossen, über nichts zu reden, das sie in irgendeiner Weise für unschön halten. Meiner Ansicht nach sollten wir über alles reden. Aber ich kann fragen, wen ich will, ich komme nicht weiter. Tante Rach sagte, meine Neugier sei morbide, aber das finde ich nicht. Es ist einfach Neugier. Ich möchte wirklich alles wissen!« Sie reichte Polly ihren kleinen, mit Reineclauden gefüllten Korb, damit die ihn in den großen leerte, der auf der Schubkarre thronte. »Aber du nicht, Poll, oder?«

»Ob ich alles wissen möchte? Dafür hätte ich gar nicht die Zeit. Außerdem weißt niemand alles. Das Problem ist, wenn man etwas weiß, muss man etwas damit anfangen.«

»Nein, das stimmt nicht. Man weiß es einfach und bewahrt es auf für den Fall, dass es nützlich sein könnte.«

»Wenn man Bücher schreiben möchte, kann es wirklich nützlich sein, das verstehe ich«, sagte Polly. Ihr wurde wieder traurig zumute, wie so oft in letzter Zeit, wenn sie an ihren fehlenden Berufswunsch erinnert wurde. »Hast du Miss Milliment gefragt? Sie kennt sich doch mit den meisten Dingen aus.«

»Miss Milliment hat von Schänden nicht die geringste Ahnung«, sagte Clary verächtlich. »Ich habe sie gefragt und sofort gemerkt, dass sie nichts darüber weiß.«

»Woran? Sie ist so alt, sie muss etwas wissen. An was hast du das gemerkt?«

»Normalerweise ist ihr Gesicht doch immer grau mit einem blassgelblichen Ton. Und bei meiner Frage hat es die Farbe von totem Laub angenommen.«

»Verlegenheit«, schlussfolgerte Polly sofort. »Ich würde sagen, das bedeutet, dass sie es genau weiß, dir aber nicht erklären wollte.«

»Nein. Sie wusste natürlich, dass es etwas Schreckliches ist, und wollte nicht darüber sprechen. Aber sie wusste es wirklich nicht. Das muss einem älteren Menschen natürlich peinlich sein.«

»Schlag im Wörterbuch nach.«

»Gute Idee, Poll!«

Das Gespräch fand ein Ende, weil Clary eine Reineclaude pflückte, in der sich eine Wespe versteckte, und gestochen wurde.

Während Polly die Schubkarre zum Haus zurückschob, um die Reineclauden bei Mrs. Cripps abzuliefern (Clary war ins Haus gegangen, um den Wespenstich mit Essig zu behandeln), überlegte sie sich, wie seltsam es war, dass ihr gewöhnliche Sachen immer häufiger unwirklich vorkamen. Der Grund dafür war wohl, dass das, was sie nicht wusste – das, was über ihnen hing, auf das sie regelrecht warteten –, ihr zunehmend nicht nur absurd und melodramatisch erschien, sondern … fast realer als das, was tatsächlich passierte. Es ist dieses ewige Warten, dachte sie; warten darauf, älter zu werden, und darauf, dass der Krieg schlimmer oder besser wird oder vorbei ist.

Am nächsten Morgen verkündete Teddy, dass ein deutsches Flugzeug Bomben über London abgeworfen hatte. »Es ist aber abgeschossen worden«, sagte er. Er und Simon hatten in der Halle ein Notizbrett aufgestellt, an das sie die neuesten Bulletins hefteten. Dad rief in Home Place an und führte ein langes Gespräch mit der Duchy, an dessen Ende sie sagte, man habe beschlossen, dass alle aus dem Pear Tree Cottage nach Home Place umziehen sollten. Mit ein Grund dafür sei, dass Emily, die Köchin im Cottage, zu ihren Schwestern nach Northumberland zurückkehren wolle, aber auch, weil man es für besser hielt, wenn alle an einem Ort seien. Die Meinungen hierüber waren geteilt.

»Wir müssen umziehen!«, rief Clary. »Wir müssen das schöne, freundliche Zimmer aufgeben, in dem wir immer geschlafen haben, und in das schreckliche kleine Zimmer mit der verrückten Tapete umsiedeln.«

»Wirklich?«

»Ja, wirklich. Unser Zimmer wird das Kinderschlafzimmer für

Roland und Wills. Mir leuchtet nicht ein, weshalb nicht sie das kleinere Zimmer bekommen, schließlich sind sie kleiner, und ihnen sind Tapeten egal.«

Aber während des Lunchs erinnerte Tante Rach die Duchy daran, dass Villy gesagt hatte, Edward habe gesagt, Louise dürfe nicht mehr bei ihrer Freundin in London wohnen, sondern müsse nach Hause kommen. »Also dürft ihr in eurem Zimmer bleiben und teilt es mit Louise.«

»Wir würden viel lieber in das kleine Zimmer ziehen«, sagte Clary sofort.

»Ich fürchte, das geht nicht. Das bekommen Neville und Lydia.«

Und so mussten sie sich murrend fügen. »Sie wird uns mit dem Nägellackieren und ihrem Gerede über die Schauspielerei die ganze Nacht wach halten«, sagte Clary verzweifelt, als sie ihre Betten verrückten, um Platz für ein drittes sowie eine weitere Kommode zu schaffen.

»Ich bin noch schlimmer dran«, sagte Neville. Er hatte lautlos in der Tür auf dem Kopf gestanden, um sie zu überraschen. »Ich muss mit einem Mädchen schlafen«, empörte er sich. Langsam wurde sein Gesicht puterrot. »Ich habe das Zimmer mit Kreide in zwei Hälften geteilt, und wenn sie meinen Bereich betritt, muss sie Eintritt zahlen.«

»Neville, es ist sehr unhöflich, das Gespräch von anderen zu belauschen.«

Er sah Clary ungerührt an. »Ich bin sehr unhöflich«, sagte er.

Sie versetzte ihm einen Schubs, woraufhin er auf dem Treppenabsatz gelenkig in sich zusammenfiel und Lydia anrempelte, die gerade mit einer Armladung Habseligkeiten nach oben kam. Das verursachte ein heilloses Durcheinander, und Lydia weinte, weil Kreideschachteln, dünne Umschläge mit Perlen, die sie zum Verschenken an alle Familienmitglieder zu endlosen Ketten auffädelte, ihre Muschelsammlung, zwei Bären und die auf ein Stück Balsaholz gepinnte Haut einer Ringelnatter durcheinanderpurzelten. Clary tadelte Neville, der sich sofort verzog, während Polly ihr half, alles wieder aufzusammeln. »Gib die Perlen in meinen Hut«, sagte sie und hob die Schlangenhaut auf in der Hoffnung, Lydia würde nicht bemerken, dass sie beschädigt war, aber natürlich sah sie es. »Mein ungewöhnlichstes Stück!«, heulte sie. »Vielleicht brauche ich den Rest meines Lebens, um wieder eine zu finden!«

»So schlimm ist es nicht, außerdem wette ich, dass Christopher eine neue für dich finden könnte.«

»Ich will sie selbst finden! Ich will nichts, das jemand anderes findet!«

»Wenn du stillsitzt, schminke ich dir die Lippen.«

Das wirkte. Lydia setzte sich auf den Boden und reckte Polly entzückt das Gesicht entgegen, die ihren feuchten Kirschmund mit dem harten, trockenen Tangee-Lippenstift schminkte, den sie seit Ewigkeiten nicht mehr verwendet hatte.

»Das Ungerechte ist«, sagte Lydia, »dass sie uns zwingen, das Zimmer mit anderen zu teilen, wie es ihnen gerade passt – sie haben sogar gesagt, dass sie die schreckliche Judy, wenn sie zu Besuch kommt, zu Neville und mir ins Zimmer stecken –, aber sie selbst teilen mit niemandem. Ich meine, sie könnten doch wirklich Onkel Hugh zu Mummy ins Zimmer stecken, wenn Tante Syb in die Oper geht.«

»Was meinst du damit?«

»Sie geht in die Oper, damit sie sie operieren können. Ich habe gehört, wie Mummy mit ihr darüber gesprochen hat, und als sie mich bemerkten, sagten sie das Französische, das bedeutet, dass wir nicht wissen dürfen, worüber sie reden.«

»... Poll! Zum dritten Mal! Möchtest du das Bett am Fenster oder nicht?«

»Das ist mir egal«, sagte sie, als sie überhastet aufsprang und sich blindlings auf die Suche nach ihrer Mutter machte.

DIE FAMILIE

HERBST UND WINTER 1940

Natürlich fahre ich dich«, sagte Edward, »sei nicht dumm. Aber wir sollten uns beeilen, damit du deinen Zug nicht verpasst.« Sie lächelte tapfer. Solange er sich ankleidete, hatte sie sich im Bad geschminkt, und mit verlaufener Wimperntusche sah man einfach fürchterlich aus.

»Ich gehe schon mal nach unten und bezahle die Rechnung«, sagte er. »Gib mir deinen Koffer.«

Er stand vor ihr, in jeder Hand einen Koffer, die Mütze hatte er sich unter den Arm geklemmt.

»Ich wünschte, ich hätte dich ohne deine Uniform gesehen«, sagte sie unwillentlich.

»Mein Schatz, das hast du doch. Ich hätte gestern Abend nicht weniger Uniform tragen können. Wir sehen uns am Wagen.« An der Rezeption – Major und Mrs. Johnson-Smythe – war sie derart verlegen gewesen, dass er die Erfahrung nicht wiederholen wollte. »Lass mich nicht zu lange warten.«

Sie sah sich im Zimmer um. Am vergangenen Abend hatte es so romantisch gewirkt: das große Doppelbett, die rosa Seidenlämpchen auf dem Nachttisch, die schweren geschlossenen Seidenvorhänge, der Frisiertisch mit den drei Spiegeln und davor ein mit Brokat bezogener Hocker. Jetzt sah es trostlos aus, schlampig, wenn nicht schäbig. Die von den zerdrückten Kissen zurückgeworfenen Decken, die Frühstücksreste auf dem Tablett am Ende des Bettes – nichts als Krümel und fettige Teller und Kaffeeringe auf dem Tablettdeckchen –, der Puder, den sie auf dem Frisiertisch verstreut hatte, und die nassen Badetücher, eines auf dem Boden – Edwards – und ihres auf dem Hocker. Die offenen Vorhänge gaben unverstellt den wenig ansprechenden Blick auf den Parkplatz frei, und sie sah, dass der dicke Teppich, den sie am vergangenen Abend so gerne unter den bloßen Füßen gespürt hatte, nicht besonders sauber war. Sie wusste, dass er verheiratet war: Das hatte er ihr mit erschreckender Ehrlichkeit gesagt. Sie hielt ihn für den ehrlichsten Menschen, dem sie je begegnet war. Seine blauen Augen hatten sie so ernsthaft angeblickt, wenn er etwas sagte, auch bei Dingen, die zu sagen ihm schwerfielen wie die Tatsache, dass er verheiratet war. Allein beim Gedanken, dass er sie ansah, lief ihr ein Schauer über den Rücken. »Bist du sicher, dass du das willst?«, hatte er sie gefragt, als sie nach dem Dinner zum Hotel gefahren waren. Natürlich hatte sie es gewollt. Sie hatte ihm nicht gesagt, dass es ihr erstes Mal war. Sie hatte immer gedacht, dass es erst passieren würde, wenn sie verheiratet war – dass ihr erstes Mal in der Hochzeitsnacht stattfinden würde; dass sie warten würde auf den, den die anderen Mädchen in der Kompanie Major ihres Lebens nannten. Jetzt erkannte sie, dass sie nur darauf gewartet hatte, verliebt zu sein – im Grunde zählte nichts anderes. Es hatte ihn etwas bestürzt, herauszufinden, dass es für sie das erste Mal war. »Ach, mein Liebling, ich möchte dir nicht wehtun«, hatte er gesagt, aber dann hatte er ihr doch wehgetan. Sie hatte seine Küsse richtig genossen und seine Hände auf ihren Brüsten sehr erregend gefunden, aber der Rest war völlig anders gewesen als in ihrer Vorstellung. Beim dritten Mal hatte es nicht mehr auf dieselbe Art wehgetan. Sie konnte sich vorstellen, dass es früher oder später gar nicht mehr wehtun würde. Das unglaublich Erregende war, begehrt zu werden – oder zumindest, von einem derart attraktiven Mann wie Edward begehrt zu werden.

Sie stand mit dem Spiegel ihrer Puderdose am Fenster und bemühte sich, ihrem Mund mit dem Lippenstift klare Konturen zu verleihen, aber sie war von seinem Schnurrbart so wund, dass die Haut rings um den Mund rot war und den Lippenstift wie verschmiert wirken ließ. Sie tupfte den sehr weißen Puder, den sie verwendete, um die Oberlippe und das Kinn, mehr konnte sie nicht tun. Und jetzt verlass den Raum, fahr im Aufzug nach unten, geh mit festen Schritten durch das Foyer – du brauchst niemanden anzusehen – und zum Auto hinaus. Sie richtete ihre Krawatte, setzte ihre Mütze auf, schlang die Tasche über die Schulter und ging steifbeinig zum Zimmer hinaus.

Als sie nach draußen kam, hob er gerade ihr Gepäck in den Kofferraum.

»Gut gemacht, Süße«, sagte er, und sie dachte sich, wie empfindsam er doch war, zu erkennen, dass es ihr schwerfiel, das Hotel zu verlassen.

»Und jetzt – wohin, Ma'am?«

»Nach Paddington.«

»Dann auf nach Paddington.«

Im Auto dachte sie flüchtig, wie schön es wäre, wenn sie ihr freies Wochenende mit ihm anstatt bei ihren Eltern in Bath verbringen könnte, wo sie nichts zu tun haben würde, weil ihr ganzer Freundeskreis auf die eine oder andere Art im Krieg war, wo Mummy ihre Schminke kritisieren und Daddy ihr bevormundend schwache Gimlets vorsetzen würde.

Auf der Great West Road auf dem Weg in die Stadt blieben sie hinter einem unendlich langen Militärkonvoi stecken, und als er sie um eine Zigarette bat, zündete sie ihnen beiden eine an. »Glücklich?«, fragte er, als sie ihm eine gab. Sie wusste, dass er ein »Ja« hören wollte, also sagte sie es, aber in Wirklichkeit kämpfte sie beim Gedanken an den Abschied und die sich hinschleppenden Stunden bis zum Wiedersehen am Montag in Hendon gegen ihre Panik an.

»Hast du auch nur das Wochenende, wie ich?«

»Genau. Wir müssen einfach das Beste draus machen.«

Sie wollte ihn fragen, ob er nach Hause fahre, aber das konnte sie sich sparen – wohin sollte er sonst fahren? Er hatte vier Kinder, das wusste sie, aber als sie ihn nach deren Alter fragte – weiter wagte sie nicht, ihrer Neugier auf seine Frau nachzugeben –, hatte er nur gelächelt und gesagt, uralt, bis auf das Kleinste. »Du musst wissen, ich bin alt genug, um dein Vater zu sein«, hatte er gesagt. Auch das bewunderte sie an ihm: Viele Männer hätten sich für jünger ausgegeben, als sie tatsächlich waren, aber nicht Edward. Und nachdem er sie, in Paddington angekommen, in den Zug gesetzt hatte, sagte er zu dem betagten Schaffner sogar: »Sie passen doch gut auf meine älteste Tochter auf, George, nicht wahr?«, und der Schaffner nickte wohlwollend und sagte, natürlich. Edward wies ihr den Eckplatz zu. »Hast du etwas zu lesen?«, aber sie hatte nichts dabei, also verschwand er und kehrte mit dem *Lilliput*, der *Times* (die sie noch nie gelesen hatte) und *Country Life* zurück. »Das sollte reichen, um dir die Zeit zu vertreiben«, sagte er, und dann flüsterte er ihr ins Ohr: »Wir haben doch unseren Spaß gehabt, mein Schatz, oder? Ganz großen Spaß?«

Die Augen brannten ihr vor Tränen, und noch bevor sie sie wegzwinkern konnte, hatte er ihr sein wunderschönes seidenes Taschentuch gereicht, das so unglaublich gut roch. Das war noch etwas, das sie an ihm liebte: seine Aufmerksamkeit ebenso wie seine Großzügigkeit.

»Das gebe ich dir am Montag zurück«, sagte sie und versuchte noch immer, die Tränen zu unterdrücken.

»Behalt es, mein Schatz. Davon gibt es noch ganze Stapel.« Er nahm ihr die Mütze ab und küsste sie auf den Mund – ein flüchtiger Kuss. »Auf Wiedersehen, mein Liebling, genieß deine freien Tage.« Und damit war er fort. Sie tupfte sich die Augen und versuchte, das Fenster zu öffnen, damit sie ihm den Bahnsteig entlang nachsehen konnte, aber bis es ihr schließlich gelang, war er außer Sicht. Sie setzte sich wieder auf ihren Eckplatz. Es war wirklich sehr rücksichtsvoll von ihm, so schnell zu gehen. Vorsorglich putzte sie sich die Nase, und bald nachdem der Zug angefahren war, schlief sie ein.

»Arme Mummy!«

»Ja, in der Tat, arme Mummy!«

»Ich muss sagen, ich kann den Sinn freiwilliger Euthanasie verstehen.«

»Außer dass Mummy nicht mehr zurechnungsfähig genug ist, um eine solche Entscheidung zu treffen.«

Villy kannte die Logik dieser Argumentation, mit der ihre Schwester sie schon zeit ihres Lebens aufbrachte, und schwieg.

Sie saßen in einem Teesalon und tranken grauen Kaffee, zwischen ihnen stand unberührt ein Teller Butterkekse. Sie hatten am vergangenen Abend (einem Donnerstag) einen dringenden Anruf vom Pflegeheim bekommen, dass es mit Lady Rydal nach Ansicht der Oberschwester möglicherweise bald zu Ende gehen werde, wie sie sich Villy gegenüber am Telefon ausgedrückt hatte. Doch als sie vormittags beim Pflegeheim eintrafen – Jessica aus Frensham, Villy aus Sussex –, hatte die Oberschwester sie mit der eher bedauerlichen Nachricht empfangen, Lady Rydal ginge es offenbar ein wenig besser. »Sie hält sich wacker«, hatte sie gesagt und war ihnen voraus den Korridor entlanggerauscht. »Sicher, sie hat ein starkes Herz, aber allzu große Hoffnungen kann ich Ihnen nicht machen.«

Sie hatten eine unangenehme Stunde bei ihrer Mutter verbracht, die mit geröteten Wangen und merkwürdig geschrumpft auf ihren Kissen lag. Ihre Rastlosigkeit hatte sich auf flattrige Bewegungen ihrer gespenstischen Finger beschränkt, an die ihre großen Diamantringe mit Leukoplast geklebt waren. »Sie besteht darauf, sie zu tragen«, hatte die Oberschwester gesagt, »aber sie rutschen immer wieder herunter und verschwinden dann im Bettzeug. Lady Rydal? Sie haben Besuch, Ihre Töchter sind gekommen!« Aber der muntere Ton, mit dem gemeinhin schöne Überraschungen verkündet werden, fand keinen Widerhall. Ihre Mutter hatte sie nicht erkannt, oder zumindest hatte es sie nicht interessiert, wer sie waren. Nur einmal in der ganzen Stunde, während der sie sich leise und beiläufig miteinander unterhielten, hatte sie unvermittelt klar und deutlich gesagt: »Nach dem Sturz, als mein Pferd verweigerte, haben sie meine Schnürbänder durchgeschnitten – und ach! Die unendliche Erleichterung! Aber natürlich braucht man die Stütze, und bald darauf bekam ich Rückenschmerzen.«

»Wann war das, liebste Mummy?« Aber auf diese Frage hatte sie gar nicht reagiert.

Jessica trank einen Schluck Kaffee und verzog das Gesicht.

»Wahrscheinlich gibt es bald gar keinen Kaffee mehr. Das wird dich besonders hart treffen, weil du ihn doch so gern magst.«

Das war ein Friedensangebot, ein kleines; und da es sich eher um eine geringfügige Irritation gehandelt hatte, ging Villy bereitwillig darauf ein. »Du kommst doch mit mir zurück, oder? Ich meine, es sieht aus, als könnte jederzeit alles Mögliche passieren, und für dich ist die Fahrt schrecklich weit.«

»Danke, meine Liebe. Aber nur übers Wochenende. Dann muss ich nach Frensham zurück und das Haus schließen. Alles wegräumen und mich nach einem Mieter umsehen.«

»Wirklich? Was sagt denn Raymond dazu?«

»Offenbar hat er nichts dagegen, was mich überrascht, aber er hat diese Stelle in Blenheim bekommen, und vor lauter Begeisterung kann er an nichts anderes mehr denken.«

»Jess! Das ist ja großartig! Was macht er?«

»Er sagt, dass alles ganz furchtbar geheim ist und er nichts erzählen darf. Ein Freund seiner Mutter – der alte Lord Carradine, der in seiner Jugend immer so nett zu ihm war – erwähnte seinen Namen, und wegen seiner Behinderung ist eine Schreibtischtätigkeit natürlich genau das Richtige für ihn. Ich sollte niemandem davon erzähle, bis er das Vorstellungsgespräch hatte, das er offenbar mit fliegenden Fahnen bestanden hat. Es ist einfach großartig, dass er etwas gefunden hat, wo er gebraucht wird.«

»Und was hast du jetzt vor?«

»Tja – ich habe mich gefragt, ob Judy vielleicht zusammen mit deiner Schar bei Miss Milliment Unterricht bekommen könnte. Ich möchte sie nicht aufs Internat schicken, und sie ist doch so gerne mit Lydia zusammen.«

Villy dachte kurz an Lydias Bemerkungen über Judy. »Das ist eine schöne Idee«, sagte sie, »aber vorher müsste ich natürlich mit der Duchy sprechen, und wahrscheinlich auch mit Miss Milliment.«

»Sie wird nichts dagegen haben. Im Sommer hat sie sich Sorgen gemacht, dass sie nicht mehr richtig gebraucht wird.«

»Wirklich? Wann war denn das?«

»Als wir zu Ferienanfang bei euch waren. Da sagte sie, sie hätte das Gefühl, sie sollte sich ein paar Wochen absentieren, aber sie wisse nicht, wohin sie fahren könnte. Ich konnte sie nicht zu uns einladen, weil Raymond seine Schwierigkeiten mit ihr hat.«

»Was hast du jetzt vor? Möchtest du bei uns wohnen?«

»Das ist wirklich sehr lieb von dir, aber ich dachte eher, dass ich in Mummys Haus in London ziehe. Wir können es nicht mit all den Sachen einfach unbewohnt stehen lassen.«

»Bryant ist doch noch da, oder nicht?«

»Doch, aber ihretwegen müssen wir auch etwas unternehmen. Ich meine, angesichts des Pflegeheims kann Mummy es sich eigentlich nicht leisten, Dienstboten zu bezahlen, die sie nie mehr brauchen wird. Ich weiß, dass es schrecklich ist«, fügte sie hinzu, als sie Villys Gesichtsausdruck bemerkte, »aber vielleicht können wir uns auf eine Abfindung einigen, vor allem für Bryant, die unglaublich loyal war und im Grunde zu alt ist, um noch eine neue Stelle zu finden.«

»Ja, das stimmt. Aber warum willst du denn ausgerechnet in London bleiben?«

Sie überlege sich, eine Arbeit anzunehmen, antwortete Jessica ausweichend, »irgendetwas für den Krieg, und wenn ich in einer Kantine koche«, aber danach war die Stimmung zwischen ihnen angespannt. Jessica wusste, und Villy ahnte, dass eine Kriegsarbeit nicht der einzige Grund war. Um das Thema zu wechseln, fragte Jessica: »Hast du von Edward gehört?«

»Er kommt morgen. Er hatte heute Abend kommen wollen, aber dann rief er an und sagte, dass er es erst morgen schafft.«

»Wahrscheinlich muss man für kleine Gaben dankbar sein.«

»O ja, sonst gäbe es gar nichts, wofür man dankbar sein könnte.« Sie sagte das mit fast dramatischer Bitterkeit, und Jessica beschloss, nicht zu antworten.

Auf der Rückfahrt in Jessicas Wagen sagte Villy: »Ist es nicht ziemlich unklug, ausgerechnet jetzt nach London zu ziehen? Möchte Raymond dich nicht etwas mehr in Sicherheit wissen, eher bei ihm in der Nähe? In Oxford?«

»Aber nein! Er freut sich sehr, allein von zu Hause fort zu sein. Und ich glaube, es tut ihm gut, in einer völlig neuen Umgebung zu sein, wo kein Mensch etwas von Hühnerzucht und Hundepensionen und all den anderen gescheiterten Projekten weiß. Und ich bin ehrlich gesagt froh, wenn er nicht in Frensham wohnt. Das Haus ist in einem desolaten Zustand. Tante Lena hatte jahrelang nichts mehr daran machen lassen, und er war drauf und dran, jeden Penny in die Renovierung zu stecken. Und wenn er freihat, ist es für ihn nicht weit zu mir nach London …« Es herrschte wieder Stille, in der beide an dasselbe, wenn auch sehr Unterschiedliche dachten.

»Und wie geht es Sybil?«, fragte Jessica mit besorgter Anteilnahme.

»In einer Woche kommt sie nach Hause.«

»Haben sie ihr …?«

»Alles rausgenommen? Ja. Die Arme. Sie wird ziemlich lange brauchen, um wieder zu Kräften zu kommen. Aber sie sagten, eine andere Möglichkeit habe es nicht gegeben. Wir haben natürlich alle vermutet, dass es Krebs ist, einschließlich sie selbst. Sie war wirklich sehr tapfer – und wollte um keinen Preis, dass Hugh etwas davon erfährt.«

»Er weiß es nicht?«

Villy schüttelte den Kopf. »Er ist offenbar nie auf die Idee gekommen, zum Glück. Aber er muss sich um so vieles kümmern, jetzt, wo Edward nicht da ist und er in seinem Club wohnen muss und nachts Brandwache übernimmt, obwohl er den ganzen Tag arbeitet – ich glaube, er hat weder die Zeit noch die Kraft, um irgendetwas zu hinterfragen, was ihm gesagt wird. Ich vermute, er ist einfach froh, dass sie gefunden haben, was ihr fehlte, und etwas dagegen unternommen haben.«

Den Rest der Fahrt unterhielten sie sich darüber, wie ähnlich und gleichzeitig unterschiedlich schwierig Angela und Louise waren.

Erstaunlich, wie ähnlich Villy ihrer Mutter war, wenn es um das Unglück anderer Menschen ging, dachte Jessica – sie verhielt sich fast so, als geschehe es, um sie persönlich zu treffen.

Und Villy überlegte sich spöttisch, dass Jessica bei allem, was sie unbedingt tun wollte, es so darstellte, als ginge es ihr ausschließlich um das Wohl anderer. Genau wie Mummy mit den Sommerferien in ihrer Kindheit. Sie sagte immer, Papa müsse unbedingt aus der Stadt rauskommen und sich vom Komponieren erholen, obwohl er sich im Grunde nichts anderes wünschte, als sich in London allein und in Ruhe der Arbeit zu widmen. Im Allgemeinen taten diese wenig schmeichelhaften Beobachtungen über die jeweils andere ihrer gegenseitigen Zuneigung keinen Abbruch, doch an diesem Nachmittag war die Stimmung angespannt, weil sie beide das, was sie innerlich am meisten beschäftigte, verschwiegen, und zum Ausgleich bedauerten und trösteten sie sich gegenseitig in aller Form wegen ihrer schwierigen Töchter. »Zumindest hat sie eine gute und nützliche Arbeit bei der BBC« (Angela), und »Sie hat bestimmt großes Talent – schließlich muss sie doch einiges von dir geerbt haben« (Louise).

Jessica sah wie gewohnt abgezehrt aus, neuerdings aber elegant; um ihren Schwanenhals hatte sie einen langen Chiffonschal in hellstem Türkis gebunden, der einen geradezu gewagten Kontrast zu ihrem gelb-grünen Kleid bildete. Selbst ihre Hände, die noch vor einem Jahr von der Hausarbeit so rissig und rot gewesen waren, sahen weiß und glatt aus. Über die Oberseite zogen sich Venen, farblich passend zum Schal, und an einem Finger trug sie einen großen, mit Türkisen besetzten Silberring von Amy Sandheim. Grund für die Veränderung war natürlich das Geld, das sie jetzt besaß, dachte Villy, und bei dem Gedanken stieg wieder etwas von dem früheren Mitgefühl in ihr auf, das sie für ihre Schwester empfand. »Der Schal steht dir unglaublich gut«, sagte sie.

»Er verbirgt meinen Hals, der langsam welk wird, wie Mummy sagen würde.«

»Meine Liebe, du wirst immer maßlos attraktiv sein.«

»Ich werde nicht so gut altern wie du.«

Später fiel Villy ein, dass ihr Wagen am Bahnhof in Battle stand. »Leider müssen wir erst dorthin, damit ich ihn abholen kann.«

Anschließend fuhren sie hintereinander die vier Kilometer nach Home Place.

Allein im Auto sitzend, überlegte Villy, dass Jessica, wenn sie das Haus ihrer Mutter in St. John's Wood übernahm, jederzeit Laurence sehen könnte, der mit seiner Frau in der Nähe lebte, in einer Wohnung in Maida Vale. Das ist natürlich der Grund, sagte sie sich. Und ich sitze hier auf dem Land fest. Sie fragte sich, ob sie Edward wohl überreden könnte, ihr Haus in der Lansdowne Road wieder zu öffnen. Sie hatte Laurence seit seinem Konzert in der National Gallery nicht mehr gesehen, als sie den wunderschönen Nachmittag miteinander verbracht hatten, am Embankment entlanggeschlendert waren und er ihr sein Herz ausgeschüttet hatte, was für eine Qual es sei, mit einer krankhaft eifersüchtigen Frau zu leben, die in seiner Abwesenheit nur Trübsal blies, sich mit französischen Romanen und Migräne in ihr Schlafzimmer zurückzog und bei seiner Rückkehr wieder auftauchte, um ihm entsetzliche Szenen zu machen. Aufgrund seiner Arbeit war er ständig in ganz England unterwegs, und sie stellte ihn sich immer in den Armen jeder Geigerin und jeder Sängerin vor, die er begleitete; dabei wünschte er sich nichts sehnlicher als ein ruhiges, häusliches Leben mit einer Frau, die verstehen konnte, dass die Musik für ihn an erster Stelle kam. Beim Gedanken, wie sich seine dunklen Augen in ihre brannten, erschauderte sie vor einer romantischen Erregung, die sie niemals zuvor empfunden hatte. Sie hatten im Charing Cross Hotel Tee getrunken, und er hatte ihre Hand genommen und gesagt, welches Glück er habe, ihr begegnet zu sein. Als sie sagte, sie müsse zu ihrem Zug, hatte er gesagt: »Ich fahre mit.« Entzückt von diesem Gedanken, hatte sie erklärt, dass ihre Schwägerin und deren Tochter ebenfalls in dem Zug sitzen würden … »Wir fahren erster Klasse, wie es sich für erstklassige Menschen gehört«, hatte er mit großer Geste erwidert. Schließlich hatte sie ihn gebeten, seine Fahrt in Tunbridge Wells zu beenden, doch diese Stunde war eine der schönsten in ihrem ganzen Leben gewesen. Sie hatte ihm erzählt, wie sie in ihrer Jugend bei den Ballets Russes getanzt hatte und dass Cecchetti sie als wirklich außerordentliches Talent bezeichnet habe und gar nicht glauben wollte, dass sie erst mit sechzehn angefangen habe – und dass ihre Ehe dem allen ein Ende gesetzt habe. Er verfügte über ein Maß an Mitgefühl, wie sie es von keinem anderen Mann kannte, allerdings sah sie nicht, dass das Leben ihr in den vergangenen zwanzig Jahren wenig bis gar keinen Umgang mit Männern ermöglicht hatte, mit denen sie nicht auf die eine oder andere Art verwandt war. Er war ein ungemein guter Zuhörer, er stellte die richtigen Fragen und schien fast im Voraus zu wissen, was sie ihm als Nächstes erzählen wollte. Zum Abschied küsste er ihr die Hand, und sie betrachtete die Stelle beinah wie ein junges Mädchen – sie kam sich tatsächlich vor wie Karsavina in *Le Spectre de la Rose*. Seitdem hatte sie zwei Briefe von ihm bekommen – oder vielmehr zwei Postkarten, die in einem Briefumschlag lagen, eine aus Manchester und eine aus Maida Vale. »Ich denke so oft an unser schönes Gespräch im Zug – und auch anderswo«, hatte er im ersten geschrieben. Im zweiten hatte er von »unserer Oase in der Wüste unseres Lebens« gesprochen. Jede dieser Karten hatte sie mit einem vier- oder fünfseitigen Brief beantwortet, in dem sie ihrer Frustration über den fehlenden Sinn ihres Lebens freien Lauf gelassen hatte. Als sie diesen Ausdruck das erste Mal geäußert hatte, hatte er ihr leicht über das Gesicht gestreichelt und gesagt: »Du hast eine russische Seele, du möchtest ständig nach Moskau reisen. Moskau ist dein Traum – dein Rückzugsort.« Danach hatten sie tragikomische Scherze in Anspielung auf Napoleon und seinen großen Rückzug *nach* Moskau gemacht, und sie hatte das Gefühl, dass endlich jemand die ganze Tragik ihres Lebens erfasste. In ihren Briefen griff sie dieses Spiel auf – er sollte merken, dass sie kühn war, und bemühte ihren leichtesten Tonfall. Natürlich schickte sie die Briefe nicht ab – es gab keine sichere Anschrift, an die sie sie hätte adressieren können. Zu glauben, dass er sie verstand, ermöglichte ihr, seine innere Stärke zu bewundern und die Geduld, mit der er das Joch der Eifersucht ertrug. Sie vermutete, dass er beruflich nicht den erhofften Erfolg gehabt hatte – mehrere seiner Bemerkungen ließen darauf schließen: »Da hatte ich gerade das Stipendium fürs College bekommen«, und »Das war, als Professor Tovey nach einem Konzert tatsächlich darum bat, mir vorgestellt zu werden, ich hatte die Goldmedaille gewonnen für …« Sie fand es erstaunlich, wie viele Themen sie an dem einen Nachmittag abgedeckt hatten. Davor hatte sie ihn so gut wie nie allein gesehen. Aber seitdem er in Guildford eine Frühjahrssaison lang ein Laienorchester mit Chor leitete, hatte Jessica, die natürlich Mitglied im Chor geworden war, ihn häufig getroffen.

Sie warf einen Blick in den Rückspiegel: Als sie in die Auffahrt einbog, war Jessica dicht hinter ihr.

~

»Trotzdem, mir gefällt die Vorstellung nicht, dass du in London bist.«

»Liebling, es ist alles in bester Ordnung. Es gibt hier im Souterrain einen riesengroßen Luftschutzkeller, und bei der geringsten Gefahr werden wir sofort hinuntergebracht.« Sie streckte die Hand aus, und Hugh ergriff sie. »Du machst dir viel zu viele Sorgen, wie immer.«

»Mit etwas Glück darf ich dich früher, als du glaubst, nach Hause holen. Bevor ich das Krankenhaus verlasse, sehe ich den großen weißen Medizinmann, und ich weiß, wenn du eine gute Krankenschwester hast, lässt er dich gehen.«

»Das ist großartig. Wie ist dir das gelungen?«

»Das habe ich letzte Woche eingefädelt. Er hat mir gesagt, dass er heute hier sein wird und Zeit hat, sobald er im OP-Saal fertig ist. Wenn er einwilligt, kann das Krankenhaus dich nicht hierbehalten.«

Er lächelte, und sie merkte, wie erschöpft er war. Wenn es ihn beruhigte, sie in Home Place zu wissen, würde sie es natürlich machen … obwohl sie im Moment allein beim Gedanken, das Bett zu verlassen, vor Schwäche zitterte und ihr nach Weinen zumute war. Und nachdem jetzt alle in Home Place wohnten, hatte sie keine Ahnung, wo eine Krankenschwester schlafen sollte, einmal angenommen, sie würden überhaupt eine finden. Jetzt sagte er gerade, er solle besser gehen, denn er wolle Mr. Heatherington-Bute nicht verpassen, und obwohl sie in gewisser Hinsicht nicht wollte, dass er ging, fand sie jeden Besuch entsetzlich anstrengend.

»Auf Wiedersehen, mein Schatz«, sagte er. »Vergiss nicht, den geräucherten Lachs zu essen, der hilft dir, wieder zu Kräften zu kommen. Ich richte Polly und Simon und Wills liebste Grüße von dir aus«, fügte er hinzu, um ihrer Bitte zuvorzukommen. »Und morgen rufe ich wieder an.«

Dann war er fort, und sie blieb mit dem Berg Geschenke zurück, den er mitgebracht hatte: nicht nur geräucherten Lachs, sondern auch zwei Romane, obwohl ihr die Energie zum Lesen fehlte, und rosa Rosen, die ins Wasser gehörten, dafür musste sie nach einer Schwester läuten, eine Tüte mit dunklen Trauben – er kam nie mit leeren Händen. Ich rufe gleich nach der Schwester, sagte sie sich matt, drehte sich mit dem Gesicht zur Wand und war eingeschlafen.

Eine halbe Stunde später trat er durch das riesige schwarze Krankenhausportal, ging die Stufen hinunter und überquerte die Straße zu seinem Wagen. Sein Kopf war merkwürdig leer, als hätte er sich kurzzeitig von seinem Körper gelöst, der dennoch wusste, wie er die Fahrertür aufschließen und sich hinters Steuer setzen musste.

Als er saß, tauchten Bruchstücke dessen, was der Arzt gesagt hatte, in seinem Bewusstsein auf, allerdings in keiner geordneten Reihenfolge: »Ihrer Frau geht es sehr gut – so gut, wie man erwarten kann.« »Ich fürchte, ich muss Ihnen sagen, dass einer der zwei Tumoren, die wir entfernt haben, nicht gutartig war.« »Die Operation selbst war ein voller Erfolg, einer vollständigen Genesung Ihrer Frau sollte also nichts im Wege stehen.« »Ich war der Meinung, Sie sollten im Bilde sein.« Dann hatte er geschwiegen und ihm eine Zigarette angeboten. »Aber sie wird doch wieder ganz gesund werden, oder nicht? Ein voller Erfolg, sagten Sie.« Darauf schien es keine Antwort zu geben, obwohl es natürlich eine gab. Wann immer er sich ein Herz fasste und eine direkte Frage stellte, antwortete der Arzt auf eine Weise, dass er danach so schlau war wie zuvor – weder panisch noch beruhigt. Die Chancen stünden sehr gut, dass sie langsam wieder ganz zu Kräften komme. Er sehe keinen Grund, sich über Gebühr Sorgen zu machen. Der einzige Punkt, über den er sich klar und eindeutig äußerte, war, mit der Patientin selbst darüber zu sprechen. »Aber nein, nein, nein«, hatte er gesagt, und sein schweres pflaumenfarbenes Kinn hatte sich unglücklich von einer Seite zur anderen bewegt, und das erleichterte ihn wirklich: Sein größtes Anliegen war, dass sie sich keine Sorgen machte, und Mr. Heatherington-Bute hatte ihm aus ganzem Herzen beigepflichtet. Nichts sei für Patienten – und insbesondere Patientinnen – abträglicher als Sorgen.

Und damit hatte er sich verabschiedet. Mr. Heatherington-Bute war aufgestanden, hatte eine weiße, ungemein elegant geformte Hand ausgestreckt, eine Abfolge immer breiterer Lächeln hatte sein Gesicht regelmäßig wie kleine Wellen im Wasser aufgestört, und er beschwor Hugh, ihn zu kontaktieren, wann immer dieser den Wunsch verspüre.

Hugh wurde bewusst, dass er nicht gefragt hatte, wann er sie nach Hause holen dürfe, dabei hatte diese Frage ganz oben auf seiner Liste gestanden. Der Wunsch, Mr. H.-B. auf der Stelle zu kontaktieren, überkam ihn, doch er widerstand dem Drang. Es war unverkennbar, dass sie im Moment noch in keinem Zustand war, um nach Hause zu kommen, und er könnte am Montag mit der Oberschwester über einen Termin sprechen. Bei seinem Besuch hatte er bemerkt, wie erschöpft sie noch war. Ihre Haut hatte etwas Durchscheinendes, Milchiges, was nur durch die von der Müdigkeit herrührenden dunklen Schatten etwas abgemildert wurde, und die hauchdünnen grünlichen Venen, die ihre Augenlider durchzogen, wären unter normalen Umständen nicht sichtbar gewesen. Unter ihren Augen hatten dunkle Ringe gelegen, die zwei Zöpfe, zu denen ihr Haar vor der Operation geflochten worden war, waren noch nicht gelöst, und die Fieberbläschen um ihren Mund, die sie durch die hohe Temperatur nach der Operation bekommen hatte, waren noch nicht verheilt. Als er an ihren Mund dachte – und die unwiderstehliche Art, wie sie die Oberlippe zwischen die Zähne sog, wenn sie konzentriert nachdachte –, fiel ihm schmerzlich ein, dass er ihr zum Abschied keinen Kuss gegeben hatte. Hatte sie das gekränkt – hatte sie es überhaupt bemerkt? Plötzlich überwältigte ihn Sehnsucht nach ihr – sie zu umarmen, sie atmen zu sehen, ihre zarte, leise Stimme zu hören, sich mit ihr zu erinnern, zu reden, zu plaudern über nichts, das von Belang war, außer dass sie es miteinander erlebt hatten, dass ihr Wissensstand der gleiche war, ihre Reaktionen bisweilen erfrischend unterschiedlich …

Nein, wenn er jetzt zurückginge, könnte sie sich ängstigen. Vielleicht würde sie glauben, dass sein Gespräch mit Mr. Heatherington-Bute ungut verlaufen wäre – dass es schlechte Nachrichten gäbe. Dabei war das in Wirklichkeit überhaupt nicht der Fall: Er sei sehr zufrieden mit ihrem Zustand, hatte er gesagt, sie mache wirklich gute Fortschritte, die Operation sei ein voller Erfolg … Während er im Kopf durchging, wie er ihr das Gespräch wiedergeben würde, empfand er selbst Erleichterung – diese Ärzte mussten sich natürlich absichern, sie würden sich niemals hundertprozentig festlegen … Es war richtig, nicht noch einmal zu ihr zu gehen – so sehr er sich das auch wünschte –, es würde ihm guttun, zur Abwechslung einmal an andere zu denken. Er zündete sich eine Zigarette an und startete den Motor. Es kam ihm sehr merkwürdig vor, nach Sussex zu fahren, fort von ihr, wo es früher doch immer umgekehrt gewesen war und der Freitag der schönste Tag der Woche. Aber bald würde er sie wieder zu Hause haben. Er würde Rachel bitten, eine richtig gute Krankenschwester zu finden, denn dann könnte sie früher nach Hause kommen.

»K A K E«, schrieb sie mühsam. »Kakao?«

»Kacke. Mit ck.«

»Das hast du aber nicht gesagt.«

»Du schreibst so langsam«, beschwerte er sich. »Das nächste ist einfacher. Arschloch. A R S C H L O C H.«

Lydia leckte ihren Bleistift an und schrieb weiter.

»Fertig?«, fragte Neville. »Eier.«

»Eier? Eier sind doch nicht unanständig. Wenn du mich fragst, wird das allmählich langweilig.«

»Halt die Schnauze! Scheiße! Wichser! *Soixante-dix!*«

»Wie, in aller Welt, schreibt man denn das? Das klingt ausländisch.«

»Ist es auch. Es ist eine ausländische Position – wahrscheinlich die unanständigste auf der Welt.«

»Dann zeig sie mir, Nev – ich will sie sehen!«

Aber er war nicht so dumm, sich ertappen zu lassen. »Hast du die anderen aufgeschrieben?«

»Noch nicht.«

»Mach schnell, sonst vergisst du sie noch.«

»Tue ich nicht. Wie hieß das erste?«

Er wiederholte es. Als langfristiger Plan, sie aus dem gemeinsamen Zimmer zu vertreiben, das er mittlerweile als sein ureigenes betrachtete, erwies sich das Ganze als reichlich mühsam. Sie vergaß die Wörter einfach – andererseits stellte sie ihm unweigerlich peinliche Fragen nach deren Bedeutung. Außerdem würde es schwer werden, sie dazu zu bringen, am Essenstisch vor allen anderen richtig unanständig zu werden, wenn sie keine Ahnung hatte, wovon sie sprach. Zugegebenermaßen wusste er es manchmal selbst nicht, denn in der Schule gehörte es sich, so zu tun, als wüsste man sowieso alles, was die Chancen aller, ihr Wissen zu erweitern, stark verminderte. *Soixante dix* zum Beispiel – er konnte sich um nichts auf der Welt eine unanständige englische Position vorstellen und eine ausländische schon gleich gar nicht. Er versuchte gerade, das zu sein, was die Erwachsenen einen schlechten Einfluss nannten – so schlecht, dass sie Lydia aus seinem Zimmer entfernten. Dafür würden sie ihm natürlich eine Standpauke halten, aber es würde sich lohnen: Vielleicht würden sie ihn sogar zu Teddy und Simon ins Zimmer einquartieren. Falls Schreckens-Judy käme, was offenbar überlegt wurde, wäre das sogar ziemlich gut möglich, und dann würde die arme kleine Lyd mit der ewigen Streberin allein sein. Aber wenn Teddy und Simon sich rundweg weigerten, ihn aufzunehmen, könnte er allein bleiben müssen, und wie er herausgefunden hatte, dachte er zwar oft, dass er gerne allein wäre, aber wenn er dann allein war, wurde er traurig. In der Schule war man nie allein – nicht einmal in den Toiletten gab es deckenhohe Wände, sodass alle alles mithörten. Außerdem gefiel ihm das Alleinsein gar nicht, wenn er einen Asthmaanfall hatte. Wenn niemand da war und er seinen Inhalator nicht finden konnte, ging es ihm ziemlich schlecht. In solchen Fällen war Lydia klasse: Sie saß bei ihm am Bett und las ihm vor, bis es ihm besser ging, und am nächsten Tag hielt sie die Klappe darüber. Außerdem musste er, wenn er allein war, unwillentlich über wichtige Sachen nachdenken, und die waren allesamt schlecht. Der Krieg war überhaupt nicht so, wie er ihn sich vorgestellt hatte. Er war alles andere als aufregend, ganz im Gegenteil, alles, was früher aufregend gewesen war, wurde entweder unmöglich oder langweilig, und langweilige Sachen wurden noch langweiliger. Und dazu kam noch die Sache mit Dad, über die er, wie er merkte, überhaupt nicht nachdenken konnte. Wie hatte Dad nur einfach so verschwinden und ihn mit Clary und sonst nichts zurücklassen können? Denn Zoë und das schreckliche Baby, das sie absichtlich bekommen hatte, zählten für ihn überhaupt nicht. Es hatte rundherum viel zu viel Tod in der Familie gegeben, dachte er. Dass seine Mutter zu Anfang seines Lebens starb, und jetzt Dad, der ohne jede Vorwarnung verschwunden war – Ellen wäre ganz sicher die Nächste. Er spürte, dass das Bedürfnis nach Alleinsein ihn überkam, und als er Lydia zusah, die den Kopf über ihr Heft gebeugt hatte, wünschte er sich, er hätte mit dem Ganzen nie angefangen. Es würde kein besonders gutes Ende nehmen, egal, wie es ausgehen würde.

»... Wichser klingt nicht unanständig«, sagte sie. »Ich kann es schreiben, aber ich glaube, die Mühe mache ich mir nicht. Mich interessieren nur Wörter, die richtig unanständig sind.«

»Ich kenne natürlich viele Wörter, die noch viel unanständiger sind, aber für die bist du noch zu klein.« Allmählich ödete die Sache ihn an.

»Ich habe dich fast eingeholt. Im November bin ich auch neun.«

»Aber jetzt gerade bist du noch acht. Und ein Mädchen.« Wenn er ihr entkommen wollte, musste er aus dem sehr, sehr alten Auto in die Brennnesseln springen, aber ihm war derart langweilig, dass es sich lohnte. Mit brennenden Beinen rannte er so lang, bis ihr Geheul nur noch lustig klang. Im Obstgarten riss er ein paar Ampferblätter ab und rieb sich damit über die Beine, die davon grüne Streifen bekamen. Dann legte er sich ins hohe Gras und fragte sich, was er mit sich anfangen sollte. Etwas Schlimmes anstellen, wenn ihm etwas einfiel. Er und Hawkins hatten in der Schule einen Pakt geschlossen, wer in den Ferien die meisten Missetaten begehen konnte, und der Gewinner würde das ganze Trimester lang das halbe Taschengeld des anderen bekommen. Um Streitigkeiten zu vermeiden, hatten sie sich ein kompliziertes Punktesystem ausgedacht. Eine kleine Missetat bedeutete lediglich, dass man jemanden ärgerte und zu hören bekam, das dürfe man nicht wieder tun: ein Punkt. Eine bessere Missetat war eine, für die man bestraft wurde: zwei Punkte. Die allerbeste aber bestand darin, etwas zu tun, das noch nie zuvor jemand gemacht hatte und wofür man bestraft wurde: drei Punkte. Dies stellte sich als überraschend schwierig heraus, und so war das Aller-, Allerbeste überhaupt, etwas richtig Schlimmes zu tun, das noch nie zuvor jemand gemacht hatte, und nicht erwischt zu werden. Dafür gab es fünf Punkte. »Woher soll der andere wissen, was wir gemacht haben?«, hatte er gefragt, und Hawkins hatte gesagt, das sei eine Frage der Ehre, und wenn echte Freunde sich hintergingen, würden sie in die Hölle kommen. »Und das ist eine Tatsache«, hatte er gesagt. Er war ein halbes Jahr älter, hatte flammend rote Haare, und im Sommer gingen seine Sommersprossen auf der Nase derart ineinander über, dass sie ganz gelb wirkte. Er war von einer Schlange gebissen worden, ohne daran zu sterben, und er war in London bei Madame Tussauds im Gruselkabinett gewesen, wo er mehrere entsetzliche Sachen gesehen hatte, wie er erzählte. Das einzig Langweilige an ihm waren seine Zaubertricks, bei denen man immer sah, wie er sie machte, aber er übte sie immer weiter vor jedem, der bereit war, ihm zuzusehen, und natürlich musste Neville als Hawkins' bester Freund mehr davon über sich ergehen lassen als andere. Abgesehen davon hatte er nichts als Unsinn im Sinn. Ihm fiel eine Missetat ein, und er machte sich auf den Weg, sie zu begehen.

»Er hat mir einen solchen Schrecken eingejagt«, sagte Eileen und fasste sich zum Beweis ans Herz. »Ich bin reingegangen, weil ich dachte, ich hätte meine Staubwedel dort vergessen, und da ist er, wie Gott ihn geschaffen hat, mit Mr. Hughs Golfschläger auf dem Billardtisch herumstolziert. Ich weiß auch nicht«, schloss sie und nahm die stärkende Tasse Tee, die Mrs. Cripps ihr reichte. »Alle Vorhänge standen offen, die Lampen über dem Tisch brannten – regelrecht einen Schock habe ich bekommen. Ellen konnte ich nicht finden, also musste ich Miss Rachel holen. Er dürfte seine Kleider wirklich nicht ausziehen – so ein großer Junge.«

»Nichts als Unsinn im Sinn hat er.« Mrs. Cripps hatte sich wieder ihrer Arbeit zugewandt, sie siebte gerade Semmelbrösel. »Dem armen Kerlchen fehlt sein Vater.« Plötzlich herrschte Stille in der Küche, und Edie, die aus Pietät den Abwasch unterbrochen hatte, ließ eine Pastetenform fallen, die auf dem Boden zerbarst. Sie weinte, als Mrs. Cripps sie tadelte.

»Es war zum Schreien komisch, ich musste mich sehr beherrschen, nicht zu lachen«, berichtete Rachel der Duchy. »Zum Glück hat er das Tuch nicht aufgerissen oder beschädigt. Aber wie in aller Welt kommt er auf solche Ideen?«

»Er möchte Aufmerksamkeit erregen«, sagte die Duchy gelassen. »Ihm fehlt sein Vater. Zoë war ihm nie eine Hilfe, und Clary ist in mancher Hinsicht zu alt und in anderer zu jung, um ihn darüber hinwegzutrösten.«

Sie tauschten einen Blick, während ihnen ähnliche Gedanken

durch den Kopf gingen. »Eine kleine Unternehmung für ihn allein?«, schlug Rachel vor.

»Auf jeden Fall, aber nicht heute. Er darf nicht glauben, er würde fürs Tanzen auf dem Billardtisch belohnt. Im Gegenteil, ich finde, Hugh sollte ihn heute Abend, wenn er nach Hause kommt, streng ins Gebet nehmen.«

~

Zoë hörte Juliet schon schreien, als sie die Auffahrt hinaufging, und bis das Haus in Sichtweite kam, war sie in Laufschritt verfallen. Schnell geriet sie außer Atem. Sie hatte bereits in der Mill Farm gewusst, dass sie spät dran war, weil ihre Brüste sich zu schwer und zu voll anfühlten, aber sie konnte den armen Kerl, dem sie vorgelesen hatte, unmöglich allein lassen, bevor die Krankenschwester sie ablöste. Was, wenn Ellen nicht bei Juliet war? Was, wenn sie aus dem Korb gefallen war und sich verletzt hatte? In der Eile blieb sie mit der Strickjacke am Riegel der Gartenpforte hängen, und in ihrer Ungeduld, sich zu befreien, bekam die Tasche einen Riss. In der Halle stieß sie fast mit Eileen zusammen, die ein Tablett mit Silberbesteck trug, um den Dinnertisch zu decken. Als sie den oberen Treppenabsatz erreichte, hatte sie Seitenstechen, trotzdem lief sie die Galerie zu ihrem Zimmer entlang. Ellen ging mit Juliet im Arm auf und ab, die Kleine war zornesrot und brüllte in regelmäßigen Abständen empört. »Sie hat nur Hunger«, sagte Ellen. »Wenn es um ihre Milch geht, ist sie eine anspruchsvolle kleine Madame.«

Zoë setzte sich in den Stillsessel mit der hohen Rückenlehne, knöpfte ihre Bluse auf, löste die Haken ihres BHs und entfernte die durchnässten Einlagen. Ellen gab ihr das Kind, das vor Wut starr und verschwitzt war, und sie legte es sich in die Armbeuge. Die Kleine machte ein paar scheinbar beliebige, fast blinde Bewegungen mit dem Kopf, dann hatte sie die Brust gefunden, und sofort entspannte sich ihr Körper, auf ihrem Gesicht erschien ein Ausdruck (konzentrierter) Glückseligkeit. »Sie sollte nicht zu schnell trinken«, warnte

Ellen, aber sie sagte es mit gebührender Bewunderung, und Zoë riss den Blick einen Moment von ihrem Kind los, um zu lächeln. »Ich achte darauf.«

Ellen reichte ihr ein Tuch für ihre zweite Brust, aus der solidarisch Milch floss, und humpelte aus dem Raum. Wegen ihres Rheumas bereitete ihr das Gehen mittlerweile große Schmerzen.

Zoë streichelte die feuchten, fedrigen Haarsträhnen, und die Augen der Kleinen, die jetzt auf sie gerichtet waren mit dem Ausdruck nachdenklichen Vertrauens, an dem sie sich nicht sattsehen konnte, blinzelten ob der Störung und blickten dann wieder unentwegt zu ihr empor. Ihre Haut hatte die hinreißende Farbe einer Rose angenommen, ihre Füßchen krümmten sich vor Vergnügen, sodass Zoë am liebsten einen Kuss auf sie gedrückt hätte – aber eine solche Unterbrechung würde auf wenig Gegenliebe stoßen, das wusste sie. »Du hast einen spitzen Haaransatz«, sagte sie und ging die Liste der unzähligen Vollkommenheiten ihrer Tochter durch. Die seidigen, rührend ausgeprägten Brauen, die verblüffenden, weit auseinanderstehenden Augen, die nach wie vor die Farbe von nassem Schiefer hatten, was sich vermutlich aber noch ändern würde, wie ihr gesagt wurde, die süße kleine Nase und der hinreißende Mund, rot wie die Haut reifer Kirschen, ihr Kopf mit den rötlich-goldenen Haaren, der eine vollendete Form hatte – wie eine Haselnuss, dachte sie … Es war Zeit, sie aufstoßen zu lassen. Sie hob Juliet über ihre Schulter und streichelte ihr den Rücken. Die Kleine gab ein paar leise, knarzende Geräusche von sich und machte dann ein Bäuerchen – sie war der vollkommene Säugling.

Den Vorschlag, sie könne nachmittags im Pflegeheim in der Mill Farm helfen, hatte die Duchy aufgebracht, und ein wenig erschrocken darüber, wie sehr sich ihr Leben nur noch um Juliet drehte, hatte sie zugestimmt. Die Duchy war immer zuvorkommend zu ihr gewesen, und Zoë lag sehr viel an ihrer guten Meinung. Es war auch die Duchy gewesen, die ihr von Rupert erzählt hatte – zwei Tage nach Juliets Geburt, nachdem die Milch eingeschossen war. Sie hatte geweint – mühelose, leise Tränen –, aber die Nachricht hatte für sie etwas Unwirkliches, Fernes gehabt, und deswegen war sie unfähig gewesen, zu empfinden, was alle eindeutig von ihr erwarteten – Kummer, anfangs Hoffnung, die im Lauf der Wochen immer weiter schwand. Sie konnte die Vorstellung, dass er tot sein könnte und sie ihn nie wiedersehen würde, nicht erfassen – wollte oder konnte nicht darüber nachdenken. Ob die Duchy das wusste oder nicht, sie drängte sie nie zu einer Reaktion. Sie hatte ihr die Wahrheit erzählt und überließ es jetzt ihr, darüber zu sprechen, wenn sie das wollte. Aber sie wollte nicht. Einmal hatte es mit Clary einen Moment entsetzlicher, unerträglicher Realität gegeben, aber sie war davor zurückgeschreckt, hatte sich in die Tatsache geflüchtet, dass es jetzt Juliet gab, dass sie ganz zu ihr gehörte. »Ich kann es nicht«, hatte sie zu Clary gesagt. »Ich kann nicht darüber nachdenken. Ich kann es nicht.« Und Clary hatte gesagt: »Das ist in Ordnung. Denk nur nicht, dass er tot ist, denn das ist er nicht.« Und sie sprach nie mehr darüber. Seit fast drei Monaten bestand ihr Leben jetzt aus Juliet: sie zu stillen, sie zu baden, sie zu wickeln, mit ihr zu spielen, sie im alten Kinderwagen der Cazalets spazieren zu fahren. Nachts schlief sie traumlos und war wie durch ein Wunder immer ein oder zwei Minuten vor Juliets frühmorgendlichem Stillen wach – die schönste Zeit für sie, weil sie dann den Eindruck hatte, als gäbe es auf der Welt niemand anderen außer ihnen beiden. Der Krieg trat für sie völlig in den Hintergrund: Sie hörte im Radio keine Nachrichten, sie las keine Zeitungen. Stundenlang nähte sie hübsche, raffinierte Kleider für die Zeit, wenn Juliet einmal größer wäre, feine Batistkleidchen mit Biesen und Lochstickerei und manchmal gesäumt mit einer schmalen handgeklöppelten Spitze, die die Duchy ihr schenkte. Sybil war ihr zu einer hilfsbereiten, wenig anspruchsvollen Freundin geworden: Sie bewunderte Juliet regelrecht und sprach bereitwillig und auf kenntnisreiche und beruhigende Art über Säuglinge; sie hatte drei Jäckchen für Juliet gehäkelt und Zoë gezeigt, wie sie ihr die Nägel schnitt, damit sie ihr nicht mehr das Gesicht zerkratzte. Doch vor zwei Wochen hatte die Duchy ihr nahegelegt, sie möchte vielleicht in der Mill Farm helfen, wo eine Reihe junger Flieger mit furchtbaren Verletzungen lag – großteils Verbrennungen –, die sich zwischen zwei Operationen dort erholen sollten. »Sie brauchen menschliche Zuwendung«, hatte sie gesagt. »Ich habe mich mit der Oberschwester unterhalten, ihre Familien leben weit entfernt und können sie nicht oft besuchen, und ich finde, du solltest mehr unter Menschen kommen.« Es war keine direkte Anordnung gewesen, aber Zoë hatte gewusst, dass sie dem Vorschlag besser nachkommen sollte. Und so wurde vereinbart, dass sie an drei Nachmittagen die Woche zur Farm ging. Villy hatte sie gewarnt, dass Menschen aufgrund von Brandwunden »sehr ungewöhnlich« aussehen konnten, doch auch das hatte sie in keiner Weise darauf vorbereitet, was sie in der Mill Farm erwartete.

»Das ist sehr nett von Ihnen, dass Sie uns helfen wollen, Mrs. Cazalet«, hatte die Oberschwester bei ihrem ersten Besuch gesagt. »Wir sind eine recht kleine Station, aber alle brauchen viel Pflege, und mir fehlt es an Personal – nur vier Krankenschwestern, eine davon für die Nachtschicht.«

»Von Krankenpflege verstehe ich gar nichts«, hatte Zoë erschrocken abgewehrt.

»Aber nein, das erwarten wir gar nicht von Ihnen. Nein, nein, sie brauchen Gesellschaft – ein neues Gesicht. Manchen von ihnen gefällt es, wenn ihnen vorgelesen wird. Ich dachte, Sie fangen erst einmal mit Roddy an – er möchte, dass für ihn ein Brief geschrieben wird, und dann können Sie ihm seinen Tee geben.« Mit diesen Worten führte sie Zoë den Korridor entlang zu dem kleinen Raum, der damals, als Villy dort gewohnt hatte, als Kinderzimmer gedient hatte. Jetzt standen darin ein hohes Krankenbett, ein Nachttisch mit einer Schublade und darunter einem Schrank sowie ein Besucherstuhl. »Mrs. Cazalet ist gekommen, um Sie zu besuchen, Pilot-Officer Bateson«, sagte die Oberschwester mit einer ebenso munteren wie ruhigen Stimme, »und Sie haben vor dem Tee noch reichlich Zeit, um ihr Ihren Brief zu diktieren. Oje, die Kissen rutschen immer nach unten, oder? Ich bringe Ihnen etwas, um die Füße abzustützen«, und sie verschwand.

Pilot-Officer Bateson saß aufrecht im Bett. Langsam drehte er den Kopf zu Zoë, und sie sah, dass seine rechte Gesichtshälfte von unerträglich gespannter, glänzender lilabrauner Haut bedeckt war, die seinen Mundwinkel zu einem schiefen Lächeln nach oben verzog. Auf der Seite fehlte ihm das Auge, und das auf der anderen Seite lächelte nicht. Beide Arme waren bis zum Ellbogen geschient und lagen dick bandagiert jeweils auf einem Kissen links und rechts seines Oberkörpers.

»Guten Tag«, sagte Zoë, und dann fiel ihr nichts mehr zu sagen ein.

»Da ist ein Stuhl«, sagte er. Sie setzte sich. Das Schweigen wurde unterbrochen, weil die Oberschwester mit einem Polster zurückkehrte. Sie hob das Laken und die Decke vom Fußende des Betts, und Zoë sah, dass auch ein Bein geschient war. »Ja«, sagte sie, als sie Zoës Blick bemerkte, »Pilot-Officer Bateson hat's ganz schön erwischt.«

»Unter schön stelle ich mir etwas anderes vor, Oberschwester.« Er sah zu Zoë, und sie dachte, er versuche zu zwinkern.

»Also«, fuhr die Oberschwester fort, als hätte er gar nichts gesagt, »jetzt können Sie sich mit Ihrem guten Bein am Polster abstützen, damit Sie bleiben, wo Sie hingehören.«

»Sie meinen, damit ich mich nicht auf und davon mache?«

Sie strich die Zudecke glatt und richtete sich auf. »Zutrauen würde ich Ihnen das durchaus«, sagte sie. Sie klang nüchtern und gleichzeitig liebevoll. »Sein Schreibblock liegt in der Schublade, Mrs. Cazalet«, und damit verschwand sie wieder. Das versetzte Zoë in Panik: Sie wusste nicht, ob sie ihn ansehen oder nicht ansehen sollte, doch er löste das Problem für sie. »Ein hübscher Anblick ist was anderes, oder?«, sagte er.

Da schaute sie zu ihm und sagte: »Ich sehe, dass es Ihnen schlecht ergangen ist«, und sie merkte, dass er sich in den Kissen entspannte. Sie holte den Schreibblock aus der Schublade, daneben lag ein Füller. »Sollen wir mit Ihrem Brief anfangen?«

»Also gut. Er ist an meine Mutter. Ich fürchte, ich bin kein großer Briefeschreiber.«

»Liebe Mum.« Darauf folgte eine lange Pause, bis ihr Anblick mit gezücktem Federhalter ihn zum Weiterreden drängte. »Also, wie geht es dir? Hier ist es ganz schön. Ich bleibe ein paar Wochen, bis sie mich zur nächsten OP wieder nach Godalming schicken. Sie sagen, dass ich gute Fortschritte mache. Das Essen ist gut, und sie kümmern sich gut um uns.« Es herrschte eine längere Stille, dann sagte er schnell: »Ich hoffe, dass Dad der Einsatz bei den Home Guards gefällt und die Arbeit in der Kantine nicht zu anstrengend ist für deinen Rücken. Bitte richte Millie meinen Dank für ihre Karte aus.«

»Langsam«, sagte Zoë, »Sie sind zu schnell für mich.«

»Entschuldigung.«

»Kein Problem, jetzt bin ich bei Tante Millie.«

»Sie ist nicht meine Tante, sie ist der Hund«, sagte er. Dann fragte er: »Meinen Sie, dass das reicht? Mehr fällt mir nicht ein.«

»Eine Seite ist es noch nicht.«

»Ach. Ah ja. Bitte ruf Ruth an und sag ihr, sie soll nicht kommen. Du könntest ihr sagen, dass wir keinen Besuch bekommen dürfen, auf jeden Fall möchte ich nicht, dass sie kommt. Also, ich hoffe, ihr seid bei ...« Er unterbrach sich. »Das geht nicht, oder?« Sie erkannte, dass er zu lächeln versuchte, und spürte Tränen in ihren Augen brennen. »Schreiben Sie nur: Dein dich liebender Sohn Roddy«, sagte er.

Bis sie einen Umschlag gefunden und adressiert hatte, ihm den Brief noch einmal vorgelesen und das Blatt zusammengefaltet hatte, kam eine Schwester mit einem Tablett, auf dem ein Teller mit Sandwiches und zwei Tassen Tee standen. »Die Oberschwester sagte, Sie würden ihm seinen Tee geben. Hier ist ein Strohhalm«, sagte sie. »Liegen Sie bequem?«

»Alles bestens, Schwester. Wie geht es Ihnen?«

»Ich kann nicht klagen«, antwortete sie. Sie hatte das Tablett auf seinen Nachttisch gestellt und seine Kissen gerichtet, diejenigen hinter seinem Kopf und das, auf dem sein linker Arm lag.

»Kein Verbandswechsel?«, fragte er, und Zoë hörte eine kaum verhohlene Angst in seiner Stimme.

»Heute Abend nicht«, sagte sie. »Heute Abend verschonen wir

Sie. Ich hole das Tablett später wieder ab. Wenn Sie etwas brauchen, rufen Sie mich.«

Sie würde ihn füttern müssen, dachte Zoë und überlegte sich nervös, wie sie das am besten anstellen sollte. Sie steckte den Strohhalm in seine Teetasse.

»Der ist noch zu heiß«, sagte er. »So heiß kann ich ihn nicht trinken.«

Die Sandwiches waren sehr dünn, die Rinde war entfernt. Sie zog den Stuhl näher an sein Bett und hielt ihm ein Sandwich an die Lippen. Er versuchte, hineinzubeißen, doch er konnte den Mund kaum und nur unter Schmerzen öffnen. Also brach sie ein Stückchen ab und steckte es ihm in den Mund.

»Ein ziemliches Wrack, was?«, sagte er.

»Ein absolutes Wrack.«

»Wenn Sie lächeln, erinnern Sie mich an jemanden. Eine Filmschauspielerin.« Es kam ihr vor, als habe er den Bissen die ganze Zeit im Mund behalten, aber jetzt schluckte er – sie sah die Bewegung in seinem glatten, knochigen Hals. »Sie wohnen hier in der Nähe?«

»Ja, nur ein Stück die Straße hinauf.«

»Wie ich sehe, sind Sie verheiratet.«

»Ja.« Nach einer kurzen Pause ergänzte sie: »Er war bei der Marine.«

Ein schwerer geschienter Arm landete unbeholfen auf ihrem. »Pech«, sagte er, und seine linke Gesichtshälfte wurde rot. »Leider kann ich den Arm nicht bewegen«, sagte er. Sie legte das Sandwich beiseite und hob seinen Arm vorsichtig auf das Kissen zurück. Während sie ihm das restliche Sandwich zu essen gab, erzählte sie ihm von Juliet, und er reagierte höflich, aber nicht richtig interessiert. Sie erkundigte sich, ob er Geschwister habe, und er verneinte; er sei der Einzige. Er habe einen kleinen Bruder gehabt, aber der sei mit acht an Diphtherie gestorben. Er bat sie, von den Sandwiches zu essen, weil er nicht mehr als eines schaffe, und sie drängten ihn ständig, mehr zu essen. Sie gab ihm seinen Tee, hielt die Tasse, während er durch den Strohhalm trank. »Eine gute Tasse Tee ist was Feines«, sagte er.

Als er ausgetrunken hatte, sagte sie: »Mit Ihren Armen können Sie vermutlich gar nicht lesen.«

»Das könnte ich auch sonst nicht. Mit meinem Auge ist das Lesen so eine Sache.«

»Ich könnte ein Buch mitbringen und Ihnen daraus vorlesen, wenn Ihnen das gefallen würde?«

»Ja, das wäre schön«, meinte er. »Etwas Leichtes.«

»Es ist sehr nett von Ihnen«, sagte er förmlich, als sie sich ans Gehen machte. Er klang beinahe widerwillig, als möge er sie nicht. Doch als sie von der Tür aus zum Abschied noch einmal zu ihm hinüberlächelte, sagte er: »Vivien Leigh! Das ist die, an die Sie mich erinnern! Sie wissen schon, *Ihr erster Mann*. Den habe ich dreimal gesehen. Könnten Sie bitte die Schwester zu mir schicken?«

Nach diesem ersten Besuch erfuhr sie allmählich mehr über ihn, allerdings vorwiegend von der Oberschwester. Er hatte sein Flugzeug mit nur einem Motor zurückgebracht, aber das Cockpit hatte gebrannt, und beim Ausstieg hatte er sich das Bein gebrochen. »Dafür hat er ein DFC bekommen«, sagte sie; er habe an dem Tag drei Flugzeuge abgeschossen. Er leide unter entsetzlichen Albträumen. Er sei ganze zwanzig und nach der Ausbildung erst einen Monat geflogen. Als sie fragte, ob sie sein Gesicht noch besser zusammenflicken könnten, meinte die Oberschwester, vermutlich schon, doch seine Arme und insbesondere die Hände seien dermaßen verbrannt, dass sie nicht wüssten, was daraus würde. Dann sagte sie mit einem Blick zu Zoë: »Er ist nicht der schlimmste Fall. Nicht einmal hier bei uns. Und die ganz schlimmen Fälle schicken sie gar nicht hierher. Die bleiben in Godalming.« Sie klopfte Zoë leicht auf die Schulter. »Sie machen das gut mit ihm«, sagte sie. »Sie dürfen nur nie vergessen, dass er noch unter Schock steht. Vom Absturz einmal abgesehen, gehört der durch die Verbrennungen ausgelöste Schock zum Schlimmsten, womit er fertigwerden muss. Wie geht es Ihrem Kind?« Sie erkundigte sich stets nach Juliet, und eines Nachmittags, als Ellen freihatte, brachte Zoë sie zur Mill Farm mit, um sie der Oberschwester und den anderen Schwestern zu zeigen, und die Kleine wurde von allen ausgiebig bewundert, alle wollten sie auf den Arm nehmen und sagten, wie bildhübsch sie sei. Aber als sie vorschlugen, sie solle Juliet doch zu Pilot-Officer Bateson mitnehmen, meinte sie, das sei vielleicht keine gute Idee, und sie drängten sie nicht, obwohl sich das, was sie dann tat, als weit schlimmer erwies. Sie ließ Juliet bei der Oberschwester, die sagte, sie schreibe ohnehin Berichte und könne sie im Auge behalten, solange sie Roddy kurz Guten Tag sage. Sie hatte ihm Geschichten von Sherlock Holmes vorgelesen, nachdem sie es mit P. G. Wodehouse versucht hatte, der ihn aber zu sehr zum Lachen brachte, sagte er, und Lachen sei einfach zu schmerzhaft. An diesem Tag sagte sie ihm, sie könne nur zehn Minuten bleiben. Das traf ihn, und als sie zur Erklärung anführte, sie habe ihr Kind dabei, verschloss er sich völlig. Sie schlug ihm vor, eine neue Geschichte anzufangen, doch er lehnte ab, ihm sei nicht danach, und dann setzte eine beklommene Stille ein. »In zehn Minuten kann man nicht viel lesen«, meinte er nach einer Weile. Sie sagte, es tue ihr leid, aber ihr Kindermädchen habe an dem Tag frei. Er hatte das Gesicht von ihr abgewandt, sodass sie nur die verbrannte Hälfte sehen konnte. »Ich bin sowieso müde«, sagte er. »Ich bin der ganzen Sache müde.«

Sie erhob sich und versprach, am nächsten Tag wiederzukommen.

»Wie Sie wollen«, antwortete er. Als sie die Tür erreichte, sagte er: »Ein bisschen überkandidelt, ein Kindermädchen zu haben, oder nicht?«

»Ein richtiges Kindermädchen ist sie nicht. Sie hilft mir nur manchmal, was heißt, dass ich Sie besuchen kann.« Sie war ziemlich wütend, und hinterher befürchtete sie, er könnte es ihr angemerkt haben.

Aber ein paar Tage später lag ein Päckchen auf ihrem Stuhl. »Machen Sie's auf«, sagte er. Er wirkte angeregter als sonst. »Nur zu!«

Es war ein Plüschtier: ein kleines Äffchen mit rosa Filzohren und einem Schwanz. »Das ist für Ihre Kleine«, sagte er. »Ich habe eine der Schwestern gebeten, es zu besorgen. Sie sagte, etwas Besseres hätte sie nicht finden können.«

»Es ist wunderhübsch, es wird ihr sehr gefallen. Danke, Roddy, das ist wirklich lieb von Ihnen.« Aus dem Impuls heraus gab sie ihm einen Kuss, einen ganz leichten, auf die glänzende rote Haut. Er holte tief, fast keuchend Luft, und sie fragte sich erschreckt, ob sie ihm wohl wehgetan hatte, aber gleich darauf sagte er heiser: »Sie sind der erste Mensch, der mir einen Kuss gibt ... seit ...«, und Tränen liefen ihm über die Wangen, zuerst vereinzelt und dann immer heftiger. Sie trocknete seine Tränen mit ihrem Taschentuch und hielt es ihm an die Nase, damit er sich schnäuzen konnte. Und dann erzählte er ihr von Ruth, seinem Mädchen. Sie hatten sich noch nicht allzu lange gekannt, sie waren sich in einem Tanzlokal begegnet, sie sei eine gute Tänzerin, und ihre Haare seien wie die von Ginger Rogers. Sie gingen zweimal die Woche aus, einmal ins Kino und einmal zum Tanzen. »Das haben wir früher gemacht«, sagte er matt. Sie hatte ihm geschrieben und gesagt, sie wolle ihn in Godalming besuchen kommen, aber er habe nicht geantwortet. »Ich möchte nicht, dass sie mich so sieht«, sagte er. Und Zoë, die in diesen Wochen einiges gelernt hatte, widersprach ihm nicht, sondern hörte einfach zu.

Dann kehrte sie zu ihrem Stuhl zurück, nahm das Äffchen in die Hand und sagte beiläufig, die Oberschwester habe gemeint, sie würden sein Gesicht noch besser hinbekommen. »Und außerdem«, schloss sie, »lieben Menschen einen nicht nur des Gesichts wegen – oder wenn, dann ist es furchtbar.«

»Wieso sagen Sie das?«

»Ich war ein solcher Mensch. Letzten Endes geht es einem richtig schlecht. Sie wissen schon – wie wenn man nur seines Geldes wegen geliebt wird.«

Darüber dachte er kurz nach. »Trotzdem«, meinte er dann, »damit fängt es doch an. Dass einem jemand gefällt.«

»Und dann mag man etwas anderes an ihm. Wenn es Dinge gibt, die man mögen kann.«

»Aber hinter Ruth sind viele Männer her«, sagte er. »Sie hat gerne ihren Spaß – Tanzen und so. Sie ist erst achtzehn – viel jünger als ich.« Danach unterhielt sich Zoë jedes Mal mindestens so lang mit ihm, wie sie ihm vorlas, und sie erkannte, dass das Vorlesen vor allem dazu gedient hatte, ihrer beider Schüchternheit und Verlegenheit zu überdecken …

Juliet hatte genug gesaugt, sie war an der zweiten Brust eingeschlafen. Es tat ihr leid, sie zu wecken, aber sie musste aufstoßen und dann abgehalten werden, aber da Ellen nicht da war, beschloss sie, ihr das Töpfchen zu ersparen.

Draußen hörte sie das Schlagen von Autotüren und sah zum Fenster hinaus. Zwei Wagen, einer mit Villy und einer mit ihrer Schwester. Seitdem sie zur Mill Farm ging, verstand sie sich mit Villy etwas besser, aber Sybil mochte sie wirklich gern, und sie nahm sich vor, bei ihrer Pflege mitzuhelfen, wenn sie nach Hause kam. Es klopfte an der Tür, und Clary kam herein, um sich einen Rock zu leihen.

»Irgendwie ist Tinte auf das Kleid geraten, das du mir genäht hast. Mein grässlicher Füller hat geleckt.«

»Ich lege nur kurz Juliet in ihren Korb.«

»Warum nennst du sie nicht Jule? Du weißt schon, wie Julias Amme sie nennt. ›Wirst rücklings fallen, wenn du klüger bist‹, obwohl mir schleierhaft ist, wieso es klug sein soll, rücklings zu fallen. Ich finde Jule einen wunderschönen Namen. Jule«, sagte sie zärtlich und beugte sich über den Korb. Das Kind öffnete die Augen und lächelte flüchtig. »Siehst du? Ihr gefällt er auch. Wo hast du denn den süßen kleinen Affen her?«

»Einer der Patienten auf der Mill Farm hat eine Schwester gebeten, ihn zu besorgen, und gab ihn mir für sie.«

»Ach, er muss in dich verliebt sein. Schau dir dein Äffchen an, Jule!«

»Clary, sie schläft fast – vielleicht ist es besser, sie in Ruhe zu lassen. Und jetzt sehen wir doch mal, was ich für dich finden kann.«

Clary war im vergangenen Jahr ein ganzes Stück gewachsen und besaß erschreckend wenig Garderobe. Ich sollte mit ihr einkaufen gehen, wie Sybil mit Polly, dachte sie, während sie ihren Kleiderschrank durchsuchte. Mittlerweile passten ihr mehrere Sachen nicht mehr – ihr Taillenumfang maß gut fünf Zentimeter mehr. Sie zog einen dunkelgrauen Rock aus Grobgewebe mit sechs Gehren heraus, der sich um ihre Hüften geschmiegt hatte.

»Probier den mal an.«

Clary zog ihre Shorts aus – sie waren zerrissen, wie Zoë feststellte, und wurden am Bund mit einer Sicherheitsnadel zusammengehalten – und stand dann in ihrer verblassten gelben Aertexbluse und der dunkelblauen Unterhose da. »Ich sollte besser meine Sandalen ausziehen«, sagte sie. »An einer ist etwas Teer, der sich nicht entfernen lässt, nur an Kleidung bleibt er hängen.«

Der Rock passte ihr perfekt, obwohl er ziemlich lang war. »Ich kürze ihn dir«, sagte sie, aber Clary rief: »Nein, bloß nicht! Mir gefällt er so lang.«

»Du brauchst eine hübsche Bluse dazu.«

»Die geht doch, oder nicht?«

»Ich möchte nicht, dass es einfach nur geht, Clary, ich möchte, dass du schön aussiehst.«

Clary lächelte, aber sie antwortete: »Ein frommer Wunsch, fürchte ich.«

Doch nachdem Zoë eine lila-rote Bluse für sie gefunden, ihr die Haare gebürstet und mit zwei Kämmen aus der Stirn gesteckt hatte – sie ließ sich immer noch den Pony herauswachsen –, sah sie wirklich hinreißend aus, »wie das Foto einer Erwachsenen«, sagte sie, überraschend und ungewohnt erfreut über ihr Aussehen.

»Meine Schuhe passen dir aber nicht. Was für welche hast du?«

»Nur Strandschuhe, Halbschuhe und diese Sandalen. Und natürlich Gummistiefel. Kann ich nicht einfach barfuß gehen – wie in einem romantischen Ölgemälde?«

»Du weißt, das erlaubt die Duchy nicht. Es werden wohl deine Sandalen genügen müssen. Aber ich verspreche dir, bald gehen wir einkaufen und gucken nach einem Paar schöner Schuhe für dich.

Schau mal – diese Röcke solltest du auch gleich mitnehmen. Sie haben genau denselben Schnitt, und mir passen sie nicht mehr.«

»Aber wenn du Jule nicht mehr stillst, werden sie dir doch wieder passen, oder nicht? Dann wirst du doch wieder überall ganz dünn werden, nein? Ich finde, das solltest du wirklich, Zoë. Das Dünnsein steht dir. Du könntest das machen, was Tante Villy eine Banting-Kur nennt, was immer das ist.«

»Ich weiß nicht, ob ich mir das antun möchte. Wieso ist dir das überhaupt so wichtig?«

»Mir persönlich ist es nicht wichtig«, begann Clary und verstummte: Sie hatten die Schwelle erreicht, jenseits derer sich Rupert tot – oder lebend – befand, und beide wichen davor zurück, sie zu übertreten.

»Polly hat mir die Augenbrauen gezupft«, erzählte Clary schnell. »Ich muss sagen, das hat scheußlich wehgetan.«

Nachdem Clary ihre alten und neuen Kleider aufgesammelt, ihr überschwänglicher gedankt hatte, als es normalerweise ihrem Wesen entsprach, und gegangen war, musterte Zoë sich zum ersten Mal seit Juliets Geburt im Spiegel. Sie hatte sich eindeutig »gehen lassen«, wie ihre Mutter gesagt hätte. Nicht nur war sie um die Taille und die Hüften fülliger geworden, ihr Bauch sah immer noch aus wie Waschleder. Sie trat näher an den Spiegel, um ihr Gesicht zu betrachten. Es war noch glatt und weich, aber die untere Partie war fülliger geworden, sie konnte – fast – die Ansätze eines Doppelkinns erkennen. Sie war fünfundzwanzig, ein Alter, das ihr früher als geradezu biblisch erschienen war. Sie musste mit Gymnastik anfangen und sich das Naschen zwischen den Mahlzeiten abgewöhnen. Vivien Leigh, hatte Roddy gesagt, aber Zoë trug immer Kleidung, die ihre Figur verbarg, außerdem hatte er sicher ihr Gesicht gemeint. Als er erzählt hatte, dass er mit seiner Freundin einmal die Woche tanzen ging, dass sie gerne ihren Spaß hatte und viele Männer hinter ihr her waren, hatte sie flüchtig daran gedacht, wie gerne sie tanzen gegangen und von Männern umschwärmt worden war, dass ihr das Ganze wie ein einziges amüsantes Spiel vorgekommen war, dessen Regeln sie bestimmte, in dem sie ihre Gunst gewährte und die Huldigung ihres Körpers entgegennahm … Bis zu Philip, als es schlagartig kein Spiel mehr war. Und dann das Kind, das nicht von Rupert stammte und nicht lange gelebt hatte. Doch selbst dessen Tod hatte ihr Schuldgefühl nicht vermindert, denn dem lag die andauernde Täuschung zugrunde – vor allem Ruperts, aber auch der anderen Familienmitglieder –, dass sie wegen des Tods ihres Kindes leide und sie als Einzige wusste, dass das eine handfeste Lüge war. Und dann, im vergangenen Herbst, nach Kriegsausbruch, als sie in London die Wohnung ihrer Mutter in Earl's Court ausräumten (ihre Freundin hatte ihr vorgeschlagen, für die Dauer des Kriegs bei ihr auf der Isle of Wight zu bleiben), hatte sie Ruperts Hilfsangebot abgelehnt, doch er hatte darauf bestanden (»Das würde dich doch überfordern«). Er hatte Teekisten bestellt für die kleineren Gegenstände, die ihre Mutter vermutlich aufheben wollte. Die Möbel sollten eingelagert werden, und alles, was weggeworfen oder verkauft werden sollte, häuften sie auf dem Wohnzimmerfußboden auf. Wie alle Wohnungen, die eine Weile leer stehen, machte auch diese den Eindruck, als wäre sie zu baldiger Verwahrlosung verdammt: Die Netzgardinen vor den Fenstern waren dermaßen schmutzig, dass man glaubte, draußen herrsche Nebel. Rupert band einige zurück, damit es heller wurde, doch dadurch offenbarten sich nur in aller Deutlichkeit die Schäbigkeit der Räuchereichenmöbel und des rosa Damastsofas, die unbestimmbaren dunklen Flecke auf dem rosafarbenen Teppichboden, die zerbrochenen Elemente der Gaskamine, die vertrockneten, verfärbten Pergamentschirme vor den Wandleuchtern, die Staubschicht, die alles bedeckte, vor allem auf den Fotorahmen und dem Zierrat. Zoë packte die Kleidung ihrer Mutter in Koffer, die ihr geschickt werden konnten, während Rupert sich die Küche vornahm. Ständig musste er sie fragen, welche Dinge aufgehoben werden sollten – zerbeulte alte Aluminiumtöpfe, ein abgenutztes Service von Susie Cooper, Fischmesser mit vergilbten Horngriffen, eine Teekanne in der Form eines strohgedeckten Cottage, ein bestickter Leinenbeutel voll gehäkelter Eierwärmer und

Papiermanschetten für Geflügel. »Ausgefallene Mischung!«, hatte er bemerkt, als er sich noch um Munterkeit bemüht hatte. Doch bei jeder derartigen Äußerung war sie ihm über den Mund gefahren und hatte ihre Mutter in Schutz genommen: Sie habe keinen anderen Platz, um Dinge aufzubewahren – diese Art Verteidigung –, bis er sagte: »Mein Schatz, ich will doch deiner armen Mum nicht zu nahetreten: So ist es bestimmt bei jedem Menschen, dessen Habseligkeiten man sichtet.«

Darauf hatte sie nichts erwidert. Sie war seit dem Abend, den sie mit Philip dort verbracht hatte, nicht mehr hier gewesen, kein einziges Mal, was nicht allzu schwierig gewesen war, denn ihre Mutter war nur sehr selten nach London gekommen. Jetzt wirkten die Räume wegen gewisser Kleinigkeiten quälend genau so, wie sie sie an jenem Vormittag verlassen hatte. Selbst das kleine rissige Stück Lavendelseife von Morny lag im Bad noch in der staubigen Mulde, und in der Küche stand die halb leere Packung Kaffee, die sie verwendet hatte. Sie hatte nicht gedacht, dass sie die Wohnung noch einmal betreten würde, und mit Rupert hier zu sein steigerte ihr Unbehagen noch.

»Arme kleine Zoë, darauf musstest du schlafen«, hatte er nach der Ankunft gesagt, als er sich auf das Sofa gesetzt und die Liste der Dinge durchgelesen hatte, die sie Zoës Mutter schicken sollten.

Eine wahnwitzige Sekunde stellte sie sich vor, ruhig zu sagen: »Auf dem wurde ich sogar vergewaltigt.« Es war ihr unmöglich, sich mit ihm in diesem Zimmer aufzuhalten. Deswegen sagte sie, sie werde die Kleidung zusammenpacken, er solle sich um die Küche kümmern. »Schließlich wollen wir nicht den ganzen Tag hier verbringen.« Fast riss sie ihm die Liste aus der Hand und erklärte, die brauche er gar nicht zu lesen. Im Schlafzimmer ließ sie sich auf die rutschige rosafarbene Tagesdecke mit dem maschinengefertigten Kettenstich fallen, überwältigt von Schuldgefühlen und Zorn auf sich selbst, weil sie so unfreundlich zu ihm war und überhaupt zugelassen hatte, dass er sie in die Wohnung begleitete. Allein, so glaubte sie, hätte sie die ganze Sache noch ein letztes Mal im Kopf durchgehen und die Philip-Episode austreiben oder überwinden können – hätte sich ihre fortdauernde Täuschung Ruperts (solange sie ihm nicht die Wahrheit sagte, musste sie weiterlügen) als schlichten Beweis für ihre Liebe und ihren Wunsch, ihn nicht zu verletzen, schönreden können. Wäre sie nur nicht schwanger geworden und hätte das Kind bekommen, dachte sie, hätte sie ihm den Rest womöglich gestehen können. Er wäre verletzt und wütend gewesen, aber wenn sie ihm gesagt hätte, wie unendlich leid es ihr tue, hätte er ihr sicher verziehen. Aber nicht das Kind. Nachdem sie sich jahrelang geweigert hatte, ein Kind von ihm zu bekommen – wie hätte er es ertragen können, dass sie in dieser Nacht seiner Ansicht nach bewusst sorglos gehandelt hatte? Als hätte sie das Kind dieses anderen Mannes regelrecht gewollt?

»In dem Mehlgefäß sind wirklich sehr merkwürdige kleine Fliegen! Ist alles in Ordnung, mein Schatz?«

»Ich überlege nur gerade, wo ich anfangen soll. Alles in bester Ordnung. Wirf die ganzen Lebensmittel weg.«

Die Kleidung ihrer Mutter hatte sie schnell zusammengepackt. Motten flatterten aus ihrem grauen Eichhörnchenpelzmantel; den hatte sie besessen, solange Zoë sich erinnern konnte, und abgesehen von den Motten war er ohnehin sehr abgetragen – er würde im Abfall landen müssen.

Es wäre schön, ihr einen neuen zu schenken, überlegte sie, aber sie hatte kein Geld, abgesehen von dem, was Rupert ihr gab, und praktisch die ganze kleine Summe, die Rupert in der Firma mehr verdiente, wurde von Nevilles Schulgebühren aufgefressen. (Der Brig bezahlte seinen Söhnen aus Prinzip keinen Penny mehr, als sie wert waren, und bei der Marine würde Rupert noch weniger bekommen.)

Als sie im Schlafzimmer fertig war, ging sie ins Wohnzimmer, wo Rupert gerade in einem alten Fotoalbum blätterte, das auf dem Schreibtisch gelegen hatte.

»Können wir das vielleicht mitnehmen?«, fragte er. »Es sind fast ausschließlich Bilder von dir, von deiner Geburt an. Ich könnte doch deiner Mutter schreiben und sie fragen, ob ich es bekommen kann, oder?«

»Du hast Fotos von mir, Mummy hat dir ein paar gegeben.«

»Aber nicht diese. Ich fände es schrecklich, wenn sie verloren gingen.«

»Dir sollte mittlerweile klar geworden sein, dass Mummy kaum etwas weggeworfen hat.«

Genauso war die restliche Zeit in der Wohnung vergangen: Sie war abscheulich zu ihm – alles, was er sagte oder tat, provozierte sie, und alles, was sie dort fand, verstärkte nur ihr Schuldgefühl, das sich zu dem Zeitpunkt bereits auch auf ihre Mutter erstreckte. Deren Kalender etwa, ein kostspieliger aus täuschend freundlichem rotem Leder, der praktisch leer war – »zum Friseur« lautete in einer Woche der einzige Eintrag, oder »Wintermantel zur Reinigung«. Regelmäßig hieß es im monatlichen Wechsel »Bridge mit Blenkinsops (hier)« oder »Bridge mit Blenkinsops (bei ihnen)«. Sonst so gut wie nichts. Die Einsamkeit schrie sie an. Und der ganze Nippes! Das Wohnzimmer quoll über vor Dingen, die ebenso überflüssig wie unerwünscht waren – Geschenke von Personen, die den Empfänger weder kannten noch wirklich mochten: Objekte aus Keramik, Bast oder Siegelwachs, Puppen in diversen Trachten, Fächer, Wachsblumen und unzählige Bilderrahmen aus Silber, Leder, Messing oder Muscheln mit Passepartout, und in so gut wie jedem außer zwei mit ihrem Vater steckten Fotos von ihr. In der untersten Schublade des baufälligen kleinen Schreibtischs fand sie eine Schachtel voll mit ihrer Baby- und Kinderkleidung. Es war lächerlich, dass ihre Mutter die Sachen all diese Jahre aufgehoben hatte. Sie sagte etwas in der Art zu Rupert und wünschte sofort, sie hätte geschwiegen, weil sie natürlich nur zu gut wusste, weshalb sie sie aufbewahrt hatte. Aber Rupert meinte bloß: »Das hat sie gemacht, weil sie dich liebt, mein Schatz.« Er kniete auf dem Boden, wickelte die Fotorahmen in Zeitungspapier und legte sie in eine Teekiste. Er hatte nichts mehr zu den Fotos gesagt und klang müde.

Als sie fertig waren, meinte er, sie würden jetzt in einen Pub gehen, er brauche etwas zu trinken.

Der Pub hatte gerade erst geöffnet und war fast leer. »Gin and It?«

Sie nickte.

Der Pub gehörte zu der Art, die mit der mächtigen Mahagonitäfelung fast höhlenartig wirkte, dazu Milchglas, ein Kohlenfeuer im Kamin und mit roten Kunstleder bezogene Stühle. Sie wählte einen Tisch in der Ecke und wartete auf ihren Drink; sie fühlte sich verschmutzt und niedergeschlagen.

»Er hat mir eine Schachtel Zigaretten gegeben.« Rupert stellte die Gläser auf den Tisch. »Ich habe uns jeweils einen Doppelten geholt.«

»Ich habe mir überlegt«, sagte er, nachdem er eine Gold Flake aus der Zehnerpackung angezündet hatte, »ob es dich freuen würde, wenn deine Mutter eine Weile nach Home Place käme. Ich bin überzeugt, dass die Duchy ein Zimmer für sie finden würde …« Er bemerkte ihren Gesichtsausdruck und fügte hinzu: »Oder wenn es dir lieber wäre, könntest du auch eine oder zwei Wochen zu ihr auf die Isle of Wight fahren.«

»Sie würde nicht nach Sussex kommen wollen, und ich kann nicht bei ihr bleiben – das würde ihrer Freundin nicht gefallen.«

»Willst du sie nicht sehen?«

»Darum geht es nicht.«

»Aber du fühlst dich ihretwegen so schuldig, Zoë. Möchtest du nicht etwas dagegen unternehmen?«

»Das stimmt nicht! Ich fühle mich nicht schuldig. Aber sie tut mir sehr leid.«

»Das nützt ihr nur herzlich wenig.«

»Was meinst du damit?«

»Mir ist erst heute klar geworden, wie sehr ihr Leben an deinem ausgerichtet ist. Wahrscheinlich hätte ich das schon längst erkennen sollen – schließlich bist du ihr einziges Kind. Und du warst den ganzen Tag mürrisch und ablehnend, also weiß ich genau, dass du dich schuldig fühlst.«

Zornige Stille setzte ein. Er griff nach ihrer Hand, die sie ihm nur widerwillig überließ. »Mein Liebling, Schuldgefühle sind nichts Verwerfliches, sie sind bloß traurig und sinnlos. Das habe ich nach Isobels Tod herausgefunden. Und sie lassen erst nach, wenn man sich selbst gegenüber ehrlich eingesteht, was man tun kann und was nicht.«

Erschreckt sah sie zu ihm: Seit ihrer Hochzeit hatte er so gut wie nie von Isobel gesprochen.

»Was konntest du denn ihretwegen tun? Nach ihrem Tod?«

»Ich konnte mich um unsere Kinder kümmern, ihretwegen ebenso wie meinetwegen. Das ist dir nicht fremd. Du hast damit bei Clary jetzt auch angefangen.«

»Sie war es, die damit angefangen hat«, sagte sie. Ihre Stimme zitterte.

Er drückte ihre Hand und legte sie wieder auf den Tisch.

»Und du hast dich darauf eingelassen«, sagte er. »Ich hole uns noch einen Drink.«

Als sie ihm nachsah, wie er von ihr fort zum Tresen ging, überfluteten sie unvermittelt alle Bestandteile der Liebe, von denen sie einige kannte, andere ihr aber völlig neu waren: Zärtlichkeit, Glück, das Gefühl der Unwürdigkeit ebenso wie das Verlangen, alles zu tun, was ihn glücklich machte.

Sie fuhren zu Hughs Haus zurück, wo sie übernachteten, und gingen abends mit ihm ins Ciccio in der Church Street zum Essen. (Schon zuvor hatte Rupert gesagt, er hoffe, sie habe nichts dagegen, aber Hugh verbringe so viele Abende allein. In dem Moment hatte es sie durchaus gestört – sie hatte seine Frage als Kränkung empfunden –, aber am Abend selbst störte es sie dann überhaupt nicht, es war sogar ausgesprochen nett.)

»Wenn ihr zwei noch irgendwohin tanzen gehen möchtet, lasst euch von mir nicht abhalten. Ich bin reif fürs Bett«, hatte Hugh gesagt, als sie ihren Kaffee und Strega ausgetrunken hatten. Rupert hatte zu ihr geblickt, und ihr wurde klar, dass er derartige Entscheidungen stets ihr überlassen hatte, und sie sagte peinlich berührt, ihr sei beides recht. Und so gingen sie alle gemeinsam nach Hause, und das war der Anfang von Juliet. Sie hatte sie Rupert zuliebe bekommen – ohne zu ahnen, wie viel Freude das Kind ihr bereiten würde. Er aber war bei ihrer Geburt fort gewesen … und würde vielleicht nie etwas von ihr erfahren.

Als sie jetzt neben Juliets Bettchen saß und die Erinnerungen in ihr aufstiegen, wurde ihr seine Abwesenheit wirklich bewusst, und sie trauerte zum ersten Mal – sie gab der fiebrigen Hoffnung nach, er wäre wirklich nur einfach nicht da. Weinend flehte sie still um sein Leben.

~

»Ich wette, das haben Sie nicht gewusst, Miss Milliment.«

»Das wusste ich in der Tat noch nicht. Ich war stets der Ansicht, Platanen wären lange nach Chaucers Zeit in unser Land gekommen.«

Sie hatte das neueste Kapitel im Buch des Brig über britische Bäume Korrektur gelesen, eine Aufgabe, die sie von Rachel übernommen hatte, die übers Wochenende nach London fahren musste.

»Die meisten glauben, sie wären etwa zur Zeit der East India Company eingeführt worden. Völlig falsch, wie Sie sehen.«

»John Evelyn schreibt sehr ansprechend über Xerxes und eine Platane.«

»Da sieh an. Bemerkenswerter Kerl. Suchen Sie die Stelle doch raus und lesen Sie sie mir vor.«

Gehorsam hievte Miss Milliment sich aus dem Stuhl und tappte zu dem großen Bücherschrank. Ein bestimmtes Werk zu finden stellte für sie eine gewisse Herausforderung dar, da der Schrank in einer dunklen Ecke des Arbeitszimmers stand und die Bücher in keiner erkennbaren Reihenfolge angeordnet waren. Rachel hätte es natürlich sofort herausgegriffen. Sie forschte weiter, aber sie konnte den Rücken der Bücher nur lesen, wenn sie sie einzeln herauszog. »Ich fürchte, das könnte eine Weile dauern«, sagte sie entschuldigend, doch der Brig hörte sie offenbar gar nicht. Er erging sich gerade wortreich über die mächtige Größe der Platanen, die er in Mottisfont gesehen hatte, irgendeiner Pfarrei in Sussex, und entlang der Allee in Cowdray Park, gleichzeitig tastete er mit seinen purpurfarbenen knotigen Händen nach der Whiskykaraffe … »Geben Sie mir doch ein Glas, Miss Milliment, seien Sie so nett.«

Sie brach ihre Fahndung nach dem Buch ab und suchte stattdessen nach einem seiner unglaublich schweren geschliffenen Whiskygläser. Der Raum war derart voll mit Möbeln, Unterlagen und Büchern, dass sie sich nur eingeschränkt darin bewegen konnte.

»Irgendwo steht die Geschichte von Plinius, wo sie zu achtzehnt in einem hohlen Baum sitzen und essen. Lesen Sie mir das vor, seien Sie so nett. Das müsste passen.«

Den Plinius konnte sie problemlos finden, der lag auf dem Schreibtisch, doch die gewünschte Stelle aufzuspüren war eine andere Sache. Zu ihrem Glück fuhr ein Automobil vor, das der Brig als Hughs identifizierte. Sie wurde gebeten, ein weiteres Glas zu finden, der Vortrag über den Umfang von Platanen fand ein Ende, und in seinem Wunsch, Hugh in genau dem richtigen Moment abzupassen, ehe er ihm entkommen konnte, wurde er fahrig. »Hugh, bist du das? Hugh? Bist du das? Ah! Auf dich habe ich gewartet. Schenk dir ein Glas ein, alter Junge. Danke, Miss Milliment. Sie hat mir vorgelesen, weil Rachel nach London gefahren ist, um die Bücher in der Chester Terrace auszusortieren. Ich sollte das Gleiche mit meinem Keller tun. Erinnerst du dich noch, als du auf Fronturlaub hier warst, und ich hatte ganze drei Flaschen von dem, was ich für einen ungenießbaren Bordeaux hielt? Den hatte ich für einen Shilling neun Pence die Flasche in einer Auktion erstanden – zwölf Kartons. Ich hatte mir zur Gewohnheit gemacht, ihn zu Hochzeiten zu verschenken, weil er so verdammt scheußlich schmeckte – und wir holten die drei Flaschen hoch, und er war wirklich ausgezeichnet! Erinnerst du dich?«

Hugh sagte, das sei bei Edwards Fronturlaub gewesen. Miss Milliment stellte das zweite Glas neben die Karaffe und zog sich zurück. Beim Hinausgehen hörte sie den Brig noch sagen, in dem Fall könne Hugh die Geschichte gar nicht kennen: Er glaube, es sei ein Mouton-Rothschild Jahrgang 1904 gewesen, vielleicht aber auch ein 1905er – wie dem auch sei, wann immer er ihn probierte, habe er einfach keinen runden Geschmack entwickeln wollen …

Miss Milliment tappelte unsicher zum Cottage oberhalb der Garage, das immer noch Tonbridges Cottage hieß, obwohl er und seine Familie vor zwei Jahren nur wenige Wochen dort gewohnt hatten. Ihr Zimmer, eines der beiden im oberen Stockwerk, war klein, doch der Blick ging auf den Kiefernwald hinter dem Haus hinaus, der nach jedem Regen wundervoll duftete. Eine Weile hatte sie im Pear Tree Cottage gelebt, doch seitdem alle nach Home Place zurückgezogen waren, wohnte sie wieder hier, und so karg das Zimmer sein mochte, sie fühlte sich wohl darin. Viola, die Gute, hatte es inspiziert, hatte die Decken auf dem Bett befühlt – ganze zwei und ein Überbett – und gesagt, sie brauche mindestens zwei mehr, was stimmte, da die beiden vorhandenen dünn und erstaunlicherweise zugleich verfilzt waren. Sie hatte ihr auch zu dem wunderbaren Luxus einer Nachttischlampe verholfen und einen kleinen Tisch besorgt, an dem sie ihre Korrespondenz erledigen könne. Höchst aufmerksam, nur leider kannte sie im Grunde niemanden, dem sie schreiben konnte. Ihrer Vermieterin in London hatte sie allerdings in der Tat einmal schreiben müssen, um ihr mitzuteilen, dass sie ihr Zimmer dort aufgebe, und dann hatte sie die Reise nach London antreten müssen, um ihre restlichen Besitztümer abzuholen. Das war hochgradig unerquicklich und nicht minder anstrengend gewesen. Was dieses möblierte Zimmer betraf, hatte sie alle Brücken hinter sich abgebrochen. Und dann, auf der kostspieligen Taxifahrt von Stoke Newington zum Bahnhof Charing Cross, war ihr mit einem Schlag bewusst geworden, dass sie jetzt heimatlos war. Dieser Gedanke hatte ihr mehrere Momente derartiger Panik bereitet, dass sie sich sehr ernst ins Gebet nehmen musste: »Wirklich, Eleanor, kommt Zeit, kommt Rat.« Aber das hatte sie nur zu der Frage gebracht, ob man ab einem gewissen Punkt nicht zu alt sei, um einen Rat auch in die Tat umzusetzen. Im Zug hatte sie versucht zu lesen – sie hatte beim Kirchenflohmarkt vergangenes Jahr zu Weihnachten um einen Penny eine gebrauchte Ausgabe unbedeutenderer Dichter entdeckt. Die Panik mochte sich zwar zu einer vagen Furcht gemildert haben, doch das Gefühl war nicht verschwunden und überfiel sie immer wieder in unregelmäßig brandenden Wogen. Sie sagte sich, das sei nur, weil die Vermieterin sich durchweg recht unfreundlich gezeigt hatte: »Manche haben's gut«, hatte sie immer wieder gesagt. Sicher missfiel es ihr, eine langjährige Untermieterin zu verlieren, doch es stimmte sie traurig, dass sie so lange dort gelebt hatte und man ihr letztlich derart grollte. Womöglich war es immer so gewesen, und sie hatte es in ihrer Dummheit lediglich nicht bemerkt. Sie hatte sich bemüht, ihrer Vermieterin nicht zur Last zu fallen, was aber natürlich nicht unbedingt bedeutete, dass ihr dies auch gelungen war. Sie hatte keine zusätzlichen Dienste in Anspruch genommen: keinen Kaffee zum Frühstück wie Mrs. Fast, kein Wäschewaschen wie Mr. Marcus. All das lag jetzt hinter ihr, sagte sie sich mit erneutem Nachdruck. Doch was lag vor ihr? Der Tag würde kommen, an dem Polly und Clary und Lydia, die drei Lieben, sie nicht mehr brauchten, und Roland und Wills würden noch zu klein sein. Andererseits könnte sie selbst feststellen, dass das Unterrichten ihr ab einem gewissen Zeitpunkt zu viel abverlangte. Ihre Augen waren wesentlich schlechter geworden: Sie wusste, dass sie eine neue Brille brauchte, hatte aber so große Angst, dass diese nicht mehr die gleiche Verbesserung wie früher mit sich bringen könnte, dass sie sich nicht die Mühe gemacht hatte, nach Hastings oder Tunbridge Wells zu fahren, um sich eine anfertigen zu lassen. Ihre Knie bereiteten ihr Schmerzen: Wenn sie morgens zu lange in einer Position verharrte, wenn sie länger als ein paar Minuten auf den Beinen stand – im Grunde so gut wie immer. »Wirklich, Eleanor, ich bin deiner Sorgen allmählich mehr als leid. Wie heißt der alte Spruch? ›Ein Lächeln am Morgen vertreibt Kummer und Sorgen.‹« Sie versuchte zu lächeln, und Tränen traten ihr in die Augen. Sie trocknete sie vorsichtig mit einem Taschentuch, das vermutlich in die Wäsche gehörte, und kehrte zu ihren Gedichten zurück.

Doch als sie in Battle ankam und feststellte, dass die gute, liebe Viola sie abholte, anstatt dass sie ein Taxi nehmen oder eine beklommene Fahrt mit Tonbridge überstehen musste, wurde sie wieder von ihren Gefühlen überwältigt. Miss Milliment saß vorne in Villys Wagen, während diese und der Gepäckträger ihre Koffer verstauten, und bemühte sich, den bestürzenden Wunsch zu unterdrücken, im nächsten Moment in Tränen auszubrechen.

»So, alles untergebracht.« Viola setzte sich auf den Fahrersitz. »Bald sind wir zu Hause. Miss Milliment!« Denn es war ihr doch nicht gelungen, die Fassung zu wahren. Alles hatte sie sich von der Seele geredet. Ihre Angst, unnütz zu sein und nicht zu wissen, wie sie den Rest ihres Lebens bewältigen solle. Menschen zur Last zu fallen – sie wolle doch niemandem zur Last fallen, wiederholte sie nur laufend, und Tränen rannen in die Falten ihres Mehrfachkinns. Violas Verständnis (sie war so ungemein verständnisvoll!) brachte sie dummerweise noch mehr zum Weinen. Erklärungen, Abbitten, Entschuldigungen gar, die sie, wäre sie bei klarem Verstand, in höchstem Maße missbilligt hätte, sprudelten aus ihr hervor ... Sie musste sich gebraucht fühlen; ihr lieber Papa habe sie gebraucht, und bei seinem Tod habe sie festgestellt, dass Unterrichten das Einzige sei, welches dieses Bedürfnis stillen konnte. Sie habe Angst, sie würde langsam zu alt, um sich noch nützlich zu machen. Sie wolle keine Wohltätigkeit – das Gefühl, Menschen müssten sich mit ihr abfinden, sie aber keine Aufgabe mehr habe. Sie fürchte, sie sei ein wenig erschöpft: Der Taxifahrer habe sich geweigert, in ihr möbliertes Zimmer hinaufzusteigen und die Koffer zu holen, und ihre Vermieterin habe es ebenfalls abgelehnt, ihr zu helfen. Einer der Koffer sei ihr auf der Treppe aus der Hand geglitten und nach unten gefallen, wo er aufgesprungen sei, und es sei sehr schwierig gewesen, alles wieder einzupacken – dies alles sei also nur eine Folge ihrer Erschöpfung, und Viola solle sie nicht ernst nehmen. Sie habe etwas Geld beiseitegelegt, natürlich, aber sie wisse nicht so recht, wohin sie gehen könne, damit es länger vorhielte. Diese letzte Bemerkung ließ sie von ihrer erhitzten Stirn abwärts erröten, und sie schämte sich sofort, diesen Aspekt auch nur erwähnt zu haben. Und Viola hörte ihr zu, einen Arm um ihre schluchzenden Schultern gelegt, reichte ihr ein Taschentuch und sagte tatsächlich: »Liebe Miss Milliment, Sie werden nie auf sich allein gestellt sein. Das verspreche ich Ihnen. Wir haben Ihnen so viel zu verdanken.« Gesegnete Worte! Trost, Zuneigung, die Wiederherstellung einer Art Würde! Dann hatte Viola vorgeschlagen, in den Gateway Tea Rooms eine Tasse Tee zu trinken, ein Angebot, das sie, da ihr der Appetit auf das Gebäckstück, das sie in Charing Cross gekauft und das beim Öffnen ausgesehen hatte, als wäre es mit einer toten Maus gefüllt, vergangen war, dankbar annahm. Sie hatten Tee und Scones bestellt, und Viola hatte gesagt, sie wisse natürlich nicht, was genau die Zukunft bereithielte – sie würden, wenn der Krieg einmal vorbei wäre, natürlich nicht in Sussex bleiben –, aber was immer passiere, Miss Milliment werde ein Zuhause bei ihnen haben. Das hatte ihr inneres Gleichgewicht erneut aus dem Lot zu bringen gedroht, Viola hatte sofort das Thema gewechselt und sie aufs Reizendste an die alten Zeiten erinnert – als Sir Hubert noch gelebt hatte und sie zum Albert Place gekommen war, um Viola und Jessica zu unterrichten, und wie sie immer gewusst hatten, dass es bald Mittag sein würde, weil das Hausmädchen ins Klassenzimmer kam, um die Spitzengardinen zu wechseln, die in der Frühe zwar sauber gewesen, doch mittags bereits grau vor Ruß waren – insbesondere im Winter, wenn der Nebel dick wie Erbsensuppe war.

»Dieser Nebel! Erinnern Sie sich noch, Miss Milliment? Solchen Nebel haben wir mittlerweile doch kaum mehr, oder?« Und so weiter. Es war vergnüglich und tröstlich. Dann hatte sie einen Schluckauf bekommen, höchst peinlich in der Öffentlichkeit, aber Viola hatte nur gelacht und ihr empfohlen, den alten Ratschlag zu befolgen: »Bei Schluckauf an sieben glatzköpfige Männer denken«, den sie Viola und ihrer Schwester vor all den Jahren gegeben hatte.

»Das hat mir meine Tante May beigebracht«, sagte sie. »Oje, ich fürchte, es hat nicht richtig geholfen.«

»Sehr vergnüglich, über alte Zeiten zu plaudern«, sagte sie auf dem Rückweg zum Wagen. »O je! Entschuldigen Sie!« Ein Griff ihrer sehr schäbigen uralten Handtasche war zerbrochen, und da sie zu voll war, um richtig geschlossen zu werden, fielen Bleistifte, ein mit einer Büroklammer zusammengehaltenes Lederportemonnaie, ein Brillenetui, mehrere Haarnadeln und ein unsäglicher Kamm auf den Bürgersteig. Als Villy sich bückte, um alles aufzuklauben, beschloss sie, ihr eine neue Handtasche zu kaufen, behielt diesen Gedanken aber klugerweise für sich.

Auf der Rückfahrt unterhielten sie sich über ihre gegenwärtigen Schülerinnen, angefangen mit Lydia, deren Konzentration, wie Miss Milliment einräumte, etwas zu wünschen übrig ließe, was sich im Lauf des Sommertrimesters aber deutlich verbessert habe. »Ich bemühe mich sehr, mich ihnen in den Ferien nicht allzu sehr aufzudrängen«, fügte sie hinzu. »Es muss ausgesprochen lästig sein, eine Gouvernante zu haben, die sich nie absentiert.«

»Ich frage mich«, fuhr sie ein paar Sekunden später fort, »ob Sie etwas dagegen hätten, wenn ich Lydia nachmittags allein unterrichte. Sie könnte vormittags, bei unserer laut vorgetragenen Lektüre, bei den Älteren dabei sein, aber ich fürchte, es könnte sie ein wenig entmutigen, alles mit den großen Mädchen zu machen, die ihr in den anderen Themen natürlich weit voraus sind.«

Villy sagte, das fände sie eine gute Idee.

Nach der Ankunft in Home Place hievte sie Miss Milliments erschreckend schwere Koffer die enge Treppe hinauf zu ihrem Zimmer und küsste sie auf ihre weiche, faltige Wange, was für Miss Milliment eine weitere ausgesprochen angenehme (und ungewohnte) Erfahrung darstellte.

Da an diesem Tag ein Freitag war, würde sie, wie zweimal die Woche, mit der Familie am Dinnertisch sitzen. An den anderen Abenden aß sie früh mit Lydia und Neville. Dieses Arrangement ging auf ihren eigenen Vorschlag zurück, denn so brauchte Ellen nicht zu eben der Zeit, wenn sie eigentlich Wills und Roly baden sollte, das Abendessen der Kinder zu beaufsichtigen. Während sie sich in ihr senfgelbes und braunes Ensemble zwängte, das sie nach wie vor als ihr bestes bezeichnete, überlegte sie, dass sie sich seit zwei Jahren kein einziges neues Kleidungsstück gekauft hatte – sie hatte geglaubt, so viel wie möglich auf die hohe Kante legen zu müssen. Doch nach dem überaus beruhigenden Gespräch mit Viola, der Guten, hatte sie keine Ausrede mehr, und wenn die Rationierung auch auf Bekleidung übergriff, geriete sie doch sehr in die Bredouille, dachte sie, als sie den Berg einzelner Strümpfe durchwühlte auf der Suche nach zwei möglichst passenden braunen Schattierungen. Sie würde mit dem Bus nach Hastings fahren und dann ein Geschäft finden müssen, das Kleidung für kräftigere Menschen führte, und sie konnte kaum jemanden bitten, sie zu begleiten, denn Dinge wie Unterwäsche konnte man wirklich nur allein kaufen. Der Umgang mit Nadel und Faden war nie ihre Stärke gewesen, ganz abgesehen davon, dass mittlerweile praktisch alles unflickbar geworden war: Ihre Doublejersey-Schlüpfer hatten breite, lange Laufmaschen bekommen, ihre beiden Strickjacken Löcher in diversen Größen, und häufig musste sie Kleidungsstücke mithilfe von Sicherheitsnadeln befestigen, welche bisweilen aufsprangen, was höchst unangenehmes Piksen zur Folge hatte – ganz abgesehen von der Gefahr weiterer Peinlichkeiten. »Du musst dir einen Ruck geben, Eleanor, und deine Garderobe erneuern.«

Das Ankleiden dauerte recht lange, was zum Teil damit zusammenhing, dass sie immer wieder aus dem Fenster blickte, um zu sehen, was das schwindende Licht auf den Baumwipfeln im Wald bewirkte. Die Kiefern wurden rauchig, die Eichen mit ihrem wässrigen Bronzeton bleicher – sie konnte ihre Farbnuancen nicht beschreiben. Falb war ihrer Ansicht nach ein sehr nützliches Wort für Dichter, romantisch und uneindeutig, doch wollte man Bäume malen, half es nicht weiter. Und unterhalb des Waldes fiel steil eine grasbewachsene Böschung ab, wo im Frühjahr üppig Primeln blühten, und später wucherten dort, zarter, wilde Erdbeeren und dunkellila Wicken, Sternmieren und Gauchheil, alles Blumen, die sie aus ihrer Kindheit kannte. Im Moment wuchsen da nur noch Farne und Gras, was eine andere Art Schönheit besaß – eine natürliche dichte

Grenze, über der die Bäume mit majestätischer Anmut aufragten. Der Hof im Vordergrund war in warmen Farben gehalten: Pflastersteine aus den schiefergrauen Blöcken, die so häufig den Boden vor Stallungen bedeckten (mühelos zu reinigen, und wie schön sie nicht aussahen, wenn sie nass waren – jetzt leider nur noch vom Regen!), und ein Ziegelsteinpfad, der sich unergründlicherweise quer darüber zog und an der Mauer des Küchengartens endete, wo sich früher einmal eine Pforte befunden hatte. Zwischen den kleinen rosenfarbenen Ziegeln spitzten hie und da Moos und Unkraut hervor, doch das steigerte nur ihren Reiz. Im Lauf der Jahre musste sie diese Szene bereits viele Stunden betrachtet haben, ursprünglich in der Hoffnung, sie brauche später einmal nur die Augen zu schließen, um sie wieder heraufzubeschwören, jetzt schlicht aus schöner Gewohnheit. Einmal – aber wirklich nur einmal – hatte sie den uralten Aquarellkasten ihrer Tante May ausgegraben und versucht, das Bild vor sich zu malen, wurde in ihrem Bemühen aber behindert durch den Zustand der Farben, die alle eingetrocknet und bröselig waren und nur widerwillig ihre Pigmente abgaben. Der einzige Pinsel in dem kleinen schwarzen Kasten hatte das Gros seiner Haare eingebüßt und wollte offenbar die restlichen nur zu bald ebenfalls verlieren. Wie absurd, auch nur einen Versuch zu unternehmen, doch selbst wenn er scheiterte, nahm er sie derart gefangen und begeisterte sie so sehr, dass Polly geschickt werden musste, um sie zum Dinner zu holen.

»Und wenn du nicht sofort die Beine in die Hand nimmst, Eleanor, verspätest du dich heute wieder«, tadelte sie sich. Aber bevor sie die Beine in die Hand nehmen konnte, musste sie Strümpfe anziehen. Dazu musste sie sich aufs Bett setzen, einen Fuß auf einen Stuhl heben, um ihn überzustreifen, und dann hatte sie das Problem, die Strumpfhalter auf die richtige Beinhöhe zu schieben. Zu tief, und die Strümpfe bildeten, sobald sie aufstand, Falten um die Knöchel; zu hoch, und die Beengung wurde unangenehm und konnte ihr wohl auch nicht guttun, dachte sie. Manchmal schlief sie in Strümpfen, um sich die Prozedur am folgenden Morgen zu ersparen. Aber man konnte zu Dunkelbraun keine grauen Strümpfe tragen, deshalb die Notwendigkeit, sie an diesem Abend zu wechseln. Das kleine Badezimmer befand sich im Erdgeschoss, also wusch sie sich Gesicht und Hände auf dem Weg nach draußen.

Auf ihrem leicht mäandernden Weg über den Hof mit der erfreulichen Aussicht auf ein warmes Zimmer voll vertrauter Menschen und dem Glas Sherry, das ihr bei dieser Gelegenheit gewährt wurde, sagte sie sich, wie sehr sie doch von Glück gesegnet sei: Zu Lady Rydals Zeiten wäre derlei nie geschehen. Und nach dem Dinner würde sie den Abend in großer Zufriedenheit damit verbringen, mit einer Wärmflasche (im Cottage war es nicht besonders warm) Evelyn nach interessanten Verweisen auf Bäume zu durchsuchen, die sich für den alten Mr. Cazalet als nützlich erweisen könnten. Eigentlich das Einzige, was ihr im Leben fehlte, waren die Galerien mit ihren Gemälden. Aber wenn man die schrecklichen Ereignisse bedachte, die vor sich gingen – sie las die *Times* jeden Tag, den Gott gab, sobald die Familie sie nicht mehr brauchte –, war das eine Petitesse, und sie kam sich undankbar vor, so etwas auch nur zu denken.

—

Rachel saß auf dem mit einem Tuch bedeckten ungemachten Bett in ihrem Zimmer in der Chester Terrace und betrachtete das Foto von sich und ihren Brüdern, aufgenommen bald nach dem ersten Krieg, als sie alle wiedervereint waren. Edward trug noch Uniform und lächelte leutselig, einen Arm um ihre Schulter gelegt. Hugh stand etwas abseits: Sein Arm lag in einer Schlinge, seine Norfolk-Jacke hing lose an ihm herab, und er sah aus, als schmerze das Sonnenlicht ihm in den Augen. Rupert im offenen Hemd wirkte unglaublich jung, unverkennbar hatte er gerade über etwas gelacht. Das Bild war auf dem Krocketrasen vor dem Haus in Totteridge entstanden, bevor sie nach London gezogen waren. Der Brig hatte es gemacht. Damals war er ein begeisterter, um nicht zu sagen unermüdlicher Fotograf gewesen und hatte bei dem Anlass selbstredend fünf oder sechs Bilder aufgenommen. Dieses war das beste, und es hatte in seinem Rahmen jahrelang auf ihrem Frisiertisch gestanden. In der Zwischenzeit war es, wie alles andere im Raum, in Seidenpapier gewickelt im Schrank eingelagert. Sie wollte es für Clary mitnehmen. Sie schloss den Schrank, in dem noch eine Reihe Abendkleider hing sowie die Hermelinstola, die der Brig ihr zum einundzwanzigsten Geburtstag geschenkt hatte. Sinnlos, das alles nach Sussex mitzunehmen. Im Schrank roch es nach Kampfer, die Oberfläche des verstaubten Frisiertisches war leer geräumt.

Sie machte sich auf den Weg nach unten – ihr Zimmer lag im obersten Stock – und steckte den Kopf zum Salon hinein, um sicherzustellen, dass die Möbel noch vollständig abgedeckt waren, die kleineren Teppiche zusammengerollt, der sehr große mit einem immensen Tuch geschützt, die Fensterläden richtig verschlossen. Der Kerzenleuchter hing wie eine langsam heranreifende Birne sicher in seinem riesigen Leinensack. Die Luft stand schwer und leblos im Raum, wie auch in den anderen Räumen – die typische Atmosphäre von Häusern, die zwar möbliert, aber unbewohnt sind. Sie fragte sich, ob sie wohl je wieder dort leben würden. Im Entree im Erdgeschoss standen die jetzt mit Büchern vollgeschichteten Kisten, deretwegen der Brig sie nach London geschickt hatte. In der kommenden Woche würde Tonbridge deren Verladung auf einen firmeneigenen Lastwagen beaufsichtigen. Sie war müde und wünschte sich nichts sehnlicher als eine Tasse Tee, aber Wasser und Gas waren abgedreht, außerdem gab es keine Milch.

Sie beschloss, durch den Park zur Baker Street zu gehen und dort einen Bus zu nehmen, der sie fast bis Maida Vale fahren würde, obwohl es von dort noch ein ganzes Stück zu Sids Haus zu gehen war. Ein Taxi wäre extravagant, obwohl sie wusste, dass Sid sie schelten würde, keines genommen zu haben …

»Du bist allen Ernstes zu Fuß gegangen?«

»Ich bin zwischendrin eine ganze Strecke mit dem Bus gefahren.«

»Meine Allerliebste, du bist unverbesserlich! Ich habe den Boiler angestellt. Wäre ein heißes Bad eine gute Idee?«

»Eine heiße Tasse Tee wäre das, was ich mir mehr als alles andere wünsche.«

»Dann sollst du eine Tasse Tee bekommen.«

Sie folgte Sid die dunkle, schmale Treppe hinab ins Souterrain, wo sich die Küche, eine Speisekammer, ein Anrichteraum, ein Weinkeller und eine Toilette befanden. Alles war makellos sauber, aber lange Risse zogen sich über die Küchenwände, die grüne Farbschicht blätterte ab, das Linoleum war an manchen Stellen bis auf den Steinboden durchgetreten. Sid schaltete das Licht an, unerlässlich in diesem Raum, zu dessen schwer vergitterten Fenstern wegen der schwarzen Ziegelmauer gegenüber noch weniger Licht hereinfiel. Es war eine viktorianische Küche, die nur halbherzig dem modernen Leben angepasst wurde.

»Ich müsste deine Toilette benutzen.«

»Die hier unten funktioniert wieder, ich habe sie letzte Woche reparieren lassen. Möchtest du Toast oder sonst etwas?«

»Nur Tee.«

Und dann ein heißes Bad, dachte Sid, als sie den Kessel füllte. Bei der Vorstellung von Rachel in der Badewanne überflutete sie eine Art zärtlicher Qual, die ihr mittlerweile sehr vertraut war und sie dennoch immer wieder überraschte. Und hätte sie ein Taxi genommen, dachte sie beim Anwärmen der Teekanne, hätten wir eine Stunde länger miteinander verbringen können. Doch angesichts der Tatsache, dass sie ein ganzes Wochenende vor sich hatten – bis Sonntagabend, wenn sie wieder zum Dienst musste – und Rachel eingewilligt hatte, wagemutig bei ihr in London zu bleiben, anstatt nach Sussex zurückzufahren …

»Hast du in Erfahrung gebracht, was im Academy läuft?«

»*La femme du boulanger*.«

»Ach, den sehen wir uns an!«

»Bist du wirklich nicht zu müde?«

»Guter Gott, nein! Das ist doch unser Vergnügen. Wir könnten auswärts essen.«

»Eine kluge Idee. Du kennst meine Kochkünste. Komm, lass uns den Tee oben trinken, da ist es gemütlicher.«

»Ich trage das Tablett.«

»Das lässt du schön bleiben! Du darfst das Licht ausstellen.«

Sie gingen hinauf in das kleine Wohnzimmer, in dem der alte Bechstein-Flügel den Großteil des Platzes einnahm, und setzten sich in die zwei Sessel, deren abgewetzter Bezug auf den Armlehnen mit Stücken von altem geblümtem Leinen kaschiert wurde. Sid schenkte Tee ein und holte eine Schachtel von Rachels Lieblingsmarke ägyptischer Zigaretten heraus.

»Du bist großartig! Woher hast du die?«

»Ich habe sie in einem Laden in Soho gefunden.« Die langwierige Suche, die dem vorausgegangen war, erwähnte sie nicht.

»Sehr schön. Ich muss sagen, sie fehlen mir. Passing Clouds schmecken einfach völlig anders.«

Sie rauchten, sahen sich immer wieder mit einem leichten, aufgeregten Lächeln an und tauschten vereinzelte Nachrichten aus, deren Inhalt ihr immenses Glücksgefühl, zusammen – und allein – zu sein, nicht im Mindesten trübte. Sid zauberte eine kleine Flasche Gin und die Reste einer Flasche Dubonnet hervor, die seit Jahren im Haus standen, und sie tranken. Rachel erzählte Sid von dem Foto, das diese natürlich auf der Stelle sehen wollte. Ihr Blick verweilte auf dem hinreißenden Bild von Rachel – das Haar hochgesteckt, eine weiße Bluse mit Stehkragen, der lange, dunkle Rock ordentlich gegürtet, und dazu ein dermaßen unschuldiger und freimütiger Gesichtsausdruck, dass Sid auf einen nonchalanten Ton zurückgreifen musste, um ihre Rührung zu verbergen.

»Meine Liebe, du warst ja eine atemberaubende Schönheit!«, sagte sie.

»Unsinn!«

»Natürlich, die bist du immer noch.« Doch auch das kam nicht gut an. Rachels völliger Mangel an Eitelkeit sowie ihre Unbefangenheit, was ihr Aussehen betraf, wurden von jedem Verweis darauf gestört. Wie bei ihrer Mutter musste ihre Schönheit schweigend im Auge des Betrachters verweilen, dachte Sid. Rachel war leicht errötet und verzog das Gesicht, sodass sich kleine Falten der Missbilligung und Verlegenheit auf ihrer Stirn bildeten.

»Mein Schatz, ich liebe dich nicht wegen deines Aussehens«, sagte sie, »obwohl man es mir nachsehen könnte, wenn es so wäre.«

Rachel packte das Bild bereits wieder ein.

»Ich könnte wohl keinen Abzug davon bekommen?«, fragte Sid.

»Das Negativ ist bestimmt verloren gegangen. Der Brig hat so viele gemacht, und die Duchy hat vor dem Umzug nach London Berge solcher Sachen weggeworfen. Ich habe es für die arme kleine Clary mitgenommen. Sie ist so unglücklich wegen ihres Vaters.«

»Überhaupt keine Nachricht von ihm?«

»Nein. Ehrlich gesagt, Sid, habe ich die Hoffnung aufgegeben. Ich glaube, das hat schließlich und endlich auch die Duchy.«

»Aber Clary nicht?«

»Ich glaube nicht. Sie spricht nicht oft von ihm, aber wenn, dann nie so, als wäre er … als wäre …« Ihre Stimme brach, es herrschte Stille. Dann fuhr sie mit hoher, zitternder Stimme fort: »Das muss doch zahllosen Menschen so ergehen! So viel Kummer und Entsetzen und quälende Geduld und schwindende Hoffnungen! Manchmal denke ich, dass wir verrückt sind! Wofür soll das alles gut sein?«

»Vielleicht, um anderes Unglück abzuwenden?«

»Aber Sid! Das zu glauben fällt mir schwer. Dass womöglich alles viel schlimmer sein könnte!«

»Ich weiß, dass du es dir nur schwer vorstellen kannst. Mir fällt es leichter.«

»Warum das?«

»Weil ich nichts zu verlieren habe«, antwortete Sid ruhig. »Du musst nicht an die Front. Deswegen. Ich habe nichts zu verlieren.«

Aber sie erkannte, dass Rachel sie nicht verstehen konnte oder wollte, und ließ das Thema fallen.

Sie fuhren in Sids verdrecktem alten Morris zur Oxford Street und sahen den Film, anschließend aßen sie bei McWhirter's, einem Restaurant im Souterrain eines Wohnblocks in der Abbey Road – Tomatensuppe und pochierten Kabeljau –, und Sid erzählte Rachel von der Sanitätswache (mittlerweile war sie Fahrerin geworden). Als ausgezeichnete Zuhörerin ließ Rachel sich nur zu gerne von den Menschen erzählen, die dort arbeiteten: »... eine ehemalige Fußpflegerin – na ja, ich vermute, alle haben vorher irgendetwas anderes gemacht, bis auf unseren plattfüßigen Taxifahrer. Er ist unbezahlbar, aber natürlich ist sein Fachwissen ziemlich vergeudet, weil wir nur in einem Bezirk eingesetzt werden. Dann gibt es noch eine Turnlehrerin, die die Krankenschwestern, die sie chauffiert, in Angst und Schrecken versetzt, weil sie mit Vorliebe bei roten Ampeln durchrauscht und auf der falschen Straßenseite fährt ...«

»Woher weißt du, dass er Plattfüße hat?«

»Weil er jedem davon erzählt. Er wollte zur Armee, aber sie haben ihn nicht genommen. Das macht ihm noch immer schwer zu schaffen. Außerdem haben wir einen Pazifisten, der sich regelmäßig betrinkt, frage mich nicht, womit, und dann erzählt er uns die ganzen grässlichen Sachen, die er mit ›Kriegstreibern‹ anstellen möchte, zu denen wir offenbar auch gehören, oder so kommt es uns zumindest vor. Das alles geht an den endlos langen Abenden vor sich, wenn wir alle herumsitzen und Tee trinken – mit Ausnahme von ihm natürlich.«

»Das klingt, als würde es richtig Spaß machen«, sagte Rachel. In ihrem Ton schwang eine gewisse Sehnsucht mit. Sie hatte nie Autofahren gelernt und auch nie einen richtigen Beruf gehabt.

»Den Großteil der Zeit ist es furchtbar langweilig. Nichts passiert. Natürlich haben wir mal eine Blinddarmentzündung oder einen Schlaganfall oder Herzinfarkt, aber darum kümmern sich die ausgebildeten Ärzte. Wir sind ja nur die zusätzlichen Notkräfte, und bislang hat es keinen Notfall gegeben.«

»Zum Glück.«

»Ich weiß. Sollen wir nach Hause fahren? Ich kann uns einen viel besseren Kaffee machen, als wir hier bekommen.«

Als sie den Schlüssel in die Haustür steckte, dachte sie, dass es eigentlich immer so sein sollte – dass sie und Rachel zusammen nach Hause kamen. Nachdem die Tür geschlossen war, tastete sie nach dem Lichtschalter, dann überlegte sie es sich anders und umarmte Rachel, die ihre Umarmung erwiderte. Sie gaben sich einen Kuss. »Es war ein wunderschöner Abend«, sagte Rachel.

»Das stimmt. Genau die richtige Art Film. Ich frage mich, warum immer die französischen Filme derart rührend, witzig und charmant sind.«

»Ich genieße einfach alles, was ich mit dir unternehme.«

Ein Schatz, den es aufzubewahren galt für trübsinnige Stunden, dachte Sid, als sie das Licht anknipste.

Sid kochte ihnen Kaffee, den sie vor dem uralten Gaskamin tranken; Sid hatte ihn eigens angezündet. Dann fiel ihr ein, dass noch etwas vom Kirschlikör da war, den Evie einmal als Geschenk bekommen, aber nicht vertragen hatte. »Also dürfen wir uns getrost über die Flasche hermachen.«

Was es über Evie zu sagen gab, hatte sie schon früher berichtet: Sie war fort, arbeitete für einen international angesehenen Pianisten, und offenbar bereitete ihre Arbeit ihr viel Freude. Es sei großartig, sagte Sid, sich nicht ständig um sie sorgen zu müssen. Viel später, nachdem sie den Kirschlikör ausgetrunken hatten (es war wesentlich mehr da, als Sid gedacht hatte), unterhielten sie sich über ihr Lieblingsthema, nämlich, was sie nach dem Krieg machen würden: ein langer Urlaub – aber wo? Sid zog es nach Italien, wenn das denn möglich sein würde, Rachel tendierte zu Schottland, wo sie noch nie gewesen war. Es ging auf Mitternacht zu, ehe sie sich zurückzogen.

Nachdem Sid Rachel in Evies Zimmer gebracht hatte – zweifellos das schönere der beiden Schlafzimmer –, damit diese in Ruhe auspacken und ein Bad nehmen konnte, ging sie nach unten, um ihr eine Wärmflasche zu machen. Sie spürte die latente Spannung, die zwischen ihnen entstanden war – eigentlich auf dem Weg nach oben. Sie wusste, woher dieses Gefühl bei ihr kam: Mittlerweile hatte sie häufig in Home Place übernachtet, und, wenn das Haus voll war, sogar in Rachels Zimmer – in getrennten Betten –, und sie hatten sich angewöhnt, dass sie sich für kurze, süße und meist qualvolle Zeit zu Rachel ins Bett legte. Wenn Rachel sich dann in ihre Armbeuge schmiegte, war es ihr unmöglich, sich nicht weitere intime Freuden vorzustellen. Jetzt aber verbrachten sie zum ersten Mal eine Nacht allein in einem Haus, wo keine Notwendigkeit bestand, auf andere Rücksicht zu nehmen. Dadurch hätte alles einfacher werden sollen, doch dem war nicht so: Vielmehr trat das Ungleichgewicht ihrer beider Gefühle noch deutlicher hervor. Sid betrachtete das als eine Art Unaufrichtigkeit auf Rachels Seite – wenn sich Rachel bislang immer Gedanken gemacht hatte wegen der anderen und was sie fühlen oder denken könnten, was konnte sie dann jetzt sagen, wo sie allein waren? Aber natürlich wusste sie auch, dass es überhaupt nicht darum ging. Rachel hatte ihr (unwissentlich) mit schmerzlicher Eindeutigkeit zu verstehen gegeben, dass ihr vor jeder Art sexueller Intimität ekelte. Ich bin diejenige, die unehrlich ist, dachte sie. Wie oft, wie viele Tausende von Malen hatte sie sich schon gesagt, dass sie diese Gefühle überwunden habe, dass sie sinnlos und womöglich noch Schlimmeres seien, denn sollten sie offenbart werden, würde das Rachel mit allergrößter Wahrscheinlichkeit verprellen, und dann hätte sie gar nichts mehr. Doch heute Abend, bei der ersten Gelegenheit, die sich jemals in ihrem Leben ergeben hatte, wusste sie, dass sie überhaupt gar nichts überwunden hatte. In Rachels Abwesenheit konnte sie sich einfach nach ihrer Gegenwart sehnen; war sie mit ihr zusammen, sehnte sie sich nach ihrem empfänglichen Körper.

Mit diesem Dilemma kämpfte sie noch, als sie wieder nach oben ging, und als sie in Rachels Zimmer trat, konnte sie sich nicht verkneifen zu sagen: »Da du nicht deine Freundin zum Wärmen haben wirst, habe ich dir eine Wärmflasche mitgebracht.«

»Sid!« Sie hatte sich ausgezogen und stand in ihrem Unterrock da, den Kulturbeutel in der Hand. »Sid! Was ist denn los?«

»Gar nichts. Komm, ich hole dir einen Morgenrock, dich wird frieren.«

»Das wäre himmlisch – meiner hat nicht mehr in den Koffer gepasst.« Sie folgte Sid in ihr wesentlich kleineres Schlafzimmer, und der alte karierte Herrenmorgenrock wurde ihr zärtlich um die Schultern gelegt. Die Wanne lief ein, und kleine Dampfwölkchen zogen in den Flur.

Rachel sagte: »Was hast du denn? Willst du denn nicht zu mir ins Bett kommen und dich mit mir unterhalten?«

»Jetzt bade erst einmal. Natürlich komme ich noch.«

Rachel schlief ziemlich bald nach ihrem Bad ein, entspannt, den Kopf auf Sids Schulter.

»... meinst du nicht, Liebling?«, fragte Sid, und dann blickte sie nach unten und wusste, dass sie keine Antwort mehr bekommen würde. Hellwach blieb sie liegen, bis das beleuchtete Zifferblatt auf Rachels Reisewecker halb drei zeigte. Da der nächste Tag verdorben würde, wenn sie nicht etwas Schlaf bekäme, löste sie sich vorsichtig aus der Umarmung und ging in ihr eigenes Bett, wo sich allerdings der Schlaf auch weiterhin nicht einstellen wollte.

Am Samstagnachmittag fand ein Tennisturnier statt, an dem alle Kinder einschließlich Neville und Lydia teilnehmen durften. Die Organisation lag bei Edward und Hugh. Die jeweiligen Partner wurden ausgelost, jede Partie war auf zwei Gewinnsätze beschränkt. Seit zwei Uhr spielten sie, angefangen mit einer Kinderpartie. »Die Rangen sollen sich mal richtig austoben«, hatte Edward gesagt.

Neville, der mit Simon spielte, war von Clary und Polly geschlagen worden. »Ich kann Tennis sowieso nicht leiden«, hatte er rot vor Wut geschimpft. »Und wenn ich nicht mit Simon hätte spielen müssen, der die Bälle ständig ins Aus geschlagen hat, hätte ich wahrscheinlich gewonnen.«

»Hättest du nicht«, widersprach Simon, dessen Enttäuschung womöglich noch größer war. »Du hast die Bälle überhaupt nicht erwischt. Du hast einfach immer danebengeschlagen. Ich weiß nicht, weshalb du dich überhaupt zum Turnier gemeldet hast.«

»Du solltest lernen, mit Anstand zu verlieren«, sagte Clary tadelnd zu Neville.

»Wieso? Ich werde mein Leben lang nichts verlieren. Entweder gewinne ich überall, wo ich antrete, oder ich mache überhaupt nicht mit.«

»Irgendeiner muss immer verlieren, Neville«, sagte Lydia schnippisch.

»Es gibt mehr als genug Leute, die verlieren können. Ich werde einfach nicht dazugehören.«

»Ihr zwei könnt Balljungen sein.«

»Na, vielen herzlichen Dank!«

»Das genügt, Simon«, sagte Villy scharf.

»Außerdem bekommen alle Teams zwei Chancen«, warf Edward ein. »Pech für Simon, dass er mit Neville spielen musste«, fügte er an Villy gewandt hinzu.

»Wie auch immer, diesen schönen Nachmittag sollte niemand verderben«, sagte jemand anders, und die nächste Partie begann.

Es war ein außerordentlich schöner Nachmittag, mild und sonnenhell, die Himmel über ihnen ein blasses, aber durchdringendes Blau, die Sonne gerade warm genug, dass den Zuschauern nicht kühl wurde, aber nicht zu heiß für diejenigen, die gerade auf dem Platz waren. Zoë schob Juliet in ihrem Kinderwagen heraus, Wills saß auf Hughs Knien und versuchte immer wieder, herunterzukrabbeln. Die Duchy ging mit ihrem Korb voll Abgeblühtem hin und her. Nur der Brig fehlte, er arbeitete in seinem Zimmer mit Miss Milliment. Jessica, die keine gute Spielerin war, bildete ein Team mit Christopher: Sie verloren ihre erste Partie. Um vier Uhr hatten alle Durst, und die Duchy ließ Tee auf der Terrasse über dem Tennisplatz servieren.

»Eigentlich müsste es Limonade geben«, sagte sie. »Es ist wirklich ein Jammer, dass es keine Zitronen gibt.«

»Wills, Roly und Juliet werden gar nicht wissen, was eine Zitrone ist«, bemerkte Lydia. Sie freute sich diebisch, nicht mehr zu den jüngsten Chargen zu gehören. »›Jemanden wie eine Zitrone ausquetschen‹ wird gar keine Bedeutung für sie haben, stimmt's?«

»Es wird eine größere Bedeutung für sie haben«, widersprach Neville. »Weil es für sie keine Bedeutung hat.« Zu essen gab es Gurkensandwiches und Haferkekse. Simon zählte sie und rechnete sich aus, dass er mit etwas Glück zwei bekommen würde. Deswegen fragte er im passenden Moment alle sehr freundlich, ob sie ihren Haferkeks wollten. Das lohnte sich; Zoë etwa wollte ihren nicht, allerdings hatte Wills ein Stück bekommen und einmal davon abgebissen, und jetzt versuchte er, den Keks im Blumenbeet zu vergraben – eine entsetzliche Vergeudung. Kleine Kinder waren manchmal so dumm, dass er sich schämte, jemals eins gewesen zu sein, obwohl er ganz bestimmt nie auf eine dermaßen dämliche Idee verfallen war. Polly lag neben ihrem Vater auf dem Rasen. »Was sind Hämorrhoiden?«, fragte sie. »Ellen sagt ständig, man müsse aufpassen, sie nicht zu bekommen, aber was das ist, sagt sie nicht.«

»Die sind unanständig, deswegen«, erklärte Neville wie aus der Pistole geschossen. Als niemand Einwand erhob, improvisierte er: »Das sind kleine spitze Klumpen, die man im Hintern hat, und wenn man sich draufsetzt, bohren sie sich in einen. Womöglich enthalten sie Ameisen. Doch, genau. Eine Art Ameisenhaufen im Menschen.« Er drehte sich zu Lydia. »Du weißt alles über Hintern. Sag's ihnen.«

»Weiß ich nicht.« Lydia wand sich unbehaglich.

»Doch, ich hab dir alles erzählt.«

Kurz herrschte Stille, dann konnte Lydia der Bitte um Information nicht widerstehen und sagte: »A R S C H L O C H: Meinst du das?«

»Ich glaube nicht, dass wir etwas darüber erfahren möchten, Lydia«, sagte Villy so streng es ihr möglich war. Sie nahm sich vor herauszufinden, was abends im blauen Zimmer vor sich ging: Vielleicht wurde Neville allmählich zu alt, um sich das Zimmer mit einem Mädchen zu teilen.

Eine weitere Partie ging zu Ende. »Deine Rückhand ist wesentlich besser geworden, Teddy«, sagte sein Vater, und Teddy strahlte, tat aber lässig.

»Ach ja, findest du?«, fragte er, als wäre das ohne sein Zutun passiert.

»Weiße Chrysanthemen«, sagte die Duchy, »eine wunderschöne frühe Sorte. Ich liebe sie über die Maßen.«

»Sie riechen nach Lagerfeuer, fremdem Lagerfeuer«, sagte Clary, nachdem sie daran geschnuppert hatte.

»Ich finde, sie riechen nach verschreckten Mäusen«, sagte Neville, um sie zu ärgern.

»Ihm fehlt sein Vater«, flüsterte Villy ihrer Schwester zu.

Die Luftschutzsirene heulte, aber niemand achtete darauf. Die Spieler, die gerade vom Platz kamen, wollten Tee, aber es war kein heißes Wasser mehr da.

»Komm, Poll.« Hugh stand auf. »Lass uns welches holen.«

Fast noch ehe sie das Haus erreichten, hörten sie das Dröhnen von Flugzeugen – es klang nach einer sehr großen Zahl.

»Das sind doch unsere, oder nicht?«, fragte Polly, aber offenbar hörte ihr Vater sie nicht. Als sie mit den Kannen voll heißem Wasser wieder aus dem Haus traten, sahen sie die Flugzeuge, Welle um Welle, sehr hoch am Himmel, sie glitzerten in der Sonne, und alle flogen zielstrebig in dieselbe Richtung. Polly beobachtete ihren Vater, der die Geschwader beobachtete, und fragte: »Sind das deutsche?«

Und ohne den Blick von ihnen zu wenden, antwortete Hugh: »Bomber.«

»Aber uns werden sie doch nicht bombardieren, oder?«

»Nein, uns nicht.«

Der Lärm hatte zugenommen, es war, als würde der ganze Himmel vibrieren, doch die Flugzeuge flogen so hoch, dass es eher ein fernes als ein ohrenbetäubendes Geräusch war.

Hugh sagte: »Poll, nimm du das Wasser«, und kehrte ins Haus zurück.

Auf dem Weg zur Terrasse kam Onkel Edward ihr entgegen.

»Wo ist dein Vater?«

»Er ist wieder ins Haus gegangen.«

Als sie zu den anderen zurückkam, hörte sie Teddy sagen: »Also, wenn sie wirklich auf dem Weg nach London sind, legen sie die ganze Stadt in Schutt und Asche – das müssen doch Tausende sein.«

»Nicht Tausende, Teddy.«

»Na ja, Mum, du weißt, was ich meine. Da kommen doch immer noch mehr. Das sind ja gigantisch viele. Wo ist Dad hin? Er hat die Liste, wer als Nächstes spielt.«

Villy sagte etwas matt: »Wahrscheinlich will er in Hendon anrufen, ob er zurückkommen soll.«

Das tat er auch, aber sie sagten Nein, es sehe nicht aus, als seien sie das Ziel. Aber Hugh, der verzweifelt versuchte, das Krankenhaus zu erreichen, kam nicht durch.

~

Der Tag hatte eine außerordentliche Mischung geboten – zweifellos ein Tag der Art, wie keine von ihnen ihn je zuvor verbracht hatte. Begonnen hatte er mit einer liebevollen Kabbelei darüber, dass Sid ihre gesamte Speckration für das Frühstück verbrauchen wollte – zwei Scheiben pro Person –, doch sie setzte sich durch und briet ihnen außerdem noch Tomaten und Brot.

»Ich hätte meine Lebensmittelmarken mitbringen sollen«, sagte Rachel, als sie sich beide die ersten Zigaretten des Tages anzündeten.

»Unsinn! Ich esse sowieso meistens in der Kantine. Ich würde mir nie die Mühe machen, für mich allein Speck zu braten.« Ihre Müdigkeit nach der kurzen Nacht fiel von ihr ab durch das schiere Glück, einen ganzen Tag mit Rachel verbringen zu können. »Und jetzt die große Frage – was möchtest du unternehmen?«

»Ein Konzert in der National Gallery?«

»Ich glaube, samstags gibt es dort keine.«

»Also, ich muss ein paar Einkäufe tätigen. Ich brauche ein warmes Kostüm – Tweed oder etwas Ähnliches. Und ich möchte dir deine Geburtstagsbluse kaufen. Und ich sollte Sybil besuchen gehen. Am Wochenende sieht sie Hugh nicht.«

Das war die erste, zu dem Zeitpunkt noch recht kleine Wolke. »Ich sehe dich weder unter der Woche noch am Wochenende«, sagte sie. »Das ist doch jetzt unsere Zeit, oder nicht?«

»Ja. Lass uns einfach nach dem Einkaufen irgendwo schick essen gehen, und dazu lade ich dich ein, weil ich deinen Speck aufgegessen habe. Dann sehen wir, wonach uns ist.«

Unsicher, was das bedeutete – ob der Besuch bei Sybil damit vom Tisch oder zumindest unwahrscheinlicher geworden war –, ließ sie das Thema auf sich beruhen.

Normalerweise ging sie nicht gern einkaufen, aber in Rachels Gesellschaft war es etwas anderes. Es bereitete ihr außerordentliches Vergnügen, ihr bei der Auswahl zu helfen und bei Debenham and Freebody auf einem kleinen vergoldeten Stuhl zu sitzen, während Rachel ihr verschiedene Kostüme vorführte. Mit einem wunderschönen Karton in der Hand, in dem ein Langjackett aus blaugrauem Donegal-Tweed und ein Rock mit Kellerfalten lagen, kehrten sie zum Auto zurück und fuhren zur Jermyn Street, wo Rachel die Bluse auswählte, die sie Sid schenken wollte – Seide mit braunen und mokkafarbenen Streifen –, und dann entdeckte sie eine tabakfarbene Seidenkrawatte, die perfekt dazu passte.

»Liebling, der Laden ist sehr teuer. Ich finde nicht, dass du mir auch noch eine Krawatte schenken solltest.«

»Doch, natürlich. Der Brig gibt mir sehr großzügig Kleidergeld, und ich habe seit Ewigkeiten nichts mehr ausgegeben.«

Der Gedanke, dass diese Dinge indirekt dem Brig zu verdanken waren, hatte etwas Bedrückendes. Überlegungen wie: Sie bezahlen sie, damit sie zu Hause bleibt; sie haben dafür gesorgt, dass sie völlig von ihnen abhängig ist, gingen ihr durch den Kopf. Rasch verbannte sie sie als ungerecht und dumm. Natürlich musste Rachel Geld bekommen, niemand konnte ganz ohne leben, derartige Bedenken waren schlicht unvernünftig. »Komm, jetzt kaufen wir dir noch ein paar Sachen«, sagte sie. Aber Rachel zu überzeugen, mehr als das absolut Notwendige für sich auszugeben, erwies sich als nahezu unmöglich. Sie weigerte sich, eine Bluse zu kaufen, sie brauche wirklich keine, beteuerte sie. Sie willigte ein, nach einem passenden Pullover zum Kostüm zu suchen. Dafür gingen sie durch die Burlington Arcade. Dann wies sie das Ansinnen von sich, Kaschmir zu kaufen – »Aber nein, mein Schatz, Kaschmir hatte ich noch nie, das ist entsetzlich teuer« –, und entschied sich stattdessen für ein Twinset aus Lambswool in einem klaren Vergissmeinnicht-Blau. »Glaubst du, dass es zu meinem Kostüm passt?«

»Ganz bestimmt.« Es passt zu ihren Augen, dachte Sid.

Außerdem wollte Rachel ein Paar neuer Pantoffeln. »Meine jetzigen haben die Form von sehr alten breiten Bohnen.«

Als es Mittagszeit wurde, sagte Rachel, eines von Edwards Lieblingsrestaurants sei das Bentley's, das fußläufig zu erreichen sei, und da sie beide gern Fisch aßen, gingen sie dorthin. Rachel überredete Sid, Hummer zu bestellen, weil sie den liebend gern mochte, während sie selbst nur gegrillte Seezunge wählte. Sie tranken eine halbe Flasche Rheinwein und waren glücklich wie selten zuvor. Sid musste Rachel beim Trinkgeld helfen, und dabei wurde ihr klar, dass Rachel noch nie zuvor jemanden zum Essen in ein Lokal eingeladen hatte. »Im Kopfrechnen bin ich wirklich schwach«, sagte sie. »Es gehört sich wahrscheinlich überhaupt nicht, aber ich muss dir wohl die Summe sagen.« Sie waren die einzigen zwei Frauen, die allein zu Mittag aßen. Es gab die üblichen Paare und einzelne Männer, aber Frauen saßen weder allein noch zu zweien an einem Tisch. Sid bemerkte, dass die anderen zu ihnen herübersahen – über sie redeten, sich anlächelten – und dann betont den Blick abwendeten, aber sie glaubte nicht, dass Rachel irgendetwas davon bemerkte. Ihre Aufmerksamkeit galt allein Sid, das genügte ihr. Sie aß nicht einmal ihre Seezunge auf: »Sie war riesig.« Als Sid einmal sagte, wie sehr ihr dieser Lunch gefalle, streckte Rachel die Hand zu ihr aus (zu dem Zeitpunkt wurde Sid unbehaglich bewusst, dass die Leute sie beäugten), aber sie wollte keine zärtliche Geste ihrer Geliebten zurückweisen und ergriff sie couragiert. Das war eine weitere kleine Wolke, doch das behielt sie für sich.

Der Ärger begann, als Rachel sie auf dem Rückweg zum Wagen bat, sie bei Sybils Krankenhaus abzusetzen. »Und wenn wir an einem Blumenladen vorbeikommen, kaufe ich noch schnell einen Strauß zum Mitbringen.«

»Und was machst du danach?«

»Ach, ich nehme den Bus und fahre zu dir nach Hause.«

»Ich warte im Auto auf dich.«

»Mach das nicht. Ich möchte mir keine Gedanken darüber machen müssen, dass du wartest.«

»Hast du ihr gesagt, dass du kommst?«

»Nein, ich wusste ja nicht, ob es klappt.«

»Und jetzt schon?«

»Es gibt keinen Grund, weshalb ich sie nicht besuchen sollte. Wir haben nichts Besonderes vor.«

»Kannst du sie nicht morgen besuchen? Am frühen Abend – bevor du nach Hause fährst? Ich habe um sechs Uhr Dienst.«

»Nein, ich habe versprochen, nachmittags heimzufahren, um dem Brig vor dem Dinner noch vorzulesen.«

»Das hast du mir nicht gesagt.«

»Ich glaube schon. Ich sagte, dass ich am Sonntag zurückfahren muss.«

Sie verstand einfach nichts, dachte Sid. Gar nichts. Man höre ihr nur zu.

»Die arme Syb hat eine schreckliche Zeit hinter sich. Ein Besuch im Krankenhaus ist wirklich das Mindeste. Es wäre furchtbar egoistisch, sie nicht zu sehen. Das kannst du doch sicher verstehen, oder nicht?«

»Und es wäre auch egoistisch, dem Brig ausnahmsweise einmal nicht vorzulesen – nur einmal, damit wir etwas mehr Zeit miteinander verbringen können?«

Rachel sah zu ihr, Fältchen bildeten sich auf ihrer Stirn. »Natürlich.«

»Mein Gott, ich wünschte mir wirklich, es wäre unegoistisch, mich zu sehen«, platzte es aus Sid heraus. »Aber dazu wird es wahrscheinlich erst kommen, wenn deine Eltern tot sind!«

Es herrschte absolute Stille. Dann sagte Rachel: »Das ist wirklich sehr gehässig.« Ihre Stimme zitterte, sie klang distanziert.

Sid widerstand dem heftigen Drang, sich zu entschuldigen und alles reuevoll unter den Tisch zu kehren. »Aber du willst immer nur Dinge tun, die du glaubst, tun zu müssen – für andere Menschen. Du machst nie etwas für dich.«

Noch immer distanziert antwortete Rachel: »Weshalb sollte ich? Ich führe ein wunderbares Leben. Und zufällig liebe ich meine Eltern sehr.«

Danach sprachen sie kein Wort mehr – den ganzen Weg die Regent Street hinauf zum Portland Place und von dort die New Cavendish Street entlang zum Krankenhaus. Gegenüber dem Haupteingang gab es einen Blumenstand. Rachel stieg aus. »Ich bin gegen fünf wieder da«, sagte sie.

Sid sah, wie Rachel einen Strauß Rosen kaufte und durch den großen Eingang trat, dann fuhr sie einige Meter weiter, stellte den Wagen ab, schaltete den Motor aus und weinte.

Erst knapp zwei Stunden später kam Rachel wieder heraus. In der Zeit hatte Sid sich ausgeweint, acht Zigaretten geraucht, sich gesagt, dass sie völlig im Recht sei, dass sie Probleme ansprechen könne und Rachel der Feigling sei – die Abhängige –, diejenige, die nichts riskieren wolle. Sie sagte sich, dass Rachel von Natur aus ein liebender, selbstloser Mensch sei. Sie sagte sich, sie selbst sei diejenige, die die kurze Zeit, die sie miteinander hatten, verderbe – durch ihre Eifersucht, weil sie besitzergreifend sei, weil sie die arme Rachel kritisierte wegen etwas, das sie eindeutig als ihre Pflicht erachtete … Sie erinnerte sich an Rachels Worte: »Mir macht einfach alles Spaß, was ich mit dir unternehme.« Es war ja nicht so, dass Rachel sie nicht liebte: »Ich wäre immer lieber bei dir als bei irgendjemand anderem auf der Welt«, hatte sie einmal gesagt – ein Satz wie ein alter Knochen, den Sid sicher verwahrte und jederzeit wieder ausgraben konnte, wenn sie Trost brauchte. Sie war diejenige, der es schändlich misslang, das Beste aus dem zu machen, was sie hatte; sie war unersättlich und übellaunig und besitzergreifend. Als Rachel wieder auftauchte, lag die Schuld ganz allein bei ihr.

»Du hättest nicht warten sollen!«

»Ich wollte aber. Entschuldige, dass ich so hässlich war.«

»Du warst nicht hässlich. Es ist in Ordnung, wirklich.«

Sie griff nach Rachels Hand und küsste sie. »Es tut mir sehr leid. Es ist wunderbar, dass du überhaupt hier bist.«

Und Rachel lächelte, kniff die Augen zusammen, gab ihr einen Kuss und sagte: »Mir tut es leid, dass ich gekränkt war.«

»Nein, gar nicht – die Schuld liegt bei mir. Ganz allein bei mir.«

»Ich habe mir gedacht – warum gehen wir heute Abend nicht ins Theater?«

»Schöne Idee. Wir besorgen uns an der Baker Street einen *Evening Standard*.«

Dann sprachen sie über Sybil, nach der sie sich mit all der Besorgnis erkundigte, die sie auch unter anderen Umständen an den Tag gelegt hätte.

»Sie ist noch schrecklich schwach, die Arme, und sie sehnt sich nach Hause. Aber sie möchte niemandem zur Last fallen. Und sie glaubt, Hugh möchte, dass sie noch länger im Krankenhaus bleibt, aber sich um ihre Entlassung bemüht, weil er glaubt, sie wolle das.«

»Das klingt etwas kompliziert.«

»Ich weiß. Aber verheiratete Paare haben ihre Schleichpfade. Sie sind damit vertraut, nur Außenstehenden kommen sie komisch vor.«

»Das stimmt wohl.« Insgeheim dachte sie sich, wie wunderbar geheimnisvoll und sicher es wäre, selbst ein oder zwei Schleichpfade zu kennen.

»Weißt du, trotz des üppigen Mittagessens hätte ich jetzt Lust auf eine Tasse Tee.«

»Sobald wir zu Hause sind, mache ich dir eine. Immerhin ist es Zeit für den Tee.«

Rachel sah auf ihre Armbanduhr. »Fast Viertel vor fünf. Da hast du recht.«

Sie parkten vorm Haus und trugen ihre Einkäufe hinein, und in dem Moment ging der Fliegeralarm los.

»Oje.«

»Den gibt es ständig. Meistens passiert nicht viel.«

Doch bald darauf hörten sie das leise Knallen der Flugabwehrkanonen.

»Treffen die je etwas?«, fragte Rachel, als sie nach unten in die Küche gingen, um Tee zu kochen.

»Manchmal sicher, aber ich glaube, sie tun das vor allem, damit die Bomber in größerer Höhe bleiben müssen und deswegen nicht so genau zielen können.«

Nachdem sie Tee getrunken und ein Theaterstück ausgesucht hatten, meinte Rachel: »Wenn wir die Flak hören können, muss es doch irgendwo einen Luftangriff geben.«

»Wenn, dann ist er weit weg. Komm, spielen wir doch ein bisschen Brahms.«

»Ach, Sid, ich spiele so schlecht! An dein Niveau reiche ich überhaupt nicht heran.«

»Pfeif drauf. Ich spiele so gern mit dir.«

Also mühte Rachel sich durch die Sonate in G-Dur, und Sid zeigte bewundernswerte Geduld mit ihren Fehlern. Danach beschlossen sie, sich einen Drink zu genehmigen, und Rachel sagte, sie wolle Sids Garten sehen. »Da gibt es nichts zu sehen, ich fürchte, der ist eine Wildnis.« Dennoch öffnete Rachel die Terrassentür und stieg die gusseiserne Treppe hinab. Auf halbem Weg rief sie: »Sid! Schau mal!«

Sid schloss ihren Geigenkasten und gesellte sich zu ihr. In der Ferne sahen sie eine gewaltige Rauchwolke, die vor ihren Augen wie ein immenser Ballon langsam in den Himmel stieg.

»Was meinst du, wo das ist?«

»Genau im Osten. Es könnten die Docks sein – auf jeden Fall das East End.«

Die Sonne ging allmählich unter, und der blau-violette Himmel rund um den Rauchballon nahm eine rosa Tönung an. Hier draußen klang die Flak deutlicher – wie ein knappes Kläffen. Ein paar Minuten sahen und hörten die beiden zu, dann meinte Rachel, sie könne den Garten ja von der Treppe aus sehen und werde doch nicht hinuntergehen.

»Ich flicke deinen Morgenmantel für dich«, sagte sie.

»Ach, würdest du das wirklich tun, mein Liebling? Ich bezahle dich auch in Gin!«

»Was ist mit unserem Theater?«, fragte sie, als sie mit den erbetenen, recht bescheidenen Nähutensilien zurückkehrte.

»Vielleicht wäre es schöner, doch zu Hause zu bleiben«, antwortete Rachel, während sie die Innenseite des zerrissenen Ärmels nach außen kehrte, um an die Naht zu gelangen.

Sid war begeistert. Sie entzündete das Feuer und mischte Drinks.

»Zum Dinner«, verkündete sie, »könnten wir gegrillten Käse essen oder eine uralte Dose Sardinen. Oder natürlich beides.«

»Ach, eines genügt reichlich. Mein Schatz, ich kann nichts mehr sehen. Könntest du verdunkeln?«

Sid schloss die vorderen Fensterläden und wollte dann die Vorhänge vor der Terrassentür zuziehen. Den Rauchball konnte sie nicht mehr sehen, aber der Himmel strahlte in einem unnatürlichen Orangerot. Von Geschützen war nichts zu hören.

Rachel ahnte, dass etwas Merkwürdiges vor sich ging, weil Sid so still war. Sie stellte sich neben sie, und gemeinsam starrten sie in den Himmel.

»Es sieht aus, als würde der Himmel verbluten«, meinte Rachel. »Der Angriff muss sehr schlimm gewesen sein.«

»Wir haben noch keine Entwarnung gehört, es ist noch nicht vorbei.«

Wie zur Bestätigung begannen die Geschütze wieder zu feuern.

»Vielleicht sind diesmal wir betroffen«, sagte Sid. »In der Nebenstraße ist ein Unterstand. Ich glaube, wir sollten uns ein paar Sandwiches und eine Thermoskanne machen für den Fall, dass wir dorthin gehen müssen.«

Aber das war nicht notwendig. Als sie eine Stunde später alle Lichter löschten, um zum Fenster hinauszusehen, brannte der Himmel noch immer, vor dem sich gleich mehrere gewaltige dunkle Rauchwolken abhoben.

»Hören wir doch die Nachrichten.«

»Mein Radioapparat ist kaputt. Ständig will ich ihn zum Reparieren bringen, habe es aber immer noch nicht geschafft. Tut mir leid.«

Sie aßen die Sandwiches und tranken den Kaffee aus der Thermoskanne. »Wir sollten ihn nicht verschwenden«, sagte Rachel. »Es gefällt mir gar nicht, dass du in London bist«, fügte sie hinzu.

»Mir passiert nichts. Ich habe eine gute, sichere, langweilige Arbeit.«

Sie spielten Piquet, und Sid, die normalerweise gewann, verlor jede Partie. Der alte Spruch kam ihr in den Sinn, doch sie äußerte ihn nicht. Übereinstimmend gingen sie nach einem letzten ehrfürchtigen Blick zum Himmel ins Bett.

Das Telefon weckte Sid, nachdem sie in ihr eigenes Zimmer gegangen und auch bereits eingeschlafen war. Es war ihre Sanitätswache, die sie zum Einsatz beorderte. »Es gibt einfach nicht genügend Ambulanzen und auch sonst nichts, um ehrlich zu sein, also bitten wir Sie, sich sofort zum Dienst zu melden«, schloss der Anrufer.

Es war halb fünf. Sie schlüpfte in ihre Montur, darunter ein Pullover. Dann ging sie zu Rachel, um es ihr zu sagen.

Die Familie saß gerade noch beim Dinner, das verschoben worden war, weil nach dem Turnier alle ins Bad wollten, als das Telefon läutete. Hugh sprang auf. »Das wird Sybil sein«, sagte er. Seit die erste Welle von Bombern über sie hinweggeflogen war, versuchte er, das Krankenhaus zu erreichen.

»Das hoffe ich sehr«, bemerkte die Duchy. »Er macht sich die ganze Zeit Sorgen, trotz der Nachrichten.« Vor dem Essen hatten sie gehört, dass der Angriff London gegolten hatte, was unterschiedliche Ängste ausgelöst hatte: Von Hugh einmal abgesehen, machte Villy sich Gedanken wegen Louise, die am Telefon gesagt hatte, sie könne erst am Sonntag kommen, weil ein Stück gespielt werde, das sie unbedingt sehen müsse, die Duchy war beunruhigt wegen Rachel, und Edward dachte insgeheim besorgt an Diana, mit der er die vorhergehende Nacht verbracht und die angekündigt hatte, sie werde für ein paar Besorgungen in London bleiben.

Hugh kehrte zurück, er wirkte nicht erleichtert. »Sie haben die Lagerhallen getroffen«, sagte er. »Ein gewaltiger Luftangriff auf das East End und die Docks.«

»Welche Lagerhallen?«, fragte der Brig scharf.

»Alle drei, fürchte ich. Die Sägewerke brannten wie Zunder. Die ganzen Sägespäne. Es war der alte George. Während wir telefonierten, sagte er, er glaube, dass gerade ein weiterer Angriff beginnt. Er hatte heute Abend zwar keinen Dienst, fuhr aber hin, um nachzusehen. Er rief aus einer Zelle an, dann gingen ihm die Münzen aus, mehr wissen wir also nicht.«

Es herrschte Stille. Dann fragte Teddy: »Heißt das, dass wir ruiniert sind?«

»Gut möglich«, antwortete sein Vater. »Hugh, wir sollten besser nach London fahren.«

»Jetzt nicht mehr«, widersprach der Brig. »Heute Abend könnt ihr nichts ausrichten. Fahrt morgen, gleich in der Früh.«

Polly brach in Tränen aus. »Denkt doch an die ganzen armen Menschen! Dass ihre Häuser zerstört sind und sie in den Bomben sterben!«

»Poll, mein Schatz«, sagte Hugh und setzte sich zu ihr, »jetzt hoffen wir, dass es nicht ganz so schlimm ist.«

Doch am folgenden Morgen fand sie heraus, dass es natürlich so schlimm war. Vierhundert Menschen waren ums Leben gekommen, es gab mehr als fünfzehnhundert Schwerverletzte, und Tausende Häuser waren in Schutt und Asche gelegt.

LOUISE

HERBST UND WINTER 1940

Es war ihre allererste richtige Erwachseneneinladung – kein Familienfest, bei dem man zwangsläufig nur halbherzig als Erwachsene galt, sondern eine Dinnerparty, bei der sie niemanden kannte außer der Gastgeberin, Mummys Freundin Hermione Knebworth, und bei der alle älter als sie sein würden, Fremde, die sie als ihresgleichen behandelten. Hermione – wie unglaublich nett von ihr! – hatte sie ganz überraschend eingeladen und Mummy obendrein noch dazu gebracht, sie nach London kommen und dort übernachten zu lassen. Ihre tatsächlichen Worte zu Villy waren gewesen: »Meine Liebe, ich brauche dringend ein junges Mädchen – alle anderen sind steinalt und dermaßen verheiratet, und es ist höchste Zeit, dass Louise mit ein paar seriösen Leuten zusammenkommt statt immer nur mit diesen Möchtegern-Künstlern aus ihrer Schauspielschule.« Aber das wusste Louise nicht. Ihre Mutter hatte lediglich gesagt, Hermione wolle sie sprechen.

»Hermione? Ich kenne keine Hermione – außer die Frau von Leontes natürlich.«

»Hermione Knebworth. Aber sicher kennst du sie.« Villy musste es laut rufen, weil Louise gerade erst beim oberen Treppenabsatz angelangt war und sie selbst im Arbeitszimmer des Brig stand. »Louise! Beeilst du dich bitte. Es ist ein Ferngespräch.«

Louise hatte sich angewöhnt, (fast) alles zu machen, was ihre Mutter von ihr verlangte, allerdings sehr, sehr langsam. Nun schritt sie gemessen die Treppe hinab, ganz gekränkte Würde. »›Da, was ich sagen will, nichts andres ist, als dem, dess' man mich anklagt, widersprechen‹«, murmelte sie, »›und mir kein ander Zeugnis steht zur Seite, als was ich selbst mir gebe …‹«

»Louise!«

Aber es hatte sich als eine spannende Einladung herausgestellt.

Abgesehen davon war natürlich alles besser, als in Home Place zu vermodern. Die Schauspielschule war wegen der Luftangriffe geschlossen, und obwohl sie sich bei verschiedenen Repertoirebühnen beworben hatte, schien niemand an ihr interessiert. Es hatte mit Mummy einen kurzen Streit über die Kleiderfrage gegeben; sie besaß schlicht nichts Passendes, weshalb sie sich etwas von Mummy borgen wollte, die sich erwartungsgemäß weigerte – ihre Sachen seien alle zu alt für sie, sagte sie. So blieb ihr nur das alte korallenrosa Kleid, das sie nicht mehr sehen konnte und das ihr außerdem zu kurz geworden war.

Aber gleich nach ihrer Ankunft in Hermiones feudaler Wohnung in Mayfair sagte Hermione: »Was hältst du davon, dir etwas richtig Schickes auszuborgen?«, ging mit ihr in ihr Geschäft – das nur fünf Minuten entfernt lag – und suchte ihr ein himmlisches blaues Chiffonkleid mit geflochtenen Chiffonträgern aus, unter dem sie keinen BH tragen konnte, an sich schon eine höchst aufregende Aussicht. Obendrein schenkte Hermione ihr tatsächlich eine Schachtel, in der ein Paar French Knickers und ein Petticoat lagen – blassblauer Satin mit cremefarbener Spitze – und dazu wunderschöne reinseidene Strümpfe.

Und nun saßen in Hermiones nachtblauem Esszimmer – das tagsüber völlig dunkel war, aber Hermione lunchte immer auswärts – acht Leute um den kerzenerleuchteten Tisch vor einem fantastischen Essen, das Hermione aus einem benachbarten Hotel hatte kommen lassen: Kaviar (den Louise zum ersten Mal kostete), gebratenes Rebhuhn, Mousse au chocolat und rosa Champagner, und danach köstliche Häppchen mit Pilzen und winzigen Stückchen krossen Specks. Sie aß alles, beteiligte sich aber kaum am Gespräch, weil die ganze Atmosphäre so neu für sie war und alle wesentlich älter waren als sie und sie nicht das Falsche sagen wollte. Zu den Gästen gehörten zwei Paare, die Männer in Uniform, die Frauen natürlich im Abendkleid, ein Mann ohne Begleitung, der nicht ganz so alt, aber extrem schweigsam war, offenbar ein großer Verehrer Hermiones, die ihn jedoch kaum beachtete, und ein weiterer, ebenfalls nicht so alter Mann in Uniform, der neben Hermione und Louise gegenüber saß. Er war jünger als die Paare, aber trotzdem alt, mindestens dreißig, schätzte sie. Sie saß zwischen den Armeeoffizieren, die ihr wohlmeinende, langweilige Artigkeiten sagten, sich erkundigten, wo sie wohne und was sie tue, bis Hermione einwarf: »Malcolm, das ist die Tochter von Edward Cazalet – Sie erinnern sich an Edward?«

»Aber ja. Doch, natürlich.« Und Louise merkte, dass seine Frau sie mit ganz neuem Interesse ansah.

Jetzt scherzten alle über das sensationelle Essen, das Hermione herbeigezaubert hatte. »Ihr würde das wahrscheinlich noch auf einer einsamen Insel gelingen.«

»Ich bin sehr froh, dass wir auf keiner einsamen Insel sind.«

»Ich weiß nicht. Da hätten wir ruhigere Nächte, meinen Sie nicht?«

»Ich schlafe meistens im Kriegsministerium. Im Bunker, wissen Sie. Da hört man keinen Mucks.«

»Das ist der armen Marion leider verwehrt.«

»Die arme Marion verbringt ihre Nächte am Spieltisch in ihrem Luftschutzposten.«

»Das stimmt nicht! Seitdem sie sich auf das West End eingeschossen haben, im wahrsten Sinn des Wortes, gibt es bei uns einen Alarm nach dem anderen.«

»Und Hermione«, fuhr er fort, ohne ihren Einwurf zu beachten, »Hermione macht einfach Kleider.«

In den schweigsamen Mann kam Leben. »Das stimmt ganz und gar nicht«, rief er. »Hermione steht jeden Morgen um fünf auf und arbeitet in einer Munitionsfabrik.«

Der andere nicht so alte Mann sah von seinem Rebhuhn auf. »Tatsächlich? Hermione – in all diesen Stunden, die Sie mit mir verbracht haben, haben Sie das nie erwähnt.«

»Das würde sie auch nie.«

»Wie dem auch sei, ich muss es wahrscheinlich sowieso aufgeben«, sagte Hermione in einem Ton, als wolle sie das Thema beenden.

Aber der Schweigsame ließ sich nicht bremsen.

»Und wissen Sie, weshalb? Weil sie ihren Teil der Arbeit so viel schneller bewältigt als alle anderen, dass sie den ganzen Ablauf durcheinandergebracht hat. Die mussten praktisch den Betrieb einstellen.«

»John, Darling, jetzt hören Sie bitte auf damit! Ich persönlich kann mir kein öderes Thema vorstellen.« Doch dabei lächelte sie ihn mit ihren intelligenten grauen Augen an und bat ihn, ihr eine Zigarette anzuzünden, und er versank wieder in freundlichem und umfassendem Schweigen.

Um den Krieg selbst ging es kaum, dafür wurde über einige der führenden Persönlichkeiten geklatscht. General de Gaulle – »ein schwieriger Mensch – so hölzern, und keine Spur von diesem berühmten französischen Takt«, sagte der Mann, der im Kriegsministerium schlief –, und General Ismay, der offenbar Vertrauensschüler in dem Internat gewesen war, das der andere Mann besucht hatte: »Reizender Kerl – kommt mit jedem gut aus.« Alle schienen froh über die Wiederwahl von Präsident Roosevelt: »Von ihm haben wir jedenfalls eher Beistand zu erwarten, direkt wie auch indirekt, als von einem republikanischen Präsidenten.« Das Gespräch der Männer wandte sich langweiligen technischen Dingen zu, irgendeinem Geschäft, das Churchill über fünfzig amerikanische Zerstörer abgeschlossen hatte. Die Frauen unterhielten sich über ihre Kinder: »Ist das zu fassen, Jonathan hat tatsächlich geweint, weil wir zum Guy-Fawkes-Abend kein Feuerwerk abgebrannt haben!«, und in Louise wollte sich schon leise Enttäuschung breitmachen, da beugte sich der Mann ihr gegenüber über den Tisch, sagte kaum hörbar zu ihr: »Sie – sind – bezaubernd!«, und bannte ihren Blick mit so unverhüllter Bewunderung, dass sie errötete und sich zu keinerlei Antwort imstande fühlte.

Daraufhin lächelte er und sagte: »Ich habe den Eindruck, dass Zerstörer nicht gerade Ihr Thema sind.«

»Aber natürlich nicht! Wie könnten sie irgendjemandes Thema sein?«

»Nun, meins sind sie notgedrungen, wie ich leider zugeben muss, denn ich bin auf einem stationiert.«

»Oh!« In welche Fallen man tappte, wenn man nichts über einen Menschen wusste! »Ich entschuldige mich vielmals.«

»Verraten Sie mir lieber, was Sie machen.«

»Na ja, ich bin an der Schauspielschule. Oder vielmehr, ich war – aber die Schule ist wegen der Bombenangriffe geschlossen worden.« Ab da war es einfach. Sie erzählte ihm von den Repertoiretheatern, bei denen sie vorgesprochen hatte, aber nicht genommen worden war, und davon, dass die Schule vielleicht aufs Land verlegt werden sollte, wenn sich irgendwo ein freies Theater fand, um dann als Übungsbühne fortgeführt zu werden, und dass sie immer schon davon geträumt habe, Shakespeares Männerrollen darzustellen, und dass ihre Familie das alles gar nicht gern sah und vielmehr fand, sie solle ihren Beitrag zu den Kriegsanstrengungen leisten. Sie waren mittlerweile bei der Schokoladenmousse angelangt.

»Mögen Sie Ihren Nachtisch gar nicht? Er schmeckt ganz vorzüglich.«

»Ich mache mir nicht viel aus Süßspeisen«, log sie, weil es erwachsener klang, sich nichts daraus zu machen.

»Im Ernst? Ich kann von Süßspeisen nicht genug bekommen. Je schwerer, desto besser. Mein Lieblingsnachtisch in der Schule war Talgpudding mit Zuckerrohrsirup.«

Das verblüffte sie doch etwas. »Gut, manche schmecken mir schon auch. Nur habe ich vorhin so viel von allem anderen gegessen.«

»Wahrscheinlich sind Sie einfach klüger als ich.«

Jemand verlangte nach seiner Aufmerksamkeit, und sie aß ein paar Löffel von der Mousse, um nicht unhöflich zu wirken. Als sie aufsah, lächelte Hermione ihr auf wunderbar beruhigende Weise zu. »Das ist meine neue Tochter«, hatte sie gesagt, als sie Louise vorstellte. Ich wünschte, sie wäre wirklich meine Mutter, dachte Louise. Sie würde eine perfekte Mutter abgeben. Sie sah hinreißend aus in ihrem eng anliegenden scharlachroten Seidenkleid mit dem langen Seitenschlitz und den dazu passenden roten Satinschuhen. Sie duftete nach Gardenien. Das wusste Louise nur, weil sie gefragt hatte. Die ganze Wohnung roch zart danach, als müsste Hermione ein Zimmer nur durchqueren, und schon duftete es. »Das ist Bellodgia von Caron«, hatte sie gesagt. Vor der Ankunft der Gäste war das gewesen, als Hermione den Esstisch umrundet hatte, um das Besteck gerader hinzulegen, die Servietten zu richten, die Rosen in der Tischmitte leicht zu drehen, den Kellner loszuschicken, damit er die Rotweingläser durch andere ersetzte. Alles schien durch sie binnen Sekunden den letzten Schliff zu erhalten, und Louise fiel auf, dass es die Kellner offenbar nicht störte, von ihr in herrischem und zugleich schleppendem Tonfall zu erfahren, was alles verkehrt war. »Butterteller aus Glas kann ich nicht ausstehen«, hatte sie verkündet, »wenn Sie sie bitte austauschen würden. Weißes Porzellan, hatte ich gesagt. Und dass ich kein Blättchen Petersilie irgendwo sehe!« Und sie sagten alle, jawohl, M'lady, und eilten davon, um ihren Wünschen nachzukommen.

Nach dem Essen gingen sie in Hermiones Salon hinüber, wo schwere Polstersessel mit vergoldeten Armlehnen standen – sie fühlte sich etwas an die Wohnung von Stellas Eltern erinnert –, und bekamen Kaffee mit Zucker in der richtigen Farbe gereicht. Der Mann, der sich ihr gegenüber bewundernd geäußert hatte, setzte sich neben sie – sie wusste nur noch seinen Vornamen, Michael, traute sich aber nicht, ihn nach seinem Nachnamen zu fragen, weil der ihr vorher natürlich genannt worden, dann aber prompt entfallen war.

Doch dann fragte Marion: »Was ist denn nun mit dem berühmten Bild? Ist es fertig? Dürfen wir es sehen?«

Und der Mann sagte: »Ich habe es im Vestibül gelassen. Es gehört Hermione.«

»Ich würde es schrecklich gern sehen. Holen Sie es doch herein, Michael.«

Es war ein lebensgroßes Porträt von Hermione in einem dunkelgrauen Satinkleid. Sie stand neben einem offenen Kamin aus weißem Marmor, einen Arm auf dem Sims. Hinter ihr, auf der anderen Seite des Kamins, hing ein Samtvorhang von einem tiefen, fast schon schmutzigen Gelb. Es war beeindruckend gut gemalt, dachte Louise, man erkannte sofort, dass es Hermione darstellte, ihr Haar, ihre Züge, all das war exakt getroffen, aber gleichzeitig vermittelte es keinen rechten Eindruck davon, wer Hermione eigentlich war. Der Satinstoff des Kleides, die schweren Falten des Vorhangs, der geäderte weiße Marmor – die Ausführung war meisterhaft. Auf Louise wirkte es wie ein hervorragendes Gemälde, aber gleichzeitig kein sonderlich gutes Porträt der Abgebildeten. Etwas dazu zu sagen blieb ihr erspart, denn die anderen riefen schon alle: »Großartig! Und Ihnen so ähnlich! Ganz fabelhaft! Ich hatte schon Angst, es könnte eins von diesen modernen Machwerken sein, wo man keine Ahnung hat, was was ist, geschweige denn, ob es eine bestimmte Person darstellen soll.«

Hermione sagte: »Natürlich schmeichelt es mir, aber täte es das nicht, wäre ich gekränkt.«

Die Kommentare hatten sich bald erschöpft, doch Louise fiel der prüfende Blick auf, mit dem Michael vor dem Bild verharrte, fast als kennte er es nicht.

Wenig später erhob sich die Frage, ob man noch in einen Nachtclub gehen wolle. »Es hat Luftschutzalarm gegeben«, wandte jemand ein, und jemand anders sagte: »Den gibt es jeden Abend. Aber ich habe nicht vor, mir von Herrn Göring mein Nachtleben vermiesen zu lassen.«

Marion sagte: »Ich glaube, ich passe. Ich habe morgen Abend Dienst und bin schrecklich übermüdet. Aber wenn du möchtest, Frank, geh ruhig mit.«

»Nein, ich bringe dich nach Hause und sehe dann zu, dass ich in meinen Bunker komme. Wir mögen Schreibtischkrieger sein, aber im Moment ist bei uns wirklich die Hölle los.«

Letzten Endes waren es nur sie vier, Hermione, der schweigsame John, Michael und sie selbst, die in Johns Wagen zum Astor Club in der Berkeley Street fuhren.

Drinnen wirkte es zunächst sehr dunkel, doch daran gewöhnte man sich schnell, stellte Louise fest. Es war ziemlich voll, aber die Kellner kannten Hermione, und so war bald ein Tisch für sie gefunden. Champagner wurde bestellt, und Michael orderte zusätzlich noch Sodawasser. Hermione forderte Michael zum Tanzen auf, und Louise blieb leicht enttäuscht mit John zurück, der ebenfalls enttäuscht schien.

»Wollen wir?«, sagte er nur.

Aber es tanzte sich gut mit ihm; so überfüllt die kleine Tanzfläche auch war, er steuerte sie geschickt zwischen den anderen Paaren hindurch.

»Hat Ihnen das Porträt gefallen?«, fragte sie, um das Schweigen zu brechen.

»Ich verstehe nicht viel von Bildern«, sagte er. »Aber ich würde meinen, dass kein Bild von Hermione schlecht werden kann.«

»Sie ist wirklich unglaublich elegant.«

Die Bemerkung ließ ihn aufleben. »Ja, das stimmt. Und so klug noch dazu. Sie ist der faszinierendste Mensch, dem ich in meinem Leben begegnet bin. Kennen Sie sie schon lange?«

»Sie ist eine alte Freundin meiner Mutter. Also gewissermaßen ja. Wobei man die Freunde seiner Eltern natürlich nie so richtig kennt.«

»Wahrscheinlich.« Nach einer Weile fragte er: »Und kennen Sie Michael?«

»Nein, erst seit heute. Wie heißt er eigentlich mit Nachnamen?«

»Das wissen Sie nicht?« Aus irgendeinem Grund freute ihn das. »Dabei soll er berühmt sein, ein berühmter Porträtmaler. Seine Bilder kosten Unsummen. Hermione hätte es sich nie geleistet, sich von ihm malen zu lassen. Es ist ein Geschenk, aber von wem, will sie nicht sagen.« Er verfiel wieder in Trübsal.

»Wie kann er sie gemalt haben, wenn er bei der Marine ist? Er sagte, dass er auf einem Zerstörer stationiert ist.«

»Er war krankgeschrieben. Der Blinddarm. Musste ihn sich vom Schiffsarzt rausnehmen lassen, der die Sache wohl etwas verpfuscht hat, deshalb hatte er rund sechs Wochen Genesungsurlaub.« Hier war der Tanz zu Ende, und sie kehrten an ihren Tisch zurück.

Als Michael sie aufforderte, entdeckte sie, dass er ein fast beängstigend guter Tänzer war. Es war ein Quickstep, und er wirbelte sie durch alle möglichen hochkomplizierten Figuren. Sie verkrampfte sich regelrecht vor Anstrengung, mit ihm Schritt zu halten.

»Ganz locker. Lassen Sie sich einfach von mir führen«, sagte er, aber diese Anweisungen kamen ihr unvereinbar vor.

»Tut mir leid, ich bin zu schlecht für Sie.«

»Unsinn! Ich habe nur mehr Übung. Ich war früher jede Woche im Hammersmith Palais tanzen. Sehen Sie? Ich drehe Sie an der Schulter, so, und Sie können gar nicht anders, als mir zu folgen.«

Aber auch das war leichter gesagt als getan.

»Die anderen tanzen«, sagte er. »Setzen wir uns hin und reden. Zerstörer sind erst seit Kurzem mein Thema. Bis jetzt waren es Gesichter. Und Sie haben ein außergewöhnlich schönes Gesicht. Ich kann es gar nicht erwarten, es zu zeichnen. Viele Leute finden meine Gemälde vulgär, und ich fürchte, sie haben recht, aber zeichnen kann ich ganz gut. Wann darf ich Sie zeichnen?«

»Ich weiß nicht.« Sie war überwältigt von dem, was er über ihr Gesicht gesagt hatte, und wäre am liebsten hinausgelaufen, um zu schauen, in welcher Weise es sich verändert hatte. »Ich bin nur heute Abend hier. Meine Eltern mögen es nicht, wenn ich in London übernachte.«

»Sehr vernünftig. Gut, vielleicht könnten Sie ja …«

In diesem Augenblick geschah etwas derart Bizarres, dass alles zum Stillstand kam. Es tat einen dumpfen, sehr lauten Schlag, und eine Sekunde später glaubte sie, den ganzen Saal schlingern zu fühlen, als hielten sich die Wände nur schwankend aufrecht. Die großen, matt schimmernden Kronleuchter schaukelten unter unrhythmischem Klirren, die rotbeschirmten Lämpchen auf den Tischen zitterten, und der Champagner schwappte in ihren Gläsern. Ein Laut des Erschreckens ging durch den Raum, sie hörte eine Frau mit unnatürlich hoher Stimme »Oh!« rufen, und all dies passierte gleichsam in einem Atemzug. Dann löste sich wie in Zeitlupe ein Stück Putz von der Decke und landete genau zwischen den Gläsern. Während all dessen blieb sie reglos kerzengerade sitzen.

Michael griff nach ihrer Hand. »Sie sind wirklich tapfer«, sagte er. »Ich wollte eben sagen, kommen Sie doch für ein Wochenende zu uns nach Wiltshire, meine Mutter würde sich bestimmt freuen, Sie kennenzulernen. Jetzt weiß ich ganz sicher, dass sie sich freuen würde.«

»Eine Bombe?«, sagte sie.

»Und zwar ziemlich in der Nähe, würde ich sagen.«

Hermione und John kehrten an den Tisch zurück.

»Das ist doch wirklich die reinste Zumutung«, erklärte Hermione. »Jedes unschuldige kleine Vergnügen müssen sie einem verderben. Auf den Schrecken haben wir uns noch eine Flasche von diesem göttlichen Champagner verdient.«

Als der Kellner die Bestellung aufnahm, sagte er, angeblich sei die Kirche in Piccadilly getroffen. Etliche Gäste gingen, aber Hermione wollte lieber bleiben. »Es ist ja nicht so, als würde es Bomben hageln.« Sie sah zu Louise: »Alles in Ordnung, Herzchen?«

Louise nickte. Eben noch für ihre Tapferkeit gepriesen, fühlte sie sich jetzt etwas zittrig.

Viel später, als sie und Hermione zu Hermiones Wohnung zurückgebracht worden waren und im Flur ihre Umhänge abnahmen, bemerkte Hermione: »Michael Hadleigh war ja höchst angetan von dir. Hast du dich gut amüsiert?«

»Ach, es war ein wunderbarer Abend. Es war furchtbar lieb von Ihnen, mich einzuladen.«

Sie küsste Hermiones duftende, wie gemeißelt wirkende Wange. Hermione tätschelte sie kurz und sagte: »Ich warne dich, er ist ein berüchtigter Herzensbrecher. Du wirst ihn wiedersehen, da bin ich mir sicher, aber erlieg seinem Charme nicht zu sehr, ja, Schätzchen?«

»Nein, natürlich nicht.« Das sagte sie, weil es offenbar von ihr erwartet wurde, aber insgeheim fragte sie sich, ob er wohl imstande – oder darauf aus – sein würde, ihr Herz zu brechen.

Hermione musterte sie kurz und setzte offenbar zu einer Äußerung an, schwieg dann aber.

Später, als Louise schon ausgezogen war und sich die Zähne putzte, klopfte sie leise an die Tür. »Bevor ich es vergesse, Herzchen, ich muss morgen früh raus, wir sehen uns also nicht mehr.«

»Müssen Sie in Ihre Fabrik?«

»Ich muss in meine höchsteigene Fabrik, genau. Schlaf dich aus und klingle nach Yvonne, wenn du dein Frühstück willst. Und sei so lieb, fahr spätestens mittags nach Sussex zurück, sonst lässt deine Mutter dich nie wieder zu mir kommen. *Compris?*« Und damit war sie fort.

Als sie sich hinlegte, ertönte die Entwarnung. Es war zwanzig nach vier. Für die arme Hermione lohnte es sich kaum noch, ins Bett zu gehen, dachte sie, als sie den Kopf auf das Kissen legte und der Schlaf sie übermannte.

Am nächsten Morgen weckte Yvonne sie mit der Nachricht, es sei ein Herr für sie am Telefon.

»Hier ist Michael«, sagte er. »Michael Hadleigh.«

»Ach, guten Morgen.«

»Habe ich Sie geweckt?«

Sie sah auf ihre Uhr; es war zehn. »Eigentlich nicht.«

»Ich habe meine Mutter angerufen, und sie würde sich sehr freuen, wenn Sie uns nächstes Wochenende besuchten.«

»Ach – ich weiß nicht ...« Eigentlich sollte am nächsten Wochenende Stella zu ihr kommen.

»Mir bleibt nämlich nur das eine Wochenende, bevor ich auf mein Schiff zurückmuss. Das heißt, es ist für eine ganze Weile die letzte Gelegenheit. Machen Sie es doch möglich, ich wäre untröstlich, wenn Sie nicht kämen.«

Also sagte sie, sie wolle sehen, ob ihre Pläne noch zu ändern seien, und natürlich waren sie das.

»Michael Hadleigh? Der diese altmodischen Porträts malt? Was, um alles in der Welt, willst du denn mit dem?« Das war Stella von ihrer spitzesten Seite. »Ich weiß schon«, setzte sie hinzu. »Er wird dir gesagt haben, dass du unfassbar schön bist, und du hast den Köder geschluckt.«

Manchmal war sie wirklich unerträglich. »Und seine Mutter ist die Tochter eines Earls. Es wird unglaublich vornehm bei ihnen zugehen.«

»Woher weißt du denn das alles?«

»Mutti liest alle möglichen Zeitschriften, in denen solche Sachen stehen. Sie hofft immer, auf einen passenden Ehemann für mich zu stoßen, zumindest rechtfertigt sie es damit, wenn wir sie deswegen aufziehen. Aber in Wahrheit ist sie ganz einfach ein Snob. Sie giert nach Geschichten über die feine Gesellschaft.«

»Dann komm am Wochenende danach, und ich erzähle dir alles brühwarm.«

»Gut, ich komme, aber nicht, weil mich das interessiert. Und, Louise, pass auf, dass du dich nicht mit ihm einlässt, das wäre dein Ende. Du bist viel zu jung, um dich an einen Mann zu binden.«

Das »viel zu jung« ärgerte sie. Stella konnte ziemlich bevormundend sein. Sich selbst fand sie für nichts zu jung, ganz gleich wofür, und so viel älter war sie mit ihren neunzehn nun auch nicht. Es empörte sie, von ihrer besten Freundin als Kind behandelt zu werden.

»Ich habe nicht vor, mich an irgendjemanden zu binden«, sagte sie so überlegen, wie ihr nur möglich war.

»Ein Wochenende mit Michael Hadleigh? Dem Porträtmaler? Ganz sicher nicht!«

»Mummy, es ist ja nicht nur mit ihm, sondern mit seinen Eltern. Sie haben ein Haus in Wiltshire. Er ist auf Genesungsurlaub und muss danach gleich auf sein Schiff zurück.«

Das kam etwas besser an, brachte aber noch nicht den Durchbruch. Ihre Mutter rief Hermione an, die ihr Lady Zinnias Telefonnummer auf dem Land gab, woraufhin Mummy dort anrief – es war alles furchtbar demütigend, bestärkte sie aber nur in ihrem Wunsch, hinzufahren. Weshalb sie, als ihre Mutter endlich einwilligte und ihr dafür alle möglichen Verhaltensregeln einschärfte, etwa, sie solle keine Hose tragen, schmollte und tat, als wäre ihr die ganze Sache ziemlich egal.

Erst als sie im Zug nach London saß, ein Kopftuch über den frisch gewaschenen Haaren, in Kleidern, in denen sie sich vor ihren Freunden an der Schauspielschule nicht tot würde blicken lassen – eine olivgrüne Tweedjacke mit passendem Rock, Strümpfe und feste Schuhe (an der Schule trug man Socken und Sandalen) sowie eine Handtasche (en vogue waren Anglertaschen aus Canvas, die auch der Gasmaske unauffällig Platz boten) –, Mummys teuren Koffer über sich im Gepäcknetz, wurde sie langsam aufgeregt. Sie hatte sich alles Mögliche gesagt: dass man als Schauspielerin Erfahrungen mit den unterschiedlichsten Menschen sammeln sollte, dass das Heimweh, das sie manchmal immer noch befiel, nur durch stete Übung überwunden werden konnte, dass er wahrscheinlich nichts von dem, was er gesagt hatte, ernst meinte (und ohnehin war es wenig genug), aber dann hörte sie im Geist wieder die Worte: »Sie – sind – bezaubernd.« Das war wie ein doppelter Brandy auf nüchternen Magen. Aussehen wurde in ihrer Familie nicht erwähnt und schon gar nicht näher erörtert, es sei denn von ihrer Mutter, und dann kritisch. Dass sie ungeschickt war, wusste sie; die Körperübungen an ihrer Schule sowie die vernichtenden Bemerkungen ihrer Mutter hatten ihr das überdeutlich vor Augen geführt. Aber niemand hatte je gesagt, dass sie passabel aussehe, geschweige denn bezaubernd. Vielleicht war er der einzige Mensch auf der Welt, der das fand, dachte sie. Sie wusste, dass Maler bisweilen einen recht eigenartigen Geschmack hatten, teilweise fanden sie dicke, verwahrloste Menschen schön oder solche, deren Gesicht jedem konventionellen Schönheitsbegriff zuwiderlief. Ja, wahrscheinlich war das die Erklärung. Aber warum spielte das eine solche Rolle für sie? Das wusste sie nicht, sie vermutete nur vage, dass Liebe sich eben darauf begründete, und ohne dieses Fundament würde auch die restliche Person nicht geliebt. Und das war, neben ihrer Absicht, eine großartige Schauspielerin zu werden, ihr größter Wunsch: für jemanden ein ganz besonderer, einzigartiger Mensch zu sein. Sie machte sich noch nicht selbst auf die Suche, doch ihr gefiel die Vorstellung, dass jemand ihre Nähe suchte.

Es war später Nachmittag, als er sie am Bahnhof in Pewsey abholte, bekleidet mit einem Rollkragenpullover und uralten grauen Flanellhosen, eine untersetzte, fast schon vierschrötige Gestalt – aber ich habe ja keinen Tick mit Uniformen, nicht wie Lydia oder Kitty Bennet, dachte sie. Was nur wieder einmal bewies, wie nützlich Jane Austen war, denn sonst hätte sie sich noch bei dem Gedanken ertappt, wie viel schicker er doch in seiner Marineuniform aussah.

»Ihr Zug hatte nur minimal Verspätung«, sagte er, »auch wenn sich das ›minimal‹ natürlich sehr lang angefühlt hat.« Er nahm ihr den Koffer ab. »Wie schön, dass Sie es einrichten konnten. Mummy kann es kaum erwarten, Sie kennenzulernen.«

Die Sonne ging flammend unter, und zurück blieb ein kalt schimmernder, fast durchscheinender Himmel, der unmerklich dunkler wurde. Sie fuhren durch ein Tal mit großen Stoppelfeldern – wie Goldstickerei –, hinter denen sich die sanften Rücken der Kreidehügel hinzogen, nachtfalterbraun im schwindenden Licht. Es war eine viel offenere Landschaft, als sie es kannte, längst nicht so baumbestanden, und die wenigen Bäume waren vom Wind alle anmutig in eine Richtung gekämmt. Er fuhr zügig das schmale, gewundene Sträßchen entlang, das am Ende des Tals anstieg, durch ein oder zwei dunkle kleine Dörfer, wo das einzige Zeichen von Leben ein gelegentliches Rauchfähnchen aus einem Schornstein war, bis sie einen Wald erreichten und mitten im Wald eine Auffahrt.

»Da wären wir«, sagte er. Der Wald lichtete sich zu einzelnen Bäumen, sie sah einen Zaun zu beiden Seiten der Auffahrt und dann vor ihnen den schwarzen Umriss des Hauses. Allzu viel hatten sie im Auto nicht gesprochen; auf ihre Frage, wer alles da sein würde, hatte er gesagt, nur seine Eltern. Er blieb stehen, sie stieg aus und wartete leicht fröstelnd, während er ihr Gepäck aus dem Kofferraum hob.

Eine Tür öffnete sich, dann eine zweite, fast vollständig aus Glas, und sie standen in einer riesigen Eingangshalle, an deren Ende eine Flügeltreppe zu einer Galerie emporführte. Ein sehr alter Diener erschien und meldete, der Tee sei in der Bibliothek angerichtet.

»Danke. Das ist Miss Cazalets Gepäck. Seien Sie so gut und bitten Sie Margaret, es nach oben zu bringen, ja?« Er wandte sich zu ihr, knotete ihr Kopftuch auf und lächelte ihr beruhigend zu, »So, meine Schöne«, nahm ihre Hand und führte sie durch eine gewaltige Eichentür und einen Flur entlang zu einer weiteren Eichentür, durch die sie in einen quadratischen, zur Gänze mit Büchern ausgekleideten Raum kamen. Nur an einer Wand befand sich ein hoher steinerner Kamin, in dem ein Holzfeuer brannte und vor dem drei Sofas standen, eins gegenüber und zwei an den Seiten. Auf einem der Sofas lag eine gebrechlich wirkende weißhaarige Frau, einen runden Stickrahmen in den Händen.

»Mummy, das ist Louise.«

Als Louise näher trat, um die ihr dargebotene Hand zu nehmen, erkannte sie, dass die Frau weniger alt war, als das weiße Haar von der Tür her hatte vermuten lassen. Sie trug eine blaue Jacke aus schwerer chinesischer Seide, bestickt mit Vögeln und Blumen, dazu einen langen, dicken weißen Wollrock, und an ihren großen, aber elegant geformten Ohren hingen silberne Ohrgehänge, die wie Fische aussahen.

»Louise«, sagte sie. Ihre Augen, von einem ungemein blassen Blau, musterten sie mit so eingehender Schärfe, dass Louise sich nahezu durchsichtig vorkam. »Willkommen, Louise«, sagte sie, und indem sie sich zu ihrem Sohn umdrehte, der sich herabbeugte, um sie zu küssen, fügte sie hinzu: »Du hattest recht, Mikey. Sie ist eine kleine Schönheit«, aber ihr Ton hatte etwas Unpersönlich-Herablassendes, das Louise Unbehagen bereitete.

»Wo ist der Tee?«

»Mein Schatz, ich habe nach ihm geklingelt, sowie ich deinen Wagen gehört habe.«

»Und der Richter?«

»Der ist an seinem Schreibtisch, wie immer. Setzen Sie sich doch, Louise, und erzählen Sie mir von sich.«

Doch diese Aufforderung verstärkte ihre Befangenheit nur, und sie hörte sich sehr uninspirierte Antworten auf die ihr gestellten Fragen geben, während sie warme Scones mit Brombeergelee und Kirschkuchen aß.

»Mein Lieblingskuchen!«, rief Michael, als er ihn bemerkte, und Louise sah ein kleines, selbstgefälliges Lächeln über das Gesicht seiner Mutter huschen.

»Tatsächlich, mein Lieber? Welch glückliche Fügung!«

»Nun, da müssen Sie uns heute Abend unbedingt etwas vorspielen«, fuhr sie an Louise gewandt fort, während sie sich graziös etwas Brombeergelee von einem Finger leckte und ihn dann mit einem großen, hauchzarten weißen Taschentuch abrieb. Lieber Gott, nein!, dachte Louise.

Nach dem Tee zog Michael seine Senior Service heraus und bot ihr eine an. Nachdem sie sie genommen und er sie ihr angezündet hatte, sagte Lady Zinnia: »Sie rauchen? Das war in meiner Jugend modern, aber meine Mutter sagte immer, Mädchen, die rauchen, seien gewöhnlich.«

»Oh, Mummy, so, wie du sie schilderst, fand sie alles, was die Mädchen damals taten, gewöhnlich. Die Zeiten haben sich geändert. Aber wenn es dir lieber wäre, wenn wir hier nicht rauchten …«

»Mein Lieber, es würde mir nicht im Traum einfallen, dir vorzuschreiben, was du tun und lassen sollst. Ich dachte nur, da Louise doch Schauspielerin werden möchte, sollte sie auf ihre Stimme achtgeben …«

Endlich fragte Michael sie, ob sie sein Atelier sehen wolle, und führte sie eine Treppe hinauf einen gefühlten Kilometer düsterer Gänge entlang zum anderen Ende des Hauses in einen sehr großen Raum, in dessen Decke auf einer Seite Oberlichter eingelassen waren.

»Moment, die Verdunklung fehlt noch«, sagte er und zog eine Reihe von Rollos herunter. Dann schaltete er das Licht an, und der

Raum erstrahlte taghell. Die Dielen waren aus blankem Holz, es roch angenehm nach Farbe. Er öffnete die Klappe des Holzofens an der hinteren Wand, rückte ihr einen großen Lehnstuhl zurecht und bot ihr noch eine Zigarette an. Dann sagte er: »Lassen Sie sich von Mummy nicht einschüchtern. Sie kann es nicht ausstehen, wenn Leute sich vor ihr fürchten, aber neuen Gästen setzt sie doch gern etwas zu, um sie ins Bockshorn zu jagen. Bieten Sie ihr Paroli, das gefällt ihr. Sie ist herzkrank, und da sie immer ein sehr tatkräftiger Mensch war, kommt sie nur schwer damit zurecht. Und natürlich schwebt sie in tausend Ängsten um mich, auch wenn sie das nie zugeben würde.«

Er sagte zwei Dinge auf einmal, dachte Louise. Es schien ihr außerordentlich schwierig für einen Fremden, einer Dame Paroli zu bieten, die herzkrank war und sich um ihren Sohn ängstigte. Aber sie sagte nur: »Lassen Sie nicht zu, dass sie mich zum Vorspielen drängt. Ich würde vor Angst kein Wort herausbringen. Ganz ernsthaft, ich kann mir nichts vorstellen, vor dem mir mehr grauen würde.«

»Meine süße Louise, heute Abend werden wir alle spielen; zum Dinner kommen Gäste, und Mummy liebt Scharaden. Sie werden also nicht allein sein. Wobei ich schwer annehme, dass Sie uns alle in den Schatten stellen, schließlich sind Sie ja vom Fach.«

»Ach. Kommen denn viele?«

»Eine Familie aus der Nachbarschaft, die Elmhursts. Aber nun erzählen Sie mir von sich. Ich möchte alles wissen.«

Und da er sich offenbar ernsthaft interessierte und nicht nur neugierig wirkte, wie vorhin seine Mutter, sah sie sich in der Lage, ihre Familie auf eine Art zu schildern, die er sichtlich unterhaltsam fand, und ihre Großtanten ahmte sie, wie sie merkte, wirklich treffend nach und brachte ihn damit zum Lachen. Sie erzählte ihm von Onkel Rupe, und er sagte, das müsse furchtbar sein, und dann von ihrem Unterricht mit Polly und Clary, »bis ich zu alt dafür war«, und von der Kochakademie und ihrer besten Freundin Stella und davon, wie sehnlich sie sich wünschte, an die Schauspielschule zurückzukehren, wenn sie auf dem Land weitergeführt wurde, sofern nur ihre Eltern es erlaubten. »Ihnen wäre es wahrscheinlich lieber, ich würde tippen lernen und dann irgendeine langweilige Arbeit für den Krieg machen«, schloss sie. »Aber dieses eine Jahr gestehen sie mir wahrscheinlich zu.«

»Bis Sie achtzehn sind?«

»Woher wissen Sie, wie alt ich bin?«

»Ich habe Hermione gefragt. Sie sagte, Sie wären erst siebzehn.«

»Ich bin siebzehneinhalb«, berichtigte sie. Sie hatte das Gefühl, dass ihre Jugend ihre Glaubwürdigkeit unterminierte.

»Sie sind eine sehr eindrucksvolle Siebzehneinhalbjährige«, sagte er.

Sie bat, ein paar der Bilder sehen zu dürfen, die in mehreren Lagen an den Wänden lehnten.

»Sie werden Ihnen nicht gefallen. Sie sind weder modern noch gewagt noch sonst irgendetwas. Ich verfüge einfach über eine große technische Versiertheit, und die meisten Leute fühlen sich dadurch bestätigt und zahlen mir Unsummen dafür.«

Die Frauenporträts ähnelten alle dem von Hermione: Damen in Abendtoilette und – in vielen Fällen – kostbarem Schmuck, die in vergoldeten Sesseln saßen oder anmutig auf Ottomanen hingestreckt lagen, mit einer Art Halblächeln im Gesicht, als hätten sie lange genug gelächelt und wären es nun leid. Sie wusste nicht, was sie zu ihnen sagen sollte. Zwei Bilder gab es, die anders waren, und obwohl sie unverstellt an einer der Wände lehnten, ging er über sie hinweg. Das eine zeigte ein sehr hübsches Mädchen im Reitdress, das andere einen jungen Mann in einem blaukarierten Hemd mit offenem Kragen – auffallend schön auf eine poetische, faunische Art. Sie war sich nicht sicher, was diese Bilder von den übrigen unterschied, außer dass, bei aller idealischen Schönheit, das Mädchen zugleich etwas dümmlich wirkte und der Junge bockig. Bei Miss Milliment hatte sie Gemälde zu betrachten gelernt, die ihre Lehrerin für gut hielt, jedoch immer nur von Malern stammten, die bereits tot waren. Nun wurde ihr klar, dass sie noch keinerlei zeitgenössische Kunst gesehen hatte, schon gar keine Werke von jemandem, den sie persönlich kannte. Außer natürlich den Bildern von Onkel Rupe, aber seine Malerei, das erkannte sie jetzt, hatte sie ebenso kritiklos und selbstverständlich hingenommen wie die Tatsache, dass er ihr Onkel war.

»Ich dachte auch nicht, dass sie Ihnen gefallen«, sagte er. »Letzten Endes sind sie billig und ordinär – so wie ich.«

»Das meinen Sie jetzt aber nicht im Ernst.«

»O doch. Ich bin zweitklassig. Wohlgemerkt, das heißt nicht schlecht. Die meisten Menschen wären extrem froh, so viel zu können.«

»Aber Sie gehören nicht zu den meisten Menschen?«

»Natürlich nicht. Ich bin genauso einzigartig wie Sie.«

Sie blickte zu ihm, um zu sehen, ob er sich über sie lustig machte, und war sich nicht sicher.

»Liebste Louise, ich mache mich nicht lustig über Sie – dafür bin ich viel zu hingerissen von Ihnen. Sie können praktisch den ganzen Shakespeare auswendig, Sie sind furchtlos bei Bombenangriffen und – ach, ich weiß nicht – alles eben! Ich wusste gleich beim ersten Blick, dass Sie etwas Besonderes sein müssen, und beim Himmel, das sind Sie!«

Ehe sie darauf etwas erwidern musste, ertönte von unten ein Gong, und er stand auf.

»Zeit zum Umkleiden«, sagte er. »Ich zeige Ihnen wohl besser Ihr Zimmer.«

Er führte sie durch den langen Gang zurück zur Treppe und zu dem Korridor auf der anderen Seite.

»Das Bad ist ganz am Ende«, sagte er. »Wenn Sie möchten, können Sie noch baden. Ich hole Sie in einer halben Stunde ab.«

Im Lauf des Wochenendes fertigte er zwei Skizzen von ihr an, ritt mit ihr aus (er entpuppte sich als glänzender Reiter, auf einem Bord standen aufgereiht die Pokale, die er im Springreiten gewonnen hatte, unter anderem in der Olympia Hall und in Richmond), führte mit ihr Scharaden auf – nicht besonders gut, aber das machte er durch Unverkrampftheit und Eifer wett –, spielte Klavier (nach

Gehör) und sang Lieder wie »Don't Put Your Daughter on the Stage, Mrs. Worthington«. Und bei alledem bewunderte er praktisch alles, was sie sagte und tat. Am Montagmorgen setzte er sie in Pewsey in den Zug, küsste ihr Gesicht und bat sie, ihm zu schreiben.

»Aber«, fragte Stella am Wochenende darauf, nachdem sie sich ein Gutteil davon angehört hatte, »wie war er denn nun?«

»Das habe ich dir doch gerade gesagt!«

»Das hast du eben nicht. Du hast mir nur aufgezählt, was ihr alles unternommen habt. Mir scheint, du warst so geblendet von dem vornehmen Haus und dem Gong zum Umkleiden und der Zofe, die deinen Koffer ausgepackt hat, dass du überhaupt nichts Interessantes wahrgenommen hast. Also?«

Louise überlegte einen Moment. »Komisch. Wenn ich dir sein Äußeres beschreiben würde, dann würdest du einfach denken, er sieht langweilig aus, aber das stimmt nicht. Er ist unglaublich charmant.«

»Und weiter?«

»Also, sein Haar ist hellbraun – und eigentlich nicht besonders voll. Ich könnte mir vorstellen, dass er relativ bald kahl werden wird, er ist ja nicht mehr so jung, zweiunddreißig. Die Augen ein blasses Blau – so eine Art Graublau –, aber sie schauen sich alles ... sehr scharf an. Die Stirn ist ziemlich groß.« Sie stockte; er hatte den leichten Ansatz eines Doppelkinns, und aus irgendeinem Grund mochte sie das vor Stella nicht erwähnen. »Und die Nase klein«, fügte sie hinzu.

»Ich sehe ihn, als stünde er vor mir«, spottete Stella.

»Seine Stimme ist sehr schön. Ich glaube, sie ist fast das Hervorstechendste an ihm.«

Eine Pause trat ein. Dann sagte Louise abwehrend: »Du findest, dass ich die Äußerlichkeiten zu wichtig nehme, stimmt's?«

»Nein. Jeder soll das wichtig nehmen, was er sieht. Die Frage ist, was er sieht. Beschreib mir die Eltern.«

Jetzt war Louise in ihrem Element. Sie schilderte ihre ersten Eindrücke der zerbrechlichen Gestalt auf dem Sofa und wie sich diese Eindrücke im Lauf des Wochenendes immer mehr als falsch erwiesen hatten. »In Wahrheit ist sie sehr stark, glaube ich. Sie fertigt Schmuck nach ihren eigenen Entwürfen an, aber das ist längst nicht das Einzige, was sie macht. Früher hat sie Schüsseln und Teller getöpfert, aber Michael sagt, seit sie herzkrank ist, musste sie damit aufhören. Sie vergöttert Michael. Ich hatte das Gefühl, er ist der wichtigste Mensch in ihrem Leben …«

»Und ihr Mann?«

»Oh, sie ist nett zu ihm, und er verehrt sie offensichtlich, aber er saß die meiste Zeit am Schreibtisch; ich habe ihn nur zu den Mahlzeiten gesehen. Da war er immer äußerst liebenswürdig. Er gehört zu diesen Menschen, die herausfinden, welche Themen einen interessieren, und dann darüber reden, und natürlich kannte er sich mit allem aus. Und er war nicht nur zu mir so. Einmal kamen Gäste zum Essen, da hat er sich sehr um zwei der Töchter bemüht, die von Zee ziemlich eingeschüchtert waren.«

»Von wem?«

»So wird sie genannt. Aber die jungen Männer lagen ihr regelrecht zu Füßen; sie hat sie alle um sich geschart.«

»Das klingt, als würde sie keine Frauen mögen«, bemerkte Stella.

»Ach. Nein. Nein, wahrscheinlich nicht.«

»Dann sieh dich vor.«

»Sie hat mich gebeten, bald wiederzukommen.«

»Aber bestimmt nur, weil Michael das möchte. Das heißt nicht, dass sie dich mag.«

»Nein, da hast du sicher recht.« Sie klang so verzagt, dass Stella lachte und ihr den Arm um die Schultern legte. »Kopf hoch. Schließlich ist das alles längst nicht so wichtig wie deine Schauspielkarriere.«

»Hör auf! Nicht einmal die werde ich haben dürfen! Sie werden dafür sorgen, dass ich mich irgendwo als Schreibkraft verdinge, bis es zu spät ist. Mein ganzes Leben hatte ich das Gefühl, auf der Stelle zu treten, und jetzt, wo endlich etwas vorangehen könnte, muss mir dieser blöde Krieg alles vermasseln.«

»Die wenigsten Menschen können im Krieg tun, was ihnen gefällt.«

»Ich wette, doch. Meinem Vater hat es richtig Spaß gemacht, die Verteidigung von diesem Flugplatz auf die Beine zu stellen. Nach dem Luftangriff auf die Docks hatte er nicht die geringste Lust, sich mit den Schäden in den Lagerhallen zu befassen. Und ich wette, es gibt jede Menge Leute, die Freude am Kämpfen haben. Ich weiß, dass du mich für egoistisch hältst, und das stimmt ja auch. Ich meine nur, dass viele andere Menschen genauso egoistisch sind, nur fällt es bei ihnen nicht so auf, weil sie die Dinge, die gerade verlangt werden, zufällig sehr gerne tun.«

Je länger sie über das Thema redete, desto elender fühlte sie sich. Außerdem würde Stella sie jeden Moment darauf hinweisen, dass die vielen Tausend Menschen, deren Häuser zerbombt waren, ganz bestimmt keinen Spaß daran hatten, darum fügte sie rasch hinzu: »Mir ist schon klar, wie gut es mir im Vergleich zu den meisten anderen geht, aber deshalb fühle ich mich nicht besser, ich bekomme nur ein schlechtes Gewissen, dass ich überhaupt so empfinde.«

»Ich verstehe«, sagte Stella einlenkend. »Machen wir doch mit dem Mozart weiter.«

»Aber nur den langsamen Satz. Die anderen sind mir zu schwer.«

Sie saßen schon den ganzen Vormittag an den Klavieren. Beide spielten nur mittelmäßig, aber sie hatten Freude daran. Stella spielte besser vom Blatt als Louise und wagte sich auch an Stücke, die sie nicht einstudiert hatte; Louise ihrerseits hatte schon seit Monaten an keinem Klavier mehr gesessen, aber sie verziehen einander ihre Fehler, brachen ab und fingen wieder von vorn an, bis es selbst ihnen zu kalt wurde – das Holzfeuer im Salon glomm tagsüber nur und schickte seine Hitze den Schornstein hinauf (die Duchy spielte grundsätzlich mit Halbhandschuhen).

Stella war ausgesprochen gern zu Besuch bei den Cazalets. Es sei, als käme man aus einer Schuhschachtel, wie sie die Wohnung ihrer Eltern ungerechterweise bezeichnete, in ein Dorf, sagte sie gern. Am besten gefiel ihr, dass die Familie keine Neugier an den Tag legte und nicht wissen wollte, was man dachte oder tat. Es gab keine Kreuzverhöre, keine Manöverkritik von der Sorte, wie sie Peter und sie bei fast all ihren – teils auch nur gemutmaßten – Unternehmungen über sich ergehen lassen mussten. Sie wünschte sich sehnlich, eine eigene Wohnung zu haben, und hatte Louise mit der Aussicht gelockt, wenn sie mit ihr zusammen den Stenokurs machte, dürften sie vielleicht auch zusammenwohnen, und danach könnten sie beim selben Arbeitgeber unterkommen, dem Informationsministerium, der BBC oder dergleichen. Aber Louise wollte unbedingt dieses eine Jahr nutzen, um sich als Schauspielerin zu versuchen, so wie Stellas Eltern alles drangesetzt hatten, sie zu wenigstens einem Jahr an der Universität zu überreden, aber ohne Erfolg. Stella lehnte es ab, in dieser Form von der wirklichen Welt abgeschnitten zu sein. »Ich will im Krieg dabei sein«, hatte sie gesagt, und schließlich hatte ihr Vater nachgegeben – nicht, weil sie recht habe, wie er betonte, sondern weil sie anfangen müsse, aus ihren Fehlern zu lernen. Das hatte sie Louise erzählt, die erwiderte, alle Eltern stellten sich quer, sobald man eigene Vorstellungen entwickele. »Schade, dass wir nicht Eltern tauschen können, so gegensätzlich, wie unsere Pläne sind«, hatte sie gesagt, worauf Stella ganz (für sie) unerwartet feuchte Augen bekommen und sie mit ungewohnter Heftigkeit umarmt hatte. Stella zu Besuch zu haben war eins der schönsten Dinge in ihrem Leben, dachte sie, denn obwohl sie geglaubt hatte, Michael würde ihr fehlen, hatte die Zeit mit ihm sehr bald einen unwirklichen Charakter angenommen, sodass sie ihrer eigenen Erinnerung daran kaum noch traute.

»Im Grunde bin ich aus purer Eitelkeit hingefahren«, gestand sie Stella abends im Bett.

»Das war mir klar. Diese mangelnde Selbstsicherheit bei dir macht mir manchmal richtig Sorgen.«

»Wie meinst du das?«

»Nun ja, dein Selbstbild hängt einfach extrem vom Urteil anderer ab.«

»Ist denn dein Selbstbild völlig unabhängig davon?«

»Darauf kann ich gar nicht antworten, weil in unserer Familie ja ständig jeder und alles kommentiert wird, gelobt oder analysiert oder kritisiert …«

»Meine Familie kritisiert mich. Eigentlich tun sie nichts anderes.«

»Deine Mutter, meinst du. Ich hatte nicht den Eindruck, dass dein Vater dich jemals kritisieren würde.« Sie hatte ihn einmal getroffen, als er sie beide zum Lunch in seinen Club eingeladen hatte. »Er trägt dich auf Händen. Kommen wir auf deine Eitelkeit zurück«, fügte sie hinzu, als sie von Louise keine Reaktion bekam.

»Du kannst darauf zurückkommen, wenn du unbedingt willst«, sagte Louise mürrisch. »Ich wollte eigentlich nur sagen, dass ich hingefahren bin, weil er der erste Mensch ist, der mich bewundert.«

»Was ist mit mir? Ich habe dich schon oft bewundert.«

»Na schön, dann eben der erste Mann, der mich bewundert.«

»Na, wenigstens bist du ehrlich«, sagte Stella. »Solange du die Sache nicht zu weit gehen lässt.«

»Was für eine Sache?«

»Es gibt so viele Fälle, in denen junge Frauen viel zu früh geheiratet und sich dann gelangweilt haben, mit furchtbaren Folgen. Denk an Anna Karenina und Madame Bovary.«

»Also hör mal, Stella. Erstens habe ich nicht vor, in absehbarer Zeit irgendwen zu heiraten, und zweitens ist Michael kein bisschen wie Karenin oder Monsieur Bovary.«

»Er klingt auch nicht unbedingt wie Heathcliff oder Romeo«, gab Stella zurück. »Offen gestanden klingt er wie eine ziemlich trübe Tasse.«

Das Gespräch drohte in Streit auszuarten. »Ich schlafe jetzt«, verkündete Louise mit würdevoller Beiläufigkeit. »Ich mag nicht mehr darüber reden.«

Am nächsten Tag entschuldigte Stella sich, »nicht, weil ich meine Argumente für falsch halte, sondern weil ich sie nicht auf die richtige Art vorgebracht habe«, was sich in Louises Ohren nach einer sehr halbherzigen Entschuldigung anhörte. Trotzdem war es in Home Place nach Stellas Abreise öder denn je, und so war sie überglücklich, als ihre Mutter endlich einen Brief von Mr. Mulloney erhielt (einem der Lehrer an der Schauspielschule): Er habe nun ein Theater in Devonshire gefunden, dazu ein großes Haus nur knapp fünf Kilometer entfernt, in dem die Schüler wohnen könnten, und überdies eine Mrs. Noël Carstairs als Hausmutter engagiert. Louise solle als Stipendiatin aufgenommen werden, womit ihr nur zwei Pfund zehn wöchentlich für Unterkunft und Verpflegung zu zahlen blieben. Nach viel Bitten und Betteln willigte ihre Mutter ein.

Beim Packen kam es zu einigen kleineren Auseinandersetzungen, da Louise jedes einzelne Kleidungsstück in ihrem Besitz mitnehmen wollte; wenn sie moderne Stücke aufführten, so argumentierte sie, würde von ihnen erwartet, dass sie sich selbst einkleideten. Polly und Clary waren gebührend neidisch. »Hoffentlich dürfen wir dich irgendwann besuchen und auf der Bühne sehen«, sagte Polly. »Du hast großes Glück, genau zu wissen, was du willst.«

»Und dass du so jung mit dem Schulunterricht aufhören darfst«, ergänzte Clary.

Tante Rach fuhr mit ihr nach Tunbridge Wells und kaufte ihr einen warmen Bademantel. Der Brig schenkte ihr fünf Shilling. Ihre Mutter gab ihr Taschengeld für zwei Monate – sieben Pfund – sowie Geld für die Zugfahrkarte und trug ihr auf, gleich nach ihrer Ankunft anzurufen. Tante Syb hatte ihr einen warmen Pullover gestrickt, »eigentlich ein Weihnachtsgeschenk, aber jetzt wirst du ihn ja wohl früher brauchen«, und von Tante Zoë bekam sie einen Tiegel Elizabeth Arden Eight Hour Cream. »Trag sie über Nacht auf«, sagte sie, »die hilft ganz wunderbar gegen rissige Lippen.« Lydia gab ihr ein Tagebuch, das sich als eines vom Vorjahr erwies – was aber nichts ausmache, sagte sie: »Du rückst einfach einen Tag weiter, und du kannst selbst aussuchen, ob du das richtige Datum oder den richtigen Wochentag haben willst. Ich hab's extra ausprobiert, bevor ich's dir gegeben habe.« Quer über die vordersten zwei Seiten hatte sie in roter Tinte »Für meine Schwester Louise von ihrer Schwester Lydia, in Liebe« geschrieben. »Die Tage sind schon vorbei, deshalb ist es egal«, sagte sie.

Louise bedankte sich ganz gerührt. Alle waren jetzt, wo sie wegging, so viel netter zu ihr, und an ihrem letzten Abend überlegte sie flüchtig, ob wohl alles so beängstigend und schrecklich werden könnte, dass sie sich nach Hause zurücksehnte, unterdrückte den Gedanken aber schnellstmöglich.

In Charing Cross erwartete sie als Überraschung Stella, die sie bis Paddington begleitete, wo es ganz abscheuliche Sandwiches zu kaufen gab – Fleischpaste oder rote Bete; sie nahmen von jedem eines.

»Wo können wir sie essen?«

Der Bahnhof war überfüllt, nirgends gab es Sitzplätze.

»Auf dem Bahnsteig«, sagte Stella. »Ich löse eine Bahnsteigkarte.«

Sie setzten sich auf Louises Koffer, die sie vom Taxi zum Bahnsteig geschleppt hatten, um sich den Gepäckträger zu sparen, sodass Louise noch Geld für eine Schachtel De Reszke Minors blieb.

»Du wirst mir furchtbar fehlen.«

»Du mir auch.«

»Aber nicht so sehr. Für dich beginnt etwas Neues.«

»Ich weiß. Aber fehlen wirst du mir trotzdem. Du schreibst mir, ja?«

Das Glas des Bahnhofsdachs war an vielen Stellen herausgefallen, und so tropfte Wasser auf sie herab.

»Jetzt hätte ich's beinahe vergessen. Die hat Tante Anna für dich gebacken.« Stella kramte in ihrer Schultertasche und brachte eine kleine Pappschachtel zum Vorschein. »Ihre ganz speziellen Zimtplätzchen. Sie ist ständig am Kochen und Backen, weil sie so unglücklich ist.«

»Oh, danke dir! Danke ihr.«

»Schreib ihr das doch. Sie bekommt von niemandem mehr Post.«

»Das mache ich. Ach, ich wünschte so sehr, dass du mitkommen würdest.«

Dann fiel ihnen nichts mehr zu sagen ein, und beide waren erleichtert, als der lange bleigraue Zug in den Bahnhof gekrochen kam.

»Also dann. Schauen wir, dass wir einen guten Platz für dich finden. Möchtest du den Rest von meinem Sandwich? Ich bin ziemlich satt.«

»Nein, danke.«

Sie hievten die Koffer an Bord und suchten Louise einen Eckplatz.

»Ich gehe jetzt«, sagte Stella. »Abschiede sind nicht meine Stärke.«

»In Ordnung.«

Sie umarmten sich, und dann war sie fort. Louise sah ihr durch das heruntergeschobene Fenster nach, aber sie warf keinen Blick zurück. Eine Weile stellte sie sich vor, sie hätte gerade für immer Abschied von dem einzigen Mann genommen, den sie je würde lieben können und dem sie nun entsagen musste, um nach Devon zurückzufahren und ihren Bruder zu pflegen, der langsam an einer unheilbaren Krankheit starb. Die Traurigkeit dieses heldenmütigen Opfers ließ schon bald Tränen über ihre Wangen rinnen, und nur das Erscheinen eines älteren Ehepaares konnte ihnen Einhalt gebieten. Rasch tat sie, als bekomme sie eine Niesattacke, und schnäuzte sich geräuschvoll, und das Paar wechselte einen Blick, hob sein Gepäck von der Ablage und floh aus dem Abteil. Im Geiste sah sie sich schon dem Rest der Truppe ihr Rezept verraten, wie man sich ein Zugabteil für sich allein sicherte, da kamen zwei Damen mittleren Alters herein; hoffnungsfroh schniefte und nieste sie wieder, doch diesmal funktionierte der Trick nicht: Sie beäugten sie unwillig, nahmen aber dennoch Platz, wenn auch in gebührendem Abstand. Hieß das, dass sie nun die gesamte Fahrt weiterschnüffeln musste? Nein, entschied sie; sollte sie gefragt werden, würde sie einfach behaupten, die Bahnhofsluft hätte sie in der Nase gereizt.

Der Zug fuhr an. Es war ein Bummelzug, der häufig stehen blieb, an Bahnhöfen ebenso wie auf freier Strecke. Um vier wurde es dunkel, ein alter Schaffner zog die Rollos vor den Fenstern herunter, und Louise befürchtete schon, nicht zu wissen, an welcher Station sie aussteigen musste, weil sämtliche Namen geschwärzt waren, aber der Schaffner sagte, die Namen würden ausgerufen, wenn der Zug hielt, und die planmäßige Ankunft in Stow Halt sei um zehn vor sechs. Ihre Abteilnachbarinnen hatten ein gewaltiges Picknick verzehrt und beendeten es mit Tee aus einer Thermoskanne, bei deren Anblick sie schrecklich durstig wurde. Sie öffnete die Schachtel mit Tante Annas Zimtplätzchen und knabberte sie möglichst langsam, während sie Stanislawskis *Die Arbeit des Schauspielers an sich selbst* las, immer in der leisen Hoffnung, eine der Damen möge sie fragen, ob sie sich für das Theater interessiere, sodass sie davon reden könnte. An einem Bahnhof stieg ein Schwung Marinesoldaten ein. Sie füllten den ganzen Waggon, viele standen rauchend auf dem Gang. Ihre Uniformen waren so neu, dass die Männer wie kostümiert wirkten; ihre Stiefel, die ihren Füßen Riesenausmaße verliehen, und die sperrigen Seesäcke machten den Weg zur Toilette zu einem Hindernislauf. Als Louise sich zwischen ihnen hindurchschob, fing sie mit halbem Ohr einen Schwall gemurmelter Scherze auf. Wieder an ihrem Platz angekommen, legte sie Stanislawski beiseite und las stattdessen einen Kriminalroman mit einem eitlen Inspektor namens Hanaud. Die Marinesoldaten stiegen in Exeter aus, und zu guter Letzt war sie ganz allein. An ihrem Bahnhof gelang es ihr kaum, das Fenster hinter der Verdunklung herunterzuziehen, um die Tür öffnen zu können. Draußen war es pechschwarz und sehr kalt. Fröstelnd stand sie da, einen Koffer an jeder Seite. Sie waren zu schwer, als dass sie beide gleichzeitig hätte tragen können. Dann näherte sich ihr ein Mann mit einer Taschenlampe: »Wollen Sie nach Stow House?«

»Ja.«

»Ist das Ihr Gepäck? Na, dann kommen Sie mal mit.«

Dankbar stieg sie in das verbeulte alte Taxi, in dem es, wie sie fand, nach feuchten Gebetsbüchern roch.

»Ich muss noch zwei andere einsammeln«, sagte er, nachdem er ihre Koffer verstaut hatte.

Die beiden anderen erwiesen sich als ein Junge namens Reuben, der bei ihrer Ankunft an der Schule im zweiten Jahr gewesen war, und eine Neue, die Matilda hieß. Die kurze Strecke verbrachten sie größtenteils schweigend in gedrängter Enge auf dem Rücksitz; keinem von ihnen wollte eine zündende Bemerkung einfallen.

Chris Mulloney erwartete sie in einer dunklen, mosaikgefliesten Eingangshalle und begrüßte sie mit theatralischem Überschwang. Er trug die übliche formlose Tweedhose, schmuddelig weiße Tennisschuhe und einen grauen Rollkragenpullover, der wegen seines kurzen Halses auch die Hälfte seiner Ohren bedeckte. Auf dem gewölbten kahlen Schädel saß eine Wollmütze. Seine vergnügten braunen Augen blitzten unter dem Wildwuchs der Brauen, und von seiner Nase hieß es, jemand habe sie ihm vor langer Zeit gebrochen.

»Schätzchen!«, rief er. »Willkommen in Exford, meine Schätzchen!«

Louise, die sich einen Moment an seinen runden, aber erstaunlich festen Bauch gepresst fand, lächelte unsicher. Bei ihrem letzten Zusammentreffen hatte er sie ein und denselben Satz wiederholen lassen, bis sie in Tränen aufgelöst war, und sie nach jedem Mal heftiger kritisiert. In London hatte man ehrfürchtig zu ihm aufgeblickt, denn er erzielte unbestreitbar Ergebnisse. Er besaß zwei Hauptwaffen, künstliche Rage und echtes, tiefes Empfinden, und setzte beides gnadenlos ein.

»Die Hausmutter«, verkündete er mit ironischem Unterton (Gänsefüßchen um den Titel), »wird euch in eure Gemächer führen. Hausmutter!«

Wie aufs Stichwort erschien die Dame auf dem obersten Treppenabsatz. »Hier sind Louise, Reuben und …«

»Matilda«, sagte Matilda.

»Matilda. Mrs. Noël Carstairs.« Er sagte es, als wäre sie eine Berühmtheit oder als müssten sie zumindest von ihr gehört haben. Sie war eine winzige, vogelartige Frau mit wasserstoffgebleichtem Haar, das dringend nach Pflege verlangte. Sie trug eine Art Morgenmantel aus blassblauem Satin mit einer Halskrause aus ziemlich schmutziger Spitze und hielt ein Blatt Papier in der Hand, auf das sie angestrengt hinabspähte. »Schätzchen!«, sagte sie – sie sprach mit ausländischem Akzent –, während sie nach ihren Namen suchte. »Ah, richtig, Louise! Sie sind mit Griselda Come im Zimmer.«

Das Zimmer war klein, zwei Betten, zwei Kommoden, ein Wandschrank. »Tagsüber sehen Sie das Meer. Das ist recht, ja?« Ihre verwaschenen, melancholischen Augen blickten unter künstlichen blauen Wimpern von solcher Länge hervor, dass sie fast zu schwer schienen. Davon abgesehen glänzte ihr Gesicht und war völlig ungeschminkt. »Heute bekommt meine Haut Ruhe«, sagte sie. Ihre hochhackigen Pantoffeln klackten über die Dielenbretter, die zu einem dunklen Sirupbraun gebeizt waren.

Griselda war offensichtlich schon eingezogen, denn auf einer der Kommoden standen Fläschchen, Döschen und ein Foto, das ein Paar mittleren Alters in Tenniskleidung zeigte. Sie hatte sich das weiter vom Fenster entfernte Bett ausgesucht, darauf lagen ihre Gasmaske und ein flauschiger Morgenrock. Es war eiskalt im Zimmer, und als Beleuchtung diente lediglich eine Deckenlampe mit einem altersschwachen Pergamentschirm, die in der Raummitte hing. Kein Lesen im Bett, dachte Louise. Sie fror und fühlte sich bedrückt. Nachdem sie einen wärmeren Pullover ausgepackt hatte, machte sie sich auf die Suche nach einem Badezimmer.

Das Haus schien unendlich verwinkelt, düstere Gänge zweigten in die verschiedensten Richtungen ab. Schließlich kam sie zu einem großen Schlafzimmer mit offener Tür, in dem drei Mädchen saßen.

»Ich suche ein Bad.«

»Das Bad. Und im Prinzip auch das Klo. Es gibt noch ein anderes, ziemlich verdrecktes hinter der Küche, aber da lässt sich die Spülkette verdammt schwer ziehen. Ich zeig's dir.«

»Ich heiße Betty Farrell«, sagte sie, während sie ihr vorausging. »In der Küche ist es lauwarm, durch den Herd. Es wird sowieso bald Zeit fürs Essen. Geh am besten gleich runter und mach dich mit allen bekannt.« Sie war klein und fröhlich, mit Sommersprossen und einer Stupsnase.

Das Bad war nicht groß: eine Wanne, innen aus irgendeinem Grund cremefarben gestrichen, ein kleiner rostiger Durchlauferhitzer, ein Spülbecken und ein Klosett mit Holzbrille. Das Schiebefenster schloss nicht richtig, und jemand hatte den Spalt ohne großen Erfolg mit Zeitungspapier zuzustopfen versucht.

Die riesige Küche quoll vor Menschen fast über und war deutlich wärmer. Chris stellte sie allen vor, als Letztes einem unscheinbaren, dünnen Mädchen, das ein gutes Stück jünger als die anderen wirkte und sein langes Haar zu einem unordentlichen Pferdeschwanz gebunden hatte. »Und das ist meine unschätzbare Tochter Poppy, die hier den gesamten Haushalt schmeißt.«

Poppy lächelte schüchtern, sagte aber nichts. Sie hatte einen gewaltigen Kochtopf vom Herd gewuchtet und schleppte ihn jetzt zum Spülbecken, wo sie den Inhalt in zwei Durchschläge kippte. Der dampfige Geruch von gekochtem Kohl zog durch die Luft. Ein langer Tisch war mit Messern und Gabeln gedeckt.

»Zu Tisch, zu Tisch, meine Täubchen, in Kürze wird aufgetragen. Annie? Annie, gehst du eben mal deiner Schwester zur Hand?«

Ein noch kleineres Kind mit blondem Haar, das ihm lang über den Rücken hing, nahm drei Finger aus dem Mund, ging zum Herd, hob einen zweiten großen Topf mit Kartoffeln von der Flamme und schleppte sich damit in einem schweren, ungleichmäßigen Laufschritt zum Tisch. Sobald es die Kartoffeln abgestellt hatte, wanderten die Finger wieder in den Mund. Währenddessen erzählte am anderen Ende des Raums ein magerer Blonder gerade eine Geschichte, umringt von mehreren Mädchen, die immer wieder quietschend auflachten. Nun kam er zum Tisch herüber, und eins der Mädchen sagte: »Aber die Papageiengeschichte musst du noch mal erzählen, Jay – bitte!«

»Ja, erzähl sie, während Chris aufschneidet.«

Er ließ den Blick um den Tisch schweifen. Inzwischen saßen alle, außer Poppy, die ein riesiges graues Bratenstück herbeitrug und vor ihrem Vater absetzte, und Annie, die mit der Linken Vorlegelöffel aus der Schublade klaubte.

»Die Papageiengeschichte? Also gut, die Papageiengeschichte.« Er hatte eine leicht pedantische, schleppende Stimme, die besonders geeignet zum Erzählen von Geschichten schien. Er beschrieb den Papagei einer alten Dame, ein höchst intelligentes Tier, das von seiner stolzen Besitzerin dazu genötigt wurde, auf einer Wäscheleine zu balancieren, die sie zu diesem Zweck quer durch den Raum gespannt hatte. Er schlüpfte in die Rolle des Papageis, setzte zaghaft einen Krallenfuß auf die Leine, verlor um ein Haar das Gleichgewicht, zog behutsam den anderen Fuß nach. Dann, wieder als der Erzähler, imitierte er das atemlose Kichern der alten Dame, die den Nervenkitzel der Vorstellung kaum ertrug. Und erneut zum Papagei mutiert, sah er von der Wäscheleine hoch, auf der er entlangschwankte, und schnarrte mit Papageienstimme: »Lächerlich, ja – aber hundsfotzig schwer.«

Alle lachten, und Louise lachte willfährig mit, aber insgeheim war sie verstört. Sie hatte noch nie jemanden diesen Ausdruck in den Mund nehmen hören und hatte nur eine vage Ahnung, was er bedeutete, aber es war auf jeden Fall die Art Wort, die ihre Mutter als unaussprechlich obszön bezeichnen würde. Sie warf einen Blick zu Chris hinüber, doch der war ins Tranchieren vertieft. Annie, die sich hingesetzt hatte, starrte unverwandt auf das Fleisch, Poppy rührte am Herd die Sauce an. Dann fing sie Jays Blick auf; er sagte nichts, aber er lächelte, ein kleines, wissendes Lächeln, als könnte er ihre Gedanken lesen, und sie spürte, wie sie rot wurde. Sie neigte den Kopf über ihren dampfenden Teller, damit es aussah, als würden ihre Wangen von dem Essen so heiß.

Während der Mahlzeit drehten sich alle Gespräche um die Arbeit. Zuerst sollten ausgewählte Shakespeare-Szenen einstudiert und für umliegende Schulen aufgeführt werden, aber Chris weigerte sich, über die Besetzung zu reden. Nach dem Essen wuschen zwei Leute ab, und der Kreis löste sich auf. Griselda stellte sich als ein sehr apartes Mädchen mit blauschwarzem Haar, hohen Wangenknochen und langen, schmalen, leicht schräg stehenden Augen heraus – faszinierend, fand Louise, als sie miteinander die Treppe hinaufstiegen.

»Was passiert in der Früh?«

»Ach, Frühstück eben. Toast gibt es keinen, weil der Toaster streikt, aber Brot und Margarine und irgendwelche Marmelade und Tee. Danach fahren wir nach Exford rein – fünf Kilometer, und die meisten von uns fahren per Anhalter, um das Geld für den Bus zu sparen.«

»Wie ist das Theater so?«

»Ziemlich heruntergekommen, und es stinkt nach Gas. Die Garderoben sind eiskalt, und von den Sitzen im Zuschauerraum ist die Hälfte kaputt. Aber trotzdem, es ist unser Theater.«

»Was macht der Rest der Truppe, während die anderen proben?«

»Stimmbildung bei Lilli.«

»Lilli?«

»Mrs. Noël Carstairs. Eigentlich stammt sie aus Rumänien und war dort der große Lustspiel-Star. Dann kam sie hierher und heiratete Noël Carstairs – den Impresario, weißt du? –, aber er hat sie wegen einer erheblich Jüngeren verlassen, und jetzt ist sie kreuzunglücklich.«

»War sie deshalb nicht beim Abendessen?«

»Nein, nein, sie hat heute nur ihren üblichen Rohkosttag eingelegt. Sie tut ständig etwas für ihre Gesundheit. Dann macht sie sich grässliche kleine Teller mit geriebenen Karotten und Kohl und isst sie in ihrem Zimmer. Sie geht stundenlang rückwärts durch den Sand, weil das angeblich gut für die Figur ist. Und in ihrem Zimmer hängt ein riesiges Bild der rumänischen Königin, das mit winziger Krakelschrift signiert ist, völlig unlesbar. Sie spinnt ziemlich, aber sie ist furchtbar lieb.«

Am Morgen konnte Louise sehen, dass das Haus in vorderster Reihe an einer lang gestreckten Flussmündung lag; es war Ebbe, der Sand breitete sich als glitzernde Fläche vor ihr aus, und am jenseitigen Ufer standen in einer Zeile ein paar kleine Häuser. Der Tag war sonnig, klar und bitterkalt. Sie erwachte voller Tatendrang und stellte fest, dass Griselda schon angezogen war, sie trug Hose und Pullover.

»Wenn du jetzt gehst, ist das Bad eventuell noch frei«, sagte sie. »Ich stehe immer früh auf, weil sonst die Schlange so lang ist.«

Gewaschen und mit Tante Sybs neuem rotem Pullover und einer – ebenfalls neuen – dunkelblauen Cordhose bekleidet, folgte sie Griselda in die Küche. Poppy war dabei, ein Frühstückstablett für ihren Vater herzurichten. Es war nicht sonderlich warm in der Küche. »Der Herd war fast aus«, sagte Poppy entschuldigend, »und könnte ich bitte deine Lebensmittelmarken bekommen?«

Eine große schwarze Katze saß mitten auf dem Esstisch und beobachtete Annie, die die letzten Reste des abendlichen Bratens vom Knochen löste und in ein Schälchen legte. Griselda und Louise aßen Brot mit Margarine und Marmelade, während sie darauf warteten, dass das Wasser in dem großen schwarzen Kessel kochte.

»Wir können heute zusammen mit dem Bus fahren«, bot Griselda an, »dann kennst du den Weg.«

»Wie lange bist du schon hier?«

»Fast eine Woche. Ich bin früher gekommen, weil unser Haus ausgebombt wurde und meine Mutter nicht wollte, dass ich in Bristol bleibe.«

Das bestürzte sie, weil es ihr klarmachte, dass sie seit ihrem Aufbruch von zu Hause nicht an den Krieg gedacht hatte. Am vergangenen Abend hatte niemand ihn erwähnt, und Dinge wie Lebensmittelmarken und Gasmasken waren so sehr Teil des Alltags geworden, dass sie beinahe vergessen hatte, weshalb es sie gab.

»Das tut mir leid«, sagte sie. »Das muss schrecklich für euch sein.«

Griselda zuckte mit den Achseln. »Ich kann es nicht leiden, über den Krieg zu reden«, sagte sie. »Geht dir das nicht auch so?«

Der Rest des Tages war unglaublich aufregend. Der Zustand des Theaters kümmerte Louise kein bisschen. Es war ein richtiges Theater, mit einem dunkelroten Samtvorhang mit senfgelber Borte. Zum ersten Mal auf die staubige Bühne zu treten war ein himmlisches Gefühl – ein Ankommen, der Beginn ihrer Laufbahn. Der Geruch nach Gas und alten Kulissen, die modrigen, kalten, schweißigen Ausdünstungen der ramponierten alten Sitze im Zuschauerraum, all das ließ ihr Herz höherschlagen, und die Garderoben mit ihrem kahlen Estrich, dem leichten Geruch nach Fettschminke und den Reihen nackter Glühbirnen um die fleckigen Spiegel bedeuteten für sie die Erfüllung ihrer Träume. Als sie bei hochgezogenem Vorhang im Schein der Arbeitsleuchten auf ihren harten Holzstühlen saßen, ihre Szenen zum Einüben bekamen und die Rollen verteilt wurden, schwindelte ihr vor Glück. Sie würde die Katharina in der ersten Werbeszene aus *Der Widerspenstigen Zähmung* spielen sowie die Anne in zwei Szenen aus *Richard von Bordeaux*. Der einzige Wermutstropfen war, dass die Truppe aus zehn Mädchen und nur vier Jungen bestand und die Frauenrollen deshalb alle doppelt besetzt werden mussten, sodass sie nur in jeder zweiten Vorstellung zum Zug kommen würden, während die Jungen, die Glücklichen, nicht nur in fast jeder Szene mitwirkten, sondern auch die ganze Zeit spielen durften. Griselda sollte die Lady Macbeth in der Mordszene geben, mit Roy als Macbeth, der, so fand Louise nach der Leseprobe, mit Abstand der beste Schauspieler unter ihnen war. Er würde auch ihr Petruchio sein. Und die Anne würde sie mit Jay als Richard spielen.

In der Mittagspause gingen sie in ein Café mit Blick auf den Fluss, und sie und Griselda bestellten zusammen ein Spiegelei mit Chips – sie teilten das Ei gewissenhaft in der Mitte und zählten die Chips ab. Sie waren beide sehr hungrig.

In den folgenden Wochen lernte sie sehr viel – und nicht nur über die Schauspielerei. Ihren Briefen nach Hause gingen eingehende Überlegungen voraus; sie hatte schreckliche Angst, nach Home Place zurückbeordert zu werden, wenn sie irgendetwas schrieb, das ihre Familie beunruhigte. Als sie um zusätzliches Taschengeld für Busfahrten und Mittagessen bat, ließ sie beispielsweise unerwähnt, dass sie andernfalls außer dem abendlichen Stück Fleisch mit Kohlgemüse und Kartoffeln (das einzige Gericht, das Poppy zuzubereiten verstand) den ganzen Tag nichts in den Magen bekam (das Frühstück fiel oft flach, da der Herd häufig ausging, sodass es kein heißes Wasser gab, und Margarine und Marmelade meist aufgebraucht waren, ehe die neuen Rationen zugeteilt wurden). Sie verschwieg auch, dass sie fast immer per Anhalter nach Exford fuhren, um das Geld für den Bus zu sparen (und stattdessen Zigaretten zu kaufen); und erst recht verriet sie nichts von der Methode, die manche von ihnen dabei anwandten – sich nämlich auf die Straße zu legen und eine Ohnmacht oder sonstige Unpässlichkeit vorzutäuschen, was unfehlbar eine Fahrgelegenheit sicherte. Sie berichtete von den interessanten Gesprächen, die alle nach dem Abendessen führten, von den Gedichten, die sie rezitierten – ob sie schon von Dylan Thomas und T. S. Eliot gehört hätten, beides ganz fantastische Dichter? Nichts dagegen schrieb sie über den Wettbewerb des knappsten Kostüms im Zuge einer Geburtstagsfeier, aus dem sie als Siegerin hervorging, bekleidet mit nichts als zwei Stückchen Häkelspitze und einer Puderquaste. Und genauso wenig erwähnte sie, dass Fluchen zum guten Ton gehörte; alle warfen mit Schimpfwörtern um sich. Sie schrieb nichts von dem Besäufnis mit einem üblen, gelb-grünen klebrigen Zeug namens Strega, das ein paar Holländer ihnen zu trinken vorgesetzt hatten, die auf einem Boot in der Flussmündung wohnten. Sie schrieb auch nichts von der Leidenszeit, nachdem festgestellt worden war, dass Annies Haare buchstäblich starrten von Nissen, zu welchem Zeitpunkt natürlich bereits die gesamte Truppe befallen war. In ganz Exford war kein Läusekamm mehr aufzutreiben, und über Wochen hinweg mussten sie sich die Haare über der Spüle mit einer grauenvoll riechenden Tinktur waschen. Sie behielt für sich, dass die »Hausmutter« in Wahrheit eine verbrauchte kleine Schauspielerin ohne jedwede hauswirtschaftlichen oder krankenpflegerischen Kenntnisse war und dass Chris Mulloney den Haushalt von seinen halbwüchsigen Töchtern führen ließ. Poppy war sechzehn, wie sie mittlerweile wussten, und Annie zwölf. Letztere hatte nie eine Schule besucht, las aber den ganzen Tag, versorgte ihre Katze, die sie Zar Alexander getauft hatte, und wirkte durchaus zufrieden mit der Welt. Ab und zu kamen Eltern zu Besuch und stiegen im Pub am Ende der Straße ab, und dann legten alle in stillschweigender Übereinkunft für die Dauer deren Aufenthalts ein anderes Verhalten an den Tag. Sie schrieb weder, dass sie alle mehr oder weniger ständig Hunger hatten, noch, dass sie mit viel Glück einmal die Woche zu einem Bad kam oder dass ihre Bettwäsche bisher noch nicht gewechselt worden war. Und am allerwenigsten erwähnte sie die Tatsache, dass Chris Mulloney Mitglied der Peace Pledge Union war – einer kommunistischen Organisation. Stella gegenüber hielt sie nicht so hinter dem Berg.

> Es ist seltsam, wir unterhalten uns hier zwar über alle möglichen Dinge, die man zu Hause niemals auch nur erwähnen würde (wenn wir nicht über die Arbeit sprechen, was zugegebenermaßen fast immer der Fall ist), aber über manches wird gar nicht geredet. Zum Beispiel sprechen wir nicht über den Krieg. Mehrere sind Pazifisten, und Chris ist in der PPU. Wir bekommen keine Zeitungen, und obwohl Chris ein Radio hat, hören wir damit hauptsächlich Sachen wie *ITMA*, eine unglaublich witzige Sendung – kennst du sie? Und Lilli – alias Mrs. Noël Carstairs, auch bekannt als »die Hausmutter« – hört manchmal Sendungen, wo gesungen wird. Aber wir reden nie über unsere Familien und vor allem nicht über unsere Eltern. Niemand erzählt irgendetwas von zu Hause oder davon, was er gemacht hat, bevor er hergekommen ist. Andererseits hatten wir letzte Woche eine sehr interessante Diskussion über Lesbierinnen, aber niemand hier war schon mal eine, und nur einer von uns kannte eine, deshalb habe ich eher wenig erfahren. Über Leute, die noch Jungfrau sind, rümpft man hier eher die Nase, glaube ich – zumindest das älteste Mädchen tut es, Ernestine, die angeblich fünfundzwanzig ist, aber um Jahre älter aussieht. Ich lerne sehr viel, nicht nur über das Theaterspielen, sondern auch über das Leben. Ein sehr in-

teressanter Schauspieler hier, der Jay Coren heißt, kann es gar nicht fassen, wie wenig ich gelesen habe, und hat mir einen Roman von Ernest Hemingway gegeben, der seiner Meinung nach der größte Schriftsteller der Welt ist. Das Buch heißt *In einem anderen Land* und handelt fast nur von Sex – aber die Figuren lieben sich –, und die Frau wird schwanger und stirbt. Das musst du unbedingt lesen. Was wirklich großartig ist: Chris hat für uns sagenhafte Kostüme ausgeliehen, für den Shakespeare etc. Ich darf tatsächlich das Kleid tragen, das Gwen Ffrangcon-Davies als Anne anhatte, als sie mit Gielgud *Richard von Bordeaux* gespielt hat! Es ist gelb mit einem umwerfenden Kopfschmuck. Und als Katharina trage ich ein traumhaftes rotes Samtkleid mit Perlenbesatz. Es ist allerdings furchtbar warm, und es müffelt ein bisschen. Wir dürfen kostenlos ins Kino, das praktischerweise fast direkt neben dem Theater liegt, sodass wir auf einen Sprung hinübergehen und uns ein Stück Film anschauen können, wenn wir in der Probe gerade nicht dran sind. Ich habe neun Anläufe gebraucht, um *Das Privatleben Heinrichs VIII.* ganz zu sehen. Aber das ist doch nobel, oder?

Lilly macht Stimmbildung mit uns, jeder bekommt zwei Stunden die Woche. Und wir verbringen viel Zeit damit, uns abzufragen. Die Tage verfliegen, und unsere erste Premiere ist schon nächste Woche! Ich würde mir so wünschen, du könntest kommen. Aber drück mir die Daumen, nächsten Freitag um acht – als Erstes spielen wir *Der Widerspenstigen Zähmung*. Der arme Roy hat am Hals die furchtbarsten Eiterpickel, und als er die Halskrause anprobierte, wurden sie noch viel schlimmer …

Sie überlegte kurz. Es fiel ihr viel leichter, Stella zu schreiben als ihrer Mutter, aber jetzt gingen ihr die Neuigkeiten aus. Obwohl …

Wegen mir und Michael Hadleigh brauchst du dir übrigens keine Sorgen zu machen. Er hat nicht geschrieben, wahrscheinlich denkt er schon gar nicht mehr an mich.

Unmittelbar am nächsten Tag bekam sie einen Brief von ihm, er war von zu Hause nachgeschickt worden. Er konnte nur von ihm sein, weil sich auf dem Umschlag anstelle einer Briefmarke der Stempel der Royal Navy befand. Sie zog sich in das baufällige alte Gewächshaus im Garten hinter Stow House zurück, um ihn in aller Ungestörtheit zu lesen.

Meine liebste Louise,
eigentlich hatte ich mir fest vorgenommen, Ihnen nicht zu schreiben, weil ich Angst hatte, Sie wollten es vielleicht nicht, aber dann konnte ich es doch nicht durchhalten. Aber wenn Sie lieber keine Briefe von mir bekommen möchten, lassen Sie es mich einfach kurz wissen, wobei ich hoffe, dass meine Sorge unbegründet ist. Es ist ziemlich spät am Abend, und ich bin der diensthabende Offizier und komme nur mit Unterbrechungen zum Schreiben, weil ich regelmäßig meine »Runde« drehen und diversen anderen Pflichten nachkommen muss; da ich momentan der einzige höhere Offizier auf dem Schiff bin, lässt man mich kaum je in Frieden.

Ich tue mir furchtbar schwer mit diesem Brief. Gehemmtheit … der Zensor, und dann ist es natürlich der erste Brief, den ich Ihnen schreibe. Aber all diese Wochen, die ich nun schon auf See bin, hatte ich Sie immer vor Augen, diese schöne Würde, mit der Sie bei dem Bombenangriff an dem Tisch im Nachtclub saßen – so jung noch! Ich glaube, ein wenig macht mir auch Ihre Jugend Angst. Ach, Louise, was immer Sie tun, nehmen Sie mich nicht ernst, denn dann würde ich mich selbst ernst nehmen, und das wäre ganz und gar lachhaft.

Aber wir hatten wirklich Spaß an dem Wochenende, nicht wahr? Sie waren großartig bei den Scharaden – Mummy war zutiefst beeindruckt. Die Skizzen, die ich von Ihnen gemacht habe, werden Ihnen nicht gerecht. Aber eine davon habe ich dabei, und sie erfüllt zumindest den Zweck, mir wichtige kleine Details ins Gedächtnis zu rufen, etwa die Art, wie Ihre Mundwinkel nach oben gehen, und diesen kleinen Knick, den Ihre Augenbrauen in der Mitte machen, nicht dreieckig, aber interessant gewinkelt – nein, das klingt falsch, ich meine damit, dass sie eher sanft geneigten kleinen Dächern gleichen als dem üblichen Bogen.

Hat es mit dem Theater inzwischen geklappt? Aber selbst wenn nicht, zweifle ich keine Sekunde daran, dass eine herausragende Schauspielerin aus Ihnen werden wird. Und wenn Sie mich in späteren Jahren nicht mehr kennen, werde ich vor dem Theater im West End herumlungern, wo Sie die Hauptrolle spielen, und allen Leuten erzählen, dass ich Sie schon kannte, bevor Sie berühmt wurden ... Liebste Louise, ich muss jetzt Schluss machen und mich um eine Festmacherleine kümmern, die sich anscheinend gelöst hat. Gute Nacht.

Stets der Ihre, Mike

Sie las den Brief sehr schnell – verschlang ihn förmlich – und danach ganz langsam ein zweites Mal. Mein erster Liebesbrief, dachte sie und überlegte dann, ob er wirklich als solcher bezeichnet werden konnte. Sie ging ihn ein weiteres Mal Wort für Wort durch und bemühte sich um einen kühlen Kopf. Er nannte sie seine Liebste, aber hier sprachen sich alle fortwährend mit Liebste oder Schätzchen an, selbst wenn sie sich Gehässigkeiten an den Kopf warfen – das hatte also nichts zu bedeuten. Und diese Stelle, dass sie ihn nicht ernst nehmen solle – das konnte daher kommen, dass er von ihr nicht ernst genommen werden *wollte* –, aber das über ihr Gesicht, über ihre schöne Würde und den Mund und die Augenbrauen … nun gut, man konnte Dinge an einer Person schön finden, ohne deshalb gleich in sie verliebt zu sein, und er war nun einmal unglaublich welterfahren und alt und kannte bestimmt Hunderte von Mädchen. Er schmeichelte ihr, doch damit war er eben der Erste … Man musste zugeben, es war aufregend; das sagte sie laut und bemühte sich dabei, mit ruhiger Stimme zu sprechen, aber ihre Hand mit dem Brief zitterte. Es war ziemlich … reif (ein in Stow House viel gebrauchtes Wort), einen solchen Brief zu bekommen. Sie las ihn sorgfältig ein viertes Mal, bevor sie ihn zusammenfaltete und in den Umschlag zurücksteckte. Sie würde ihn in ihrer Tasche aufbewahren, um ihn bei Bedarf zur Hand zu haben.

Die Generalprobe am Donnerstag ging von zehn Uhr vormittags bis um halb zwölf Uhr abends. Das lag auch daran, dass alles zweimal durchgespielt werden musste, damit jedes Mädchen einmal an der Reihe war. Abends schickte Chris ein paar von ihnen los, um für alle Fish and Chips zu holen, und Lilli kochte in einer Garderobe literweise Tee. Louise kam sich als komplette Versagerin vor. Sie konnte sich zwar ihren Text merken, aber ihr Spiel war leblos, während Roy durchweg einen, wie ihr schien, hochprofessionellen Standard wahrte. Chris und eine Frau, die ein paar Tage zuvor aus dem Nichts aufgetaucht war, saßen auf dem Sperrsitz, und sie schrieb seine Kommentare zu jeder Szene mit. Die Bemerkungen ließen kein gutes Haar an ihr. »Dieser Mann spricht dich sexuell an, und zwar von der ersten Sekunde an«, wütete er, »aber du redest mit ihm wie mit dem Briefträger, der sich mit der Post verspätet hat! Reiß dich zusammen, Mädel, du weißt doch, was ich meine!« Aber das war genau das Problem. Sie hatte nicht die leiseste Ahnung, wie man sich gegenüber einem Fremden verhielt, zu dem man sich sexuell hingezogen fühlte, aber sie wäre lieber gestorben, als das zuzugeben. Also lächelte sie matt und exerzierte das Ganze, gehemmt und hölzern, noch einmal durch. Anschließend ließ er die praktische Kritik folgen: wo ihre Bewegungen dem Text hinterhergehinkt hatten, wo sie bei dem ersten bissigen Dialog aus dem Takt geraten war, weil sie ihr Stichwort nicht schnell genug aufgegriffen hatte, die Stelle, an der sie Roy während seiner Rede an die Wand gespielt hatte. »Du kannst nicht verlangen, dass das Publikum unentwegt nur dich anschaut«, und so fort. Als sie in der Garderobe aus dem roten Samtkleid stieg, brach sie in Tränen aus, und alle waren sehr lieb zu ihr. Lilli sagte, sie solle an ihre Schminke denken, und die andere Katharina, Jane Mayhew, holte ihr noch eine Tasse Tee, bevor sie das Kleid für ihren eigenen Auftritt anzog. Danach war sie ein paar Minuten allein. Sie trocknete sich vorsichtig die Augen und starrte in den grell erleuchteten Spiegel. Vielleicht bin ich doch nicht begabt, dachte sie. Chris hatte ihr unter anderem vorgeworfen, ihre Bewegungen seien unbeholfen: genau, was Mummy immer sagte. Sie hatten recht, alle beide. Von wegen schöne Würde, dachte sie, während sie ihre verschmierten Augen und die Tränenspuren in der sorgfältig aufgetragenen Schminke betrachtete. Ihr Schminkkoffer aus schwarzem Aluminium – ihr kostbarster Besitz – stand vor ihr, fast unberührt. Er wirkte viel zu neu. Einige andere trimmten ihre Koffer künstlich auf alt und abgenutzt, aber das erschien ihr wie Betrug; dieser würde ihr Leben lang ihr geliebter Schminkkoffer sein, und sie wollte, dass er durch echten Gebrauch alterte.

Es klopfte an der Tür, und herein kam Jay mit einer Schachtel Zigaretten.

»Er hat dich ja ganz schön abgekanzelt«, sagte er und setzte sich neben ihr auf den Frisiertisch. »Das heißt, er findet, dass du etwas kannst.«

»Wie kommst du darauf?«

»Das habe ich beobachtet. Manchen sagt er nur, wo sie gepatzt haben – im Text, meine ich –, und nennt ihr Spiel dann ›sehr ordentlich‹.«

»Vielleicht, weil es stimmt?«

»Nein.«

»Oder weil er es fand?«

Er schüttelte den Kopf. »Er ist in vieler Hinsicht ein Idiot, aber bei so etwas liegt er eigentlich nie falsch. Wie findest du seine Freundin?«

»Ist sie das?«

»Jede Wette. Sie wohnt in Exford. Noch. Ich schätze, dass sie bald bei uns einzieht. Wahrscheinlich unter dem Vorwand, der armen, unbedarften Poppy helfen zu müssen, oder so ähnlich.« Er sah sie an. »Ist dir kalt? Du zitterst ja.« Unvermittelt beugte er sich vor, schob die Hand unter den alten Seidenkimono, den ihre Mutter ihr vererbt hatte, und tastete nach ihrer Brust. »Passt genau in meine Hand«, sagte er mit überraschend sanfter Stimme. Als er sie auf den Mund küsste, fiel eine Locke seines blonden Haars nach vorn und kitzelte sie am Hals.

»So.« Er richtete sich auf; sein Lächeln hatte etwas Beobachtendes. »Ich finde dich richtig süß«, sagte er. »Also dann. Meine dämliche weiße Strumpfhose ruft.«

Er hatte ihr die Zigaretten dagelassen. Auf die Packung hatte er geschrieben: »Für Anne von Böhmen« und darunter in Klammern »(Mrs. Queenie Plantagenet)«.

Schlagartig ging es ihr besser. Dann kam Lilli und zeigte ihr, wie sie ihre brandneue schwarze Wimperntusche auftragen musste.

Als sie sich in den Zuschauerraum setzte, um Jane und Roy bei ihrer Szene zuzusehen, spähte sie verstohlen zu Chris' Freundin. Sie war ziemlich alt, mit langem dunklem Haar, das sie in einer Ponyfrisur trug, und einem dicken Schal um den Hals. Viel mehr konnte sie im Halbdunkel nicht erkennen. Sie wandte ihre Aufmerksamkeit der Bühne zu. Jane war eine kleine Rothaarige mit erstaunlich kräftiger Stimme und sehr selbstbewusstem Auftreten. Von der Unzufriedenheit, die nach Louises Ansicht Katharinas Boshaftigkeit zugrunde lag, war bei ihr nichts zu merken. Ihre Gereiztheit wirkte fast künstlich, und sie schmachtete Roy regelrecht an. Roy lieferte in ihren Augen exakt die gleiche Vorstellung wie zuvor; seit der Leseprobe hatte sich an seiner Darstellung überhaupt nichts verändert. Das konnte nicht richtig sein, wie sie meinte, aber sie hätte nicht zu sagen vermocht, warum. Als sie durch waren, fiel ihr auf, dass Chris Jane nur oberflächlich kritisierte und Roy gar nicht, und sie fragte sich, ob Jay nicht vielleicht doch recht hatte. Er wirkte auf sie viel älter als die anderen, und sie kam zu dem Schluss, dass sie ältere Männer bevorzugte. Das kann ich jetzt sagen, dachte sie, weil ich schon zwei kenne. Sein Kuss, seine Hand auf ihrer Brust: beides hatte etwas so Flüchtiges gehabt, dass es sich kaum real angefühlt hatte – keine Vorwarnung, kein Nachspiel –, aber jetzt berührte es sie. Rasch und verwegen war es gewesen, dabei aber auch leichthändig, was eine völlig neue Erfahrung für sie darstellte.

Chris' Ankündigung, dass sie vor der *Macbeth*-Szene zehn Minuten Pause machen würden, riss sie aus ihren Gedanken.

»Griselda hat sich übergeben«, sagte jemand, als sie in die Garderobe zurückkam, wo die Ärmste über einen Eimer gebeugt am Boden kauerte, ihr Gesicht unter der bleichen Lady-Macbeth-Schminke grünlich wie ein Entenei. »Ich weiß meinen Text nicht mehr«, ächzte sie, »ich fange an, und plötzlich ist alles weg. O Gott! Es hat keinen Zweck. Ich kann das nicht. Helen muss es machen.«

Schließlich schickten sie nach Chris, der hereinmarschierte und sagte: »Gebrochen hast du? Das ist gut. Dann hast du dein Lampenfieber jetzt ausgekotzt und bist startklar. Sag mir deinen ersten Satz, und los geht's.« Er ging vor ihr in die Hocke und nahm ihre Hände. »Jetzt. Gib dir einen Ruck, Mädel, spring ins kalte Wasser, und du wirst sehen, es trägt dich.«

Sie starrte ihn an und begann stockend: »›Sie begegneten mir am Tage des Sieges …‹«

»Siehst du?«, unterbrach er sie. »Du kannst es. Ich weiß, dass du es kannst, und du weißt, dass du es kannst. Bei dem Brief sprich ruhig langsam – ich glaube, Macbeth hatte eine ziemliche Sauklaue.«

Jetzt lächelte sie. Er stand auf, ihre Hand noch in seiner, und führte sie aus der Garderobe.

»Ich fand dich ganz großartig!«, rief Louise, als sie hinterher zusammensaßen, eine große Schachtel Trex zwischen sich, das sie sorgsam über ihrer unnatürlichen Gesichtsfarbe verteilten. (Wer vom Fach war, verwendete Trex. Eine von ihnen hatte in einem Londoner Theater eine renommierte Schauspielerin in ihrer Garderobe besucht, und die verwendete ausschließlich Trex, weswegen sie nun auf die armen Neulinge herabblickten, die eifrig Coldcream kauften.)

»Ich dich auch. Besonders als Anne. Du spielst mit Jay zusammen viel besser als Helen.«

»Was hältst du von Jay?«, fragte Louise beiläufig.

»Na ja, er weiß sehr viel und so, aber er hat einen grausamen Mund, findest du nicht?«

Insgeheim schien das Louise eine reichlich unsinnige Aussage; was, bitte schön, war ein grausamer Mund? Wodurch unterschied er sich von einem gütigen Mund? Aber Griselda fuhr fort: »Du weißt schon, so groß und geschwungen, aber hart. Und seine Augen sind kalt. Ich glaube nicht, dass ich ihm trauen würde.«

Schon wieder: »kalte Augen«. Augen, das hatte man ihnen beigebracht, konnten ihren Ausdruck völlig verändern, je nachdem, was man empfand. Am Theater waren die Augen das Wichtigste. Ihre brannten jetzt von dem vielen Reiben, um die klumpigen Tuschereste aus ihren Wimpern zu entfernen. Sie würde Lilli fragen müssen, wie man das am besten machte.

»Er ist ein ausgezeichneter Richard«, sagte Griselda. »Und er kann wunderbar Geschichten erzählen. Gott, habe ich einen Kohldampf! Wie ein Wolf.«

»Ob wir nachher noch etwas bekommen?«

»Keine Ahnung.«

Sie mussten in drei Taxis zurückfahren, weil es so spät geworden war. Poppy hatte ihnen zwei Platten mit Sandwiches hingestellt, teils mit Käse, teils mit Heringspaste, aber an Letzteren hatte sich Zar Alexander zu schaffen gemacht, und die unansehnlichen Überreste mochte keiner anrühren.

»Annie hätte ihn wirklich nach oben mitnehmen sollen«, schimpfte Chris; er war halb verhungert.

»Das hat sie ja auch, aber er ist wieder nach unten geschlichen. Es ist meine Schuld, ich hätte sie nicht aus der Speisekammer holen dürfen, aber ich hatte Angst, wenn ihr noch später kommt, schlafe ich vielleicht schon, und dann hättet ihr sie womöglich nicht gesehen oder nicht gewusst, dass sie da sind.«

»Du hättest einen Zettel hinlegen können, Poppy. Schon in Ordnung, Kind. Keine Tränen bitte – für heute reicht es mir mit Emotionen. Bring mir irgendeine Kleinigkeit ans Bett, sei so lieb.«

Letzten Endes waren die meisten mehr erschöpft als hungrig, und so zerstreuten sie sich, Poppy hantierte in der Küche mit einer Dose Corned Beef und ein paar Crackern herum. »Brot kann ich keins nehmen, sonst haben wir nicht genug fürs Frühstück.« Sie sah genauso müde aus wie die anderen.

»Ein schönes Leben hat sie ja wirklich nicht«, sagte Louise, als sie sich in ihrem kalten Zimmer eilig auszogen.

»Nein, und besonders gerecht ist es auch nicht, weil sie selbst gern Schauspielerin werden würde.«

»Im Ernst? Sie macht nicht den Eindruck, als ob sie spielen könnte.«

»Das ist eine Schauspielerfamilie. Ihre Mutter soll ganz großartig gewesen sein.«

»Was ist aus ihr geworden?«

»Sie ist bei einem Autounfall ums Leben gekommen. Wann, weiß ich nicht. Lilli hat es mir erzählt, als sie mir die Nägel gemacht hat.« Griselda versuchte, sich das Nägelkauen abzugewöhnen, weil Lilli völlig entsetzt über den Zustand ihrer Hände gewesen war und ihr auferlegt hatte, sie besser zu pflegen.

»Vielleicht sollte ich ihr ein bisschen helfen. Ich habe kochen gelernt.«

»Das würde ich mir an deiner Stelle gut überlegen. Wenn Chris draufkommt, dass du kochen kannst, wirst du bald ständig am Herd stehen.«

Diese Aussicht war so grässlich, dass Louise sich für selbstsüchtiges Schweigen entschied.

Am Tag der Premiere schliefen alle lang und fanden sich um die Mittagszeit zu einer Mahlzeit zusammen. Am Nachmittag zog sich Louise ins Bett zurück – dort war es am wärmsten – und beantwortete Michaels Brief.

»Lieber Mike – Mein liebster Mike – Lieber Mike«, begann sie und hielt dann inne. »Lieber Mike« wirkte kalt, aber »Mein liebster

Mike« sah aus wie von ihm abgeschrieben. Nie im Traum wäre es ihr eingefallen, ihn »Liebster« zu nennen, wenn er nicht damit angefangen hätte. Schließlich nahm sie ein neues Blatt und ließ die Anrede offen, um sie am Schluss einzufügen, wenn sie wusste, was für eine Art Brief es geworden war. »Danke für Ihren Brief. Er musste mir von zu Hause nachgeschickt werden, denn mit dem Theater hat es inzwischen tatsächlich geklappt. Heute Abend ist Premiere, und wir sind alle entsprechend nervös. Wir spielen mehrere Shakespeare-Szenen und zwei Szenen aus einem Stück von Gordon Daviot, der in Wirklichkeit eine Frau ist.« Und in diesem Stil fuhr sie fort, schilderte ihm die Generalprobe und wie schlecht sie sich selbst gefunden hatte, schloss den Absatz aber mit den Worten: »Trotzdem, wenn man sich sein Leben lang nur den einen Beruf gewünscht hat und ihn jetzt endlich ausüben darf – was kann man mehr verlangen? Wir wohnen in einem Haus, das sehr karg und kalt ist, und haben fast immer Hunger, aber das stört keinen, weil wir alle völlig in unserer Kunst aufgehen, und wenn man das tut, fällt das Materielle nicht ins Gewicht, nicht wahr?« (Auf diese Formulierung war sie ziemlich stolz, sorgte sich aber, die vielen Theaterdetails könnten ihn langweilen.) »Ja, das Wochenende hat mir auch gut gefallen. Unser Ausritt und die Scharaden haben mir Spaß gemacht, und gezeichnet hat mich auch noch nie jemand. Und Ihre Mutter war sehr freundlich«, schrieb sie vorsichtig, weil ihr kein besseres Wort einfiel. »Ich habe ihr einen Collins geschrieben – so heißen bei uns in der Familie Bedanke-mich-Briefe, nach Mr. Collins.« Und weil sie sich unsicher war, ob er *Stolz und Vorurteil* kannte, fügte sie in Klammern »Austen« hinzu.

Dann schrieb sie: »Aber das wissen Sie natürlich sowieso«, um ihn nicht zu verletzen, indem sie ihm Unwissenheit unterstellte. Sie las ihren Brief durch. Er kam ihr sehr farblos vor. »Ich fürchte, das ist kein besonders interessanter Brief geworden. Ich verstehe jetzt, warum Sie sagten, man tue sich mit dem ersten Brief schwer. Auf dem Papier weiß man nicht so genau, wie gut man den anderen kennt.

Das Leben auf einem Schlachtschiff kann ich mir nicht recht vorstellen. Onkel Rupert war die ersten zwei Tage immer seekrank. Es muss furchtbar sein, zu kämpfen, während man seekrank ist, aber unsere Hauslehrerin hat uns erzählt, dass auch Nelson seekrank wurde, wobei ich nicht weiß, warum Ihnen das ein Trost sein sollte. Aber ich hoffe, bei Ihnen ist es nicht so schlimm. Viele herzliche Grüße, Louise.« Dann überlegte sie noch einmal und schrieb darunter: »PS Ich war gar nicht tapfer, als die Bombe einschlug. Ich saß nur so still, weil ich nicht wusste, was ich sonst tun sollte. Natürlich freut es mich, dass mein Aussehen Ihnen gefällt.« Und dann setzte sie oben »Lieber Mike« ein. Zusammen mit dem »Mike« war »Lieber« in Ordnung, fand sie. Sie schrieb seinen Namen auf den Umschlag und darunter den Namen seines Schiffs, c/o Hauptpostamt. Eine sonderbare Adresse, wie sie dachte, aber das hatte er als Absender geschrieben, also musste es ja stimmen.

Die Premiere kam – und ging. Stella telegrafierte ihr, was sehr lieb von ihr war, denn alle anderen bekamen Telegramme von ihren Eltern, nur sie nicht. »Das Haus«, wie auch sie es inzwischen nannte, war nur halb voll, aber das störte sie nicht; es waren echte, lebende Zuschauer, die Eintrittskarten gekauft hatten, und nur das zählte. Jay küsste sie hinter der Bühne, während sie auf ihr Stichwort wartete. »Da, meine Süße«, sagte er, »zur Stärkung – Zuneigung oder Lust, such's dir aus.« Roy war ein wunderbar zuverlässiger Partner, und streckenweise stellte sie sich vor, er wäre Jay, was die Sache spannender machte. Sie erinnerte sich daran, was sie bei Janes Darstellung der Katharina vermisst hatte, und ließ noch etwas mehr Traurigkeit durchklingen. Und als sie ihren Vorhang bekam, war es ein herrliches Gefühl, in der wallenden roten Samtrobe zu knicksen. Hinterher kam Chris zu ihr, küsste sie schmatzend auf beide Wangen, drückte sie an seinen harten runden Bauch und sagte: »Gut gemacht! Du warst gut, Louise. Du kannst es noch besser, aber du warst gut.«

Alle fuhren mit dem letzten Bus zurück, saßen dann um den Küchentisch und gingen nochmals haarklein jedermanns Darbietung durch, bevor sie schließlich ins Bett fielen. Am nächsten Morgen entdeckte Louise bräunliche Spuren von Fettschminke auf ihrem Kopfkissen, was Zweifel in ihr weckte, ob Trex wirklich der Weisheit letzter Schluss war.

Sie gaben vier Abendvorstellungen und vier Nachmittagsvorstellungen für Schulklassen – Letztere ein ziemlich lautes Publikum, aber sie füllten zumindest das Haus, während die Abende zumeist spärlich besucht waren. Die Lokalzeitung besprach die Szenen, und jeder Darsteller wurde einzeln erwähnt. Der Artikel erschien ohne Verfassernamen, und obwohl Chris eindeutig wusste, wer ihn geschrieben hatte, sagte er lediglich, er sei es nicht gewesen. Trotzdem, zu lesen: »Louise Cazalet bot uns zwei kontrastreiche Interpretationen der Katharina und der Anne«, war doch sehr aufregend. Sie kaufte zwei Exemplare, eines, um die Besprechung nach Hause zu schicken, und eines, um sie zum Programm in ein Album zu kleben.

Kaum war die Shakespeare-Woche zu Ende, kündigte Chris die nächsten beiden Stücke an. Sie würden Noël Cowards *Hay Fever* und *Night Must Fall* von Emlyn Williams geben. Der Grund dafür, dass beide Stücke gleichzeitig angesetzt wurden, war der, dass die Frauenrollen trotz Doppelbesetzung nicht für alle reichten. Louise sollte in *Hay Fever* die Sorrel spielen, die Naive und, wie sie fand, die langweiligste Rolle, und in *Night Must Fall* war ihr zu ihrer Enttäuschung gar kein Part zugedacht. *Hay Fever* würde an Weihnachten aufgeführt werden, und Chris sagte, danach könne sie, wenn sie wolle, für zwei Wochen nach Hause fahren. Eigentlich wollte sie das nicht; sie hatte Angst, dass ihre Eltern sie danach vielleicht nicht mehr fortlassen würden. Aber dann bekam sie noch einen Brief von Mike – den dritten –, in dem er schrieb, dass er eine Woche freibekommen würde, während sein Schiff in der Werft lag: ob es irgendwie denkbar sei, dass sie wenigstens einen Teil dieser Zeit mit ihm verbringe? Wenn nicht, wolle er versuchen, für einen Tag zu ihr nach Devon zu fahren.

> Da die Kommunikationswege so kompliziert sind [schrieb er], schlage ich tollkühn vor, dass wir uns am Freitag,

den 10. Januar, bei mir am Markham Square treffen. Ich habe mich nach Zügen von Exford erkundigt; mit etwas Glück könnten Sie gegen drei dort sein. Wenn Sie es nicht einrichten können, geben Sie mir Bescheid, dann rufe ich Sie von London aus an, vielleicht ist ein anderer Plan denkbar. Aber bitte versuchen Sie es doch, liebste kleine Louise – ich möchte Sie so gern sehen. Sie wären der schönste Kontrast, den ich mir zu meinem derzeitigen Leben vorstellen kann. Die Hochsee ist außerordentlich nass. Ich empfinde mich als über alle Maßen privilegiert, wenn ich mich endlich in meine Koje fallen lassen darf, wo mir nur still das Kondenswasser auf die Nase tropft. Aber ab und an schlagen wir doch einmal zu … Genug davon. Eine meiner Aufgaben besteht darin, die Briefe meiner Leute zu zensieren, und so werde ich immer mehr zum Experten für Familien- und Eheangelegenheiten. Manchmal frage ich mich ja, ob Sie sich nicht längst Hals über Kopf in einen gut aussehenden jungen Schauspieler verliebt haben, und klammere mich an die Hoffnung, dass dem nicht so ist …

Sie schrieb zurück, dass sie an besagtem Freitag zum Markham Square kommen werde und eine Woche Zeit habe. Auf die Frage, ob sie in jemanden verliebt sei, ging sie nicht ein, weil sie nicht wusste, was sie empfand – ob für ihn oder für Jay, der mittlerweile oft zu ihr ins Zimmer kam, wenn Griselda nicht da war, sich zu ihr ins Bett legte und ihr Gedichte vorlas. Das gefiel ihr, und wenn er zu lesen aufhörte und sie stattdessen küsste und ihre Brüste streichelte und küsste, fand sie auch daran einen gewissen Gefallen, aber nicht auf die Art, die sie erwartet hätte. Sie hatte geglaubt, wenn es einmal so weit war, dass ein Mann einen küsste, dann war man auf alle Fälle in ihn verliebt. Aber von der ekstatischen Seligkeit, von der sie so oft gelesen hatte, spürte sie nichts. Sie mochte Jay – hatte ein wenig Angst vor ihm, vor seiner sanften, spöttischen Stimme, seinem intellektuellen Wortschatz, seinen blassen, taxierenden Augen.

Aber er konnte sehr zärtlich sein, und wenn sie ihre Furcht vergaß, war es, als entfalte sich das Ende ihrer Wirbelsäule, verlöre all seine Steifheit und besäße kleine, ihr bislang unbekannte Tentakel. Nur schien ihr Körper keine Verbindung zu ihrem übrigen Ich zu haben. Sie schloss die Augen, und Jay konnte jedermann sein, seine Finger, seine Hände, sein Mund konnten irgendwem gehören. »Liebst du mich denn?«, fragte sie ihn eines Abends.

Eine Pause entstand. Sie lag auf dem Rücken, und er stützte sich auf den Ellbogen und sah sie an. »Das, meine Liebe, ist eine absurde Frage. Wie fändest du es, wenn ich dich das fragen würde?«

»Ich hätte nichts dagegen.«

»Ja«, sagte er, »das glaube ich sofort. Du tust wenigstens nicht so als ob. Dein Kopf ist nicht voll von diesen romantischen, sentimentalen Flausen. Ich finde dich attraktiv, wie du inzwischen gemerkt haben dürftest. Wenn du keine so eingefleischte, überzeugte Jungfrau wärst, würde ich dich nehmen.«

»Mich nehmen?«

»Dich vögeln. Aber ich habe den Verdacht«, fuhr er fort, da er keine Reaktion bekam, »das würde dich entweder zu Tode erschrecken oder hätte eine derart nachhaltige Wirkung, dass ich damit überfordert wäre. Also lasse ich es bleiben.« Er nahm Geoffrey Grigsons *New Verse* zur Hand und begann wieder zu lesen:

Annie MacDougall ging melken, fiel im Heidekraut hin,
Als sie aufwachte, spielte eine Platte zum Tanzen aus Wien.
Vergesst eure Jungfernhaut, vergesst die Kultur,
Uns reicht ein Dunlop-Reifen – der Teufel macht die Reparatur.

… und so fort bis zur letzten Strophe:

Von wegen mein Schätzchen, von wegen mein Kind,
So viel du auch schuftest, den Profit verbläst der Wind.
Das Wetterglas fällt stündlich, bis in die Ewigkeit,
Und schlägst du's kaputt, stoppst du weder Wetter noch Zeit.

Ohne weiter etwas zu sagen, blätterte er im Buch und fuhr fort:

Ich habe ein ansprechendes Gesicht
Ich habe ein gutes Internat besucht
Ich habe Geld auf der hohen Kante
Warum also fühle ich mich wie ein Idiot
Als gehörte mir eine Welt, deren Zeit abgelaufen ist?

Du hast sicher gute Gründe
Für das Gefühl, das du jetzt hast
Kein Wunder, dass dir mulmig ist
Denn es stimmt in der Tat
Dir gehört eine Welt, deren Zeit abgelaufen ist.

Er klappte das Buch zu und blickte wieder zu ihr.

»Siehst du? Wenn du wissen willst, wie es in der Welt zugeht, lies die zeitgenössischen Dichter. Die wissen, was Sache ist.«

»War das beide Male derselbe Autor?«

»Nein. Das erste Gedicht ist von Louis MacNeice und das zweite von W. H. Auden. Beides Männer, von denen du gehört haben solltest, die du aber vermutlich nicht kennst.«

Sie schüttelte den Kopf so verzagt, dass er ihn streichelte.

»Kopf hoch. Jetzt lese ich dir etwas vor, das dich aufheitern wird.«

Und mit einer Stimme ganz ähnlich der, die er für die Papageiengeschichte verwendet hatte, las er:

Miss Twye war dabei, sich die Brüste zu seifen,
Als sie vernahm ein beifälliges Pfeifen.
Sie durchsuchte das Bad und entdeckte – was?
Einen Wüstling, der im Badeschrank saß.

»Seifst du dir im Bad deine hübschen Brüste? Deine zwei süßen Küchlein, wie Heinrich der Achte sie nannte?«

»Das würde mir auch nichts nützen«, sagte sie. »Hier ist im Bad kein Platz für einen Badeschrank.« Sein Wissen faszinierte sie. »Ich wünschte, ich wüsste mehr«, sagte sie. »Die Welt ist voller Dinge, von denen ich nichts weiß.«

»Wenn du magst, stelle ich dir eine Liste von Dichtern zusammen. Das wäre immerhin ein achtbarer Anfang.«

Und er hielt Wort. Aber manchmal sah sie ihn tagelang nicht unter vier Augen. Das lag auch daran, dass er öfter bei Ernestine war, der ältesten Schauspielschülerin, die von keinem der anderen Mädchen gemocht, aber allgemein ein wenig gefürchtet wurde. Ernestine bewohnte ein Einzelzimmer im Erdgeschoss. Es hatte einen offenen Kamin, in dem ein Kohlenfeuer brannte, womit sie das einzige warme Zimmer besaß. Zudem hatte sie einen Schrank voll todschicker Kleider und lackierte sich die langen Fingernägel weiß. Sie war klein, hatte schöne Beine und eine gute Figur, aber ihr Gesicht wirkte viel älter als die fünfundzwanzig, für die sie sich ausgab. Ihr Haar fiel ihr lang den Rücken hinunter, nur über der Stirn trug sie es in einem nach innen gerollten Pony, und ihr breiter Mund mit den dünnen Lippen war immer zyklamrot geschminkt. Sie hatte eine laute Reibeisenstimme, mit der sie ständig alle und alles kritisierte: die Gesellschaft, das Klassensystem, die Engländer (sie selbst sei zur Hälfte Französin, behauptete sie), die Reichen, alle Menschen, die nicht künstlerisch tätig waren, und Jungfräulichkeit, die für sie wahlweise ein Zeichen von Prüderie oder von Feigheit war. Früher hatte sie in Chelsea gelebt und nannte es eine Oase der Kultiviertheit inmitten der verklemmten, rückständigen Wüste, die das restliche London ausmachte. Ihrem geringen Talent zum Trotz zweifelte sie nicht, dass sie zu Großem bestimmt war. Chris ließ ihr viel durchgehen – um ihre Gunst zu gewinnen, wie manche meinten; jedenfalls gestand er ihr Privilegien zu, das Zimmer etwa, die sonst niemand hatte. Ständig sprach sie von ihren Liebhabern, am häufigsten von einem gewissen Torsten, einem Norweger, angeblich der Beste, den sie jemals gehabt hatte. Wenn es sich nicht vermeiden ließ, hörte man ihr höflich zu, hauptsächlich bei den Mahlzeiten, und ging ihr sonst nach Kräften aus dem Weg. Es wurde gemunkelt, dass sie mehr bezahlte als alle anderen und dass Chris das Geld brauchte.

Sie hatte unverkennbar beschlossen, dass Jay als einziger Mann hier ihrer Aufmerksamkeit würdig war, und machte aus ihrer Abneigung gegen Louise keinen Hehl. Irgendwie hatte sie Wind von deren Briefen von der Kriegsmarine bekommen – da sie im Erdgeschoss wohnte, konnte sie vor allen anderen die Post durchsehen – und spöttelte bei jeder Gelegenheit über Louises Seemann. »Es heißt ja, jedes nette Mädchen liebt einen Seemann, aber da kann ich nur sagen, Gott sei gedankt, dass ich nicht nett bin. Louise dagegen muss ja sehr nett sein, meinst du nicht?« – dies an Jay gewandt.

»Nett ist gar kein Ausdruck«, antwortete er prompt und mit einem solchen Pokerface, dass Louise das Gefühl hatte, insgeheim wäre er auf ihrer Seite.

Am Vorabend von Louises Abreise lud Ernestine sie plötzlich zu sich aufs Zimmer ein. Sie hatte erfahren, dass Louise eine Woche weg sein würde. »Ich habe da vielleicht etwas für dich.«

Außerstande, auf die Schnelle eine höfliche Ausrede zu erfinden, ging Louise nach dem unvermeidlichen Braten mit Kohlgemüse mit ihr mit.

Ernestine bot ihr eine ihrer schwarzen Balkan Sobranies und ein Glas Wein an. Louise musste an einem Ende ihres orangefarbenen Diwans Platz nehmen, während Ernestine Gläser und einen Korkenzieher holte.

»Fährst du zu deiner Familie?«, fragte sie, nachdem sie Louises Glas vollgeschenkt und ihr gereicht hatte.

»Nein.« Louise war keine gute Lügnerin, und ein wenig fühlte sie sich auch versucht, Ernestine zu beeindrucken, die sie alle für einen Haufen Kleinkinder hielt. »Zufällig fahre ich zu meinem Seemann, wie du ihn nennst. Er hat eine Woche Fronturlaub, und gerade passt es ja ganz gut.«

»Na, da sieh an!« Sie klang aufrichtig erfreut. »Dachte ich's mir doch, dass etwas in der Art dahintersteckt.« Sie hob ihr Glas. »Auf euch.« Wenn sie nicht stichelte, war ihre rauchige Stimme recht reizvoll. »Er ist ja wahrscheinlich nicht hauptberuflich Seemann, oder?«

»Nein, gar nicht. Er ist Maler.«

»Ein Kunststudent. Ach, du meine Güte.«

»Kein Student. Ein richtiger Maler. Auf Porträts spezialisiert.«

»Wie heißt er denn?«

»Michael Hadleigh.«

»Michael Hadleigh? Da hast du dir ja einen berühmten Liebhaber geangelt.«

»Er ist nicht mein Liebhaber.« Sie spürte, wie sie rot wurde, und trank einen großen Schluck von ihrem Wein. »Ich meine, ich kenne ihn eben, mehr nicht.«

Ernestine schenkte ihr nach. »Es klingt aber, als würde er dich gern ein bisschen näher kennenlernen. Du glaubst doch nicht, dass ihr die ganze Woche nur Händchen halten werdet, oder?«

»N-nein.« Das hörte sich idiotisch an. »Natürlich nicht.«

»Tja, Schätzchen, dann könntest du vielleicht einen kleinen Rat gebrauchen.« Sie stand auf und holte aus einer Kommode etwas, das wie eine Zahnpastatube aussah. »Da, als Vorsichtsmaßnahme«, sagte sie und gab es ihr.

Louise starrte die Tube an. »Volpar Gel«, las sie. »Wofür ist das?«

Ernestine verdrehte die Augen. »Mein Gott! Ich fasse es nicht! Das ist zum Verhüten, du Unschuldslamm. Später wirst du natürlich auch ein Diaphragma brauchen.«

Louise sah sie entgeistert an. Was hatte Verhütung bitte schön mit ihrem Zwerchfell zu tun? Dann dämmerte ihr, dass es sich dabei um etwas anderes handeln musste, aber um was, und wie das Gel in aller Welt verhindern sollte, dass man schwanger wurde, war ihr schleierhaft. Während sie diese Überlegungen anstellte, leerte sie ihr zweites Glas Wein.

»Ein Kind möchte ich im Augenblick nicht bekommen«, sagte sie in einem Ton, als hätte sie das Für und Wider erwogen und sich – in aller Ruhe – dagegen entschieden. Eigentlich würde ich jetzt gern gehen, dachte sie, aber als hätte Ernestine das gewittert, zündete sie zwei Zigaretten an und gab ihr eine. Das goldene Mundstück war mit zyklamrotem Lippenstift beschmiert, aber abzulehnen wäre Louise unhöflich vorgekommen.

»Natürlich willst du das nicht. Ich versuche ja nur, dir zu helfen. Weil ›Mummy‹ dir wahrscheinlich herzlich wenig gesagt hat, stimmt's? Jedenfalls gehst du einfach in die Apotheke und fragst nach Volpar Gel, und schon kriegst du's. Ach, und möchtest du dir nicht vielleicht auch etwas Wäsche leihen, die nicht ganz so schulmädchenhaft ist? Torsten hat mir ein paar Nachthemden geschenkt, die ihn immer in Fahrt gebracht haben. Warte, ich hole sie.«

Eines war aus schwarzem Chiffon, das andere aus fuchsienfarbenem Satin mit schwarzer Spitzenborte.

Sie wollte sicher nur nett sein, dachte Louise; am besten nahm sie einfach eines mit. Tragen würde sie es ganz bestimmt nicht, aber das brauchte Ernestine ja nicht zu wissen.

»Das ist schrecklich nett von dir …«, begann sie.

»Quatsch. Und wenn du mal Rat in Sachen Sex brauchst, frag Tante Ernestine. Und das Gel nimm lieber auch mit. Irgendwie glaube ich nicht, dass du den Schneid aufbringst, es dir aus der Apotheke zu holen.«

Bald danach konnte Louise entkommen. Sie empfand leichte Gewissensbisse, denn so wenig sie Ernestine mochte, hatte diese es doch wohl gut mit ihr gemeint. Sie hatte ihr obendrein Ausblicke auf die bevorstehende Woche eröffnet, die sie fast – aber nur fast – wünschen ließen, sie hätte niemals zugesagt.

Die Woche … Sie schien wunderbar lang – ganz anders, als sie es bei einer derart erfüllten Zeit erwartet hätte. Sie hatte gedacht, so beschwingt, wie sie von allem war, müsste die Zeit wie im Flug vergehen, aber diese sieben Tage dehnten sich auf eine Art, dass es ihr schon nach dem zweiten vorkam, als hätte sie nie anders gelebt. Bei der Ankunft war sie sehr aufgeregt. Er trug seine Uniform, wie an dem Abend, als sie ihn kennengelernt hatte. Er breitete die Arme aus, zog sie an sich und küsste sie wie ein großer Bruder. Er hatte schon alles geplant. Sie würden sich im Comedy Theatre eine

Revue ansehen, *New Faces*. »Ich habe Karten für die frühere Vorstellung besorgt«, sagte er, »damit wir noch etwas essen können, bevor wir nach Hatton fahren. Ihnen ist es wahrscheinlich nicht hochgeistig genug, aber es soll unheimlich gut sein. Ist das in Ordnung?«

Sie sagte, das klinge großartig.

»Sie haben noch reichlich Zeit, sich umzuziehen und sich frisch zu machen.« Er führte sie nach oben; im Haus wirkte es sehr still.

»Die Dienstboten sind alle in Wiltshire«, sagte er. »Mein Stiefvater will das Haus hier schließen und in seinen Club ziehen oder sich eine kleine Etagenwohnung mit Personal nehmen. Er möchte nicht, dass Mummy in London bleibt.«

»Ihr Stiefvater?«

»Ja. Haben Sie ihn für meinen Vater gehalten?«

»Ja, sicher. Aber sein Nachname wurde ja auch nicht erwähnt. Ich meine, die Dienstboten haben ihn mit Sir Peter angesprochen und Sie und Ihre Mutter mit Peter, woher hätte ich es also wissen sollen?«

»Gar nicht. Schauen Sie nicht so erschrocken. Mein Vater ist im letzten Krieg gefallen. Ich erinnere mich kaum an ihn.« Er zeigte ihr das Gästezimmer und das Bad, zu dem eine kurze Treppe hinabführte. »Ich bade auch noch rasch. Ich wohne ganz unterm Dach. Lassen Sie sich nicht zu lange Zeit, ich möchte möglichst viel von Ihnen haben.«

Die Revue war großartig; am meisten beeindruckte sie die wunderschöne Judy Campbell mit »A Nightingale Sang in Berkeley Square«.

Hinterher führte er sie ins Prunier's aus, und sie aß ihre ersten Austern. Dann erzählte er ihr von seinem Vater. »Er war ein richtiger Held, dadurch habe ich das Gefühl, dass für mich die Latte sehr hoch hängt.«

Auf der Fahrt nach Wiltshire schlief sie im Wagen ein, und er weckte sie, indem er ihr sanft das Haar zauste. An der Tür zu ihrem Zimmer gab er ihr einen Gutenachtkuss, der dem Begrüßungskuss in London sehr ähnlich war, und sagte: »Gute Nacht. Wir sehen uns beim Frühstück.«

Es hatte nichts gemein mit dem, was Ernestine prophezeit hatte.

Ein, zwei merkwürdige Dinge geschahen in der Woche aber doch. Seine Mutter – Zee – hatte angekündigt, dass am folgenden Tag Rowena zum Lunch kommen würde. Michael wirkte unangenehm berührt.

»Ach, Mummy! Warum denn das?«

»Mein Schatz, sie wollte dich in deinem Urlaub so gern sehen. Ich hatte nicht das Herz, es ihr abzuschlagen.«

Rowena erwies sich als das schöne Mädchen von dem Bild und als die perfekte Landadelige: Tweedrock, passender Kaschmirpullover, auf Hochglanz polierte Schuhe, und das alles ergänzt durch eine Kordsamtjacke. Louise in ihrer Hose und der Viyellabluse kam sich neben ihr regelrecht verwahrlost vor. Ihr naturblondes Haar war zu einem schlichten Pagenkopf geschnitten, und sie trug kein Make-up, sodass ihr blasses Gesicht ganz von den großen, weit auseinanderstehenden Augen beherrscht wurde. Sie sah unglücklich aus. Die Stimmung beim Essen war angespannt; Zee brachte Michael dazu, von seinem Schiff zu erzählen – was er mit großer Begeisterung tat, wie Louise bemerkte. Seine Mutter wusste sehr viel über sein Leben auf See, und als er Oerlikon-Kanonen erwähnte, war sie sofort im Bilde. Sie selbst und Rowena saßen mehr oder weniger schweigend dabei. Nach dem Essen schlug Zee vor, Michael solle Rowena die Stallungen zeigen, und zog sich mit Louise in die Bibliothek zurück.

»Arme kleine Rowena«, sagte sie, während sie verschiedenfarbige Stickgarne verglich. »Sie ist so in Michael verliebt. Aber das steht außer Frage.« Sie sah von ihrer Handarbeit auf zu Louise, die stumm und steif dasaß. »Aber ich glaube, jetzt ist es ihr auch klargeworden. Michael ist ein ausgemachter Herzensbrecher. Ich hoffe, Sie lassen sich Ihres nicht auch brechen.«

Nach etwa einer Stunde kamen sie zurück. Louise bemerkte, dass Rowena geweint hatte. Sie dankte Zee für den Lunch und sagte, sie müsse sich jetzt auf den Weg machen.

»Michael wird Sie sicher noch zu Ihrem Wagen begleiten.«

Als die beiden nach einem höflichen Abschied das Zimmer verließen, merkte Louise, dass Zees Blick auf ihr ruhte. Dann lächelte sie, und Louise sah sich außerstande, das Lächeln zu erwidern.

Später, als sie in seinem Atelier waren und Michael Papier für eine neue Zeichnung auf seine Staffelei spannte, sagte sie: »Das Porträt, das Sie von Rowena gemalt haben, ist unglaublich gut.«

»Ja«, erwiderte er geistesabwesend, »das ist eins meiner besseren. Setzen Sie sich doch in diesen Sessel – so.« Er zog einen niedrigen Hocker heran, sodass er ein Stück tiefer saß. »Drehen Sie den Kopf leicht nach rechts, und schauen Sie mich an. Etwas mehr noch – mehr – halt. Genau so. Nein, einen Moment, entspannen Sie sich noch mal, ich muss erst meinen Bleistift spitzen.«

Aber sie hatte das Gefühl, es nicht dabei belassen zu können. »Ihre Mutter sagt, dass sie sehr in Sie verliebt ist.«

»Ich fürchte, das stimmt. Arme kleine Rowena. Wir hatten ein kurzes Techtelmechtel. Sie ist ja wirklich bildhübsch, und sie hat ein ausgesprochen liebes Wesen, aber wie Mummy sagt, sie ist nicht die Hellste. Ich hätte mich bald schrecklich gelangweilt, fürchte ich.«

»Sie meinen, wenn Sie sie geheiratet hätten?«

»Wenn ich sie geheiratet hätte, ja.« Er bearbeitete den Bleistift sehr behutsam mit einem Federmesser, schabte die Mine zu einer ganz feinen Spitze. Dann sagte er: »Sie hat Sie gesehen und wusste sofort Bescheid. Also kein Grund zur Eifersucht.«

»Ich bin nicht eifersüchtig!« Das war sie wirklich nicht, sie war schockiert. Sie stellte sich vor, wie Rowena im Angesicht dieser, wie ihr schien, gemeinsten aller Demütigungen Haltung zu bewahren suchte, wie sie in ihr Auto stieg und nur zusehen konnte, weit genug die Einfahrt hinunterzufahren, bevor sie in Tränen ausbrach.

»Liebste Louise! Sie machen ein sehr grimmiges Gesicht. Aber Mummy hatte ganz recht. Es war höchste Zeit, ihr reinen Wein einzuschenken, und sie sagte, sie hätte es gleich gewusst, als sie zur Tür hereinkam und Sie sah. So, dann wollen wir mal. Kopf nach rechts, nein, das ist zu weit, so ist es besser … sehr gut.«

Auf die eine und andere Art schmeichelte er ihr und beschwichtigte sie, bis sie die Sache fürs Erste beiseiteschob, und im weiteren

Verlauf der Woche sonnte sie sich dermaßen in dem Wohlwollen, das ihr von seiner Mutter und seinem Stiefvater entgegenschlug, dass sie die Episode völlig vergaß. Sie behandelten sie, als wäre sie ein kleines Wunderkind und eine von ihnen – privilegiert, begabt, in jeder nur denkbaren Weise vom Glück begünstigt –, und weil sie so jung war, lobten sie sie und schmeichelten ihr und lockten sie aus sich heraus. Sir Peter teilte ihre Shakespeare-Leidenschaft und konnte sie dieses Mal leicht überreden, ihm einige der großen Standard-Szenen vorzuspielen: Viola, Julia, Königin Katharina aus *Heinrich der Achte*, Ophelia. Er unterhielt sich mit ihr über die Stücke, nahm ihre Ansichten ernst und hakte mit liebenswürdiger Beifälligkeit nach. »Glauben Sie nicht auch, dass Katharina und Wolsey die beiden einzigen Rollen in dem Stück sind, die er selbst geschrieben hat?« Warum sie das glaube? Weil sie in Blankvers geschrieben seien, Heinrich und alle anderen dagegen nicht, und so fort. Bei den abendlichen Scharaden glänzte sie immer mehr, angespornt durch die allseitige Bewunderung, und entdeckte in sich sogar ein ausgesprochen komödiantisches Talent. Zu Hause hatte sich niemand auch nur annähernd so dafür interessiert, was sie tat und wer sie war, und ein wenig stieg ihr die Bestätigung zu Kopf. Dazu kam, dass die Familie mit sehr vielen der Mächtigen und Berühmten verkehrte. Es gab offenbar niemanden, mit dem sie nicht bekannt und meist sogar eng vertraut waren. Am meisten fiel das bei Zee auf, wie sie sie mittlerweile ganz unbefangen nannte. Es war unmöglich, einen Politiker, einen Dramatiker oder einen Dirigenten zu erwähnen, den sie nicht kannte. Das Gästebuch war voll mit ihren Namen und dazu denen gefeierter Schauspieler, Musiker, Schriftsteller, Maler und Tänzer. Großteils handelte es sich um Männer. Etliche Bücher in der Bibliothek waren ihr von den Autoren gewidmet, in allen Tonlagen der Zuneigung und Huldigung, und Louise kam zu dem Schluss, dass eine Person, die so eindeutig so sehr umschwärmt wurde, ein ganz besonderer und außergewöhnlicher Mensch sein musste. Einmal traf zur Teezeit ein Telegramm für sie ein, und Louise bemerkte, dass Peter, wie sie ihn nun nennen durfte, sich gleich erhob, um mitzuerleben, wie sie es öffnete. Zee las es und reichte es mit einem Lächeln an ihn weiter. »Winston«, sagte sie. »Ich hatte ihm eins geschickt, um ihm zu sagen, wie gut er sich im Amt macht.«

Das war alles Welten entfernt von Stow House – oder auch von ihrer eigenen Familie. Sie erkundigten sich nach ihrer Familie, und sie beschrieb sie so interessant, wie es ihr möglich war: ihre Mutter, die bei den Ballets Russes getanzt hatte, ihr Vater mit seinen Verdiensten im Krieg, ihrer aller Leben als Großfamilie unter dem patriarchalen Dach des Brig. Am Freitag rief ihre Mutter an, und sie ging in den kleinen Raum, der allgemein das Telefonzimmer hieß.

»Ich hatte keine Ahnung, dass du nicht in Stow House bist«, begann ihre Mutter; sie klang sehr ungehalten.

»Ach, ich wurde nicht gebraucht, und Michael hat mich eingeladen, weil er eine Woche Fronturlaub hat.«

»Du hättest anrufen und mich über deine Pläne informieren sollen. Das weißt du genau.«

»Entschuldige, Mummy. Das hätte ich auch, wenn ich irgendwo hingefahren wäre, wo ich zuvor noch nicht gewesen bin. Und es ist ja nur für eine Woche.«

»Darum geht es nicht. Daddy hatte ein paar Tage frei, und er wollte, dass wir nach Devon fahren und dich spielen sehen. Stell dir vor, wir wären den ganzen Weg hingefahren, nur um dann festzustellen, dass du nicht da bist. Um ein Haar hätten wir das nämlich gemacht. Daddy dachte, wir könnten dich überraschen.«

»Ach, das tut mir leid! In dem Stück, das zurzeit läuft, spiele ich nicht mit, und daran, dass ihr vielleicht kommen könntet, habe ich, ehrlich gesagt, überhaupt nicht gedacht.«

»Seine Familie ist auch da, oder?«

»Ja, natürlich. Sie sind furchtbar nett zu mir. Michaels Mutter ist früher auf Feste gegangen, wo auch Djagilew und solche Leute waren. Sie sagt, wahrscheinlich hat sie dich sogar tanzen sehen.«

»Wirklich? Also, ich hoffe, du fällst ihnen nicht zur Last. Und hast schöne Tage dort«, fügte sie zweifelnd hinzu, als schienen ihr diese beiden Dinge schwer miteinander vereinbar.

»Sehr schön. Am Montag muss ich wieder nach Stow. Schafft ihr es, euch mein nächstes Stück anzusehen?«

»Eher nicht. Dein Vater hat kaum einmal ein Wochenende frei. Ruf mich an, wenn du wieder dort bist. Bitte vergiss das nicht.«

Das versprach sie. Sie erkundigte sich nach ihrer Großmutter und bekam zur Antwort, dass es ihr schlecht gehe. Es war eine Erleichterung, als Villy sagte, sie müsse jetzt Schluss machen, sonst würde es zu teuer. Ein besonders freundliches Gespräch war es nicht gewesen.

Am Samstag stellte sie fest, dass dies ihr letzter Tag war, denn Michael musste sich bis Montagmittag zurückmelden. Seine Mutter würde ihn nach London begleiten, um mit ihm den letzten Abend dort zu verbringen. »Das verstehst du doch, oder?«, sagte er. »Sie will mich für sich haben, denn weiß der Himmel, wann ich wieder Heimaturlaub bekomme.«

»Natürlich verstehe ich das«, antwortete sie mechanisch, ohne sich viel dabei zu denken. Er nahm ihr Gesicht in die Hände und küsste sie. Diesmal drückte er den Mund auf ihre Lippen, ein warmer, sanfter Kuss. »Ach, Louise«, sagte er, »manchmal wünschte ich ganz selbstsüchtig, du wärst wenigstens ein bisschen älter.«

»Und was wird aus dir?«, fragte er später. Darüber hatte sie sich noch keine Gedanken gemacht. Zugfahrpläne wurden gewälzt, und wie sich herausstellte, gab es am Sonntag keine Verbindung nach Devon – sie würde den Sonntagabend in London verbringen müssen. Sie rief bei Stella an und erfuhr von deren Mutter, dass Stella bis Montagabend bei Freunden in Oxford war. Sie zu fragen, ob sie ohne Stella bei den Roses übernachten durfte, traute sie sich nicht, also sagte sie, das mache nichts, sie werde ihr schreiben. Dann fiel ihr ein, dass das Haus in der Lansdowne Road zwar mehr oder weniger geschlossen war, ihre Eltern aber bisweilen noch dort übernachteten. Sie rief zu Hause an und fragte, ob sie dort schlafen dürfe und wie sie an einen Schlüssel komme. Ihre Mutter ging, um sich mit ihrem Vater zu beraten, und dann hatte sie ihn am Apparat, und er sagte, was für eine schöne Idee, und es komme gar nicht infrage, dass sie den ganzen Abend allein in London säße, er werde sie in Paddington abholen und mit ihr essen gehen, um wie viel Uhr sie denn einträfe? Dieses Gespräch fand im Beisein von Michael statt, der die laute, muntere Stimme ihres Vaters hörte und ihr sofort die Uhrzeit nannte, und sie, wie vor den Kopf geschlagen, wiederholte sie. »Bestens. Dann bis morgen«, sagte ihr Vater und legte auf.

»Das ist ja wunderbar«, sagte Michael. »Jetzt weiß ich, dass ich mir keine Sorgen um dich machen muss.«

Sie schwieg. Es war nicht wunderbar. Ihr wurde klar, dass ihr sogar davor graute, aber sie sah keinen Ausweg.

Mittlerweile vermied sie es schon so lang, mit ihrem Vater allein zu sein, dass die Gründe dafür in nebelhafter Ferne verschwammen. Ihre Vorsicht hatte sich ausgezahlt, und so war das Entsetzen zu einer Art Widerwillen verblasst. Dinge, die einem Unbehagen bereiteten, blendete man einfach aus, und so konnte sie sich zwingen, nie daran zu denken. Jetzt aber fühlte sie sich in die Enge getrieben, Angst begann in ihr zu glimmen und wollte sich nicht löschen lassen.

Der Tag verstrich. Beim Tee verlangte Michaels Mutter, dass er seine Zeichnungen von Louise herunterbrachte, »damit wir sehen können, welche die beste ist. Und wie du sie gerahmt haben möchtest, mein Schatz.«

Vier Stück waren es, zwei in Bleistift und zwei in Tusche, die eine Sepia, die andere schwarz. Die beste sollte bei seiner nächsten Ausstellung gezeigt werden, die seine Mutter bereits für ihn organisierte. Louises Freude an den Komplimenten, an all der Aufmerksamkeit war jetzt getrübt, trotzdem versuchte sie, daran festzuhalten, damit der Tag ewig währte, und hätte ihnen am liebsten gesagt, sie möchten sie doch bei sich behalten und sie weiter beschützen und verhätscheln.

»Ich glaube, die schwarze Tusche«, hörte sie seine Mutter erwägend sagen.

»So ganz treffend sind sie alle nicht. Beim nächsten Mal mache ich es besser«, sagte Michael.

»Aber wann wird das nächste Mal sein?«, rutschte ihr heraus, und alle sahen sie an, und an der Miene seiner Mutter merkte sie, dass sie das Falsche gesagt hatte.

»Ach, sicher bald«, antwortete Michael leichthin, und sie begriff, dass er zu seiner Mutter sprach.

An diesem letzten Abend – an dem sie nur zu viert um den Tisch saßen – gab es ausschließlich Michaels Lieblingsgerichte. »Wie früher, bevor ich wieder ins Internat musste!«, rief er, als der Sirupkuchen aufgetragen wurde, und seine Mutter sagte: »Ach, mein Liebling! Wenn es doch das Internat wäre!«, und zum ersten Mal verstand Louise, dass sie Angst hatte, Michael könnte umkommen, was ihr grauenvoll und zugleich undenkbar erschien, denn führte diese Familie nicht ein verzaubertes Leben, in dem Unglück keinen Platz hatte? Nach dem Essen saßen sie in der Bibliothek, es gab Kaffee und Pralinen von Charbonnel et Walker, und er biss eine an und sagte: »O nein! Marzipan!«, und seine Mutter sagte: »Dann gib sie mir.« Sie baten sie, ihnen noch einmal die Julia und die Ophelia vorzuspielen, und dann brachte ihre eigene Ophelia sie zum Weinen, was es aus Sicht der anderen sogar noch besser machte, jedenfalls sagten sie das.

Als sie ins Bett gingen, fragte Michael leise: »Darf ich noch kommen und dir Gute Nacht sagen?«, und sie nickte. Sie zog sich aus und überlegte, ob sie das Nachthemd von Ernestine anziehen sollte, aber als sie es herausholte, kam es ihr noch schlimmer vor als zuvor, also schlüpfte sie in ihr altes Baumwollnachthemd. Sie putzte sich die Zähne und bürstete sich die Haare, und dann saß sie wartend im Bett, und ihr wurde ein bisschen zweierlei. Aber als er kam und sich zu ihr auf die Bettkante setzte, umarmte er sie nur und sprach lange kein Wort. Schließlich hielt er sie ein Stück von sich und sagte: »Du bist so jung, dass ich ratlos bin.«

Sie erwiderte seinen Blick, alles andere als einverstanden mit dieser Sichtweise, und fragte sich, was als Nächstes käme.

»Ich wollte nur, dass wir uns in Ruhe verabschieden. Morgen werden meine Mutter und dein Vater dabei sein. Ich würde dir gern mit einem Kuss Lebwohl sagen.«

Sie nickte ein wenig, und er nahm sie wieder in die Arme und küsste sie – diesmal versuchte er, ihre Lippen zu öffnen, was ihr nicht angenehm war, aber da sie es ihm recht machen wollte, ließ sie ihn gewähren.

Nach ziemlich langer Zeit löste er seine Umarmung mit einem kleinen Aufstöhnen. »Ich sollte gehen«, sagte er. »Das wird sonst ein bisschen heikel. Schlaf gut. Schreib mir, ja? Danke für diesen wunderschönen Urlaub.«

Danach lag sie zutiefst verwirrt im Dunkeln wach. Das Verliebtsein beinhaltete offenbar Rituale, die sie nicht im Mindesten verstand; das Wenige, das sie hier und da aufgeschnappt hatte – hauptsächlich wohl von ihrer Mutter –, war so mittelbar gewesen, so durch die Blume, und hatte sich vorwiegend auf Dinge bezogen, die man nicht tun oder sagen durfte. Der einzige ausdrückliche Hinweis, der ihr jetzt in den Sinn kam, war die Warnung ihrer Mutter, den Männern »das Leben nicht zu schwer zu machen« – das war am Strand gewesen, als sie die Bluse ausgezogen und ein paar Minuten im BH in der Sonne gesessen hatte. Damals hatte sie sich keinen Reim darauf machen können; sie hatte nur die Feindseligkeit ihrer Mutter gespürt, aber nicht einmal gewusst, ob sie ihr im Besonderen oder den Männern im Allgemeinen galt. Männer empfanden anders als Frauen, so viel meinte sie verstanden zu haben, doch offenbar gab es noch etwas anderes, viel Unheimlicheres, von dem sie sicher war, dass es existierte, ohne zu wissen, was genau es war. Wenn die Leute – die Frauen – nie über Sex sprachen, musste es sich um etwas ziemlich Grauenvolles handeln (Äußerungen ihrer Mutter und Tante Jessicas kehrten zurück, Gesprächsfetzen, denen sie entnommen hatte, dass der Körper etwas Ekelhaftes war, und je weniger man darüber redete, desto besser). Vielleicht hieß Verliebtsein ja einfach, einen Mann so gernzuhaben, dass man alles, was er mit einem machte, ertrug. Fast hatte sie schon gedacht, dass sie Michael liebte, doch nun überlegte sie, dass das nicht stimmen konnte, denn seine Zunge war ihr zuwider gewesen, sobald er sie ihr in den Mund steckte – sie hatte Angst bekommen, und das konnte nicht richtig sein. Es muss an mir liegen, dachte sie. Vielleicht hat Stella ja recht, wenn sie sagt, dass ich eitel und nur auf Bewunderung aus bin, und das ist etwas völlig anderes, als jemanden zu lieben. Es muss an mir liegen, dachte sie wieder. Das machte ihr das Herz sehr schwer.

Am nächsten Tag packte Margaret ihren Koffer, sie trug sich ins Gästebuch ein (auf derselben Seite wie Myra Hess und Anthony Eden), und nach dem Lunch half Peter Zee ins Auto, auf die Rückbank neben Michael, und steckte eine Felldecke um sie fest, während Louise den Platz vorne neben dem Chauffeur bekam; dann ging es im Erste-Klasse-Abteil zum Bahnhof Paddington, wo am Ende des Bahnsteigs ihr Vater wartete. Er begrüßte sie, und sie stellte ihm ihre Freunde vor, und ihr Vater zog vor Zee den Hut und sagte: »Ich hoffe, meine Tochter hat sich anständig benommen«, und Zee antwortete: »Sie war die reine Freude«, und hakte sich bei ihm unter und führte ihn plaudernd aus dem Bahnhof, als wären sie alte Bekannte, sodass sie und Michael nebeneinandergehen konnten. »Die gute Mummy«, sagte er, »der Takt in Person.«

Ihr Vater bot an, sie und Michael im Auto mitzunehmen, aber Zee bestand darauf, mit dem Taxi zu fahren. In dem brausten sie dann davon, während Michael ihr aus dem offenen Fenster nachwinkte. Kurz spürte sie einen Stich im Herzen, gefolgt von Beklemmung, einem schauderhaft dumpfen Gefühl: Sie fuhr mit ihrem eigenen Vater in ihr eigenes Zuhause, aber das war vertraut, ohne tröstlich zu sein.

Ihr Vater schob seinen Arm durch ihren und führte sie zu seinem Wagen.

»Na, Herzchen, es ist ja eine Ewigkeit her, dass ich dich das letzte Mal für mich hatte. War es denn schön?«

»Sehr.«

»Lady Zinnia ist ja eine reizende Frau«, bemerkte er, als er ihr Gepäck in den Kofferraum lud. »Ich muss sagen, sie wirkt viel zu jung, um einen so alten Sohn zu haben.«

»Michael ist zweiunddreißig.«

»Eben.«

»So«, sagte er dann. »Sonntags ist an Unterhaltung leider wenig geboten. Also dachte ich mir, dass wir zwei einfach fürstlich essen gehen. Ich habe uns für acht einen Tisch im Savoy Grill bestellt. Mummy sagt, ich soll dafür sorgen, dass du nicht zu lange aufbleibst, damit du morgen nicht den Zug verpasst. Aber du hast reichlich Zeit, dich frisch zu machen.«

Das Essen überstand sie, indem sie ihn der Reihe nach über sämtliche Familienmitglieder ausfragte. Mummy sei sehr müde, erfuhr sie, weil sie glaube, Grania oft besuchen zu müssen, die so unglücklich sei, und da Tante Syb immer noch kränkele, kümmere sie sich neben Roly oft zusätzlich auch noch um Wills. Was mit Ellen sei? Ellen leide sehr unter ihrem Rheuma, und jetzt, mit Zoës Kind, fielen wahre Unmengen von Wäsche an, die schließlich auch gemacht sein wollten. Und wie es ihm gehe? Ihm gehe es gut, er könne es kaum erwarten, sich wieder zur Air Force zurückzumelden, aber Onkel Hugh mache mit Syb Urlaub in Schottland – schweinekalt müsse es da oben um diese Jahreszeit sein, aber Syb habe unbedingt hingewollt –, deshalb bliebe alles Geschäftliche an ihm hängen, dazu noch die Brandwache in den Lagerhallen, die er organisieren müsse, da schaffe er es am Wochenende nur selten nach Hause. Teddy habe das Squashturnier an seiner Schule gewonnen und lerne jetzt Boxen. Mit seinem Zeugnis sei allerdings nicht so viel Staat zu machen. Neville sei von der Schule ausgerissen, aber zum Glück habe er einer alten Dame im Zug nach London erzählt, er sei ein Waisenjunge auf dem Weg nach Irland, was dieser verdächtig erschienen sei. Sein Gepäck habe aus zwei Paar Socken, einer Tüte Bonbons und einer weißen Maus bestanden, die er einem Mitschüler geklaut habe. Jedenfalls habe die alte Dame ihn in London auf eine Tasse Tee zu sich nach Hause mitgenommen und geistesgegenwärtig seinen Namen im Londoner Telefonbuch nachgeschlagen. »Ich habe einen Anruf im Büro bekommen«, erzählte er, »und bin gleich hin, um den kleinen Racker einzusammeln, und Tante Rach hat ihn wieder nach Home Place gebracht.«

»Warum ist er ausgerissen, meinst du?«

»Er sagte, die Schule hätte ihn gelangweilt und er hätte gedacht, es würde sowieso keinem auffallen. Clary war wütend auf ihn. So – was hältst du von Eiscreme zum Nachtisch?«

Auf dem Heimweg sagte er: »Du lässt dir aber nicht, du weißt schon, den Kopf verdrehen von diesem Kerl, oder?«

»Er ist nur ein Freund. Weshalb fragst du?«

»Nur so. Du bist einfach noch ein bisschen jung für so was.« Er legte ihr die Hand aufs Knie und drückte es. »Ich will doch mein Mädchen noch nicht verlieren.«

Die Sirenen begannen zu heulen, gerade als sie das Haus betraten. Bei ihrer Ankunft hatte es sich sehr fremd angefühlt: alles mit Tüchern verhängt, stumm, kalt und nicht eben sauber. Sie sei todmüde, sagte sie; sie werde am besten gleich schlafen gehen. In Ordnung, erwiderte er, obwohl er enttäuscht wirkte. »Ich genehmige mir noch einen kleinen Schlummertrunk und komme dann nach.«

Was meinte er damit?, überlegte sie, während sie hastig aus den Kleidern stieg (in ihrem Zimmer war es eisig) und sich das Nachthemd über den Kopf zog. Was kann er damit nur gemeint haben? Dann dachte sie, sei nicht albern, er hat gemeint, dass er auch bald ins Bett geht. Sie durchforstete ihre alte Kommode nach einem vergessenen Paar Socken; Flugzeuge dröhnten am Himmel, und Flakgeschütze begannen zu feuern. Ihre Schubladen waren voll mit alten Sachen – Kleider, aus denen sie herausgewachsen war, Gegenstände, die ihr nichts mehr bedeuteten: ein schwarzer Porzellanhund, ihre Gymkhana-Pokale, speckige alte, verzwirbelte Haarbänder.

Sie hörte ihn nicht die Treppe heraufkommen, weil mittlerweile Bomben fielen und das ferne, aber betäubende Krachen alle leiseren Geräusche übertönte. Er öffnete ihre Tür, ohne anzuklopfen, ein Glas Whisky in der Hand.

»Ich wollte bloß kurz reinschauen für den Fall, dass du Angst hast«, sagte er. »Geh ins Bett, dir wird ja ganz kalt.«

»Ich habe aber keine Angst.«

»Umso besser. Hüpf rein, dann decke ich dich zu.«

Er setzte sich aufs Bett und stellte seinen Whisky auf dem Nachttisch ab.

»Ich weiß schon, langsam wirst du erwachsen«, sagte er. »Nicht zu fassen. Mir kommt es vor, als wärst du erst gestern mein kleines Mädchen gewesen. Und schau dich jetzt an!« Er steckte die Decke um sie fest und schob dabei seine Hand darunter – beugte sich vor und schloss die Hand um ihre Brust. Sein Atem roch nach Whisky, ein ekelhafter Geruch wie von heißem Gummi.

»So erwachsen schon«, sagte er, und auf einmal drückte er seinen Mund auf ihren, seine Zunge versuchte, sich wie ein grässlicher harter Wurm in sie hineinzuwinden.

Entsetzen – wie eine jäh anschwellende Flut – jagte durch ihren Körper hinauf; wenn es ihre Kehle erreichte, würde es sie verschlingen, lähmen ... aber sie würde nicht untergehen ... In dem Augenblick, in dem sie sich ihrer Wahl bewusst wurde, kam die rettende Wut. Sie zog die Knie an, stemmte die Hände gegen seinen Hals und stieß ihn mit aller Macht von sich. In der plötzlichen Stille, die daraufhin einsetzte – noch ehe einer von ihnen sich bewegen oder etwas sagen konnte –, schlug in großer Nähe eine Bombe ein, das Haus erschauerte gleichsam, und einige Scherben fielen, scheinbar widerstrebend, aus der Fensterscheibe.

»Entschuldigung«, sagte er; er wirkte gekränkt und verwirrt zugleich.

Sie setzte sich auf, die Arme um die Knie geschlungen.

»Ich hätte dir doch nichts getan«, sagte er. In seinem Blick lag etwas Verdrossen-Selbstgerechtes, fand sie. Aber das genügte ihr nicht.

»Ich habe dich im Theater gesehen«, sagte sie. »Du bist anscheinend auf Brüste fixiert, an ihren hast du auch rumgefingert. Ich habe euch aus einer Loge gesehen.«

Blut schoss ihm ins Gesicht, seine Augen wurden hart und misstrauisch. »Unmöglich. Du musst mich mit jemandem verwechselt haben.«

»Ich hatte ein Opernglas. Das war keine Verwechslung. Die Frau hatte dunkles Haar mit einer weißen Strähne und veilchenblaue Augen. Ich bin ihr in der Pause auf der Damentoilette begegnet. Und natürlich ein sehr tiefes Dekolletee«, fügte sie hinzu; ihre Pfeile trafen, und es konnte gar nicht genug geben.

»Sie ist eine alte Freundin«, sagte er schließlich. Die Röte in seinem Gesicht verlor sich allmählich, aber seine Augen waren so kalt wie blaues Glas.

»Von dir und Mummy?«

»Mummy hat sie kennengelernt, ja.«

»Aber sie weiß nicht, dass du mit ihr ins Theater gehst – oder die anderen Sachen? Sie weiß nichts von den Wochenenden?«

Das saß. Jetzt sah er richtig verstört aus. »Wie, zum Teufel ...«, setzte er an und änderte dann seinen Kurs. »Mein Schatz, du bist noch zu jung, um zu verstehen ...«

»Hör auf, mich wie ein Kind zu behandeln, wenn es dir gerade passt, und im nächsten Moment wie ein ... Flittchen! Ich hasse dich! Du bist widerlich ... und du ...« Ihre Stimme versagte, sie hätte sich ohrfeigen mögen für das Weinen, das ihr die Kehle zuschnürte. »... lügst«, vollendete sie den Satz fast unhörbar.

»Hör zu, Louise. Ja, ich sage nicht immer die Wahrheit, aber nur, weil ich Mummy nicht wehtun möchte. Und du willst ihr doch auch nicht wehtun, oder? Wenn sie irgendetwas von all dem erfahren würde, dann würde sie das sehr unglücklich machen. Ich kann dir ja auch nicht erklären, warum die Dinge sind, wie sie sind – da musst du mir einfach vertrauen.« Er sah ihr Gesicht und sagte: »Ich meine, das musst du einfach so hinnehmen.«

Ein Schweigen trat ein, in dem zwei weitere Einschläge ertönten, jetzt wieder in etwas größerer Entfernung.

»Ich wollte wirklich nur kurz reinschauen, weil ich dachte, die Bomben machen dir vielleicht Angst«, sagte er. »Ich wollte dir sagen, dass wir in einen Luftschutzkeller gehen können, wenn du möchtest. Es tut mir leid, dass ... dass ich mich so vergessen habe. Es wird nicht wieder vorkommen.« Er griff nach seinem Whisky und trank ihn aus.

»Nein«, sagte sie. Sie wollte nur, dass er verschwand.

Er stand auf und starrte mit dem leeren Glas in der Hand auf das verdunkelte Fenster. »Na, wenigstens steht dein Bett weit genug weg«, sagte er. Als sie den Blick von der Bettdecke um ihre Knie hob, sah er sie an, unsicher – kläglich.

»Also dann, Gute Nacht«, sagte er unbeholfen. Mit steifen Schritten ging er zur Tür. »Ich klopfe morgen früh um halb acht, falls du noch nicht wach bist.«

»In Ordnung.« Ihr war, als besiegelte diese Antwort einen stillschweigenden, unbehaglichen Pakt zwischen ihnen.

Wie erstarrt blieb sie sitzen, bis sie seine Tür ins Schloss fallen hörte. Dann vergrub sie das Gesicht in den Händen und brach in Tränen aus. Es hätte sich wie ein Sieg anfühlen müssen – wie ein Triumph –, aber sie empfand nichts als abgrundtiefe Hoffnungslosigkeit.

Am nächsten Morgen am Bahnhof – wo er dem Gepäckträger ein Trinkgeld zusteckte, damit er ihr einen guten Platz sicherte, ihr die *Times* und *Lilliput* und *Country Life* kaufte, damit sie im Zug etwas zu lesen hatte, den Schaffner suchte und ihn bat, ein Auge auf sie zu haben, und ihr ein Pfund fürs Mittagessen gab – blieb er noch einen Moment bei ihr im Abteil stehen. Beklommenheit hatte sich wie eine Schmutzlache zwischen ihnen ausgebreitet. Es sei langsam Zeit, dass er auf den Bahnsteig komme, meinte er. Er tätschelte sie an der Schulter und drückte ihr einen raschen, ungeschickten Kuss aufs Haar. Als er draußen am halb geöffneten Fenster erschien, sagte er: »Ich sollte dann wohl mal.« Und unvermittelt schrieb er mit dem Finger der Linken an die dreckige Scheibe: »Tut mir leid – ich hab dich lieb!«, in seiner besten Spiegelschrift. Das war in ihrer Kindheit eines seiner Kunststücke gewesen: zwei Stifte zu nehmen und in zwei Richtungen gleichzeitig zu schreiben, einmal in Spiegelschrift, einmal normal. Als er fertig war, drehte er sich zu ihr, versuchte ein Zwinkern, und aus dem zwinkernden Auge rann eine Träne. Dann hob er die Hand zum Gruß und ging davon, ohne sich noch einmal umzudrehen.

CLARY
FRÜHLING 1941

28. März
Gestern hatte Polly Geburtstag, ein ziemlicher Reinfall, aber wie ich ihr sagte, ist sechzehn besser als fünfzehn – zumindest ein Jahr weniger in dieser Warteschleife, diesem schrecklichen Niemandsland, in dem wir beide leben. Polly sagte, dass der Krieg alles noch schlimmer macht, und zuerst wollte ich ihr widersprechen, aber wenn ich über – na ja – alles nachdenke, über Dad und so, muss ich ihr recht geben. Was ich eigentlich meine, ist, es wäre sowieso ein Niemandsland, und wie ich Polly ebenfalls sagte, kann man sehr gut zwei Gründe für etwas haben, auch wenn einer allein schon reichlich genug wäre. Laut Onkel Edward ist die Moral bei den Truppen gut, aber das hat nicht unbedingt etwas mit den tatsächlichen Gegebenheiten zu tun. In der Hinsicht hat Miss Milliment mir widersprochen, und als ich sagte, man denke doch nur an die Attacke der Leichten Brigade, gab sie sofort zurück, dass der Angriff zwar verrückt und unsinnig gewesen sei, aber doch die russischen Geschützstellungen außer Gefecht gesetzt habe. Was meine Moral angeht, ist sie nicht gut, aber auch die darf nur erwähnt werden, solange sie gut ist. Wie auch immer – Pollys Geburtstag: Mrs. Cripps backte einen Kuchen für sie – Mokka, mein Lieblingskuchen, aber sie mag Zitronenkuchen lieber, und Zitronen gibt es nicht –, und Zoë hat ihr einen schönen leuchtend blauen Pullover gestrickt, und Lydia schenkte ihr einen selbst gemachten Lavendelbeutel, aber sie musste Lavendel vom vergangenen Jahr verwenden, also piekst er und duftet nicht besonders stark. Vom Brig bekam sie ein Pfund, von der Duchy eine kleine Silberkette, von Miss Milliment *Große Erwartungen*, und ich

schenkte ihr einen fantastischen Schaukasten mit wirklich riesigen, unglaublichen Schmetterlingen – sehr selten und kostbar, denke ich mal – für ihr Haus; den habe ich in Hastings gefunden. Von Tante Syb und Onkel Hugh bekam sie eine silberne Armbanduhr mit ihren Initialen auf der Rückseite. Neville wollte ihr die elende weiße Maus geben, mit der er weggelaufen ist – wenigstens behauptete er, es sei nicht dieselbe Maus, sondern eins ihrer Kinder. Mäuse sind in seiner Schule nicht mehr angesagt, also brauchte er nicht einmal etwas dafür zu bezahlen. Das ist in meinen Augen ein ausgesprochen gedankenloses Geschenk, und das sagte ich ihm auch. Also setzte er die Maus im Garten aus und schenkte Poll das Vergrößerungsglas, das Dad ihm einmal zum Geburtstag geschenkt hat, und ich sagte ihm, das würde sie Dads wegen in Ehren halten, aber er sagte, sie solle es wegen ihm in Ehren halten. Hier zitiere ich natürlich Neville wörtlich – ich für meinen Teil weiß ja, dass man nach »wegen« nie den Dativ verwendet. Trotzdem, es war wirklich sehr großzügig von ihm. Von Tante Villy bekam sie eine wunderschöne Handtasche aus echtem Leder, und Louise schickte ihr einen Gedichtband, der *New Verse* heißt, und ehrlich gesagt glaube ich nicht, dass sie ihn lesen wird, weil sie mir sagte, ich könne ihn so lange ausleihen, wie ich wolle. Ich finde, dass mein Geschenk das schönste war. Von Bully und Cracks – oder vielleicht sollte ich in einem Tagebuch »von den Großtanten« schreiben – erhielt sie eine Abendtasche aus braunen und goldenen Perlen, wobei ich mir im Leben nicht vorstellen kann, was sie im Krieg damit anfangen soll, sowie einen eigenhändig mit Stockrosen bestickten Beutel für Nachthemden. Polly hofft, dass er abgenutzt ist, bevor sie in ihr Haus zieht, weil er überhaupt nicht zu ihren anderen Sachen passt, so hässlich ist er. Wills brachte ihr einen Strauß Huflattiche und zwei Steine. Mein Geschenk kostete fünf Shilling, aber das habe ich ihr natürlich nicht gesagt; es ist bei Weitem das Teuerste, das ich je verschenkt habe. Nach dem Abendessen spielten wir Cadavre Exquis, zuerst mit Zeichnungen, dann mit Wörtern. Bei der Variante mit Zeichnungen muss ich immer furchtbar an Dad denken, weil er so wunderbar komische Figuren gemalt hat, und bestimmt hat es die anderen auch an ihn erinnert, aber keiner sagte etwas. Sie haben völlig aufgehört, von ihm zu reden, und jetzt sage ich auch nichts mehr, weil sie immer ganz lieb und verlegen werden, wenn ich von ihm erzähle, und dann weiß ich wieder genau, dass sie ihn alle für tot halten. Aber ich habe mir überlegt, dass er vielleicht überhaupt nicht nach Hause kommen möchte, weil er in Frankreich gegen die Deutschen spioniert. Das habe ich Polly erzählt, und sie meinte, das sei gut möglich. Dann, nachdem wir die Neunte Sinfonie gespielt hatten – das ist die mit dem Gesang –, sagte ich es der Duchy auch, und sie meinte, ich könne vielleicht recht haben, aber ich war mir nicht sicher, ob sie mir glaubte. Doch nachdem ich die Platten weggeräumt hatte, sagte sie: »Komm her, mein Herz«, und umarmte mich ganz fest. Dann fragte ich sie: »Glaubst du mir nicht?«, und sie antwortete: »Ich glaube dir, dass du es glaubst, und ich kann dir gar nicht sagen, wie sehr ich dich dafür bewundere.« Ich muss sagen, das hat mich ziemlich stolz gemacht.

Teddy war ganz aufgeregt, weil es im Mittelmeer zu einer großen Seeschlacht gekommen ist, und wir haben sieben italienische Kriegsschiffe versenkt, und die meisten Italiener sind umgekommen. Er ist ein ziemlich blutrünstiger Junge und kann es gar nicht erwarten, achtzehn zu sein und beim Krieg mitzumachen.

Und was denke ich über den Krieg, jetzt, nachdem es ihn seit eineinhalb Jahren gibt? Ich bin hin- und hergerissen zwischen dem Wunsch, gegen das Ganze zu sein, und dem Gefühl, dass es, wenn es schon Krieg geben muss, Frauen genauso erlaubt sein sollte zu kämpfen wie Männern – und ich meine, richtig zu kämpfen, nicht nur als Sekretärin oder Dienstpersonal in Uniform. Schließlich sterben Frauen durch Bombenangriffe, gegen die sie völlig wehrlos sind, also können die Männer nicht mehr behaupten, der Krieg sei reine Männersache. Dritterseits (wenn man das sagen kann) gibt es im Krieg einige Sachen, die ich überhaupt und partout nicht tun möchte, zum Beispiel, in einem U-Boot zu sein oder Menschen auf Bajonette aufzuspießen – obwohl Polly meint, dass so etwas heutzutage kaum noch vorkomme. Und ich möchte auch um keinen Preis in einem Panzer sitzen. Polly sagt, das sei dasselbe, wie im U-Boot zu sein, und habe etwas mit Platzangst zu tun, aber davon habe ich nie Anzeichen bemerkt. Doch dann fragte sie mich, ob ich Bergarbeiter sein könnte, was ich mir überhaupt nicht vorstellen kann, und daraufhin erinnerte sie mich an den Aufstand, den ich machte (als ich ganz klein war), als wir in den Höhlen bei Hastings waren; da wurde mir schlecht, ich weinte und bin beinahe ohnmächtig geworden und musste ins Freie getragen werden. Also muss ich doch unter Platzangst leiden. Aber natürlich, wenn man beim Krieg nicht richtig mitmacht, ist er einfach langweilig. Schlechteres Essen, das Badewasser ist selten heiß, und wir sitzen hier fest, weil es wenig Benzin gibt – alles ziemlich banale Unannehmlichkeiten, das weiß ich, aber sie bestehen trotzdem. Sie verschwinden ja nicht, nur weil sie klein sind. Im vergangenen Winter war es in unserem Zimmer so kalt, dass ich eine Möglichkeit entwickelt habe, mich ganz unter der Bettdecke anzuziehen.

Ich werde nicht jeden Tag schreiben, sonst wird das Tagebuch noch wie Lydias: »Aufgestanden, Frühstück, danach Unterricht. Wir hatten Erdkunde und Rechnen …« O mein Gott!, allein nach dem bisschen muss ich schon gähnen.

17. April

Gestern Abend gab es einen wirklich schrecklichen Luftangriff auf London, er dauerte die ganze Nacht. St. Paul's steht noch, umgeben von lauter Schutt. Morgens rief Onkel Hugh an, damit Tante Syb sich nicht zu viele Sorgen macht, aber sie tut es trotzdem – die ganze Zeit. Vor lauter Sorgen sieht sie krank aus. Er sagte, es seien fünfhundert Flugzeuge gewesen, die Abertausende Bomben abgeworfen hätten. Onkel Edward ist wieder bei der RAF, und deswegen muss Onkel Hugh das Familienunternehmen ganz allein führen. Der Brig fährt kaum noch nach London, weil er dort nicht mehr viel tun kann, aber Tante Rach bleibt jede Woche drei Nächte in der Stadt, um im Büro zu helfen. Sie wohnt bei einer Freundin, aber einen Abend die Woche trifft sie sich mit Onkel Hugh zum Dinner, weil er so einsam ist.

Am Wochenende kommt manchmal Tante Jessica, aber sie lebt in London im Haus ihrer Mutter, weil die arme Lady Rydal nie wieder dort wohnen wird. Mit am schlimmsten am Altsein müssen die ganzen Dinge sein, die man zum letzten Mal macht. Bestimmt ist sie traurig, weil sie nie mehr in ihr eigenes Zuhause zurückkehren wird, obwohl Tante Villy sagt, dass sie solche Dinge gar nicht mehr wahrnimmt. Ich verstehe nicht ganz, wie sie das behaupten kann; ich würde denken, dass es sehr traurige Zeiten gibt, in denen Grania ganz klar im Kopf ist und genau weiß, was mit ihr passiert. Aber wahrscheinlich stellen andere Leute sich lieber vor, dass sie die ganze Zeit verwirrt ist. Es ist das Gleiche, wie nicht über Dinge zu reden, die schwierig oder schrecklich sind. Scheinheiligkeit allerorten, würde ich mal sagen.

4. Mai

Irgendetwas geht mit Angela vor sich. Tante Jessica ist gekommen, und sie und Tante Villy haben sich lange unter vier Augen unterhalten und hatten hinterher das Gesicht, das sie beide machen, wenn etwas nicht in Ordnung ist. Ich ging gerade an der Tür vorbei (wirklich – wie Menschen in Büchern) und hörte »eine höchst unpassende Liaison«. Ich vermute mal, das heißt, dass Angela jemanden kennt, den ihre Mutter missbilligt – aber wie in aller Welt könnte sie durchs Leben gehen und nur Leute kennen, die die Billigung ihrer Eltern finden?

Wie auch immer, morgen fährt Tante Villy mit Tante J. nach London, und man glaubt es kaum! Zum Wochenende wollten sie den gepriesenen Lorenzo und seine Frau mitbringen! Das wird sicher hochinteressant. Uns fehlt es hier doch sehr an menschlicher Natur, womit ich wohl Menschen meine, deren Verhalten nicht vorhersehbar ist. Miss Milliment wird bei meinem Schreiben zunehmend penibler mit dem, was ich meine, aber im Gegensatz zur restlichen Familie erschrickt sie zumindest nicht über die Dinge, die ich meinen möchte.

Die Duchy macht sich Sorgen, weil McAlpine jetzt, wo Christopher nach Hause gefahren ist, nicht mehr den ganzen Garten bewältigen kann, und der Gemüsegarten muss Vorrang haben. Vergangene Woche hat sich ein Gärtnermädchen bei ihr vorgestellt, sie trägt eine Kniehose und sehr dicke hellbeige Strümpfe und heißt Heather. Wenn sie zu uns kommt, wird sie mit Miss Milliment in Tonbridges Cottage schlafen, aber wir wetten, dass sie nicht bleibt, weil McAlpine sie wegekeln wird. Jule ist fast schon trocken und versucht zu gehen. Ellen sagt, dass sie für ihr Alter – knapp ein Jahr – schon sehr weit ist, und es wird wirklich eine große Erleichterung sein, wenn nicht mehr ständig ihre Windeln getrocknet werden müssen, was verhindert, dass das Feuer im Kinderzimmer die Menschen wärmt. Ich muss sagen, sie ist wirklich ein süßes Kind – unglaublich hübsch mit dunklen Locken –, während Roly immer noch ein bisschen wie Mr. Churchill aussieht – ein riesiges Gesicht und ganz kleine Züge.

Ich fragte Neville, weshalb er ausgerissen sei, und er sagte, er habe es satt, jeden Tag das Gleiche zu machen und erzogen zu werden, was nur bedeutet – sagt er –, lauter Dinge eingetrichtert zu bekommen, die ihm im späteren Leben überhaupt nichts nützen werden. Außerdem findet er Mervyn mittlerweile langweilig, weil der so eine Heulsuse geworden ist und nie Ideen hat, was sie in ihrer Freizeit anstellen könnten; und außerdem verachtet Neville ihn dafür, dass er nicht mit ihm ausgerissen ist. Er wollte in Irland mit einem Esel und Fischen am Meer leben. Ich fragte ihn, was wäre, wenn Dad zurückkommt? Das war ein Fehler: Er trat nach mir und sagte: »Ich hasse dich, weil du ständig von Dad redest. Ich hasse und verabscheue und verwünsche dich, weil du so dumm und widerlich bist und über ihn redest, gerade wenn ich mich nicht an ihn erinnere. Deswegen wollte ich nach Irland. Um von allem wegzukommen.« Da wusste ich, wie sehr ihn das trifft. Ich sagte, es tue mir leid, und ich hoffe wirklich, er werde nicht weggehen, weil er mir fehlen würde, und als ich das sagte, merkte ich, dass es stimmt: Er würde mir wirklich fehlen. Aber beides – die Entschuldigung und das Vermissen – klang lahm, und ich sah, dass er das auch so empfand. »Bitte, geh noch nicht jetzt«, sagte ich. »Wenn du ein bisschen wartest, komme ich vielleicht mit.« Das war überhaupt kein zufriedenstellendes Gespräch, ich habe wirklich Angst, dass er wieder ausreißt, und habe beschlossen, mit Tante Rach darüber zu reden, weil sie von allen Tanten die vernünftigste ist.

18. Mai

Das Lorenzo-Wochenende ist schon wieder verschoben worden, weil gestern Abend Lady Rydal gestorben ist. Das Heim rief während des Dinners an, Tante Rach hob ab und kehrte mit der Auskunft zurück, die Oberschwester wolle Mrs. Cazalet oder Mrs. Castle sprechen, also gingen sie beide zum Telefon. Als sie zurückkamen, sagte Tante J., ihrer Ansicht nach sei es eine gnädige Erlösung. Ich kann nichts besonders Gnädiges daran erkennen – eine Gnade wäre es gewesen, wenn sie die ganze erbärmliche Zeit im Pflegeheim erst gar nicht hätte erleben müssen. Wie auch immer, sie sagten, sie hätten jetzt alle Hände voll zu tun – die Beisetzung zu organisieren und der *Times* zu melden. Dann wollten sie beide Lorenzo anrufen, um ihn zu informieren, und schließlich setzte Tante Jessica sich durch (in der Hinsicht geht eindeutig etwas Merkwürdiges vor sich – ein Jammer, dass wir jetzt doch keine Gelegenheit haben, Näheres herauszufinden), und als sie dann nach einer ganzen Weile zurückkam, sagte sie, er lasse herzlich grüßen und spreche sein Beileid aus. Morgen fahren sie nach Tunbridge Wells, und Tante J. versuchte, Onkel Raymond anzurufen, aber sie konnte ihn nicht erreichen, und Tante Villy versuchte, Onkel Edward anzurufen, den sie aber auch nicht erreichen konnte, und ich merkte, dass die Duchy zunehmend nervöser wurde wegen der vielen teuren Ferngespräche. Sie war erst neunundsechzig, aber hätte jemand gesagt, sie sei achtzig, hätte ich das glaubwürdiger gefunden. Ich würde wirklich gerne wissen, wie es ist, zu sterben. Ob man es mitbekommt oder ob es einfach passiert, wie wenn das Licht ausgeht, oder ob es vielleicht sogar aufregend ist. Wahrscheinlich hängt es sehr davon ab, was man glaubt, was mit einem danach passiert – wenn überhaupt. Darüber haben Polly und ich uns lange unterhalten. Polly denkt, dass wir möglicherweise noch andere Leben haben; das glauben die Hindus. Miss Milliment sagt, dass alle großen Religionen das, was nach dem Tod mit einem Menschen passiert, sehr ernst nehmen, auch wenn sie natürlich nicht einer Meinung sind. Aber ich habe keine große Religion, ebenso wenig wie

Polly. Eine Weile haben wir uns überlegt, was wir uns denn wünschten, was mit uns passiert, und ich meinte, ich könnte mir gut vorstellen, ein interessierter Geist zu sein. Dann sagte sie, sie vermute, dass genau das passiere, was man glaube. Und da Lady Rydal eine sehr gute viktorianische Christin war, so überlegten wir, würde ihr Himmel voller Harfenklänge und wallender weißer Gewänder sein. Und natürlich würde sie wieder mit ihrem Mann vereint werden. Na ja, da sie zu Lebzeiten nie besonders glücklich wirkte, wird das Totsein vielleicht schöner für sie. Ich wünschte, ich wäre dabei gewesen, als sie starb, weil ich noch nie einen Toten gesehen habe, und meiner Ansicht nach ist das eine Erfahrung, die ich machen muss. Aber vielleicht darf ich zumindest bei der Beerdigung dabei sein.

Als Lydia am Morgen vom Tod ihrer Großmutter hörte, brach sie lauthals in Tränen aus, was Polly und ich ziemlich affektiert fanden, weil wir nie den Eindruck hatten, dass sie Grania besonders mochte. Als wir ihr das vorhielten, sagte sie: »Ich weiß, aber wenn Leute sterben, soll man doch weinen – darüber freuen sie sich.« Ich fragte sie, woher sie denn das wissen wolle, und sie sagte, wenn sie stürbe, wünsche sie sich, dass jeder, der sie kannte, wie verrückt weine. »Um zu zeigen, wie traurig sie sind, dass es mich nicht mehr gibt«, erklärte sie. Das war am Anfang des Unterrichts, und Miss Milliment meinte, an ihrer Bemerkung sei etwas dran. Immer nimmt sie sie in Schutz und erklärt, sie sei jünger als wir. Als ich in Lydias Alter war, hat mich niemand in Schutz genommen. Außer Dad – er schon.

Die Beisetzung wird in Tunbridge Wells stattfinden. Onkel Raymond kommt, und Nora kommt von ihrem Krankenhaus, aber Christopher ist verhindert, und Angela weiß es noch nicht. Judy kommt von ihrem Internat, wo sie zum Glück das ganze Trimester verbringt. Wir dürfen auch mitfahren, obwohl sie nicht unsere Großmutter ist. Sie soll eingeäschert werden, aber ich glaube nicht, dass man das tatsächlich sieht.

22. Mai

Gestern waren wir da, und es war grauenvoll. Eine schreckliche kleine Kapelle, am Ende eine Art Tisch, auf dem Grania lag, und jemand spielte auf der Orgel, und der Pfarrer brachte ihre Namen durcheinander. Sie heißt Agatha Mary, und er nannte sie Agartha Marie, und auf einmal öffneten sich die Vorhänge hinter dem Tisch, und die arme Grania glitt einfach davon, um zu Asche verbrannt zu werden. Danach standen wir alle ein bisschen draußen herum, und dann fuhren wir nach Hause. Der Einzige, der nicht zur Familie gehörte, war jemand namens Mr. Tunnicliffe, der Granias Anwalt ist. Offenbar holt man hinterher die Asche ab und verstreut sie an einer Stelle, die der Person gefallen würde. Aber ich kann mir nicht vorstellen, dass irgendjemand sie je gefragt hat, wo sie ihre Asche verstreut haben möchte – eine solche Frage zu stellen ist nicht leicht, weil sie fast so klingt, als wünschte man sich, dass der Mensch stirbt. Aber es ist ein trauriges Gefühl, dass jemand, der geredet hat und getan und gemacht, plötzlich zu Asche wird. Ich musste immer wieder an sie im Pflegeheim denken, wo sie ganz außer sich und durcheinander und unglücklich war, aber noch am Leben, und dann tat sie mir wirklich unendlich leid.

3. Juni

Heute ist es genau ein Jahr her, seit Commander Pearson angerufen und mir von Dad erzählt hat. Dreihundertfünfundsechzig Tage, achttausendsiebenhundertsechzig Stunden, fünfhundertsiebenundzwanzigtausendsechshundert Minuten, seitdem ich nicht mehr weiß, wo er ist.

Aber irgendwo ist er – muss er sein! Ich würde es wissen, wenn es ihn nicht mehr gäbe, ich würde es spüren. Wenn er als Spion arbeitet, muss irgendjemand das wissen. Vielleicht nicht die Engländer, aber plötzlich ist mir General de Gaulle eingefallen. Er ist der Anführer der Franzosen, und ich wette, auch wenn er es nicht auf Anhieb weiß, kann er es herausfinden. Also habe ich beschlossen, ihm zu schreiben. Außerdem habe ich beschlossen, niemandem davon zu erzählen, mit Ausnahme vielleicht von Poll, weil ich nicht möchte, dass jemand mir das auszureden versucht. Ich bin ganz aufgeregt, dass mir eine so gute Idee gekommen ist, aber weil der Brief so wichtig ist, werde ich ihn vorher üben und nur die letzte Fassung in dieses Tagebuch schreiben. Schade, dass ich ihm nicht auf Französisch schreiben kann, aber ich würde einfach zu viele Fehler machen, und General de Gaulle muss mittlerweile ziemlich gut Englisch gelernt haben, außerdem gibt es bestimmt mengenweise Sekretärinnen und Leute, die für ihn übersetzen können. Ich werde einen ganz höflichen, geschäftsmäßigen Brief schreiben und gar nicht lang, weil ich vermute, dass Generäle nicht allzu gerne lesen.

Gestern sind die Kleidermarken gekommen. Polly hat Glück, weil Tante Syb ihr letztes Jahr viel Garderobe gekauft hat und meterweise Stoff, um ihr selber Sachen nähen zu können. Zum Glück interessieren Kleider mich nicht besonders, aber ich bin doch ein ganzes Stück gewachsen, also werden mir bald viele Sachen nicht mehr passen, obwohl sie noch vollkommen in Ordnung sind, bis auf die Größe. Aber na ja, ich kann mir nicht vorstellen, dass diese Familie mich nackt herumlaufen lässt, also brauche ich mir keine Sorgen zu machen.

Mein Brief (denke ich).

Sehr geehrter General de Gaulle,
mein Vater, Lieutenant Rupert Cazalet, blieb im vergangenen Juni in St. Valéry zurück, als er Truppen organisierte, die auf seinen Zerstörer evakuiert werden sollten. Er wurde nicht als Gefangener der schändlichen Deutschen gemeldet, also halte ich es für ziemlich wahrscheinlich, dass er bei den Freien Franzosen als Spion für unsere Seite arbeitet. Er ist Maler, und als junger Mann lebte er eine ganze Weile in Frankreich, deswegen ist sein Französisch so gut, dass die Deutschen ihn jederzeit für einen Franzosen halten könnten. Möglicherweise verstecken ihn ein paar hilfsbereite Franzosen, aber er ist unglaublich patriotisch, deswegen glaube ich eher, dass er arbeitet, als dass er sich nur versteckt. Da Sie Kenntnis ohnegleichen von den Freien Franzosen etc. haben müssen, frage ich mich, ob Sie eventuell herausfinden können, ob er das tatsächlich macht. Möglicherweise gibt er sich als Franzose aus, aber die Leute, mit denen er arbeitet, wissen wahrscheinlich, dass er im Grunde Engländer ist und wie er heißt. Wenn Sie tatsächlich etwas wissen, oder etwas herausfinden können, wäre ich Ihnen zutiefst dankbar, denn natürlich bin ich in großer Sorge. Er würde mir ja nicht schreiben können, sehen Sie, aber ich möchte nur wissen, dass es ihm gut geht und er nicht tot ist.
Hochachtungsvoll, Clarissa Cazalet.

Natürlich habe ich mich nicht an meinen Vorsatz gehalten: Als es darauf ankam, habe ich den Brief doch in meinem Tagebuch geübt. Ich glaube, ich sollte »Sehr verehrter General de Gaulle« schreiben, oder nur »Sehr geehrter Herr General« – wie »Sehr geehrter Herr Direktor«, wenn man der Bank schreibt, das sagt zumindest Tante Villy. Und vielleicht sollte ich am Schluss »Ihre ergebene Clarissa Cazalet« schreiben, weil dem General in seiner Position Ergebenheit bestimmt lieber ist als Hochachtung.

Dann musste ich herausfinden, wohin ich ihn schicken kann, aber das ist mir gelungen – ich habe Miss Milliment beiläufig ein paar Fragen gestellt, und es gibt in London ein Hauptquartier der Freien Franzosen. Ich habe »persönlich« auf den Umschlag geschrieben und Polly den Brief vorgelesen, die meinte, ich solle nicht »schändliche Deutsche« schreiben, aber das ist eben Polly, die zu niemandem unfreundlich sein möchte, also habe ich es dringelassen. Er muss sie genauso hassen, wie er Marschall Pétain hasst, der in Frankreich schreckliche Dinge macht – vor allem mit den Juden. Er hat in Paris Tausende von ihnen den Deutschen ausgehändigt, und laut Tante Rach, die solche Dinge offenbar weiß, hat er Tausende Weitere verhaften lassen. Ich finde es wirklich abscheulich, Menschen wegen ihrer Rasse nachzustellen.

Louises Repertoiretruppe hat sich aufgelöst. Ihnen ist das Geld ausgegangen, und zwei Jungen aus der Truppe wurden einberufen, also haben sie nicht mehr genügend Schauspieler. Tante Villy ist sehr froh darüber und sagt, dass Louise sich jetzt vielleicht überlegt, richtige Kriegsarbeit zu leisten. Das glauben Polly und ich nicht. Wir sind auch Tante Villys Meinung, dass sie ausgesprochen egoistisch ist, aber Polly sagt, dass Künstler ihrer Ansicht nach so sein müssen. Miss Milliment sagte, es sei gar nicht Egoismus, vielmehr stehe für ernsthafte Künstler ihre Arbeit meist an erster Stelle, was für sie selbst oft Unannehmlichkeiten mit sich bringe, aber Außenstehende bemerkten das nur, wenn es ihre eigenen Pläne durchkreuze. Ich muss sagen, Miss Milliment ist viel großherziger als unsere Familie; dann meinte Polly, dass ja nicht nur ihr Herz groß ist – daraufhin kriegten wir uns vor Lachen nicht mehr ein, bis Polly meinte, es sei hässlich von ihr, auf Miss Milliments Körperfülle anzuspielen. Da musste ich an Dads Geschichte der Putzfrau denken, die bei ihm arbeitete, bevor er heiratete. Wann immer er sie bat, etwas Richtiges zu machen, wie den Boden zu schrubben, sagte sie, sie sei zwar stämmig, aber zart, und dann hatte er das Gefühl, sie nicht mehr darum bitten zu dürfen.

Juli

Ich glaube, es ist um den 4. Ich habe immer noch keine Antwort auf meinen Brief bekommen. Polly sagt, ich solle mir doch überlegen, wie lange wir brauchen, bis wir nach Weihnachten unsere Dankesbriefe schreiben, und dass General de Gaulle so viel Post bekommen würde, wie wir es uns gar nicht vorstellen könnten. Aber das glaube ich nicht. Seine Familie und seine Freunde in Frankreich können ihm ja nicht schreiben, und ich denke nicht, dass es viele gibt, die in meiner Situation stecken.

Louise ist wieder da. Sie ist nicht mehr ganz so stark geschminkt wie früher, weswegen sie besser aussieht, aber es kommt mir vor, als halte sie ziemlich Abstand zu uns. Sie schreibt stundenlang Briefe, um irgendwo eine Stelle am Theater zu bekommen, und auch an einen Mann bei der Marine, den sie kennengelernt hat. Außerdem schreibt sie an einem Stück mit einer ziemlich guten Idee. Es handelt von einer jungen Frau, die sich entscheiden muss, ob sie einen Mann heiraten oder ihre Karriere als Tänzerin fortsetzen soll. Das ist der erste Akt. Im zweiten Akt sehen wir, was passieren würde, wenn sie bei ihrer Karriere bleibt, und im dritten, was passiert, wenn sie heiratet. Es soll *Unfassbares Schicksal* heißen, was ich persönlich ziemlich aufgeblasen finde. Aber die Idee gefällt mir. Ab und zu liest sie uns ein paar Stellen daraus vor, aber sie will von uns nur hören, wie gut es ist. Eine ausgesprochen interessante

Sache hat sie mir aber doch erzählt. Angela hat sich in einen verheirateten Mann verliebt, der rund zwanzig Jahre älter ist als sie. Er arbeitet mit ihr bei der BBC und heißt Brian Prentice, und sie möchte ihn heiraten, aber das geht natürlich nicht, weil er ja schon verheiratet ist. Ich sagte, das sei traurig, aber so sei es eben, aber Louise sagte, nein, so sei es eben nicht, weil Angela jetzt ein Kind bekomme, und die Tanten J. und V. machten sich deswegen große Sorgen. Louise hat sie in London im alten Haus von Lady Rydal gesehen, weil jede der Enkeltöchter sich eins von Granias Schmuckstücken aussuchen sollte. Sie durften dem Alter nach auswählen, also bekam Angela Granias Perlen und Nora die ewig lange Kristallkette, und da die Tanten die Diamantringe behielten, blieb für Louise nur ein Paar filigrane Goldohrringe übrig. Was Judy oder Lydia bekamen, weiß ich nicht – sie durften es sich nicht einmal aussuchen. Aber bei der Gelegenheit sah Louise Angela, und sie sagte, sie sei furchtbar blass gewesen und sehr still. Es würde mich brennend interessieren, was da passiert ist. Sie muss wohl mit ihm ins Bett gegangen sein – was eindeutig schlecht ist –, aber es muss unglaublich Spaß machen, sonst wäre es ja nicht dazu gekommen. Vielleicht hat sie nicht gewusst, dass er verheiratet ist, in welchem Fall die Schuld allein bei Brian Prentice liegt. Doch wie Polly sagte, wird die Sache für die Betreffende dadurch nicht besser, und es ändert auch nichts daran. Louise sagte, es gebe etwas, das Volpar Gel heißt und bedeutet, dass man kein Kind bekommt. Und sogar Diaphragmen helfen, sagte sie, aber als ich sie fragte, was die denn seien, wollte sie es mir nicht erklären. »Dafür bist du noch nicht alt genug«, sagte sie. Zum Glück wird es eine sinkende Anzahl von Dingen geben, für die ich noch nicht alt genug bin, aber dann ist man vermutlich im Handumdrehen für eine wachsende Anzahl von Dingen zu alt. Man hat einfach keine Chance. Ich freue mich schon darauf, dreißig zu werden, ich glaube, das ist die kurze Zeitspanne zwischen Scylla und Charybdis.

Warum bloß bekomme ich von General de Gaulle keine Antwort auf meinen Brief? Ich finde das wirklich ziemlich rücksichtslos, wenn nicht gar unhöflich. Die Duchy sagt, man müsse Briefe postwendend beantworten.

Die arme Tante Rach hat einen furchtbaren Vormittag hinter sich, sie hat den Großtanten die Zehennägel geschnitten. Ich hörte sie sagen, sie seien wie die Klauen alter Seevögel – stark gebogen und unglaublich hart. Das ist offenbar eines der ersten Dinge, die man nicht mehr machen kann, wenn man wirklich alt ist, weil man sie nicht mehr erreichen kann. Ich warnte Polly davor, weil das bedeutet, dass sie besser nicht ganz allein in ihrem Haus leben sollte. Sie fragte, was denn Einsiedler täten, denn die seien praktisch immer alt und müssten ja allein sein. Ich vermute, die bekommen Klauen wie ein Papagei.

Zum Lunch gab es heute Klopse vom Fleischer, die nach einem neuen Rezept gemacht wurden, was bedeutet, dass sie kaum noch Fleisch enthalten. Neville sagte, sie erinnerten ihn an eine Feldmaus nach einem Autounfall, dabei schmeckten sie einfach nur langweilig. Aber die Duchy sagte, das Pfund koste lediglich acht Pence, und wir müssten dankbar dafür sein. Ich glaube, das war keiner.

Etwas Interessantes: Ein Freund von Dad kommt zu Besuch! Er hat von der Armee Genesungsurlaub bekommen. Er war mit Dad auf der Slade, und als Studenten waren sie zusammen in Frankreich. Er heißt Archie Lestrange, und vage erinnere ich mich auch an ihn, aber vor dem Krieg war er vorwiegend in Frankreich, und deswegen hat Dad ihn nur selten gesehen. Es wird schön sein, einen Freund von Dad hier zu haben, vielleicht redet er ein bisschen über ihn, er gehört ja nicht zur Familie. Ich hoffe, er kommt wirklich, im Gegensatz zu den Clutterworths, die es anscheinend nie zu uns schaffen. Jetzt werde ich Jule baden, weil es Zoës Tag (einer ihrer Tage) im Erholungsheim ist, und Ellen hat sich den Magen verdorben – die Klopse, würde ich tippen. Ich bade sie, dann gebe ich ihr ihr Fläschchen, setze sie auf den Topf, stecke sie ins Bett und lese ihr aus *Peter Hase* vor. Sie unterbricht mich zwar ständig, mag es aber gar nicht, wenn ich aufhöre.

Hier wurde ich unterbrochen, was nur gut war – als ich das Obenstehende noch mal durchlas, musste ich vor Langeweile gähnen. Woher kommt es, dass ein Großteil des Alltags aus nichts als banaler Routine besteht? Muss das so sein? Hat es mit dem Krieg zu tun, dass alles so dunkelgrau ist? Wie, um alles in der Welt, soll sich das ändern? Polly glaubt, dass alles völlig anders wird, sobald wir erwachsen sind, aber ehrlich gesagt glaube ich, dass sie sich da täuscht: Wenn überhaupt möglich, ist das Leben der Erwachsenen noch grauer. Ich bin überzeugt, wenn mein Denken interessanter wäre, wäre mir weniger langweilig, und darüber habe ich mich mit Miss Milliment unterhalten, schließlich ist sie schon eine ganze Weile für mein Denken zuständig, also muss zum Teil sie dafür verantwortlich sein. Zumindest hörte sie mir zu, was mehr ist, als ich von den meisten anderen behaupten kann, dann sagte sie eine Weile nichts, und schließlich meinte sie: »Ich frage mich, weshalb du aufgehört hast zu schreiben?«, und ich sagte, ich führe doch dieses Tagebuch, aber es sei ziemlich langweilig, und sie antwortete: »Nein, ich meine schreiben der Art wie vor einem Jahr. Da hast du Geschichten geschrieben. Jetzt machst du nur noch das, was ich euch als Hausaufgaben aufgebe, und das ist ganz und gar nicht dasselbe.« Das hatte ich mir gar nicht überlegt, aber es stimmt wirklich. Ich habe keine einzige Geschichte geschrieben – seit Dad weg ist. Ich sagte, mir sei nicht danach gewesen, und sie gab ziemlich scharf zurück, sie habe nicht gedacht, dass ich nur so zum Zeitvertreib schriebe, sondern eine richtige Schriftstellerin werden wolle. »Wer etwas professionell macht, tut es unabhängig von seiner Laune«, sagte sie. »Es wundert mich nicht, dass du dich langweilst, wenn du ein Talent vergeudest. Du langweilst dich selbst, und das ist in der Tat ein höchst verdrießlicher Zustand. Sich nicht genügend anzustrengen, ist einfach langweilig.« Doch ihre kleinen grauen Augen blickten ganz freundlich, als sie das sagte. Ich antwortete, ich wisse nicht, wie man schreiben könne, wenn einem nichts zum Schreiben einfalle, und sie erwiderte, dass mir etwas einfiele, sofern ich mich selbst dazu bewegen würde. Zum Schluss meinte sie noch, wenn mir innerhalb eines Monats nichts eingefallen sei, würde sie mir Griechischunterricht geben, denn das wäre zumindest ein neues Betätigungsfeld für meinen Verstand.

Es ist komisch – sobald ich über das Schreiben nachdachte, war mir überhaupt nicht mehr langweilig. Ich überlegte nur einfach, dass es schwierig sein würde, Zeit dafür zu finden. Ich habe eine Liste der vielen Sachen zusammengestellt, die jeden Tag von mir erwartet werden. Zum Beispiel sollen wir jetzt nicht nur unser Zimmer aufräumen, das sollten wir ja früher schon, wir müssen auch unsere Betten selbst machen, weil es nicht genügend Hausmädchen dafür gibt. Und manchmal müssen wir unsere Kleider bügeln, weil es Ellen zu sehr ermüdet, die gesamte Wäsche zu bügeln. Polly versteht sich wunderbar aufs Bügeln, aber ihr ist ihre Garderobe auch wichtig. Ich kann Bügeln nicht leiden, und es würde mich auch nicht stören, wenn meine Kleider ungebügelt wären. Wir müssen nach den Mahlzeiten beim Abräumen des Tischs helfen. Dann müssen wir nachmittags im Garten mithelfen – was immer Heather oder McAlpine oder die Duchy uns an Arbeiten auftragen, und ich muss sagen, einem der drei fällt garantiert etwas ziemlich Langweiliges ein. Wir müssen an der Quelle in Whatlington Wasser in Flaschen abfüllen (was ich ganz gern mag, sofern es nicht gerade in Strömen gießt). Dann müssen wir unsere Kleider selbst flicken, und zwar unter der Aufsicht von Bully oder Cracks oder Tante Syb oder Zoë, die aufpassen, dass wir es auch richtig machen. Eine von uns muss jeden Abend alle Fenster im Haus einzeln überprüfen, ob sie auch richtig verdunkelt sind. Dabei wechseln wir uns ab. Und das sind alles Dinge, die wir zusätzlich zu unserem Unterricht am Vormittag und den Hausaufgaben nach dem Tee übernehmen müssen. Nach den Hausaufgaben und nach dem Abendessen bleibt etwas Zeit, aber ich habe beschlossen, meinen Teil unseres Zimmers aufzuräumen, und das wird mehrere Tage in Anspruch nehmen, weil ich das im Grunde seit Jahren nicht mehr gemacht habe: Ich meine die Regale und Schränke und alles, seitdem ich meine Sachen aus London bekommen habe. Vielleicht dauert es sogar Wochen. Polly sagt, dass ich mich hinterher sehr darüber freuen werde, aber das kommt mir vor wie das, was Leute über ein kaltes Bad sagen. Wieder mit dem Schreiben anzufangen ist ein bisschen ähnlich, oder vielleicht ist das eher wie Schwimmen im Meer: schrecklich beim Hineingehen und wunderschön, wenn man erst einmal drin ist. Wie auch immer, abgesehen von diesen ganzen Sachen muss ich mir auch noch überlegen, was ich schreiben könnte, aber wenn es ums Schreiben geht, kann ich überhaupt nicht denken – nur wenn ich scheinbar an überhaupt nichts denke, blitzt ein Fünkchen einer Idee in meinem Kopf auf, und selbst dann kann ich nicht richtig darüber nachdenken. Es kommt mir vor wie eine Mischung aus Erinnern und Gefühl – manchmal erinnere ich mich auch nur an ein Gefühl, und das passiert oft, wenn ich gerade mit etwas völlig anderem beschäftigt bin. Trotzdem, selbst nicht daran zu denken macht es einfacher, nicht an das andere zu denken. Mittlerweile habe ich beschlossen, jeden Morgen nach dem Aufwachen an Dad zu denken. Ich wünsche ihm einen schönen Tag, an dem ihm nichts passiert, und sage ihm, dass ich ihn lieb habe, und dann höre ich auf. Es ist eine unglaubliche Erleichterung, das so zu machen. Natürlich bekümmert es mich, dass der General mir nicht antwortet, aber diese Sorge fällt in eine ganz andere Kategorie. Polly hatte schon Angst, weil ich mich vielleicht der Tatsache stellen müsste, dass er etwas schreibt in der Art, von meinem Dad gebe es keine Spur, was bedeute, es gebe keine Hoffnung. Aber das versteht sie nicht: Darum geht es nicht. Entweder weiß der General etwas über ihn, oder er weiß nichts. Aber das heißt ja nur, dass er nichts weiß. Es heißt nicht, dass Dad tot ist. Das heißt es ganz und gar nicht.

POLLY

JULI BIS OKTOBER 1941

Das ist zu weit für dich. Selbst wenn du den Hinweg schaffst, wärst du zu müde, um zurückzukommen.«

»Das ist nicht wahr.« Sie funkelte Simon an; ihrer Meinung nach plapperte er nur Teddy auf höchst gemeine Art und Weise alles nach. »Aber wenn ihr lieber allein fahren wollt …«

»Darum geht es nicht«, widersprach Teddy rasch: Es verstieß gegen das Familiengebot, jemanden absichtlich von einem Ausflug auszuschließen. »Ich kann mir nur einfach nicht vorstellen, dass du fast sechzig Kilometer Fahrrad fährst.«

»Nach Camber sind es keine dreißig Kilometer!«

»Aber fast. Außerdem haben wir Drei-Gang-Räder.«

»Also gut. Ich verstehe schon, ihr wollt mich nicht dabeihaben.«

»Mich wollen sie auch nicht dabeihaben«, sagte Neville, »was viel schlimmer ist.«

»Weißt du was«, sagte er zu Polly, nachdem sich die beiden anderen mit schlechtem Gewissen auf den Weg gemacht hatten. »Wenn sie alt und tattrig sind und mich anbetteln, mit mir eine Runde in meinem Rennwagen zu drehen, weigere ich mich. Oder in meinem Flugzeug, das ich für weitere Strecken wahrscheinlich haben werde. Ich werde ihnen sagen, dass sie zu alt sind, um etwas Schönes zu machen – blöde alte Scheißer.«

»Ich glaube nicht, dass du sie so nennen solltest.«

»Das sind sie aber, oder zumindest demnächst. Blöde Jungen sind Scheißer und blöde Mädchen sind Schnallen. Das hat einer in der Schule erzählt. Scheißer und Schnallen, so ist das.«

Er beobachtete ihr Gesicht in der Hoffnung, sie wäre entsetzt. Im vergangenen Jahr war er dermaßen gewachsen, dass seine Shorts weit über den knochigen Knien endeten, aber sein Haar stand immer noch in Büscheln von seinen zwei Wirbeln ab, und durch seinen Hühnerhals wirkte er irgendwie verletzlich. Nichts an ihm schien zusammenzugehören: Seine Zähne waren für den Mund zu groß, seine Füße in den dreckigen Sandalen sahen riesig aus, seine Ohren standen ab, sein dünner, eibrauner Oberkörper mit den hervortretenden Rippen nahm sich zierlich aus und passte so gar nicht zu seinem gewaltigen Ledergürtel und dem daran hängenden Messer. Er war übersät von kleineren Wunden – Kratzer, Schnitte, Blasen, Niednägel und sogar eine Verbrennung an der rechten Hand von einem Experiment mit einem Vergrößerungsglas. Sein üblicher Gesichtsausdruck war herausfordernd und ängstlich zugleich. Unvermittelt fragte sie sich, wie es wohl wäre, er zu sein, und wusste sofort, dass sie das nie wissen würde.

»Ich habe mir überlegt, nach Bodiam zu radeln«, sagte sie. »Möchtest du mitkommen?«

So zu tun, als müsste er sich den Vorschlag erst durch den Kopf gehen lassen, gefiel ihm sichtlich. Dann sagte er, und seine Stimme klang wie eine eindrucksvolle Nachahmung von Colonel Chinstrap in ITMA: »Ich habe keine Einwände.«

Diese freundliche Geste musste sie teuer bezahlen. Auf der Hinfahrt bekam sie die üblichen Bauchkrämpfe des ersten Tags, und die restliche Zeit – während sie ein Picknick machten, die Burg erkundeten, sie ihn daran hinderte, im Burggraben zu schwimmen, und dann beruhigend auf ihn einredete, bis er es aus der schwindelerregenden Höhe einer Eiche, in die er geklettert war, herunterschaffte – war überschattet von ihrer Panik, sie könnte zu bluten anfangen, wo sie doch nichts dabeihatte, und ihn damit erschrecken und ekeln. Die Rückfahrt wurde ihr unerträglich, sie sagte, sie sei müde und müsse langsam fahren, er solle ruhig ihr voraus nach Hause fahren, aber das wollte er nicht. Er sauste ein Stück vor, machte kehrt und radelte zu ihr zurück. »Nur gut, dass du nicht nach Camber gefahren bist«, sagte er munter. »Du hättest irgendwo anhalten und in einem Feld oder einer Kirche oder sonst wo übernachten müssen.«

Später meinte er ermutigend: »Aber es ist nicht deine Schuld. Du kannst nichts dafür, dass du ein Mädchen bist. Sie werden schnell müde – ich glaube, das hat etwas mit ihren Haaren zu tun.«

Als sie Home Place erreichten, bat sie ihn, ihr Fahrrad wegzustellen, und das tat er bereitwillig.

Sie schleppte sich nach oben, badete und legte sich aufs Bett. Sie hatte Kopfweh und Bauchweh und fühlte sich schrecklich; nicht einmal zum Lesen hatte sie Lust. Aber ihm hatte es Spaß gemacht, also hatte es sich gelohnt. So kam sie zu dem Schluss, dass sie jede Woche irgendetwas für eine andere Person tun würde, und schrieb die Namen dieser Leute auf eine Liste, damit sie die entsprechende gute Tat jeweils daneben notieren konnte.

Einige, etwa der Brig (ihm aus dem *Timber Trades Journal* vorzulesen, das unsäglich öde war), waren einfach, andere, wie ihre Mutter und Miss Milliment, dagegen schwierig. Zu guter Letzt beschloss sie, Miss Milliment eine Jacke zu stricken – ein gewaltiges Unterfangen, das Monate dauern würde, aber es könnte ein Weihnachtsgeschenk in einer Größe sein, wie sie es ihr sonst nicht machte. Ihrer Mutter gefiel die Idee, und sie erbot sich, nach der Vorlage einer Strickjacke zu suchen, die Miss Milliments Körpermaßen entsprach. »Es wird eine Herrenjacke sein müssen«, meinte sie, »also musst du daran denken, die Knopflöcher auf der linken Seite einzustricken. Meinst du wirklich, dass du sie zu Ende bringst? Sonst wäre es eine ziemliche Verschwendung von Wolle.«

Sie versprach, nicht mittendrin aufzuhören, und dann wollten sie und Clary im Laden in Whatlington Wolle kaufen, aber Mrs. Cramp hatte nur Babywolle oder Khaki oder Marineblau auf Lager. »Etwas anderes wird heutzutage kaum mehr verlangt«, erklärte sie. Schließlich besorgte Tante Villy freundlicherweise welche in London. Dem ging allerdings eine angelegentliche Diskussion voraus, welche Farbe Miss Milliment denn am besten stehen würde. Das Problem war, dass jeder vorgeschlagene Ton der denkbar schlechteste zu sein schien: Weinrot passte nicht zu ihrer zitronenfarbenen Haut, mit Flaschengrün würde ihr Haar wie Seetang wirken, Grau war zu langweilig, mit Rot sähe sie aus wie ein Londoner Bus, und so weiter. Zu guter Letzt einigte man sich auf einen gedeckten, zart lila-blauen Ton. So viel also zu Miss Milliment, und da die Jacke ausschließlich in ihrer Abwesenheit gestrickt werden konnte, kam sie nicht gut damit voran. Ein großes Problem bereitete ihr ihre Mutter. »Das Einzige, was sie sich wirklich wünscht, ist, dass Dad nicht mehr in London ist, und daran kann ich nichts ändern«, beklagte sie sich bei Clary. Bis sie eines Tages ins Zimmer ihrer Mutter ging, als die gerade am Frisiertisch saß und die Haarnadeln aus ihrer Frisur zog.

»Ich muss mir wirklich die Haare waschen«, sagte sie. »Du könntest mir wohl nicht dabei helfen? Es ist so schwierig, die ganze Seife herauszuspülen, und wenn ich mich so lange über die Schüssel beuge, wird mir etwas übel.«

Danach wusch sie ihrer Mutter jede Woche die Haare, immer freitags, bevor Dad zum Wochenende nach Hause kam. Sie verfiel sogar auf eine brillante Lösung, sodass ihre Mutter auf einem geeigneten Stuhl mit dem Rücken zur Schüssel sitzen konnte und die Haare hineinfielen, und so wurde ihr überhaupt nicht übel.

Dad war ein weiterer schwieriger Fall. Dieser Tage sah sie ihn so selten, und wenn, wirkte er schrecklich müde. Seine Schläfe pochte fast immer, wenn er, grau vor Müdigkeit, am Freitagabend nach Home Place kam. Außerdem sah sie ihn so gut wie nie allein: Es waren so viele Menschen im Haus, und da sie jetzt Dinner mit den Erwachsenen aß, kam er nicht mehr zum Gute-Nacht-Sagen zu ihr ans Bett. Beim Essen wurde meist über den Krieg gesprochen: Hitler war in Russland einmarschiert, sodass Russland jetzt auf ihrer Seite war, was nach Pollys Ansicht nur bedeutete, dass der Krieg sich noch länger hinziehen würde.

Eines Samstags dann fragte er sie, ob sie Lust habe, mit ihm nach Hastings zu fahren: »Nur du und ich, Polly, weil ich dich so selten sehe.«

Sie fuhren in seinem Wagen, weil er sagte, er bekomme wegen der Firma eine zusätzliche Zuteilung, und es war eine große Erleichterung, schließlich aufzubrechen, weil so viele mitkommen wollten. »Bist du dir sicher, dass es für dich in Ordnung ist?«, hatte sie Clary besorgt gefragt.

»Natürlich!«

Aber sie wusste, dass es nicht stimmte, und sagte: »Ich möchte so gern Dad ein bisschen für mich allein haben.«

Und Clary hatte ihr dieses wunderschöne Lächeln zugeworfen. »Natürlich«, hatte sie gesagt. »Das kann ich absolut verstehen.«

Teddy und Simon hatten heftig protestiert, sie wollten auch mitkommen, aber das hatte Dad unterbunden. »Das ist ein Ausflug für Polly und mich«, sagte er, »fort mit euch!«, als sie an den Türgriffen zerrten. Polly hatte ihr rosafarbenes Kleid angezogen und ihre Tennisschuhe geweißt, aber sie waren noch feucht und wurden immer weißer, während sie auf der Fahrt nach Hastings trockneten.

»Hast du irgendetwas Bestimmtes vor?«, fragte sie, als die »Ungerecht!«-Rufe verhallten.

»Lass uns doch versuchen, ein Geschenk für Mummy zu finden. Wer weiß? Aber vielleicht entdecken wir etwas anderes. Vielleicht sehe ich ein schönes Nach-Geburtstagsgeschenk für dich.«

»Du hast mir doch die schöne Uhr geschenkt.« Sie schlackerte ihr etwas ums Handgelenk, und sie schob sie zurecht.

»Die haben wir zusammen am Ende unseres letzten Urlaubs ausgesucht – unseres bislang letzten Urlaubs, meine ich.«

Sie warf einen Blick zu ihm und wunderte sich, dass er es damit so genau nahm.

»Was ist?« Er hatte ihren Blick bemerkt.

»Ich habe mich gefragt, weshalb du es damit so genau nimmst.«

»Keine Ahnung. Was sagst du dazu, dass die Russen jetzt auf unserer Seite sind? Besser als gegen uns, meinst du nicht?«

»Mir kommt es vor, als würde sich der Krieg dadurch nur noch mehr ausweiten«, sagte sie. »Wenn bloß Amerika auf unserer Seite wäre!«

»Sie sind aber auch nicht richtig gegen uns. Mr. Roosevelt tut sein Bestes für uns. Ohne ihn hätten wir sogar ganz schön in der Tinte gesessen.«

»Aber das ist nicht dasselbe, als wenn sie in den Krieg eintreten und uns helfen würden, die Deutschen zu bekämpfen. Beim letzten Mal haben sie zu guter Letzt auch mitgemacht.«

»Dazu kann es sehr wohl noch kommen. Aber überleg dir nur mal, Poll, mein Schatz, wie sehr du gegen den Krieg bist, und dann stell dir vor, du wärst Amerikaner. Wie würde es dir denn gefallen, wenn bei ihnen Krieg wäre, und wir müssten alle England verlassen und Tausende von Kilometern entfernt für sie kämpfen? Alle Männer natürlich«, fügte er hinzu. Er hielt nichts von Frauen beim Militär. »In dem Fall könntest du womöglich der Meinung sein, es sei ihr Krieg, und sie sollten ihn allein ausfechten.«

»Dad, weißt du was – ich kenne keinen einzigen Amerikaner.«

»Das ungefähr meine ich ja.«

»Andererseits, wenn Hitler hier gewinnt, nimmt er wahrscheinlich andere Teile der Welt ins Visier, und das könnten sie sein; dann würden sie das sehr bereuen.«

»Ich glaube, mit Russland hat er sich ziemlich übernommen. Hitler wird nicht gewinnen«, sagte er mit Nachdruck.

»Wie lange wird es dann noch dauern?«

»Das weiß ich wirklich nicht. Noch eine ganze Weile. Aber die Lage ist besser als vor einem Jahr.«

»Wie kannst du das nur sagen? Die ganzen schrecklichen Luftangriffe, die Rationierung, die Kapitulation Frankreichs und der ganzen anderen Länder. Mir kommt es sehr viel schlimmer vor.«

»Vor genau einem Jahr stand es Spitz auf Knopf, dass die Deutschen hier einmarschieren. Das wäre schlimmer gewesen. Und die Luftschlacht um England haben wir nur knapp gewonnen. Jetzt kann ich es dir ja sagen, Poll, ich hatte Albträume, dass das passiert und dass ich in London festsitze und euch nicht helfen kann.«

»Ach, Dad, du Armer! Jetzt weiß ich, wie du das gemeint hast, es sei besser geworden.« Sie freute sich, dass er ihr von so bedeutenden Dingen wie seinen Albträumen erzählte. »Ich wusste gar nicht, dass Erwachsene sie auch haben«, sagte sie.

»Ach, mein Schatz! Alle möglichen Dinge sind für Erwachsene

genauso wie für Kinder. Aber etwas anderes – wie wäre es, wenn wir als Erstes zu Mr. Cracknell gehen? Und in der Nähe gibt es auch ein ganz hübsches Schmuckgeschäft.«

Als sie Hastings fast erreicht hatten, fragte er: »Und wie geht es allen zu Hause?«

»Ganz gut, denke ich. Wem insbesondere?«

»Na ja, deinen Tanten – und deiner Mutter.«

»Tante Rach macht der Rücken sehr zu schaffen.«

»Ich weiß«, warf er rasch ein. »Sie sagt ganz oft, dass sie wie ein alter Deckstuhl ist, der sich verklemmt hat. Aber ich sorge dafür, dass sie in London zu diesem sehr guten Mann geht. Und ich glaube, dass es ihr Spaß macht, im Büro zu arbeiten.«

»Für Tante Rach gibt es nichts Schöneres, als gebraucht zu werden«, sagte sie. »Für sie mehr als für die meisten anderen.«

»Da hast du recht, das stimmt. Und?«

»Und was? Ach – die anderen. Also, Tante Villy langweilt sich, denke ich. Ich glaube, am liebsten würde sie etwas richtig Großes für den Krieg machen. Die Rot-Kreuz-Arbeit und die Erste-Hilfe-Kurse, die sie gibt, und ihre Tage im Erholungsheim in der Mill Farm reichen ihr nicht.«

»Ich muss ja sagen, Polly, du bist wirklich sehr aufmerksam.«

»Aber Tante Zoë ist eigentlich ganz zufrieden. Sie kümmert sich im Erholungsheim jetzt um zwei Männer – liest ihnen vor und schreibt Briefe für sie, solche Sachen –, und davon abgesehen geht sie natürlich ganz in Juliet auf.«

Hugh lächelte auf die zärtliche, erfreute Art, die bei ihm fast ausschließlich Kleinkindern vorbehalten war. »Natürlich.«

»Und was ist mit Mummy?«, fragte er nach einer Weile. »Wie geht es ihr? Was meinst du?«

Polly überlegte. »Ich weiß es nicht. Das Problem ist, ich glaube, dass es ihr meistens nicht besonders gut geht. Der Urlaub mit dir hat ihr sehr gefallen, aber ich hatte den Eindruck, dass sie davon noch müder geworden ist. Nach der Rückkehr hat sie sich zwei Tage ins Bett gelegt.«

»Wirklich?«

»Sag ihr nicht, dass ich es dir erzählt habe. Ich hätte nichts sagen dürfen. Sie wollte nicht, dass du es erfährst.«

»Ich verrate nichts.«

»Als sie operiert werden musste, habe ich mir schreckliche Sorgen gemacht. Aber es ist doch alles gut geworden, oder?«

»Natürlich«, sagte er mit Nachdruck. »Richtig gut. Aber weißt du, manche Menschen brauchen sehr lang, um sich von so etwas zu erholen. So, da wären wir! Hastings, mach dich auf etwas gefasst!«

In Mr. Cracknells Laden war es sehr dunkel, und alles, das dort stand, wirkte verstaubt, aber es waren einige faszinierende Gegenstände darunter. Möbel natürlich: Dad kaufte zwei Stühle, in deren Rückenlehne zwei Weizenähren geschnitzt waren. »Denen kann ich nicht widerstehen«, sagte er. Aber es gab auch eine ganze Reihe Holzkästchen, einige hatten Intarsien aus Perlmutt, andere aus Messing. Innen waren sie mit gerafftem Satin oder Samt in Blutrot oder einem leuchtenden Dunkelblau ausgeschlagen, und manche hatten kleine Kristallflaschen und Tiegel mit Silberdeckel. Bei einigen handelte es sich um Nähkästen mit winzigen Spulen – wiederum aus Perlmutt, und darum waren Fäden dicker verblasster Seide gewickelt. Stahlscheren, Heftchen mit Stahlnadeln und ein spitzes, scharfes Werkzeug, um Löcher in etwas zu bohren, lagen innen auf dem obersten Fach, und einige der Kästchen hatten ganz unten ein Geheimfach, das auf Knopfdruck hin aufsprang. Polly war ganz hingerissen von ihnen, untersuchte jedes eingehend und überlegte sich, welches ihr am besten gefallen würde. Dann entdeckte sie einen Kasten aus schlichtem Rosenholz, der sich als kleines Reiseschreibpult erwies. »Für Reisezwecke war das gedacht«, erklärte ihr Vater. »Das haben Damen mitgenommen, wenn sie zu jemandem auf Besuch fuhren.«

Im geöffneten Zustand bildete das Pult eine leicht abfallende Fläche, die mit dünnem dunkelgrünen Leder bezogen war. Unter der Schräge war Platz für Papier. »Das würde Clary gut gefallen«, sagte sie. »Dad, meinst du, es könnte höchstens fünfundzwanzig

Shilling kosten? Mehr habe ich nicht.« Ihr erschien es sehr viel, aber sie wusste, dass alles, was Shillinge kostete, in seinen Augen nicht teuer war.

»Ich werde mich erkundigen. Schau dir mal das an.« Es war ein kleiner achteckiger Tisch mit einem eleganten Sockel und einer sehr hübschen Oberfläche; das Furnier war in exakten Dreiecken angeordnet, was durch die Maserung wie eine Blume wirkte. Ihr Vater betätigte irgendetwas, und der Tischdeckel öffnete sich und gab einen Innenraum frei, ausgeschlagen mit Papier, das mit winzigen Rosensträußen verziert war – wie Tapete für ein Puppenhaus, fand sie. Mr. Cracknell erschien aus den rückwärtigen Geschäftsräumen, in der Hand ein flaches achteckiges Tablett, ausgelegt mit demselben Papier, allerdings war es in zahlreiche Fächer unterteilt. »Ich habe das Tablett gerade restauriert«, sagte er und passte es sorgsam in den Hohlraum.

»Es ist ein Nähtisch, frühes zwanzigstes Jahrhundert, nicht besonders alt«, erklärte er.

»Also, Polly, aus welchem Holz ist er? Sehen wir doch mal, wie viel du weißt.«

Polly sagte, sie halte es für Nussbaum.

»Korrekt!«, rief Mr. Cracknell. Er war alt, trug eine Brille mit Metallrahmen, hatte grünlich-weiße Haare und ging gebeugt. Er fuhr mit seinem abgeflachten Daumen über das Holz. »Das ist wirklich wunderschöne Furnierarbeit. Perfekt eingepasst.«

»Glaubst du, das würde Mummy gefallen?«

Der Tisch eignete sich nur für kleinere Näharbeiten – in den unteren Stauraum passten keine Sachen wie der Wintermorgenmantel für Wills, an dem sie gerade saß.

»Ich könnte mir denken, dass sie ihn schön finden würde«, antwortete sie und sah, dass das Gesicht ihres Vaters etwas in sich zusammenfiel.

»Dann sollten wir wohl weitersuchen«, meinte er.

Mr. Cracknell, der die Brüder Cazalet von ihren vielen Besuchen kannte, sagte, er habe eine sehr schöne hohe Kommode, die sie sich vielleicht ansehen möchten. »Da Ihnen Nussbaum so gefällt«, sagte er. »Und die ursprünglichen Griffe sind auch noch dran.« Die Räume standen derart gedrängt voll, und es war so dunkel, dass er eine Taschenlampe holen musste, um ihnen das Möbelstück zu zeigen.

Polly merkte, dass es Dad wirklich gut gefiel. Er strich über das Holz, zog sacht eine Schublade heraus und bewunderte die handwerkliche Arbeit. »Siehst du, Poll?«, sagte er. »Damals haben sie Schubladen mit Holzzapfen und Verzahnung gezimmert.« In einer der Schubladen sah sie eine Ansammlung winziger runder Löcher.

»Der Wurm ist tot«, sagte Mr. Cracknell. Er klopfte fest auf das Holz, und Hugh nickte.

»Wenn der Wurm noch zugange wäre, würde eine Art Sägespäne herauskommen«, erklärte er. »Und wie viel möchten Sie dafür, Mr. Cracknell?«

»Nun ja, ich könnte sie Ihnen für dreihundert geben.«

Hugh stieß einen Pfiff aus. »Ein bisschen jenseits meiner Möglichkeiten, fürchte ich.«

Zu guter Letzt kaufte er den Nähtisch, und während Mr. Cracknell ihn zum Wagen hinaustrug, bat Polly ihn, sich nach dem Preis des Schreibpults zu erkundigen.

»Möchtest du es, Poll? Würdest du es benutzen?«

»Ich möchte es Clary schenken.«

»Ach, natürlich, das hast du ja schon gesagt. Ich frage nach.«

Er ist ziemlich vergesslich geworden, dachte sie sich; das war er früher nicht.

Er kam zurück und sagte, was für ein Glück – das Pult koste genau fünfundzwanzig Shilling.

»Das ist aber ein teures Geschenk für dich, mein Schatz«, meinte er.

»Ich weiß, aber ich möchte es ihr schenken.«

Nachdem sie alles im Wagen verstaut hatten, fragte sie: »Dad, warum lächelst du?«

»Ich dachte mir gerade, dass ich eine wirklich sehr liebe Tochter habe.«

Wenn er nicht lächelte, sah er eigentlich traurig aus, stellte sie fest.

Da sie schon einmal hier wären, sagte er, würden sie sich auch in anderen Läden umsehen. Sie befanden sich im alten Teil der Stadt mit engen Straßen, wo Möwen umherflogen, und immer wieder trieb der Geruch von Teer und Fisch und dem Meer zu ihnen herüber. Im Juweliergeschäft, das winzig war und voll antiker Schmuckstücke, nahm er ein Paar hängende Rubinohrringe in die Hand.

»Meinst du, dass sie Mummy gefallen würden?«, fragte er. »Sie würden zu der Kette passen, die ich ihr vor Jahren geschenkt habe.«

Polly wusste, dass ihre Mutter Rubine nicht mochte, weil sie nicht zu ihrem Haar passten, und sie die Kette nur bisweilen Dad zuliebe trug.

»Du hast in Edinburgh Ohrringe für sie gekauft, die hat sie mir gezeigt«, sagte sie. »Ich könnte mir denken, dass ihr etwas anderes besser gefallen würde.« Ständig kaufte er ihr Geschenke, obwohl ihr Geburtstag Ewigkeiten zurücklag. »Außerdem würde sie sie jetzt, im Krieg, nicht oft tragen.«

»Praktische Poll.« Er nahm ein Tablett mit Ringen in Augenschein. Gerade wollte sie sagen, dass Mummy dieser Tage auch kaum Ringe trage, da griff er nach einem kleinen mit einem flachen grünen, in Gold gefassten Stein. Die Rückseite war elegant ziseliert, der Ring selbst schlicht. »Steck ihn an«, sagte er. Er passte genau an ihren Ringfinger.

»Was sagst du dazu?«, fragte er.

»Ich glaube, der würde ihr sehr gefallen. Er würde doch jedermann gut gefallen.«

»Gut. Dann schenke ich ihn jedermann. Nimm ihn ab.«

»Was meinst du mit ›jedermann‹? Das geht doch gar nicht«, fragte sie und reichte ihm den Ring zurück. Er klang verrückt.

»Also gut, dann schenke ich ihn der nächsten Person, der ich begegne, nachdem ich ihn gekauft habe.« Er ging in den hinteren Teil des Ladens, wo er einen Scheck ausstellte. Und was ist, dachte sie verwirrt, wenn er vor dem Laden einen Postboten trifft? Natürlich war denkbar, dass der Postbote eine Frau hatte, aber womöglich auch nicht.

Als er zurückkam, sagte er: »Guten Tag, Polly! Was für eine Überraschung, dich hier zu sehen«, und gab ihr ein kleines Kästchen. Darin lag, auf leicht verschlissenem weißen Satin, der Ring. »Ich wusste doch, dass du die nächste Person sein würdest, die ich sehe«, erklärte er.

Sie war überwältigt. Ein Ring! Und er war so wunderschön!

»Ach, Dad! Mein erster Ring.«

»Ich wollte der Erste sein, der dir einen schenkt.«

»Er ist perfekt. Darf ich ihn jetzt tragen?«

»Ich wäre zutiefst gekränkt, wenn du ihn nicht gleich anstecken würdest. Smaragde stehen dir, Poll«, stellte er fest, als sie ihm die Hand mit dem Ring daran zeigte. »Du hast schöne Hände – wie deine Mutter.«

»Ist es wirklich ein Smaragd?«

»Ja. Spätes sechzehntes Jahrhundert – ein bisschen zu früh für Simili, denke ich. Ich würde sagen, dass es ein Smaragd ist, und der Geschäftsinhaber war auch der Meinung.«

»Unglaublich!«

»Du bist groß geworden«, sagte er. »Ich kann mich an eine Zeit erinnern, da wäre dir eine Katze lieber gewesen als ein Ring.«

»Die Rückseite ist so hübsch«, sagte sie, als sie wieder im Auto saßen.

»Ja. Das ist wie mit den Schubladen in der Hochkommode. Damals legten die Leute noch Wert darauf, Dinge auf schöne Art zu fertigen, ob man das nun gleich sah oder nicht.«

Bevor er den Motor anließ, umarmte sie ihn und gab ihm drei Küsse. »Danke, Dad. Das ist das schönste Geschenk, das ich je bekommen habe.«

Sie fuhren zur Strandpromenade und gingen an den hohen, schmalen schwarzen Hütten entlang, in denen die Fischer ihre Netze aufbewahrten. Es war ein sonniger, windiger Tag mit weißen Schaumkronen auf dem leeren Meer. Stacheldraht und Betonquader lagen aufgereiht am Strand und versperrten ihnen den Zugang zum Wasser. In einträchtigem Schweigen schlenderten sie weiter. Im Gegensatz zu sonst empfand Polly ein unendliches Glücksgefühl. Die doppelte Freude über ihren Ring und den Gedanken, Clary ihr Reiseschreibpult zu schenken, überdeckte alles andere. »Hol tief Luft, Dad«, riet sie ihm, »die Seeluft tut dir gut«, und er lächelte auf seine freundliche, liebevolle Art und atmete übertrieben laut ein.

»Jetzt habe ich mir guttun lassen«, sagte er. »Suchen wir uns auf dem Heimweg doch einen hübschen Pub.«

Als sie im Garten des Pub unter einem Apfelbaum saßen und ihr Apfelwein und sein Bier serviert worden waren, fragte er unvermittelt: »Hat Mummy mit dir je darüber gesprochen, dass sie vielleicht ein zweites Mal operiert werden muss?«

»Eigentlich nicht. Vor Wochen erwähnte sie es einmal, aber als ich dann nachfragte, sagte sie, sie hätte ihre Meinung geändert. Das war vor eurem Urlaub.«

Es entstand eine Pause, er blickte in sein Glas. Verwundert und mit wachsender Angst fragte sie: »Das war doch eine Erleichterung, oder nicht? Das hat sie zwar nicht gesagt, aber ich wusste, dass ihr davor graute, womöglich noch ein zweites Mal operiert zu werden, weil es ihr nach dem ersten Mal so schlecht gegangen ist.«

»Hat sie gesagt, dass sie erleichtert war?«

»Sie sagte …« Polly überlegte – es erschien ihr wichtig, sich an die genauen Worte zu erinnern. »Ich sagte, ach, wie gut, da musst du doch erleichtert sein, und sie hat zugestimmt. Sie hat zugestimmt, Dad. Und sie hat sich unglaublich über den Urlaub gefreut. Sie sagte, sie sei beim Heimkommen nur deswegen so müde gewesen, weil sie auf der Rückfahrt im Zug so wenig geschlafen habe. Und sie bat mich nur, es dir nicht zu sagen, weil sie nicht wollte, dass du dir Sorgen machst. Es war nicht wichtig. Sie bleibt ab und zu einmal einen Tag im Bett.«

»Ach ja?« Er zündete sich eine Zigarette an, und sie bemerkte, dass seine Hand zitterte.

»Ach, Daddy! Ihr macht euch ständig Sorgen umeinander, aber

das habt ihr immer schon. Und ich glaube, was sie wirklich möchte, ist, bei dir in London zu sein. Du fehlst ihr. Ich finde, du solltest ihr das nicht abschlagen.«

»Ich lasse es mir durch den Kopf gehen«, sagte er, aber in einem Ton, der ihr zu verstehen gab, dass er es nicht tun würde. »Danke«, fügte er hinzu; es klang wie ein Schlusspunkt.

Als sie wieder in den Wagen stiegen, fragte er: »Freust du dich darauf, Clary ihr Pult zu schenken?«

»Und wie! Sie hat mir ein wunderschönes Geburtstagsgeschenk gemacht – lauter verschiedene Schmetterlinge in einem Glaskasten, für mein Haus. Aber ich glaube, wenn sie das Pult bekommt, wird sie vor lauter Freude zu weinen anfangen. Vielleicht ist sie dann zur Abwechslung einmal ein bisschen glücklicher.«

»Ist sie denn so unglücklich?«

»Aber Dad, natürlich! Sie weigert sich zu glauben, dass Onkel Rupert tot ist und sie ihn nie wiedersehen wird. Sie erfindet alle möglichen Geschichten über ihn, und sie hat sogar General de Gaulle geschrieben, weil sie dachte, er könnte in Frankreich als Spion für uns arbeiten, und er hat Ewigkeiten nicht geantwortet, aber schließlich hat sie einen Brief bekommen, in dem es hieß, sie hätten Erkundigungen eingezogen, aber niemand dieses Namens sei ihnen bekannt. Ich dachte, vielleicht stellt sie sich dann der Tatsache, dass er tot ist und sie ihn nie mehr wiedersehen wird, aber irgendwie kann sie das nicht. Sie liebt ihn zu sehr, um das zu ertragen.«

Ein Schock. Ohne Vorwarnung brach ihr Vater in ein trockenes, fast brüllendes Schluchzen aus. Er ließ seinen Kopf auf die Arme sinken, die auf dem Lenkrad lagen, und weinte haltlos. Sie drehte sich auf ihrem Sitz zu ihm und umarmte ihn, aber die Tränen hörten nicht auf.

»Dad, lieber Dad. Es tut mir leid. Natürlich, er ist dein Bruder, dir muss es auch sehr wehtun. Und wahrscheinlich hast du dich damit abgefunden, und das muss schrecklich sein. Es ist so endgültig, nicht? Armer Dad.«

Schließlich wurde ihr klar, dass Reden nichts nützte, und sie hielt ihn einfach im Arm, bis sein Schluchzen nachließ, er nach seinem Taschentuch fummelte und sich die Nase putzte. Danach trocknete er sich das Gesicht, allerdings auf eine Art, als wäre er nicht daran gewöhnt (aber, fiel ihr ein, er war ja auch tatsächlich nicht daran gewöhnt zu weinen). »Entschuldige, Poll«, sagte er.

»Du brauchst dich nicht zu entschuldigen. Ich kann das gut verstehen.«

Nachdem er den Motor angelassen hatte und sie auf dem Heimweg waren, sagte sie: »Ich werde Clary nichts davon erzählen. Es würde sie nur bedrücken zu wissen, dass du glaubst, es gibt keine Hoffnung. Obwohl«, schloss sie zögernd, »einen Funken Hoffnung gibt es doch immer, Dad, oder? Meinst du nicht?«

»Muss es geben«, antwortete er, aber so leise, dass sie ihn kaum verstand.

Danach hatte sie Dad lange Zeit nicht mehr für sich, denn natürlich musste er der Gerechtigkeit halber auch einen Vormittag lang etwas mit Simon unternehmen, und davon abgesehen verbrachte er den Großteil seiner Wochenenden mit Mummy und Wills. Clary zeigte sich von dem Smaragdring wenig beeindruckt, bis Polly sagte, dass er elisabethanisch sei, woraufhin sie bat, ihn in die Hand nehmen zu dürfen. »Der könnte an jeder Hand gesteckt haben«, sagte sie. »Zum Beispiel am Finger einer Hofdame von Maria Stuart. Stell dir das nur vor! Womöglich war er dabei, als die Arme hingerichtet wurde! Ich muss sagen, das ist wirklich ein unglaublicher Besitz.« Aber sie war sofort und absolut überwältigt von ihrem Schreibpult, öffnete und schloss es immer wieder, es verschlug ihr die Sprache, Tränen traten ihr in die Augen. »Das bedeutet, dass du mich … doch ziemlich mögen musst«, sagte sie. »Ach, schau! Ein Geheimfach!« Beim Darüberfahren hatte sie zufällig eine Feder gedrückt, und unterhalb des Fachs für Papier sprang eine sehr flache Schublade auf. Darin lag ein kleines, dünnes Blatt Papier, das zu einem Kuvert gefaltet war. Ausgebreitet war es von einer krakeligen Schrift bedeckt, die sowohl quer als auch längs über die Seite verlief. »Wie Briefe bei Jane Austen! Ach, Poll, wie schön! Es wird Jahre dauern, ihn zu entziffern. Die Tinte ist schon ganz braun geworden. Aber es könnte ein sehr wichtiger Brief sein.« Sie taten ihr Bestes, aber sosehr sie sich auch bemühten, selbst mit einem Vergrößerungsglas konnten sie nicht alle Wörter eindeutig lesen. »Offenbar geht es vor allem um das Wetter und den Preis von Musselin«, sagte Clary zu guter Letzt. »Es muss noch etwas anderes drinstehen, oder vielleicht ist es auch ein Geheimcode, aber wann immer ich zu einem Wort komme, das wichtig sein könnte, läuft es in eine Querzeile, und ich kann es nicht lesen.«

Miss Milliment allerdings, zu der sie mit dem Brief gingen, konnte ihn erstaunlicherweise entschlüsseln. »In meiner Jugend hat man so geschrieben«, erklärte sie. »Das Porto war teuer, und die Menschen wollten kein Papier verschwenden.« Es ging in dem Brief tatsächlich nur um das Wetter und den Preis nicht nur von Musselin, sondern auch von Spitze, Merino und sogar einem Muff.

»Wie auch immer, es ist ein sehr alter Brief«, sagte Clary, als sie ihn vorsichtig wieder zusammenfaltete. »Und er wird immer in seinem Geheimfach bleiben. Ach, Polly, das ist das Exotischste und Schönste, das ich je bekommen habe. Darin werde ich alles aufheben, was ich schreibe.« Im Moment arbeitete sie an einer Reihe miteinander verbundener Kurzgeschichten, in denen jeweils eine Figur aus der vorhergehenden in der folgenden Geschichte wieder auftauchte, und abends las sie Polly manchmal Abschnitte daraus vor; das war viel besser als ihre Berichte über Onkel Ruperts Leben in Frankreich. Allerdings las sie nur die Stellen, bei denen sie nicht sicher war, ob sie funktionierten, deswegen bekam Polly nie eine ganze Geschichte zu hören. »Du bist eine Testhörerin«, sagte sie streng, »um die Geschichten an sich geht es nicht.«

Als sie jetzt alle anderen Dinge von ihrem Frisiertisch fegte, damit das Schreibpult den ihm gebührenden Ehrenplatz einnehmen konnte, sagte sie: »Danke, Poll. Das muss bedeuten … du bist die liebste Freundin.« Dann fügte sie hinzu: »Es muss dich schrecklich viel Geld gekostet haben.« Und da Polly wusste, dass Clary sich dann noch mehr geliebt fühlen würde, antwortete sie: »Ja, schon ein bisschen.« Sie hatte den Eindruck, dass sie allmählich ganz gut mit Menschen umzugehen wusste, was in Ermangelung anderer wertvoller Fähigkeiten immerhin etwas war.

»Was meinst du, wie Miss Milliment als Mädchen ausgesehen haben könnte?«, fragte sie, als sie sich für das Abendessen herrichteten.

Clary überlegte. »Eine Art Birne mit Zöpfen?«, antwortete sie. »Glaubst du, dass die Leute je sagten: ›Was für ein hübsches Kind‹?«

»Unmöglich. Außer, sie wollten nett zu Mrs. Milliment sein.«

»Ich würde denken, dass sie Menschen gebraucht hat, die nett zu ihr waren.«

»Da bin ich anderer Meinung. Mütter finden immer, dass ihre Kinder hübsch sind. Denk an Zoë und Juliet.«

»Jule ist wirklich hübsch«, widersprach Clary sofort. »Aber deine Mutter fand Wills auch hinreißend, und ich weiß ja, dass er dein Bruder ist, aber wirklich, richtig gern kann ihn damals niemand angesehen haben.«

An diesem Abend gaben sie sich mit ihrem Erscheinungsbild besondere Mühe, weil der Mann, der Onkel Ruperts Freund gewesen war, zum Dinner kommen würde. Clary bemühte sich, weil er der Freund ihres Vaters war, und Polly, weil es ihr gefiel, sich herzurichten, sich das Haar mit hundert Strichen zu bürsten, die Augenbrauen mit dem Finger hochzuschieben und dann zu einem dünnen Strich zu glätten, sicherzustellen, dass die Nähte ihrer Strümpfe gerade saßen, und ihren Schmuck anzulegen. Für Clary bedeutete, sich Mühe zu geben, ihre beste Bluse zu bügeln, ein Paar passender Strümpfe zu finden und ihre Finger zu schrubben im vergeblichen Versuch, die Tinte zu entfernen. Keine von ihnen sprach darüber, aber jede wusste, dass die andere sich ebenfalls besondere Mühe gab.

»Ich frage mich, wie Dads Freund sein wird«, sagte Clary mit geflissentlicher Beiläufigkeit.

»Na ja, auf jeden Fall alt.«

»Was meinst du mit ›alt‹?«

»Zu alt für uns. Fast vierzig.«

»Wirklich, du klingst, als würdest du dir überlegen, ihn zu heiraten.«

»Sei nicht dumm. Außerdem wird er schon verheiratet sein. Das sind Menschen in dem Alter immer.«

»Nein, das ist er nicht. Ich weiß zufällig, dass die Frau, die er heiraten wollte, ihn nicht wollte, und Dad sagte, das sei einer der Gründe, weshalb er nach Frankreich gegangen ist.«

»Du meinst, sein Leben ist zerstört worden?« Ihr Interesse daran konnte Polly nicht verbergen.

»Wahrscheinlich. Das werden wir feststellen, sobald wir ihn in Augenschein nehmen. Also schau ihn dir genau an, und hinterher tauschen wir uns aus. Archie Lestrange. Archibald Lestrange«, wiederholte sie. »Das klingt wie eine Gestalt bei John Buchan. Archie wäre der Held und Archibald der Bösewicht.«

Er war eindeutig ein Archie, dachte Polly. Er war unglaublich groß und hatte eine kuppelartig gewölbte Stirn, von der feines schwarzes Haar nach hinten wuchs. Der Blick in seinen Augen mit den schweren Lidern wirkte, als sei er insgeheim belustigt oder wäre es zumindest gern.

Er war verwundet worden und hinkte beim Gehen, außerdem stotterte er leicht. Die Duchy setzte ihn beim Dinner neben sich, sie hatte ihn eindeutig ins Herz geschlossen. Sie unterhielten sich über längst vergangene Zeiten vor diesem Krieg und, wie Polly glaubte, direkt nach dem vorherigen Krieg, als er häufig zu Gast in dem Haus gewesen war, das sie und der Brig in Totteridge besessen hatten, in den Jahren, als er und Rupert die Slade besuchten. Er kannte die Familie offenbar recht gut, nicht nur ihre Großeltern, sondern auch Dad und Onkel Edward und Tante Rach. Bei Onkel Ruperts erster Hochzeit mit Clarys Mutter war er der Trauzeuge gewesen, und er hatte auch ihre eigene Mutter und Tante Villy kennengelernt, obwohl er mit ihnen natürlich nicht so vertraut war. Zum Dinner gab es Brathühnchen mit Brotsauce, und er sagte, wie wunderbar es sei, ein so köstliches Essen serviert zu bekommen. »Bei der Küstenwache«, erklärte er, »waren unsere Boote einfach zu klein für einen ausgebildeten Koch, und nur die unbedarftesten Rekruten meldeten sich freiwillig für die Arbeit. Riesige Lammkeulen kamen entweder bluttriefend oder schwarz verbrannt auf den Tisch, dazu unsägliche Kartoffeln – grau und speckig, wie das Gesicht von verängstigten Menschen.« Später sagte er, er habe sich ursprünglich zur U-Boot-Flotte gemeldet, aber leider bauten sie keine U-Boote für Menschen seiner Größe.

Hinterher, als sie und Clary sich auf das Zubettgehen vorbereiteten, tauschten sie sich über ihre Eindrücke aus.

»Er ist nett. Ich kann verstehen, weshalb dein Dad ihn mochte. Aber er sieht komisch aus. Ziemlich ausgemergelt.«

»Er ist krank gewesen. Ich fand, dass er ziemlich tragisch aussieht. Wenn Menschen etwas Schreckliches zustößt, fangen sie oft zu stottern an.«

»Du meinst, die Schusswunde am Bein?«

»Nein, Dummchen. Ich meine die Frau, die ihn nicht heiraten wollte. Ich könnte mir vorstellen, dass ihm das einen ziemlichen Minderwertigkeitskomplex beschert hat.«

In letzter Zeit unterstellte sie fast jedem dieses Gefühl, vor allem, vermutete Polly, weil es sich so schlecht widerlegen ließ.

»Er kam mir nicht besonders minderwertig vor.«

»Man braucht ja auch nicht minderwertig zu sein, man kommt sich nur so vor.«

»Na ja, eigentlich tut das doch jeder.«

»Das ist komisch, findest du nicht? Schließlich verbringt man die ganze Zeit mit sich selbst, also sollte man meinen, dass man sich besser kennt als jeden anderen. Schau dich an, Poll. Du bist unglaublich hübsch, geradezu wunderschön, und so freundlich und so hilfsbereit, und dann sagst du ständig, dass du nicht weißt, wozu du da bist, und dass du nichts kannst und solche Sachen.«

»Du auch.«

»Na ja«, sagte Clary. »Meine Augenbrauen sind zu buschig, ich habe hässliche Beine, die nur am Knie etwas dicker werden – keine ausgeprägten Knöchel wie du Glückspilz –, mein Haar ist zu fein, ich habe einen hässlichen Charakter und eine platte Nase und Platzangst – das hast du selbst gesagt, da brauchst du dich jetzt gar nicht herausreden –, also sehe ich wenig, dessentwegen ich mich nicht minderwertig fühlen sollte.«

»Da siehst du's!«

Und damit war Archie Lestrange vergessen, und es begann eine sehr vergnügliche halbe Stunde, in der sie wetteiferten, wer sich am besten schlechtmachen konnte, wobei die jeweils andere jedem Punkt widersprach, bis Clary der Schlaf übermannte, was bei ihr wie immer ohne Vorwarnung geschah: In einem Moment redete sie wie ein Wasserfall, und im nächsten war sie eingeschlafen.

Am folgenden Morgen sagte Clary: »Was mir an Archie aufgefallen ist – er hat mir gesagt, dass ich ihn so nennen soll –, dass er Tante Rachel gegenüber ziemlich zurückhaltend war.«

»Sie ist eine ledige Dame. Wahrscheinlich verhält er sich nach dem, was ihm widerfahren ist, allen ledigen Damen gegenüber zurückhaltend.«

»Ach ja, natürlich. Der Arme.«

Im August passierte etwas Trauriges, und zwar stellte sich heraus, dass Angela nicht heiraten würde, weil sie, wie sich ebenfalls herausstellte, kein Kind bekommen würde. Das Traurige daran war in Pollys Augen, dass damit ihre einzige Gelegenheit, Brautjungfer zu sein, ins Wasser fiel, dabei wünschte sie sich doch ihr Leben lang nichts sehnlicher. Den ersten Teil der Information fand sie durch eine direkte Frage heraus: Glaube Tante Villy, dass Angela sie als Brautjungfer haben würde? Nein, weil sie doch nicht heirate. Den zweiten Teil erfuhr sie nur mittelbar durch Louise, die für eine Woche nach Hause kam, weil ihr Theater für notwendige Reparaturen geschlossen wurde, und einen Brief von Nora bekam, in dem diese schrieb, sie sei entsetzt, dass Angela doch kein Kind bekomme.

»Höchst erstaunlich«, kommentierte Clary. »Eigentlich würde

man doch das Gegenteil erwarten.« Louise weigerte sich, mit ihnen darüber zu sprechen, aus denselben sattsam bekannten Gründen, es gehe sie nichts an, außerdem seien sie sowieso noch nicht alt genug dafür.

»Wie kann man noch nicht alt genug für ein Gespräch über irgendetwas sein?«, schimpfte Clary. Die ganze Angelegenheit hatte sie überhaupt nicht interessiert, bis ihr gesagt wurde, sie ginge sie nichts an, was sofort ihre Neugier und ihr Misstrauen auf den Plan rief. »Ich habe von Louise die Nase voll. Gestrichen voll. Damit hat sie dem Fass den Boden ausgeschlagen.« Sie fragte Zoë, was sie meine, und die sagte, vermutlich habe Angela eine Fehlgeburt gehabt. »Aber der Mann, den sie heiraten wollte, war ja schon verheiratet«, fügte sie hinzu, »also ist es auf lange Sicht sicher das Beste.« Als Clary das Polly erzählte, verdrehten sie beide die Augen und wiederholten gedehnt »auf lange Sicht«, und Clary sagte, sie sei mehr für kurze Blindheit, woraufhin sich beide vor Lachen nicht mehr halten konnten.

Beim Ernten der Stangenbohnen, die Mrs. Cripps schneiden und für den Winter in Salz einlegen wollte, dachte Polly darüber nach, wie seltsam es war, dass sie so ausgelassen sein konnte. Sie konnte mit Clary lachen, mit Wills dumme Spiele spielen und sich hingebungsvoll mit ihrem Äußeren befassen, und dabei war die ganze Zeit Krieg, und der lief für die Alliierten, soweit sie das beurteilen konnte, nicht gerade gut. Hitler kam in Russland erschreckend schnell voran, die Leute sagten, die Japaner würden allmählich beleidigend arrogant werden, und sollten die auf Hitlers Seite in den Krieg eintreten, würde ihn das noch ewig in die Länge ziehen, oder, schlimmer noch, es könnte sogar bedeuten, dass Hitler tatsächlich gewinnen würde. Dann wäre alles wieder so beängstigend wie im vergangenen Sommer mit dem drohenden Einmarsch und allem.

Im Zuge ihres Plans, Dinge zu tun, die anderen das Leben schöner machten, unterhielt sie sich mit ihrer Mutter darüber, ob sie nicht zu Dad nach London fahren wolle. »Weißt du, Mummy, ich könnte mich unter der Woche um Wills kümmern. Und du würdest am Wochenende ja immer herkommen. Und Ellen würde mithelfen, da bin ich ganz sicher. Warum teilst du Dad nicht schlicht mit, dass du kommst? Oder noch besser, du fährst einfach hin und überraschst ihn, wenn er aus dem Büro heimkommt? Ich will dir ja wirklich nicht sagen, was du tun sollst«, fügte sie hinzu – alles andere als das, fand sie –, »aber ich bin mir sicher, dass er dich gerne da hätte – er möchte nur wieder einmal selbstlos sein.«

Ihre Mutter nähte gerade für das kommende Trimester Namensetiketten in Simons graue Socken und Taschentücher. »Mein Schatz, ich kann wirklich nicht fahren, es ist Simons letzte Ferienwoche. Du weißt doch, wie es ihm vor der Abfahrt immer geht.«

»Gut, aber du könntest fahren, wenn er weg ist.«

»Ich lasse es mir durch den Kopf gehen.« Dann fügte sie fast weinerlich hinzu: »Ach, warum können wir nicht einfach alle zusammen sein? Simon, der ins Internat fahren muss, und Wills, der so klein ist und mich braucht, und Hugh, der in London sein muss! Es ist schrecklich. Und weißt du, ich kann nicht besonders gut kochen. Ich weiß nicht, ob ich Hugh die Art Mahlzeiten vorsetzen könnte, die er gern mag.«

»Ach, Mummy, du könntest es doch wie Tante Villy machen, wenn Mrs. Cripps ihren freien Abend hat. Sie liest Mrs. Beeton und folgt dann genau dem, was drinsteht. Denk an das Kaninchenragout letzte Woche.«

»Mein Schatz, ich werde darüber nachdenken.« Aber ihr Ton gab Polly zu verstehen, dass sie lieber darüber nachdenken als darüber reden wollte.

Polly sagte sich, dass sie ihr Bestes versucht hatte. Wenn Mummy so gerne bei ihrem Mann wäre, kam es ihr merkwürdig vor, sich wegen des Kochens Gedanken zu machen.

Teddy und Simon fuhren wieder ins Internat. Dad nahm sie am Sonntagabend mit, führte sie zum Dinner in seinen Club aus und setzte sie am folgenden Morgen in den Zug. Teddy war die Ruhe in Person. Ihm standen die zwei letzten Trimester bevor, und da er bei den Prüfungen im Sommer nicht allzu gut abgeschnitten hatte, sollte er einige wiederholen, und danach würde er sich, wie er Gott und der Welt erzählte, freiwillig melden und endlich fliegen lernen. Aber Simon war am Sonntagmorgen übel, er wollte keinen Lunch, sondern nur den ganzen Tag mit Mummy verbringen. Sie spielte Bézique und Mau-Mau und Schach mit ihm, und selbst die Tatsache, dass er sie dabei mühelos schlug, heiterte ihn nicht besonders auf. Alle versuchten, ihm freundlich Mut zu machen. »Bald ist Weihnachten«, sagte Polly zu ihm, »und du weißt doch, wie gut dir das immer gefällt.«

»Vielleicht habe ich Zahnschmerzen«, sagte er vor dem Nachmittagstee. »Ich habe das Gefühl, als würde jeden Moment ein Zahn wehtun. Es ist komisch, aber normalerweise liege ich bei solchen Dingen richtig.«

Doch das änderte überhaupt nichts, und sie wusste, dass er das ebenfalls wusste. Noch während sie den beiden Jungen lächelnd nachwinkte, drehte ihre Mutter sich um und kehrte langsam ins Haus zurück, und als Polly gebeten wurde, sie zum Dinner zu holen, sagte sie, sie wolle nichts. Sie hatte geweint, ihre Stimme war undeutlich, fast lallend, und sie schob Polly regelrecht zum Zimmer hinaus und schloss hinter ihr sofort die Tür.

Das Trimester begann auch für sie, ebenso wie für Clary und Lydia und für Neville, der fröhlich an seine Schule zurückkehrte, weil er, wie Clary sagte, gelernt habe, Lord Haw-Haw perfekt nachzumachen, und sich darauf freue, damit anzugeben.

Archie Lestrange, der beim ersten Mal zwei Wochen in Home Place geblieben war, kam im September wieder, und das beschäftigte Clary so sehr, dass Polly mutmaßte, sie könnte in ihn verliebt sein. Aber als sie diese Möglichkeit Clary gegenüber erwähnte, geriet die darüber in Rage – sagte, sie sei verrückt und wolle alles verderben, sie müsse wohl krank im Kopf sein, um sich etwas so Idiotisches und Gemeines auszudenken. Dann war sie beleidigt, und sie verbrachten zwei Tage und – schlimmer noch – zwei angespannte, schweigende Abende, an denen sie in eisiger Höflichkeit ins Bett gingen. Zu guter Letzt entschuldigte sie, Polly, sich auf die ergebenste Art und Weise, die ihr zu Gebote stand, und nachdem Clary wiederholt hatte, wie idiotisch es von ihr sei, auf einen derartigen Gedanken zu verfallen, verzieh sie ihr. Später, als sie sich nacheinander in das wenige lauwarme Badewasser legten, sagte sie: »Ehrlich gesagt kann ich mir vage vorstellen, weshalb du auf etwas so Verrücktes gekommen bist. Die Sache ist, ich mag ihn wirklich sehr gern. Mir gefällt, wie er aussieht, und er bringt mich zum Lachen – wie Dad –, und ich respektiere ihn wegen seiner Meinung zu vielen Dingen.«

»Wozu?«

»Ach, zu so ziemlich allem. Natürlich haben wir uns nicht über absolut alles unterhalten, aber er ist auch der Ansicht, dass Frauen einen Beruf haben sollen und dass Schreiben sehr wichtig ist und dass Menschen, die sich schlimmer als Tiere aufführen, nur beweisen, wie nett Tiere sind, und manchmal erzählt er mir von meiner Mutter – weißt du, er kannte sie ja ein bisschen. Erinnerst du dich an die Postkarte mit den lieben Grüßen, die sie mir das eine Mal schrieb? Also, er war tatsächlich bei dem Urlaub mit ihr und Dad dabei, und er weiß noch genau, wie sie sagte: ›Ich muss eine Postkarte besorgen, um sie meiner kleinen Clary zu schicken.‹ Er hat mir viel von ihr erzählt. Sie hat oft Blau getragen, und sie mochte ein Getränk namens Dubonnet furchtbar gern, das hat sie immer im Café getrunken, und sie konnte keine Krabben und Garnelen und solche Sachen essen, und auch keine Erdbeeren, aber er meinte, für die war es nicht die richtige Jahreszeit, also störte es nicht. Und weißt du, was das Schönste ist? Eines Abends fragte er sie, ob sie glücklich sei, und sie sagte: ›Ich glaube wirklich, dass ich der glücklichste Mensch auf der Welt bin. Das Einzige, was mir zu meinem Glück fehlt, ist, dass Clary hier wäre.‹ Sie muss mich doch wirklich geliebt haben, um das zu sagen, meinst du nicht?« Und als sie Clarys Augen sah – ein wahrer Spiegel ihrer Seele – und die unerschütterliche Liebe erkannte, die in ihnen lag und die weder Zeit noch Unglück je schmälern konnte, wurde sie derart von Gefühlen überwältigt, dass sie kein Wort herausbrachte.

Aber nachdem sie Clary den Rücken gewaschen hatte, sagte sie:

»Ich verstehe, weshalb du ihn magst. Ich mag ihn sowieso, aber an deiner Stelle würde ich ihn noch mehr mögen.«

Ihre Mutter fuhr in der folgenden Woche tatsächlich nach London, und sie erzählte Dad vorher nichts davon, also war es wirklich eine Überraschung für ihn. Polly freute sich sehr, dass ihr etwas so Schönes für ihre Eltern eingefallen war, auch wenn sie die Nachmittage mit Wills erstaunlich anstrengend fand. Er war in einem wirklich entsetzlichen Alter, wollte nur Dinge tun, die entweder ihn oder andere in Gefahr brachten, und wenn sie ihn daran zu hindern versuchte, warf er sich auf den Boden, drückte den Rücken durch und brüllte. »Ich glaube, später wird er einmal Diktator«, sagte sie am Ende des zweiten Tags zu Ellen.

»Er möchte nur seinen Kopf durchsetzen«, antwortete sie gelassen. »Lass ihn einfach am Boden liegen und achte nicht auf ihn, dann hört er von selbst auf.« Das stimmte, aber wenig später fing er wieder von vorne an. Zwischen den Wutanfällen hatte er sie sehr gern und lächelte sie lieb an. Aber bekümmert überlegte sie sich, dass Diktatoren bei Bedarf angeblich ungemein charmant sein konnten.

Als ihre Eltern am Freitag zurückkamen, war sie entsetzt über das Gesicht ihrer Mutter. Sie wirkte völlig erschöpft – ihre Haut hatte einen ungewöhnlichen gelblichen Farbton, unter ihren Augen lagen tiefe Schatten. Auch Dad sah grau aus, obwohl beide die Familie mit entschlossener Munterkeit begrüßten, ehe ihre Mutter sagte, sie werde sich vor dem Dinner noch etwas ausruhen. Polly begleitete sie nach oben, um zu sehen, ob sie ihr den Koffer auspacken oder eine Tasse Tee bringen könne, aber sie sagte Nein, sie wolle nichts. Dabei wühlte sie in ihrer Handtasche nach einem sehr kleinen Gläschen mit Tabletten.

»Aber Mummy, du nimmst doch nicht wieder Aspirin, oder? Du weißt, Dr. Carr sagte …«

»Das sind keine Aspirin. Ich habe Rückenschmerzen von der langen Fahrt.« Sie schüttelte zwei Tabletten in ihre Hand und steckte sie sich in den Mund.

»Möchtest du nicht einen Schluck Wasser?«

»Nein – ich brauche kein Wasser.« Sie saß auf der Bettkante und streifte die Schuhe ab. Dann sah sie unvermittelt hoch und sagte auf eine seltsame Art, halb bittend, halb scherzhaft: »Aber du wirst Daddy doch nicht sagen, dass ich sie genommen habe, oder? Er würde nur ein Riesentamtam machen, und das kann ich jetzt wirklich nicht brauchen. Versprochen?«

Sie versprach es, so unwohl ihr dabei war. Als ihre Mutter im Bett lag, deckte sie sie mit dem Oberbett zu, küsste sie auf die heiße, feuchte Stirn und ging.

Zögernd blieb sie auf dem Treppenabsatz stehen und fragte sich, ob sie Dad suchen gehen sollte – natürlich nicht, um ihm von den Tabletten zu erzählen, das hatte sie ja versprochen, aber vielleicht konnte sie in Erfahrung bringen, weshalb ihre Mutter so entsetzlich müde war – wahrscheinlich waren sie jeden Abend im Theater und beim Dinner gewesen …

Dann hörte sie Stimmen aus dem Frühstückszimmer, die Tür musste offen stehen.

»… absolut verrückt, aber ich musste natürlich tun, als wäre alles in bester Ordnung.«

Dann entnahm sie einem Geräusch, dass ein Sodasiphon betätigt wurde, daraufhin fuhr ihr Vater fort: »Danke, Villy, den brauche ich jetzt wirklich!«

Tante Villy sagte: »Hugh, mein Lieber, es tut mir so leid. Wie kann ich helfen?«

»Das ist lieb von dir, aber ich wüsste nicht, womit.«

»Bist du dir sicher, dass sie keine Ahnung hat?«

»Absolut keine. Ich habe ihr diese Woche auf den Zahn gefühlt, und dankenswerterweise weiß sie überhaupt gar nichts.«

»Weißt du, sie wird gepflegt werden müssen. Ich meine, im Moment kann ich alles Notwendige übernehmen, aber …«

Sie hörte Schritte, die sich der Tür näherten, und presste sich ans Geländer. Doch die Tür wurde lediglich geschlossen, und dann hörte sie nur noch ein Murmeln, aber nicht mehr, was gesagt wurde.

DIE FAMILIE

HERBST UND WINTER 1941

Kartoffelauflauf? Wie amüsant!«

»Amüsant? Kartoffelauflauf? Dolly, ich muss sagen, du hast einen sehr merkwürdigen Sinn für Humor. Ich kann an einer Kartoffel beim besten Willen nichts zu lachen finden.«

»Allerdings warst du auch nie wegen deines Sinns für Humor bekannt, meine Liebe.«

Fünfzehn beide, dachte Villy, die im Frühstückszimmer am Schreibtisch saß und für die Duchy Rechnungen beglich. Die Großtanten verbrachten den Vormittag stets in diesem Raum, der seinen Namen dem Umstand verdankte, dass keine Morgensonne hineinfiel, welche Damen ihrer Generation als abträglich für den Teint erachteten. Nicht, dass der Teint der Großtanten in einem erhaltenswerten Zustand gewesen wäre: Tante Dollys Wangen, die wie die Ohren eines Spaniels herabhingen, hatten die Farbe von feuchtem Mauve, das sie an die Berge in Amateuraquarellen von Schottland erinnerte, und Tante Flos ähnelten, wie eines der Kinder bemerkt hatte, einem Hundekuchen mit üppigen Mitessern – die, wie Dolly zu erläutern pflegte, der Gewohnheit ihrer Schwester geschuldet seien, sich das Gesicht ohne Seife und ausschließlich mit kaltem Wasser zu waschen.

Flo häkelte aus Wollresten eine Decke, Dolly flickte ein Winterunterhemd. Villy hatte das Ansinnen abgelehnt, bei Streitfällen als Schlichterin zu dienen, mit der Begründung, sie müsse Summen addieren, woraufhin die beiden einige Minuten in respektvolles Schweigen verfallen waren. Sie verbrachten jeden Vormittag mit Handarbeiten und dezenten Plänkeleien, die sich in diesen Tagen vorwiegend um das Essen drehten. Sie kannten unweigerlich den Speiseplan des Tages, weil sie immer rein zufällig das morgendliche Gespräch der Duchy mit Mrs. Cripps mitgehört oder ebenso rein zufällig den Zettel gesehen hatten, auf dem diese das Ergebnis notiert hatte.

»Ich frage mich doch, woraus Kartoffelauflauf zubereitet wird«, sagte Dolly wenig später.

»Es müsste eine gewisse Wahrscheinlichkeit bestehen, dass er Kartoffeln enthält.«

»Bisweilen wünschte ich wirklich, du würdest dich nicht um Sarkasmus bemühen – er passt nicht zu dir. Ich meinte, wenn es ein Auflauf ist, ist es dann einer mit einem Teigdeckel oder eher mit einem Deckel aus Kartoffelpüree?«

»Ich würde denken, es liegt auf der Hand, dass er mit Teig zubereitet wird. Man kann nicht normale Kartoffeln mit Kartoffelpüree bedecken. Ich meine, weshalb sollte man sich die Mühe eines Auflaufs machen, wenn es ausschließlich Kartoffeln gibt?«

Das brachte sie in einem derart vorwurfsvollen Ton hervor, dass Dolly erwiderte: »Meine Idee war das nicht, sondern Kittys. Seitdem sie gelesen hat, dass Mr. Churchill den Kartoffelpreis auf einen Penny das Pfund festgesetzt hat, damit wir mehr davon essen, sucht sie nach neuen Möglichkeiten, Kartoffeln zu verwenden.«

Alles, was passierte, ging auf Mr. Churchill zurück, dachte Villy. Oder vielmehr, alles Gute. An allem Schlechten war natürlich Hitler schuld. Man könnte meinen, die beiden Männer führten einen persönlichen Zweikampf, bei dem alle anderen die Opfer waren.

»Natürlich könnte er womöglich etwas Käse enthalten. Nur ein kleines bisschen, gerieben, aus Geschmacksgründen.«

»Das bezweifle ich sehr. Gestern gab es wieder einmal mit Käse überbackenen Blumenkohl, und mit Käse überbackene Makkaroni gibt es gemeinhin Sonntagabend. Du darfst nicht vergessen, Käse ist rationiert.«

Natürlich wisse Dolly das, selbstredend; sie frage sich manchmal wirklich, ob Flo glaube, sie sei von allen guten Geistern verlassen.

Sie kabbelten sich weiter durch das klassische Programm von Seitenhieben über fast frontale Angriffe bis hin zu friedensstiftenden nostalgischen Erinnerungen an Vorkriegsdinner und zurück zu Auslassungen über die unmittelbar bevorstehenden Mahlzeiten. Wirklich, überlegte Villy sich, sie verhielten sich im Großen und Ganzen so, als gäbe es gar keinen Krieg: Vermutlich hätten sie sich unabhängig von Zeit und Ort über Essen unterhalten. Sie handarbeiteten den ganzen Vormittag mit einer längeren Unterbrechung für Fleischbrühe und Kekse, ruhten nach dem Lunch, ergingen sich vor dem Tee – sofern gutes Wetter herrschte – ein wenig im Garten, widmeten sich bis zu den Sechs-Uhr-Nachrichten, über deren Inhalt sie sich anschließend nie einigen konnten, wieder ihrer Handarbeit, ruhten erneut ein wenig und tauschten vor dem Dinner ihre Jerseykostüme gegen Wollkleider und ziemlich schmerzhaft aussehende spitze Schuhe mit Markasitschnallen, um sich Punkt zehn Uhr in das gemeinsame Zimmer zurückzuziehen. Die Duchy war nett zu ihren Schwestern, weil sie nie geheiratet hatten, und sie gehörte zu der Generation, für die der Ledigenstatus eine gelinde Tragödie darstellte. Man hatte sie auch sagen hören, dass die beiden sich rührend um ihren Vater gekümmert hätten, als er entsetzlich senil geworden sei. Der Brig betrachtete sie als Familieninventar, und wenn er kein anderes Publikum fand, gab er ihnen eine seiner langweiligeren Geschichten zum Besten.

Aber eigentlich, sinnierte Villy dann, verlief ihr eigenes Leben auch mehr oder minder wie vorher. Zu Kriegsanfang hatte sie sich vorgestellt, dass sie etwas Nützliches und Interessantes für den Krieg machen würde – vielleicht eine Ausbildung, um im Kriegsministerium oder in einem großen Krankenhaus zu arbeiten. Aber dann hatte sich alles ganz anders entwickelt. Zuerst hatte sie Roly bekommen, den unerwarteten Nachwuchs; er war jetzt zwar gut zwei, brauchte ihrer Ansicht nach aber immer noch ihre Anwesenheit. Und selbst, wenn es ihn nicht geben würde – der Haushalt in Home Place hatte sich derart erweitert, dass man von der Duchy nicht erwarten konnte, ihn allein zu führen, und Rachel, die ihr einen großen Teil hätte abnehmen können, war in die Familienfirma abgestellt worden, wo sie mittlerweile vier Tage die Woche arbeitete. Weder Sybil noch Zoë waren den ständig sich wiederholenden, vielfach ermüdenden Aufgaben gewachsen, die ein Haus dieser Größe erforderte. Dinge, die früher ersetzt worden wären, mussten jetzt repariert werden. Die rationierten Koks- und Kohlemengen bedeuteten, dass mehr Holz verheizt wurde, und so verbrachte Villy mit Heathers Hilfe zwei Nachmittage die Woche mit der großen Säge, um das von Wren und dem alten Pony aus dem Wald geschleppte Holz zu zerkleinern. Wasserflaschen mussten an der Quelle gefüllt und mit der Schubkarre die Anhöhe hinaufbefördert werden, weil die Benzinration für Fahrten zum Bahnhof und die wöchentliche Einkaufstour nach Battle gebraucht wurde. Es gab unendliche Wäscheberge, deren Trocknen im Winter zum Albtraum geriet, weil das Haus keine Zentralheizung hatte – die Duchy betrachtete sie als außerordentlich ungesund. Auf Villys Bitte hin hatte Tonbridge, der sich beim Brennholzsägen als völlig untauglich erwies, im Boilerraum Ordnung geschafft und eine Leine gespannt, die immer voll dampfender Kleidung hing. Das Einmachen von Obst und Gemüse war in dieser Jahreszeit ebenfalls eine Vollzeitbeschäftigung. Dabei gingen Zoë und die Mädchen Mrs. Cripps zur Hand. Villy hielt allwöchentlich einen Erste-Hilfe-Kurs und arbeitete an zwei Abenden die Woche im Erholungsheim, da der Oberschwester ständig zuverlässige Kräfte fehlten. Und jetzt brauchte auch Sybil Hilfe, was sich umso schwieriger gestaltete, weil sie nur sehr taktvoll geleistet werden durfte. Sybil konnte oder wollte sich nicht der Tatsache stellen, dass sie sich nur noch für kurze Zeitspannen allein um Wills kümmern konnte, weswegen ständig jemand zur Hand sein musste, um ihn ihr abzunehmen unter dem Vorwand, es gebe Tee, oder Roly wolle mit ihm spazieren gehen, oder die Kinder hätten sich ein Spiel mit ihm ausgedacht. Sie hatte einen eisernen Willen. Ein einziges Mal hatte sie sich Villy wirklich anvertraut, nach der Woche, die sie mit Hugh in London verbracht hatte. Im Haus, das großteils unbewohnt war, da Hugh sich nur in der Küche und dem gemeinsamen Schlafzimmer aufhielt, hatten Schmutz und Unordnung geherrscht: Die Putzfrau, die sie für drei Vormittage die Woche eingestellt hatte, tat unverkennbar nichts anderes, als das Bad zu putzen,

Hughs Bett zu machen und Geschirr zu spülen. Sybil hatte den ersten Tag damit verbracht, Lebensmittel einzukaufen und den Salon herzurichten, mit der Folge, dass sie erschlagen war, als Hugh nach Hause kam, und der Eintopf, den sie sehr sorgfältig zubereitet hatte, war verbrannt, weil sie ihn vergessen hatte. Hugh war mit ihr in ein Restaurant gegangen, aber sie war zu müde gewesen, um etwas zu essen. Danach hatte er sie jeden Abend zum Essen ausgeführt, aber die Tage, die sie mit dem Besorgen von Weihnachtsgeschenken verbrachte – »Ich dachte, das ist meine letzte Gelegenheit« – und mit dem Versuch, das Haus herzurichten, hatten sie erschöpft, und Villy vermutete, dass die Anstrengung, in Hughs Gegenwart nicht müde zu wirken, alles nur schlimmer gemacht hatte. Sie erzählte Villy, dass sie ohne Hughs Wissen zu Dr. Carmichael gegangen sei, der sehr zuvorkommend gewesen sei und ihr Tabletten verschrieben habe, »die Wunder bewirken«. Nur habe sie die in London nicht so oft nehmen können, weil sie davon oft etwas benommen würde, und sie wolle nicht, dass Hugh das bemerke. »Aber ich muss schon sagen«, hatte sie bei dem Gespräch Villy anvertraut, »ich frage mich manchmal, wann das alles ein Ende nimmt.« Und bevor Villy etwas erwidern oder sich auch nur eine Antwort überlegen konnte, war sie fortgefahren: »Die Sache ist, ich möchte den armen Hugh wirklich nicht zu sehr beunruhigen, bis es ... nicht anders geht. Kannst du mir dabei helfen? Du bist die Einzige, die ich darum bitten kann.« Und aus dem Gefühl heraus, das Versprechen, das sie Hugh gegeben hatte, nicht brechen zu dürfen, gab sie es Sybil ebenfalls.

Seitdem hatte sie einmal versucht, Hugh nahezubringen, Sybil gestehe sich womöglich doch ein, dass sie ziemlich krank sei, und er hatte ihr sofort zugestimmt, aber auch gesagt, sie glaube, sie werde wieder gesund werden, und diesen Glauben dürfe man ihr auf keinen Fall nehmen. Er wisse, dass er recht habe, sagte er. Man müsse doch den Tatsachen ins Auge sehen: Er müsse jede Woche, die Gott gebe, in London verbringen, dabei wolle er doch nur bei Sybil sein. Aber Villy wusste, dass die Wochenenden für beide eine große Anstrengung bedeuteten. Schließlich hatte sie Edward in Hendon angerufen und ihn gebeten, sich zum Lunch mit ihr in London zu treffen, und das hatte er gleich für den folgenden Tag arrangiert.

»Ist etwas los?«, fragte er, sobald sie sich zur Begrüßung einen Kuss gegeben hatten. »Du klangst am Telefon ziemlich ernst.«

»Ja, ich fürchte schon.«

Sie waren in seinem Club, er winkte dem Kellner und bestellte zwei große Gin French. »Wahrscheinlich werden wir sie brauchen«, sagte er. Er kam ihr ungewöhnlich nervös vor.

»Es geht um Hugh und Sybil«, begann sie, und zu ihrer Überraschung entspannte sich sein Gesicht, bevor es wieder einen besorgten Ausdruck annahm.

Sie erklärte ihm die Situation. Dass Sybil Krebs habe – was sie ja alle vor der ersten Operation befürchtet hätten. Dass sie es wisse und Hugh es auch wisse, sie es sich aber gegenseitig nicht sagen wollten. »Es ist so traurig, und absurd und überflüssig«, schloss sie. »Und er möchte bei ihr sein, und natürlich geht das nicht …«

»Der alte Herr hat mich angerufen«, unterbrach Edward. »Nein, nicht deswegen. Er sagte nur, dass die Firma Hugh allein allmählich überfordert. Wir bekommen viele staatliche Aufträge, und da von den Luftangriffen immer noch Chaos in den Sägemühlen herrscht – nur eine arbeitet richtig – und wir unter Personalmangel leiden, ist die Belastung einfach zu groß. Er hat mich gebeten, Urlaub einzureichen und in der Firma nach dem Rechten zu sehen. Ich warte noch auf die Entscheidung, aber mein kommandierender Offizier glaubt, dass es genehmigt wird. Mein Gott, der Arme! Es muss die Hölle für ihn sein.«

»Könntest du vielleicht mit ihm reden? Dass er mit Sybil darüber spricht und die Sache zwischen ihnen klärt?«

»Ich kann es versuchen, aber er ist störrisch wie ein Maultier. Ich konnte ihn noch nie dazu bringen, seine Meinung wegen irgendetwas zu ändern. Wissen die anderen Bescheid?«

»Sie haben bestimmt einen Verdacht, aber darüber gesprochen wird nicht. Und nachdem Sybil mir das Versprechen abgenommen hat, gegenüber Hugh Stillschweigen zu bewahren, finde ich es auch schwierig, mit jemand anderem darüber zu reden. Aber wegen der beiden Älteren mache ich mir Sorgen, ich meine Polly und Simon. Sollten sie nicht sacht darauf vorbereitet werden? Natürlich, Polly liebt ihren Vater abgöttisch, das wird für sie beide ein Trost sein.«

»Der Glückliche.«

Villy wusste, dass Louise sich ihm gegenüber unfreundlich und ablehnend verhielt – ein weiterer Grund für ihre Kritik an ihr –, und sagte schnell: »Und Lydia liebt *dich* abgöttisch. Du solltest etwas Schönes mit ihr unternehmen. Sie hat bald Geburtstag – zehn! Sie wird langsam groß.«

»Sie ist ein liebes kleines Ding«, sagte er zerstreut. Gegen Ende des Lunchs fragte er: »Hast du von Louise gehört?«

»Ein Brief aus Northampton, voll von Theatergedöns. Alles dreht sich nur um sie selbst, der wandelnde Egoismus. Sie benimmt sich, als gäbe es gar keinen Krieg. Aber nach diesem Jahr muss sie sich wirklich eine vernünftige Arbeit suchen. Ich verlasse mich darauf, dass du ihr die Leviten liest.«

»Ach, dazu bin ich völlig unfähig«, sagte er. »Sollen wir unseren Kaffee nebenan trinken? Dort können wir rauchen.«

Nach dem Lunch sagte er, er müsse nach Hendon zurück, setzte sie in ein Taxi – obwohl er angeboten hatte, sie nach Charing Cross zu bringen – und begab sich dann in eine anonyme, schäbige kleine Wohnung in der Sloane Avenue, wo er mit Diana verabredet war.

Villy hatte zwar kein Wort darüber verloren, wollte aber keineswegs direkt nach Sussex zurückfahren, und da sie Lorenzo so kurzfristig nicht hatte erreichen können, beschloss sie, Jessica in St. John's Wood einen Besuch abzustatten. Von ihr würde sie zumindest erfahren, wie es ihm ging, denn jeder Anruf bei ihm zu Hause bedeutete unweigerlich ein angespanntes Gespräch mit Mercedes, die scheinbar nie das Haus verließ und den Hörer nach dem zweiten Läuten abhob. Seit der traumhaften Zugfahrt hatte sie ihn nur einmal gesehen, obwohl er ihr bisweilen schrieb. Was sie allerdings nicht verstehen konnte, war, weshalb ihre romantische Zuneigung durch seine Abwesenheit nur wuchs; sie hatte das Gefühl, dass sie ihn eben wegen seines Fernseins besser verstand und mehr liebte. So konnte sie ihre Unterhaltung im Zug mühelos fortspinnen und auf viele Themen ausdehnen – sie wusste ohnehin, was er sagen und empfinden würde und auch, wie er ihre Vertraulichkeiten aufnehmen und auf welche Art er darauf reagieren würde. Sicher, manchmal fehlte er ihr sehr, doch das war nun einmal Teil ihres Schicksals: die Tragödie bereits bestehender, unauflöslicher Verbindungen. Diese Gespräche fanden abends in der Einsamkeit ihres Schlafzimmers statt. Manchmal kam er, noch bevor sie sich entkleidet hatte, und ihr war es etwas peinlich, sich vor seinen Augen auszuziehen. Außerdem wusste sie, dass er sie sehr begehren musste, und es war nicht rücksichtsvoll von ihr, es ihm noch schwerer zu machen. Manchmal wartete er auch, bis sie unter der Decke lag, setzte sich dann auf die Bettkante, hielt – küsste – ihre Hand und betrachtete sie beglückt. Dann unterhielten sie sich über die Hoffnungslosigkeit ihrer Situation, und nach anfänglichem Zweifel hatte er zu guter Letzt mit ihr übereingestimmt, dass es für sie schlimmer war als für ihn. Wegen der Eifersucht und der allgemeinen Unvernunft seiner Frau würde die Öffentlichkeit Mitgefühl für ihn aufbringen, während sie, Villy, kein Jota Verständnis zu erwarten hatte. Edward galt allseits als gut aussehender, charmanter und großzügiger Ehemann, der ihr vier Kinder geschenkt hatte, von denen zwei noch recht klein waren. Auf jeden Fall gab es keine Lösung. Dafür sorgten schon innere Größe und Selbstaufopferung. Das führte zum Entschluss, die wenige Zeit, die ihnen geschenkt war, zu genießen, was in köstliche Vertraulichkeiten und gegenseitige Bewunderung mündete. Zu enden pflegte ein solcher Abend mit einer Reprise der Einleitung: Man könnte von niemand anderem auf der Welt erwarten, sich mit Mercedes abzufinden, und Edward wäre am Boden zerstört, wenn er auch nur eine Ahnung von ihren Gefühlen für einen anderen Mann hätte. Was jeder von ihnen aufgrund von – natürlich völlig grundlosen – Eifersuchtsszenen und körperlicher Intimität zu erdulden hatte, die Villy als Teil ihrer ehelichen

Verpflichtungen erachten musste, bedeutete, dass nun Mitgefühl im Vordergrund stand: Sie bedauerten sich gegenseitig so unendlich, und ihre jeweilige Unfähigkeit, dem anderen zu helfen oder auch nur eine kleine Unterbrechung seines Elends zu ermöglichen, steigerte lediglich ihren Schmerz um ihn. Zu guter Letzt war sie, Villy, ganz erschöpft von den vielen Gefühlen, was er mit dem ihm eigenen Taktgefühl sofort erkannte, denn mit einem letzten Kuss – kühn auf die Stirn – entschwand er. Und sie schlief ein, müde, aber mit großem innerem Frieden …

Das Taxi war zum Stehen gekommen. Sie bezahlte den uralten Fahrer und stieg aus. In diesem kleinen neogotischen Haus war ihr geliebter Daddy gestorben, hier hatte sie nach seinem Tod unzählige Nachmittage verbracht, gequält von einer Langeweile, wie nur ihre Mutter sie in ihr zu wecken verstanden hatte. Angesichts der geschlossenen Läden vor dem Esszimmer fragte sie sich, ob Jessica vielleicht außer Haus war. Das wäre ärgerlich, denn das Taxi war bereits ächzend weitergefahren. Jemand war da – sie hörte Schritte auf der Treppe –, wollte aber offenbar nicht zur Tür kommen. Ärgerlich läutete Villy ein zweites Mal. Aus einer Eingebung heraus blickte sie nach oben und sah Jessica hinter dem Schlafzimmerfenster stehen, doch noch bevor sie rufen oder winken konnte, verschwand sie wieder. Nach einer scheinbaren Ewigkeit – schließlich war es nur ein Stockwerk – öffnete Jessica die Tür.

»Villy!«, rief sie, viel zu laut, wie Villy dachte; es klang wie eine Bühnenbegrüßung. »Was für eine schöne Überraschung! Ich hatte keine Ahnung, dass du in London bist!« Sie trug eine Art Kittel, sie war barfuß, und ihre Haare, die sie mittlerweile meist zu einem kleinen Knoten am Hinterkopf gebunden hatte, hingen offen herab. Sie wirkte aufgeschreckt und ungewöhnlich jung, fand Villy – ihre Augen, die sonst so müde und verträumt blickten, funkelten …

»Ich habe die Unterlagen und die ganzen alten Sachen von Mummy durchgesehen«, sagte sie. »Ich wollte gerade baden.«

»Eine sehr ungewöhnliche Zeit für ein Bad, meine Liebe!«

Sie standen im Flur, aber offenbar wollte Jessica nicht, dass sie dort blieben. Sie legte einen Arm um Villy und zog sie in den Salon. »Ich bade oft zu den unmöglichsten Zeiten. Alles, nur nicht abends. Die Vorstellung, bei einem Luftschutzalarm in der Badewanne zu liegen, bereitet mir Albträume.« Sie schloss die Salontür und führte Villy ans andere Ende des Raums. »Fast könnten wir uns in den Garten setzen«, sagte sie.

Beide sahen in den kleinen quadratischen Garten hinaus, dessen Rasen zu lang und von leuchtend gelben Lindenblättern getupft war, auf das rustikale Vogelhäuschen, das Schlagseite bekommen hatte durch eine Bombe, die in der Nähe eingeschlagen war, auf die schwarzen Mauern und die von Mehltau überzogenen Herbstastern, und keine von ihnen empfand den geringsten Wunsch, den Gedanken in die Tat umzusetzen.

»Ich fürchte, an mir ist keine Gärtnerin verloren gegangen. Außerdem habe ich nie die Zeit dafür. Aber jetzt setz dich, meine Liebe, zünd dir eine Zigarette an und erzähl mir, was dich nach London führt. Du hättest mir vorher Bescheid geben können, dann hätte ich einen Lunch vorbereitet.«

In der kurzen Stille, in der Jessica ihr eine Zigarette anzündete, glaubte Villy zu hören, wie eine Tür ins Schloss fiel ... die Haustür.

»Wer ist das?«

»Niemand. Wahrscheinlich hat jemand etwas durch den Briefschlitz geworfen.«

»Ach. Also, ich bin hier, weil ich mich mit Edward zum Lunch getroffen habe. Dann kam es mir etwas sinnlos vor, gleich zurückzufahren. Also bin ich auf einen Plausch zu dir gekommen.«

»Also, ohne Tee können wir uns nicht unterhalten. Ich mache uns schnell einen.«

Die Küche lag im Souterrain und war groß und dunkel mit riesigen schmucklosen Möbeln: eine gewaltige Anrichte mit Schubladen, die so schwer herauszuziehen waren wie Quader aus einer Trockenmauer, auf den Regalen Servierplatten mit Weidenmuster für Fleischbraten in Familiengröße, ein großer Herd sowie ein ausladender Holztisch, auf dem ein Tablett mit zwei Kaffeetassen, einem Toastständer und zwei Suppentellern stand, von denen eindeutig gebackene Bohnen gegessen worden waren.

»Sag's nicht«, kam Jessica ihr zuvor, »ich bin wahnsinnig schlampig.« Rasch stellte sie das Tablett auf das Abtropfbrett neben dem Spülbecken.

»Ich mache mir ständig solche Sorgen um Angela«, sagte sie. »Ich weiß überhaupt nicht, was vor sich geht ...«

Während sie Tee kochte, holte sie weiter aus. Es sei sehr schwierig geworden, Angela überhaupt zu kontaktieren – man müsse bei der BBC eine Nachricht hinterlassen, und Gott allein wisse, ob sie sie je erhielt, weil sie nur höchst selten darauf reagiere. In ihrer Wohnung gebe es kein Telefon, und die wenigen Male, die Jessica sie dort habe besuchen wollen, sei sie nicht da gewesen, habe ihre Mitbewohnerin erklärt. »Ich hatte ihr vorgeschlagen, ein paar Tage mit mir wegzufahren, nachdem sie ... die Ausschabung gehabt hatte, aber sie wollte nicht. Sie ist so kalt und abweisend geworden!«, klagte sie. »Und natürlich ist es, wie wir alle wissen, verrückt, sich in einen verheirateten Mann zu verlieben!«

Es herrschte Stille, während Villy einen Schluck Tee trank und sie beide (auf sehr unterschiedliche Art) über diese Verrücktheit nachdachten.

»Sicher sieht sie ihn jetzt nicht mehr, oder?«, fragte Villy zögernd.

»Meine Liebe, das ist leider unmöglich! Sie arbeitet in derselben Abteilung wie er. Natürlich sollte sie um eine Versetzung bitten oder zu den Wrens gehen oder etwas in der Art ...«

Nachdem sie alles gesagt hatten, was es – von ihrer Seite – über Angela zu sagen gab, wandten sie sich Raymond, Louise und Christopher zu, der, wie Jessica sagte, ausgesprochen unglücklich klang. »Seit Monaten hilft er mit, in der Nähe von Nuneaton eine Rollbahn anzulegen, was anstrengend und langweilig ist, und die Leute, mit denen er dort zusammenarbeitet, haben nichts anderes im Sinn, als abends in den Pub zu gehen und sich mit den Mädchen zu amüsieren.«

»Kann er nicht etwas anderes machen? Ich meine, er ist jetzt doch schon eine ganze Weile dort.«

»Raymond hat ihn dazu verdonnert. Und er weiß, dass Raymond von ihm erwartet, sich zum Militär zu melden. Ich glaube, er hat ihn als Art Strafe zu der Arbeit gezwungen. Als Farmer wäre er viel glücklicher, aber das wäre für Raymond völlig unter seiner Würde. Ich wünschte mir sehr, dass er nicht so große Angst vor seinem Vater hätte. Es würde Raymond nur recht geschehen, wenn er mit einem Barmädchen durchbrennt.«

Kurz schwiegen sie. Villy wusste, dass sie jetzt gehen musste, um den Zug zu erreichen, bei dem Tonbridge jeden Tag am Bahnhof stand, und sagte das auch. »Hast du in der Zwischenzeit Laurence einmal gesehen?«, fragte sie, als sie die Treppe vom Souterrain hinaufgingen.

»Manchmal, ja.«

»Ich dachte, weil ihr so nah beieinander wohnt …«

»Ah, aber das tut Mercedes auch! Sie gibt einem ja nicht gerade das Gefühl, willkommen zu sein, wenn man auf einen Sprung vorbeischaut. Der arme Laurence! Ich weiß wirklich nicht, wie er es aushält! Sie hat entsetzliche Launen, und sie unterstellt jeder Frau auf Gottes weiter Welt, ihn ihr ausspannen zu wollen. So schwer zu arbeiten wie er und dann heimkehren zu müssen zu einer Frau, die wie ein Papagei krakeelt und mit Dingen um sich wirft – wenn du sie sehen würdest, würdest du nie glauben, dass sie sich so aufführt …«

»Ich habe sie kennengelernt«, sagte Villy kühl. »Bei dir in Frensham.«

»Ach ja, natürlich. Wie auch immer, ich finde, dass er ein wahrer Engel ist. Ich sage ihm oft, dass es ihr nur recht geschähe, wenn er wirklich mit einer der hübschen Sopranistinnen, mit denen er probt, verschwinden würde.«

»Ich dachte, du würdest ihn nicht so oft sehen?«

»Ab und zu, das sagte ich doch. Meine Liebe, soll ich dir ein Taxi bestellen? Vielleicht steht eins am Stand.«

Aber Villy sagte, sie gehe lieber zu Fuß.

»Soll ich ihn von dir grüßen?«

»Ja. Ja, tu das. Danke für den Tee. Und zieh dir etwas an, meine Liebe, sonst verkühlst du dich noch.« Als Jessica sich vorgebeugt hatte, um ihr Feuer zu geben, hatte sie gesehen, dass sie keinen Büstenhalter trug, und jetzt, als sie die Stufen zum Bürgersteig hinabging, dachte sie, dass sich das für eine Frau in Jessicas Alter wirklich nicht schickte. Der Besuch war überhaupt nicht so verlaufen, wie sie erwartet hatte, und Jessicas Verhalten wegen Lorenzo ärgerte sie: Sie tat, als wäre er ihr Freund und als würde sie, Villy, ihn kaum kennen. Aber dann, sinnierte sie, war das ein weiterer Preis, den Menschen wie sie und Lorenzo zu bezahlen hatten. Deswegen lag es auf der Hand, dass Jessica nichts davon wissen durfte. Es machte nichts, wenn sie mit ihrer vergleichsweise oberflächlichen Vertrautheit mit ihm angab – ihr freimütiges Verhalten seinetwegen zeugte nur von ihrer Unschuld und seiner Diskretion. Sie winkte einem Taxi und beschloss, dass die nächste Einladung an die Clutterworths nicht auch an Jessica zu ergehen brauchte aus dem Grund, dass das Haus zu voll würde.

Lydia und Neville hatten ihr Angebot, am Nachmittag auf die Kleineren aufzupassen, nach Kräften ausgenutzt, denn sie wünschten sich schon lang, Krankenhaus zu spielen, was der Mangel an Patienten allerdings verhindert hatte. Jetzt aber hatten sie Wills, Roly und Juliet in drei der feuchten Feldbetten gepackt, die in einer unordentlichen Reihe in der Squashhalle standen; sie waren nach der Evakuierung der Kinderherberge zurückgeblieben. Für die Squashhalle hatten sie sich entschieden, weil sie außer Hörweite lag, und da das Spiel lange dauern sollte, gingen sie davon aus, dass eines der Kinder früher oder später weinen würde. Neville war der Arzt und Lydia die Krankenschwester. Auf zwei anderen Betten lagen Lydias Lieblingsteddybär und Strahlemann, der Golliwog, die beide auf ihre OP warteten.

»Schade, dass ich keine echten Menschen operieren kann«, sagte Neville, »aber das könnte unklug sein.«

»Außerdem wäre es scheußlich«, antwortete Lydia ängstlich.

»Das glaube ich nicht. Menschen bestehen doch nur aus Haut und Blut und Knochen und solchen Sachen. Aber wir haben keine Narkose, deswegen geht es nicht.« Der Bär und Strahlemann sollten eine Dosis vom Brandy des Brig bekommen und an die Bettpfosten gebunden werden, so, wie man es in früheren Zeiten gemacht hatte – laut Neville, der das in einem Buch gelesen hatte. Die drei Kleinen ruhigzustellen war kein Problem gewesen: Sie hatten beide derart viele Erste-Hilfe-Kurse als Übungspatienten für die Teilnehmerinnen über sich ergehen lassen, dass sie sich mittlerweile bestens mit Schienen und Verbänden auskannten, und bei allen drei waren jetzt jeweils ein Arm und ein Bein fachmännisch verarztet. Anfänglich hatten sie Einspruch erhoben, aber Lydia hatte ihnen klugerweise ein Beruhigungsmittel gegeben, das sie selbst hergestellt hatte aus einem Kolikmittel, zwei zerdrückten Aspirin, einem Schuss Brandy, den sie aus dem Arbeitszimmer des Brig stibitzt hatte, und einer ganzen Menge Karminrot aus ihrem Wasserfarbenkasten, damit es auch nach Medizin aussah. Wills hatte gar nicht genug davon bekommen können und immer nur »Mehr!« gefordert, bis er röchelnd eingeschlafen war. Das Gros der Medizin, das sie Juliet gegeben hatte, war ihr zwar über das Kinn und sonst wohin gelaufen, aber sie liebte Lydia und Neville, und solange die beiden bisweilen mit ihr redeten und ihr etwas zum Spielen gaben, lag sie gehorsam da, ein Bein steif von sich gestreckt. Probleme bereitete nur Roly. Es hatte ihm gar nicht gefallen, sich den Arm bandagieren und in eine Schlinge legen zu lassen, und seine beiden Beine zu schienen hatte alles noch schlimmer gemacht. Zu guter Letzt mussten sie die Schlinge abnehmen und ihm eine Zuckerstange geben, die er jetzt widerwillig lutschte. Dem Bären, der als Erster operiert werden sollte, waren die stämmigen Fellbeine festgebunden worden, und Lydia tat, als flöße sie ihm teelöffelweise Brandy ein, ehe Neville, vor dem Bett kniend, mit dem Brotmesser seinen Bauch aufsägte. Zuerst knisterte es ein wenig, dann fielen etwas Stroh und Sägespäne heraus. Neville fuhr mit der Hand in das Loch und zog – ein Zaubertrick, den er in der Schule gelernt hatte – einen Zettel heraus. »Ohne dem wird's ihm gleich besser gehen, Schwester«, sagte er.

»Was ist das?«

»Sein Blinddarm. Der wird vielen Menschen rausgenommen.«

Lydia sah auf den Zettel. »Blinddarm«, stand ganz oben, gefolgt von ziemlich langweiligen Geschichtsdaten.

»Vernähen Sie ihn, Schwester«, befahl Neville. »Wir wollen ja nicht, dass er verblutet.«

Gehorsam griff Lydia zu ihrer großen Stopfnadel mit dem schwarzen Baumwollfaden, aber die zerschlissene Haut des Bären war schwer zu nähen, und je stärker sie seine Körperhälften zusammendrückte, desto mehr Sägespäne rieselten aus dem Schnitt heraus. »Mir überlässt du den schwierigsten Teil der Arbeit«, beschwerte sie sich. Aber Neville sägte schon an einem von Strahlemanns Beinen herum, das sich erschreckend mühelos vom Körper löste. Roly begann zu weinen, und als niemand ihn beachtete, brüllte er los. Das weckte Wills, der zu seinem Cousin gehen wollte, wegen der Schiene jedoch aus dem Bett fiel. Innerhalb weniger Sekunden schrien alle drei gellend.

»Schwester, geben Sie ihnen noch vom Beruhigungsmittel«, sagte Neville. Er wickelte Strahlemanns Beinstumpf in eine seiner Socken.

»Es ist keins mehr da. Ach, der arme Wills! Er ist auf den Kopf gefallen – er hat sich verletzt!«

»Nähen.«

»Das geht nicht! Ich habe den Faden beim Bären aufgebraucht. Mir macht das alles keinen Spaß! Ach, der arme Roly! Seine Füße sind ja ganz blau. Du hast die Verbände zu fest gemacht. Jetzt tu doch was!«

Zum Glück für die Patienten tauchte unvermittelt Ellen auf. Sie hatte Bedenken gehabt, dass die Kinder ihre Kleinen hüten sollten, und hatte sich auf die Suche nach ihnen begeben, bis sie schließlich aus der Ferne Schreie hörte. Sie nahm Juliet auf den Arm, befahl Lydia, auf der Stelle ihre Mutter zu holen, und Neville, Rolys Schienen zu entfernen, während sie selbst Wills und Juliet tröstete.

Später gab es großen Ärger. Die Erwachsenen wollten wissen, woraus genau das Beruhigungsmittel bestanden hatte, wobei es, wie Neville sagte, dumm von Lydia gewesen war, es überhaupt zu erwähnen – hinterher stritt er sich mit ihr deswegen –, und beide wurden ohne Abendessen ins Bett geschickt. Ihre Mutter stopfte den Bären und Strahlemann, aber dessen Bein war nie mehr wie früher.

»Ich finde es ziemlich ungerecht, für etwas bestraft zu werden, das mir nicht einmal Spaß gemacht hat!«, beklagte Lydia sich weinend. »Neville hat mich gezwungen, die ganzen schwierigen Sachen zu machen, wie das Nähen und den Brandy zu besorgen, und dabei war es mein Teddy und mein Strahlemann!«

»Du hast Strahlemann Wills geschenkt«, erinnerte Villy sie.

»Ja, aber ich habe ihn mir wieder genommen, weil er Wills nicht gut genug gefiel. Wenn Leute meine Geschenke nicht ganz toll finden, hole ich sie mir immer zurück. Neville hat einen Blinddarm aus dem Teddy geholt, dabei war es nur ein Zettel. Das ist doch Unsinn, oder? Leute laufen doch nicht mit einem Zettel im Bauch herum.«

»Ich weiß, dass sie das nicht tun«, verteidigte Neville sich, sobald Villy zugestimmt hatte, dass Menschen nicht mit Papier im Bauch herumgingen, und Lydia sich deswegen über ihn lustig machte. »Natürlich weiß ich das! Aber wenn ich einen richtigen Blinddarm herausoperiert hätte – und ein Blinddarm ist eine Art wurmförmige Wurzel, wenn du's genau wissen willst –, hättest du wie am Spieß geschrien. Das habe ich nur aus Rücksicht auf dich gemacht!«, beschwerte er sich. »Außerdem habe ich deinem widerlichen Teddy vermutlich das Leben gerettet.«

Sobald Archie Sid sah, offenbarte sich ihm endlich das Geheimnis, das ihn den Großteil der vergangenen siebzehn Jahre gequält hatte.

Rachel brachte sie an einem Freitagabend mit nach Home Place; sie habe eine schlimme Grippe gehabt, und sie habe niemanden, der sich zu Hause um sie kümmern könne, sagte Rachel, und in ihrer allzu beiläufig freundlichen Stimme schwang etwas mit, das Archie – dem keine Nuance ihres Tonfalls, ihrer Gesten und selbst ihrer Miene entging – sofort bemerkte. Automatisch warf er einen Blick zu Sid – und wusste Bescheid. Es hatte also doch nichts mit ihm persönlich zu tun gehabt: Es war etwas weitaus Ernsteres gewesen und zugleich etwas, das sehr wenig bis gar nicht mit ihm zusammenhing. Die Qual, die vergeudeten Jahre, der schiere Groll, vor all der Zeit abgewiesen worden zu sein, fielen derart unvermittelt von ihm ab, dass er sich schlagartig federleicht fühlte und ihm vor Schock ganz schwindlig wurde. Er beobachtete Sid, diese kleine, müde Frau in ihrem Tweedkostüm und dem kurzen Haar, der sehr sorgsam gebundenen Krawatte – sah, wie die Duchy sie küsste und zu dem Sessel führte, der dem Kaminfeuer am nächsten stand, während Rachel ihnen etwas zu trinken holte. Er wurde vorgestellt, Rachel kehrte mit einem Tablett zurück, Zigaretten wurden angezündet, Gin wurde eingeschenkt, die Familie kam und ging, während die Vergangenheit in die richtige Perspektive gerückt wurde. Hugh traf aus London ein und sagte, Edward komme am nächsten Morgen. Am Freitag aßen Miss Milliment und Heather, »Frau Gärtnerin«, wie die Duchy sie nannte, Dinner immer mit der Familie, und während er sich mit Miss Milliment über französische Malerei unterhielt – van Gogh und seine kläglichen Versuche, den launenhaften Gauguin zufriedenzustellen, und Signac, der einige Kilometer weiter die Küste entlang gemalt und den er, Archie, ein oder zwei Mal getroffen hatte –, betrachtete er immer wieder Sids Gesicht mit den braunen, sehr weit auseinanderstehenden Augen, dem breiten Mund, dem bisweilen kecken, dann wieder unsicheren und erschöpften Ausdruck in ihren Zügen, sodass sie bisweilen wie ein erhabenes Äffchen wirkte, ein anderes Mal wie eine Verlorene oder auch eine unendlich matte Frau mittleren Alters. Dann richtete er seine Aufmerksamkeit wieder unauffällig auf Rachel, deren

Name ab jetzt unweigerlich zwei Bilder heraufbeschwören würde. Denn im Moment seiner Entdeckung war sie gealtert, war plötzlich nicht mehr das ätherisch schöne, freimütige und unschuldige junge Mädchen, das er so sehr geliebt hatte, sondern eine charmante, von Sorgen niedergedrückte Frau Anfang vierzig. Es wunderte ihn sehr, dass er sie bislang nicht richtig gesehen hatte, doch die Desillusionierung schmerzte ihn nicht, im Gegenteil, sie hatte etwas Tröstliches an sich. Sie war ein freundlicher, gütiger, selbstloser Mensch mit denselben schönen, freimütigen Augen wie früher, aber er wusste, dass sie zumindest jetzt in einer Hinsicht nicht freimütig war, und er fragte sich, ob er wohl der Auslöser gewesen war, durch den sie ihre wahre Natur erkannt hatte – denn sie hatte ihm damals nichts verschwiegen, davon war er überzeugt. Als er sie in Lynch House in den Garten geführt hatte – es war ein wunderbarer, stiller Juniabend gewesen –, hatte sie nicht gewusst, dass sie nicht geküsst werden wollte, bis er ihr einen Kuss gab, und hatte sich mit einem kleinen Schrei des Widerwillens von ihm losgerissen. Den Schrei hatte er nie vergessen. Damals hatte er geglaubt, es sei Angst, und hatte sie am Arm festgehalten, hatte sie beschworen und beruhigt, doch gleichzeitig, und auch das konnte er nicht vergessen, hatte er ein Triumphgefühl empfunden, dass er der Erste bei ihr sein musste – dass sie, wenn er sie für sich gewinnen könnte, ganz die Seine sein würde, sie sei wild, und er brauche sie nur mit Geduld zu zähmen – eine durchaus gewaltige Herausforderung, da sie so begehrenswert war und älter als er. Aber sie hatte ihm mit kalter Ehrlichkeit gesagt, er solle sie loslassen, und er hatte den Mut verloren. Damals war er zweiundzwanzig gewesen. Am nächsten Morgen hatte sie nach ihm geschickt, hatte ihm gesagt, wie sehr sie ihn gemocht habe und dass sie ihn nie heiraten könne. »Jetzt weiß ich das«, sagte sie. »Wahrscheinlich hätte ich es schon früher wissen müssen.«

Es müsse einen anderen geben, hatte er gesagt. Nein, hatte sie erwidert, es gebe keinen anderen. Er sagte ihr, wie sehr er sie liebe – er war jung genug gewesen, um zu glauben, das verändere alles –, er sagte, er werde warten, werde ihr alle Zeit der Welt geben, um sich zu entscheiden.

»Ich habe mich entschieden«, sagte sie. »Du machst es nur schlimmer für dich. Du Armer! Es tut mir wirklich leid.«

Er hatte das Haus am selben Tag verlassen und war wenig später nach Frankreich gegangen – um von Rupert und seiner Familie und ihren Bekannten fortzukommen, die einen engen, unbekümmerten Freundeskreis bildeten. Sein Vater hatte ihm etwas Geld vermacht, und so ließ er sich in der Provence nieder und malte, gab Englisch- und Zeichenunterricht, verkaufte bisweilen ein Bild und kam über die Runden. Rupert und Isobel hatten einen Urlaub bei ihm verbracht.

Nach Isobels Tod war Rupert für eine Woche zu ihm zu Besuch gekommen – ein erstaunlich fügsamer, am Boden zerstörter Rupert, der nicht einmal lachen konnte, ohne dass ihm Tränen in die Augen traten, der wegen seines Kummers wie ein an Schlaflosigkeit Leidender in ständiger Rastlosigkeit unablässig mit Bleistiften und Zigaretten spielte, unentwegt aufsprang und durchs Atelier stolperte und in alles hineinlief. Nach dem ersten entsetzlichen Tag unternahm Archie dreistündige Wanderungen mit ihm und setzte ihm große Schüsseln Eintopf vor: »Du behandelst mich, als wäre ich ein riesiger Hund!«, hatte Rupert nach dem dritten Tag dieser Kur gerufen, und noch während er über sich selbst lachte, war er in Tränen ausgebrochen und hatte von Isobel erzählen können, ununterbrochen bis in die frühen Morgenstunden, als der Ofen schon längst ausgegangen war und die Hähne krähten.

Als sie am folgenden Tag anstatt zu einem Spaziergang zum Malen nach draußen gingen, sagte Rupert: »Archie, du bist ein richtiger Freund. Viel mehr, als ich dir einer war. Das hat mir immer zu schaffen gemacht. Aber wahrscheinlich musstest du erst einmal alles hinter dir lassen.«

Und nach einer kurzen Weile hatte er fast zaghaft hinzugefügt: »Aber jetzt hast du's überwunden, oder? Du hast nichts dagegen, dass ich dich danach frage?«

»Nein«, hatte Archie nur gesagt, und ja, er habe es überwunden. Was in gewisser Weise auch stimmte. Er sehnte sich nicht mehr nach ihr, und manchmal dachte er mehrere Tage lang überhaupt nicht an sie. Nur ein- oder zweimal, als er drauf und dran gewesen war, sich in eine andere Frau zu verlieben, war sie dazwischengetreten, und er hatte sich zurückgezogen. Er hatte eine Abfolge junger Mädchen gefunden, die er malte, mit denen er ins Bett ging, die für ihn kochten und ihm seine Kleider flickten und ihm manchmal eine angenehme Gesellschaft waren, aber über Zuneigung und Verlangen ging es nie hinaus.

Im Herbst 1939 war Archie nach England zurückgekehrt, um sich zur Marine zu melden. Er und Rupert hatten einen ausgelassenen Abend in Weymouth verbracht, an dessen Ende sie beide sehr betrunken gewesen waren, und danach hatten sich ihre Wege getrennt, er war zur Küstenwache und Rupert auf einen Zerstörer der Hunt-Klasse gegangen. Als er die Nachricht von Rupert erfuhr, schrieb er der Duchy, der er stets besonders zugetan gewesen war, und sie antwortete, wann immer er Fronturlaub habe und sich erholen wolle, sei er herzlich bei ihnen willkommen. Als er also verwundet wurde und sie sein Bein so weit zusammengeflickt hatten, wie es ihnen möglich war, hatte er die Einladung angenommen. Er wusste, dass Rachel nicht geheiratet hatte, und fragte sich, wie es ihm wohl damit gehen würde, sie wiederzusehen. Nach dem ersten Abend wunderte er sich, dass er sich diese Frage überhaupt gestellt hatte, denn er empfand ziemlich genau das Gleiche, wenn auch nicht ganz dasselbe. Sie brauchte ihm nur die Hand zu geben, ihn mit ihrer hinreißenden Direktheit anzusehen, in dem sanften, wiegenden Ton zu sprechen, der ihn so an Rupert erinnerte, dass er wieder in den Bann ihrer Schönheit geriet, die mit keinerlei Eitelkeit einherging, was ihn immer schon tief bewegt hatte. Ob sie sich peinlich berührt an ihre letzte Begegnung erinnerte, konnte er nicht sagen. Er sah sie kaum je allein, dafür sorgten schon ihre Arbeit in London – sie bezeichnete sich als »Handlanger im Büro« – und ihre häuslichen Pflichten, denn im Grunde tat sie ständig unauffällig dies und das für diese oder jenen. Von ihr erfuhr er, wie sehr es Clary zu schaffen machte, dass ihr Vater als vermisst galt, und sie bat ihn, behutsam mit ihrer Entschlossenheit umzugehen, dass er nicht tot war. Ein anderes Mal erwähnte sie, mit welcher Begeisterung Miss Milliment sich für Kunst interessierte und sich für ihr Leben gern darüber unterhielt: »Rupe sagte, dass sie erstaunlich bewandert ist und auch scharfsichtig.« Dann gab es den Brig, dem es größte Freude bereitete, wenn ihm aus der *Times* vorgelesen wurde. Ihre seltenen Zwiegespräche drehten sich unweigerlich um andere. Aber er stellte fest, dass er Rachels Hinweise gerne aufgriff, und in den folgenden Herbstwochen fand er wie von selbst einen Platz im Familienleben. Sein Bein bereitete ihm immer noch große Schmerzen, vor allem, wenn er es zu stark belastete, aber ihm war gesagt worden, dass der Heilungsprozess sehr langwierig sein werde. Als er im Oktober zur Duchy sagte, es sei für ihn vielleicht an der Zeit weiterzuziehen, hatte sie gefragt: »Wozu denn, mein Lieber? Und wohin?« Im Gegensatz zu den Cazalets war seine eigene Familie klein und stand sich nicht besonders nahe: Nach dem Tod seines Vaters hatte sich seine Mutter Gurdjieff und dessen Lehren zugewandt und das Interesse an allen verloren, die das nicht taten, und seine einzige Schwester, die wesentlich älter als er war und einen kanadischen Arzt geheiratet hatte, hatte er in den vergangenen zwanzig Jahren gerade einmal gesehen. Sie hatte fünf Kinder, die ihm identisch erschienen bis auf ihre Größe. Wie ein Satz Ringschlüssel sahen sie aus, was er nur wusste, weil ihre jährliche Weihnachtskarte stets aus einem Familienfoto bestand. Nein, es zog ihn nirgendwohin, und so gab es aus seiner Sicht nicht nur keinen Grund zu gehen, sondern auch das wachsende Bedürfnis zu bleiben. Denn er hatte beschlossen, einen weiteren Versuch zu unternehmen und Rachel noch einmal einen Antrag zu machen, aber je mehr er darüber nachdachte, desto nervöser wurde er bei der Vorstellung. Denn eine weitere Ablehnung von ihr – falls sie ablehnte (und seine Zuversicht war nicht übertrieben groß) – würde seine Aussicht auf Liebe doch endgültig zunichtemachen, ebenso wie seine Möglichkeit, bei der

Familie zu bleiben. Es war allzu leicht, die Dinge laufen zu lassen und den Antrag hinauszuzögern. Er sagte sich, dass sie ihn erst wieder kennenlernen solle, dass es noch zu bald sei und derlei mehr. Er sagte sich sehr viele Dinge, die er natürlich gerne glauben wollte.

Aber all das war jetzt vorbei. Jetzt konnte er so lange bleiben, wie er wollte, und es machte keinerlei Unterschied. Im Verlauf des merkwürdigen Abends, der ihm ein Gefühl von Verzweiflung und auch von Erleichterung bescherte, glaubte er, etwas erkannt zu haben, das dem Rest der Familie verborgen blieb. Es war tatsächlich ein Geheimnis. Aber wie schwer musste das zu ertragen sein, dachte er liebevoll, für jemanden, der so direkt und unschuldig war wie Rachel! Sid war offenbar ganz in die Familie integriert: Als sie sich nach dem Dinner bei der Duchy entschuldigte, es tue ihr leid, sie fühle sich nicht in der Lage, Sonaten zu spielen, sagte diese, aber natürlich nicht! Sie solle sich mit einer schönen Wärmflasche und etwas Heißem zu trinken ins Bett legen, und Rachel stand sofort auf, um die Dinge zu holen.

Abends im Bett versuchte er, zu ergründen, was genau er empfand. Liebe, sinnierte er, bereitete vor allem Schmerz, und zwar nicht nur ihm, wie er feststellte. Ruperts unbekanntes Schicksal lastete auf allen. Auf seiner ungewöhnlichen, hageren, leidenschaftlichen Tochter und auf seiner Frau, die Archie anfangs für einen fatalen Fehler gehalten hatte. Er erinnerte sich an Ruperts Worte am Ende der Woche, die sie nach Isobels Tod zu zweit in Frankreich verbracht hatten: »Tja, ich werde wohl wieder heiraten müssen – eine Frau, die ruhig und häuslich ist und den Kindern eine Mutter.« Und dann hatte er ihn auf Flitterwochen mit diesem ausgesprochen attraktiven, unbekümmerten jungen Ding besucht, dem er unverkennbar verfallen war. »Das ist Zoë«, hatte er gesagt, als würde er ihm eine Göttin präsentieren, eine Königin, die größte Schönheit aller Zeiten, und er hatte sofort ihren Narzissmus erkannt, ihre kindische Selbstsucht, ihre Entschlossenheit, immer und bei allem ihren Kopf durchzusetzen. Doch sie hatte sich verändert. Jetzt war sie blasser, weniger strahlend und bei praktisch allem unsicher und zögerlich, außer bei ihrem Kind. Einmal hatte er gesagt, wie hübsch Juliet sei, und ihre Antwort hatte ihn gerührt: »Aber sie ist unglaublich intelligent – wie Rupert. Sie wird eine erstklassige Ausbildung bekommen und einen richtigen Beruf erlernen. Sie wird überhaupt nicht sein wie ich.« Im Gegensatz zu Clary konnte sie nicht über Rupert reden. Ein einziges Mal hatte sie begonnen, aber ihr waren sofort Tränen in die Augen getreten, ihr Gesicht hatte sich verzogen, und sie war wortlos aus dem Zimmer gestürzt. Und dann die Duchy. Wenn sie Rupert erwähnte – und das tat sie nur, wie ihm auffiel, wenn sie mit ihm allein beisammensaß –, rang sie sichtlich um Fassung. Ob noch am Leben oder tot, Rupert wurde sehr geliebt, und nicht am wenigsten von ihm, Archie. Die beiden Menschen, die ich im Leben am meisten geliebt habe, habe ich verloren, dachte er. Dann merkte er, dass die Schmerzen in seinem Bein ihn am Einschlafen hinderten, und er hievte sich aus dem Bett und suchte nach seinen Tabletten. »Schluss mit der Rührseligkeit«, brummelte er. Rachel hatte ihm nie gehört, also konnte er, so gesehen, nicht behaupten, dass er sie verloren hatte, und was Rupert anging – warum verfügte er nicht über Clarys Glauben? Weil er wusste, zu welch jämmerlichem, hysterischem, korruptem Haufen Frankreich verkommen war: Daladier und Blum waren zu lebenslang verurteilt worden, »weil sie die Niederlage Frankreichs verursacht hatten«, Geiseln wurden erschossen – zweihundert an der Zahl im Gegenzug für den Tod zweier deutscher Offiziere –, die Vichy-Regierung übernahm die Festnahme und Deportation von Tausenden Juden, Pétain machte britische Agenten für jeden Aufstand verantwortlich, ganze Häuserzeilen wurden durchsucht nach Franzosen, die sich dieser senilen Marionette gegenüber »nicht loyal« verhielten. In einer solchen Situation als Ausländer zu überleben wäre ausgesprochen schwierig, selbst wenn man perfekt Französisch sprach. Er würde sehr viel Unterstützung und Schutz brauchen – doch der Preis, ein loyaler Franzose zu sein, war bereits erschreckend hoch, und dennoch gab es solche Menschen. Auf der Brücke eines Schnellboots zusammengeschossen zu werden war vergleichsweise eine Lappalie, dachte er beim Einschlafen.

Edward erwachte mit dem übertrieben leichten Gefühl, das, wie er wusste, lediglich Anzeichen eines Katers war. Den wiederum verdankte er dem minderwertigen Zeug, das er im Coconut Grove hatte kaufen müssen. Und wenn man dann gezwungenermaßen eine ganze Flasche gekauft hatte, trank man mehr, als man normalerweise trinken würde, weil man verdammt noch mal dafür bezahlt hatte. Er war mit Diana tanzen gegangen, weil die Arme sonst wenig Spaß im Leben hatte, saß sie doch mit der griesgrämigen Schwägerin und Jamie, mittlerweile ein anstrengender Dreijähriger, auf dem Land fest. Aber er war schon zu Anfang des Abends müde gewesen: Er arbeitete erst seit Kurzem wieder in der Firma und war bestürzt von dem Durcheinander, das in den Lagerhäusern herrschte. In dem knappen Jahr hatte Hugh es nicht geschafft, die zweite Sägemühle wieder in Betrieb zu nehmen. Sicher, die Luftangriffe der Deutschen hatten Verheerungen angerichtet, und eine Scheune war in Flammen aufgegangen, aber trotzdem … Die Bestellungen für Harthölzer, für die sie zu Recht berühmt waren, strömten von allen Seiten herein, aber sie mussten auch in der Lage sein, die Furniere zu schneiden. Die Maschinen waren nicht allzu sehr beeinträchtigt worden, aber Hugh hatte den fatalen Fehler begangen, alles genauso zu lassen, wie es nach den Luftangriffen ausgesehen hatte, damit die Schadensgutachter einen richtigen Eindruck bekamen. Was Unfug war, wenn man deswegen kostspielige Maschinen den Winter über ohne angemessenen Schutz den Elementen aussetzte. Aber er konnte dem alten Jungen keinen Vorwurf machen. Mit seiner Sorge um Sybil und aufgrund der Tatsache, dass ihm niemand aus der Familie zur Seite stand – ausgenommen Rachel, die aber natürlich nichts von den geschäftlichen Dingen verstand, so großartig sie mit dem Personal umgehen konnte –, hatte der Arme viel zu viel am Hals gehabt. Er war immer schon stur gewesen, doch in der Vergangenheit hatten er, also Edward, und der alte Herr bei Bedarf Dinge einfach durchgesetzt. Doch was ihn jetzt beunruhigte, war, dass Hugh neben seinem Starrsinn auch eine entsetzliche Unschlüssigkeit an den Tag legte – beinahe wie der gute alte Rupe. So sagte er zwar beständig, er werde über diese oder jene Sache nachdenken, aber zwei Tage später war immer noch nichts geschehen, sodass Edward ihm immer wieder auf die Füße treten musste. Als Folge von alldem herrschte überall Chaos: Seit Stevens Einberufung war die Buchhaltung vernachlässigt worden, immer wieder fiel der Kran aus, weil Hugh den Hersteller nicht genug bedrängt hatte, Ersatzteile zu liefern, die natürlich sowieso Mangelware waren. Auch um ihre Lastwagen war es schlecht bestellt. Mehrere mussten eigentlich ersetzt werden, doch das konnten sie sich aus dem Kopf schlagen, und leider war der Mann, der ein Händchen für ihre Reparatur gehabt hatte, im vergangenen Herbst während der Luftangriffe ums Leben gekommen. Die Brandwache war der reinste Albtraum, denn sie bedeutete, dass im Wechsel Männer, die den ganzen Tag gearbeitet hatten, nachts keinen Schlaf bekamen. Der bürokratische Aufwand hatte sich verdreifacht, weil neunzig Prozent ihrer Geschäfte jetzt aus staatlichen Aufträgen bestanden. Am Ende des vergangenen Tages hatte er sich fast gewünscht, er wäre tatsächlich mit Hugh zu einem stillen Abend nach Hause gefahren, wo keine Ansprüche an ihn gestellt wurden. Aber er hatte Dianas wegen ein schlechtes Gewissen, die sich immer mehr auf ihn verließ, wie er zu ahnen glaubte. Ihr Mann war zu den Fallschirmjägern gegangen und hatte seit Monaten keinen Fronturlaub mehr bekommen.

Da Dianas Wohnung ausgebombt worden war, hatten sie zu guter Letzt beschlossen, in die Lansdowne Road zu gehen, die offiziell zwar geschlossen, aber nach wie vor mit allem Notwendigen ausgestattet war. Er wusste, dass sie das Haus nur ungern betrat, aber ein Hotel erschien ihm zu riskant. Seit dem entsetzlichen Abend mit Louise hatte er panische Angst, am falschen Ort zur falschen

Zeit mit Diana gesehen zu werden. Ein Nachtclub war eine Sache – den besuchte fast jeder, den er kannte, und zwar meist in Begleitung einer Person, mit der er nicht verheiratet war, weil der Krieg alle Familien auseinanderriss –, aber ein Hotel war etwas völlig anderes.

Sie schlief tief und fest neben ihm. Beim Dinner war alles bestens gewesen. Es hatte Austern gegeben, eine sehr willkommene Ergänzung ihres Fünf-Shilling-Essens, und zum Brot hatte man ihnen richtige Butter serviert. »Ich kenne jemanden«, hatte er erzählt, »der um ein Brötchen bittet, es ausschneidet, das Innere herauskratzt, den Hohlraum mit der Butter vom ganzen Tisch füllt, es wieder zusammenklappt und damit zum Frühstücken nach Hause geht.«

»Ist es nicht entsetzlich peinlich, so vor den Augen der Kellner und aller anderen Leute?«

»Das ist ihm offenbar egal.«

»Ich finde«, sagte Diana, »Göring hat die falsche Statur, um die Bemerkung über Butter oder Kanonen zu machen. Er sieht doch so aus, als bekäme er die ganze Butter …«

»… und wir die ganzen Kanonen. Mein Liebling! Ist es für dich sehr schlimm, deine Wohnung verloren zu haben?«

»Ach, in gewisser Weise schon. Es war mein Zuhause, obwohl ich es nicht besonders mochte. Aber all meine Habe war dort. Ich habe das Gefühl, als hätte ich seit Jahren keine feste Bleibe.«

»Ist Isla immer noch genauso rigide?«

»So rigide wie eh und je. Der Inbegriff einer Schwägerin. Sie glaubt, dass es etwas Anstößiges an mir geben muss, das ihr Missfallen erregt, aber was, das hat sie noch nicht herausgefunden.«

»Ich kann mir nicht vorstellen, wie du irgendjemandes Missfallen erregen könntest.«

»Ihres schon, mein Schatz. Und das Anstößige bist du. Ehrlich gesagt weiß ich nicht, ob ich noch recht viel länger bei ihr bleiben kann.«

»Möchte Angus denn, dass du zu seinen Eltern ziehst?«

»Ach, das will er doch schon die ganze Zeit. Aber das könnte ich nun wirklich nicht ertragen. In ihrem schaurigen viktorianischen Halbschloss ist es selbst im August eiskalt, und jetzt sind sie wegen des Kriegs auch noch abstinent geworden.«

»Guter Gott!« Er war schockiert. »Was soll denn das bewirken?«

»Sie halten es für patriotisch.« Sie zuckte mit den Achseln. »Aber meine beiden Ältesten können die Ferien dort verbringen. Und dann muss ich hinfahren, sonst würde ich sie nie sehen. Bei Isla ist ja, wie du weißt, kein Platz für uns alle.«

Bei dem Gespräch hatte sie zum allerersten Mal erwähnt, nicht mehr bei Isla bleiben zu können, aber es war ihm nicht allzu wichtig erschienen. Nach dem Dinner fuhren sie zum Coconut Grove in die Regent Street. Es war noch früh, erst gegen elf, und sie konnten direkt vor dem Eingang parken.

»Whisky oder Gin?«, fragte er, nachdem der Kellner ihnen diese Wahl gelassen hatte.

»Gin, denke ich.«

Er bestellte eine Flasche Gin und mehrere Tonics, aber der Gin schmeckte derart unangenehm, dass sie es vorzogen, ihn mit Limonensaft und Soda zu trinken. Das wurde Ewigkeiten nicht serviert, und in der Zwischenzeit tanzten sie. Diana im Arm zu halten war ein ebenso vertrautes wie erregendes Vergnügen. Sie trug ein veilchenblaues Kleid, das zur Farbe ihrer Augen passte, auch wenn er das nicht bemerkte. Der Crêpe schmiegte sich an ihren herrlichen grobknochigen Körper und zeigte genau den richtigen Ansatz ihrer prachtvollen Brüste. Sie tanzten langsam zu »All the Things You Are«. »Du bist mein verheißener Frühlingshauch«, summte er und blickte lächelnd in ihre Augen, und sie strahlte.

Am Ende des Tanzes nahm sie seine Hand und sagte: »Ach, mein Schatz! Ich bin so glücklich.«

»Ich bin immer glücklich, wenn ich bei dir bin«, antwortete er. Ihr Sodawasser und der Limonensaft waren noch immer nicht gekommen, und er winkte dem Kellner, um sich zu beschweren, aber eigentlich war es ihnen beiden gar nicht so wichtig, wie er es dem Kellner gegenüber darstellte. Sie tranken von ihrem Gin Tonic, und

Diana verzog das Gesicht. »Vielleicht kippen wir davon einfach um«, sagte sie.

»Gleichzeitig, wie zwei überdimensionale Kegel«, sagte er. »Das würde ihnen gar nicht gefallen.«

Sie rauchten und sahen den anderen beim Tanzen zu, und bald fiel ihnen ein sehr junges Paar auf – ein Gardist und ein großes, eher unscheinbares rothaariges Mädchen in Weiß. »Ein Kleid wie für einen Queen-Charlotte-Ball«, sagte Diana. Doch weshalb sie ihnen zusahen, was sie so faszinierte an dem jungen Paar, war, dass die beiden so unglaublich ineinander verliebt schienen – sie konnten sich nicht sattsehen aneinander und bewegten sich kaum. Ihre Blicke waren verhangen, erfüllt von Verlangen. Ganz bisweilen beugte er sich vor, und seine Lippen streichelten ihre weiße Schulter, sie schloss halb die Augen, dann sahen sie sich wieder an, und er zog sie enger an sich.

»Rührend«, sagte Edward. Die beiden rührten ihn tatsächlich.

»Die Armen«, sagte Diana mitfühlend. »Ich wette, die können nirgendwohin gehen.«

»Wenn sie wirklich wollten, würde er schon etwas finden.«

Sie schüttelte den Kopf. »Dafür sind sie zu jung. Und zu wohlerzogen. Wahrscheinlich hat er um ihre Hand angehalten, und ihre Eltern haben gesagt, sie müssten warten, bis sie älter ist. Auch wenn er fallen könnte.«

»Meinst du, wir sollten ihnen anbieten, in die Lansdowne Road zu gehen?«

»Natürlich nicht. Sie tun mir nur leid, mehr nicht.« Kurz herrschte Stille, dann fragte sie: »Aber wir gehen doch nicht dorthin, oder?«

»Leider doch, mein Schatz. Ich weiß, dass es nicht allzu gemütlich ist, aber da sind wir ungestört.«

»Du meinst, niemand außer deiner Frau kann uns überraschen?«

»Ich schwöre, sie ist auf dem Land. Ich schwöre, dass sie nicht auftaucht.«

»Aber ich möchte mit dir reden«, sagte sie scheinbar ohne jeden Zusammenhang.

»Nur zu.«

»Nicht hier. Es ist etwas Ernstes. Ich muss eine Entscheidung treffen.«

Fragend sah er sie an, und sie erklärte etwas ungehalten: »Im Grunde genommen habe ich es dir schon gesagt. Ich kann nicht länger bei Isla bleiben.«

Er verstand zwar nicht, weshalb sie nicht auf der Stelle hier im Club darüber reden konnte, wusste aber, dass es unklug wäre, das zu sagen.

»Sollen wir dann fahren?«

Als sie gingen, stand das junge Paar immer noch entrückt auf der Tanzfläche. Sie hatten den ganzen Abend getanzt, außer während der kurzen Pause der Band.

»Wenn sie am Tisch sitzen, kann er sie nicht im Arm halten«, sagte Diana beim Hinausgehen.

Im Haus in der Lansdowne Road konnte man zwar noch schlafen, doch für ein vertrauliches Gespräch eignete es sich eindeutig nicht mehr. Der einzig mögliche Aufenthaltsort war sein Bett im Ankleidezimmer. Das restliche Haus stand schon so lange leer, dass alles völlig verstaubt und die Luft kalt und muffig war.

»Wohnst du unter der Woche nicht hier?«, fragte Diana, als er sie bat, im Flur zu warten, während er den Strom anstellte.

»Nein, ich wohne bei Hugh. Es kam uns unsinnig vor, zwei Häuser offen zu lassen, und der alte Junge ist schrecklich allein. So, jetzt.«

Doch im Lampenschein fiel die Tristesse nur noch deutlicher ins Auge. Schweigend gingen sie nach oben.

»Ach, verdammt! Ich hätte auch das Gas anstellen sollen«, sagte er.

Bis er das gemacht, den Gaskamin angezündet und Wäsche für das Bett gefunden hatte, das sie bezog, hing Spannung in der Luft. Sie setzte sich vor das Feuer und zog ihre Skunkjacke enger um die Schultern.

»Etwas zu trinken?«

»Nein, danke.«

»Na, ich glaube, ich genehmige mir einen.«

In seiner Manteltasche steckte immer ein Flachmann mit Whisky, für den Fall eines Luftschutzalarms oder dass er anderweitig festsaß. Das Zahnputzglas hatte einen weißen Zahnpastabelag. Er war seit Wochen nicht mehr hier gewesen, das letzte Mal an dem schrecklichen Abend mit Louise ... Wenn er daran dachte, ging es ihm so schlecht, dass es ihm meistens gelang, gar nicht daran zu denken. Er wusch das Glas aus, schenkte sich etwas Whisky ein und füllte ihn mit Wasser auf.

»Hätten wir's im Bett nicht bequemer?«, fragte er und merkte sofort, dass das der völlig falsche Vorschlag gewesen war. »Worüber möchtest du denn reden, mein Liebling?«

»Ich weiß nicht, ob ich darüber reden möchte«, antwortete sie wie aus der Pistole geschossen. »Ich denke, ich möchte es dir einfach mitteilen. Ich glaube, ich bekomme ein Kind.«

»Guter Gott!«

»Um ehrlich zu sein, bin ich mir sicher. Du verstehst also mein Problem.«

Das tat er nicht. »Entschuldige, mein Schatz, ich bin gerade etwas begriffsstutzig.«

»Isla wird wissen, dass es nicht von Angus ist.« Dann, als wüsste sie, dass er nach dem Grund fragen würde, fuhr sie fort: »Ich habe ihn seit Anfang der Sommerferien nicht gesehen, da konnte er für ein paar Tage zu uns nach Duninald kommen. Und jetzt ist es beinahe November. Ich bin im zweiten oder dritten Monat.«

»O mein Gott! Ich verstehe. Kannst du ihr nicht sagen, dass du dich mit Angus in London getroffen hast – etwas in der Art?«

»Sie schreiben sich regelmäßig. Sie würde es sofort erfahren. Und wenn Angus es herausfindet, würde er sich auf der Stelle von mir scheiden lassen.«

»Gibt es nichts, das du dagegen unternehmen kannst?«

»Du meinst, eine Abtreibung? Wo? Vergiss nicht, ich sitze auf dem

Land fest, ich habe keine Kontakte mehr – ich kenne auf jeden Fall niemanden.«

»Ich könnte … mich umhören – du weißt schon –, es muss jemanden geben.«

»Ich will nicht, dass irgendeine Engelmacherin an mir herumpfuscht«, sagte sie bitter. »Es ist mein Unterleib, nicht deiner.«

»Liebling, ich versuche doch nur, dir zu helfen. Wir sind beide verheiratet. Ich sehe keine andere Lösung.«

»Wirklich nicht? Aber wahrscheinlich gibt es keine.« Sie brach in Tränen aus.

Er umarmte sie und fummelte nach seinem Taschentuch. Währenddessen ging ihm das Szenario durch den Kopf: wie sie das Kind bekam, von Angus geschieden wurde, er Villy davon erzählte und die Scheidung einreichte – und er schreckte davor zurück. Es würde Jahre dauern, und es würden schreckliche Jahre werden; vermutlich würden sie das beide nicht überleben. Aber nichts dergleichen zu tun bedeutete, Diana im Stich zu lassen. Wieder stellte er sich vor, mit ihr verheiratet zu sein. Hätte er sie nur vor Jahren schon getroffen! Er konnte doch nicht *jetzt* alles über den Haufen werfen, mitten im Krieg, und Roly war erst zwei; das ging wirklich nicht. Anscheinend war er jetzt in einer Lage, in der es keine Möglichkeit mehr gab, sich mit Anstand daraus zu befreien. Aber er konnte die Arme trösten, wenigstens das. Er streichelte sie und murmelte zärtliche Worte, sagte, er könne es nicht ertragen, wenn sie weine, und drängte sie, von seinem Whisky zu trinken, und sie hörte wirklich zu weinen auf – er sah, dass sie sich bemühte, die Tränen zu unterdrücken, und das rührte ihn. Er zog sie aus, wobei er sich nicht besonders geschickt anstellte, insbesondere bei den Häkchen an ihrem BH, und schließlich half sie ihm. Im Bett schlief er so selbstlos mit ihr, wie es ihm möglich war, und merkwürdigerweise liebte er sie deswegen umso mehr. Hinterher unterhielten sie sich stundenlang und leerten den Whisky. Zu guter Letzt rang er sich durch, ihr zu sagen, dass Villys Schwester offenbar jemanden gefunden hatte, denn ihre Tochter sei in andere Umstände geraten, und das Problem sei behoben worden. »Und derjenige muss gut sein, sonst hätte sie Angela nicht zu ihm geschickt«, sagte er.

»Um Himmels willen, sag ihr nichts! Sie würde es Villy erzählen, und …«

»Natürlich nicht. Ich sage, dass es für einen jungen Freund in der RAF ist«, beschwichtigte er sie. »Ich kümmere mich darum, mach dir keine Sorgen.«

»Wahrscheinlich kostet es viel Geld …«

»Darüber mach dir auch keine Sorgen. Das ist das Mindeste, was ich tun kann.«

»Weißt du, ich bin mir ziemlich sicher, dass Jamie auch von dir ist«, sagte sie. »Es ist schrecklich, immer wieder Kinder ohne ihren Vater zu bekommen.«

Sie hatte das mit Jamie nie so unverhohlen geäußert, obwohl er sich natürlich seine Gedanken gemacht hatte. In Anbetracht des Alkohols, der emotionalen Situation und der Müdigkeit würde sie gleich weinerlich werden. Er gab ihr einen Kuss. »Jamie ist wunderbar, weil er deiner ist«, sagte er. »Du weißt, dass ich ihn liebe. Und jetzt sollten wir beide besser zusehen, dass wir etwas Schlaf bekommen.«

Sie war im Handumdrehen eingeschlummert, aber das Bett bot wenig Platz für zwei, und es dauerte lange, bis er schlief, und dann nur unruhig.

Jetzt, im kalten Tageslicht, und bei Gott, es war höllisch kalt, dachte er, dass er ihnen wohl besser Tee machen sollte, denn sonst gab es im Haus nichts zu frühstücken. Folglich musste er zwei Treppenabsätze hinunter in die Küche gehen und den Tee und die Dose Trockenmilch finden, bei der er keine Ahnung hatte, wie man sie anrührte. Währenddessen kochte der Kessel. Zu guter Letzt nahm er die Dose sowie ein Kännchen Wasser mit nach oben. Ihm hämmerte der Kopf, er hatte einen üblen Geschmack im Mund, was auch davon herrührte, dass er mit seinem Teilgebiss geschlafen hatte. Er putzte alle Zähne, die lebenden und die toten, wie er sie nannte, und gönnte sich einen kräftigen Schluck Lebersalz, bevor er sie weckte.

Der Tee schmeckte ziemlich scheußlich, aber sie sagte, er sei sehr viel besser als nichts.

Als er sie vor dem Cottage in Wadhurst absetzte, sagte er: »Ich rufe dich am Montagabend an. Aus dem Büro, kurz bevor ich gehe. Gegen fünf.«

»Wenn du um halb sechs anrufst, ist Isla bei ihrem Frauenverein.«

»In Ordnung. Mach's gut.«

Er fuhr weiter und überlegte sich die taktvollste Art, sich bei Jessica wegen der Abtreibung zu erkundigen. Taktgefühl war zweifelsohne gefragt: Eigentlich sollte er von Angela nichts wissen, aber natürlich hatte Villy es ihm erzählt. Ganz abgesehen davon war Jessica ziemlich scharfsichtig und würde ihm kaum abnehmen, dass er die Auskunft wirklich für einen Freund brauche, es sei denn, er war sehr überzeugend. Allmählich bereute er es, den Vorschlag gemacht zu haben, aber jetzt gab es kein Zurück mehr.

Das Gespräch blieb ihm jedoch erspart, denn am Montagvormittag rief Diana bei ihm im Büro an, um ihm mitzuteilen, dass Angus ums Leben gekommen sei – bei einem Luftangriff auf Portsmouth.

»Mein armer kleiner Schatz. Wie geht es ...«

»Ich weiß nicht, was ich empfinde«, sagte sie. »Ich glaube, ich bin vor allem benommen. Wir hatten uns in letzter Zeit nicht mehr gut verstanden, aber trotzdem – es ist so überflüssig. Und er hat das Militär so geliebt – ein Tod als Zivilist ist da der reine Hohn.« Sie stand noch unter Schock, ihre Stimme klang zittrig. »Sie wollten ihn nach Übersee schicken«, sagte er. »Er hat sich schon darauf gefreut. Offenbar war der Luftangriff nicht einmal besonders schlimm.« Ihm fiel nichts zu sagen ein.

»Die arme Isla ist am Boden zerstört«, fuhr sie fort. »Wie auch immer, du brauchst dir keine Gedanken mehr zu machen. Jetzt kann ich ihr eine Geschichte auftischen, und sie wird sie glauben wollen.« Dann sagte sie: »Ich lege jetzt auf, mir fällt nichts mehr ein.«

Er schrieb ihr noch am selben Tag. Er war kein geübter Briefschreiber, aber sie tat ihm leid. Verständlicherweise hatte sie ein schlechtes Gewissen, und er konnte sich gut vorstellen, wie schwierig es für sie war, bei ihrer Schwägerin leben und größere Trauer vortäuschen zu müssen, als sie tatsächlich empfand. Obendrein war sie schwanger, und das stets knappe Geld würde mit der Witwenrente noch knapper werden. Er konnte sich nicht dazu durchringen, viel davon in seinem Brief zu schreiben, doch er versicherte ihr, er werde sie auf jede erdenkliche Art unterstützen, und es tue ihm leid. Er schrieb, er liebe sie und werde sich ganz bald wieder bei ihr melden. Eine große Hilfe würde ihr der Brief nicht sein, das wusste er; bei einem schlechten Gewissen half nichts als die Absolution desjenigen, dem man geschadet hatte, und er wusste wohl besser als die meisten anderen, wie entsetzlich es war, nicht darauf hoffen zu können.

Der Bahnsteig der U-Bahn-Station in Oxford Circus war wie immer gedrängt voll. Zu dieser Stunde hatten alle, die die Nacht hier verbringen wollten, ihren Platz bereits belegt – jeden Abend denselben, war Angela aufgefallen. Die Glücklichsten lagen neben den Münzautomaten, an denen ein kleiner Spiegel hing, und in dem konnten sie sich morgens die Haare kämmen. Viele schliefen mit Lockenwicklern. Sie breiteten Zeitungspapier auf dem Boden aus, darüber eine Decke und ein Kissen, sofern sie eins hatten, und darauf streckten sie sich angezogen der Länge nach aus, mit einer weiteren Decke obenauf. Im Lauf der Wochen mussten sie sich an den Schwall warmer, dunkelbrauner Luft gewöhnt haben, den jeder Zug vor dem Einfahren durch den Tunnel schob; nach dem Anschwellen des Lärms, das zu einem schrillen mechanischen Ticken erstarb, kam er zum Stehen. Eine Sekunde Stille, dann das Zischen, mit dem sich die Türen öffneten, und eine Pause, während der die Passagiere aus- und einstiegen, bis eine müde Stimme rief: »Achtung, Türen schließen!«, woraufhin sich der Zug mit einem ächzenden Ruck wieder in Bewegung setzte und an Fahrt gewann, bis das Getöse langsam im Tunnel verklang. Das passierte alle drei oder vier Minuten, und doch schliefen die Menschen darüber hinweg. Wenn Angela am Ende der Nachtschicht um halb sieben morgens hierherkam, waren sie noch da, nahmen verschlafen die Lockenwickler aus dem Haar, ließen sie in Keksdosen oder braune Papiertüten fallen, schminkten sich in den Spiegeln der Automaten oder in winzigen eigenen, die sie aus der Handtasche holten, und tranken Tee aus Thermoskannen, ohne viel miteinander zu sprechen. Die Männer, es waren vorwiegend alte, schliefen noch, denn ihre Morgentoilette war minimal; greise Männer, die schnarchend, mit offenem Mund auf dem Rücken lagen, ihre wenigen gelblich-grauen Haare flatterten bei jedem einfahrenden Zug.

Vor der Station war es absolut dunkel und sehr kalt. Angela war immer schlank gewesen, aber seit der Abtreibung hatte sie keinen Appetit mehr und war noch dünner geworden, sodass sie die Kälte spürte. Sie brauchte nur die Straße zu überqueren, dann stand sie vor dem Peter-Robinson-Gebäude, in dem jetzt der Überseedienst der BBC saß. Sie war die jüngste Moderatorin und arbeitete mittlerweile seit sechs Wochen dort. Brian hatte ihr die Stelle verschafft – er hatte einen ziemlich hohen Posten in der Verwaltung –, und sie wusste, dass er dafür Beziehungen hatte spielen lassen. »Ich muss versuchen, es wiedergutzumachen«, hatte er bei ihrer letzten Begegnung unter vier Augen gesagt. Obwohl es ihr unvorstellbar erschien, dass er ernsthaft glauben konnte, eine bessere Arbeit könne ihre Verliebtheit, sein verlorenes Kind und seine Abfuhr vergessen machen. Sie hatte nicht die Absicht gehabt, schwanger zu werden, aber als sie es dann feststellte, hatte sie es ihm sofort gesagt und gedacht, damit werde sich alles ändern, er werde seine Frau, die er selten erwähnte und wenn doch, dann in Bausch und Bogen verdammte, verlassen und sie heiraten. Aber ihre Nachricht hatte ihn entsetzt, und er war so heftig in sie gedrungen, sie dürfe das Kind nicht bekommen, dass sie sagte, sie werde es auf jeden Fall behalten, ob er sie nun heirate oder nicht. Daraufhin hatte er gesagt, sie müssten vielleicht etwas warten, aber letztlich würden sie doch heiraten, und danach war sie wieder glücklich gewesen. Dann allerdings hatte ihre Mutter von ihrer Schwangerschaft erfahren – wie, das wusste sie nicht –, und als Angela sagte, das sei kein Problem, er werde sie heiraten, sobald er geschieden sei, hatte ihre Mutter sich tatsächlich mit ihm getroffen. Aber das erfuhr sie erst hinterher. Er habe sie nie heiraten wollen, sagte ihre Mutter, er habe eine Frau und Kinder, die er nie im Leben verlassen werde, er habe ihr das alles nur gesagt, weil er sich so große Sorgen um sie gemacht habe.

Ein Treffen hatte es noch gegeben. Sie hatte ihm vorgeschlagen, sie bei sich in Notting Hill Gate zu besuchen, aber das hatte er abgelehnt und gesagt, er werde sie in den Kensington Gardens bei der Peter-Pan-Statue treffen. »Und was, wenn es regnet?«, hatte sie gesagt (das war am Telefon). »Das wird es nicht«, hatte er geantwortet.

Und es regnete tatsächlich nicht. Es war einer jener vibrierenden, milden Vormittage im September, wenn der Himmel blassblau ist und die sanfte gelbe Sonne nicht mehr wärmt. Allmählich färbten sich die Bäume, und der Rasen, dessen niedrige gusseiserne Umzäunungen man entfernt hatte, um sie für Kriegszwecke einzuschmelzen, wirkte nach dem ersten Frost sehr grün und frisch. Sie wusste, dass sie zu früh kommen würde, und ging von der Station Lancaster Gate so langsam, wie sie es ertragen konnte, den Pfad entlang, der nahe am Serpentine-See verlief. Trotz allem, was passiert war, empfand sie unwillentlich Aufregung und Vorfreude, und während ihres Spaziergangs führte ihre Angst – ihre Panik – vor dem, was er sagen würde, zu der Frage, was er sagen würde, und mündete schließlich in der Vorstellung, was er sagen würde, was natürlich wundersamerweise genau das war, was sie hören wollte. Ich werde diesen Tag mein Leben lang nicht vergessen, dachte sie, und dramatischer noch: Ich gehe meinem Schicksal entgegen. Der Altersunterschied zwischen ihnen spielte keine Rolle (das hatte er ganz zu Anfang schon gesagt), er würde sicher weniger trinken, wenn er glücklicher wäre, was er mit ihr zweifellos sein würde.

Wenn er keine Kinder haben wollte, würde sie keine bekommen. Sie würde genau das tun, was er wollte, weil sie es wollte.

Er verspätete sich, aber nur um ein paar Minuten. Sie sah ihn kommen – auf demselben Weg, den sie genommen hatte –, zwang sich aber, auf der Bank sitzen zu bleiben, bis er schon sehr nah bei ihr war, dann sprang sie auf.

Sie wollte ihm um den Hals fallen, aber er gab ihr einen Kuss auf die Wange, einen in höchstem Grad unverbindlichen Kuss, und meinte, sie sollten sich doch setzen.

Schon nach den ersten Sätzen – wobei er deutlich machte, dass dieses Treffen ihm eine Qual war – wurde ihr das Herz, das vor Aufregung höher geschlagen hatte, eiskalt und schwer.

Er sagte, wie hart es ihn ankomme, die Dinge zu sagen, die er ihr sagen müsse. Er sagte, die Schuld liege allein bei ihm. Er sagte, er habe sich selbst vergessen – sein Ton klang, als sei es verwerflich und abstoßend, dass es dazu gekommen sei. Er sagte, seine Frau sei wegen der Affäre sehr unglücklich – sie wisse davon, unterbrach er sie, weil er es ihr erzählt habe. Sie habe großartig reagiert, habe Verständnis gezeigt, wie es dazu kommen konnte, und sei bereit, ihm um ihrer Ehe und der Kinder willen zu verzeihen. Er sei zu alt für sie, und sie sei so jung, habe noch ihr ganzes Leben vor sich, sie werde zweifellos einen wirklich netten jungen Mann kennenlernen, der ihrer würdig sei (ein furchtbarer Widerhall dessen, was Rupert, der ihr jetzt so weit entfernt erschien, vor all der Zeit gesagt hatte). Er werde sie nicht wiedersehen, das habe er ihrer Mutter versprochen, und so kam das heraus. Der Schock darüber und das Gefühl der Demütigung – dass sowohl seine Frau als auch ihre Mutter mit ihm über sie gesprochen hatten, als wäre sie ein kleines Kind – waren zu viel, unvermittelt schlug die Starre, mit der sie ihm zugehört hatte, in Wut um. Wie könne er es wagen, sich hinter ihrem Rücken mit ihrer Mutter zu treffen!, hatte sie gesagt. Sie sei zu ihm gekommen, entgegnete er. Der Stolz verbat ihr zu fragen, woher ihre Mutter davon erfahren haben könne, wenn nicht von ihm. Hinterher wurde ihr klar, dass er durch Verschweigen gelogen hatte: Er hatte bei ihrer Mutter angerufen, und daraufhin hatte sie sich mit ihm getroffen. Er sagte, er habe für sie ein Vorstellungsgespräch wegen der Stelle als Moderatorin arrangiert, und als sie antwortete, die wolle sie nicht, hatte er sie gedrängt, es zumindest zu versuchen. »Du brauchst jetzt eine interessante Aufgabe«, hatte er gesagt. »Andernfalls wirst du für irgendeine beliebige Arbeit abgestellt.« Dann hatte er gesagt, wie sehr er ihren Mut bewundere, und er werde mit seiner Frau einen dringend gebotenen Kurzurlaub machen. Er hatte ihr gesagt, sie solle auf sich aufpassen – hatte getan, als wolle er ihr wieder die Wange küssen, aber sie hatte das Gesicht fortgedreht –, hatte ihre Hände berührt, ein entschuldigendes Tätscheln, wie sie rückblickend fand, war aufgestanden und schnell davongegangen, ohne sich noch einmal umzudrehen. Zumindest glaubte sie nicht, dass er sich noch einmal umgedreht hatte, wieder hatte ihr Stolz sie davon abgehalten, ihm nachzusehen. Ein kurzer Blick hatte genügt.

Sie kam sich zutiefst verraten vor, aber das Teuflische war, dass sie trotzdem nicht ohne Sehnsucht an ihn denken konnte. Sie »respektierte« ihn nicht, wie sie es formulierte – manchmal konnte sie ihn sogar unsympathisch finden –, aber ein Teil von ihr klammerte sich an das, wie es zwischen ihnen gewesen war, bevor alles passierte, und danach sehnte sie sich zurück.

Sie hatte die Stelle bekommen, weil es ihr gleichgültig gewesen war. Sie war nicht nervös gewesen, sondern ruhig und gefasst. Eine Woche hatte sie andere Moderatorinnen begleitet und dabei gelernt, was sie künftig zu tun hatte, danach hatte sie mit ihrer Arbeit angefangen. Seit dem Treffen waren zwei Monate vergangen, und irgendwie gelang es ihr, die Tage und Nächte zu überstehen. Abgesehen von der Arbeit kam ihr alles unglaublich beschwerlich und sinnlos vor – durch die Stadt zu fahren, zu essen, auch nur die kleinsten Entscheidungen zu treffen, mit anderen Menschen zu reden. Sie schlief und schlief. Nachmittags kam sie nur mit Mühe aus dem Bett, und an ihren freien Tagen stand sie manchmal überhaupt nicht auf.

In den zwei Monaten hatte sie ihn ein einziges Mal gesehen –

wie er vor dem Gebäude in ein Taxi stieg. Er bemerkte sie nicht, und sie stand da und sah ihm nach, wie er davonfuhr. Das Herz tat ihr weh, dennoch hatte sich ihre Stimmung bei seinem Anblick ein ganz klein wenig gehoben, und als ihr Kummer mit voller Wucht zurückkehrte, wurde ihr bewusst, dass es schon die ganze Zeit geschmerzt hatte.

Mittlerweile hatte sie im Foyer ihren Ausweis vorgezeigt, war mit dem Aufzug vier Stockwerke nach unten gefahren und ging jetzt durch die stickigen, schallgedämpften Flure zu ihrem Studio. Es gehörte sich, frühzeitig zur Schicht zu erscheinen, damit die andere Moderatorin pünktlich gehen konnte. Als sie kam, spielte gerade die Aufzeichnung eines Konzerts. »Ich habe die Schallplatten protokolliert«, sagte ihre Kollegin. »Puh, bin ich froh, Feierabend zu haben. Gestern hat unser Boiler den Geist aufgegeben, und ich glaube, Martin bekommt eine Grippe. Außerdem leckt das Dach, seit eine Straße weiter eine Bombe eingeschlagen ist.« Sie hieß Daphne Middleton und war mit einem Produzenten verheiratet, der im Broadcasting House arbeitete. Sie kannten sich kaum, weil Daphnes Schicht erst kürzlich vor Angelas gelegt worden war. Während Daphne ihre Sachen zusammenpackte, sagte sie: »Ach, du kennst wohl nicht zufällig jemanden, der ein Zimmer sucht? Meine Untermieterin hat plötzlich gekündigt. Martin bedauert das sehr – sie sieht ziemlich gut aus, und ich bin erleichtert, aber wir brauchen das Geld.«

»Leider nicht.«

»Na ja, ich frage eben jeden. Sie zieht erst in einem Monat aus. Sie hat eine Woche Urlaub, und rate mal, mit wem sie sie verbringt! Mit dem Produzenten Brian Prentice. Du weißt schon, der ist verheiratet. Manche Männer sind doch das Letzte! Aber jetzt muss ich wirklich los. Denen in der Technik musst du heute ordentlich auf die Füße steigen – das sind richtige Schnarchnasen.«

Reiner Zufall. Vermutlich erschien dem Betroffenen ein Zufall immer außergewöhnlich. Und auch wenn sie sich eine Sekunde fragte, ob böser Wille dahintersteckte – ob Daphne von ihr und Brian wusste –, war ihr klar, dass es nicht stimmte. Sie hatte nie eine Woche mit ihm verbracht, sie hatte niemandem davon erzählt, und sie wusste, dass auch er nichts gesagt haben würde. Bis zu dem Moment hatte sie nicht geglaubt, sie könnte noch unglücklicher sein, aber ihre beständige, anspruchsvolle Arbeit – sie durfte kein Sendeloch entstehen lassen, das länger als fünfzehn Sekunden dauerte, sonst könnten die Deutschen sich auf die Frequenz schalten und darübersenden – kam ihr zur Rettung. Als ihre Schicht am folgenden Morgen um halb sieben zu Ende ging, empfand sie Bitterkeit und Wut, aber sie war nicht mehr verliebt. Um sie her war alles noch wüst und leer, aber sie konnte sich frei darin bewegen. Sie stellte fest, dass sie unglaublichen Hunger hatte, ging in die Kantine und bestellte sich ein Omelett aus Trockenei mit Tomaten und etwas Speck.

~

»Die hat Mrs. Cripps für dich gemacht.« Sie stellte die dampfende Tasse auf das Tischchen neben dem Sofa. Er blickte zu ihr hoch; er hatte seine Hände angestarrt, die auf der Decke um seine Knie lagen.

»Christopher«, sagte sie sanft. »Ich bin's, Polly.«

»Ich weiß.« Er begann zu weinen, Tränen liefen ihm übers Gesicht. So weinte er oft, lautlos, manchmal stundenlang, kam es ihr vor. Wenn er nicht weinte, lag in seinen Augen ein gehetzter Blick. Er sah aus, als verfolge ihn etwas, als habe er große Angst, aber niemand wusste, wovor. Zuerst hatte sie gemeint, das Beste wäre, gar nicht darauf zu achten, verständnisvoll, aber unbeschwert mit ihm zu reden, als wäre er der alte Christopher. Aber das war ihr sehr schwergefallen, weil sie wegen seiner undurchdringlichen Verzweiflung, oder was immer es war, am liebsten auch geweint hätte. Dann hatte sie ihn ermutigt, noch mehr zu weinen – das, was ihn so verschlossen machte, aus sich herauszuweinen. Aber auch das hatte nichts genützt.

Die Militärpolizei hatte ihn in Felixstowe aufgegriffen, sie hatten ihn für einen jungen Deserteur gehalten. Aber dann stellten sie fest, dass er offenbar nicht wusste, wo er war – er hatte nicht einmal gewusst, wie er hieß. Sie hatten seine Kleider durchsucht und in seinem Unterhemd ein Namensetikett gefunden, und so hatten sie ihn schließlich identifiziert. Raymond und Jessica waren zusammen zu ihm ins Krankenhaus gefahren, und seinen Vater erkannte er eindeutig, denn er kletterte mühsam aus dem Bett und wollte fliehen, war aber so schwach, dass er auf dem Fußboden der Station zusammenbrach. Sie hatten ihre Einwilligung geben müssen, dass er mit Elektroschocks behandelt würde, und nach einem Monat Krankenhausaufenthalt hatten sie ihn zur Genesung nach Home Place geschickt. Die Duchy hatte ihn ins Herz geschlossen, und Jessica, die jetzt jedes Wochenende kam, war dankbar, dass er nicht in London war, sondern an einem Ort, den er liebte.

Aber so sehr konnte er ihn offenbar nicht mehr lieben, dachte Polly traurig. Er liebte nichts. An schönen Tagen saß er dick eingepackt auf dem Rasen vor dem Vogelhäuschen, das die Duchy seinetwegen dorthin hatte stellen lassen. Manchmal sah er ihnen wirklich auch beim Fressen zu, und als einmal ein Rotkehlchen die anderen verjagte, lächelte er. Aber meistens weinte er. Dr. Carr kam, aber er hatte Angst vor Dr. Carr.

»Ich glaube, er hat Angst vor Ärzten«, sagte Tante Rach.

»Ich glaube, eher Angst vor Männern«, erwiderte Tante Villy, und Polly, die das hörte, war geneigt, ihr recht zu geben.

Als es für ihn draußen zu kalt wurde, wie mittlerweile meist, setzten sie ihn in den Salon. Die Duchy, auf deren Geheiß der Kamin normalerweise erst eine Stunde vor dem Dinner angezündet werden durfte, ließ das Feuer schon vormittags brennen, denn das würde allen einen Grund geben, immer wieder hineinzusehen und nachzulegen, aber es war trotzdem kalt im Raum. Christopher trug einen Rollkragenpullover, der Rupert gehört hatte – ein Indigoblau, das erschreckenderweise zu den tiefen Ringen unter seinen Augen passte. Villy rasierte ihn jeden zweiten Tag. Manchmal gingen Clary und Polly am Nachmittag ein bisschen mit ihm im Garten spazieren. Gehorsam begleitete er sie, und die Mädchen unterhielten sich miteinander und versuchten, Gespräche zu führen, an denen er sich vielleicht beteiligen wollte, aber seine Beiträge bestanden fast ausschließlich aus fahriger Zustimmung. Er bemühte sich, von allem, was ihm vorgesetzt wurde, etwas zu essen. Eines Freitags brachte Hugh einen Hund mit, eine große schwarz-weiße Promenadenmischung, in der ein Gutteil Border Collie steckte. Der Hund war nicht mehr ganz jung, sie hatten ihn völlig benommen vor einem ausgebombten Haus in der Nähe der Lagerhallen sitzen sehen. »Schau mal, wie er darauf reagiert«, sagte er zu Polly. »Du weißt doch, wie sehr er Tiere immer gemocht hat.«

»Ach, Dad, das ist eine gute Idee!« Sie und Clary badeten den Hund, was seinem Aussehen sehr zuträglich war, und brachten ihn dann zu Christopher.

»Dieser Hund hat während der Bombenangriffe einen furchtbaren Schreck bekommen«, sagte Polly. Irgendwie wusste sie, dass das zu ihm vordringen würde. Er sah zu dem Hund, der stocksteif ein paar Meter vor ihm stand, und der Hund erwiderte seinen Blick. Dann ging er ganz langsam zu ihm und setzte sich, wobei er sich schwer an seine Beine fallen ließ. Jemand knallte mit einer Tür, und der Hund begann zu zittern. Christopher legte seine Hand auf den Kopf des Hundes, und der Hund betrachtete ihn und hörte langsam zu zittern auf.

»Was für ein schöner Hund!«, rief Lydia am nächsten Morgen. »Wie heißt er?«

»Oliver«, sagte Christopher.

»Gehört er dir?«

»Ja, jetzt gehört er mir.«

»Mein Schatz, du bist brillant!«, sagte Sybil. »Auf die Idee ist keiner von uns gekommen.«

»Ach, ich habe das arme Tier einfach zufällig gesehen. Er ist entsetzlich nervös, Flugzeuge und laute Geräusche kann er nicht ertragen. Ich dachte, sie könnten sich gegenseitig helfen.« Könnte ich nur dir einen Hund schenken, und dann würdest du wieder gesund, dachte er mit einem Blick auf sie, wie sie da auf dem Bett lag, auf ihr gelblich verfärbtes Gesicht, ihren geschwollenen Bauch und die geschwollenen Beine.

»Soll ich dir den Lunch heraufbringen?«, fragte er. »Ich könnte meinen auch mitbringen, und wir essen gemeinsam.«

»Aber nein, mein Schatz. Ich bin nur faul.« Und so musste er mit ansehen, wie sie sich aus dem Bett quälte und zum Frisiertisch ging, wo sie sich mühsam die Haare hochsteckte.

»Sybil! Liebling!« Er holte tief Luft und war drauf und dran, ohne Umschweife die Wahrheit anzusprechen.

Ängstlich drehte sie sich zu ihm. »Was ist?« Sie klang derart defensiv, dass ihn der Mut verließ.

»Ich habe mich gefragt, wie du wohl mit kurzem Haar aussehen würdest«, sagte er. »Mal etwas ganz Neues, das könnte spannend sein.«

»Ich dachte immer, dir gefallen lange Haare am besten.«

»Das hat ja auch gestimmt, aber ich kann doch meine Meinung ändern, oder nicht?«

Es würde weniger Mühe für sie bedeuten, dachte er. Und so schnitt Villy ihr das Haar ab, was für Sybil eine große Erleichterung darstellte. Sie bat ihn zu bleiben, damit er entschied, wie kurz es werden sollte, und lange Strähnen fielen zu Boden, bevor Villy die eigentliche Frisur schnitt.

Als er eine Locke aufhob und einsteckte, glaubte er sich unbeobachtet, aber beide bemerkten es, Villy voller Mitgefühl und Sybil voller Angst. Aber da sie den Gedanken nicht ertragen konnte, dass er es wusste, entschied sie für sich, er habe keine Ahnung.

Polly aber wusste Bescheid. Und da niemand darüber sprach, blieb sie allein mit ihrem Wissen. Sie fürchtete sich davor, darüber zu reden, und mit jeder Woche, die verging, wurde es noch schwieriger. Mit ihrem Vater wollte sie nicht reden, um ihm nicht noch mehr Kummer zu bereiten – die Sorge darum, wie es ihr erging. Mit ihrer Mutter konnte sie nicht reden, weil sie glaubte, ihn damit zu hintergehen. Mit Clary sprach sie nicht, weil Clary ihrer Ansicht nach sowieso schon genug zu ertragen hatte. Alle anderen wahrten eine derart nichtssagende und beständig muntere Fassade, dass sie nicht wusste, wie sie das Thema ansprechen sollte. Sie lenkte sich ab, indem sie sich um Christopher zu kümmern versuchte, der sich sehr langsam tatsächlich erholte. Seit Oliver auf der Bildfläche erschienen war, weinte er kaum noch, und Oliver wich nie von seiner Seite. Aus dem Grund fing Christopher auch an, unbegleitet Spaziergänge zu unternehmen: Oliver brauche Bewegung, sagte er. Und so sah man ihn über die große Wiese streifen und einen alten Tennisball werfen, dem Oliver unermüdlich nachjagte. In gewisser Weise brauchte Christopher sie also nicht mehr so sehr. So mühte sie sich durch jeden Tag, stand morgens in der eisigen Kälte auf, frühstückte, saß im Unterricht, verbrachte etwas Zeit mit Christopher und ihrer Mutter, erledigte ihre Hausaufgaben, bügelte und flickte ihre Kleidung oder passte für Ellen auf Wills und Roly auf. Die Gegenwart erschien ihr grau, die Zukunft schwarz. Die Angst umgab sie wie ein dichter Nebel.

An einem trüben Novembernachmittag betrat Miss Milliment auf der Suche nach dem Griechisch-Lehrbuch, um für Clary eine Hausaufgabe herauszusuchen, den Unterrichtsraum, schaltete das Licht an und entdeckte Polly, die dort am Tisch saß. Sie sprang auf.

»Ich habe die Fenster nicht verdunkelt«, sagte sie, und Miss Milliment hörte ihr an, dass sie geweint hatte. Sie schaltete das Licht aus und wartete, bis Polly die Rollos heruntergelassen hatte. Der kleine Paraffinofen war entweder ausgestellt worden oder ausgegangen: Es war bitterkalt.

»Ist es nicht etwas zu kalt, um den Nachmittag hier zu verbringen?«, fragte sie. Polly hatte sich wieder an den Tisch gesetzt und brummelte etwas in der Art, sie habe es gar nicht gemerkt.

»Ich habe den Eindruck, dass dir irgendetwas große Sorgen bereitet«, sagte Miss Milliment und setzte sich Polly gegenüber an den Tisch.

Es herrschte Stille, während Polly sie ansah und sie den Blick ruhig erwiderte. Dann platzte es aus ihr heraus. »Ich habe es satt, wie ein Kind behandelt zu werden! Satt bis obenhin!«

»Ja, ich denke, das muss sehr verdrießlich sein. Vor allem zu einer Zeit, wenn man aufhört, ein Kind zu sein. Die Leute sagen immer«, fuhr sie nach einer Weile fort, »dass es herrlich sein muss, jung zu sein, aber ich glaube, die meisten haben vergessen, wie es tatsächlich ist. Ich persönlich fand es schaudervoll.«

»Wirklich, Miss Milliment?«

»Zum Glück werden die Menschen, ob es ihnen nun gefällt oder nicht, älter. Das wirst du auch. Du wirst dieses verdrießliche Zwischenstadium hinter dir lassen, und sie werden dich als Erwachsene anerkennen müssen.«

Sie wartete und sagte dann freundlich: »Es geht vorbei. Nichts währt ewig.«

»Eine Sache schon«, widersprach Polly mit abgewandtem Blick. »Eine Sache währt immer und ewig. Der Tod.«

Ihre ruhige, unerbittliche Verzweiflung ließ auf ein Ausmaß an Kummer schließen, das Miss Milliment bewegte und zugleich erschreckte. In der leisen Hoffnung, es könnte wirklich der Grund sein, fragte sie: »Denkst du an deinen Onkel?«

»Sie wissen, dass ich das nicht tue.«

»Ja, liebe Polly, das weiß ich. Verzeih mir.«

»Es ist ja nicht …« Ihre Stimme zitterte. »Es ist ja nicht nur, dass sie nicht mit mir darüber reden. Sie sprechen auch untereinander nicht darüber. Sie spielen dem anderen immer weiter vor, dass das alles gar nicht passiert! Dadurch wird alles, was sie sagen, zu einer Lüge. Und es muss für meine Mutter besonders schlimm sein, weil es ihr die ganze Zeit so schlecht geht – und es wird … es wird immer schlimmer. Das ist die Schuld meines Vaters! Er müsste das Gespräch beginnen, damit sie sagen kann, was sie wirklich empfindet. Ich zumindest würde das wollen … wenn ich sterben würde.« Tränen strömten ihr über die Wangen, aber sie achtete gar nicht darauf. »Ich finde, es ist gemein und falsch.«

»Ich gebe dir recht mit dem, was du dir wünschen würdest, wenn du es wärst, die sterben müsste. Ich glaube, das würde auch ich mir wünschen.« (Einen Moment streifte Miss Milliment der unwürdige Gedanke, dass es, wenn ihre Zeit käme, niemanden gäbe, der ihr entweder etwas vorlügen oder die Wahrheit offen ansprechen würde.) »Aber weißt du«, fuhr sie fort, »keine von uns steckt in ihrer Haut. So sehr uns das Wohl anderer Menschen am Herzen liegt, wir können nicht ihr Leben leben. Jeder kann nur das tun, was ihm möglich ist. Es mag mehr sein als das, was wir, also du oder ich, tun könnten, oder auch weniger, aber meistens ist es etwas anderes. Manchmal ist das sehr schwer zu ertragen, und ich weiß, dass du das weißt.«

»Aber ich muss mitspielen und mich genauso verhalten wie sie!«

»Dann weißt du, wie schwer es deinem Vater fallen muss.«

Dann fügte sie hinzu: »Wenn ein Mensch stirbt, muss er selbst entscheiden können, auf welche Weise dies geschieht. Darauf haben wir uns doch gerade verständigt, nicht wahr? Du machst dir nichts vor, und wenn du dir das ins Gedächtnis rufst, dann denk daran, dass sie sich auch nichts vormachen. Sich persönlich. Und was sie miteinander machen, ist ausschließlich ihre Angelegenheit.«

Polly betrachtete die kleinen grauen Augen, die sie derart verständnisvoll ansahen, und hatte das Gefühl, wirklich wahrgenommen zu werden – und ein warmes Gefühl von Leichtigkeit durchflutete sie. »Sie meinen also«, sagte sie langsam, »dass ich andere nicht nach meinen Maßstäben beurteilen darf – nach dem, wie ich bin?«

»Das steht der Liebe auf die eine oder andere Art immer im Weg, findest du nicht?«, sagte Miss Milliment auf eine Weise, als hätte Polly gerade den Gedanken geäußert. »Urteile über andere stehen einem oft im Weg«, schloss sie. Ein feines Lächeln umspielte ihren kleinen Mund und verlor sich in ihrem Mehrfachkinn. »Und jetzt, Polly, solltest du dich besser wohin begeben, wo es wärmer ist. Aber bevor du gehst, könntest du mir bitte helfen, das Griechisch-Lehrbuch zu finden? Der Einband ist dunkelgrün, aber die Schrift auf dem Buchrücken ist so verblasst, dass ich sie auf dem Regal nicht lesen kann.«

Nachdem Polly es gefunden hatte, sagte Miss Milliment: »Ich danke dir für dein Vertrauen. Es versteht sich von selbst, dass ich es niemals missbrauchen werde.«

Also brauchte sie sie nicht einmal zu bitten, Stillschweigen darüber zu bewahren.

Louise saß in ihrer Garderobe (die sie mit einer anderen Frau teilte), den Bademantel um die Schultern. Es war kalt, und in dem Raum mit seinem Betonboden, dem gesprungenen Waschbecken und den kleinen unverhängten Fenstern roch es immer muffig. Wegen der Wärme, die sie abgaben, brannten sämtliche Lampen an ihrem Frisiertisch. Sie wartete auf ihren nächsten Auftritt und schrieb unterdessen an Michael.

»Memorial Theatre, Stratford-upon-Avon«, hatte sie ganz zuoberst geschrieben.

Liebster Michael,
ich habe mich sehr gefreut, so bald nach meiner Ankunft hier von dir zu hören – dein Brief war sogar schon vor mir da! Es tut mir sehr leid, dass ihr nicht genug Kanonen, oder nicht die richtigen Kanonen, auf eurem Zerstörer habt, das muss furchtbar sein. Die Leute, die die Kanonen zuteilen, fahren wahrscheinlich selbst nie auf einem Zerstörer und können deshalb nicht beurteilen, was dort wirklich von Nutzen wäre.

(Das war ziemlich gut. Es klang interessiert und so, als hätte sie sich Gedanken darüber gemacht. In Wahrheit ging es in seinen Briefen so viel um die Marine, dass sie sie oft langweilig fand; sie hätte sich gewünscht, dass er mehr über seine Gefühle schrieb – und natürlich darüber, was er für sie, Louise, empfand. Das tat er zwar auch, aber nur in einem oder zwei Sätzen nach endlosen Betrachtungen über Oerlikon-Kanonen oder das – stets grauenvolle – Wetter oder die Marotten seines Kapitäns.)

Also! Es ist ein großartiges Gefühl, überhaupt so weit gekommen zu sein, aber mit dem, was ich mir vorgestellt hatte, hat es herzlich wenig zu tun. Erstens ist das Theater riesig, und es gibt im Zuschauerraum große Bereiche, wo das Publikum kein Wort versteht, und wenn man sich auf den Kopf stellt. Und das Durchschnittsalter der Truppe, einschließlich mir, ist nach meiner Berechnung neunundsechzig. Das kommt daher, dass zwei der Männer über achtzig sind, und der jüngste ist siebenundvierzig! Die jüngeren Schauspieler sind wahrscheinlich alle an der Front. Es gibt nur drei Frauen im Ensemble, eine ist schon ziemlich alt und die andere mittelalt. Jetzt, in der Wintersaison, führen sie keinen Shakespeare auf, leider Gottes. Ich bin die Naive – grauenvoll! Meine Rolle ist fürchterlich, eine Frau namens Ethyl. Das Stück heißt *His Excellency, the Governor*, und Bay hat darin schon in Jugendjahren die Hauptrolle gespielt, also vor einer Million Jahren, und seine Frau war die Ethyl. Das ist also mein Partner, aber diese ganze Idee, dass ich in jemanden so Altersschwachen verliebt sein soll, ist natürlich an sich schon absurd. Ich muss ständig Peinlichkeiten wie »Mein Held!« sagen und trage fast durchgehend ein Abendkleid – blassblauer Chiffon! –, und kein einziger Dialog ist witzig, jedenfalls nicht absichtlich witzig. Unfreiwillig komisch ist natürlich vieles. Aber alle sind sehr nett zu mir, nur versuchen ein paar der Männer andauernd, mich an die Wand zu spielen. Untergebracht bin ich am Stadtrand; der Zimmerwirt ist ein ehemaliger Bühnenarbeiter mit seiner Tochter Doll. Freitagabends betrinkt er sich immer und flucht in Shakespeare-Zitaten – erst letzte Woche hat er mich mit »du milchbleicher Lump« beschimpft und mich aus dem Haus gejagt.

Aber Doll meinte, ich solle einfach ein Weilchen auf der Straße warten, dann würde sie mich wieder hereinlassen. Mein »Dinner« – sprich den Lunch – esse ich bei ihnen: fast immer gefülltes Schafsherz mit Kohl und Kartoffeln und dazu dicke braune Sauce, aber es ist für mich die einzige richtige Mahlzeit am Tag, und ich esse alles auf, bis auf den letzten Bissen. Außerdem gibt es noch einen sehr vornehmen Tearoom, wo die Krapfen sage und schreibe vier Pence das Stück kosten, obwohl sie winzig sind (wenn auch köstlich). Aber ich bekomme pro Probenwoche nur zwei Pfund und fünf Pfund, wenn Vorstellungen sind, und zahle für mein Zimmer dreißig Shilling, das heißt, ich muss mein Geld zusammenhalten. Hotels gibt es natürlich auch, aber dort kostet keine Mahlzeit unter fünf Shilling, was mein Budget deutlich übersteigt. [Sie hatte fast ständig solchen Hunger, dass es ihr schwerfiel, über etwas anderes als das Essen zu schreiben.] Gelegentlich lädt mich Bay zu sich nach Hause ein, wo uns seine Frau, die nicht mehr auf der Bühne steht, einen wunderbaren High Tea mit Pasteten-Sandwiches und Rosinenfladen serviert; einmal gab es sogar ein gekochtes Ei.

Hier hielt sie inne. Es kam ihr nicht ratsam vor, ihm von den Problemen auf dem abendlichen Heimweg zu erzählen, bei dem sie sich aussuchen konnte, ob sie lieber den tschechischen Soldaten in die Arme laufen wollte – von denen viele in der Nähe von Stratford einquartiert waren und die sich angeblich paarweise zusammentaten, um Mädchen zu vergewaltigen – oder den Begleitschutz eines ihrer ältlichen Schauspielerkollegen annahm, der sie betatschen wollte.

Mein Zimmer ist ziemlich klein und besteht fast nur aus einem riesigen knarzenden Doppelbett mit einer sehr dünnen Matratze und einem dieser Überbetten, die die ganze Nacht herunterrutschen. Wenn ich heimkomme, sitze ich in vielen Kleiderschichten übereinander im Bett, weil es keine Heizung gibt, und schreibe an meinem Stück oder lerne meinen Text. Schön ist es am Fluss mit den vielen Schwänen, und manchmal proben wir in der Bar, die eine Terrasse mit Blick aufs Wasser hat.

Sie las durch, was sie bisher geschrieben hatte.

Von »an die Wand spielen« [schrieb sie dann] spricht man, wenn die Person, mit der man auf der Bühne steht, im Lauf der Szene immer weiter vom Publikum weg (an die Wand) rückt, sodass man entweder mit nach hinten gehen oder seinen ganzen Text mit dem Rücken zum Zuschauerraum sprechen muss. Die alten Schauspieler tun das ständig – um stärker zur Geltung zu kommen, vermute ich. Einer von ihnen war lange beim Varieté, deshalb spricht er seinen Text beim Proben nie ordentlich, sondern leiert ihn einfach monoton herunter. Er ist entsetzlich dick, und zwischen seinen Auftritten schläft er auf drei Stühlen, die er zu einer Bank zusammenschiebt.

Wann du wohl Fronturlaub bekommst und ob wir uns dann sehen können? Ich bin nur für drei Stücke hier. Vielleicht verpflichten sie mich danach weiter, aber ich glaube eher nicht. Wahrscheinlich bleibt mir nichts anderes übrig, als wieder nach Hause zu ziehen [fast hätte sie geschrieben: »und gezwungen zu werden, irgendeine langweilige Kriegsarbeit zu machen«, aber sie war sich nicht sicher, inwieweit er in dieser Sache auf ihrer Seite stand, also beendete sie den Satz mit:] und etwas Nützliches zu lernen.

Hast du schon einmal etwas von Ibsen gelesen? [fuhr sie fort]. Ich lese gerade *Rosmersholm* und *Nora*. Er hat wirklich verstanden, was für ein erbärmliches Leben die Frauen früher hatten – ohne jede Aussicht auf eine Ausbildung oder Berufslaufbahn. Seine Sprache ist so modern, dass mir gar nicht auffiel, wie alt seine Stücke sind – jedenfalls relativ gesehen. Darauf komme ich jetzt, weil seine Dramen (die bei ihrer Erstaufführung hier noch einen Skandal verursacht haben) bei Menschen wie meiner Mutter und meinen Tanten offenbar nicht viel verändert haben. Neulich habe ich den alten Mann kennengelernt, der Ibsen bei uns als Erster auf die Bühne gebracht hat, und Shaw auch. Er wohnt mit seiner Haushälterin, die ein ziemlicher Drachen ist, in einem schönen, aber recht baufälligen Haus. Er heißt Alfred Waring, aber er war zu taub und zu gebrechlich, um sich länger mit mir zu unterhalten, und da ich der Haushälterin sowieso schon ein Dorn im Auge war, bin ich nach einer halben Stunde gegangen. Das erzähle ich deshalb, weil ich durch ihn von der Empörung weiß, die Ibsen hier ausgelöst hat. Ganz anders als Shaw. Ich könnte mir vorstellen, dass er es durchaus darauf anlegte, Empörung auszulösen.

So, ich glaube, ich sollte jetzt Schluss machen, dieser Brief ist schon viel zu lang. Und schrecklich langweilig, fürchte ich. Liebste Grüße von Louise

Darunter fügte sie noch hinzu:

Falls du in nächster Zeit Urlaub bekommst, könntest du vielleicht herkommen und in einem Hotel wohnen. Ich könnte dir ein Zimmer reservieren.

Dann wünschte sie, sie hätte das nicht geschrieben, denn wenn er sie schon in einem richtigen Theater spielen sah, dann doch bitte nicht als diese dumme Ethyl!

Ihre Briefe an Stella waren ganz anders. Bei Stella spekulierte sie recht ausführlich darüber, was wohl das kleinere Übel war: das Gegrabsche verlebter alter Männer mit Mundgeruch oder eine systematische Vergewaltigung auf dem Treidelpfad durch junge Tschechen, von deren Gerede sie vermutlich kein Wort verstand. Sie ließ sich ausführlich darüber aus, weil die Vorstellung ihr große Angst machte – schließlich waren es sechs Abende die Woche, und trotz der doppelten Sommerzeit, die jetzt auch im Winter beibehalten wurde, war es um fünf Uhr dunkel, und dann wurde es auf den Straßen von Stratford extrem – und erschreckend – still.

> Du hast Angst [schrieb Stella zurück], und ich kann es dir nicht verdenken. Das Dumme ist, dass du dir die Lustgreise warmhalten musst, weil du sie eines Abends vielleicht wirklich brauchst. Ich an deiner Stelle würde ein paar gesalzene tschechische Schimpfwörter lernen, einfach, um auf Nummer sicher zu gehen – falls es die Nummer gibt! Arme Louise! Das ist das anrüchige Metier, das du dir ausgesucht hast. Schauspielerinnen galten früher als Freiwild, und da der Kontinent sittlich zum Teil weit hinter uns herhinkt, sehen die Tschechen das wahrscheinlich immer noch so. Kann ich dich besuchen kommen? Und dürfte ich dein großes knarzendes Bett mit dir teilen, da ich sehr knapp bei Kasse bin? Mein Vater setzt Geldmangel mit Charakterstärke gleich – bei anderen, wohlgemerkt.

Und noch ehe Louise antworten konnte, wie sehr sie das freuen würde, stand Stella ohne Vorankündigung eines Abends nach der Aufführung am Bühneneingang.

»Ich mit dir gähen wollen zu Fluss und rauben von dir Unschuld«, sagte sie.

»Ach, Stella! Ach, wie wunderbar! Ach, wie schön, dass du da bist! Komm mit in meine Garderobe, während ich mich umziehe.«

»Frierst du dich nicht zu Tode in diesem Debütantinnen-Fähnchen?«

»Schon, aber ich gewöhne mich daran. Und auf der Bühne selbst wird es durch die Scheinwerfer ziemlich warm. Schlimm ist es nur, wenn ich draußen auf mein Stichwort warte.«

»Ich habe das Stück gesehen. Du hast ja so recht. Es ist wirklich grauenhaft! Du Ärmste.«

»Ich tue mein Bestes.« Ein bisschen pikiert war sie doch, dass Stella nicht hinzugefügt hatte: »Aber du warst gut.«

»Du willst jetzt von mir hören, dass du gut warst. Sagen wir so: Du warst nicht schlecht, und ich glaube auch nicht, dass man aus der Rolle mehr herausholen kann. Hast du die Garderobe für dich allein?«

»Bei diesem Stück schon. Aber in dem anschließenden spielt eine der anderen die Hauptrolle, und ich habe nur einen Nebenpart, da werde ich sie bestimmt mit ihr teilen müssen.«

»Und bist du in irgendwen verliebt?«

»Nein. Du?«

Stella schüttelte den Kopf. »Ich glaube, ich bin der Typ, in den man sich nicht so leicht verliebt, und wenn dann eines Tages einer kommt und sich doch in mich verliebt, wird mich das völlig aus der Bahn werfen, weil ich so wenig Übung habe. Im Gegensatz zu dir.«

»Was soll das heißen?«

»Das, Herzchen, soll heißen, dass du der Typ bist, in den sich ganze Heerscharen verlieben.« Sie lehnte sich im Korbstuhl zurück und schlug die Knöchel übereinander; die dicken grauen Wollstrümpfe taten deren Eleganz keinen Abbruch.

»Ich habe uns ein Picknick mitgebracht«, sagte sie. »Können wir das hier essen?«

»Nein. Wir werden gleich rausgeschmissen. Der Portier will abschließen und Feierabend machen.«

»In deiner Unterkunft dann?«

»Das hängt davon ab, ob Fred betrunken und wach ist oder unterwegs oder im Bett. Und ich muss mit Doll reden, sie fragen, ob du bei mir übernachten kannst. Es geht sicher in Ordnung, solange Fred nicht betrunken und noch auf ist.«

»Und wenn doch?«

»Dann sitzen wir auf der Straße.«

»Wohin könnten wir denn noch?«

»Eigentlich nirgends. Auf den Treidelpfad, aber abgesehen von allem anderen würden wir da erfrieren. Wir müssen einfach ganz leise picknicken. Das ist eine echte Heldentat von dir, so etwas mitzubringen!«

»Es zu essen könnte ja offenbar noch heldenhafter sein.«

»Die Damen fertig hier drin?«

»Wir kommen, Jack.« Sie deckte ein Handtuch über ihre Schminktiegel, griff nach ihrer Tasche, wickelte sich den Schal um den Hals, und sie stiegen die Betonstufen hinauf und traten durch die Schwingtür auf die stockdunkle Straße.

»Häng dich bei mir ein«, sagte Louise. »Ich habe eine Taschenlampe, aber ich finde den Weg auch so.«

»Er ist noch nicht aus dem Pub zurück«, sagte Doll zur Begrüßung. »Also, von mir aus gern«, antwortete sie dann auf Louises Anfrage wegen Stella. »Warum setzt ihr euch nicht in die Küche und esst dort?«, fügte sie hinzu, als Louise erklärte, dass ihre Freundin noch nichts gegessen und ein Picknick mitgebracht habe. »Ich mache euch eine Tasse Tee. Ist ja schließlich nicht dasselbe, wie wenn es ein Herr wäre.«

»Wer von uns müsste ein Herr sein, damit es nicht dasselbe wäre?«, fragte Stella leise, als sie sich in Louises Zimmer die Mäntel auszogen.

»Du, glaube ich. Aber sie ist nett, findest du nicht?«

»Sehr nett«, antwortete Stella herzlich. »Aber vor ihrem Vater hat sie ja ziemlich Angst.«

Als sie wieder nach unten kamen, hatte Doll zwei Tassen mit Untertassen auf den Tisch gestellt, eine Zuckerdose und ein Kännchen Milch. »Ich wärme gerade die Kanne vor«, sagte sie. »Ich mache die Tür zu, vielleicht bekommt er ja dann gar nichts mit.«

Sie band ihre verschossene Blümchenschürze ab und hängte sie an die Tür. »Aber seid still, wenn ihr ihn reinkommen hört. Heute ist Freitag.«

Sie hatte ein liebes, müdes Gesicht, in dem keinerlei Erwartung mehr lag.

Als sie allein waren, fragte Stella: »Ist er freitags besonders schlimm?«

»Freitags betrinkt er sich. An den anderen Tagen nicht.«

Sie goss den Tee auf, und dann aßen sie etwas gedämpft Stellas Käsebrötchen und Äpfel und ein paar Stückchen Schokolade.

»Fast wünschte ich mir ja, er würde kommen, nur um zu sehen, was dann passiert«, bemerkte Stella, als Louise die Tassen abspülte.

»Bloß nicht. Gehen wir rauf, dann sind wir aus dem Weg.«

»Gibt es ein Innenklo hier?«

»Ja. Hinten ans Haus angebaut, auf dem Treppenabsatz.«

Er kam zurück, als Stella gerade auf der Toilette war, und Louise hoffte, dass sie so klug sein würde, dort zu bleiben, bis Doll ihm die Treppe hinauf und ins Bett geholfen hatte. Aber so klug war sie natürlich. In aller Eile zogen sie sich aus – Stella hatte Bettsocken dabei: »Meine Füße sind immer Eisklumpen, ein Risiko für alle, die ihnen nachts in die Quere kommen« – und unterhielten sich noch eine Weile im Flüsterton.

»Ich freu mich so, dass du da bist«, sagte Louise. »Wie lange kannst du bleiben?«

»Nur bis morgen Nachmittag, leider. Ich muss mich noch zu Hause blicken lassen, bevor ich nach Oxford zurückfahre.«

Am nächsten Morgen gingen sie früh aus dem Haus. Stella wollte ihnen beiden ein Frühstück im Swan spendieren, und Doll sagte, mittags könne Stella bei ihnen mitessen.

»Ah, sehr gut! Dann erlebe ich den alten Vater doch noch«, sagte Stella.

»Ach, tagsüber ist er ganz zahm und unauffällig«, sagte Louise, »und beim Essen reden sie sowieso nie.«

»Nie?«

»Nur Sachen wie ›Gibst du mir mal das Salz?‹«

Es war ein kalter, klarer Tag – blauer Himmel, blassgelbe Sonne, Reif auf dem Pflaster. Sie gingen am Theater vorbei, weil Stella es gern auch bei Tageslicht sehen wollte.

»Viele Leute finden es ja richtig hässlich«, sagte sie, »da möchte ich mir doch ein eigenes Bild machen. Wobei ein Theater im Tudorstil albern gewesen wäre, meinst du nicht? Ich muss sagen, diese elisabethanischen Häuser sehen fürchterlich unecht aus. Sie erinnern mich an die Häuser an der Great West Road.«

»Eigentlich habe ich nie groß darauf geachtet, wie Häuser aussehen.«

Wenn sie mit Stella zusammen war, kam ihr eigener Horizont ihr immer sehr klein vor, aber auf dieses Geständnis hin sagte ihre Freundin: »Ich habe auch erst in Oxford einen Blick dafür bekommen. Es ist eine zweischneidige Angelegenheit, so wie eine feine Nase, aber wirklich schöne Architektur ist einfach atemberaubend, und wenn man die Scheußlichkeiten bemerkt, werden in Zukunft vielleicht weniger davon gebaut.«

Plakate vor dem Theater kündigten für Sonntag einen Beethovenabend mit Moiseiwitsch an.

»Als ich ihn das letzte Mal gehört habe, war er so schlecht, dass ich lachen musste«, sagte Stella. »Bumm, bumm, bumm. Als würde er denken, Beethoven könnte ihn hören, wenn er nur ordentlich plärrt.«

»Wie geht es Peter?«

»Er ist seit Kurzem bei der Luftwaffe. In seiner ersten Woche musste er jeden Abend hundertachtzig Teller spülen. Er sagte, seine Hände hätten sich angefühlt wie aufgequollene Würste in Putzleder. Und dann erwarten sie noch, dass er spielt.«

»Abends, für die Truppe?«

»Ach was. Konzerte. Er ist bei einer Einheit mit vielen Musikern, und das Verrückte ist, dass das Orchester zwar aus lauter fantastischen Berufsmusikern wie dem Griller Quartett besteht, nur sind die alle einfache Soldaten, sodass sie von einem Major dirigiert werden, der Kapellmeister in einem Badeort war. Aber Peter sagt, dass sie einfach nicht auf ihn achten, und deshalb würde es nicht stören. Jedenfalls muss er viel spielen, ohne entsprechend üben zu können, und seine Hände sind in einem katastrophalen Zustand. Aber es könnte viel schlimmer sein.«

Mittlerweile gingen sie am Fluss entlang, der schiefergrau den Himmel spiegelte.

»Und was sagst du dazu, wie der Krieg läuft?«, fragte Stella.

»Ach. An den Krieg habe ich nicht so viel gedacht …«

»Gib's zu, du hast überhaupt nicht an ihn gedacht. Ich kenne dich doch. Du liest keine Zeitungen. Und Radio hörst du wahrscheinlich auch nicht – du bist über gar nichts im Bilde. Ich wette, du weißt nicht mal, dass die *Ark Royal* versenkt worden ist? Noch dazu von den Italienern, was es fast noch schlimmer macht. Ein herber Schlag, jetzt im Afrikafeldzug.«

»Das wusste ich nicht«, sagte Louise. Sie hatte keine Ahnung, welche Art Schiff die *Ark Royal* war. »Ein Schlachtschiff?«, riet sie.

»Ein Flugzeugträger.«

Unwillkürlich stellte Louise sich vor, sie wäre auf einem sinkenden Schiff. »Das muss schrecklich sein. Eine furchtbare Art zu sterben.«

»Sie haben nicht viele Männer verloren. Zum Glück ist es im Mittelmeer passiert. Das Wasser im Atlantik ist so kalt, dass die Leute meist nicht lange genug durchhalten, um gerettet zu werden.«

»Michael ist im Atlantik«, sagte Louise.

»Seid ihr in Kontakt?«

»Er schreibt mir. Meinst du …« Sie fragte zögernd, bestürzt. »Meinst du, wenn ein Schiff untergeht, dass es für die Menschen an Bord dann keine Hoffnung gibt? Haben sie nicht Rettungsboote und Flöße und solche Sachen?«

»Natürlich. Aber manchmal geht alles sehr schnell, und manchmal dauert es sehr lange, bis sie gefunden werden. Und manchmal reichen die Boote nicht, und die Leute müssen sich schwimmend an ihnen festhalten.«

»Stella, woher weißt du das alles?«

»Ich weiß längst nicht so viel, wie es sich anhört. Aber ein Cousin von mir war auf einem Begleitzerstörer, der torpediert wurde. Er hat mir ein bisschen davon erzählt.«

Was genau er erzählt hatte, führte sie lieber nicht aus, weil sie merkte, dass Louise anfing, sich Sorgen über Dinge zu machen, an denen sie nichts ändern konnte.

Als sie den Swan erreichten, wo ihnen tatsächlich ein Frühstück serviert wurde – Rührei aus Eipulver, ein paar recht zähe Würstchen, dazu Kaffee von sonderbar grauer Farbe –, fragte Stella: »Was empfindest du für Michael?«

Louise überlegte. »Hmm, abgesehen von meiner berühmten Eitelkeit – er sagt mir ständig, wie wunderbar ich bin, was zur Abwechslung wirklich seinen Reiz hat, muss ich zugeben –, tja, ich weiß auch nicht. Am ehesten merke ich es vielleicht am Briefschreiben. Ich schreibe nach Hause – an Mummy, weil sie das von mir erwartet, und manchmal einen Brief, bei dem ich einfach ›liebe Familie‹ schreibe. Das ist die eine Sorte Briefe. Dann schreibe ich dir, das sind völlig andere Briefe. Ich meine, dir kann ich alles erzählen, weil du nicht sagst, dass ich nicht hier sein sollte, oder mich nach Hause zitierst. Und Michael liegt irgendwo dazwischen. Halb kommt er mir vor wie ein Erwachsener und halb wie ein Gleichaltriger. Wahrscheinlich, weil er vierzehn Jahre älter ist als ich.«

»Glaubst du, du magst ihn, weil du eine Art Vaterkomplex hast?«

»Guter Gott, nein!« Während sie das sagte, fiel Louise ein, dass es eine Sache gab, von der sie Stella nie erzählt hatte – und ihr auch nie erzählen würde.

»Ich glaube«, schloss sie lahm, »ich fühle mich einfach sicher bei ihm.«

Sie sah in das Gesicht ihrer Freundin, sah ihr kluges, amüsiertes, liebevolles Lächeln, und sie ließen das Thema fallen.

Sie erkundigte sich nach Oxford, und Stella sagte, unter anderen Umständen wäre es der ideale Ort für sie. »Aber in dieser Situation kommt es mir vor, als würde ich nur die Zeit absitzen, bis ich etwas völlig anderes tun muss, bei dem alles, was ich bisher gelernt habe, ungefähr so hilfreich ist wie das Schokoladensoufflé, das sie uns an der Kochschule beigebracht haben.«

»Aber eigentlich kann man doch früher oder später fast alles brauchen, was man einmal gelernt hat, oder?«

»Du meinst, wenn man erst lernt, mit Haifischen umzugehen, und dann schiffbrüchig wird? Ich sage dir, das Leben ist ein einziger Schiffbruch, und mit Haien umzugehen lernt man erst, nachdem man gerettet worden ist. Mein Vater sieht mich ja als Sekretärin bei einem Admiral oder etwas ähnlich Seriöses. Meine Mutter will, dass ich als Krankenschwester arbeite.«

»Und du?«

Sie zuckte mit den Achseln. »Ich weiß es nicht.«

»Ich wünschte, wir könnten etwas zusammen machen.«

»Das wünschte ich auch. Wer als Erste eine Idee hat, sagt der anderen Bescheid.«

Nach einem wortkargen Mittagessen, bestehend aus Ochsenleber und Zwiebeln – bei dem Fred blass, aber relativ friedfertig war, bedächtig kaute und Stella mit unergründlichem Ausdruck fixierte –, begleitete Louise sie zum Bahnhof. Wegen des bevorstehenden Abschieds kam keine rechte Unterhaltung in Gang, sie erkundigten sich nach ihren Familien. Und antworteten beide: Es ginge ihnen wie immer. »Sie sind, wie sie eben sind«, meinte Louise. »Sie ändern sich nicht. Oder vielleicht ändern sie sich doch, aber wir bemerken es nicht. Wenigstens hast du nicht so viele, mit denen du dich herumschlagen musst.«

»Und ich dachte gerade, wenigstens hast du viele zur Auswahl.«

Nach Stellas Abreise war sie traurig. Meine beste Freundin, dachte sie. Nein, eigentlich meine einzige Freundin. Das war ein niederschmetternder Gedanke, und sie fragte sich, ob es daran lag, weil sie kein Talent für Freundschaften hatte. Gut, es gab Michael, aber irgendwie wurde die Sache durch seine Bewunderung etwas heikel; sie waren nicht richtig Freunde, es war eher, als würden sie ein Spiel spielen, dessen Regeln er besser kannte als sie. Sie hatte gehofft, sich mit Jay anzufreunden, aber als sie von ihrem Besuch bei Michaels Familie zurückgekommen war, musste sie feststellen, dass er bei Ernestine schlief; er war ihr aus dem Weg gegangen, hatte Sticheleien fallen gelassen, die allgemeiner Art klangen, trotzdem war es ihr vorgekommen, als wären sie auf sie gemünzt. Er hatte ihr keine Gedichte mehr vorgelesen und hatte nicht mehr ihren Busen gestreichelt. Und Ernestine hatte sich damit gebrüstet, dass sie als Einzige in der Truppe eine Affäre hatte. Stellas Besuch, so kurz er gewesen war, führte Louise vor Augen, wie sehr sie ihr fehlte. Selbst die stumpfsinnigste Kriegsarbeit, beschloss sie, wäre erträglich, solange sie sie gemeinsam machten.

Sie merkte, dass sie Halsschmerzen hatte, und das war der Auftakt zu einer schlimmen Erkältung, deretwegen sie drei Vorstellungen des folgenden Stücks versäumte und die letztlich zu ihrer Kündigung führte.

Mrs. Cripps und Tonbridge saßen nebeneinander in der Dunkelheit. Auf ihren Plätzen in der vorletzten Reihe hörten sie hinter sich das schwere Atmen und die leisen Bewegungen, die Turteleien begleiten. Sie sahen *King Kong*, und mit einem Blick zu Tonbridge konnte Mrs. Cripps erkennen, dass der Film ihn wirklich packte, aber sie selbst fand ihn eher dumm – ein riesiger Affe, der sich nach einem Filmstar verzehrte. Ihr hätte ein richtiger Liebesfilm besser gefallen, mit jemandem wie Robert Taylor oder Clark Gable, oder etwas Hübsches mit Fred Astaire und Ginger Rogers und vielen Tanzeinlagen. Aber als er sie ins Kino eingeladen hatte, hatte sie Ja gesagt, ohne zu fragen, was eigentlich lief. Ihr ging es um die Unternehmung mit ihm und um die Gelegenheit, mit ihm im Dunkeln zu sitzen, ohne dass jemand sie störte oder sie kannte. Sie hatte ihren Sonntagsstaat angezogen – den kastanienbraunen Wintermantel und den Fuchspelz, bei dem man das Maul aufklappen und den Schwanz hineinstecken konnte, und ihren schicken Hut, dunkelbrauner Velours mit ein paar Fasanenfedern um die Krempe und einer senffarbenen Ripsschleife (sobald sie sich gesetzt hatten, war sie gebeten worden, den Hut abzunehmen, und jetzt war ihr zu heiß, weil sie nicht Hut und Pelz gleichzeitig auf dem Schoß halten konnte). Das war ein Fehler gewesen, denn darunter trug sie ihre beste Satinbluse –

ein wunderschönes Blau –, kein Kleidungsstück, das sie unbedingt verschwitzen wollte, aber es blieb ihr nichts anderes übrig. Der Affe tobte gerade auf einem hohen Gebäude in New York herum, und sie schrie leise auf in der Hoffnung, dass er dann seinen Arm um sie legen würde, doch er streckte nur die Hand aus und streichelte ihren Hut, weil er natürlich dachte, dass ihre Hand dort liegen würde. Er gab seine Zurückhaltung wirklich nur sehr zurückhaltend auf, das musste sie schon sagen. »Das ist nicht echt«, flüsterte er. Ihr Gesicht glänzte in der Dunkelheit leuchtend zu ihm herüber, und er wusste nicht, ob er sie wirklich beruhigt hatte.

Er fragte sich, wie sie reagieren würde, wenn er ihre Hand nähme. Die beste Chance hatte er verpasst, weil ihr Hut im Weg war. Er versuchte es noch einmal, dieses Mal mit mehr Glück. Ihr Hut fiel zu Boden, doch sie achtete nicht darauf. Ihre molligen Finger umfingen seine – er konnte sie drücken, ohne die Knochen zu spüren. So würde sie überall sein. Der Gedanke, sie auch an anderen Stellen zu drücken, brachte seine alte Pumpe auf Hochtouren.

»Das ist nur ein Gorilla«, flüsterte er. Am liebsten hätte er hinzugefügt, er würde schon dafür sorgen, dass sich kein Gorilla in ihre Nähe wagte, aber er fürchtete, sie könnte das schmalzig finden.

Am Ende des Films hob sie ihren Hut auf, und sie gingen in die feuchte Kälte hinaus. Sie war froh darüber – ihrer Erfahrung nach hatten Damen nicht zu schwitzen. Er führte sie in den besten Teesalon, wo kleine Kuchen drei Pence das Stück kosteten und ein Teller Scones – mit Margarine und Marmelade – neun Pence.

Er sagte, es wäre doch ein schöner Film gewesen, und sie pflichtete ihm bei, ja, er sei gut gewesen. Er trug Zivil: einen dunkelblauen Nadelstreifenanzug, der ihm ein bisschen um die Schultern hing, und eine sehr adrette Krawatte mit diagonalen Streifen in Blau und Rot. Im Teesalon war es recht warm – durch die Verdunklung stand die Luft ein wenig –, aber sie konnte ihren Pelz und den Mantel ausziehen, also störte es sie nicht. Die Scones waren ziemlich schwer, und er sagte sofort, sie seien kein Vergleich zu ihren.

»Das wäre ja noch schöner«, sagte sie und trank einen Schluck von ihrem heißen, schwachen Tee. Wäre nicht Krieg, würde sie ihn zurückgehen lassen.

Sich beim Essen zu unterhalten fiel ihnen nicht leicht. Bei seinen unzähligen täglichen Imbissen – trotz derer er kein Gramm zunahm, er blieb so mager wie eh und je – saß sie normalerweise einfach dabei.

Aus dem Druck der Situation heraus sprach er über den Krieg und teilte ihr seine Meinung über die Japaner und die Vereinigten Staaten mit. »Da beißt die Maus keinen Faden ab, Mrs. Cripps«, sagte er, »glauben Sie mir, das kann kein gutes Ende nehmen. Und wenn Sie mich fragen, Mrs. Cripps, hat Mr. Churchill ohne Not gesagt, wir würden mitmachen, wenn sie in den Krieg eintreten. ›Binnen einer Stunde‹, hat er gesagt. Meiner Ansicht nach ist er damit zu weit gegangen.«

»Aber bestimmt.« Der Krieg interessierte sie so wenig wie das, was fremde Länder, die nichts damit zu schaffen hatten, dabei anstellten.

»Aber wir dürfen nicht vergessen, dass Mr. Churchill weiß, was er tut.«

»Das können Sie laut sagen«, stimmte sie zu und hoffte, er würde darauf verzichten.

Mittlerweile waren die Scones aufgegessen. Beide hatten schon heimlich die Platte mit den kleinen Kuchen beäugt, die immer ein Problem darstellten, weil es keine zwei gleichen gab und in diesem Fall einer merklich begehrenswerter war als alle anderen. Er war ein Gentleman. Er reichte ihr die Platte.

»Welcher könnte Ihnen schmecken, Mrs. Cripps?«, fragte er. Sie hatte seine Blicke auf das Marmeladetörtchen bemerkt und nahm stattdessen den Marmorkuchen. Dann war die letzte Hürde genommen, und sie konnten sich hoffentlich über Interessanteres unterhalten. Sie wusste, dass er vor ein oder zwei Tagen einen Brief bekommen hatte, weil Eileen ihn auf den Küchentisch gelegt hatte. Ihres Wissens hatte er nie zuvor einen Brief erhalten, und bei diesem waren »Mr. F. C. Tonbridge« und die Adresse mit Schreibmaschine auf den Umschlag getippt. Sobald er zu seinem Elf-Uhr-Tee hereinkam, hatte sie ihn auf das Kuvert aufmerksam gemacht. Er hatte es in die Hand genommen und lange betrachtet, ehe er es in die Tasche steckte. Seitdem hatte er kein Wort darüber verloren. »Hoffentlich haben Sie keine schlechten Nachrichten erhalten, Mr. Tonbridge?«, hatte sie ihn abends bei einer Tasse Tee gefragt.

»Ja und nein«, hatte er geantwortet. Später hatte sie noch gesagt, geteiltes Leid sei halbes Leid, aber er hatte nicht verstanden, was sie damit meinte, oder hatte zumindest so getan. Sie sah ihm beim Kauen zu, und als die Marmelade an seinen schlimmen Zahn geriet, zuckte er leicht zusammen, und dann kam ihr ein Gedanke.

»Mit dem Krieg ist es schon eine arge Sache«, sagte sie, »und die ärgste ist, was er mit Eheleuten anstellt. Mrs. Rupert ohne Mr. Rupert, Mrs. Hugh, der Mr. Hugh die ganze Woche fehlt, Mrs. Edward sieht Mr. Edward so gut wie nie ...« Sie machte eine kurze Pause. »Und dann Sie, Mr. Tonbridge. Manchmal frage ich mich, ob Ihnen nicht Ihre Frau fehlt ...«

Er schluckte den letzten Bissen seines Törtchens hinunter und räusperte sich. »Mrs. Cripps, das würde ich jetzt den meisten Menschen nicht sagen – nun, ich würde es niemandem gegenüber erwähnen wollen –, aber die ehrliche Wahrheit ist, im strengsten Vertrauen – ich bin keiner, der seine privaten Angelegenheiten in aller Öffentlichkeit herausposaunt – dass sie mir nicht fehlt. Weit gefehlt. Ganz im Gegenteil. Mir ist eine Last von der Seele genommen. Ich hätte nichts dagegen, wenn ich sie zeit meines Lebens nicht mehr sehen müsste. Was ich auch nicht tun werde, wenn meine Wenigkeit ein Wort dabei mitzureden hat. Sie ist – nun ja, das müssen Sie mir einfach glauben, es hat sich herausgestellt, dass sie keine besonders angenehme Person ist.«

»Was für ein Jammer!« Sie war entzückt.

»Ein Jammer in der Tat. Ich möchte Ihnen gar nicht sagen, was sie gemacht hat. Wirklich nicht. Höchst unpassend wäre das für Ihre Ohren.«

Zu guter Letzt erzählte er es ihr doch. Von George (allerdings nicht genau, was an dem schrecklichen Tag passierte, nicht, dass er seine Kleidungsstücke auf die Straße warf) –, dass er also zu seinem Haus ging und dort George antraf. »Und erinnern Sie sich, als ich den Brief bekommen habe?«, fragte er.

Sie nickte so heftig, dass eine Haarklemme auf ihren Teller fiel, und sie bedeckte sie sofort mit einer von Grübchen durchsetzten Hand.

»Also, der kam von einem Anwalt. Sie möchte sich scheiden lassen. Sie möchte den Kerl heiraten. Und sie will das Haus behalten.«

»Nicht zu fassen! Aber Sie brauchen das Haus doch nicht, oder?«

Er dachte an die vielen Dienstjahre, mit denen er es abbezahlt hatte. Ein eigenes Heim, hatte er es genannt. In Wirklichkeit war es nichts dergleichen gewesen.

»Ich glaube nicht«, sagte er langsam, aber seine Stimme zitterte, und da erkannte sie erst, wie viel Ärger er durchgemacht haben musste: Vermutlich hatte das falsche Weib da in London ihn herumgeschubst, und ihr Freund womöglich auch. Eine Schande war das, aber man brauchte sich ja nur seinen dünnen Hals anzusehen, seine traurigen Augen und seine krummen Beine in den Gamaschen – er bot sich förmlich dazu an, herumgeschubst zu werden …

»Es würde heißen«, sagte er mühsam, »dass ich nicht viel zu bieten hätte.«

»Zu bieten«, wiederholte sie. Sie war so beglückt von dem, was sie glaubte, das er meinen könnte, dass sie sichergehen wollte, ihn nicht falsch verstanden zu haben.

»Ich habe gehofft«, sagte er, »dass wir zu einem Einvernehmen kommen könnten.« Es entstand eine Pause, beide warteten, dass der andere etwas sagte. Sie gewann.

»Ich bin in keiner Position …«, setzte er an und geriet ins Stocken. »Ich habe nicht das Recht, etwas zu sagen, da ich ja, wie man mit Fug und Recht behaupten könnte, ein verheirateter Mann bin. Aber dieser Brief wirft ein neues Licht auf die Situation. Trotzdem wäre es nicht rechtens, wenn ich Sie fragen würde … einerseits möchte ich nicht, dass Sie mich für einen Bigamisten halten …«

»Das möchte ich auch nicht hoffen«, sagte sie. Sie hatte keine Ahnung, was ein Bigamist war, aber es klang ausgesprochen hässlich.

»Aber, andererseits, weiß man doch nie, wie lange Anwälte bei solchen Dingen brauchen?« Er beendete den Satz so, als würde er ihr diese Frage stellen.

»Sie lassen sich zweifelsohne alle Zeit der Welt«, stimmte sie zu. Sie hatte ihrer Lebtage mit keinem Anwalt zu tun gehabt und nur eine vage Vorstellung, wofür man sie eigentlich brauchte, auch wenn ihr mittlerweile klar geworden war, dass sie etwas mit Scheidung zu tun hatten – und die wiederum war etwas, das, nach ihrer Kenntnis, nur Filmstars und andere Leute mit zu viel Zeit und Geld betraf. Aber was ein Einvernehmen war, das wusste sie sehr wohl. Es war fast so gut wie eine Verlobung.

»Ich habe Sie immer für eine vortreffliche Frau gehalten. Eine richtige Frau.« Er betrachtete respektvoll ihre Oberweite.

Sie konnte es nicht länger ertragen. »Frank, wenn Sie mich fragen, ob ich mit Ihnen ein Einvernehmen haben möchte – ich hätte nichts dagegen.«

Im Handumdrehen nahm sein Gesicht eine tiefrosa Farbe an, seine Augen wurden feucht. »Mabel … wenn ich darf …«

»Dummkopf«, unterbrach sie. »Wie sollten Sie mich denn sonst nennen?«

Zuerst konnte Sybil es kaum glauben – sie sagte sich, dass sie in der vergangenen Nacht einfach ungewöhnlich gut geschlafen habe oder dass sie nur wegen der Kälte Hunger bekäme. Aber nachdem ihr eine Woche lang überhaupt nicht übel geworden war und ihr der Rücken nur wehtat, wenn sie Wills hochheben oder herumtragen wollte, musste sie es doch glauben. Sie war immer noch schwach und ermüdete schnell, doch davon abgesehen erschien es ihr, als würde sie sich spürbar erholen. Das kam tatsächlich vor. Sicher hatte es auch etwas damit zu tun, dass man wirklich gesund werden wollte, und sie hatte weiß Gott darum gebetet, dass sie wieder gesund würde – um Hughs willen, um der Kinder und vor allem um Wills' willen. Denn wie sie nur zu gut wusste, war es für ihn in seinem Alter viel zu früh, die Mutter zu verlieren. Er würde sich nicht an sie erinnern. Er hätte sich nicht an sie erinnert, verbesserte sie sich.

Es war Freitag, und die Vorstellung, dass Hugh am Abend kommen würde, weckte in ihr ein völlig anderes Gefühl als sonst. Sie freute sich darauf, dass er sie sah. Sie würde sich den ganzen Tag schonen, sich nach dem Lunch hinlegen, und dann würde Polly ihr die rettende Tasse sehr schwachen Tee bringen. In den schlimmsten Zeiten hatte sie sich nach heißem Wasser mit einer Scheibe Zitrone gesehnt, aber es gab keine Zitronen. Doch in der vergangenen Woche hatte sie ihre Tablettendosis halbiert, und auch deswegen fühlte sie sich wacher. Sie würde trotzdem noch stundenlang Rouge auflegen und dann wieder abreiben, bis Hugh es nicht mehr als Rouge erkannte, und dann würde sie das neueste Kleid anziehen, das sie sich genäht hatte (sie konnte nichts Einengendes um die Taille ertragen und hielt die Strümpfe hoch, indem sie einen Shilling in den oberen Rand eindrehte, bis sie von selbst hielten). Sie wünschte, es wäre Sommer, dann könnte sie mit Hugh kleine Spaziergänge unternehmen, aber selbst bei Sonnenschein war es viel zu kalt, als dass es ihr Freude bereitete, draußen zu sein. Manchmal nahm Villy sie auf einen kleinen Ausflug im Auto nach Battle mit, aber das war zunehmend seltener vorgekommen. Ihr war es im Haus zu kalt, und manche Tage konnte sie nur mit einem beständigen Strom neuer Wärmflaschen überstehen – selbst, wenn sie im Bett lag.

Aber jetzt, sagte sie sich, als sie ihr kinnlanges Haar auf der anderen Seite scheitelte, um zu sehen, ob ihr das besser gefiel, gehe ich unter der Woche jeden Tag ein bisschen spazieren – jedes Mal ein Stückchen weiter, und wenn ich eine halbe Stunde schaffe, werde ich ihn bitten, mit mir einen Spaziergang zu machen. Er wird so überrascht sein!

Es war Morgen, und nach dem Aufwachen wollte sie als Allererstes feststellen, wie der Tag werden würde. Seitdem ihr klar geworden war, dass sie sterben würde – oder als sie das zum ersten Mal geglaubt hatte –, war das Wetter, waren die Jahreszeiten für sie regelrecht zur Obsession geworden. Es war Spätsommer gewesen. Sie hatte miterlebt, wie die Sommerblumen verblühten, es gab weniger Rosen und Phlox, der Rittersporn bildete Samen, die Eichen färbten sich im schwächer werdenden Sonnenlicht messingfarben, die Schwalben zogen nach Süden, der eine alte Apfelbaum, den sie von ihrem Fenster aus sah, war behangen mit rosigen Früchten, Chrysanthemen und Fackellilien erschienen und die weißen japanischen Anemonen, die die Duchy so liebte und die in der kühleren Luft zu blühen begannen, der erste Raureif, der morgens auf dem Rasen glitzerte – jeder dieser Anblicke war, so glaubte sie, ihr letzter dieser Art. Sie würde keine Schwalben oder Rosen oder frisches grünes Laub mehr sehen, oder Morgen erleben, wenn die Amseln am Fallobst herumpickten. Davor, fast sofort, nachdem sie gedacht hatte, dass ihr nur noch eine begrenzte Zeit blieb, hatte sie sich gezwungen, nach London zu fahren und Polly mit warmer Garderobe und Kleidern über den kommenden Winter hinaus auszustatten, damit sie ihr mindestens das erste Jahr genügten, nachdem Sybil nicht mehr sein würde. Rachel hatte sie gedrängt, bei dem Anlass auch Mr. Carmichael aufzusuchen, den sie als einen gütigen, sehr erfahrenen und praktischen Menschen erlebt hatte. Nachdem er sie untersucht und so gut wie nichts gesagt hatte, hatte sie ihn gefragt, ob überhaupt noch Hoffnung bestehe. »Hoffnung besteht natürlich immer«, hatte er erwidert, »aber in Ihrem Fall würde ich nicht darauf setzen.« Und als sie, ehe sie diese Information zu sich vordringen ließ, fragte, wie lange ihr noch blieb, meinte er, das könne man unmöglich sagen – mehrere Monate, glaube er –, und als würde sie an Simon denken, hatte er hinzugefügt: »Machen Sie sich keine Sorgen wegen Weihnachten. Einer Ihrer Söhne ist im Internat, nicht wahr? Wenn wir operieren, könnte es noch weitere Weihnachten geben«, und sie hatte nur noch nicken können. Er hatte ihr ein Rezept gegeben mit strikten Anweisungen, wie die Medikamente einzunehmen seien, und dann, nachdem sie aufgestanden war, um sich zu verabschieden, war er um den Schreibtisch getreten und hatte gesagt: »Es tut mir wirklich sehr leid. Sie haben mich gefragt, und zu lügen wäre falsche Rücksichtnahme gewesen. Ich schreibe Ihrem Hausarzt. Ihr Mann ...« Er hatte gezögert, und sie hatte ihn unterbrochen und schnell gesagt, sie wolle nicht, dass er davon erfuhr – noch nicht, und vor allem nicht, dass sie es wusste. Einen Moment hatte er sie nachdenklich betrachtet und dann erwidert: »Das wissen Sie selbst sicher am besten.«

Er hatte gesagt, sie könne ihn jederzeit anrufen, und hatte ihr sogar seine private Telefonnummer gegeben; er war sehr zuvorkommend gewesen. Es konnte nicht besonders schön sein, Patienten solche Dinge mitzuteilen, dachte sie, als sie die Stufen des großen Hauses in der Harley Street hinunter zur heißen, staubigen Straße ging. Menschen sagen zu müssen, dass sie möglicherweise sterben würden ... und dann hatte sie schlagartig die Erkenntnis getroffen: Im Grunde hatte sie es nicht geglaubt, war sie einfach nicht fähig gewesen, sich der unerbittlichen Gewissheit zu stellen – und ihre Beine drohten unter ihr nachzugeben. Minutenlang stand sie da und musste sich am Treppengeländer festhalten. Dann wurde ihr klar, dass sie es nicht ertragen würde, mit Polly und Villy im Zug nach Hause zu fahren und zu tun, als wäre nichts gewesen. Sie brauchte etwas Zeit. Sie beschloss, den Zug zu verpassen, und war froh über die weise Voraussicht, Polly ihre Fahrkarte gegeben zu haben. Dann ging sie langsam die Straßen entlang, bis sie einen Pub erreichte. Ein Drink: Genau das machte man doch nach einem Schock. Aber es war natürlich zu früh, die Pubs hatten noch nicht geöffnet. Außerdem kann ich nicht mehr trinken, dachte sie – Alkohol bekam ihr gar nicht, und ohne männliche Begleitung einen Pub zu betreten wäre an sich schon eine Tortur, aber wenn sie dann auch noch einen Saft bestellte, wäre es noch schlimmer. Sie hielt ein Taxi an und ließ sich nach Charing Cross fahren, doch am Piccadilly Circus sah sie das News Cinema, bezahlte den Fahrer und ging hinein. Dort würde es dunkel sein, niemand kannte sie, und im Kino könnte sie so lange sitzen bleiben, wie sie wollte.

Sie saß dort, während die Gaumont British News im üblichen gepressten, leicht heroischen Tonfall verlesen wurden, der sich so für Heldentum und Patriotismus anbot, als sollten die Nachrichten, welcher Art auch immer, die Zuhörer sowohl inspirieren als auch beruhigen; saß dort, während zwei Zeichentrickfilme, Donald Duck und Mickey Mouse, und ein kurzer Film über eine Munitionsfabrik liefen ... und dann kamen wieder die Nachrichten, die sie ohnehin nicht aufgenommen hatte. Sie blieb sitzen, sah geistesabwesend Filmaufnahmen von den Luftangriffen der Deutschen, die jetzt, wie der Sprecher fast triumphierend verkündete, zunehmend an Heftigkeit gewannen.

Als sie blinzelnd auf die Straße trat und nach einem Taxi Ausschau hielt, streifte sie der Gedanke an Hugh, der jetzt wohl gerade vom East End zu ihrem trostlosen Haus in London fuhr, nicht ahnend, dass sie noch in der Stadt war, nicht ahnend, dass sie sterben würde. Mein Liebling. Was kann ich tun, damit es weniger schlimm für dich ist? Es ihm nicht zu sagen, beschloss sie, als sie sich mit steifen Gliedern ins Taxi setzte. Es ihm zu sagen bedeutete, ihn zu wochenlangem – monatelangem? (es kam ihr merkwürdig vor, das nicht zu wissen) – Warten zu verdammen. Das wäre wie am Bahnsteig, dachte sie, als sie an dem in Charing Cross stand, man wartete und wartete, bis der Zug abfuhr, man verabschiedete sich – das konnte sie ihm ersparen, oder zumindest den Großteil davon. Nur wenige Gedanken gingen ihr durch den Kopf, und zwischen ihnen verstrichen lange Pausen, und was in denen geschah, wusste sie kaum.

Im Zug war sie eingeschlafen.

An diesem Morgen erinnerte sie sich wieder an Mr. Carmichaels Satz »Hoffnung besteht immer«. Die bestand natürlich immer, aber ebenso natürlich war, dass er ihr nicht zu große Hoffnungen machen wollte. Es war ein wunderschöner Morgen, weißer Nebel lag über dem Gras, und darüber stand eine Sonne in der Farbe von Piment. Eisblumen schmückten die Fensterscheiben. Simon würde demnächst nach Hause kommen. Bald war Weihnachten. Sie hatte für Hugh vier Paar Socken gestrickt und einen Pullover in einem unglaublich komplizierten Muster, und für Polly hatte sie ein festliches Kleid aus mokkafarbenem Organdy genäht. Allmählich füllte sich das Haus mit solchen unschuldigen Geheimnissen. Christopher und Polly bauten für Juliet ein Puppenhaus, für dessen Salon Sybil in Petit Point einen kleinen Teppich gestickt hatte. Polly schoss regelrecht in die Höhe, das war vermutlich der Grund, weshalb sie so blass aussah. Sie würde mit ihr zu Dr. Carr gehen, der ihr ein Tonikum geben würde. Vielleicht würde sie sogar mit Simon nach London fahren, damit er sich bei Hamley's sein Geschenk aussuchte, dachte sie, während sie den kleinen Fensterflügel schloss. Und unvermittelt fiel ihr ein, wie sie kurz vor Wills' Geburt dort gestanden hatte, mit der Albertine-Rose in der Hand, »Alles Schöne seh, als wär's ein letztes Mal dir gegeben«, und sich überlegt hatte, dass sie bei der Geburt sterben könnte. Doch sie hatte überlebt, und gestorben war der arme kleine Zwilling. Aber das würde sie jetzt nicht mehr denken, jetzt würde sie gesund werden, sie würde leben.

An dem Abend, nachdem sie zum ersten Mal seit Wochen zum Dinner nach unten gegangen war und sie und Hugh sich auf sein Drängen hin zurückgezogen hatten, und während sie sich gerade die Strümpfe abstreifte, sagte Hugh: »Liebling, bist du nicht müde?«

»Sehe ich müde aus?«

Er beugte sich über sie, wie sie am Frisiertisch saß, sodass sie sah, wie er ihr Gesicht im Spiegel betrachtete.

»Du bist schön. Und abgeklärt. Schön«, wiederholte er und schob die Hand unter das Haar in ihren Nacken. »Mir fehlt dein bloßer Nacken.«

»Ich lasse mir die Haare wieder wachsen. Obwohl ich nicht finde, dass lange graue Haare besonders attraktiv aussehen, meinst du nicht?«

»Deine Haare sind nicht grau.«

»Eines Tages schon.«

Er drehte ihren Kopf zu sich und küsste sie auf den Mund. »Und jetzt bringe ich dich ins Bett«, sagte er am Ende dieser unaufgeregten Zärtlichkeit.

»Ach, Hugh! Hugh! Ist dir klar, wie viel besser es mir geht? Jetzt kann ich es dir ja sagen. Mir ging es so lange so schlecht, dass ich mir fast dachte … dass ich befürchtete … ach, weißt du, ich dachte sogar, ich könnte vielleicht sterben! Ach!« Sie gab einen Ton von sich, halb Lachen, halb Schluchzen. »Es ist eine solche Erleichterung, dir das sagen zu können. Vorher ging es einfach nicht, aber jetzt – es geht mir so viel besser! Seit einer Woche. Jeden Tag!«

Kniend umarmte er sie und hielt sie fest, während ihm Tränen unendlicher Erleichterung kamen und wieder versiegten. Als sie sein Gesicht betrachten konnte, sah sie eine unergründliche Trauer. Fast gereizt schüttelte er den Kopf. »Willst du mir damit sagen, dass du all das empfunden und mir nichts davon erzählt hast?«

»Ich konnte nicht. Mein Schatz, ich wollte dir keinen Kummer machen. Und schau, ich hatte doch recht. Der Kummer wäre völlig überflüssig gewesen.«

»Ich möchte«, setzte er an, und seine Stimme wurde wieder fester, »ich möchte, dass du mir versprichst – solltest du jemals, aus welchen Gründen auch immer, etwas Ähnliches empfinden –, es mir zu sagen. Verschweig mir nichts.«

»Mein Schatz, das tue ich auch nicht. Das weißt du doch. Nur diese eine Sache. Ich konnte dir doch nicht sagen, dass ich dachte, ich würde sterben!«

»Glaubst du wirklich, dass es für mich besser wäre, wenn ich hinterher erfahren würde, was du alles ganz allein durchgemacht hast? Wie würde es dir ergehen, wenn es andersherum wäre?«

»Ach, mein Liebster. Wenn du es wärst, würde ich es wissen – ob du es mir sagen würdest oder nicht.«

Das sagte sie derart zärtlich und mit so fester Überzeugung, dass er den Schmerz, den ihm das bereitete, beiseiteschieben musste.

»Also«, insistierte er, »versprich es mir jetzt.«

Und das tat sie auch.

»Ich habe mir überlegt«, sagte Clary, »vielleicht wurden die Menschen im Alten Testament oben auf dem Berg wirklich vom Blitz getroffen, und danach waren sie nicht mehr mürrisch und pessimistisch, was die Zukunft betrifft, sondern plötzlich eher optimistisch und sehr tyrannisch. Eine Art Elektroschockbehandlung durch Gott.«

Sie waren dabei, Holz in den Vorbau vor der Haustür zu schichten, und Christopher, der die Scheite in der Schubkarre herbeischaffte, hatte ihnen gerade erklärt, dass sie es völlig falsch machten.

»Es geht ihm wirklich sehr viel besser«, sagte Polly. »Aber die Behandlung muss entsetzlich gewesen sein. Auf eine Liege festgebunden zu werden und Stromstöße verpasst zu bekommen.«

»Hat er dir davon erzählt? Ich muss so etwas doch wissen.«

»Er sagte, es ging ihm so schlecht, dass es ihm zuerst völlig egal war. Und dass er hinterher grauenhafte Kopfschmerzen hatte, sich aber auch sehr erleichtert fühlte. Aber nach ein paar Behandlungen hat er Angst vor ihnen bekommen.«

»Aber jetzt geht es ihm besser. Er hat seit Ewigkeiten nicht mehr geweint.«

»Das ist nur wegen Oliver. Eine kluge Idee von Dad, ihn mitzubringen. Das Problem ist, langsam graut ihm davor, was aus ihm wird, wenn er wieder ganz gesund ist.«

»Wie meinst du das?«

»Er hat Angst, dass sein Vater ihn zum Flugplatz zurückschickt, damit er weiter Gelände für Rollbahnen einebnet, oder schlimmer noch, dass er ihn zwingt, sich zu melden.«

»Ich glaube nicht, dass das Militär ihn nimmt. Nicht nach der Behandlung.«

»Aber sicher ist es nicht, Clary. Und jetzt, wo Onkel Raymond in einer maßlos geheimen Organisation arbeitet, ist er bestimmt wahnsinnig einflussreich.«

»Das tut nichts zur Sache. Louise hat erzählt, dass einer der Schauspieler in Devon nicht einberufen wurde, weil er Plattfüße hat! Ich bitte dich! Wenn sie so wählerisch sind, dann ist es ein Wunder, dass sie es überhaupt schaffen, eine Armee zusammenzustellen.«

Louise war zurückgekommen, sehr abgespannt, wie die Duchy es formuliert hatte, und Dr. Carr hatte gesagt, ihr müssten die Mandeln entfernt werden.

»Sie sollte uns helfen.«

»Sie ist mit Zoë ins Erholungsheim gegangen. Heute Morgen habe ich gesehen, wie sie sich in der Rolle von Florence Nightingale geübt hat.«

»Meinst du, dass sie verliebt ist?«

»In den Porträtmaler? Keine Ahnung.«

»Sie schreibt ihm oft. Und sie will keine Mandel-OP für den Fall, dass er Fronturlaub bekommt.«

»Das muss nicht unbedingt etwas mit Liebe zu tun haben. Vielleicht ist einem jeder Besuch lieber als eine Mandel-OP. O mein Gott! Jetzt kommen die Kinder.«

In Nevilles Schule hatten die Ferien wegen Scharlach frühzeitig begonnen. »Ich bekomme es nicht«, teilte er jedermann mit. »Ich kann den Jungen, der es als Erster gekriegt hat, nicht leiden. Ich kann ihn so wenig leiden, dass ich keine drei Kilometer in seine Nähe gekommen bin.«

»In deiner Schule gibt es keine drei Kilometer Platz«, widersprach Lydia. »Sie ist sogar ziemlich klein.« Allerdings hatten sie und Neville sich soweit wieder angefreundet, dass sie gemeinsam ein Geschäft eröffneten. Dort verkauften sie Dinge, die Clary und Polly derart schrecklich und langweilig fanden, dass niemand sie kaufen wollte, es sei denn aus reiner Freundlichkeit. »Und die geht mir allmählich aus«, sagte Clary, »vom Geld ganz zu schweigen. Wieso sollte ich bitte schön mein ureigenes Unterhemd vom vergangenen Jahr kaufen – das mir zu klein ist und außerdem Löcher hat?«

Abgesehen von sämtlichen Kleidungsstücken, die sie ergattern konnten, boten sie Insekten feil, die Neville als Rennkäfer bezeichnete, einzeln in Zündholzschachteln verwahrt, in denen sie bald eingingen, selbst gemachte Weihnachtskarten, Zigarettenbilder, altes Spielzeug, leere Flaschen, Relikte aus dem längst aufgelösten Museum, von Lydia aufgefädelte Perlenketten, Shampoo, für das sie Seifenspäne in kochendem Wasser aufgelöst und in alte Medizinfläschchen abgefüllt hatten; auf den Etiketten aus Lydias Produktion stand »SHAM POO« und »Für jedes Haar geeignet«. Sie verkauften Informationskarten, wobei jede Karte sechs Informationen enthielt. »Wie man Feuer löscht« – das hatte Lydia in Mrs. Beetons Haushaltsbuch gefunden: »Silbersand in große Glasbehälter abfüllen und zur späteren Verwendung aufbewahren«, hieß es da. Verhaltensregeln für den Fall, dass man von einem Stier gejagt würde: »Stocksteif stehen bleiben und alles Rote ablegen, das man am Leibe trägt.« Die Erwachsenen kauften diese Karten, und bald gingen ihnen die Informationen aus. Der Laden befand sich auf dem Treppenabsatz im ersten Stock und war nach Pollys und Clarys Ansicht eine Landplage. Lydia und Neville hockten stundenlang dort und bettelten, schmeichelten und drängten die anderen, Sachen zu kaufen. »Das sollte verboten werden«, sagte Clary.

Jetzt kamen die beiden übellaunig zu ihnen, weil ihnen aufgetragen worden war, mit dem Holz zu helfen. Zum Glück brachte Christopher in dem Moment eine weitere Ladung und sagte, er werde sie mitnehmen, um die nächste Schubkarre zu füllen.

»Vielen herzlichen Dank auch«, sagte Neville. Er übte sich in Sarkasmus, aber zu seinem Leidwesen zeigten sich die Leute wenig davon beeindruckt.

Die Duchy war schlechter Laune. »Mir ist schleierhaft, wo alle untergebracht werden könnten«, sagte sie. Sie machte gerade im Frühstückszimmer Toast zum Nachmittagstee mit Rachel, den Großtanten, Zoë und Louise. Der Raum war voller Menschen, und die Brotmengen, die geröstet werden mussten, überforderten sie.

»Duchy, meine Liebe, lass mich dir meine Liste zeigen«, sagte Rachel. Sie fürchtete, Sid könnte ausgeschlossen werden, und da sie zu Weihnachten freihatte, wäre das schrecklich. »Wenn wir die kleineren Kinder ganz oben in eines der alten Zimmer der Dienstmädchen einquartieren …«

»Die Fenster lassen sich nicht öffnen, und für Kinder ist es in hohem Maße ungesund, nicht bei frischer Luft zu schlafen«, erwiderte die Duchy und verteilte zwei Toastscheiben, nach denen ihre Schwestern griffen.

»Obwohl du früher zum Tee nie zwei Scheiben gegessen hast«, tadelte Dolly Flo. »Du sagtest immer, das würde dir den Appetit für das Dinner verderben.«

Zoë sah von ihrer Näharbeit auf. »Duchy, ich habe mir überlegt, dass ich wirklich meine Mutter besuchen sollte. Sie hat Juliet noch gar nicht gesehen.«

»Zu Weihnachten, Liebes? Bist du sicher, dass du ausgerechnet zu Weihnachten fortfahren möchtest?«

»Ich glaube, Mummy würde sich sehr freuen. Und dann wäre noch ein Zimmer frei.«

Im Grunde hatte sie wenig Lust dazu, aber die Freundin ihrer Mutter hatte ihr geschrieben und angedeutet, dass nicht alles zum Besten stehe, und auch, dass ihre Mutter so gern ihr Enkelkind sehen würde. Und Juliet wollte doch jedermann sehen, dachte Zoë. »Ich möchte wirklich fahren«, sagte sie. »Nicht zuletzt, weil ich noch nie auf der Isle of Wight war.«

»Auf der Isle of Wight?«, wiederholte Dolly. »Wie kommt man denn dahin?«

»Da es sich um eine Insel handelt, liegt es meiner Ansicht nach auf der Hand, dass ein Schiff vonnöten ist«, sagte Flo.

»Wirklich, Flo, meine Liebe, ich bin nicht dumm. Ich frage mich das, eben genau weil es eine Insel ist. Ich dachte, dass die Zivilbevölkerung nicht nach Übersee fahren darf. Immerhin haben wir Krieg«, erinnerte sie ihre Schwester.

»Die Isle of Wight, Dolly, ist nicht Übersee. Sie gehört zum British Empire.«

»Und wozu, bitte schön, gehört Kanada? Oder Australien? Oder

Neuseeland? Und übrigens, Flo, du hast einen winzigen Klecks Brombeermarmelade auf dem Kinn, rechts von deinem größeren Leberfleck.«

Vor Ärger lief Flo rot an, und gerade als die Duchy und Rachel einen amüsiert-resignierten Blick tauschten, fasste sie sich ans Gesicht. Dann machte sie eine plötzliche, zuckende Bewegung, erstarrte und rutschte langsam seitlich vom Stuhl.

Rachel und Zoë fingen sie auf und setzten sie wieder aufrecht. Die Duchy sagte: »Lasst Dr. Carr kommen«, und legte ihre Arme um den reglosen Körper. »Es ist alles gut, liebste Schwester. Kitty ist bei dir, mein Schatz, es ist alles in Ordnung.« Sacht entfernte sie das rote Stirnband von ihrem Kopf, der in einem seltsam schiefen Winkel eingerastet schien. In ihren Augen lag ein empörter Blick, der nichts wahrnahm, aus einem Winkel ihres schiefen Munds traten Toastkrümel hervor. Als Rachel mit der Auskunft zurückkehrte, Dr. Carr sei unterwegs, hoben sie sie zu dritt mühsam auf die Ottomane am Fenster, und Zoë holte eine Decke.

Das alles hatte Dolly wie gelähmt vor Entsetzen mit angesehen, doch sobald Flo auf der Ottomane lag, erhob sie sich schwerfällig und kniete sich mühsam daneben.

»Flo! Das habe ich nicht so gemeint! Du weißt, dass ich es nicht so gemeint habe!« Sie nahm die schlaffe Hand ihrer Schwester, wand jeden Finger einzeln um ihre eigenen und drückte sie sich an die Brust. Tränen strömten ihr über die Wangen. »Es war nur ein kleiner Scherz. Erinnerst du dich nicht an unseren Spinatscherz? Als Mamma das sagte, gleich nachdem du debütiert hattest und der Geistliche zum Dinner kam? Ein winziger Klecks Spinat? Das hat dich so getroffen. Aber hinterher haben wir darüber gelacht, weil es Mamma so ähnlichsah.« Mit dem Taschentuch aus ihrem Armband wischte sie zärtlich die Krümel von Flos Lippen. Dann sah sie zu Rachel hoch, die gerade die Decke zurechtrückte, und sagte verstört: »Sie scheint mich nicht zu hören. Ist sie sehr krank?«

»Sie hat einen Schlaganfall, Dolly. Warum setzt du …«

»Nein! Ich weiche nicht von ihrer Seite. Keine Sekunde. Wir waren immer zusammen – durch dick und dünn, Flo, das hast du immer gesagt, und auf mein Wort, wir haben unseren Gutteil an dünn erlebt, stimmt's nicht, mein Herz? Ach, Flo – sieh mich doch an!« Rachel wollte sie überreden, sich auf einen Stuhl zu setzen, aber sie blieb, so weh ihr das tat, beharrlich auf den Knien, bis der Arzt kam.

Flo starb im Lauf des Abends an einem weiteren Schlaganfall, der, wie Dr. Carr der Duchy sagte, eine Gnade sei, da ihre Aussichten, sich vom ersten zu erholen, sehr gering gewesen seien. Dolly blieb die ganze Zeit bei ihr, und die Duchy sagte, das sei Flo zweifellos ein Trost, obwohl niemand wusste, ob sie überhaupt wahrnahm, wer bei ihr saß. Nachdem sie gestorben war, wollten sie den Leichnam abtransportieren, doch das verbat Dolly, die bis zu dem Zeitpunkt vor Trauer und Müdigkeit teilnahmslos erstarrt war, mit großer Heftigkeit. Flo würde bis zu ihrer Beisetzung in ihrem gemeinsamen Zimmer bleiben, in ihrem eigenen Bett, zu Hause, bei ihrer Familie. Zwei Tage lang staubte sie ihr Zimmer selbst und machte eigenhändig ihr Bett, weil die Dienstmädchen den Leichnam mit dem jüngeren, eingefallenen Gesicht und den süßlichen Veilchenduft im Raum scheuten. Aber die Duchy beschied, alles müsse nach Dollys Wünschen geschehen, und sorgte dafür, dass sie nicht in Verzweiflung versank, indem sie zu jedem Detail der Beisetzung ihre Meinung einholte. Alle versuchten, sie zu trösten, aber sie machte sich unentwegt Vorwürfe, und nichts, was man ihr sagte, konnte etwas daran ändern, nicht einmal die Duchy drang zu ihr durch. Sie überstand die Beisetzung hinter einem schweren Schleier, der ihre blutunterlaufenen Augen verbarg, doch danach fiel den Kindern auf, dass sie sie mit falschem Namen ansprach und immer wieder unvermittelt vielfach unverständliche Erinnerungen hervorsprudelte, in denen Flo unweigerlich als Ausbund der Tugend erstrahlte, wie die Duchy sagte.

»Ich finde, man sollte ihr zur Aufmunterung ein Haustier schenken«, sagte Polly, der dabei Christophers Beispiel vor Augen stand.

»Einen Papagei«, schlug Clary vor, »ein richtiger viktorianischer Vogel.«

»Oder ein Kaninchen«, sagte Lydia. Sie wünschte sich so sehr eines, aber das wurde ihr nicht erlaubt. »Jemand, der trauert, darf vielleicht eins bekommen.«

»Du kannst doch kein Kaninchen in deinem Zimmer halten!«, sagte Louise verächtlich.

»Ich glaube, wenn man wirklich wollte, würde es schon gehen«, widersprach Neville. »Und«, die Vorstellung beflügelte ihn, »wir könnten jeden Tag seine Kötel sammeln, und du, Lydia, würdest sie bemalen, und Christopher könnte uns lauter ganz kleine Solitärbretter für unseren Laden machen.« Aber damit stieß er durchweg auf Ablehnung.

»Du hast nichts als Profit im Kopf, Neville«, schimpfte Clary. »Du wirst so gierig und scheußlich, dass es schwer wird, dich zu mögen.«

»Ich mag dich schon«, sagte Lydia. »Ehrlich gesagt liebe ich dich sogar. Wenn du willst, kannst du mich heiraten. Natürlich erst zu gegebener Zeit«, fügte sie hinzu für den Fall, jemand halte sie für dumm genug zu glauben, man würde in ihrem Alter heiraten.

»Wenn du versuchst, mich zu heiraten«, sagte Neville, »erschieße ich dich. Oder schick dich in einen Bombenangriff. Oder bring dich zum Tierarzt.« Bessie, die sehr alte Labradorhündin des Brig, war kürzlich zum Einschläfern zum Tierarzt gebracht worden.

Lydia blieb ungerührt. »Für ein Gewehr bist du noch nicht alt genug«, antwortete sie, »und Bombenangriffe gibt es hier nicht. Und der Tierarzt kennt mich. Der würde mich nie im Leben einschläfern.«

Ende November wurde es richtig kalt. Die Wäsche auf der Leine wurde steif, und Miss Milliment litt wiederholt unter schmerzhaften Frostbeulen. Die Wasserrohre froren ein, und Clary und Polly dichteten das Fenster in ihrem Zimmer vor der eiskalten Zugluft mit Plastilin ab und baten Villy inständig, sie nicht an die Duchy zu verpetzen. Ellens Rheuma wurde so schlimm, dass sie den Tag nur mithilfe von vier Aspirin und einer Tasse starken Tees beginnen konnte, und alle sagten, dass die Kälte zumindest den Vormarsch der Deutschen auf Moskau verlangsame, was nach Pollys Ansicht allerdings nur bedeutete, dass der Krieg umso länger dauern würde.

Auch Archie Lestrange machte die Kälte zu schaffen. Eines Morgens rutschte er auf dem vereisten Weg vor der Haustür aus, und als er aufzustehen versuchte, hatte er solche Schmerzen, dass er einfach liegen blieb. Clary, die Sekunden später hinauslief, um nachzusehen, ob Louise Post bekommen hatte, wäre beinahe über ihn gestolpert.

»Archie! Ach, du Armer!«

»Könntest du mir vielleicht aufhelfen?«

»Ich könnte schon, aber ich glaube nicht, dass es klug wäre. Im Erste-Hilfe-Kurs heißt es, dass man einen Patienten nicht bewegen darf, bis man weiß, was ihm fehlt. Was hast du denn?«

»Es ist mein kaputtes Bein.«

»Ach. Vielleicht ist es wieder gebrochen. Du brauchst einen heißen süßen Tee gegen den Schock.« Und bevor er sie daran hindern konnte, war sie davongesaust. Zu der Zeit gab es in der Küche immer Tee, und sie kam sehr schnell zurück, zusammen mit Polly, die eine Decke mitbrachte.

»Ich weiß nicht, wie wir ihm im Liegen Tee einflößen können«, sagte sie.

»Hört mal«, sagte Archie. »Ihr zwei, helft mir einfach auf. Mir fehlt wirklich nichts.« Und er versuchte erneut, sich hochzuhieven, aber es ging nicht.

»Du machst es nur schlimmer. Wir holen Tante Villy.« Sie hob seinen Kopf an und setzte die Tasse an seine Lippen. Gehorsam trank er einen Schluck und verbrannte sich die Zunge.

Als Villy kam, trug sie ihnen auf, Christopher zu holen. »Wir müssen dich ins Warme bringen«, sagte sie. »Wahrscheinlich hast du einfach alles gestaucht.«

Doch wie sich herausstellte, war es weitaus schlimmer. Er musste zum Röntgen nach Hastings gebracht werden, wo man feststellte, dass der bereits beeinträchtigte Knochen angeknackst war. Er wurde im Krankenwagen nach Hause gefahren mit dem Rat, das

Bett zu hüten. Davor hatte er überlegt, Home Place wirklich zu verlassen – er sollte endlich bei der Admiralität wegen einer Schreibtischtätigkeit nachfragen und sich eine Unterkunft suchen. Jetzt war er bettlägerig. Zum Entzücken der Kinder, deren Herzen er mit seiner Aufforderung erobert hatte, alle sollten ihn Archie nennen. »So-gar Wills?«, hatte Polly gefragt. Das Hierarchiedenken aufzugeben fiel ihnen schwer, aber er hatte »alle« gesagt – einschließlich Oliver. Reihum brachten sie ihm das Essen, spielten Schach, Domino, Monopoly und Bézique mit ihm, führten Scharaden für ihn auf, berichteten ihm von ihren Weihnachtsgeschenken – von denen, die sie bastelten und verschenkten, und von denen, die sie sich wünschten. Sie vertrauten sich ihm an: Christopher erzählte von seinem Pazifismus und seinem feindseligen Vater, Louise von Michael und dass sie nicht mit dem Theaterspielen aufhören wollte, Clary – davon bekam er sehr viel zu hören – von ihren Überlegungen, was ihr Vater gerade tat, Polly von ihrer Mutter und ihren früheren Befürchtungen, die sie jetzt nicht mehr hatte, weil es ihr anscheinend so viel besser ging, Neville von den Schikanen, denen er in der Schule ausgesetzt war (wovon niemand anderer wusste), Lydia von ihrem sehnlichen Wunsch, einen eigenen Hund zu haben. Wills brachte ihm eine sehr große, zufällige Spielzeugauswahl und häufig alle anderen tragbaren Gegenstände in seiner Reichweite. Oliver brachte ihm seine Knochen, zusammengerollte Zeitungen (beim Datum war er nicht wählerisch) und einmal das, was Archie als eine unglaublich tote Ratte bezeichnete. Mrs. Cripps backte Sirupkuchen für ihn. Die Dienstmädchen wechselten sich ab, in seinem Zimmer sauber zu machen, weil sie ihn beide so reizend fanden. Die Erwachsenen ließen sich natürlich auch blicken. Sybil bemerkte, dass sein Morgenmantel einen Riss hatte, und nachdem sie ihn ausgebessert hatte, fragte sie, ob sie seine Kleidung sichten dürfe für den Fall, dass etwas anderes gestopft werden müsse. »Vermutlich wirst du leider feststellen, dass alles flickbedürftig ist«, sagte er. »Seitdem Matrosen keine Segel mehr nähen, sind sie im Umgang mit Nadel und Faden nicht mehr besonders geschickt.« Zoë brachte Juliet.

Die Duchy besuchte ihn täglich und hatte oft Väschen mit Beeren dabei und bisweilen eine Rose, die wundersamerweise den Frost überstanden hatte. Selbst der Brig tauchte eines Tages auf und erzählte ihm eine erschreckende Menge an Details über Elefanten in Birma. Nur Rachel kam nie allein, wie er bemerkte, sondern immer mit einem der Kinder oder Sybil oder Villy. Sie war freundlich, wie immer, und fürsorglich, gab ihm ein besonderes Kissen, um sein Bein hochzulegen, und eine bessere Nachttischlampe. Außerdem überredete sie die Duchy, dass er in seinem Zimmer ein Kohlenfeuer brauche, wodurch es ausgesprochen behaglich wurde. Lydia und Neville rösteten darauf Maronen und verbrannten den Teppich.

»Aber er ist gemustert, es sieht einfach bloß wie ein schwarzes Muster aus«, sagte Lydia. »Ich denke nicht, dass wir das erwähnen müssen, was meinst du?«

»Ich glaube nicht«, antwortete er. Genau wegen derartiger Dinge erfreute er sich so großer Beliebtheit.

Anfang Dezember brach Zoë zum Besuch bei ihrer Mutter auf. Zu guter Letzt hatte sie sich entschieden, doch vor Weihnachten zu fahren, auch auf das angelegentliche Bitten des Erholungsheims hin – und insbesondere Roddys, der nach einer Operation in einem anderen Krankenhaus zur Genesung wieder auf die Mill Farm gekommen war. Es hatte sie überrascht, aber auch gerührt, dass man so auf sie zählte. Außerdem fand sie, dass Juliet Weihnachten zu Hause verbringen sollte. Am Morgen ihrer Abreise ging sie zu Archie, um sich zu verabschieden. Sie sah sehr hübsch aus in einem dunkelgrünen Tuchmantel mit einem Stehkragen aus schwarzem Pelz und passendem Hut.

»Du siehst aus wie eine russische Romanheldin«, sagte er.

»Das habe ich von Rupert bekommen«, antwortete sie, »als er in die Firma eintrat. Ich habe es kaum getragen, aber in den Zügen ist es manchmal eisig kalt, und auf dem Schiff wird es sicher nicht wärmer sein.«

»Wann kommst du wieder?«

»In zehn Tagen, ungefähr. Auf jeden Fall vor Weihnachten.«

»Hast du eine Telefonnummer hinterlassen? Ich meine, damit wir dich erreichen können, falls …«

»Ja, ich habe meine Telefonnummer notiert, aber es wird keine Nachricht kommen«, sagte sie. »Clary ist die Einzige, die glaubt, dass er eines Tages anrufen oder einfach zur Tür hereinspazieren wird.«

»Du nicht?«

»Ich tue, als würde ich es glauben … aber … Manchmal wünsche ich mir, wir wüssten, dass er tot ist. Das ist schrecklich von mir, ich weiß, und bitte erzähl das Clary nicht weiter. Ich möchte nicht, dass sie das Gefühl hat, ich ließe sie im Stich. Weißt du, ich habe Juliet. Sie hat nichts.«

»Sie hat dich«, sagte er.

»Ach, Archie! Du weißt nicht, wie egoistisch ich war, sonst würdest du das nicht sagen!«

»Jetzt hat sie dich.«

Unfähig, darauf zu antworten, fragte sie: »Was meinst du? Glaubst du, dass die Möglichkeit besteht?«

»Die Möglichkeit besteht, allerdings ist sie sehr gering, fürchte ich.«

»Ist schon zu viel Zeit vergangen, als dass er in Gefangenschaft geraten sein könnte?«

»Viel zu viel Zeit.«

Es entstand ein Schweigen. Dann sagte sie: »Es ist ja nicht so, dass ich mir wünsche, er wäre tot. Ich wünsche mir nur einfach Gewissheit.«

»Ich weiß. Natürlich weiß ich das.«

Da bemühte sie sich, zu lächeln, der Versuch hatte etwas Herzzerreißendes. Er war gerührt.

»Dann gib dem armen Invaliden einen Kuss«, sagte er.

Sie beugte sich vor und küsste ihn auf die Wange, sie duftete nach Pelargonien, und unerwartet überlief ihn ein Schauer.

»Gute Besserung«, sagte sie und war fort.

»Mummy, es ist unmöglich, dass ich ihn jetzt noch auslade! Ich erreiche ihn gar nicht mehr. Und es ist ja sowieso nur für zwei Nächte.«

»Ich verstehe einfach nicht, weshalb du nicht vorher gefragt hast!«

Das hatte sie nicht, aus Angst sie könnten Nein sagen.

»Es war ein Ferngespräch, und ich wusste nicht, ob nicht jeden Moment die Verbindung abbricht«, sagte sie. »Ich hätte gedacht, du bist damit einverstanden. Du sagst doch immer, du willst meine Freunde kennenlernen.« Um sie unter die Lupe zu nehmen, fügte sie im Stillen hinzu.

»Es geht nicht darum, dass ich ihn nicht kennenlernen will«, sagte Villy gereizt. »Es geht darum, wo, um alles in der Welt, er schlafen soll. Du scheinst vergessen zu haben, dass es das Wochenende ist, an dem die Clutterworths kommen. Das Haus platzt auch so schon aus allen Nähten, das wird der Duchy zu viel.«

»Kann er nicht Zoës Zimmer haben?«

»Da schlafen schon die Clutterworths. Wirklich, Louise, du bist so rücksichtslos. Du denkst nur an dich!«

»Oder Clary und Polly und ich könnten in der Squashhalle schlafen, und er bekommt unser Zimmer.«

»Du musst auf alle Fälle die Duchy fragen, bevor du irgendetwas unternimmst. Ich bin nicht bereit, für deine selbstsüchtige Unbesonnenheit geradezustehen.«

Sie wird immer giftiger, dachte Louise, als sie sich auf die Suche nach der Duchy machte. Sie hatte sich entschuldigt, aber ihre Mutter hatte nur erwidert, dafür sei es ein bisschen spät. Was für einen Sinn hatte eine Entschuldigung, wenn der andere sie nicht annahm?

Trotzdem schickte sie, als sie die Duchy fand, gleich voraus, wie leid es ihr tue, nicht vorher gefragt zu haben, und das erfüllte seinen Zweck. Die Duchy sagte, jeder würde mal einen Fehler machen, und sie sei schon sehr gespannt auf Michael. Sie genehmigte den Umzug in die Squashhalle, vorausgesetzt, sie benutzten Schlafsäcke auf den Feldbetten, die im Haus gründlich ausgelüftet würden, bevor sie darauf schliefen. Dann musste sie es mit Clary und Polly aufnehmen, die sich ganz bereitwillig zeigten, bis sie herausfanden, dass Louise das Zimmer in einem Maß umzuräumen gedachte, das sie beide empörte.

»Ich denke gar nicht daran, wegen zwei Nächten meine ganzen Sachen in die Squashhalle zu schleppen«, tobte Clary. »Er kann doch nicht für zwei Nächte all unsere Schubladen brauchen. Leer du deine aus, wenn du unbedingt willst.«

Auch Polly gefiel die Vorstellung nicht, ihre Sachen umräumen zu müssen, allerdings fiel ihr Protest weniger heftig aus. »Ich glaube, er wird das Zimmer gar nicht richtig wahrnehmen«, sagte sie. »Männer haben für so etwas keinen Blick.«

Aber Louise sah das Zimmer, ja sogar das ganze Haus plötzlich mit höchst kritischen Augen. Sie betrachtete das abgetretene dunkelgrüne Linoleum, den vergilbten, abplatzenden weißen Lack, die absurd altmodische Tapete mit dem Muster aus Tulpen und indischen Vögeln, die schwarzen Metallbetten, und nichts davon erschien ihr schön genug für Michael. Zu guter Letzt entwendete sie (mit Archies freundlicher Genehmigung) den Läufer aus seinem Zimmer und verbarg darunter die schäbigsten Stellen auf dem Boden. Aber das ganze Haus bereitete ihr Sorgen. Die Überwürfe im Salon waren ausgeblichen und geflickt, der große alte Aubussonteppich stellenweise regelrecht durchgetreten; selbst die diversen Spielkarten waren in ihren Augen eine Blamage. Sie hatten Eselsohren vom langen Gebrauch, und bei vielen war der Joker mit der Zahl einer fehlenden Karte übermalt. Die pergamentenen Lampenschirme waren im Lauf der Jahre mokkabraun geworden, und die Halle, wo die Kinder aßen … die Halle! Es lagen nicht nur Gummistiefel und Dreiräder, Tennis- und Squashschläger herum, dort standen sogar einige Gartenmöbel, tückische Liegestühle mit rostigen Scharnieren, an deren verstaubter Stoffbespannung verpuppte Larven hafteten. Überall trat man auf Wills' und Rolys Spielsachen, stolperte über Bauklötze und Meccano-Teile (es gab kein Tageskinderzimmer mehr, das war zu ihrem Schlafzimmer umfunktioniert worden). Durch die Oberlichter tropfte es herein, weshalb an strategischen Stellen Emailleschüsseln und -eimer aufgestellt waren. Zur

Verzweiflung trieb sie auch das Bad. Seit Urzeiten war hier nichts erneuert worden. An der Badewanne prangte ein langer graugrüner Streifen von den vielen Jahren, die die alten Messinghähne schon leckten. Der dunkelgrüne Anstrich der Kiefernbretter an den Wänden warf Blasen, und beim Baden musste man jederzeit damit rechnen, dass Farbe auf einen herabblätterte. Am Spiegel blühten Feuchtigkeitsflecken, und das weiße Porzellan der Waschbeckenhähne war so schartig, dass man sie kaum aufdrehen konnte, ohne sich zu verletzen. Nebenan in der Toilette hing ein Schild mit einer völlig verblassten Tintenbeschriftung, die kein Fremder mehr entziffern konnte und die sehr beherzt die Betätigung der Spülung erläuterte. Louise kannte sie auswendig: »Kraftvoll nach unten ziehen, loslassen, warten, dann erneut ziehen. Daraufhin sollte der Wasserfluss einsetzen.« Sollte, tat er oft aber nicht. Allmählich wünschte sie beinahe, Michael würde nicht kommen. »Ich habe achtundvierzig Stunden«, hatte er bei seinem unverhofften, erstaunlichen Anruf gesagt. »Dann muss ich nach Newhaven. Und da dachte ich mir, wie schön es wäre, wenn ich diese zwei Abende bei dir verbringen und von dort weiterfahren könnte. Sofern das deiner Familie recht ist.« Im Hintergrund war Hämmern zu hören; seine Stimme klang weit entfernt. Als sie sagte, ja, natürlich, sagte er: »Der Zug von Charing Cross geht um vier Uhr zwanzig, den müsste ich gerade schaffen. Moment, ich komme gleich«, sagte er zu jemand anderem. »Ach, Liebling, ich kann es gar nicht erwarten, dich zu sehen. Jetzt muss ich Schluss machen« – und er war weg.

Als Nächstes sorgte sie sich wegen des Essens. Früher waren die Mahlzeiten immer wunderbar gewesen, aber in den letzten zwei Jahren hatten sie zunehmend verloren. Sie versuchte es als Erstes bei der Duchy.

»Ich habe mich gefragt«, sagte sie mit, wie sie hoffte, angelegentlicher Uneigennützigkeit, »ob wir am Samstagabend nicht vielleicht Gänsebraten essen könnten? Als kleine Belohnung für alle?«

Die Duchy sah sie durchdringend an und ließ sich keine Sekunde täuschen.

»Herzchen, am Samstag sind wir zum Dinner mindestens siebzehn Leute, achtzehn sogar, falls dein Vater kommt, das würde drei Gänse bedeuten. Die würde Mrs. Cripps gar nicht alle in den Ofen bekommen – selbst wenn wir es schaffen würden, sie aufzutreiben.«

»Oder Fasan?«

»Wir werden sehen.«

»Jedenfalls kein Kaninchen«, sagte sie.

»Das gibt es Sonntagmittag. Wie du weißt, macht Mrs. Cripps eine sehr gute Kaninchenpastete.«

»Meinst du, es wäre ihr recht, wenn ich ihr helfe? Ein bisschen kochen kann ich ja.«

Das hörte die Duchy gern. »Das halte ich für eine ausgezeichnete Idee. Aber du wirst dich in allem völlig nach ihr richten müssen. Es ist ihre Küche.«

»Das verspreche ich.«

»Ich unterhalte mich gleich heute Vormittag mit ihr und höre, was sie dazu sagt. Es könnte sein, dass du einfach Küchenmagd spielen musst. Ist das klar?«

Louise ging mit einigen ihrer Sorgen zu Archie, der wie immer mit unerschütterlicher Ruhe zuhörte, bis sie geendet hatte. »Louise, Schätzchen, ich verstehe, was du meinst, aber ich würde mich nicht allzu verrückt machen. An Michaels Stelle würde ich mich sehr viel mehr für dich und deine außerordentlich nette Familie interessieren als für die Sofaüberwürfe. Die außerdem«, fügte er hinzu, »richtig schön sind. Mir gefallen Dinge nur, wenn sie gebraucht aussehen.«

Diese Sichtweise wäre ihr nie in den Sinn gekommen, und da es Archie war, der sie ihr nahebrachte, ging es ihr danach wesentlich besser.

Auch Villy sah dem Wochenende mit großer Anspannung entgegen. Sie hatte es so lange herbeigesehnt, es war so oft verschoben worden, dass sie selbst jetzt, am Samstagvormittag, noch glaubte, es könnte in letzter Minute vereitelt werden. Und wenn nicht dieser Gedanke sie beschäftigte, dann war sie nervös, eben weil es stattfand. Lorenzo zusammen mit seiner Frau zu empfangen – und womöglich auch mit Edward, der immer noch nicht wusste, ob er abkömmlich sein würde, obwohl sie nicht nachvollziehen konnte, weshalb das unklar sein sollte –, löste gemischte Gefühle in ihr aus. Selbst wenn sie eine Minute mit Lorenzo allein verbringen könnte – wobei die Chancen sehr gering standen –, wäre die Möglichkeit, gestört zu werden, zu groß, um sich auszutauschen. Sie hatte sich einen Ruck gegeben und Jessica angerufen, um ihr zu sagen, wie leid es ihr tue, sie zu dem Wochenende nicht einladen zu können, doch zu ihrer Überraschung erklärte Jessica, sie hätte ohnehin nicht kommen können, sie erwarte Raymond, der am Wochenende freihabe und aus Woodstock herüberkomme, und sie wisse, dass das Haus sehr voll und es undenkbar sei, dass sie beide kämen.

Mit großer Erleichterung sagte Villy: »Dann grüße ich ihn von dir, ja?«

»Wen?«

»Lorenzo.«

»Ach so. Ja, bitte.« Es klang, als müsste sie lachen. »Mercedes aber eher nicht.«

Samstagvormittag herrschte hektische Betriebsamkeit. Clary und Polly waren damit beschäftigt, sich und ihre Sachen in die Squashhalle umzusiedeln. Die Dienstmädchen richteten die Betten für die Besucher her, räumten in allen Schlafzimmern auf, zündeten das Feuer bei Mr. Archie an, spülten das Geschirr und die Gläser, die zusätzlich gebraucht würden, und schafften das alles gerade vor dem Mittagessen – zwölf Uhr dreißig – in der Küche. Dort hatte Mrs. Cripps vier Pfund Teig gemacht, vier Fasane gerupft und ausgenommen, für den Lunch an dem Tag zwei Reispuddings und drei Fischpasteten zubereitet sowie eine große Kartoffel-Gemüse-Pfanne für das Mittagessen der Küche, hatte für die Pasteten am Sonntag fünf Kaninchen zerlegt, in Mehl gewälzt und gebraten, einen Liter Zwiebelsauce und einen Liter Brotsauce gekocht – bei diesen gestattete sie Louise zu helfen. Edie schabte vierzehn Pfund Kartoffeln und drei Pfund Karotten, putzte fünf Pfund Porree und fünf Pfund Rosenkohl, spülte das Geschirr vom Frühstück und vom Vormittagsimbiss und deckte den Tisch für das Mittagessen der Küche. Ellen stand im kleineren Kinderschlafzimmer und bügelte die Kleidung von Wills, Roly, Neville und Lydia; ihr fehlte das Baby sehr, aber es war ein Segen, nicht so viele Windeln trocknen zu müssen. Christopher nahm Neville und Lydia zur Quelle mit, wo sie drei Dutzend Flaschen mit Trinkwasser füllen mussten, die dann in mehreren Ladungen mit der Schubkarre zum Haus befördert wurden. Bald wurde ihnen langweilig, und sie spielten mit Oliver. »Ein richtig hübscher Hund ist aus ihm geworden«, sagte Lydia anerkennend. »Tante Rachel sagt, dass Menschen im Lauf der Zeit das Aussehen ihres Hunds annehmen.«

»Das hat sie nicht«, widersprach Neville. »Sie sagte, dass Hunde allmählich so aussehen wir ihr Mensch.«

»So herum ist es doch langweilig.« Sie streichelte Olivers schwarzweiße Stirn und berührte seine dunkellilafarbene Schnauze.

»Das hat sie im übertragenen Sinn gemeint«, gab Neville hochmütig zurück.

»Wenn Leute so reden, sagen sie damit nur, dass sie nicht meinen, was sie gesagt haben.«

»Jetzt kommt schon, ihr beiden. Füllt mal ein paar Flaschen, mir frieren die Hände ein. Hört auf zu streiten und helft.«

»Wir haben uns nicht gestritten. Wir haben uns überhaupt nicht gestritten«, empörte sich Neville. »Wir haben uns einfach nur unterhalten.«

Villy fuhr nach Battle, wo sie einen gewaltigen Einkauf für den Haushalt erledigte und die Medikamente zusammenstellen ließ, deren Rezepte sie vom Erholungsheim mitgenommen hatte. Außerdem holte sie die ihnen zugeteilte Menge Paraffin für das Cottage und das Arbeitszimmer des Brig ab und beglich die monatlichen Rechnungen bei der Autowerkstatt, dem Lebensmittelhändler und bei Till's, sah beim Klavierstimmer vorbei, der seinen letzten Termin versäumt hatte, kehrte zurück, lieferte unterwegs die Medikamente im Erholungsheim ab, reparierte den Teppichkehrer sowie im Cottage eine Sicherung – die arme Mrs. Milliment hatte den vergangenen Abend im Dunkeln verbracht – und wagte sich schließlich in die Stallungen vor, um das Radio, das die Familie Wren zu Weihnachten geschenkt hatte, mit neuen Batterien zu bestücken. Er hatte es ausdruckslos entgegengenommen, ließ es aber den ganzen Tag laufen, wenn er nicht gerade schlief oder im Pub war. Sein Tag hatte damit begonnen, dass er Holz sägte, wie McAlpine es ihm aufgetragen hatte, aber das wurde ihm bald zu anstrengend, und er machte sich daran, die Tür der Stallungen zu streichen. Doch da er nicht die Mühe auf sich nehmen wollte, das Holz zu schmirgeln und Untergrundfarbe aufzutragen, sondern lediglich eine weitere Schicht Glanzlack auf die alte klatschte, war das Ergebnis höchst unbefriedigend, und er überlegte gerade, sein Vorhaben abzubrechen, als Villy erschien. Er selbst war nicht in der Lage, neue Batterien einzusetzen. Sein – dieser Tage nicht mehr gefragtes – Geschick im Umgang mit Pferden hatte ihn als kecken, streitlustigen Mann auftreten lassen, der sich jetzt in mürrische Nachlässigkeit zurückzog. Mrs. Edward respektierte er allerdings immer noch, sie vergaß ihn nie, im Gegensatz zu manch anderen – zu denen alle gehörten außer dem Brig, mit dem er an Feiertagen mit dem Leitzügel ausritt, weil der arme Gentleman nichts mehr sah. Einzig sein glühender Hass auf Motorwagen und die Deutschen sowie sein Lohn, den er vertrank, sorgten dafür, dass er nicht jeglichen Lebenswillen verlor. Nachdem Mrs. Edward das Gerät wieder gebrauchsfähig gemacht hatte, bot sie ihm eine Zigarette an. Er nahm sie, tippte sich an die

Schläfe, als wäre das ein nervöser Tick, und steckte die Zigarette in seine Westentasche. Er werde sie nach dem Essen rauchen, sagte er. Er aß nicht im Haus, Edie stellte ihm jeden Tag einen zugedeckten Teller vor die Tür der Stallungen, und bis er Appetit darauf bekam, war das Essen meist kalt geworden.

Traurig, was aus ihm geworden ist, dachte Villy, als sie davonging.

Sie sollte keine langen Hosen tragen, dachte er, als er ihr nachsah, wie sie den Hof überquerte. Er persönlich trug nie welche und verachtete jedermann, der das tat, obwohl er hatte zugeben müssen, als sich Mrs. Edward damals angewöhnt hatte, im Herrensitz zu reiten, hatte er weit weniger Probleme mit Sattelwunden gehabt. Aber Breeches waren das eine, Hosen etwas ganz anderes.

In fünfeinhalb Stunden ist er hier!, dachte Villy, als sie nach oben lief, um sich vor dem Lunch frisch zu machen.

Sybil spielte den ganzen Vormittag mit Wills und Roly, die allmählich auch miteinander spielten. Das allerdings war eine zweischneidige Angelegenheit: Sie nahmen einander das Spielzeug weg, regelmäßig gab es Wutausbrüche und Tränen. »Das kannst du nicht haben, das ist zu wichtig für dich«, sagte Wills einmal und entwand seinem Cousin eine rot bemalte Lokomotive. Roly wehrte sich nicht, er weinte nur und ließ sich durch nichts beschwichtigen, bis etwas anderes seine Aufmerksamkeit erregte. Am Nachmittag mussten sie ein Schläfchen halten, und danach ging Ellen mit ihnen spazieren. Sybil durfte sich hinlegen, anschließend war Zeit für den Nachmittagstee, und dann würde Hugh kommen. Es würden noch viele andere auch kommen, aber für sie war Hugh der Wichtigste. Sie lächelte, als ihr bewusst wurde, wie sehr sie sich auf ihn freute, wahrscheinlich ebenso wie Louise auf ihren Michael – dabei waren sie und Hugh seit fast einundzwanzig Jahren verheiratet.

Dolly verbrachte den Vormittag mit der Suche nach der Jacke, die Flo ihr gestrickt hatte – zehn Jahre musste das her sein. Erst nachdem sie die Fächer und Schubladen zweimal durchforstet hatte, fiel ihr ein, dass Ellen sie zum Waschen mitgenommen hatte. Außerdem schrieb sie einen Dankesbrief an eine Frau in Stanmore, die sie kaum kannte und die in der *Times* die Notiz über Flo gelesen und brieflich sehr freundlich kondoliert hatte. »Sie hinterlässt eine große Lücke«, antwortete sie in ihrer großen, krakeligen Handschrift. Einige Sätze füllten die ganze Seite. Ihr Haus in Stanmore war schon lange geschlossen. Wahrscheinlich werde ich nie mehr zu Hause leben, dachte sie. Andererseits wollte sie das auch nicht – nicht ohne Flo. Ohne sie wollte sie eigentlich gar nichts mehr, aber es blieb ihr nichts anderes übrig. Sie hatte ihr so wunderbar Gesellschaft geleistet. Dolly führte oft Gespräche mit Flo, die jetzt nicht mehr ihre eigene Meinung vertrat und Dolly deswegen in allem zustimmte, doch dadurch wurden die Gespräche kürzer und weniger interessant. Ein- oder zweimal versuchte sie, sich selbst zu widersprechen, aber es gelang ihr nie, ganz den Tenor von Flos Gedankengängen zu treffen. Schon in ihrer Jungmädchenzeit hatte sie lernen müssen, Widrigkeiten zu ertragen, und so beklagte sie sich nie und trauerte auch nicht in Gesellschaft um sie, aber das bedeutete nur, dass sie wenig und oft auch gar nichts zu sagen hatte. Die Duchy hatte freundlicherweise vorgeschlagen, das Zimmer nach Flos Tod zu verändern, aber nein, das käme überhaupt nicht infrage. In diesem Zimmer konnte sie sich am besten an sie erinnern – und natürlich auch im geliebten Stanmore, wo sie ihr ganzes Leben verbracht hatten, zuerst mit beiden Eltern, dann mit einem Elternteil und schließlich sie beide allein. Jetzt dachte sie manchmal, dass sie beide ihr ganzes Leben sozusagen hinter den Kulissen verbracht hatten, im Windschatten des Lebens anderer. Sie waren Brautjungfern bei Kittys Hochzeit gewesen, hatten im Unterrichtszimmer gefeiert, dass Papa in die Royal Society aufgenommen worden war, hatten ihre Mutter getröstet, als ihr jüngerer Bruder Humphrey im Krieg gefallen war, hatten ihre Mutter gepflegt, ihren Vater getröstet und dann schließlich ihn gepflegt … Nichts Unmittelbares, kein Ereignis schien ausschließlich das Ihre gewesen zu sein. Und jetzt war sie übrig geblieben und konnte von Glück reden, dass Kitty eine so vorteilhafte Ehe eingegangen war und sie bei sich aufnehmen konnte. Aber wenn es keinen Krieg gegeben hätte, dachte sie plötzlich mit Panik, wäre ich noch in Stanmore und wäre jetzt ganz allein, nur Mrs. Marcus würde dreimal die Woche vorbeikommen, und Trevelyan würde samstags immer den Rasen mähen. Flo hatte sich sehr gut darauf verstanden, Dosen zu öffnen. Das moderne Essen war ein Segen gewesen, wenn auch nicht immer allzu bekömmlich …

Es klopfte an der Tür, es war eines der Kinder, das ihr ausrichtete, es sei Zeit für den Lunch. Dieses Kind war Lydia.

»Danke, Louise, du Gute«, sagte sie.

Sie sollte wissen, dass ich nicht Louise bin, weil ich keinen Lippenstift trage, dachte Lydia und rutschte, da niemand sie beobachtete, das Geländer in die Halle hinunter.

Edward und Hugh fuhren gemeinsam nach Sussex. Zur gewissen Erleichterung Edwards war Diana in Schottland, um ein trostloses Weihnachten bei ihren Schwiegereltern zu verbringen. Jamie hatte sie natürlich mitgenommen, und die beiden älteren Jungen würden die Ferien ebenfalls dort verbringen. Das machte alles etwas einfacher – kurzfristig.

»Wahrscheinlich wird Göring sich ausgerechnet für dieses Wochenende wieder einmal einen hübschen kleinen Luftangriff einfallen lassen.«

»Ich weiß. Deswegen dachte ich ja, dass wir mit dem Auto fahren sollten, dann kann einer von uns bei Bedarf jederzeit zurück. Aber ich halte es eher für unwahrscheinlich. Die haben alle Hände voll zu tun. An der russischen Front kommen sie ja nicht so gut voran. Weißt du noch, wie saukalt es in den Schützengräben war? Ein russischer Winter muss doppelt so schlimm sein. Und wir haben die meiste Zeit nicht einmal versucht vorzurücken.«

»Ich muss immer wieder darüber staunen«, sagte Hugh, »dass Napoleon so weit gekommen ist. Womit zum Teufel haben sie bloß die Pferde gefüttert – ganz zu schweigen von den Truppen?«

»Keine Ahnung, alter Junge. Ich vermute, sie haben die Pferde gegessen.«

»Allerdings muss ich sagen, dass mir die Eiseskälte lieber war als das Tauwetter und der ganze Schlamm – und der Gestank.«

»Ich habe es dir nie erzählt«, sagte Edward, »aber in Hendon haben sie einmal einen abgestürzten deutschen Bomber zu uns gebracht, und als ich hineinstieg, hat es darin genauso gerochen wie damals in den deutschen Schützengräben. Der gleiche süßliche Geruch – so völlig anders als der unsere –, mein Gott, das hat Erinnerungen geweckt.«

»Daran erinnere ich mich auch. Wurst, Knoblauch, Zigaretten, Latrinen ...«

»Wahrscheinlich haben wir für sie genauso anders gerochen.«

Sie hatten die Themse überquert und fuhren durch Straßen, gesäumt mit Reihenhäusern, in denen immer wieder Lücken klafften, dazu Schuttberge, Reste von Wänden mit zerrissener Tapete und bisweilen Toilettenspülkästen und Kaminen, die noch intakt waren.

»Langsam wird London richtig schäbig«, sagte Edward. »Komisch, sich vorzustellen, dass es Städte gibt, in denen die Straßenbeleuchtung brennt und alle Gebäude unzerstört sind. Ich wollte immer schon einmal nach New York.«

»Ich nicht. Ich möchte nur London so wiederhaben, wie es früher war. Aber wenn die Amerikaner Japan den Krieg erklären ...«

»Glaubst du das?«

»Ich glaube, Japan will es um jeden Preis. Gott weiß, warum.«

»Wenn, dann haben wir die Amerikaner auf unserer Seite.«

»Roosevelt will keinen Krieg mit Japan.«

»Und den wollen wir doch bestimmt auch nicht, oder? Wir haben sowieso schon genug am Hals.«

»Es wäre eine Hilfe, wenn die Amerikaner uns ein bisschen davon abnehmen«, meinte Hugh. Etwas später fragte er: »Willst du immer noch zur RAF zurück?«

»Ja, eigentlich schon, aber ich glaube nicht, dass das realistisch ist. Die Firma braucht wirklich uns beide. Den alten Herrn handzuhaben kostet viel Zeit. Und mir scheint, je älter er wird, desto mehr will er sich in alles einmischen.«

»Aber er wird ja demnächst auch einundachtzig. Und ohne ihn hätten wir jetzt nicht das beste Hartholzlager in ganz England. Weißt du noch, wie wir mit ihm darüber gestritten haben, dass er viel zu viel einkauft?«

»Doch, das weiß ich noch gut. Ich wünschte nur, er würde den geordneten Rückzug antreten.«

»Das wird er nie. Ich wäre froh, wenn du nicht zurückgehst. Ich brauche dich.«

Edward warf einen Blick zu ihm hinüber und dachte sich, wie sehr sein Bruder im vergangenen Jahr gealtert war.

»Es ist großartig, dass es Sybil jetzt wieder so viel besser geht«, sagte er.

Hugh schwieg. Er hat mich nicht verstanden, dachte Edward, und dann dachte er, natürlich hat er mich verstanden. Wieder sah er kurz zu ihm hinüber. Er mühte sich mit seinen Zigaretten ab – lehnte die Packung gegen seinen Stumpf, um eine herauszuziehen.

»Nein«, sagte er tonlos. »Das ist die Remissionsphase. Ihr Arzt hat mir gesagt, dass das oft passiert.«

»Aber mein Lieber! Weiß sie das?«

»Ich glaube nicht. Nein«, bekräftigte er, »ich bin mir ziemlich sicher, dass sie das nicht weiß.«

Edward brachte keinen Ton heraus. Er nahm eine Hand vom Lenkrad und legte sie auf Hughs angespannte Schulter. Danach schwiegen sie eine ganze lange Weile.

»Also«, sagte Clary, als sie eine ganze Weile nach dem Dinner mit ihren Taschenlampen durch die Dunkelheit zur Squashhalle gingen. »Was meinst du?«

»Wozu?«

»Zu den Gästen, Dummchen. Ich fand, dass Mrs. Clutterworth aussah, als wäre ihr im Leben alles zugestoßen, was sie nicht leiden kann.«

»Das stimmt, sie schaute ziemlich mürrisch drein. Aber da sie keine Engländerin ist, ist das schwer zu sagen. Vielleicht hat sie einfach Heimweh, wo immer sie herkommt.«

»Aus Spanien.«

»Sie sieht aber gar nicht spanisch aus. Wobei«, fügte Polly ehrlicherweise hinzu, »ich gar nicht weiß, wie Spanier aussehen – außer von alten Gemälden. Onkel Edward hat ihr gefallen.«

»Aber sie hat Lorenzo ständig im Auge behalten. In Wirklichkeit heißt er ja Laurence. Mir ist aufgefallen, dass Tante Villy ihn so genannt hat. Lorenzo, das muss ihr und Tante Jessicas Spitzname für ihn sein. Wie findest du ihn?«

»Ich kann mir nicht vorstellen, dass irgendjemand in ihn verliebt ist.« Dann fiel ihr das eine Mal ein, als sie die beiden im Zug gesehen hatte. »Aber irgendjemand muss sich ja auch in die Leute verlieben, bei denen es nicht auf der Hand liegt. Ich meine, er hat vorstehende Zähne und fettiges Haar und einen roten Fleck auf der Nase, wenn er die Brille absetzt.«

»Die Duchy mochte ihn«, warf Clary ein.

»Die Duchy unterhält sich gerne über Musik. Und jetzt lass uns doch zum anderen kommen.«

»Du meinst, zum viel besungenen Michael Hadleigh?«

Sie waren bei der Squashhalle angelangt. Polly schloss die Tür auf, und der Geruch von warmen Gummibällen und Tennisschuhen stieg ihnen in die Nase. Sie gingen die Treppe hinauf zur Galerie, wo Christopher am Nachmittag die Feldbetten für sie aufgestellt hatte. Sie mussten noch immer die Taschenlampen benutzen, weil die Verdunklung ihren Zweck nicht recht erfüllte.

»Tja«, sagte Polly. »Er ist weder Fisch noch Fleisch, oder? Ich meine, er gehört nicht richtig zu ihnen, aber zu uns gehört er ganz bestimmt auch nicht.«

»Ist er nicht so zwischendrin – wie Louise?«

»Nicht ganz. Louise hat sich furchtbar erwachsen benommen, und er hat sie behandelt, als wäre sie ein altkluges Kind.«

»Herablassend hat er sie behandelt!«, sagte Clary empört. »In so jemanden würde ich mich nie und nimmer verlieben!«

»Es hat sie furchtbar gelangweilt, als er über den Krieg gesprochen hat. Und das hat er ziemlich viel. Aber dann ist er nach dem Dinner mit ihr verschwunden.«

»Sie wollte ihn Archie vorstellen.«

»Das war garantiert nur ein Vorwand. Ich wette, sie haben sich irgendwo eine dunkle Ecke gesucht, wo er sie küssen kann.«

»Meinst du wirklich?«

»Sie hat ihm unser Zimmer gezeigt.«

»Das war vor dem Dinner.«

»Danach hat sie es ihm noch einmal gezeigt. Ich finde ja«, meinte Clary nachdenklich, »in diesem Haus verliebt zu sein ist bestimmt schrecklich. Man könnte nirgendwo mit demjenigen allein sein.«

»Und das will man ja wohl.«

»Natürlich. Weil Verliebte einander so hanebüchene Sachen sagen, dass sie Angst haben, andere könnten sie auslachen.«

»Woher weißt du denn das?«

»Denk an George du Maurier im *Punch*. ›Liebling.‹ ›Ja, Liebling?‹ ›Nichts, Liebling. Nur Liebling, Liebling!‹«

»Ich kann mir nicht vorstellen, dass Leute heutzutage so miteinander reden!«

»Dann das heutige Gegenstück dazu. Hör mal – ist sie das?«

Sie lauschten, aber von Louise, die ebenfalls in der Squashhalle schlafen würde, war nichts zu hören.

»Glaubst du, dass er sie heiraten will?«

»Das lassen sie sie gar nicht, dafür ist sie noch zu jung.«

»Wenn, dann könnten wir Brautjungfern sein.«

»Ich will keine Brautjungfer sein!«, widersprach Clary heftig.

»Ich schon.«

»Na ja, du wärst ja auch eine sehr hübsche. Du weißt doch, wie dumm ich in ordentlichen Kleidern aussehe. Nach dem Krieg werde ich ins Ausland gehen, weil ich noch nie dort gewesen bin. Archie sagte, ich könnte bei ihm wohnen.« Dann verstummte sie abrupt, und Polly wusste, dass sie an ihren Vater dachte.

»Clary, ich möchte dir etwas sagen«, begann sie. »Ich weiß, du weißt, dass die ganze Familie ihn für tot hält. Ich fürchte, das glaube ich auch. Was ich sagen wollte, ist, dass ich deinen Glauben daran, dass er noch lebt, sehr bewundere. Was immer passiert, das werde ich immer bewundern. Eine größere Treue kann ich mir nicht vorstellen.«

Nach einer Weile fragte Clary: »Woher hast du gewusst, dass ich an ihn gedacht habe?«

»Ich glaube, das weiß ich immer.«

»Das tue ich auch – jeden Tag. Und abends auch. Aber ich rede nicht mehr darüber, weil niemandem mehr etwas einfällt, was er dazu sagen soll. Sogar Archie.«

»Ja.«

»Gute Nacht, Poll. Danke für das, was du gesagt hast.«

Viel später, lange, nachdem sie eingeschlafen waren, legte sich Louise zu ihnen.

»Mir ist immer noch nicht klar, weshalb wir hier sind.«

»Schatz, sie haben uns eingeladen.«

»Und wer sind ›sie‹?«

»Viola. Edwards Frau. Sie haben uns schon länger eingeladen, wenn du dich erinnerst.«

»Ich erinnere mich sehr gut daran, nur weiß ich immer noch nicht, weshalb.«

Es herrschte Stille, während sie die schmerzhaften Ohrringe abnahm und die Klemmen aus ihrer Frisur entfernte. »Viola ist die Schwester dieser Jessica, nicht wahr?«

»Liebste Mercy, das weißt du doch. Ich dachte, es würde dir gefallen, ein bisschen Gesellschaft zu haben. Das Dinner war herausragend, fandest du nicht?«

»Es war wirklich sehr gut«, räumte sie ein. »Und Mr. – Edward – ist ein sehr netter Mann.«

»Mercy!« Er fuhr ihr mit bemühter Leichtigkeit durchs Haar. »Ich denke, er ist deinem Charme erlegen. Aber ich warne dich, er liebt seine Frau.«

»Tatsächlich?«

»Tatsächlich. So, wie ich die meine liebe.« Er legte alles, was er vermochte, in diese Worte und sah, wie der Blick in ihren dunklen Augen weicher wurde. »Zu Bett! Zu Bett!«, rief er mit aller Leidenschaft, die ihm zu Gebote stand.

»Du weißt doch«, sagte sie, »ich käme im Traum nicht auf den Gedanken, einen anderen Mann auch nur anzusehen. So bin ich nicht gestrickt.«

»Natürlich weiß ich das.« Das hatte er alles schon einmal gehört – mehr als einmal. Das Problem bestand jetzt darin, sie ins Bett zu locken, ehe sie begann, ihr Wesen mit seinem zu vergleichen – wobei er unweigerlich den Kürzeren zog. »Ich möchte nicht warten müssen.«

»Du würdest doch nicht herkommen, wenn es dir ernst mit ihr wäre, nicht wahr?«

»Mein Schatz, ich habe nicht die mindeste Ahnung, wen du meinen könntest, und wie ich dir sagte, ihr Mann liebt sie. Ich bin niemand, der ein Duell zu führen wünscht.«

»Oho! Es stehen also beide auf deiner Liste? Ich lasse mich nicht täuschen.« Sie hatte Feuer gefangen – und zwanzig Minuten später liebte er Jessica so wenig wie Villy und, gefährlicher noch, so wenig wie sie. Es dauerte Stunden, bis sie ihrer Eifersucht Luft gemacht, ihm vergeben und ihn dann dazu überredet hatte, mit ihr zu schlafen. Ihm gefiel die Aufmerksamkeit, also war er letzten Endes auch dazu in der Lage.

»Er ist ein bisschen zu alt für sie, findest du nicht?«

»Sie ist zu jung für ihn. Sie ist zu jung für jeden.«

»Wahrscheinlich hast du recht.« Edward löste seine Sockenhalter und legte sie auf den Nachttisch. Villy nahm gerade ihr Gebiss heraus und putzte es mit dem Pulver, das sie verwendete. Da sie beide dritte Zähne hatten, hatte sich stillschweigend das Ritual entwickelt, nach dem derjenige, der gerade keine Zähne hatte, nicht das Gespräch zu bestreiten brauchte. So sagte er jetzt: »Aber ein netter Kerl. Überzeugter Anhänger der Marine. Er wird es sicher weit bringen. Er hat mir erzählt, dass er das Kommando über ein neues Torpedoboot übernehmen wird, das gerade in Cowes gebaut wird. Die Aussicht hat ihn richtig begeistert – so gar nicht der übliche kunstsinnige Typ.«

»Wie auch immer«, sie hatte das Gebiss wieder eingesetzt, »Louise sollte endlich die fixe Idee aufgeben, in diesem überlaufenen Beruf irgendwo unterzukommen, wo jeder mehr Erfahrung hat als sie, und sich eine vernünftige Kriegsarbeit suchen. Ich wünschte, du würdest mit ihr darüber sprechen.«

»Aber dafür hat sie doch noch Zeit, oder? Mädchen werden doch erst mit zwanzig einberufen.«

»Sie berufen sie nicht ein, aber es wäre besser, wenn sie sich freiwillig melden würde. Außerdem, wenn sie einen Kurs für Steno und Schreibmaschine machen würde, hätte sie bessere Chancen, eine gute Stelle zu finden. Momentan kann sie überhaupt keinen Abschluss vorweisen.«

Sie klang so feindselig, dass er sich veranlasst fühlte, quer durch den Raum zu ihrem Spiegelbild zu blicken: Ihr Unterhemd lag über ihren flachen und dennoch hängenden Brüsten. Aus dieser Entfernung wirkte sie mit ihrem kurz geschnittenen Haar, den schweren Augenbrauen und dem ungeschminkten Gesicht wie ein verärgertert kleiner Junge. Ihn beschlich der unbehagliche Verdacht, dass sie Louise nicht mochte, aber gleich darauf tat er den Gedanken als Unsinn ab. Sie war einfach müde. Jeder war dieser Tage müde – es gab viel zu viel Arbeit, zu viel Angst und zu wenig Vergnügen. Er fragte sich, ob sie es merken und es ihr etwas ausmachen würde, wenn er nicht mit ihr schlief – ihm war auf jeden Fall nicht danach.

»Ich bin wirklich hundemüde«, sagte er. »Lass uns morgen darüber reden.«

Sie zog gerade ihre Pyjamajacke an. Wegen der Kälte hatte sie sich angewöhnt, darin und nicht mehr im Nachthemd zu schlafen. Er ging zum Waschbecken, um sie nicht ohne Unterhemd sehen zu müssen.

»Die Clutterworths machen es einem ja nicht gerade leicht, findest du nicht auch?«, fragte er im Versuch, auf ein unverfängliches Thema zu sprechen zu kommen.

Kurz herrschte Stille, dann sagte sie: »Du warst beim Dinner wirklich sehr freundlich zu ihr.«

Mittlerweile hatte er sein Gebiss herausgenommen und gab keine Antwort. »Aber ich weiß, sie ist ziemlich schwierig«, fuhr Villy fort.

Nachdem er die Zähne geputzt und wieder eingesetzt hatte, sagte er: »Ach, so schlimm war sie auch nicht – etwas langweilig, aber umgänglich. Wen ich nicht ausstehen konnte, war er. Öliger Kerl – er sieht aus wie der Verrückte Hutmacher –, er hat ständig gesagt, wie grandios alles war, ob es nun stimmte oder nicht.«

Mittlerweile lag Villy im Bett und hatte sich auf die Seite von ihm fort gedreht. »Er ist ein sehr guter Musiker«, sagte sie, »und die Duchy hat sich schon so lange gewünscht, dass er einmal zu Besuch kommt.«

»Die Gute – ihretwegen würde ich jeden ertragen.«

Er öffnete das Fenster, stieg ins Bett und schaltete das Licht aus.

»Gute Nacht, Liebling. Schlaf gut.«

»Du auch.«

Aber eine ganze Weile konnten sie beide nicht einschlafen. Sie, weil es ihr nicht gelang, Lorenzo heraufzubeschwören, während er in wenigen Metern Entfernung bei einer anderen Frau schlief, und er, der normalerweise weder Gedanken noch Ängste kannte, sobald er im Bett lag, ob mit oder ohne Frau, machte sich Sorgen wegen Louise, die ihm immer noch mit einem eisigen Lächeln begegnete und jede Berührung mit ihm vermied, wegen Diana, die jetzt ohne Ehemann und schwanger war, und zu guter Letzt wegen des armen, alten Hugh, den er mehr liebte als jeden anderen Menschen und für den er glaubte, im Moment überhaupt nichts tun zu können.

~

Louise war lautlos zur Haustür hinausgeschlüpft. Es war Viertel nach eins in der Nacht. Den ganzen Abend waren sie von der Familie umringt gewesen, und so sehr es sie anfangs beglückt und beschwingt hatte zu sehen, wie gut er sich mit allen verstand, sehnte sie sich doch danach, mit ihm allein zu sein. Schließlich, nachdem alle dem Bach zugehört hatten, den Mr. Clutterworth und die Duchy auf zwei Klavieren darboten, hatte sie Michael eine Runde Billard vorgeschlagen.

»Eigentlich spiele ich gar nicht«, sagte sie, als sie im Schutz des großen, schlecht beleuchteten Billardzimmers angekommen waren.

»Ich hatte mich schon gefragt«, sagte er. »Ich streng genommen nämlich auch nicht.«

Sie ließ den Blick durch den Raum wandern; die einzige Sitzgelegenheit war eine harte Bank. »Hier ist es leider ziemlich kalt.«

Er zog seine Uniformjacke aus und legte sie ihr um die Schultern.

»Frierst du dann nicht?«

»Nicht nach dem Nordatlantik. Außerdem habe ich ja meine Liebste bei mir – das habe ich doch, oder?«

Sie saßen auf der Bank, und er küsste sie recht ausgiebig, was ihr gefiel, und dazwischen unterhielten sie sich. Er habe seiner Mutter nichts von diesem Urlaub erzählt, sagte er. Die Zeit sei so kurz, dass er, wäre er nach Hause gefahren, Louise nicht hätte sehen können. »Dass du ihr gegenüber also bloß nie etwas davon erwähnst!«, sagte er halb im Scherz, aber sie merkte, dass er es ernst meinte. Sie hörten die Ersten zu Bett gehen, und er sagte: »Ich habe ein richtig schlechtes Gewissen, weil ich euch aus eurem Zimmer vertrieben habe. Wird es in der Squashhalle nicht entsetzlich kalt sein?«

»Das macht mir nichts. Wahrscheinlich ist es hier im Haus in manchen Zimmern auch wie im Nordatlantik.«

»Meinst du denn, du kannst noch kurz zu mir – zu dir – heraufkommen?«

»Wir müssten warten, bis wirklich alle im Bett sind.«

»Dann warten wir eben.«

»Ich mache dir den Hof«, sagte er, während sie so dasaßen. »Das weißt du doch, nicht wahr? Du bist wirklich ein so bezauberndes, unglaubliches Mädchen. Ich fürchte, ich bin dabei, mich in dich zu verlieben.« Und er küsste sie noch ausgiebiger.

Es war halb zwölf, als im Haus schließlich Ruhe herrschte und sie ihn bei der Hand leise die dunkle Treppe hinauf und die Galerie entlang zu ihrem Zimmer führen konnte.

Sie legten sich auf das schmale kleine Bett, und er knöpfte ihre Bluse auf.

»Es gibt einen bildhübschen BH«, sagte er einen Augenblick später, »der die Schließe vorn hat.«

»Soll ich ihn ausziehen?«

»Das wäre sehr schön.«

Sie sprachen fast im Flüsterton. Louise wollte das Licht löschen, aber er meinte, er könne es nicht ertragen, sie nicht zu sehen. Es war aufregend, geliebt und begehrt zu werden, und als er sie nach einer Weile fragte, ob sie ihn liebe, ein bisschen wenigstens, sagte sie Ja, natürlich; o ja, sie liebe ihn, »sehr sogar«, beteuerte sie, und indem sie es aussprach, wirkte es real – wie die Wahrheit. Es war ein wunderschönes Gefühl, mit einem Menschen zusammen zu sein, der sie derart bewunderte und alles an ihr gut fand, und auch wenn sie nicht glaubte, für ihn genau das Gleiche zu empfinden wie er für sie, hielt sie das für einen weiteren der unerklärlichen Unterschiede, von deren Existenz man nichts wusste, bis man mit ihnen konfrontiert wurde. Man erwartete von Männern schließlich auch nicht, dass sie schön waren – gut aussehend, kühn, männlich, das ja, aber nicht die Art Gesicht, zu dem einem Adjektive einfielen wie jene, die er für ihres verwendete. Schließlich stöhnte er und sagte, sie solle jetzt besser gehen, sonst könne er für nichts garantieren. »Musst du das denn?«, fragte sie.

Sie lag auf dem Rücken, nackt bis zur Taille, und er hatte sich aufgesetzt. Er sah zu ihr hinab, hob dann ihre Bluse auf und sagte sanft: »Da, sei ein braves Mädchen und zieh sie an.«

Also setzte sie sich ebenfalls auf und schlüpfte in die Bluse. Den BH ließ sie weg.

»Ich begleite dich noch zur Squashhalle«, sagte er.

»Nein, bleib hier. Ich kenne den Weg, und du könntest dich auf dem Rückweg verlaufen. Du brauchst wirklich nicht mitzukommen. Ich habe eine Taschenlampe ... Du bist aber nicht böse auf mich, oder?«

»Ganz bestimmt nicht. Ich versuche nur, Verantwortungsgefühl zu zeigen, was mir in dieser Situation nicht ganz leichtfällt. Hast du eine Jacke?«

»Ich hole mir einen Pullover aus dem Schrank.« Als sie ihn übergezogen hatte, sagte sie: »Michael, wenn du – wenn du mit mir schlafen willst, ich hätte nichts dagegen. Das habe ich vorhin gemeint. Ich kann nicht sagen, dass es mir gefallen würde, weil ich ja nicht weiß, wie es ist – aber möglich wäre es ja. Jedenfalls«, etwas befangen war sie nun doch, »würde ich es lieber mit dir ausprobieren als mit irgendjemand anderem, den ich kenne.«

»Das ist das schönste Kompliment, das mir je gemacht wurde.« Er legte ihr die Hände auf die Schultern und küsste sie auf die Stirn. »Du solltest jetzt wirklich besser gehen.«

Und hier war sie nun, in absoluter Dunkelheit – schlich vorsichtig ums Haus herum, am Tennisplatz vorbei und durch die kleine Pforte in der Mitte der Eibenhecke in den Küchengarten. Es war sehr kalt, in der Luft lag eine wunderbare dunstige Stille, genau die richtige Atmosphäre für ein Abenteuer. Er hatte eine schöne Stimme, dachte sie, selbst wenn er flüsterte – sie betörte sie regelrecht. Es war ein traumhaftes Gefühl, einen Menschen zu kennen, dem man so viel bedeutete. Langsam glaubte sie zu begreifen, was es mit der Liebe auf sich hatte.

~

»Siebzehn Tage bis Weihnachten.«

»Achtzehn.«

»Falsch. Falsch, falsch. Welcher Tag ist heute, Ellen?«

»Ich weiß es nicht.«

»Frag Archie.«

Sie rannten nach oben.

»Der siebte«, sagte er. »Aber wieso wollt ihr das überhaupt wissen?«

»Wir müssen länger warten«, sagte Lydia.

»Die Leute haben kürzer Zeit, Geschenke zu besorgen«, sagte Neville. Das bereitete ihm ziemliche Sorgen. Dad war weg, Zoë war verreist, und die Tanten fuhren so gut wie nie nach Hastings – er fragte sich, woher in aller Welt anständige Geschenke auftauchen sollten. In Battle gab es vermutlich überhaupt nichts, das er sich wünschte, kein einziges Ding. Schlechte Karten für ihn.

Am Vormittag schnitten sie Stechpalmenzweige, um für ihr Geschäft Weihnachtsschmuck zu basteln. »Aber er will überhaupt nicht, dass man irgendetwas aus ihm bastelt!«, sagte Lydia, als sie sich das Blut von ihren zerstochenen Fingern leckte.

Den ganzen Sonntagvormittag wurde Musik gespielt. Sybil, Hugh und Villy hörten zu. Mrs. Clutterworth saß dabei, häkelte einen Spitzenkragen und behielt ihren Mann im Auge. Edward nahm Michael mit auf die Jagd, und Louise begleitete sie widerwillig. »Am Sonntag darf man eigentlich nur Schädlinge schießen, aber zum Glück gehören Kaninchen dazu, und wenn Ihnen ein Fasan oder ein Rebhuhn vor die Flinte läuft – die machen sich im Eintopf immer gut«, sagte Edward. Er war sehr beeindruckt, als Michael vier Kaninchen und zwei Fasane erlegte sowie das einzige Rebhuhn, das aus den Stoppeln in einem von Yorks Feldern aufflog.

»Obwohl ich beim besten Willen nicht weiß, was ich mit einem einzelnen Rebhuhn machen soll«, sagte Mrs. Cripps, als ihr die Jagdbeute des Vormittags überbracht wurde. Miss Milliment las dem Brig aus der Zeitung vor, unterbrochen von den stündlichen Radionachrichten, auf die er nicht mehr verzichten konnte. Rachel verbrachte geduldig zwei Stunden mit Dolly und rief dann bei Sid an, die nicht abhob, bis ihr einfiel, dass Sid bei ihrer Station Sonntagsdienst hatte, und war traurig. Aber sie kommt zu Weihnachten, dachte sie. Auch sie zählte die Tage.

Beim Sonntagslunch wurden die Kaninchenpasteten gefolgt von Kuchen aus den eingemachten Pflaumen verspeist, und anschließend regte Villy den Clutterworths zuliebe einen Ausflug nach Bodiam Castle an. Die jüngeren Kinder bettelten, mitkommen zu dürfen, und der Nachmittag gestaltete sich, wie so häufig, völlig anders, als die organisierende Person es sich vorgestellt hatte. Alle anderen zogen sich zurück, um zu lesen, zu ruhen oder Briefe zu schreiben.

Clary und Polly stritten sich.

»Hätte ich gewusst, dass du mit Christopher spazieren gehst, wäre ich nach Bodiam mitgefahren«, schimpfte Clary.

»Du hast nicht gesagt, dass du mitfahren willst.«

»Du hast nicht gesagt, dass du mit Christopher spazieren gehst.«

»Du kannst doch mitkommen.«

»Ich hasse Spazierengehen, das weißt du doch. Ich wollte, dass wir unsere Geschenke machen.«

»Die machen wir nach dem Tee.«

»Ach, Polly! Manchmal kannst du einen wirklich in den Wahnsinn treiben! Nach dem Tee hatte ich etwas anderes vor.«

»Was?«

»Ach, halt den Mund. Das ist ein typisches langweiliges Wochenende. Ich wasche mir jetzt die Haare. Da weißt du, wie langweilig mir ist.«

Bis Polly schließlich aus dem Haus kam, sah sie Christopher mit Oliver die Auffahrt hinunter verschwinden. Einen Moment ärgerte sie sich über ihn, aber dann dachte sie sich, dass das dumm wäre, sie konnte ihn ja mühelos einholen. Es war ein wunderschöner Winternachmittag mit silbriger Sonne und Vögeln, die lautlos im aufgehäuften trockenen Eichenlaub beidseits der Auffahrt stöberten.

Unvermittelt kam ein Taxi um die Kurve gefahren, und sie blieb stehen, weil das ein höchst außergewöhnlicher und interessanter Vorfall war. Es hielt vor dem Haus, und einer der kleinsten Männer, die sie je im Leben gesehen hatte, stieg aus. Er trug eine Mütze und einen Marinemantel, der ihm fast bis zu den Knöcheln reichte. Wahrscheinlich ein Freund von Michael. Oje, dachte sie, denn sie wusste, dass Michael mit Louise irgendwohin verschwunden war. Der kleine Mann bezahlte den Fahrer mit ein paar Scheinen, drehte sich um und starrte das Haus an. Der Fahrer wollte ihm etwas Wechselgeld geben, aber das bemerkte er offenbar gar nicht.

Polly trat näher. »Er hat Wechselgeld für Sie«, sagte sie.

Der Mann wirbelte herum, nickte ihr kurz zu und nahm vom Fahrer das Geld entgegen.

»Ich bin Polly Cazalet«, sagte Polly.

»Cazalet«, wiederholte er mit offenkundiger Freude. Er hatte funkelnde schwarze Augen, ein entzückendes Lächeln und erstaunlicherweise einen schweren französischen Akzent.

»Ich komme«, sagte er, »für Madame Cazalet.«

»Welche?«

Er blickte verwirrt drein. »Mein Englisch ist schlecht«, sagte er. »Sprechen Sie Französisch?«

»Leider nicht genug.« Ihr fiel Archie ein. »Kommen Sie mit. Ich bringe Sie zu jemandem, mit dem Sie reden können.«

Sie führte ihn in Archies Zimmer.

»Archie. Ein Franzose sucht nach einer Madame Cazalet. Könntest du herausfinden, was genau er möchte?« Als sie das sagte, dachte sie plötzlich an Onkel Rupert, und ihr Herz wurde schwer wie ein Stein.

Der kleine Mann sprudelte einen Schwall Französisch hervor, und Archie unterbrach ihn und stellte ihm ein paar Fragen, die er beantwortete. Dann holte er aus seiner Tasche zwei sehr kleine, dünne Papierbögen und reichte sie Archie, der sie las und sagte: »Poll, hol Clary – sofort.«

»Ich kann nicht kommen – meine Haare sind nass!«

»Clary, du musst aber, vergiss deine Haare. Archie braucht dich.«

»Ach! In Ordnung.« Sie hob ihren tropfenden Kopf aus der Schüssel, strich mit den Fingern etwas Wasser heraus, und dann liefen sie zusammen zu Archies Zimmer. »Aber ihm fehlt doch nichts, oder?«, fragte Clary. »Ich meine, nichts Schlimmes?«

Aber da Polly sich nicht sicher war, schwieg sie. Der kleine Mann hatte seinen Marinemantel ausgezogen und saß auf dem Gästestuhl, doch sobald sie hereinkamen, sprang er auf.

Archie sagte: »Das ist Ruperts Tochter. Das ist Sub-Lieutenant …«

»O'Neil. Pipette O'Neil. Nicht echter Name, Sie verstehen – ich habe aus Telefonbuch.« Er lächelte Clary an, küsste ihr die Hand und sagte: »*Mademoiselle Clarissa. Enchanté de vous voir.*«

Clary stand reglos da und starrte ihn an, ihr Gesicht war leichenblass geworden, und in ihren Augen lag ein Ausdruck, der allen Anwesenden unerträglich war.

»Ich war Freund von Ihrem Vater«, sagte er.

»Setz dich.« Archie klopfte auf sein Bett. »Es ist eine lange Geschichte.« Sie strich sich das glatte, nasse Haar aus dem Gesicht und folgte der Aufforderung.

Archie erzählte ihr, dass Sub-Lieutenant O'Neil ihrem Vater begegnet war, als der sich in einem Obstgarten versteckte, und dass eine Familie sie fast drei Monate in verschiedenen Außengebäuden ihres Bauernhofs beherbergt hatte. O'Neil war auf Fronturlaub von der französischen Marine gewesen, als die Kapitulation Frankreichs ihn überraschte, und er wollte um keinen Preis in Frankreich bleiben, sondern nach England gelangen und sich dort de Gaulle anschließen. Aber noch gab es kein Netzwerk für Flüchtlinge, er und

Rupert mussten ihr Glück auf eigene Faust versuchen und sich auf ihren Scharfsinn verlassen. Ihr Plan war, die Küste zu erreichen und dort ein Fischerboot zu stehlen oder einen Fischer zu bestechen und so den Ärmelkanal zu überqueren. Der erste Bauer vermittelte sie weiter an einen Freund, der Cidre kelterte, aber dort saßen sie fest: Der Cidrebauer war unfähig oder unwillig, ihnen weiter westlich eine vertrauenswürdige Kontaktperson zu finden. Tagsüber erntete immer abwechselnd einer von ihnen Äpfel für ihn, während der andere ständig nach Deutschen Ausschau hielt. Pipette wollte die Tochter des Cidrebauern überreden, ihnen Papiere zu besorgen, aber obwohl sie einwilligte, hatte sie eindeutig so große Angst, dass die beiden Männer sie nicht weiter bedrängten. Schließlich erklärte sie sich bereit, Abzüge von Porträtfotos zu besorgen, die sie neben vielen anderen Aufnahmen machten, und radelte in die nächste Stadt, um den Film entwickeln zu lassen. Sie borgten sich den Ausweis des Bauern, und Rupert kopierte die Gestaltung und fälschte Papiere für sie, von denen sie hofften, sie würden im Bedarfsfall durchgehen. Über den nächsten Schritt, sagte er, konnten sie sich lange nicht einigen. Er sei dafür gewesen, Fahrräder zu besorgen, Rupert jedoch meinte, zu Fuß seien sie sicherer, weil sie dann jederzeit die Straße verlassen könnten. Sie brauchten eine Landkarte. Pipette besaß etwas Geld, im Gegensatz zu Rupert, der bereits seine Armbanduhr beim ersten Bauern gegen Zivilkleidung eingetauscht hatte. Mittlerweile war es Winter, nicht die beste Zeit, um im Freien zu nächtigen, aber sie wussten, dass sie ohnehin schon zu lange beim Cidrebauern geblieben und dort nicht mehr wohlgelitten waren. Eines Morgens brachen sie also auf, versorgt mit Brot, Käse, Wurst und einer Flasche Calvados. Sie wollten sich an kleine Straßen und Feldwege halten, in den frühen Morgenstunden marschieren, solange es noch dunkel war, sich den Tag über verstecken und nach vier Uhr weitergehen. Und so kamen sie stückweise voran. Aus dieser Zeit gebe es zahlreiche Geschichten, sagte Archie. Im vergangenen April hatten sie La Forêt erreicht, einen kleinen Ort südlich von Quimper. Hier stritten sie erneut, sagte er. Pipette wollte, dass sie gemeinsam ein Boot aufzutreiben versuchten, Rupert meinte, sie sollten sich getrennt nach einer Überfahrtmöglichkeit umtun. Aber Pipette hatte darauf bestanden, dass sie zumindest einen Versuch unternahmen, gemeinsam nach England zu gelangen. Mittlerweile hatten sie kein Geld mehr und waren darauf angewiesen, zu stehlen – Essen und bisweilen Gegenstände, die sie gegen Lebensmittel eintauschen konnten. Einmal schliefen sie außerhalb von La Forêt in einer Scheune und wurden dort von einer Frau entdeckt, die morgens ihre Hühner füttern kam. Sie war intelligent und verstand sehr schnell, dass sie auf der Flucht waren, und bot ihnen ihre Hilfe an. Ihr Verlobter war von den Deutschen erschossen worden, als er sie daran zu hindern versuchte, Hühner von ihrem Hof mitzunehmen, und dafür wollte sie offenbar Rache üben. Die größte Chance, ein Boot zu finden, meinte sie, bestünde in Concarneau; dort gebe es einige Fischerboote, aber bisweilen legten auch andere kleinere Schiffe an und fuhren nach ein oder zwei Tagen weiter, wohin, das wisse sie nicht. Sie schlug vor, sich in Concarneau für sie umzutun. Nach ihrem Aufbruch bekamen die beiden Angst, die Frau könnte sie verraten, und verließen die Scheune, behielten sie aber im Blick, und abends kehrte Michèle tatsächlich allein zurück. An dem Morgen, berichtete sie, sei ein Boot gekommen – ein unglaubliches Glück! –, und sie glaube, dass die zwei Männer sich relativ leicht an Bord stehlen könnten. Auf die Frage, weshalb sie das meine, erklärte sie, sie sei selbst an Deck geschlichen und habe durch eine Luke unter das Vordeck gespäht, wo zwei schnarchende Männer gelegen hätten, und sei dann über das Deck zur Kombüse gegangen, wo sie ein Messer mitgenommen habe – und das zeigte sie ihnen auch. Es schien zu schön, um wahr zu sein, aber es stimmte tatsächlich. Zum Verhängnis wurde ihnen etwas völlig anderes. Durch ihren langen Fußmarsch waren ihre Schuhe durchgelaufen. Pipette hatte die Stiefel eines Jungen gefunden, die noch brauchbar waren, doch für Rupert hatte Michèle lediglich welche aufgetrieben, die viel zu groß waren, sodass er sie bei jedem Schritt halb verlor. Sie brachen am frühen Nachmittag nach Concarneau auf, weil Michèle nicht wusste, wann genau das Boot ablegen würde, und waren noch nicht weit gekommen, als sie einen Laster hörten, bei dem es sich höchstwahrscheinlich um einen deutschen handelte. Also mussten sie über einen Graben springen und eine Böschung hinaufklettern, um in einem Feld Deckung zu suchen. Sie liefen los, doch Rupert landete beim Sprung nicht richtig, was Michèle und Pipette, die ihm voraus waren, aber erst bemerkten, als der Lastwagen fast den Straßenabschnitt erreicht hatte, von dem sie verschwunden waren. Sie lauschten, doch der Laster hielt nicht an, und da erst sahen die beiden, dass Rupert bäuchlings im Graben lag. Dorthin habe er sich gerollt, weil ihm das am sichersten erschienen sei, sagte er, denn er könne nicht mit dem Fuß auftreten. Michèle verband ihm den Knöchel mit einem ihrer Strümpfe, den sie in das Wasser im Graben tauchte, aber dennoch konnte Rupert nur unter Schmerzen hinken; mit ihm eine längere Strecke zurückzulegen war undenkbar.

An dieser Stelle unterbrach Archie sich. »So weit ist Pipette mit seiner Geschichte gekommen«, sagte er. »Ab jetzt muss ich ihm Fragen stellen und für dich übersetzen.«

Es habe eine heftige Auseinandersetzung gegeben. Pipette habe Rupert nicht im Stich lassen wollen, Rupert habe darauf bestanden, dass er gehe. Dieser Meinung war auch die Frau. Sie sagte, sie habe nicht die ganze Mühe auf sich genommen, um dann an Sentimentalitäten zu scheitern. Zumindest einer von ihnen solle entkommen. Sie werde sich um Rupert kümmern, und er werde fliehen, sobald sein Knöchel verheilt sei. Sie wurde ziemlich wütend, und schließlich gab Pipette nach. Sie halfen Rupert die Böschung hinauf und machten es ihm hinter ein paar Büschen leidlich bequem; Michèle würde ihn auf dem Rückweg abholen.

»Und dann, Clary«, sagte Archie, »hat er Pipette das gegeben«, und reichte ihr ein dünnes Blatt Papier.

Im Flüsterton las sie vor, was dort stand. »Liebste Clary, ich denke jeden Tag an dich. Alles Liebe, Dad.« Schweigend las sie die Zeilen ein zweites Mal und beugte den Kopf darüber. Dann schaute sie wieder auf das Blatt. »Ach! Meine dummen Haare machen das Papier ganz kaputt!« Tränen flossen ihr aus den Augen, die plötzlich wie Sterne funkelten. »Der zweite Brief! Das zweite Liebeszeichen!«

»Der zweite Brief ist für Zoë«, sagte Archie verständnislos.

»Mit dem ersten meint sie die Postkarte, die ihre Mutter ihr aus Cassis geschrieben hat«, erklärte Polly.

Vorsichtig versuchte Clary, das Papier zu trocknen. Ihre Finger mit den abgekauten Nägeln zitterten dabei.

»Das ist mit Bleistift geschrieben, Clary, das verläuft nicht.«

»Stimmt ja! Wo hat er das geschrieben?«

»In der Scheune in La Forêt. Er bat mich, ihn zu überreichen, sollte ich es nach England schaffen. Nicht mit der Post zu schicken. Selbst zu gehen – zu kommen. Das war vor acht Monaten. Ich weiß nicht …«

Archie hob die Hand, und Pipette verstummte, doch ein Schatten der alten Angst zog über Clarys Gesicht, ein kurzes Verdunkeln des Strahlens in ihren Augen – und war schon wieder verschwunden. Sie las die Zeilen noch einmal, und als sie zu Archie blickte, war ihr unverbrüchlicher Glaube zurückgekehrt.

»Es ist nur eine Frage der Zeit«, sagte sie liebevoll. »Das ist alles. Ich warte, bis er nach Hause kommt.«

Die Nachricht von Rupert machte im Nu die Runde. Am Abend trugen Hugh und Edward Archie zum Dinner nach unten, und alle stießen mit dem Champagner an, den der Brig aus seinem Keller geholt hatte. Pipette müsse bleiben, aber selbstverständlich, sagte die Duchy. Es herrschte entschlossene Erleichterung – wenn Rupert vor acht Monaten noch gelebt hatte, wollten sie keinen Grund erkennen, weshalb ihm in der Zwischenzeit etwas zugestoßen sein sollte. Sein herausragendes Französisch, die Klugheit dieser Michèle, seine Nähe zur Küste, die Tatsache, dass Pipette es geschafft hatte – all diese Faktoren wurden zuversichtlich erörtert. Pipette schilderte weitere seiner und Ruperts Abenteuer. Sobald er sich im Kreis der

Familie aufgenommen fühlte, erwies er sich als großartiger Erzähler. Einmal, sagte er, seien die Deutschen unvermittelt auf einem Hof aufgetaucht, auf dem sie Zuflucht gefunden hatten, und sie hätten sich nicht mehr rechtzeitig verstecken können. Da hatte Rupert ihn kurzerhand in eine Schubkarre gesetzt und gesagt: »Du bist ein richtiger Dorftrottel, verstehst du?«, und hatte ihn stark hinkend an den deutschen Lastwagen vorbeigeschoben, aus denen sich die Soldaten ergossen. An dieser Stelle warf Pipette seine Beine über die Armlehne, lümmelte sich mit einem schwachsinnigen Grinsen in den Stuhl und ließ die Zunge zum Mundwinkel heraushängen, dann sprang er auf und ahmte Rupert nach, der hinkend und voll Verachtung und Hass eine Schimpftirade über seinen schwachsinnigen Bruder ergoss, während er gleichzeitig zu erkennen gab, dass er selbst ebenfalls eine Schraube locker hatte. Er bringe seinen Bruder wegen seiner Anfälle zum Arzt, erzählte er dem deutschen Offizier, obwohl ein Tierarzt passender wäre, weil er kaum mehr als ein Vieh sei. Der Offizier hatte sich mit einem Achselzucken abgewandt, die Männer hatten ihn angestarrt, und einer habe sogar mitleidig dreingeblickt, sagte Pipette. Die Duchy weinte vor Lachen und tupfte sich die Augen mit ihrem kleinen Taschentuch ab. Pipette sagte, sie hätten die Schau lange Zeit aufrechterhalten müssen, denn die Straße, die zum Hof führte, sei lang und schnurgerade gewesen, und sie konnten nicht sicher sein, dass nicht der Bauer aus dem Haus kommen und ihr Täuschungsmanöver auffliegen würde. Es gebe viele Geschichten dieser Art, schloss er und drehte sich zu Archie, der, wann immer nötig, für die nicht Französisch sprechenden Familienmitglieder gedolmetscht hatte.

Um neun Uhr, nach dem Essen, hörten sie allerdings die Nachrichten und erfuhren, dass die Japaner einen massiven Überraschungsangriff auf die amerikanische Flotte in Hawaii, an einem Ort namens Pearl Harbor, durchgeführt hatten. Da das erst vor einer Stunde passiert war, waren noch keine weiteren Einzelheiten bekannt, aber in Kürze würde zweifellos der Kriegszustand ausgerufen werden, wenn es nicht bereits geschehen sei.

»Wie kann es vor einer Stunde passiert sein, wenn jetzt abends ist und sie sagten, der Angriff sei um sieben Uhr morgens gewesen?«

»Das kommt von der Zeitverschiebung, Poll«, sagte ihr Vater. »Durch die doppelte Sommerzeit, und weil wir auf der anderen Seite der Erdkugel leben, ist es bei uns viele Stunden später. Dort ist Frühstückszeit, und hier ist Schlafenszeit – für euch.«

Am Sonntagabend gingen alle immer früher zu Bett, weil die London-Fahrer am nächsten Morgen so zeitig aufbrechen mussten, und bald darauf zogen sich alle zur Nacht zurück.

Auf die eine oder andere Weise stellte dieser Tag, dieser Abend, für viele einen Wendepunkt dar. Nachdem sich der Brig zu seinem Zimmer vorgetastet, sich langsam seiner zahlreichen Kleidungsstücke entledigt hatte – Jackett, Weste, Flanellhemd, wollenes Unterhemd, Hose und Hosenträger, lange Unterhose, polierte Straßenschuhe, kratzige Wollsocken, getüpfelt wie die Brust einer Drossel – und auf dem Bett seinen dicken, breit gestreiften Flanellpyjama ausgemacht hatte, dachte er matt, dass er jetzt kaum noch darauf hoffen konnte, das Ende dieses Kriegs zu erleben. Er war einundachtzig, und wenn nun die Japaner und die Amerikaner in den Krieg eintraten, würde er möglicherweise doppelt so lange dauern wie der vorherige. Auch den hatte er nur als Zuschauer miterlebt – eine Rolle, die ihm zuwider war. Trotzdem, er hatte damals Hugh und Edward zurückbekommen, vielleicht würde er mit Rupert ein drittes Mal Glück haben. Doch die Vorstellung, dass er das womöglich nicht mehr erfahren würde, verstörte und bedrückte ihn. Für Rupert wird es keine Rolle spielen, dachte er, aber für mich. Er hing dem Gedanken nicht weiter nach – Liebe in Worte zu fassen war nie seine Sache gewesen, auch sich selbst gegenüber nicht.

Nachdem Sid auf ihrer Sanitätswache die Nachricht erfahren hatte, fuhr sie schnell nach Hause für den Fall, dass Rachel anrief. Es gab zwar keinen Grund, weshalb der Angriff auf Pearl Harbor sie zu einem Anruf veranlassen sollte, aber eine irrationale Hoffnung bestand doch. So saß sie in ihrem mittlerweile sehr staubigen Wohnzimmer (sie konnte Hausarbeit nicht leiden), aß ein Sandwich mit Frühstücksfleisch, entschied sich dagegen, selbst anzurufen, und änderte dann ihre Meinung. Nur um ihre Stimme zu hören. Viel zu erzählen hatte sie ihr nicht, und dann überlegte sie sich, dass vielleicht der Tag kommen würde, an dem sie Rachel gar nichts mehr zu sagen hätte, weil sie das, was ihr am meisten am Herzen lag, nicht sagen konnte – nie würde sagen können. Sie dachte an die vielen Menschen auf der Welt, die sich liebten und für die das eine ganz selbstverständliche, freudige Bestätigung darstellte: »Ich will dich. Ich möchte deinen nackten Körper in meinem Bett haben, deine Haut an meiner, dein Verlangen ist mein Vergnügen, dein Vergnügen ist meine Freude.« Sie hatte sich schon längst daran gewöhnt, sich vor anderen zu verstellen – es war ihr zur zweiten Natur geworden –, aber sich vor Rachel zu verstellen, damit konnte sie sich einfach nicht abfinden. Ständig kam sie sich vor wie eine Geheimagentin: Ihre wahre Identität zu offenbaren würde in diesem gigantischen fremden Land den Tod bedeuten.

Als sie an dem Abend wartend dasaß und das Telefon nicht läutete, erschien ihr die Vorstellung, Rachel nicht zu lieben, zum ersten Mal nicht als eine Art Hölle auf Erden, sondern als mögliche Erlösung.

—

»Mir hat er nicht geschrieben«, sagte Neville zu Lydia, als sie im Bett lagen.

»Vielleicht hat er ja geschrieben, und der Franzose hat den Brief verloren und traut sich nicht, es zuzugeben.«

»Nie im Leben.«

Lydia ahnte, dass er tief getroffen war. »Juliet hat er auch nicht geschrieben«, sagte sie.

»Natürlich nicht! Einem grässlichen Baby zu schreiben, das nicht einmal lesen kann – nicht einmal Dad wäre so dumm! Also, ich sage nur, wenn ich groß bin und ganz viele interessante und gefährliche Sachen mache, dann schreibe ich ...«, er überlegte, »Archie und dir und Hitler und Flossy. Aber ihm nicht. Das hat er dann davon.«

Geschmeichelt, zu den Auserwählten zu gehören, wies sie ihn nicht darauf hin, dass auch Katzen nicht lesen konnten.

»Ich werde deine Briefe hüten«, sagte sie. »Und ich glaube, Hitler wird bald tot sein, also lohnt es sich gar nicht, ihm zu schreiben.« Als er darauf nichts erwiderte, sagte sie: »Es tut mir wirklich so leid, Nev. Ich weiß doch, wie wichtig er dir ist.«

»Wichtig? Mir? Ich denke fast überhaupt nie an ihn. Ich kann mich gar nicht mehr richtig an ihn erinnern. Bald ist er verschwunden, wie eine kleine Rauchwolke. Er ist nur ein kleines Würstchen, das ich fast schon vergessen habe. Ich hätte überhaupt nicht an ihn gedacht, wenn er nicht Clary einen Brief geschrieben hätte.« Er machte seiner Liebe und seiner Enttäuschung Luft, bis er, davon erschöpft, einschlief.

Die Duchy sank dankbar auf den Hocker vor ihrem Frisiertisch und löste die Riemen an ihren Schuhen. Der Abend hatte sie mehr angestrengt, als sie zugeben wollte, auch sich selbst gegenüber, und ihre Müdigkeit verstärkte noch ihre Furcht. Die Nachricht von Rupert war zwar hundertmal besser als gar keine Nachricht, aber doch vage und unvollständig. Vor acht Monaten war er am Leben gewesen. Aber seitdem konnte alles Mögliche geschehen sein. Ohne Unterstützung war eine Flucht nicht möglich, aber die Helfer setzten dabei ihr Leben aufs Spiel. Aus dem Grund hatte sie auch befunden, Zoë solle nicht angerufen werden. Sie konnten ihr nicht sagen, dass er am Leben und in Sicherheit war, und deswegen fand sie es besser, die paar Tage bis zu ihrer Heimkehr zu warten, wenn sie ihr die ganze Geschichte erzählen konnten. Hätte ich mir das gewünscht?, fragte sie sich. Ja. Es hätte mir nicht gefallen, es nicht sofort zu erfahren, aber ich wäre trotzdem dankbar gewesen. Und damit war die Sache entschieden.

Sie nahm ihr Kreuz mit den Saphiren und Perlen ab, das sie immer um den Hals trug, und hielt es lange Zeit in der Hand, ehe sie es auf den Frisiertisch legte.

Diana tappte den schier endlosen steinernen Korridor entlang von der einzigen Toilette auf dem Schlafzimmergeschoss des freiherrlichen schottischen Schlosses aus viktorianischer Zeit, das ihre Schwiegereltern mit einiger Fantasie Zuhause nannten, und schlich dankbar in den riesigen dunklen und natürlich eisig kalten Raum. An den unverputzten Wänden hing eine verstörende Paarung von Waffen und Aquarellen. Kratzige Kokosteppiche bildeten hier und dort einen Kontrast zum Steinboden. Die tief in die Mauern eingelassenen gotischen Fenster galten als zu klein, um Vorhänge zu benötigen, und so drang die Frischluft in Gestalt von Zugluft ungehindert herein. Das riesige Bett war unvorstellbar unbequem. Es stand hoch über dem Boden und besaß eine dünne Rosshaarmatratze, ein Polster, das einem Kanal als Damm dienen könnte, zwei dünne weiche Kissen, die nach Veilchen-Haaröl rochen, und Decken der Art, die reiche Leute ihrem Pferd nach einem Rennen überwarfen. Sie schlief in ihrem Morgenrock mit Bettsocken an den Füßen. In dem Zimmer hatten sie zu Angus' Lebzeiten immer geschlafen, und es werde stets das ihre bleiben, hatten seine Eltern ihr versichert. Sie hatten sich bemüht, nett zu ihr zu sein, vor allem als sie von ihrer Schwangerschaft erfuhren, aber schon nach zwei Tagen wusste sie vor Langeweile nicht mehr aus noch ein. Natürlich gingen sie davon aus, dass sie außer sich war vor Kummer (deren Ausdruck), und die Armen hatte der Tod ihres Sohnes wirklich tief getroffen. Das wusste sie und tat ihr Bestes, ebenfalls nett zu ihnen zu sein. Aber es kam ihr vor, als wäre Angus schon vor langer Zeit gestorben, dabei waren gerade einmal drei Wochen seit seinem Tod vergangen. Da die älteren Jungen bald von der Schule nach Hause kommen würden, war ihr nichts anderes übrig geblieben, als für die Ferien nach Schottland zu fahren. Zumindest bedeutete das, dass ihr, abgesehen von den Fahrtkosten, alle Ausgaben erspart blieben; das Geld würde jetzt noch knapper werden als zuvor. Und sie erwartete ein viertes Kind. Sie liebte die anderen abgöttisch, vor allem Jamie, aber wenn sie noch einen Sohn bekam, wäre ihre finanzielle Lage wirklich kritisch. Ohne Edward würde sie wohl die Wohnung in London verkaufen (vorausgesetzt, sie könnte jemanden finden, der mitten im Krieg eine halb zerbombte Wohnung in London haben wollte) und sich etwas sehr Billiges auf dem Land zu mieten oder kaufen suchen. Doch für zwei weitere Schulgebühren aufkommen zu müssen wäre ihr finanzieller Ruin. Diese Gedanken beschäftigten sie über die Maßen, denn nach der Nachricht am Abend, dass die Japaner die amerikanische Marine bombardiert hatten, waren alle der Meinung, dass sich der Krieg noch sehr lange hinziehen würde, und ihr Schwiegervater hatte ihr angeboten, auf Dauer bei ihnen zu wohnen. Sie erkannte die Großherzigkeit dieses Vorschlags, zumal er sie nie sonderlich gemocht hatte, aber sie wusste auch, dass sie lieber sterben würde, als sich darauf einzulassen. Schließlich würde das bedeuten, Edward nie wiederzusehen, und ohne ihn glaubte sie, in diesem Sumpf aus Einsamkeit und Verantwortung zu versinken. Wäre er nur jetzt bei mir, dachte sie, als sie bedrückt in das kalte Bett stieg. Mit ihm wäre es selbst hier schön. Wäre er doch nur immer bei mir, dachte sie dann, als sie das Licht löschte. Dieser Gedanke ging ihr nicht aus dem Kopf und hinderte sie am Einschlafen, und als der Morgen graute, erschien es ihr unerlässlich, dass er immer bei ihr wäre. Und zum ersten Mal überlegte sie sich ernsthaft, wie sie dieses Ziel erreichen könnte.

Michael Hadleigh hatte sich sofort erboten, sein Zimmer mit Pipette zu teilen, der nun schlafend im Nachbarbett lag. Viel geredet hatten sie nicht, da Michael nur elementare Französischkenntnisse besaß – als Kunststudent war er in Deutschland gewesen –, aber dass Pipettes Weg nach England alles andere als einfach gewesen war, verstand er dennoch. Sie hatten sich radebrechend über den Angriff der Japaner unterhalten und waren sich einig, dass der Schaden aufgrund des Überraschungsmoments immens sein musste. Dann hatte Pipette ihm eine Gute Nacht gewünscht, sich in sein Bettzeug eingerollt und keinen Ton mehr von sich gegeben. Seine Ankunft hatte verhindert, dass Louise auch diesen zweiten Abend bei ihm verbrachte. Vermutlich besser so, dachte er. Der gestrige, so schön er gewesen war, hatte ihn auf eine harte Probe gestellt. Sie war so jung – fast zu jung, um sich über ihre eigenen Wünsche im Klaren zu sein. Allmählich entwickelte sie in Ansätzen Gefühle für ihn, aber es kam ihm nicht anständig vor, sie richtig zu umwerben, solange er sich seiner eigenen Gefühle nicht sicher war. Wie ernst war es ihm denn? Mummy wollte ihn verheiratet sehen, jedenfalls sagte sie das immer, und er wusste, dass sie sich sehnlich einen Enkelsohn wünschte. Bisher hatte sie jedes Mal gute Gründe angeführt, weshalb die Mädchen, die er nach Hause brachte, nicht die Richtigen waren, aber bei Louise hatte sie das nicht. Direkt angesprochen hatten sie die Frage nicht, doch am Ende seines letzten Urlaubs war wieder das Thema Enkelkind aufgekommen. »Warte nicht zu lange«, hatte sie gesagt und dann getan, als meinte sie: bis er zu alt war; aber er wusste, was sie eigentlich damit sagen wollte: Komm nicht im Krieg ums Leben, ohne einen Nachkommen zu hinterlassen.

Die knappe Nachricht vorhin im Radio, und das Wissen, welch schreckliche Verluste an Schiffen und Menschenleben sich dahinter verbargen, hatten ihn zum ersten Mal ernsthaft in Betracht ziehen lassen, dass er fallen könnte. Bisher hatte er wie unter einer schützenden Hand gelebt, verschont von jeglicher Unbill; in gewisser Weise war ihm das als Mut erschienen, und sein eigener Mut bedeutete ihm viel. Mut lag in der Familie: Er musste sich als ebenso tapfer erweisen wie sein Vater, oder am besten noch tapferer. Jetzt, beim Gedanken an diese amerikanischen Matrosen, auf die beim Frühstück in ihrer Messe jählings aus heulenden Kampfflugzeugen Bomben herabgefallen waren, an diesen so ungeheuerlichen, heimtückischen Überfall auf Tausende ahnungsloser, unschuldiger Männer, packte ihn zum ersten Mal im Leben echte Angst. Wie hätte er sich unter solchem Beschuss verhalten? Hätte er überhaupt zu den Überlebenden gezählt? Würde die arme, liebe Mummy das alles ein zweites Mal durchleiden müssen? Erst sein Vater, dann er – die beiden Menschen, die sie am allermeisten liebte? Das Schiff, das er bald kommandieren würde – das Schnellboot, das derzeit in Cowes gebaut wurde –, war für Luftangriffe, Minen und Torpedos so anfällig wie jedes andere Schiff auch, doch die akuteste Gefahr für Steuermänner und Offiziere ging von Geschützfeuer aus; die Männer auf der Brücke waren es, die am häufigsten dran glauben mussten. Und auf der Brücke würde sein Platz sein. Erneut befiel ihn nackte, eisige Angst vor den Stunden, die er in scheinbarem Gleichmut dort oben würde ausharren müssen. An diesem Abend begriff er, dass es wahre Tapferkeit ohne Angst nicht gab, und ebenso klar erkannte er, dass die Möglichkeit, auf seinem künftigen Posten ums Leben zu kommen, recht groß war. Mummy hatte recht, wie immer – es konnte sehr wohl bald zu spät sein, einen Sohn zu zeugen …

In dieser Nachtschicht gehörte es unter anderem zu Angelas Aufgaben, stündlich die neuesten Nachrichten zum Angriff auf Pearl Harbor zu verlesen. Immer mehr Informationen wurden bekannt: fünf Kriegsschiffe schwer beschädigt, über zweitausend Tote, zweihundert Flugzeuge zerstört. Zudem waren der amerikanische Stützpunkt auf den Philippinen sowie zwei Inseln im Pazifik angegriffen worden. Japan hatte den Vereinigten Staaten und Großbritannien den Krieg erklärt. Es kam ihr sehr merkwürdig vor, ganz allein in dem winzigen Raum zu sitzen, getrennt von den Leuten in der Technik durch eine schwere Glasscheibe, sodass sie sich nicht unterhalten konnten, und die Berichte über diese schrecklichen Ereignisse in großer Ferne ebenso ruhig und professionell zu verlesen wie etwa die Ankündigung, der Kartoffelpreis werde erneut steigen. Dazwischen, wenn sie nicht die gespielten Platten protokollierte oder das nächste Stück ankündigte – als ein Konzert lief, sodass ihr etwas freie Zeit blieb –, erstellte sie alle möglichen Listen. Zum einen Qualitäten, die sie bei einem Mann am meisten schätzte: »Ehrlichkeit«, notierte sie. »Güte. Aufrichtigkeit« (aber das war fast dasselbe wie Ehrlichkeit). »Liebevoll«, schrieb sie. Dann machte sie eine Liste der Dinge, die sie sich von ihrem Leben am meisten wünschte. »Eine interessantere Arbeit. Reisen. Jemanden, den ich lieben kann.« Dann kam sie nicht weiter. Sie überlegte sich eine Liste der Dinge, die sie sich zu Weihnachten wünschte, aber praktisch nichts davon war erhältlich, oder es waren Dinge, die sie sich vom nächsten Jahr erhoffte. »Dass der Krieg zu Ende ist.« Keine Chance, er würde sich einfach nur immer weiter ausdehnen und bald auch auf China und Afrika und Indien übergreifen – wie eine Seuche. Vielleicht kamen Menschen, die sie womöglich geliebt hätte und die sie geliebt hätten, denen sie aber nie begegnet war, in dieser Minute ums Leben. Alles, woran sie dachte – jede einzelne Liste, die ihr einfiel –, lief letztlich auf dasselbe hinaus. Mehr will ich nicht, dachte sie traurig. Mehr wünsche ich mir gar nicht.

Christopher lag in der Dachkammer auf seinem schmalen Feldbett, das größtenteils von Oliver belegt war. Wenn er, Christopher, seine Position veränderte, seufzte Oliver tief und verlagerte sein Gewicht ein wenig, als würde er Christopher Platz machen, doch letzten Endes beanspruchte er nur eine noch größere Bettfläche als zuvor. An diesem Abend aber störte Christopher sich weniger daran als sonst. Die Nachrichten hatten ihn schockiert. Das Verhalten der Japaner hatte ihn nicht nur entsetzt, sondern auch neue und sehr verstörende Gewissensfragen aufgeworfen. Wenn er Amerikaner wäre, wie würde es ihm in dieser Situation ergehen? Menschen, die einen derartigen Angriff durchführten, waren zu allem in der Lage. Hätte er, wenn er Amerikaner wäre, nicht das Gefühl, dass er zur Verteidigung seiner Heimat eilen müsste, um zu verhindern, dass so etwas noch einmal geschah? Mehr noch: Musste er Amerikaner sein, um derartige Gefühle zu haben? Er war gegen den Krieg gewesen, weil er nicht wollte, dass Menschen einander töteten, doch genau das taten sie. Vielleicht konnte man sich nicht über praktisch alle anderen erheben, während zumindest eine ganze Reihe von ihnen, die das ebenfalls missbilligten, mit anpackten und die Dreckarbeit erledigten. Wegen all seiner Schwierigkeiten und seinem Elend im vergangenen Jahr war ihm nie der Gedanke gekommen, dass er sich irren könnte – nicht irren auf einer intellektuellen Ebene, aber dass es falsch sein könnte, sich von seiner eigenen Spezies abzusetzen. Er dachte an die Sticheleien seines Vaters und daran, wie die anderen Jugendlichen beim Anlegen des Rollfelds, wo er so viele anstrengende Monate verbracht hatte, ihn verspottet und mit ihm gestritten hatten, bis sie ihn schließlich in Ruhe ließen, sodass bisweilen tagelang niemand mit ihm sprach außer seiner mürrischen Vermieterin, die sich über das eine oder andere beschwerte. Sie hatte ihn mit seinen Rationen betrogen, hatte seine Marken genommen und ihm zum Frühstück Brot und Margarine vorgesetzt, sodass er praktisch seinen ganzen Lohn in dem einzigen Pub in erreichbarer Nähe für Sandwiches ausgab. Das alles hatte er ertragen in dem Gefühl, im Recht zu sein – was natürlich bedeutete, dass sich so gut wie alle anderen irrten. Aber als er jetzt an die vielen Matrosen dachte, die gar nicht gekämpft hatten und trotzdem aus heiterem Himmel bombardiert worden waren, überlegte er sich, dass es, selbst wenn er möglicherweise recht haben mochte, nicht richtig war, auf diese Art recht zu haben, denn das barg eine moralische Überlegenheit, von der er im Grunde wusste, dass sie nicht seinem

Wesen entsprach. Was hatte er denn gemacht damals, vor all den Jahren, als Teddy sich dem Lagerplatz anschließen wollte, den er im Wald aufgebaut hatte? Er hatte sich mit ihm geprügelt. Und wenn er nicht besser war als die anderen, dann hatte er kein Recht, so zu tun, als wäre er besser.

Es war eine schlechte Zeit gewesen, nachdem die Vermieterin ihm fristlos gekündigt hatte, weil ihr zu Ohren gekommen sei, er sei ein warmer Bruder, und er erwiderte, das sei blanker Unsinn, weil es einfach nicht stimmte, und sie dann fragte: »Wollen Sie etwa behaupten, dass ich lüge?«, und er sich gezwungen gefühlt hatte, zu bejahen. Das war das Ende gewesen. Sie hatte ihren Mann gerufen, und der hatte ihn mehr oder minder mit Gewalt aus dem Haus hinaus und die Treppen hinunter auf die Straße befördert. Er hatte nicht einmal seine Sachen geholt. Es war sehr kalt gewesen, und es musste Freitag gewesen sein, weil er Geld in der Tasche hatte. Er war in den Pub gegangen und hatte zwei Whisky getrunken, damit er aufhörte zu zittern. Dann hatte er sich einfach auf den Weg gemacht – vage glaubte er, mit dem Zug gefahren zu sein, aber er konnte sich an nichts mehr erinnern –, bis zwei Männer mit Armbinden ihn auf einer Bank am Meer schüttelten und ihn mit Fragen bedrängten, auf die er keine Antwort wusste, und bei jeder neuen Frage stellte er fest, dass er noch mehr Dinge nicht wusste. Er wusste, dass er am Leben war, weil er sich vor den Männern fürchtete und vor etwas anderem, das am Rand seines Bewusstseins lauerte. Sie fragten ihn auch nach höchst merkwürdigen Dingen wie Regimentern und Urlaub und Standort, aber auch nach weit weniger Merkwürdigem wie seinem Namen, aber offenbar hatte er keinen, oder zumindest konnte er sich an keinen erinnern. Sie nahmen ihn mit und setzten ihn in ein sehr kleines Zimmer. Jemand brachte ihm eine Tasse Tee – die erste freundliche Geste, die ihm entgegengebracht wurde in diesem neuen Leben, in dem er niemand war, oder zumindest kam es ihm so vor. Er fing an zu weinen und konnte gar nicht mehr aufhören. Er wollte überhaupt niemand sein, er wollte einfach in Bewusstlosigkeit sinken und nichts mehr fühlen.

Dann lag er im Krankenhaus, und sie sagten ihm, wer er war, womit es ihm auch nicht besser ging. Seine Eltern besuchten ihn, und plötzlich war er umgeben von der Angst, die außer Reichweite gelauert hatte. Sie hatten ihn mit Elektroschocks behandelt. Beim ersten Mal war es nicht so schlimm gewesen, weil er nicht gewusst hatte, was ihn erwartete, als sie ihn auf dem hohen Tisch festbanden. Nach dem ersten Mal war er mit höllischen Kopfschmerzen wieder zu sich gekommen, aber auch mit einem Gefühl großer Erleichterung. Aber im Lauf der Zeit hatte er panische Angst vor den Stromstößen bekommen. Wenn er zwischen den Behandlungen im Bett lag, hatte er sich immer noch namenlos und einsam gefühlt – und einmal war ihm die Zeile aus einem Lied eingefallen: »I care for nobody, no, not I, and nobody cares for me.« Wie konnte jemand das nur singen? Das musste bedeuten, dass sie keine Ahnung hatten, was das für einen Menschen wirklich hieß.

Home Place, wofür er ein wenig Interesse aufgebracht hatte, war ihm zuerst nicht gut bekommen. Alle waren sehr nett zu ihm, aber Freundlichkeit brachte ihn zum Weinen. Und dann kam Oliver. Oliver akzeptierte ihn, und es war völlig gleichgültig, wer zum Teufel er war oder was er getan oder nicht getan hatte. Oliver hatte schlechte Zeiten durchgemacht, im Schlaf wimmerte er und knurrte manchmal auch, aber er vertraute Christopher vom ersten Moment an. Jetzt streichelte er ihn, und Oliver drehte den Kopf und presste seine lange, kalte Schnauze in seine Hand. Polly wird sich um ihn kümmern, wenn ich mich zum Militär melde, dachte er, als ihm die schreckliche Vorstellung kam, er müsse Oliver verlassen. Wahrscheinlich muss im Krieg jeder jemanden verlassen, den er liebt. Da wird es mir genauso ergehen wie allen anderen auch.

~

An dem Abend schliefen Hugh und Sybil miteinander – was sie schon sehr lange nicht mehr getan hatten. Sie ließen sich viel Zeit, waren zärtlich und sanft, und als sie hinterher in seinen Armen lag, sagte sie: »Mein geliebter Hugh. Ich bin so glücklich, dass ich dich so liebe. Geht es uns nicht gut?«

Und fast noch bevor er ihr zustimmen konnte, war sie eingeschlafen.

»Ich glaube, er hat meine nur aus Höflichkeit geküsst, weil er deine geküsst hat.«

»Nein, Poll, er fand dich wunderschön. Außerdem hast du die richtigen Hände zum Küssen. Meine sind wohl einfach eines der Risiken, die das Leben für Franzosen birgt.« Kritisch streckte sie ihre raue Hand mit den abgekauten Nägeln aus. »Ich glaube, ich sollte keinen Franzosen heiraten.«

»Wenn du einen heiratest, dann küsst er dich an anderen Stellen, du Dummkopf. Sie küssen nur die Hand von fremden Frauen, anstatt sie zu schütteln.«

Sie waren in Home Place im Badezimmer und putzten sich die Zähne, bevor sie sich in die Squashhalle zurückzogen. Clary saß auf dem Badewannenrand. »Ich habe Kopfweh«, sagte sie.

»Das kommt von der Aufregung. Nimm ein Aspirin. Ich sag's auch nicht der Duchy.« Sie sah im Badezimmerschränkchen nach, doch da waren keine. »Ich hole eins aus Mummys Zimmer.«

Doch eine oder zwei Minuten später kehrte sie zurück und sagte: »Es tut mir leid, Clary. Das Licht ist aus, und es ist nichts zu hören. Sie schlafen wohl schon.«

»Das macht nichts. Wahrscheinlich geht es in der kalten Luft gleich von selbst vorbei. Außerdem stört es mich nicht. Mich stört gar nichts.« Sie steckte die Hand in ihre Tasche, und Polly wusste, dass sie das Blatt Papier berührte.

»Clary, ich möchte dir etwas erzählen. Ich wollte nicht früher darüber reden, weil du dir solche Sorgen gemacht hast. Ich wollte nicht, dass es dir noch schlechter geht.«

»Ja?«

»Also, im Herbst, und ziemlich lang zu Anfang des Winters, dachte ich, dass Mum bald sterben würde …«

»Poll! Wirklich? Warum denn?«

»Na ja, ich habe zufällig ein Gespräch zwischen Dad und Tante Villy mitgehört, und das klang danach. Es war so schrecklich! Das Schlimme war, Dad wusste nicht, dass ich etwas gehört hatte, und er sagte mir nichts. Aber die Leute sollten einem so wichtige Dinge doch sagen, findest du nicht?«

»Doch«, antwortete Clary langsam, »das sollten sie immer. Um ehrlich zu sein, habe ich mir ihretwegen auch ziemliche Sorgen gemacht. Ich habe nichts gehört«, fügte sie rasch hinzu, »aber sie kam mir so schrecklich krank vor, und es ging ihr immer schlechter und nicht besser, wie jetzt.«

»Ja, Gott sei Dank.«

»Du hättest es mir sagen sollen, Poll. Schließlich bin ich deine beste Freundin. Oder nicht?«

»Natürlich bist du das, aber du hast es mir auch nicht gesagt.«

»Ich verstehe, was du meinst. Da steckt man richtig in der Klemme, oder? Aus Liebe verschweigt man anderen bestimmte Dinge. Aber eigentlich finde ich, dass man Menschen, je mehr man sie liebt, desto mehr sagen sollte – sogar die schwierigen Sachen. Ich glaube, es ist der beste Liebesbeweis, ihnen alles zu erzählen.« Sie umarmte Polly. »Du sollst solche Sachen nie mehr mit dir allein ausmachen. Versprochen?«

»Gut. Und du versprich's auch«, sagte Polly.

»Ja, das verspreche ich. Und nichts zu sagen ist ein Zeichen dafür, dass man den anderen gar nicht richtig liebt.«

Und Polly erwiderte in der Stimme der Duchy: »Meine Liebe, da bin ich ganz deiner Meinung.«

Bis Edward und Villy Archie geholfen hatten, in sein Zimmer zu kommen, und er auf seinen Krücken zur Toilette und wieder zurück gehumpelt war, fühlte er sich erschlagen. Abgesehen von den Gefühlen, die Pipettes Bericht heraufbeschworen hatte, war das stundenlange Dolmetschen überraschend anstrengend gewesen, ebenso wie das Zusammensein mit den vielen – wenn auch mittlerweile vertrauten und geliebten – Menschen. Und dann die Nachricht von den Japanern, die den Krieg räumlich so sehr ausdehnen würden, dass Briten vielerorts dünn gesät wären, ob zu Land oder zu Wasser, von der Luft ganz zu schweigen.

Guter alter Rupe! Ich hoffe, es geht dir gut, wo immer du sein magst, dachte er, als er sich vorsichtig ins Bett manövrierte. Was für ein Glück, dass es Rupert war! Dem heutigen Abend nach zu urteilen, hätte keiner der anderen auch nur den Hauch einer Chance, mit seinem Französisch durchzukommen. Er hatte sich von der Zuversicht der Familie anstecken lassen, aber jetzt, allein in seinem Zimmer, und da er von Pipette weit mehr Informationen und Überlegungen erfahren hatte als die anderen, wurde ihm klar, dass es um Ruperts Chancen bestenfalls genauso gut oder schlecht bestellt war wie zuvor. Er musste sehr einsam gewesen sein, als er allein in dem Feld zurückblieb und sein Freund davonging. Pipette hatte gesagt, sie hätten sich schon früher geeinigt, nicht den drei Musketieren nachzueifern – das Prinzip einer für alle und alle für einen. Pipette war hochprofessionell: Es war seine Pflicht zu fliehen, damit er die Deutschen von England aus bekämpfen konnte. Rupert hatte das Gleiche empfunden, auch wenn er nur in der Freiwilligen Reservemarine diente. Als es also darum ging, dass einer entkam und der andere bleiben musste, hatte keiner der beiden wirklich eine Wahl gehabt, obwohl Pipette sagte, er sei sich derart wie ein Schuft vorgekommen, dass er erst habe bleiben wollen.

Dann dachte er an die versammelte Familie beim Dinner. Pipette hatte auf einer Seite von ihm gesessen, Rachel auf der anderen. Als Trinksprüche ausgebracht wurden auf Rupert, auf Pipette und auf Pipettes Erwiderung »Auf die Familie«, und alle sich zum Anstoßen ihren Nachbarn zuwandten, hatte er sich zu Rachel gedreht. Er hatte sein Glas an ihres geführt und ganz leise inmitten der freudigen Stimmung der Familie gesagt: »Auf dich, liebe Rachel – und auf Sid.« Einen Moment hatten sich ihre Augen geweitet, wie vor Schreck, dann war ihr Blick weicher geworden. Und dann hatte sie ihm ein hinreißendes, etwas ängstliches Lächeln geschenkt und gesagt: »Dank dir, Archie.« Es war das wundervolle, endgültige Ende einer Liebe.

Liebe: Sofort sah er Clary vor sich. Wie außergewöhnlich, ausdrucksstark und wechselhaft ihr Gesicht doch war! Ein unmittelbarer Spiegel ihres Herzens. Er ging in Gedanken noch einmal die Szene durch, nachdem er Pipette zum Verstummen gebracht und sie trostsuchend auf den Brief und dann zu ihm geblickt hatte, und er hatte gesehen, wie ihr Glaube, der ihre Liebe so lang und so schmerzhaft herausgefordert hatte, wiederaufblühte. Wieder rührte es ihn, er fühlte sich demütig und unerfahren. Sie versteht die Liebe, dachte er wieder, sie versteht sie besser als jeder andere. Und neben dem Respekt und der Zuneigung, die er für sie empfand, spürte er auch einen Stich der Eifersucht – auf Rupert, ihren Vater, und auf jeden Künftigen, dem ihre Zuneigung gelten könnte.

ANMERKUNGEN

17 *David Garrick* (1717–1779): berühmter englischer Schauspieler, Dramatiker und Theaterdirektor, nach dem weltweit mehrere Theater benannt sind.

30 *Andrews Lebersalz*: ein Mittel gegen Magenübersäuerung mit leicht abführender Wirkung.

30 *Wie grün war mein Tal*, engl. *How Green Was My Valley*: 1939 erschienener Roman des walisischen Schriftstellers Richard Llewellyn (1906–1983), der von einer Familie von Bergarbeitern in einer Bergarbeitersiedlung erzählt.

33 *Lyons' Corner House*: eine Kette von Teesalons, betrieben von dem Restaurant- und Lebensmittelunternehmen J. Lyons & Co.; die sogenannten »Corner Houses« befanden sich an der Kreuzung größerer Straßen oder in deren Nähe und waren damals berühmt wegen ihres Art-déco-Interieurs.

38 *Lady Rydal empfand es offenbar selbst in einem Automobil als Zumutung*: Der Stadtteil Stoke Newington liegt rund sieben Kilometer nordöstlich des Zentrums von London und galt bei höheren Gesellschaftsschichten als ein für sie unbewohnbares Viertel.

61 *The Berkeley*: ab den 1920er-Jahren eines der exklusivsten Hotels in London, damals am Piccadilly gelegen.

63 *Canard à la presse*: Blutente. Die Karkasse der durch Ersticken getöteten Ente – wodurch das Blut im Körper bleibt – wird nach dem Garen gepresst, der dabei austretende Fleischsaft dient als Grundlage für die Sauce.

69 *Jeepers Creepers, where'd ya get those peepers?* (dt. etwa »Jessas, woher hast du die Glotzer?«): ein Song aus dem Film *Going Places* von 1938, in dem Louis Armstrong einem Pferd diese Nummer – ein späterer Jazz-Standard – zur Beruhigung immer wieder vorspielen muss.

71 *ein Kleinkind mitten im Aufstand*: der Indische Aufstand oder Sepoyaufstand von 1857, der sich gegen die britische Kolonialherrschaft über Indien richtete.

77 *Tonks an der Slade*: Henry Tonks (1862–1937), britischer Arzt und Maler, der zu einem bedeutenden Kunsterzieher wurde. Die Slade School of Fine Art in London gilt als eine der angesehensten Kunstakademien weltweit.

83 *Peter-Scott-Zigarettenbilder*: Peter Markham Scott (1909–1989), englischer Ornithologe und Maler, der neben anderen Künstlern mit der Gestaltung von Zigarettenbildern beauftragt wurde. Die Autorin war in erster Ehe mit Scott verheiratet.

85 *Bobby Riggs* (1918–1995): amerikanischer Tennisspieler, der 1939 als Amateur in Wimbledon siegte.

85 *Cicely Courtneidge* (1893–1980): englische Schauspielerin, Comedienne und Sängerin, die vielfach im Londoner West End auftrat, ehe sie in den 1930er-Jahren auch in Filmen mitwirkte.

86 *von Hastings ungekühlt im Wagen angeliefert*: Von Hastings nach Battle sind es zehn Kilometer.

92 *Als Mr. Chamberlain geendet hatte*: Am 3. September 1939 um 11.30 Uhr verkündete der Premierminister in einer Radioansprache, dass Großbritannien Deutschland den Krieg erklärt habe.

106 *Dartington Hall School*: 1926 gegründete, reformpädagogische Schule, die antiautoritären Prinzipien folgte.

110 *weiße Federn*: Weiße Federn gelten im angelsächsischen Raum als Symbol der Feigheit. Zu Beginn des Ersten Weltkriegs wurde der »Orden der weißen Feder« gegründet mit dem Ziel, weiße Federn an Männer zu »verleihen«, die den Kriegsdienst vermeiden wollten, um sie damit öffentlich zu denunzieren.

115 *Ivor Novello* (1893–1951): walisischer Musical-Komponist und Schauspieler, der in England seinerzeit zu den beliebtesten Entertainern gehörte. Für das Musical *The Dancing Years* (1939) schrieb er nicht nur das Drehbuch und die Musik, sondern übernahm darin auch die Hauptrolle.

117 *als Finne hätte man zweifellos Angst*: Am 30. November 1939 griff die Sowjetunion Finnland an, dieser Krieg wurde erst am 13. März 1940 beendet, Finnland musste u. a. große Teile von Karelien an die Sowjetunion abtreten.

117 *Wrens*: die Abkürzung für Angehörige des Women's Royal Naval Service, den im Ersten und Zweiten Weltkrieg Frauen zugänglichen Teil der britischen Kriegsmarine.

117 *ATS*: die Abkürzung für Auxiliary Territorial Service, die Frauenabteilung des britischen Heeres.

117 *High Church*: Die Church of England, die seit 1531 nicht mehr die Autorität des Papstes anerkennt, hat zwei Strömungen: die sogenannte High Church, der Anglokatholizismus, der Rituale und Praktiken der katholischen Kirche übernahm, und die Low Church, die eher evangelikal ausgerichtet ist und zumeist protestantisch-calvinistische, oft auch volkskirchliche Positionen vertritt.

127 *Generalstreik*: Bei dem landesweiten neuntägigen Generalstreik 1926 heuerte die Regierung Freiwillige aus der Ober- und Mittelschicht an, um größere Ausfälle im öffentlichen Leben zu verhindern.

141 *WAAF*: die Women's Auxiliary Air Force, die weibliche Unterstützungsorganisation der britischen Air Force.

144 *Hendon*: Der Flugplatz in Hendon, rund zwölf Kilometer vom Zentrum Londons entfernt, bestand von 1908 bis in die 1960er-Jahre hinein und war ein bedeutendes Zentrum der frühen englischen Luftfahrt; während des Zweiten Weltkriegs wurde er allerdings vorwiegend zu Transportzwecken genutzt.

146 *Peter Jones*: ein sehr großes, exklusives Warenhaus, das seit dem 19. Jahrhundert existiert.

147 »*eine Daks, von Simpson's*«: Daks war die erste Hose, die Männer dank der verstellbaren Bundweite ohne Gürtel oder Hosenträger tragen konnten. Simpson hatte 1894 in London eine Herrenschneiderei eröffnet, aus der sich ein Bekleidungshaus entwickelte, das schon früh Garderobe von der Stange anbot.

149 *Rebecca*: ein Theaterstück, das die Autorin Daphne du Maurier nach ihrem 1938 veröffentlichten Thriller selbst adaptierte.

164 *King Alfred's*: einer der Stützpunkte der Royal Navy in Hove, Sussex, wo Kandidaten der RNVR – die Royal Navy Volunteer Reserve, die 1903 gegründete freiwillige Reserve der britischen Marine – für den Kriegseinsatz ausgebildet wurden.

166 *Shirley Temple* (eigentlich Shirley Jane Temple, 1928–2014): US-amerikanische Schauspielerin, Sängerin und Tänzerin, die bereits mit vier Jahren erstmals in einem Film mitwirkte und eine der erfolgreichsten Kinderdarstellerinnen aller Zeiten war.

173 *RNVR*: die Royal Navy Volunteer Reserve, die 1903 gegründete freiwillige Reserve der britischen Marine.

174 *er heißt Mervyn, wie sonst*: das walisische »Mervyn« galt bis in die 1970er-Jahre hinein als Name für etwas einfältige, gutgläubige Jungen und Männer.

192 *ein Pfund elf Pence pro Gallone*: 1940 hatte 1 Pfund (in der damaligen vordezimalen Zeit waren das 20 Shilling; ein Shilling war 12 Pence) den Gegenwert von rund 50 Euro (2018).

222 *Local Defence Volunteers*: Bald nach der Kriegserklärung des Vereinigten Königsreichs an das Deutsche Reich bildeten sich freiwillige Bürgermilizen, die im Mai 1940 in den offiziell gebildeten Local Defence Volunteers (LDV) aufgingen. Alle nicht wehrtauglichen Männer zwischen 17 und 65 Jahren wurden aufgerufen, sich zu dieser Heimwehr zu melden. Im Juli 1940 wurde die LDV in British Home Guard umbenannt.

225 *Louisa May Alcott* (1832–1888): amerikanische Schriftstellerin, die, aus armen Verhältnissen stammend, zu einer sehr erfolgreichen und politisch engagierten Autorin wurde. Insbesondere ihr Jugendroman *Little Women* (dt. »Betty und ihre Schwestern«), in dem sie ihre naturverbundene Kindheit beschreibt, gilt in angelsächsischen Ländern als Klassiker.

245 *Das scharlachrote Siegel*, engl. *The Scarlet Pimpernel*: Roman der ungarischstämmigen britischen Schriftstellerin Emma Orczy (1865–1947) aus der Zeit der Französischen Revolution, in dem es einem beherzten Engländer gelingt, französische Adelige nach ihrer Verurteilung zum Tod nach England in Sicherheit zu bringen.

Eine Geschichte aus zwei Städten, engl. *A Tale of Two Cities*: Roman von Charles Dickens (1812–1870), ebenfalls aus der Zeit der Französischen Revolution.

The Huguenots: Damit ist vermutlich der Roman *The Refugees: A Tale of the Huguenot Persecution: A Tale of Two Continents* von Arthur Conan Doyle (1859–1930) gemeint, der im 17. Jahrhundert in Paris und der kanadischen Wildnis spielt.

250 *Swan and Edgar*: Das traditionsreiche Warenhaus, das ab dem frühen 19. Jahrhundert bis 1982 bestand, war ein beliebter Treffpunkt für Verabredungen.

268 *Lilliput*: anspruchsvolle monatliche Kultur-, Fotografie- und Satirezeitschrift.

270 *Blenheim*: Blenheim Palace diente ab 1940 als Stützpunkt des MI5, des britischen Inlandsgeheimdienstes, zur Spionageabwehr.

273 *Amy Sandheim* (gest. 1958): Die Tochter eines Londoner Uhrmachers war eine Schmuckdesignerin, die ihre Stücke häufig individuell auf ihre Auftraggeber/innen abstimmte und überaus gefragt war.

274 *Enrico Cecchetti* (1850–1928): berühmter italienischer Balletttänzer, der ab 1910 bei den Ballets Russes als Ballettmeister tätig war. Als Ballettpädagoge entwickelte er die sogenannte Cecchetti-Methode.

275 *Le Spectre de la Rose*: Das 1911 uraufgeführte Ballett handelt von einer jungen Frau, die mit dem Geist der Rose tanzt, die sie bei einem Debütantinnenball erhielt.

291 *DFC*: »Distinguished Flying Cross«, militärische Kriegsauszeichnung der Royal Air Force.

297 *Susie Cooper* (eigentlich Susan Vera Cooper, 1902–1995): englische Keramik-Künstlerin, deren Art-déco-Arbeiten und Blumenmuster auf Gebrauchsgeschirr von den 1920er- bis in die 1980er-Jahre hinein recht verbreitet waren; mittlerweile sind sie sehr gesucht und kostspielig

303 *John Evelyn* (1620–1706): englischer Schriftsteller, Gartenbauer und Architekt, der insbesondere wegen seiner ausführlichen Tagebücher bekannt ist.

314 *Academy*: ein Kino in der Oxford Street, in dem ab Anfang des 20. Jahrhunderts anspruchsvolle Filme, vielfach auch in der Originalfassung, gezeigt wurden; es wurde 1986 geschlossen.

361 *Kriminalroman mit einem eitlen Inspektor namens Hanaud*: Die fiktive Gestalt spielt die Rolle des Ermittlers in sechs Krimis des englischen Schriftstellers Alfred Edward Woodley Mason (1865–1948) und gilt als erster bedeutender Polizeiermittler des 20. Jahrhunderts und als Vorbild für Agatha Christies Hercule Poirot.

368 *Richard von Bordeaux*: ein Stück der britischen Dramatikerin und Kriminal-autorin Elizabeth Mackintosh (1896–1952), die auch unter den Pseudonymen Gordon Daviot und Josephine Tey schrieb.

370 *ITMA*: ITMA steht für »It's that man again« (etwa: »Der Mann schon wieder«), gemeint ist Hitler; eine Komiksendung der BBC mit vielen witzigen Figuren. Sie lief von 1939 bis 1949.

371 *Anne*: Gemeint ist Anne von Böhmen (1366–1394), erste Gemahlin von Richard II. von England (1367–1400), der aus Bordeaux gebürtig war und dem Haus der Plantagenets angehörte. Das Theaterstück machte John Gielgud 1933 zum Star.

384 *Geoffrey Grigsons* New Verse: *New Verse* war eine einflussreiche zweimonatliche Lyrikzeitschrift, die der englische Literaturkritiker, Dichter und Naturhistoriker Geoffrey Grigson von 1933 bis 1939 herausgab. Unter demselben Titel erschienen mehrfach Anthologien mit Zusammenstellungen der in der Zeitschrift veröffentlichten Gedichte zeitgenössischer Dichter.

399 *Myra Hess und Anthony Eden*: Myra Hess (1890–1965) war eine berühmte britische Pianistin, die während des Zweiten Weltkriegs Klavierkonzerte zur Mittagszeit in der National Gallery organisierte. Anthony Eden (1897–1977) war ein britischer Politiker der Konservativen, der vor dem Zweiten Weltkrieg Außenminister gewesen war und während des Kriegs in Churchills Kriegsregierung als Kriegsminister diente.

405 *Attacke der Leichten Brigade*: Damit wird ein Angriff britischer Kavalleristen auf die russische Armee während des Krimkriegs bezeichnet, bei dem die Briten sehr große Verluste erlitten. Bekannt ist dies in Großbritannien insbesondere durch das Gedicht »The Charge of the Light Brigade« (1854) von Alfred Tennyson.

443 *Bei der Küstenwache*: Die Coastal Forces stellten zwischen 1914 und 1918 eine Abteilung der Royal Navy dar und waren während des Zweiten Weltkriegs vorwiegend im Ärmelkanal und in der Nordsee im Einsatz, aber auch im Mittelmeer und vor der norwegischen Küste.

446 *Mrs. Beeton*: Kurzbezeichnung von *Mrs Beeton's Book of Household Management*, ein erstmals 1861 veröffentlichtes Kochbuch traditioneller britischer Gerichte, das sich bis in unsere Zeit großer Beliebtheit erfreut.

447 *Lord Haw-Haw*: der englische Spitzname mehrerer Radiosprecher englischsprachiger Propagandasendungen, die unter dem Namen »Germany Calling« von Deutschland aus an Zuhörer in Großbritannien, Irland und den USA ausgestrahlt wurden.

474 *Coconut Grove*: ein Nachtclub, der in den Kriegsjahren (und danach) sehr populär war und wo insbesondere Jazz und lateinamerikanische Musik gespielt wurden.

477 *»All The Things You Are«*: ein Song aus dem Musical *Very Warm For May* (1939)

von Jerome David Kerr (Text von Oscar Hammerstein) mit der Zeile »You are the promised breath of springtime«.

478 *Queen-Charlotte-Ball*: seit dem ausgehenden 18. Jahrhundert einer der prestigeträchtigsten Debütantinnenbälle der Londoner Gesellschaft.

497 *Memorial Theatre, Stratford-upon-Avon*: Das ursprüngliche Shakespeare Memorial Theatre wurde 1879 eröffnet, das Gebäude brannte 1926 ab und wurde durch den heute noch bestehenden Neubau ersetzt, der seit 1961 den Namen Royal Shakespeare Theatre trägt.

498 *His Excellency, the Governor:* romantische Komödie (1898) des schottischen Dramatikers Robert Marshall (1863–1910).

506 *Moiseiwitsch*: Gemeint ist Benno Moiseiwitsch (1890–1963), namhafter russischer Pianist, dessen Spiel sich durch Eleganz und Leichtigkeit des Anschlags auszeichnete.

507 *Noch dazu von den Italienern:* In Wirklichkeit wurde die HMS *Ark Royal* am 13. November 1941 von einem deutschen U-Boot torpediert und ging am Tag darauf unter. Die fälschliche Zuschreibung mag darauf zurückzuführen sein, dass die Italiener während der ersten Kriegsjahre dreimal behaupteten, den Flugzeugträger der Royal Navy versenkt zu haben.

520 *»Alles Schöne seh, als wär's ein letztes Mal dir gegeben«*: Zeile aus dem Gedicht »Fare Well« des englischen Dichters und Schriftstellers Walter de la Mare (1873–1956).

546 *George du Maurier im* Punch: George du Maurier (1834–1896) war ein frankobritischer Autor und Zeichner, der ab 1865 für die satirische englische Zeitschrift *Punch* Karikaturen zeichnete, in denen er insbesondere das affektierte Gebaren der viktorianischen Gesellschaft aufs Korn nahm.

573 *I care for nobody, no, not I, and nobody cares for me*: Tatsächlich heißt die Zeile »I care for nobody, no, not I, if nobody cares for me«, dt. etwa: »Ich kümmere mich um niemanden, nein, ich doch nicht, wenn sich niemand um mich kümmert« oder auch »Alle sind mir gleichgültig, wenn ich ihnen gleichgültig bin«. Das Zitat stammt aus dem traditionellen Volkslied »There Was a Jolly Miller Once« (dt. etwa »Es war einmal ein fröhlicher Müller«) aus dem 18. Jahrhundert.

Und so geht es
im nächsten Band weiter …

Home Place, Sussex, und London
1942–1945

Clary und Polly wird es zu eng in Sussex, wie ihre Cousine Louise zieht es sie nach London, die stets drohenden Luftangriffe schrecken sie nicht. Gemeinsam leben sie ihren Traum von Unabhängigkeit: Sie teilen sich eine Wohnung, lernen Stenografie und Maschineschreiben und bieten den Schwierigkeiten im zunehmend kriegsmüden London mit jugendlichem Schwung die Stirn.

Die eigensinnige Louise wiederum, die sich schon in Kinderjahren als umjubelte Schauspielerin auf den Bühnen der Welt sah, entscheidet sich zur Überraschung aller für die Ehe – ihr Eintritt in die High Society. Schon bald allerdings muss sie erfahren, was es bedeutet, in Kriegszeiten nicht nur Mutter, sondern auch die Gattin eines ehrgeizigen Marineoffiziers zu sein.

~ Auszug aus Band 3 ~

Polly
März 1942

Seit einer Woche hatte niemand den Raum betreten. Das Kattunrollo vor dem Fenster, das nach Süden auf den vorderen Garten hinausging, war herabgelassen, pergamentfarbenes Licht füllte die kalte, stickige Luft. Polly trat zum Fenster und zog an der Kordel, das Rollo schnellte nach oben. Ein helleres, kühles Grau flutete ins Zimmer – heller noch als der stürmische Wolkenhimmel. Einen Moment blieb sie dort am Fenster stehen. Osterglocken blühten grüppchenweise unter der Araukarie in Erwartung des Märzwetters, das ihre entsetzliche Fröhlichkeit ertränken und zerstören würde. Sie ging zur Tür und drehte den Schlüssel im Schloss. Eine Störung welcher Art auch immer wäre unerträglich. Sie würde aus dem Ankleidezimmer einen Koffer holen, und dann würde sie den Kleiderschrank und die Schubladen in der Rosenholzkommode neben dem Frisiertisch leeren.

Sie wählte den größten Koffer, den sie finden konnte, und legte ihn aufs Bett. Ihr war eingeschärft worden, Koffer nie aufs Bett zu legen, aber dieses war unbezogen und sah unter der Tagesdecke so flach und trostlos aus, dass es ihr gleichgültig erschien.

Doch als sie den Schrank öffnete und die Kleidungsstücke sah, die gedrängt an der unendlich langen Stange hingen, graute ihr plötzlich davor, sie in die Hand zu nehmen – sie hatte das Gefühl, als würde sie sich dann aktiv an dem unerbittlichen Abschied, dem Verschwinden beteiligen, das ganz allein vollbracht worden war, für immer und entgegen dem Wunsch aller, und das bereits vor einer Woche. Das war alles Teil ihrer Unfähigkeit, dieses »für immer« zu begreifen. Sie konnte sich durchaus vorstellen, dass jemand fort war, das Schwierige war, zu fassen, dass diese Person niemals wiederkehren würde. Die Kleidung würde nie mehr getragen werden, und ohne Nutzen für die Person, der sie einst gehört hatte, konnte sie andere nur traurig stimmen – oder vielmehr einen anderen. Sie räumte die Sachen nur ihrem Vater zuliebe aus, damit die alltäglichen, elenden Habseligkeiten ihn nicht erinnerten, wenn er von der zweiwöchigen Reise mit Onkel Edward zurückkam. Wahllos nahm sie einige Bügel heraus, kleine Schwaden von Sandelholz stiegen auf und dazu der zarte Duft, den sie mit dem Haar ihrer Mutter verband. Da war das Kleid mit den grünen, schwarzen und weißen Blüten, das sie im vorletzten Sommer bei ihrem Ausflug nach London getragen hatte, der beige Tweedrock mit dem passenden Mantel, der immer zu klein oder zu groß an ihr gewirkt hatte, das uralte grüne Seidenkleid, das sie nur angezogen hatte, wenn sie den Abend allein mit Dad verbrachte, die Jacke aus Prägesamt mit den Markasitknöpfen, die sie ihre Konzertjacke genannt hatte, das olivgrüne Leinenkleid, das sie getragen hatte, als sie mit Wills schwanger war – du meine Güte, das musste fünf Jahre alt sein. Es kam ihr vor, als hätte sie wirklich alles aufgehoben: Kleider, die ihr nicht mehr passten, Abendroben, die seit Kriegsbeginn nicht mehr getragen worden waren, ein Wintermantel mit einem Eichhörnchenkragen, den sie noch nie an ihr gesehen hatte … Sie nahm alles heraus und legte es aufs Bett. An einem Ende hing ein zerschlissener grüner Seidenkimono über einem Goldlamékleid. Vage erinnerte sie sich, dass es eines von Dads unnützeren Weihnachtsgeschenken gewesen war, unendlich lange Zeit war das her; sie hatte es taktvoll den einen Abend getragen und danach nie wieder. Keines der Kleidungsstücke war wirklich hübsch, dachte sie traurig – die Abendgarderobe wirkte leblos durch das lange Hängen, die Alltagskleider waren durch das viele Tragen dünn oder glänzend oder formlos geworden und auf jeden Fall das, was sie nicht sein sollten. Nichts kam für mehr als den Flohmarkt in Betracht, und genau das hatte Tante Rachel auch vorgeschlagen, »obwohl du alles behalten solltest, was dir gefällt, Polly, mein Schatz«, hatte sie hinzugefügt. Aber sie wollte nichts behalten, und selbst wenn, hätte sie es nie tragen können – Dad zuliebe.

Nachdem sie die Kleider verpackt hatte, stellte sie fest, dass auf dem oberen Brett noch die Hüte lagen und ganz unten im Schrank regaleweise Schuhe standen. Sie würde einen zweiten Koffer holen müssen. Es gab nur noch einen – und der trug die Initialen ihrer Mutter, S.V.C. »Sybil Veronica« hatte der Geistliche bei der Beerdigung gesagt. Seltsam, einen Namen zu haben, der nur bei der Taufe und der Beerdigung verwendet wurde. Wie schon so oft in der vergangenen Woche stieg wieder das entsetzliche Bild vor ihr auf, wie ihre Mutter dort eingeschlossen in der Erde lag. Es gelang ihr nicht, sich eine Leiche als etwas anderes vorzustellen als einen Menschen, der Licht und Luft brauchte. Stumm und frierend hatte sie dabeigestanden, als Gebete gesprochen wurden und Erde auf den Sarg gestreut wurde und ihr Vater als Letztes eine rote Rose hinabgeworfen hatte, und hatte gewusst, dass sie sie, wenn alles vorbei war, kalt und allein zurücklassen würden – für immer. Aber das konnte sie niemandem sagen. Alle hatten sie die ganze Zeit wie ein Kind behandelt, hatten ihr bis zum Ende muntere, aufbauende Lügen erzählt, die sich von möglicher Genesung über Schmerzfreiheit bis hin zu gnädiger Erlösung gespannt hatten – und hatten nicht einmal den Widerspruch bemerkt. (Worin bestand die Gnade, wenn es keine Schmerzen gegeben hatte?) Sie war kein Kind mehr; sie war fast siebzehn. Abgesehen von diesem letzten, endgültigen Schock – denn natürlich hatte sie die Lügen glauben wollen – war sie jetzt wie erstarrt vor Erbitterung, vor Wut, dass man gemeint hatte, sie wäre der Realität nicht gewachsen. Die ganze Woche hatte sie sich den Umarmungen und Küssen entzogen und keine Notiz von der Rücksichtnahme und den Freundlichkeiten genommen. Erleichterung empfand sie nur, dass Onkel Edward zwei Wochen mit Dad verreist war, so konnte sie ihrem Hass auf die anderen freien Lauf lassen.

Als das Thema angesprochen wurde, hatte sie ihren Entschluss verkündet, die persönlichen Gegenstände ihrer Mutter wegzuräumen, und jede Hilfe abgelehnt – »das ist das Mindeste, was ich tun kann«, hatte sie erklärt –, und Tante Rach, die ihr allmählich etwas besser erschien als die anderen, hatte »natürlich« gesagt.

Auf dem Frisiertisch lagen die vielen silbernen Haarbürsten ihrer Mutter sowie ein Schildpattkamm, dazu ein Kristalldöschen mit den Haarnadeln, die sie nicht mehr gebraucht hatte, nachdem sie sich das Haar hatte schneiden lassen, und ein kleiner Ringständer mit zwei oder drei Ringen, darunter der, den Dad ihr zur Verlobung geschenkt hatte: ein Cabochon-Smaragd umgeben von kleinen Diamanten und gefasst in Platin. Sie schaute auf ihren eigenen Ring – ebenfalls ein Smaragd –, den Dad ihr im vergangenen Herbst geschenkt hatte. Nicht, dass er mich nicht lieben würde, dachte sie, er merkt nur einfach nicht, wie alt ich bin. Ihn wollte sie nicht hassen. Die ganzen Dinge auf der Kommode konnte sie nicht einfach zu den Flohmarktsachen geben. Sie beschloss, alles in einen Karton zu legen und eine Weile aufzubewahren. Die paar Tiegel mit Coldcream, Puder und trockenem Rouge sollten am besten weggeworfen werden. Sie wanderten in den Papierkorb.

In den Kommodenschubladen stapelten sich Unterwäsche und zwei Arten von Nachthemden: die, die Dad ihr geschenkt und die sie nie getragen hatte, und diejenigen, die sie selbst gekauft und auch getragen hatte. Dads waren aus reiner Seide und Chiffon, verziert mit Spitze und Schleifen, zwei in grün und eines aus dunkelmokkafarbenem Satin. Die Selbstgekauften waren aus Baumwolle oder leichtem Flanell und geblümt – Nachthemden wie von Beatrix Potter. Sie arbeitete sich weiter vor: BHs, Strumpfhalter, Hemdchen, Hemdhöschen, Unterröcke, alles mehr oder minder in einem schmuddelig-pfirsichfarbenen Ton, Seiden- und Wollstrümpfe, einige Viyella-Unterhemden, Dutzende von Taschentüchern in einem Etui, das Polly ihr vor Jahren gehandarbeitet hatte, Trapuntotechnik auf Rohseide. Ganz hinten in der Schublade mit der Unterwäsche versteckte sich ein kleiner Beutel, wie für Kamm und Bürste, darin befanden sich eine Tube, auf der »Volpar Gel« stand, und ein kleines Kästchen mit einem komischen runden Ding aus Gummi. Sie steckte beides in den Beutel zurück und warf ihn in den Papierkorb. In derselben Schublade fand sich auch ein sehr flacher viereckiger Karton, in dem, eingehüllt in verfärbtem Seidenpapier, ein Halbkranz aus silbrigen Blättern mit weißlichen Blüten lag, die bei der leisesten Berührung zerfielen. Oben auf dem Karton stand in der Handschrift ihrer Mutter ein Datum: 12. Mai 1920. Es muss ihr Hochzeitsgebinde gewesen sein, dachte sie und versuchte, sich an das lustige Hochzeitsbild auf der Kommode ihrer Großmutter zu erinnern, auf dem ihre Mutter ein ausgefallenes schlauchartiges Kleid trug, ohne jede Taille. Den Karton legte sie beiseite. Es erschien ihr unmöglich, etwas wegzuwerfen, das so lange gehütet worden war.

Die unterste Schublade enthielt Babysachen. Das Taufkleid, das Wills als Letzter getragen hatte – aus feinstem Batist mit gestickten Wiesenblumen, eine Handarbeit von Tante Villy –, ein Beißring aus Elfenbein, ein Stapel winziger Spitzenmützen, eine offenbar indische Rassel aus Silber und Korallen, eine Reihe blassrosa ungetragener Stricksachen, vermutlich für das Baby, das gestorben war, dachte sie, und ein großer, sehr zarter vergilbter Kaschmirschal. Sie war ratlos, was sie mit all diesen Dingen tun sollte. Zu guter Letzt entschied sie, die Sachen erst einmal beiseite zu legen, bis sie sich überwinden konnte, eine der Tanten zu fragen, was sie damit machen solle.

Wieder war ein Nachmittag vergangen. Bald war es Zeit für den Nachmittagstee, danach würde sie Wills übernehmen, mit ihm spielen, ihn baden und ins Bett bringen. Ihm wird es wie Neville ergehen, dachte sie – nur schlimmer, weil er sich mit seinen vier Jahren noch lange an sie erinnern wird, während Neville seine Mutter überhaupt nie kennengelernt hat. Bis jetzt war es unmöglich gewesen, es Wills verständlich zu machen. Natürlich hatten alle es versucht – sie selbst eingeschlossen. »Fort«, wiederholte er nur unbewegt. »Tot im Himmel?«, fragte er, aber trotzdem suchte er beharrlich weiter nach ihr – unter Sofas und Betten, in Schränken, und wann immer er entwischen konnte, ging er schnurstracks zu diesem verwaisten Raum. »Flugzeug«, hatte er gestern gesagt, nachdem er das mit dem Himmel wiederholt hatte. Ellen hatte ihm erzählt, sie sei im Himmel, aber das hatte er mit Hastings verwechselt und wollte sie an der Bushaltestelle abholen. Er weinte nicht, aber er war sehr still. Er saß auf dem Boden und schob lustlos seine Autos hin und her, spielte mit dem Essen, ohne es tatsächlich hinunterzuschlucken, und schlug nach allen, die ihn auf den Arm zu nehmen versuchten. Mit ihr fand er sich ab, aber die Einzige, die er wirklich um sich haben wollte, war Ellen. Früher oder später wird er sie wohl vergessen, dachte sie. Er wird sich kaum daran erinnern, wie sie aussah. Er wird wissen, dass er seine Mutter verloren hat, aber nicht, wer und wie sie war. Das fand sie auf eine ganz andere Art traurig und beschloss, nicht darüber nachzudenken. Dann fragte sie sich, ob es nicht fast genauso schlimm war, über eine Sache nicht nachzudenken, wie nicht über sie zu reden. Denn sie wollte um keinen Preis wie ihre schreckliche Familie sein, die sich nach Kräften bemühte, das Leben weiterzuführen, als wäre nichts passiert. Zumindest kam es ihr so vor. Sie hatten vorher nicht darüber gesprochen, und sie sprachen auch jetzt nicht darüber. Soweit sie es beurteilen konnte, glaubte keiner von ihnen an Gott, niemand ging je in die Kirche, aber sie alle – mit Ausnahme von Wills und Ellen, die bei ihm zu Hause blieb – hatten an der Beerdigung teilgenommen. Sie hatten in der Kirche gestanden und Gebete gesprochen und Kirchenlieder gesungen, und dann waren sie nach draußen zu dem tiefen Loch gegangen, das bereits ausgehoben war, und hatten zugesehen, wie zwei sehr alte Männer den Sarg hinabließen. »Ich bin die Auferstehung und das Leben«, sprach der Herr. »Wer an mich glaubt, wird nicht sterben.« Aber sie hatte ja nicht an ihn geglaubt und die anderen ihres Wissens auch nicht. Welchen Sinn hatte das Ganze dann? Sie hatte über das Grab hinweg zu Clary gesehen, die dastand und nach unten starrte und sich die Fingerknöchel in den Mund schob. Auch Clary konnte nicht darüber reden, aber sie tat zumindest nicht so, als wäre nichts passiert. Der entsetzliche letzte Abend – nachdem Dr. Carr gekommen war und ihrer Mutter eine Spritze gegeben hatte und sie sie zu ihr ins Zimmer geführt hatten (»Sie ist nicht mehr bei Bewusstsein«, hatten sie gesagt, »jetzt spürt sie nichts mehr«, in einem Ton, als wäre das eine Leistung), und sie hatte dagestanden und den flachen, röchelnden

Atemzügen gelauscht und lange gewartet, dass ihre Mutter die Augen öffnete, damit etwas gesagt werden konnte oder dass es zumindest einen stillen Abschied geben konnte …

»Gib ihr einen Kuss, Poll«, hatte ihr Vater gesagt, »und dann geh, mein Schatz, sei so gut.« Er saß auf der anderen Seite des Bettes und hielt die Hand ihrer Mutter, die mit der Handfläche nach oben an seinem schwarzen Seidenstumpf ruhte. Sie beugte sich vor, küsste die trockene, warme Stirn und verließ den Raum.

Draußen war es Clary, die sie an der Hand in ihr Zimmer führte, sie umarmte und weinte und weinte, aber sie selbst war zu wütend, um zu weinen. »Zumindest konntest du dich von ihr verabschieden!«, wiederholte Clary ständig im Versuch, etwas Tröstliches zu sagen. Aber darum ging es ja – oder zumindest unter anderem: Sie hatte sich eben nicht verabschieden können. Die anderen hatten gewartet, bis ihre Mutter sie nicht mehr erkennen, sie nicht einmal mehr sehen konnte … Sie hatte sich aus Clarys Umarmung befreit und gesagt, sie gehe spazieren, sie wolle allein sein, und Clary hatte sofort verständnisvoll zugestimmt. Sie hatte ihre Gummistiefel und den Regenmantel angezogen und war in die stahlgraue, nieselige Dämmerung hinausgeschlüpft, die Stufen in der Böschung hinauf zu der Pforte, die zum Wäldchen hinter dem Haus führte.

Sie ging bis zu dem großen umgestürzten Baum, an dem Wills und Roly ein geheimnisvolles Spiel spielten, und setzte sich neben den ausgerissenen Wurzeln auf den Stamm. Sie hatte gedacht, dass sie hier weinen würde, dass ganz normaler Kummer sie überwältigen würde, aber nichts kam aus ihr heraus als lautes, keuchendes Stöhnen der Wut und der Hilflosigkeit. Sie hätte eine Szene machen sollen – aber wie hätte sie das tun können angesichts des Kummers ihres Vaters? Sie hätte darauf bestehen sollen, sie am Vormittag zu sehen, nachdem Dr. Carr sich verabschiedet hatte mit den Worten, er werde am Nachmittag wiederkommen – aber woher hätte sie wissen sollen, was er dann tun würde? Die anderen mussten es gewusst haben, aber wie immer hatten sie ihr nichts gesagt. Ihr hätte klar sein sollen, dass ihre Mutter jeden Moment sterben würde, als sie

Simon aus dem Internat holten. Er war am Morgen gekommen und gleich bei ihr gewesen, dann hatte sie gebeten, Wills zu sehen, und danach hatten die anderen gesagt, das sei genug für den Vormittag. Aber der arme Simon hatte auch nicht gewusst, dass er sie zum letzten Mal sehen würde. Es war ihm einfach nicht klar gewesen. Er glaubte, sie sei nur furchtbar krank, und das ganze Mittagessen hindurch hatte er von der Mutter eines Freundes erzählt, die fast an ihrem Blinddarm gestorben, aber wie durch ein Wunder genesen war. Nach dem Essen hatte Teddy eine lange Fahrradtour mit ihm unternommen, von der sie noch nicht zurückgekehrt waren. Hätte ich mit ihr gesprochen – hätte ich irgendetwas gesagt, dachte sie, hätte sie mich vielleicht gehört. Aber dafür hätte sie mit ihr allein sein müssen. Sie hatte ihr sagen wollen, dass sie sich um Dad und um Wills kümmern würde, und vor allem hatte sie fragen wollen: »Ist es für dich in Ordnung? Kannst du es ertragen zu sterben, was immer das bedeutet?« Vielleicht hatten die anderen auch ihre Mutter hintergangen. Vielleicht würde sie einfach nicht mehr aufwachen – würde den Moment ihres Todes gar nicht wahrnehmen. Bei dieser entsetzlichen Vorstellung hatte sie weinen müssen. Sie hatte lange Zeit geweint, und als sie wieder nach Hause kam, hatten sie ihre Mutter schon abgeholt.

Seitdem hatte sie gar nicht mehr geweint. Sie hatte den ersten, entsetzlichen Abend überstanden, als alle beim Dinner gesessen hatten, das keiner essen wollte, hatte mit angesehen, wie ihr Vater versuchte, Simon aufzumuntern, und ihn nach seinem ganzen Sport am Internat gefragt hatte, bis Onkel Edward übernahm und Geschichten aus seiner Internatszeit erzählte, ein Abend, an dem alle nach sicherem Boden suchten, nach fadenscheinigen, unverfänglichen Scherzen, über die man gar nicht lachen sollte und die nur dem Zweck dienten, eine Minute nach der anderen mit einem Anschein von Normalität zu vertreiben; und obwohl sie die indirekten, beiläufigen Beweise von Zuneigung und Besorgnis bemerkte, weigerte sie sich, sie anzunehmen. Am Tag nach der Beerdigung war Onkel Edward mit ihrem Vater und Simon nach London aufgebrochen. Sie brachten Simon zum Zug, der wieder ins Internat fuhr. »Muss ich wirklich zurück?«, hatte er gefragt, aber nur einmal, weil sie sagten, natürlich müsse er zurück, bald fingen die Ferien an, und er dürfe die Abschlussprüfungen nicht versäumen. Archie, der zur Beisetzung gekommen war, schlug nach dem Dinner auf dem Boden des Frühstückszimmers eine Pelman-Patience für alle vor, »Polly, du auch«, und Clary spielte natürlich ebenfalls mit. Es war eiskalt, weil das Feuer ausgegangen war. Simon störte das nicht – er sagte, es sei wie im Internat, außer im Krankenzimmer, wohin man allerdings nur käme, wenn man am ganzen Körper Ausschlag habe oder halbtot sei –, aber Clary holte für alle Strickjacken, und Archie musste einen alten Mantel des Brig anziehen und den dicken Schal, den Miss Milliment gestrickt hatte, der aber nicht für würdig befunden worden war, den Truppen geschickt zu werden, und Halbhandschuhe, mit denen die Duchy Klavier spielte.

»Im Büro, in dem ich arbeite, ist es brutheiß«, erklärte er. »Ich bin ein richtiger Weichling geworden. Jetzt brauche ich nur noch einen Krückstock. Im Gegensatz zu euch allen kann ich nicht auf dem Podex sitzen.« Also ließ er sich in einem Sessel nieder, streckte sein kaputtes Bein von sich und deutete auf einzelne Karten, die Clary dann für ihn umdrehte.

Das war ein Aufschub gewesen. Archie spielte mit derartiger Verve ums Gewinnen, dass alle sich davon anstecken ließen, und als doch Simon ein Spiel gewann, strahlte er vor Freude. »Verdammt!«, sagte Archie. »Verdammt noch mal! Noch eine Runde, und ich hätte alles eingesackt.«

»Du bist kein guter Verlierer«, bemerkte Clary liebevoll. Sie konnte ebenso wenig verlieren wie er.

»Aber ich bin ein wunderbarer Gewinner. Verständnisvoll und freundlich, und da ich fast immer gewinne, erlebt mich kaum jemand von meiner schlechten Seite.«

»Du kannst nicht ständig gewinnen«, wandte Simon ein. Archie verhielt sich bei Spielen auf eine Art, sodass alle ganz erwachsene Bemerkungen machten. Das war Polly schon öfter aufgefallen.

Aber als sie später aus dem Bad kam, stand Simon wartend davor.

»Du hättest doch reinkommen können, ich habe mir bloß die Zähne geputzt.«

»Darum geht's gar nicht. Könntest du vielleicht … könntest du einen Moment zu mir mitkommen?«

Sie folgte ihm den Gang entlang zu dem Zimmer, das er normalerweise mit Teddy teilte.

»Aber«, sagte er zögernd, »versprichst du, dass du niemandem davon erzählst? Und auch nicht lachst?«

Natürlich nicht, versprach sie.

Er zog sein Jackett aus und lockerte die Krawatte.

»Ich muss etwas drauftun, sonst scheuern sie unter dem Kragen.« Mittlerweile hatte er sein graues Flanellhemd aufgeknöpft, und sie sah, dass überall auf seinem Nacken verschmutzte Leukoplaststückchen klebten. »Du musst sie wegreißen, dann sieht du's.«

»Aber das tut weh.«

»Am besten ist es, wenn du's schnell machst«, sagte er und beugte den Kopf vor.

Zuerst versuchte sie, vorsichtig zu sein, merkte aber bald, dass sie ihm damit keinen Gefallen tat. Beim siebten Pflaster wusste sie, dass sie die Haut mit zwei Fingern festhalten und das Pflaster mit der anderen Hand rasch wegreißen musste. Darunter kam eine Vielzahl eitriger Pusteln zum Vorschein – entweder große Pickel oder kleine Furunkel, das konnte sie nicht genau sagen.

»Die Sache ist, wahrscheinlich müssen sie ausgedrückt werden. Das hat Mum immer gemacht, und dann hat sie ein tolles Zeug draufgerieben, und manchmal sind sie danach einfach verschwunden.«

»Du solltest richtiges Pflaster mit Verbandmull verwenden.«

»Ich weiß. Sie hat mir eine Packung fürs Internat mitgegeben, aber die ist schon aufgebraucht. Und selbst kann ich sie mir ja nicht ausdrücken. Dad kann ich nicht bitten. Ich dachte, dass du vielleicht nichts dagegen hast, das zu machen.«

»Natürlich nicht. Weißt du, was sie draufgetan hat?«

»Irgend so ein tolles Zeug«, antwortete er. »Vielleicht Wick?«

»Das ist für die Brust. Ich hole jetzt mal etwas Watte und richtiges Pflaster und was immer ich sonst noch finden kann. Ich bin gleich wieder da.«

Im Medikamentenschränkchen im Bad lag eine Rolle Pflaster mit einer gelben Mullauflage, aber zur Behandlung der Pusteln entdeckte sie lediglich eine Flasche Friar's Balsam, die aber nur noch einen kleinen Rest enthielt.

»Außerdem bekomme ich wieder ein Gerstenkorn«, sagte er, als sie zurückkam. Da saß er bereits im Pyjama auf dem Bett.

»Womit hat sie das immer behandelt?«

»Sie hat mit ihrem Ehering darüber gerieben, und danach war es manchmal einfach weg.«

»Zuerst kümmere ich mich um die Pickel.«

Es war eine eklige Aufgabe, zumal sie wusste, dass sie ihm wehtat. Einige Pusteln eiterten, aber andere hatten einen harten, gelb glänzenden Kern, den sie fest zusammendrücken musste, damit der Eiter austrat. Simon zuckte nur einmal zusammen, aber als sie sich entschuldigte, sagte er: »Ach, das macht nichts. Drück sie so fest aus, wie du kannst.«

»Macht die Hausmutter das nicht für dich?«

»Guter Gott, nein! Sie kann mich sowieso nicht leiden, außerdem ist sie fast immer giftig. Eigentlich mag sie nur Mr. Allinson – das ist der Sportlehrer –, weil der lauter Muskeln hat, und einen Jungen, Willard heißt er, dessen Vater ein Lord ist.«

»Du Armer! Ist es wirklich nur schrecklich dort?«

»Grauenhaft.«

»Nur noch zwei Wochen, dann sind Ferien.«

Kurz herrschte Stille.

»Aber es wird nicht dasselbe sein, oder?«, sagte er, und seine Augen füllten sich mit Tränen. »Das kommt jetzt nicht von der scheußlichen Schule und auch nicht von dem dämlichen Krieg«, erklärte er und fuhr sich mit den Fingerknöcheln übers Gesicht, »das ist das blöde Gerstenkorn. Davon tränen mir die Augen. Das passiert ganz oft.«

Sie legte ihm einen Arm um die angespannten, knochigen Schultern. Sie hatte das Gefühl, als würde seine furchtbare Einsamkeit ein Loch in ihr Herz bohren.

»Ich meine, wenn man daran gewöhnt ist, von jemandem jede Woche einen Brief zu bekommen, und dann bekommt man keinen mehr, dann ist es ja eigentlich klar, dass es einem zuerst ein bisschen komisch vorkommt. Das würde doch jedem so gehen, denke ich«, sagte er mit einer entschlossenen Vernünftigkeit, als wollte er jemand anderen über seinen Kummer hinwegtrösten. Doch dann platzte es aus ihm heraus: »Aber sie hat mir nie etwas gesagt! Zu Weihnachten ist es ihr so viel besser gegangen, und das ganze Trimester hat sie mir jede Woche geschrieben und kein Wort davon gesagt!«

»Mir auch nicht. Ich glaube nicht, dass sie mit irgendjemandem darüber gesprochen hat.«

»Ich bin aber nicht irgendjemand!«, fuhr er auf und unterbrach sich dann. »Du natürlich auch nicht, Poll.« Er drückte ihr die Hand. »Du warst klasse mit meinen blöden Pickeln.«

»Geh ins Bett, du zitterst ja vor Kälte.«

In der Tasche seiner Hose, die auf dem Boden lag, fischte er nach einem unsäglichen Taschentuch und putzte sich die Nase.

»Poll – bevor du gehst, wollte ich dich noch etwas fragen. Ich muss immer wieder daran denken … und ich kann nicht …« Er machte eine Pause und sagte dann langsam: »Was ist mit ihr passiert? Ich meine, hat sie einfach aufgehört? Oder ist sie woanders hingegangen? Vielleicht findest du es ja dumm von mir, aber diese ganze Sache – der Tod und das alles, du weißt schon … Ich weiß nicht, was es genau bedeutet.«

»Ach, Simon, ich auch nicht! Ich muss auch ständig daran denken.«

»Glaubst du, dass sie«, er deutete mit dem Kopf abrupt zur Tür, »es wissen? Ich meine, sie erzählen uns sowieso nichts, also ist es vielleicht bloß eine der vielen Sachen, bei denen sie es nicht für nötig halten, uns etwas zu sagen.«

»Das habe ich mich auch schon gefragt«, erwiderte sie.

»In der Schule würden sie ständig vom Himmel reden, weil sie so schrecklich fromm tun – du weißt schon, jeden Tag beten und besondere Gebete für alle Ehemaligen, die im Krieg gefallen sind, und am Sonntag hält der Direx immer eine Rede über Patriotismus und dass man ein Streiter Christi und reinen Herzens sein muss und dass wir uns der Schule als würdig erweisen müssen. Und ich weiß, wenn ich wieder da bin, erzählt er mir garantiert etwas vom Himmel, aber so, wie sie ihn beschreiben, finde ich ihn dermaßen dämlich, dass ich gar nicht weiß, wieso überhaupt jemand in den Himmel kommen möchte.«

»Du meinst, all die Harfenmusik und die weißen Gewänder?«

»Und dass alle die ganze Zeit so glücklich sind«, stieß er abschätzig hervor. »Wenn du mich fragst, gewöhnen sich die Leute das Glücklichsein einfach ab. Außerdem sind sie sowieso dagegen, weil sie einen ständig zu Sachen zwingen, die einen nur unglücklich machen. Zum Beispiel dass man das halbe Leben ins Internat gesteckt wird, gerade, wenn es einem zu Hause richtig gut gehen würde. Und dann erwarten sie, dass man so tut, als würde es einem gefallen. Das ist das, was mich wirklich aufregt. Die ganze Zeit muss man nach ihrer Pfeife tanzen, und obendrein muss man so tun, als würde es einem Spaß machen.«

»Könntest du ihnen das nicht sagen?«

»In der Schule doch nicht!«, rief er entgeistert. »Wenn man in der Schule auch nur ein Wort darüber sagen würde, würden sie einen lynchen!«

»Aber es können doch nicht alle Lehrer so sein!«

»Von den Lehrern rede ich ja nicht. Ich meine die Jungs. Weißt du, jeder will so sein wie die anderen. Wie auch immer«, sagte er, »ich dachte einfach, ich frage dich mal … du weißt schon, wegen dem Tod und so.«

Danach hatte sie ihn kurz umarmt und war gegangen.

Jetzt beschloss sie, noch bevor sie mit Wills spielte, an Simon zu schreiben. Sie hatte sich vorgenommen, den wöchentlichen Brief ins Internat zu übernehmen. Sie ließ im Schlafzimmer ihrer Eltern die Rollos herunter und brachte das Kästchen mit den Wertsachen in das Zimmer, das sie nach wie vor mit Clary teilte. Auf ihrem Weg die vielen Gänge entlang zur Galerie über der Halle hörte sie die Geräusche des Hauses – die Duchy spielte Schubert, auf dem Grammofon im Kinderzimmer lief die mittlerweile stark verkratzte Platte »The Teddy Bears' Picnic«, von der weder Wills noch Roly je genug bekommen konnten, das Radio des Brig, das er einschaltete, sobald er niemanden zum Unterhalten hatte, und das sporadische Rattern der alten Nähmaschine, auf der vermutlich Tante Rach Laken flickte – ein undankbares, weil nie endendes Unterfangen. Es war Freitag, der Tag, an dem normalerweise Dad und Onkel Edward, seitdem er wieder in der Firma arbeitete, zum Wochenende nach Hause kamen, aber nicht heute, denn Onkel Edward war mit Dad nach Westmorland verreist. Abgesehen davon führen alle ihr Leben weiter, als wäre nichts passiert, dachte sie erbittert, während sie nach Briefpapier suchte. Sie würde im Bett schreiben, weil es dort etwas wärmer war als in irgendeinem anderen Raum (der Kamin im Salon wurde erst nach dem Tee angezündet, eine weitere Einsparung der Duchy).

Das Beste wäre, überlegte sie, Simon so viel wie möglich von der Familie zu erzählen. »Hier kommen Neuigkeiten von allen Personen, aufgelistet nach Alter«, schrieb sie, und das bedeutete, mit der noch lebenden Großtante zu beginnen.

Die arme alte Bully hat beim Frühstück wieder unentwegt vom Kaiser geredet – sie lebt im völlig falschen Krieg. Von ihm – also dem Kaiser – abgesehen spricht sie viel über Menschen, von denen keiner von uns jemals gehört hat, was eine sinnvolle Antwort ziemlich schwierig macht. Außerdem schafft sie es, selbst kostbares Essen wie gekochtes Ei auf ihre Strickjacke zu kleckern, sodass Tante Rach ständig am Waschen ist. Komisch, bei Miss Milliment haben wir uns daran gewöhnt, dass ihre Kleidung Flecken hat, aber bei Bully kommt es mir ziemlich armselig vor. Die Duchy überträgt ihr kleine Aufgaben, von denen sie aber meistens nur die Hälfte erledigt. [An der Stelle wollte sie schreiben: »Ihr fehlt Tante Flo einfach immer und überall«, überlegte es sich aber anders.] Der Brig fährt jetzt dreimal die Woche nach London. Eine Weile fuhr er gar nicht mehr, aber dann wurde ihm furchtbar langweilig, und Tante Rach fand es so schwierig, sich ständig etwas zu seiner Beschäftigung einfallen zu lassen, dass sie jetzt mit ihm im Zug nach London und weiter ins Büro fährt, und einmal die Woche lässt sie ihn allein dort und geht einkaufen und derlei. An den anderen Tagen plant er seine neue Schonung; er will die große Wiese – die auf dem Weg zu der Stelle von deinem und Christophers Lager – mit Bäumen bepflanzen. Abgesehen davon hört er Radio oder bittet Miss Milliment oder Tante Rach, ihm vorzulesen. Die Duchy nimmt nicht sonderlich Notiz von ihm (was ihn meiner Ansicht nach nicht stört), sie spielt immer weiter Klavier und arbeitet im Garten und stellt Essenspläne zusammen, obwohl auf unseren Marken mittlerweile so wenig Lebensmittel stehen, dass Mrs. Cripps die Gerichte bestimmt schon auswendig kennt. Aber mir ist aufgefallen, dass alte Menschen ihre Gewohnheiten nicht mehr ändern, selbst wenn sie dir oder mir sehr langweilig erscheinen. Tante Rach macht alles, was ich schon schrieb, aber darüber hinaus ist sie sehr nett zu Wills. Tante Villy steckt bis zum Hals in Rotkreuzarbeit, außerdem hilft sie noch im Erholungsheim – aber sie arbeitet dort richtig als Krankenschwester und nicht wie Zoë, die nur bei den armen Patienten am Bett sitzt. Zoë ist wieder sehr schlank geworden, und wann immer sie Zeit hat, näht sie ihre Kleider enger oder macht neue für Juliet. Clary und ich haben beide das Gefühl festzustecken. Wir wissen einfach nicht, was wir mit unserem Leben anfangen sollen. Clary sagt, dass Louise mit siebzehn das Haus verlassen durfte, also sollten wir das auch dürfen, aber ich meinte, dass sie uns dann nur auf die dumme Kochschule schicken, die Louise besucht hat. Clary findet allerdings, dass selbst das unseren geistigen Horizont erweitern würde, der (ihrer Ansicht nach) Gefahr läuft, unsäglich eng zu werden. Andererseits kommt es uns beiden vor, als wäre Louises Horizont noch enger geworden, seit sie in der großen weiten Welt unterwegs ist. Sie hat nichts als Dramen und Schauspielen im Kopf und versucht, ein Engagement in Hörspielen für die BBC zu bekommen. Sie tut, als gäbe es keinen Krieg, oder zumindest nicht für sie. Unter uns gesagt, ist sie in der Familie ziemlich unten durch, alle finden, sie sollte zu den Wrens gehen. Mittlerweile wird Heizmaterial rationiert – recht viel schlimmer kann es für uns dadurch allerdings nicht werden, Kohle wird sowieso nur noch im Kochherd verfeuert. Simon, wenn du heimkommst, gehe ich mit dir zu Dr. Carr. Ich wette, dass er dir etwas für deine Pickel geben kann. Jetzt muss ich aufhören, weil ich Ellen versprochen habe, Wills zu baden, denn es tut ihrem Rücken gar nicht gut, sich über die Wanne zu beugen.

Liebe Grüße von deiner dich liebenden Schwester Polly

So, dachte sie. Kein besonders interessanter Brief, aber besser als nichts. Unvermittelt wurde ihr klar, dass sie eigentlich sehr wenig über Simon wusste, denn unter dem Jahr war er im Internat, und in den Ferien hatte er bislang immer etwas mit Christopher oder Teddy unternommen. Aber jetzt arbeitete Christopher auf einer Farm in Kent, und Teddy war diese Woche zur RAF gegangen – in den bevorstehenden Ferien gab es niemanden, mit dem er etwas machen konnte. Seine Einsamkeit, die ihr am Abend nach der Beerdigung so nahegegangen war, fiel ihr wieder ein. Wie schrecklich, dass sie von ihm nur Dinge wusste, die ihn bedrückten. Unter normalen Umständen hätte sie mit Dad über ihn gesprochen, aber das erschien ihr jetzt schwierig, wenn nicht gar unmöglich: In den vergangenen Wochen hatte ihr Vater sich immer weiter von allen zurückgezogen, sodass er beim Tod ihrer Mutter wie gestrandet wirkte, gelähmt vor Kummer. Aber Clary war noch da, und die hatte schier endlose Ideen. Selbst wenn viele davon nicht gut waren, fand sie die bloße Menge beflügelnd.

Clary saß gerade mit Juliet im Kinderzimmer und gab ihr ihren Tee – eine zeitraubende und eher missliche Tätigkeit: Sirupverklebte Toastkrümel hafteten am Tablett ihres Hochstuhls, an ihrem Lätzchen und an ihren pummeligen herumwedelnden Händen. Wann immer Clary ihr einen Bissen in den Mund stecken wollte, drehte sie abwehrend den Kopf zur Seite. »Runter«, sagte sie nur immer wieder. Sie wollte zu Wills und Roly, die mit ihren Autos gerade ihr Lieblingsspiel »Unfall« spielten. »Dann trink wenigstens ein bisschen Milch«, sagte Clary und reichte ihr den Becher, aber den kippte sie nur über das Tablett und klatschte mit ihren Patschhändchen in die weiße Lache.

»Du bist wirklich sehr unartig, Jule. Könntest du mir eine Windel oder so etwas geben? Babys sind wirklich das Hinterletzte. Es nützt nichts, ich muss einen Waschlappen holen. Passt du bitte derweil auf sie auf?«

Polly setzte sich zu Juliet, beobachtete aber Wills. Ihr war aufgefallen, dass er von seinen Autos aufgeblickt hatte, als sie die Tür öffnete, und die unvermittelte Hoffnung auf seinem Gesicht war einer Ausdruckslosigkeit gewichen, die noch schlimmer war als jede Verzweiflung. Wahrscheinlich macht er das bei jeder Tür, die aufgeht, dachte sie – wie lange wohl noch? Als Clary zurückkam, setzte sie sich zu ihm auf den Boden. Er hatte das Interesse am Unfall-Spiel verloren und saß da, zwei Finger im Mund, und zog mit der rechten Hand an seinem linken Ohrläppchen. Er schaute nicht zu ihr.

Bislang hatte sie sich überlegt, dass der Tod ihrer Mutter wohl Simon am schwersten traf, weil die Familie seinem Verlust keine besondere Aufmerksamkeit schenkte, aber jetzt fragte sie sich, ob ihr Tod nicht am allerschlimmsten war für Wills, der seine Verzweiflung nicht in Worte fassen konnte – er verstand nicht einmal, was mit seiner Mutter passiert war. Aber ich verstehe es ja auch nicht, genauso wenig wie Simon – und die anderen tun nur so, als verstünden sie es.

»Ich glaube, alle Religionen wurden nur erfunden, damit die Leute besser mit dem Tod zurechtkommen«, sagte Clary, als sie an dem Abend zu Bett gingen. Diese – für Polly recht verblüffende – Bemerkung machte ihre Cousine am Ende eines langen Gesprächs über Simons Traurigkeit und was sie unternehmen könnten, um seine Ferien zu verschönern.

»Glaubst du das wirklich?« Überrascht stellte sie fest, dass der Gedanke sie tatsächlich schockierte.

»Doch. Ja, das glaube ich wirklich. Die Indianer mit ihren ewigen Jagdgründen, das Paradies und der Himmel, oder dass man als jemand anderer wiedergeboren wird – ich weiß nicht, was sie sich alles ausgedacht haben, aber ich wette, dass das der Ausgangspunkt aller Religionen war. Die Tatsache, dass früher oder später jeder stirbt, hilft doch keiner Menschenseele weiter. Sie waren gezwungen, sich irgendeine Zukunft auszudenken.«

»Meinst du, dass Menschen einfach erlöschen – wie eine Kerze?«

»Ehrlich, Poll, ich weiß es nicht. Aber allein schon der Umstand, dass niemand darüber spricht, beweist doch, wie viel Angst es ihnen macht. Und sie verwenden so grauenvolle Ausdrücke wie ›dahinscheiden‹, aber wohin? Das wissen sie nicht. Sonst würden sie es sagen.«

»Das heißt, du denkst also nicht ...« Ob der Ungeheuerlichkeit der Vorstellung zögerte sie. »Könnte es sein, dass sie es wissen, aber nicht darüber reden, weil es zu furchtbar ist?«

»Das glaube ich nicht. Ich meine, unserer Familie würde ich in der Hinsicht alles zutrauen, aber andere hätten darüber geschrieben. Denk an Shakespeare und das unentdeckte Land und dass die Rücksicht Elend zu hohen Jahren kommen lässt. Er wusste doch mehr als jeder andere, und wenn er's gewusst hätte, dann hätte er es gesagt.«

»Ja, das stimmt.«

»Natürlich könnte er bloß Hamlet diese Gedanken zugeschrieben haben, aber Leute wie Prospero – wenn er selbst es gewusst hätte, hätte er es Prospero auch wissen lassen.«

»Aber an die Hölle hat er geglaubt«, wandte Polly ein. »Und das geht ja nicht, an das eine zu glauben und nicht an das andere.«

Doch Clary widersprach hochfliegend: »Da hat er bloß dem Zeitgeist nach dem Mund geredet. Ich glaube, die Hölle war nur ein politisches Mittel, damit Menschen tun, was man von ihnen möchte.«

»Clary, es haben aber ziemlich viele sehr ernsthafte Menschen daran geglaubt.«

»Menschen können ernsthaft sein und sich trotzdem irren.«

»Wahrscheinlich.« Sie hatte das Gefühl, dass dieses Gespräch schon schon seit ein paar Minuten am eigentlichen Thema vorbeiging.

»Wie auch immer«, sagte Clary und zerrte ihren sehr zahnlückigen Kamm durchs Haar, »wahrscheinlich hat Shakespeare doch an den Himmel geglaubt. Denk an ›Gute Nacht, mein Fürst! Und Engelscharen singen dich zur Ruh!‹ – Jule hat mir blöderweise Sirup in die Haare geschmiert –, außer, das war eine höfische Art, sich von seinem besten Freund zu verabschieden.«

»Ich weiß es nicht. Aber ich bin deiner Meinung, ich glaube nicht, dass jemand anders es wirklich weiß. Allerdings bedrückt mich das Ganze ziemlich. In letzter Zeit.« Ihre Stimme zitterte, und sie schluckte schwer.

»Poll, mir ist etwas Wichtiges an dir aufgefallen, und deswegen möchte ich es dir sagen.«

»Was?« Auf einmal fühlte sie sich verletzlich und sehr müde.

»Es geht um Tante Syb. Um deine Mutter. Die ganze vergangene Woche hast du getrauert um sie, aber ihretwegen – und deines Vaters wegen und Wills' wegen und jetzt Simons wegen. Ich weiß, das tust du, weil du so ein netter Mensch bist und viel weniger egoistisch als ich, aber du hast nie wegen deines eigenen Verlusts getrauert. Ich weiß, dass du es tust, aber du lässt es nicht zu, weil du die Gefühle der anderen für wichtiger hältst als deine. Das sind sie aber nicht. Mehr wollte ich nicht sagen.«

Für einen Moment begegnete Polly ihren grauen Augen, die sie ruhig im Frisierspiegel betrachteten, dann mühte Clary sich weiter mit ihrem Kamm ab. Sie öffnete den Mund, um zu sagen, dass Clary einfach nicht begreife, wie es Wills und Simon erging – dass Clary sich täusche –, aber dann wurde das alles von einer warmen Woge des Kummers hinweggespült. Sie legte die Hände vors Gesicht und weinte um ihren eigenen Verlust.

Clary blieb ruhig stehen, ohne etwas zu sagen, dann holte sie einen Waschlappen und setzte sich ihr gegenüber auf ihr eigenes Bett und wartete, bis Polly mehr oder minder aufgehört hatte zu weinen.

»Besser als drei Taschentücher«, sagte sie. »Ist es nicht komisch, dass Männer riesengroße haben, dabei weinen sie so gut wie nie, und unsere reichen gerade einmal, um sich das Näschen abzutupfen, dabei weinen wir viel öfter als sie. Soll ich uns einen Becher Fleischbrühe machen?«

»Später. Ich habe den ganzen Nachmittag ihre Sachen zusammengepackt.«

»Ich weiß. Das hat Tante Rach mir gesagt. Ich habe dir nicht angeboten zu helfen, weil ich nicht davon ausgegangen bin, dass du dir von irgendjemandem helfen lassen wolltest.«

»Das stimmt, aber Clary, du bist nicht irgendjemand, ganz und gar nicht.« Clary errötete ein wenig. Und da sie wusste, dass Clary derartige Dinge immer zweimal hören musste, sagte sie: »Wenn ich Hilfe von jemandem gewollt hätte, dann von dir.«

Als Clary mit zwei dampfenden Bechern ins Zimmer zurückkam, unterhielten sie sich über ganz praktische Fragen, etwa, wie sie – und Simon – in den Ferien alle bei Archie unterkommen könnten, obwohl er nur zwei Zimmer und ein Bett hatte.

»Nicht, dass er uns eingeladen hat«, sagte Clary, »aber wir sollten uns gegen jede dumme Ausrede wegen Platzmangel wappnen.«

»Wir könnten auf seinem Sofa schlafen – wenn er eins hat –, und Simon könnte im Bad schlafen.«

»Oder wir könnten Archie bitten, dass Simon ihn allein besucht und wir ein anderes Mal kommen. Oder du könntest allein mit Simon zu ihm fahren«, fügte Clary hinzu.

»Aber du möchtest doch bestimmt mitkommen, oder?«

»Ich könnte ihn ja später besuchen«, antwortete Clary – eine Nuance zu unbekümmert, dachte Polly. »Wir sollten aber niemandem davon erzählen, sonst wollen Lydia und Neville auch dabei sein.«

»Das geht überhaupt nicht. Aber ich würde lieber mit dir fahren.«

»Ich frage Archie, was er für das Beste hält«, meinte Clary.

Die Stimmung hatte sich wieder geändert.

Danach weinte sie relativ oft und fast immer völlig unerwartet, was ihr unangenehm war. Sie wollte nicht, dass die restliche Familie ihre Tränen bemerkte, obwohl sie letztlich glaubte, dass es niemandem auffiel. Sowohl sie als auch Clary bekamen eine furchtbare Erkältung, was die Sache einfacher machte, und sie lagen im Bett und lasen sich gegenseitig *Eine Geschichte aus zwei Städten* vor, da sie bei Miss Milliment gerade die Französische Revolution behandelten. Tante Rach veranlasste, dass die Kleidung ihrer Mutter zum Roten Kreuz gebracht wurde, was Tonbridge übernahm. Als ihr Vater zehn Tage mit Onkel Edward fort war, fragte sie sich beklommen, ob er wohl weniger traurig sein würde, wenn er zurückkäme (aber das war doch unmöglich, nach so kurzer Zeit, oder nicht?), und vor allem, wie sie sich ihm gegenüber verhalten sollte.

»Mach dir nicht so viele Gedanken darüber«, riet Clary ihr. »Natürlich wird er noch sehr traurig sein, aber früher oder später kommt er darüber hinweg. Das tun Männer immer. Denk an meinen Vater.«

»Du meinst, er könnte eine andere Frau heiraten?« Die Vorstellung entsetzte sie.

»Ich weiß es nicht, aber gut möglich ist es schon. Ich vermute, dass zweite Ehen in der Familie liegen – du weißt schon, wie Gicht oder Kurzsichtigkeit.«

»Ich finde nicht, dass sich unsere Väter wirklich ähnlich sind.«

»Natürlich nicht in allem, aber in vielem schon. Ihre Stimmen zum Beispiel. Und dass sie wegen ihrer knochigen Füße ständig die Schuhe wechseln. Aber wahrscheinlich wird das noch lange dauern, Poll. Ich möchte ihm gar nichts unterstellen. Ich habe nur die menschliche Natur vor Augen. Wir können nicht alle Sydney Carton sein.«

»Das möchte ich auch nicht hoffen! Wenn, dann gäbe es uns ja nicht mehr!«

»Ach, du meinst, wenn wir alle unser Leben für jemand anderen aufopfern würden? Aber dann muss es ja diesen jemand anderen geben, Dummchen.«

»Nicht, wenn wir uns alle aufopfern würden …« Und damit waren sie bei ihrem Spiel gelandet, das auf die rhetorische Frage zurückging, die Ellen Neville immer stellte, wenn er sich am Esstisch danebenbenahm. »Wenn sich alle auf der Welt gleichzeitig übergeben müssten, wäre das sehr interessant. Ich glaube, dann würden wir alle ertrinken«, hatte er nach einigem Überlegen gesagt und damit, wie Clary meinte, die Vorstellung großartig ad absurdum geführt. Aber kaum hatten sie mit dem Spiel begonnen, merkten sie beide – unabhängig voneinander –, dass es seinen Reiz verloren hatte. Ihnen fiel nichts Zündendes mehr ein, und sie mussten auch nicht mehr haltlos darüber lachen. »Wir sind aus dem Spiel herausgewachsen«, sagte Clary traurig. »Jetzt müssen wir nur aufpassen, dass die anderen das nicht mitbekommen, Wills zum Beispiel oder Jule oder Roly.«

»Es muss andere Dinge geben«, sagte Polly und fragte sich, was in aller Welt das sein könnte.

»Natürlich. Dass der Krieg zu Ende geht und Dad nach Hause kommt und wir tun und lassen können, wozu wir Lust haben, weil wir zu alt sind, um noch herumkommandiert zu werden, und Weißbrot und Bananen und Bücher, die nicht schon zerlesen sind, wenn wir sie kaufen. Und du wirst dein Haus haben, Poll – stell dir das einmal vor!«

»Das tue ich auch, manchmal«, antwortete sie. Aber manchmal fragte sie sich, ob sie dem Haus nicht ebenfalls entwachsen war, ohne in etwas hineingewachsen zu sein. Zumindest konnte sie nichts Derartiges erkennen.

Aus dem Englischen von
Ursula Wulfekamp